Wolfgang Breuer

Investition I

Wolfgang Breuer

Investition I

Entscheidungen bei Sicherheit

4., aktualisierte und überarbeitete Auflage

GABLER

Bibliografische Information der Deutschen Nationalbibliothek
Die Deutsche Nationalbibliothek verzeichnet diese Publikation in der Deutschen Nationalbibliografie; detaillierte bibliografische Daten sind im Internet über <http://dnb.d-nb.de> abrufbar.

Prof. Dr. Wolfgang Breuer ist Inhaber des Lehrstuhls für Betriebliche Finanzwirtschaft an der RWTH Aachen. Seine Schwerpunkte liegen in den Bereichen Investitions- und Finanzierungstheorie sowie Portfolio- und Risikomanagement.

1. Auflage 2000
2. Auflage 2002
3. Auflage 2007
4. Auflage 2012

Lektorat: Susanne Kramer

Gabler Verlag ist eine Marke von Springer Fachmedien.
Springer Fachmedien ist Teil der Fachverlagsgruppe Springer Science+Business Media.
www.gabler.de

Umschlaggestaltung: KünkelLopka Medienentwicklung, Heidelberg
Gedruckt auf säurefreiem und chlorfrei gebleichtem Papier
Printed in Germany

ISBN 978-3-8349-2367-7

Vorwort zur vierten Auflage

Nachdem die dritte Auflage von "Investition I" nun schon seit längerer Zeit ausverkauft ist, habe ich im Sommersemester 2011 endlich die Zeit für eine grundlegende Überarbeitung zur Vorbereitung der nunmehr vorliegenden vierten Auflage gefunden. Diese Aufgabe erwies sich im Nachhinein als schwieriger, als zunächst zu vermuten war. Denn ich hatte es mir zum Ziel gesetzt, das alte, noch in WordPerfect für Dos verfasste Manuskript in Word für Windows zu transformieren. Dies offenbarte sehr schnell, wie viele Unzulänglichkeiten das Textverarbeitungsprogramm Word aufweist. Insbesondere im Zusammenhang mit Formeln konnten die aberwitzigsten Fehlfunktionen beobachtet werden. Trotz größter Bemühungen ist es mir daher unter anderem wahrscheinlich nicht gelungen, alle Formeln in einheitlicher Größe zu formatieren. Die aufgetretenen Unterschiede waren zwar nur sehr geringfügig und dementsprechend auch nicht leicht zu identifizieren, aber bei genauer Beobachtung eben doch wahrnehmbar. Als Ökonom indes sollte man Grenzerträge und Grenzkosten seines Tuns im Auge behalten, weswegen kleinere Formatierungsfehler dieser und ähnlicher Art auch im endgültigen Werk nicht ausgeschlossen werden können (und zugleich jetzt schon einen Legitimationsgrund für eine fünfte Auflage darstellen).

Da der Text ohnehin komplett neu formatiert werden musste, wurde die Gelegenheit genutzt, an vielfältigen Stellen weitere, mehr oder weniger größere Änderungen vorzunehmen. Neben der quasi obligatorischen Anpassung an neue steuerrechtliche Regelungen im Abschnitt 4 des Kapitels IV wurde insbesondere im Abschnitt 2 des Kapitels III ein Unterabschnitt zum *Lücke*-Theorem ergänzt. Alles in allem blieb kaum ein Abschnitt unverändert, und natürlich wurde auch das Literaturverzeichnis auf den neuesten Stand gebracht.

Die komplette Überarbeitung eines Textes von über 450 Seiten erfordert die Hilfe von vielen Beteiligten. So haben zahlreiche meiner Assistenten kürzere Passagen des Lehrbuchs korrekturgelesen. Konkret möchte ich Dipl.-Kffr. *Katharina Baron*, Dipl.-Ing. *Anselm Hüwe*, Dr. *Claudia Nadler*, Dipl.-Kfm. *Benjamin Quinten*, Dipl.-Volksw. *Philipp Schade*, Dipl.-Wirt.-Math. *Dominique Schaeling* und *Kalender Can Soypak*, B.Sc., danken. Auch mehrere studentische Hilfskräfte haben wertvolle Dienste etwa bei der Aktualisierung des Literaturverzeichnisses geleistet. Mein Dank gilt insbesondere *Marlon Gerlach*, *Pieter-Jan Kaegler*, *Tim Reichel* und *Maximilian Soost*. Vor allem aber möchte ich mich ganz herzlich bei meiner Sekretärin, Frau *Margret Geuenich*, bedanken, ohne die es mir wahrscheinlich gar nicht gelungen wäre, den Lehrbuchtext aus der Dos- in die Windows-Welt zu überführen. Ich denke, nach getaner Arbeit heißt es jetzt, erst einmal gut durchzuatmen!

Ich hoffe sehr, dass die nunmehr vorliegende vierte Auflage eine ebenso günstige Aufnahme wie die Vorgängerversionen findet.

Wie ich im Vorwort der dritten Auflage anmerkte, hatten wir uns vormals familienintern auf die Anschaffung zweier Kaninchen statt eines Zwergpudels geeinigt. Was soll ich sagen? Seit letztem Jahr haben wir nun den Zwergpudel (und das Kaninchen *Joker* lebt auch immer noch). Ein liebes Tierchen namens *Babette*, dem ich gerne diese Neuauflage widme. Meine Frau braucht keine Widmung mehr; sie hat jetzt ja (endlich) ihren Zwergpudel.

Wolfgang Breuer

Inhaltsverzeichnis

Verzeichnis wichtiger Symbole

A	Anlagevolumen
A_0	Anfangsauszahlung
$C_{0,max}$	Abszissenabschnitt einer Kapitalmarktgeraden
C_t	Konsumauszahlung im Zeitpunkt t
$\overline{C}_t$	Konsumauszahlung im Zeitpunkt t vor Finanzinvestitionen
$C_t^{(H)}$	Konsumauszahlung im Zeitpunkt t vor Mittelanlage
$C_t^{(S)}$	Konsumauszahlung im Zeitpunkt t vor Verschuldung
dC_t	(Infinitesimale) Änderung von C_t
d_t	Diskontierungs-/Zero-Bond-Abzinsungsfaktor für Laufzeit von 0 bis t
D_t	Abschreibungen im Zeitpunkt t
$E^{(n)}$	Einzahlungsüberschuss aus Projekt n im Zeitpunkt t = 1
E_t	Erlös aus Produkteabsatz im Zeitpunkt t
F	Finanzierungsvolumen; als Index "Fremdwährung"
$F(\cdot)$	Realinvestitions- oder Investitionsertragsfunktion
$F_S(\cdot)$	Realinvestitions- oder Investitionsertragsfunktion nach Steuern
$\overline{G}$	Repräsentativer Gewinn
GE	Geldeinheiten
G_t	Gewinn eines Zeitpunktes t
HZ_t	Habenzinsen im Zeitpunkt t
i	Zinssatz für Anlage/Verschuldung von t = 0 bis t = 1 (*Fisher*-Modell); Grenzrendite/Grenzkapitalkostensatz (*Dean*-Modell)
i_S	Nach-Steuer-Kapitalmarktzinssatz von t = 0 bis t = 1
i_t	Zinssatz für Anlage/Verschuldung von t−1 bis t
$i^{(H)}$	Zinssatz für Mittelanlage von t = 0 bis t = 1
$i^{(S)}$	Zinssatz für Verschuldung von t = 0 bis t = 1
I	Realinvestitionsvolumen; als Index "Inlandswährung"
$I^{(H)*}$	Optimales Realinvestitionsvolumen eines Anlegertyps
$I^{(S)*}$	Optimales Realinvestitionsvolumen eines Schuldnertyps
K	Kreditvolumen
$K_{f,t}$	Fixkosten/-auszahlungen im Zeitpunkt t

$k_{v,t}$	variable Kosten/Auszahlungen je Stück im Zeitpunkt t
kZ_t	verrechnete kalkulatorische Zinsen im Zeitpunkt t
ME	Mengeneinheiten
n	Index für Investitionsprojekte
N	Anzahl verfügbarer Investitionsprojekte
nom	Index zur Kennzeichnung nominaler Größen
$p_t^{(j)}$	Preis eines Gutes j im Zeitpunkt t
P_t	Preisniveau im Zeitpunkt t
real	Index zur Kennzeichnung realer Größen
RG_t	Residualgewinn im Zeitpunkt t
r_t	Ein-Perioden-Zinssatz bei Mittelanlage/-aufnahme von 0 bis t und periodischer Zinszahlung
s	Steuersatz im Rahmen des Standardmodells
$s^{(e)}$	(Grenz-) Einkommensteuersatz
$s^{(ge)}$	Gewerbesteuersatz
$s^{(k)}$	Körperschaftsteuersatz
SZ	Solidaritätszuschlag
SZ_t	Sollzinsen in einem Zeitpunkt t
t	Zeitindex
T	Zeithorizont; Nutzungsdauer eines Investitionsprojekts
$U(\cdot;\cdot)$	Unternehmerische Nutzenfunktion
v_t	Effektivrendite eines Zero Bond mit Fälligkeit im Zeitpunkt t
V	Kaufpreis einer Investitionsmöglichkeit
w_t	Wechselkurs zwischen Euro und US-$ im Zeitpunkt t
W_0	Unternehmerisches Anfangsvermögen
x_t	Absatzmenge im Zeitpunkt t
z_t	Einzahlungsüberschuss eines Investitionsprojekts oder -programms im Zeitpunkt t
η_t	Ertragswert einer Zahlungsreihe aus Sicht des Zeitpunktes t
κ	Kapitalwert einer Zahlungsreihe (aus Sicht von t = 0)
κ_t	Kapitalwert einer Zahlungsreihe aus Sicht des Zeitpunktes t
κ_S	Nach-Steuer-Kapitalwert
π_t	Inflationsrate von t–1 bis t
τ	Zeitindex
□	Ende eines Zahlenbeispiels

I Problemstellung und Aufbau des Buches

Im Rahmen der **Investitionstheorie** setzt man sich mit dem Problem auseinander, in welcher Form monetäre Mittel in Unternehmungen produktiv verwendet werden können. Im engen Sinne behandelt die Investitionstheorie damit die Frage der **Mittelverwendung** in Unternehmungen. Die einzusetzenden Mittel müssen aber zunächst beschafft werden, so dass Mittelbeschaffung und -verwendung unmittelbar miteinander verknüpft sind. Maßnahmen der **Mittelbeschaffung** werden im Rahmen der **Finanzierungstheorie** erörtert, und es sollte nicht verwundern, dass Investitions- und Finanzierungstheorie herkömmlicherweise unter dem Oberbegriff der **(betrieblichen) Finanzwirtschaft**[1] zusammengefasst werden. Insofern werden in jedem Lehrbuch zur Investitionstheorie auch finanzierungstheoretische Fragen angesprochen, wie andererseits auch in Lehrbüchern zur Finanzierungstheorie Fragen der Mittelverwendung nicht vernachlässigt werden können. Aus diesem Grunde werden in vielen Lehrbüchern auch beide Bereiche gleichberechtigt simultan behandelt.[2] Gleichwohl stellt es einen Unterschied dar, ob man gewissermaßen am Bereich der Mittelbeschaffung ansetzt und von dort beginnend auch auf Fragen der Mittelverwendung eingeht oder aber die Mittelverwendung in den Vordergrund stellt und mit diesem Schwerpunkt auch auf Fragen der Mittelbeschaffung eingeht.

Die Investitionstheorie stellt sich in großen Teilen als außerordentlich weit entwickelt dar, weswegen eine **Zweiteilung** der gesamten Materie vorgenommen worden ist. Im vorliegenden ersten Band wird auf die investitionstheoretischen Grundlagen unter der **Annahme sicherer Erwartungen** eingegangen. Der zweite Band, *Breuer* (2001a), dehnt die Betrachtung auf Entscheidungen bei **Risiko** aus. I beiden Bänden wird angenommen, dass Investitionsentscheidungen zentral in Kenntnis von sämtlichen erforderlichen Informationen getroffen werden. Es gibt also keinerlei Abstimmungsprobleme zwischen einer zentralen Stelle und dezentralen Einheiten, die selber Investitionsautonomie besitzen oder zumindest über entscheidungsrelevante Informationen verfügen. Derlei Konstellationen mit Abstimmungsproblemen sind dem Bereich informationsökonomischer Fragestellungen zuzuordnen, die in den vorliegenden beiden einführenden Bänden zur Investitionstheorie zur Gänze ausgeklammert bleiben.

---

1 Vgl. zu dieser Begriffsfassung auch *Breuer* (1999a), S. 141 f.

2 Vgl. z.B. *Spremann* (1996), *Gerke/Bank* (2003), *Franke/Hax* (2009).

Investitionsentscheidungen werden in einfachster Form durch einen einzigen Unternehmer als alleinigem Entscheidungsträger getroffen. Natürlich wird dieser derart investieren wollen, dass sein persönliches Nutzenniveau maximal wird. Insofern bietet sich unmittelbar eine **mikroökonomische Fundierung** investitionstheoretischer Entscheidungen an. Die hier zugehörige grundlegende Modellstruktur wird im nachfolgenden **zweiten Kapitel** entwickelt.

Eine ganz wesentliche Modifikation des Entscheidungsproblems ergibt sich, wenn der betrachtete Unternehmer Zugang zu einem friktionsfrei arbeitenden Kapitalmarkt erhält, auf dem in prinzipiell beliebiger Höhe Mittel aufgenommen oder angelegt werden können. Die wichtigste Konsequenz der so angenommenen Existenz eines **"vollkommenen" Kapitalmarktes** ist die Möglichkeit der präferenz- und vermögensunabhängigen Beurteilung von Investitionsprojekten anhand ihres jeweiligen "Kapitalwertes". Dieses als ***Fisher*-Separation** in die Literatur eingegangene zentrale investitionstheoretische Ergebnis ist Gegenstand des **Abschnitts 1** des **dritten Kapitels**. Unmittelbare Konsequenz hieraus ist, dass auch mehrere kollektiv entscheidende Unternehmer zur einmütigen Bestimmung des im Rahmen ihrer gemeinsamen Unternehmung durchzuführenden Investitionsprogramms gelangen.

Die nachfolgenden Abschnitte dieses recht langen Kapitels beschäftigen sich sämtlich auf der Grundlage von Investitionsentscheidungen anhand des Kapitalwertkriteriums mit verschiedenen Spezialfragen. So behandelt **Abschnitt 2** die Möglichkeit, die Betrachtung auf eine **"repräsentative" Periode** zu verdichten. Es wird gezeigt, wie eine derartige Verdichtung auf der Grundlage des Kapitalwertkalküls sachgerecht vorzunehmen ist und wie im Lichte dieser Erkenntnis andersartige Verdichtungen auf der Grundlage der Betrachtung von einfachen Erfolgsgrößen statt Kapitalwerten zu würdigen sind. Auch wird das *Lücke*-Theorem behandelt, das Bedingungen nennt, unter denen gewinnorientierte Kapitalwertberechnungen zum selben Ergebnis führen wie zahlungsorientierte.

Abschnitt 3 behandelt sogenannte **Parameterregeln**, bei denen man für verschiedene Einflussfaktoren im Rahmen der Kapitalwertberechnung "kritische" Werte ermittelt. Diese zeichnen sich dadurch aus, dass sie ceteris paribus gerade einen Kapitalwert von Null induzieren. Viele praktisch gängige Entscheidungsregeln beruhen auf der Betrachtung solcherlei kritischer Werte, ohne dass die

Äquivalenz zum theoretisch gut fundierten Kapitalwertkriterium stets gewährleistet ist.

Im **Abschnitt 4** wird zum ersten Mal die **Nutzungsdauer** eines Investitionsprojekts nicht mehr als exogen aufgefasst, sondern zum Gegenstand eines Optimierungskalküls. Weil ein Investitionsprojekt nur über eine einzige bestimmte Nutzungsdauer verfügen kann, liegt hier eine spezielle Auswahlentscheidung zwischen mehreren sich gegenseitig ausschließenden Investitionsalternativen vor. Die Entscheidungssituation wird komplizierter, wenn mehrfach hintereinander Investitionsprojekte mit endogen zu bestimmender Nutzungsdauer durchgeführt werden können. Auch auf derartige Szenarien wird daher im besagten Abschnitt näher eingegangen.

Unterstellt man im Rahmen von Mehr-Perioden-Betrachtungen einen konstanten Ein-Perioden-Kapitalmarktzinssatz über alle betrachteten Perioden, so spricht man vom Vorliegen einer flachen Zinsstruktur. Dies ist gleichbedeutend damit, dass die für verschiedene Anlagezeiträume gewährte durchschnittliche Ein-Perioden-Verzinsung stets identisch ist. In der Realität ist eine solche Situation typischerweise nicht gegeben. Wie man in **Fällen "nicht-flacher" Zinsstruktur** Kapitalwerte von Investitionsprojekten ermittelt, wird im **Abschnitt 5** des dritten Kapitels erörtert.

Kapitalwertberechnungen basieren auf der Diskontierung der künftigen Einzahlungen eines Investitionsprojekts mit den jeweils relevanten Kapitalmarktzinssätzen. Inwiefern in der betrachteten Entscheidungssituation inflationäre Tendenzen vorherrschen, ist in diesem Zusammenhang grundsätzlich ohne Bedeutung. Unter bestimmten Voraussetzungen kann die explizite Berücksichtigung von **Inflationsraten** allerdings die Möglichkeit zu vereinfachten Kapitalwertberechnungen eröffnen. Zu diesem Zweck ist es erforderlich, nominale (oder monetäre) Größen in reale (das heißt in Gütereinheiten ausgedrückte) umzurechnen. Details hierzu finden sich im **Abschnitt 6** des dritten Kapitels.

Im **Abschnitt 7** schließlich wird der Umstand berücksichtigt, dass die Zahlungskonsequenzen aus einem Investitionsprojekt in einer anderen als der Inlandswährung anfallen können. Damit werden **Wechselkurse** als Ausdruck der Wertrelation zwischen verschiedenen Währungen relevant, und es können Kapitalwerte in unterschiedlichen Währungen berechnet werden. Hierauf und auf die zwischen Zinssätzen, Wechselkursen und Preisniveaus bei vollkommenen Märkten gültigen Beziehungen wird im Rahmen des letzten Abschnitts des Kapitels III abgestellt.

Während des ganzen dritten Kapitels wurde stets ein vollkommener Kapitalmarkt vorausgesetzt. Dieser ist vor allem dadurch charakterisiert, dass in jeder Periode ein fester Kapitalmarktzinssatz gegeben ist, zu dem Subjekte in beliebiger Höhe Mittel anlegen oder aufnehmen können. Realistischerweise muss man jedoch anerkennen, dass der Mittelanlage- oder Habenzinssatz in aller Regel unter dem Mittelaufnahme- oder Sollzinssatz liegt. Eine derartige Konstellation charakterisiert einen **unvollkommenen Kapitalmarkt**, der Gegenstand des **vierten Kapitels** des Lehrbuchs ist.

Zunächst kann dabei unmittelbar an die Darstellung des Abschnitts 1 aus dem dritten Kapitel angeknüpft werden. Dazu wird der Kontext des *Fisher*-Modells einer erneuten Analyse unter der Maßgabe unterzogen, dass der Sollzinssatz oberhalb des Habenzinssatzes liegt. Ein derartiges Szenario bezeichnet man nach seinem geistigen Urheber als ***Hirshleifer*-Modell**. Es sollte nicht überraschen, dass das Kapitalwertkriterium in seiner im dritten Kapitel hergeleiteten Form keine Gültigkeit mehr besitzt. In der Tat kann man jegliches unternehmerisches Investitionsverhalten zwar nach wie vor als kapitalwertmaximierend interpretieren, doch ist der zur Diskontierung anzusetzende Zinsfuß nun präferenz- und vermögensabhängig. Die *Fisher*-Separation verliert somit ihre generelle Gültigkeit. Aussagen zur Separation von (präferenzabhängigen) Konsum- und (präferenzunabhängigen) Investitionsentscheidungen lassen sich unter der Annahme eines über dem Habenzinssatz liegenden Sollzinssatzes daher nur sehr eingeschränkt herleiten, wie die ebenfalls noch im **Abschnitt 1** des vierten Kapitels erfolgende Diskussion des sogenannten Klienteleffekts aus dem *Hirshleifer*-Modell belegt.

Eine weitere Konsequenz aus der Annahme eines unvollkommenen Kapitalmarktes neben der grundsätzlichen Präferenzabhängigkeit optimaler unternehmerischer Investitionsentscheidungen ist in der erschwerten Problematik des Treffens von Finanzierungsentscheidungen zu sehen. Unvollkommenheit des Kapitalmarktes bedingt unter anderem "Konditionenvielfalt" auf der Finanzierungsseite und schafft dadurch in diesem Zusammenhang ein Entscheidungsproblem, das bei vollkommenem Kapitalmarkt so nicht existiert. Gesucht wird nun in der Tat simultan ein optimales Investitions- **und** Finanzierungsprogramm, das heißt das bestmögliche "Kapitalbudget". Ein Modellansatz, um dieser erhöhten Komplexität Herr zu werden, geht auf *J. Dean* zurück. Das ***Dean*-Modell** ist Gegenstand des **Abschnitts 2** des vierten Kapitels. Allerdings zeigt sich, dass der Anwendungsbereich des mit unternehmensbezogenen Kapitalangebots- und -nachfragefunktionen operierenden *Dean*-Modells als überaus eng zu bezeichnen ist und in der Tat entgegen dem ersten Augenschein sogar hinter dem einfachen *Hirshleifer*-Modell des vorhergehenden Abschnitts zurückbleibt.

Auch als Heuristik ist das *Dean*-Modell nur von sehr eingeschränktem Wert. Im **Abschnitt 3** des vierten Kapitels wird daher erörtert, wie sich mittels **vollständiger Finanzplanung** (überschaubare) Kapitalbudgetierungsprobleme bei unvollkommenem Kapitalmarkt lösen lassen. Unter einem vollständigen Finanzplan versteht man die systematische Erfassung sämtlicher Zahlungskonsequenzen aus einem gegebenen Kapitalbudget. Durch die explizite Formulierung der Finanzpläne für alle in Betracht zu ziehenden Kapitalbudgets kann man das jeweils optimale unternehmerische Investitions- und Finanzierungsprogramm ermitteln. Formuliert man vollständige Finanzpläne in allgemeiner Form, so ist eine generelle rechentechnische Verarbeitung mit Hilfe der Linearen Programmierung bei Voraussetzung einer entsprechenden unternehmerischen Zielfunktion ohne weiteres möglich. Insofern lassen sich bei ausreichender EDV-technischer Unterstützung Kapitalbudgetierungsprobleme unter der Prämisse sicherer Erwartungen in sehr allgemeiner Form lösen, ohne dass derlei Lösungsansätze in der Praxis bislang wohl eine größere Bedeutung erlangt haben. Ein Grund mag dabei in der fehlenden Berücksichtigung von Risikoaspekten zu sehen sein, die Gegenstand des nachfolgenden zweiten Bandes sind.

Völlig ausgeklammert blieben in allen Abschnitten bisher noch **steuerliche Fragen**. Deren praktische Relevanz dürfte unbestritten sein. Da überdies Steuern in gewisser Weise eine Marktunvollkommenheit darstellen, werden steuerliche Aspekte im **Abschnitt 4** des vierten Kapitels behandelt. Dabei zeigt sich insbesondere, dass unter den Prämissen des Standardmodells zur Erfassung steuerlicher Aspekte in der Investitionsrechnung die *Fisher*-Separation weiterhin Bestand hat, diese Kapitalmarktunvollkommenheit an der Anwendung des Kapitalwertkriteriums (wenngleich in modifizierter Form) also grundsätzlich nichts ändert. Es sollte allerdings nicht verwundern, dass die Existenz von Steuern Einfluss auf die Beurteilung verschiedener Investitionsprojekte nehmen kann. Sofern dies nicht der Fall ist, spricht man von der Investitionsneutralität des Steuersystems. Inbesondere wenn Investitionsneutralität verletzt ist, ist ein sogenanntes Steuerparadoxon möglich, nach dem ein Investitionsprojekt unter Berücksichtigung der Steuerbelastung über einen höheren Kapitalwert als vor Steuern verfügen kann. Beide Phänomene, Investitionsneutralität und Steuerparadoxon, werden ebenfalls im Abschnitt 4 behandelt.

Die Ausführungen schließen mit einem kurzen **Ausblick** im **fünften Kapitel**.

II Investitionsentscheidungen bei fehlendem Kapitalmarktzugang[1]

1 Problemstellung

In den folgenden Kapiteln soll der Frage nach **optimalen unternehmerischen Investitionsentscheidungen** nachgegangen werden. Dieses Problem lässt sich für verschiedene Entscheidungssituationen einer näheren Analyse unterziehen. Im einfachsten Fall betrachtet man einen Unternehmer, der Investitionsprojekte lediglich durch Einsatz seiner **eigenen Mittel** finanzieren kann, nicht aber in der Lage ist, zusätzliche Mittel bei Kapitalgebern aufzunehmen oder überschüssige Mittel bei Kapitalnehmern anzulegen. Der Unternehmer hat insofern zwischen heutigem Konsum seiner Mittel und in die Zukunft über Investitionen verlagertem Konsum seiner monetären Anfangsausstattung zu befinden.

Zunächst werden im folgenden **Abschnitt 2** die zugehörigen Prämissen der unternehmerischen Entscheidungssituation näher beschrieben. Der **Abschnitt 3** leitet auf dieser Grundlage konkret die optimalen unternehmerischen Konsum- und Investitionsentscheidungen des betrachteten Unternehmers her. **Abschnitt 4** dient der Zusammenfassung der wichtigsten Ergebnisse.

2 Die Annahmen

2.1 Unternehmerische Präferenzen

Ausgangspunkt der folgenden Betrachtung sei ein **Zwei-Zeitpunkte-Modell** ($t = 0, 1$) bei Sicherheit. Da zwei Zeitpunkte einen Zeitraum von einer Periode begrenzen, kann man alternativ auch von einem **Ein-Perioden-Modell** sprechen.

Es sei nun ein Unternehmer vorausgesetzt, der **Konsumauszahlungen** C_t in den Zeitpunkten $t = 0, 1$ tätige. Konkret wird der Unternehmer Mengeneinheiten von nutzenstiftenden Konsumgütern erwerben. Im Weiteren sei dabei von dem einfachsten Fall der Existenz nur eines Konsumgutes ausgegangen, das vom Un-

---

[1] Das im Folgenden darzustellende Entscheidungsproblem findet sich mehr oder weniger ausführlich erörtert in zahlreichen finanzwirtschaftlichen Lehrbüchern. Vgl. etwa *Drukarczyk* (1993), S. 34 f., *Schäfer* (2005), S. 83 ff., sowie *Franke/ Hax* (2009), S. 150 ff.

ternehmer in den Zeitpunkten t = 0 und t = 1 zu den dann herrschenden, vom Unternehmer nicht beeinflussbaren (Stück-) Preisen p_t bezogen werden kann.

Es ist unmittelbar plausibel und lässt sich auch leicht zeigen, dass unter diesen Voraussetzungen eine ceteris paribus erfolgende Erhöhung der Konsumauszahlung C_t in einem Zeitpunkt t ebenfalls mit einem **Nutzenzuwachs** einhergeht. Der unternehmerische Nutzen wird nämlich originär in den Verbrauchsmengen y_0 und y_1 des Konsumgutes in t = 0 und t = 1 definiert, wobei $y_t = C_t/p_t$ gilt. Eine ceteris paribus erfolgende Erhöhung von C_t um 1 Geldeinheit (GE) bedingt wegen der Konstanz von p_t eine konstante Erhöhung von y_t und folglich eine entsprechende Nutzenmehrung. Daher steigt der unternehmerische Nutzen mit ceteris paribus erhöhten Konsumauszahlungen C_t an. Prägnant formuliert, bedeutet dies, dass der Unternehmer mehr Geld gegenüber weniger Geld bevorzugt.

Weiter gängig ist die Annahme, dass der Nutzen des Unternehmers in den Konsumauszahlungen C_t jeweils nur **degressiv** ansteigt. Zwar führt eine ceteris paribus erfolgende Erhöhung der Konsumauszahlung C_0 oder C_1 demnach stets zu einer Nutzenmehrung, der resultierende Zuwachs fällt mit wachsendem Wert von C_t (t = 0, 1) aber immer kleiner aus.

Mit **$U(C_0;C_1)$** als der in den Konsumauszahlungen C_t definierten **Nutzenfunktion** des Unternehmers und unter der zusätzlichen Voraussetzung der Differenzierbarkeit von U sind die bislang formulierten Annahmen gleichbedeutend dazu, dass die partiellen Ableitungen erster Ordnung von U nach C_0 und C_1 jeweils positiv, die Ableitungen zweiter Ordnung jedoch negativ sind:

$$\frac{\partial U}{\partial C_t} > 0, \quad \frac{\partial^2 U}{\partial C_t^2} < 0 \quad (t = 0, 1). \tag{1.1}$$

Zweifellos ist die Vorstellung degressiver Nutzenzuwächse bei steigenden Konsumauszahlungen sehr naheliegend und wirkt auf den ersten Blick völlig einleuchtend. Tatsächlich aber sind hiermit zwei Probleme verbunden, die im Zusammenhang mit der bloßen Voraussetzung eines in C_t streng monoton wachsenden Nutzenniveaus nicht auftreten.

Erstens lassen sich die negativen Vorzeichen der zweiten Ableitungen von U in der Tat zwar bei Betrachtung von **nur einem** Konsumgut ähnlich wie die strenge Monotonie aus der Annahme eines abnehmenden Nutzenzuwachses bei ceteris paribus zunehmendem Verbrauch des Konsumguts herleiten. Ein derartiger Zusammenhang besteht bei Betrachtung von **mindestens zwei** Konsumgütern aber nicht mehr. Das bedeutet, dass abnehmender Nutzenzuwachs in den Konsumauszahlungen selbst dann nicht mehr generell gefolgert werden kann, wenn der unternehmerische Nutzenanstieg aus der Erhöhung des Konsums eines (jeden) beliebigen Gutes um 1 Mengeneinheit (ME) grundsätzlich mit wachsendem, bereits erreichten Ausgangskonsumniveau hinsichtlich des betreffenden Gutes abnehmend verläuft.[2]

Zweitens sind unternehmerische Nutzenfunktionen bei Sicherheit **ordinaler** Natur. Durch den jeweils realisierten Nutzenfunktionswert werden Handlungsalternativen in eine Rangfolge gebracht. Diese Rangfolge ändert sich nicht, wenn man die Nutzenfunktion des Unternehmers positiv monoton transformiert. Dies bedeutet, dass man zu jeder Handlungsalternative neue Nutzenwerte $G[U(\cdot)]$ ermitteln kann, wobei $G(\cdot)$ eine (streng) monoton steigende Funktion der Nutzenfunktionswerte $U(\cdot)$ ist: Die Handlungsalternative mit dem höchsten Nutzenwert **vor** der Transformation hat auch den höchsten Nutzenwert **nach** der Transformation. Daher ist die modifizierte Nutzenfunktion $G[U(\cdot)]$ ebenso gut für eine Alternativenreihung geeignet wie die ursprüngliche. Das Krümmungsverhalten der beiden gleichwertigen Beschreibungen der unternehmerischen Präferenzen kann aber ganz unterschiedlich sein.[3]

Insbesondere für unsere Herleitung des zentralen Ergebnisses der sogenannten *Fisher*-Separation im Abschnitt 1 des Kapitels III werden wir freilich schon mit der Annahme eines (streng) monoton steigenden Verlaufs von U auskommen, und diese Annahme sieht sich – wie bereits erwähnt – **nicht** den beiden obigen Problemen ausgesetzt. Insofern dient die Voraussetzung eines bestimmten Krümmungsverhaltens von U hier vor allem der Vereinfachung und Veranschaulichung und könnte auch entfallen.

---

[2] Auf diesen Umstand wird in *Breuer* (2001b) näher eingegangen.

[3] Bei Entscheidungen unter Risiko hingegen stellt sich der Zusammenhang anders dar. Vgl. *Breuer* (2001a).

Wenn im Weiteren ohne nähere Spezifikation von "Konsum" die Rede ist, sind stets vereinfachend die unternehmerischen **Konsumauszahlungen** statt der konkreten mengenmäßigen Verbräuche des Konsumguts gemeint. Das heißt, dass auf die hinter den Konsumauszahlungen stehenden Entscheidungen des Unternehmers wegen fehlender Relevanz für die folgenden Herleitungen nicht näher eingegangen wird.

Der ceteris paribus resultierende Nutzenzuwachs aus dem zusätzlichen Konsum einer weiteren Geldeinheit wird als **Grenznutzen** bezeichnet. Betrachtet man eine infinitesimale Steigerung des Konsumniveaus C_t des Zeitpunktes t, so entspricht der Grenznutzen der ersten Ableitung von U nach C_t. Generell gilt nämlich das **totale Differential**

$$dU = \frac{\partial U}{\partial C_0} \cdot dC_0 + \frac{\partial U}{\partial C_1} \cdot dC_1. \tag{1.2}$$

Die Änderung dU des Nutzenniveaus des Unternehmers infolge der Änderungen dC_0 und dC_1 kann näherungsweise dadurch beschrieben werden, dass man dC_0 und dC_1 mit den jeweils zugehörigen partiellen Ableitungen der unternehmerischen Nutzenfunktion multipliziert und die beiden Produkte addiert. Sofern die unternehmerische Nutzenfunktion $U(C_0;C_1)$ (additiv) linear ist, beispielsweise $U(C_0;C_1) = 2 \cdot C_0 + 3 \cdot C_1$, ist die Ermittlung von dU gemäß (1.2) stets exakt. Sie stimmt recht gut näherungsweise, falls sich die partiellen Ableitungen von U im Bereich der Erhöhung der Konsumauszahlungen nicht sehr stark ändern, also für kleine Variationen von C_0 und C_1. Im Grenzübergang mit infinitesimalen Konsumänderungen dC_0 und dC_1 hat (1.2) daher stets exakte Gültigkeit. In diesem Sinne sollen die Größen dC_0 und dC_1 im Weiteren verstanden werden.

Für $dC_0 = 0$ und $dC_1 = 1$ erhält man nun gerade $dU = \partial U/\partial C_1$. Entsprechendes gilt für $dC_0 = 1$ und $dC_1 = 0$. Sofern nichts anderes vermerkt ist, wird aus diesem Grunde die Bezeichnung "Grenznutzen" als Synonym für eine erste Ableitung von U verwendet.

Beispiel 1.1:
Gegeben sei die Nutzenfunktion[4]

$$U(C_0;C_1) = C_0^{0,3} \cdot C_1^{0,7}. \tag{1.3}$$

Für die Ableitungen erster und zweiter Ordnung erhält man

$$\begin{aligned}
&\frac{\partial U}{\partial C_0} = 0,3 \cdot C_0^{-0,7} \cdot C_1^{0,7} = 0,3 \cdot \left(\frac{C_1}{C_0}\right)^{0,7} > 0,\\
&\frac{\partial U}{\partial C_1} = 0,7 \cdot C_0^{0,3} \cdot C_1^{-0,3} = 0,7 \cdot \left(\frac{C_0}{C_1}\right)^{0,3} > 0,\\
&\frac{\partial^2 U}{\partial C_0^2} = -0,21 \cdot C_0^{-1,7} \cdot C_1^{0,7} < 0,\\
&\frac{\partial^2 U}{\partial C_1^2} = -0,21 \cdot C_0^{0,3} \cdot C_1^{-1,3} < 0,
\end{aligned} \tag{1.4}$$

sofern man die Betrachtung (sinnvollerweise) auf positive Werte für C_0 und C_1 beschränkt. □

2.2 Unternehmerische Anfangsausstattung und Realinvestitionsmöglichkeiten

Mit W_0 (W für engl. "wealth" = "Reichtum") sei das **Anfangsvermögen** des Unternehmers im Zeitpunkt t = 0 bezeichnet. Statt dieses Anfangsvermögen komplett in t = 0 zu konsumieren, könne es ganz oder teilweise in t = 0 auch investiv verwendet werden. Ein **Realinvestitionsvolumen I** führe dabei zu monetären Rückflüssen in t = 1 im Umfang F(I). Man spricht hierbei von Realinvestitionen, weil es um das Tätigen von Auszahlungen zum Erwerb von gegenständlichen Dingen wie Gebäuden und Maschinen mit dem Ziel der Herstellung und Veräußerung von Gütern geht und derartige Investitionen von dem Erwerb von Wertpapieren, also reinen Finanztransaktionen und damit **Finanzinvestitionen**, abgegrenzt werden

---

[4] Es handelt sich hierbei um einen in ökonomischen Analysen recht beliebten Nutzenfunktionstyp, der unter der Bezeichnung **"*Cobb-Douglas*-Nutzenfunktion"** bekannt ist. Vgl. etwa *Varian* (2011), S. 67 ff.

sollen.[5] Natürlich liegen beispielsweise den auf erworbenen Aktien eines anderen Unternehmens zu erwartenden Einzahlungen letztlich auch Realinvestitionen zugrunde. Wenn der Unternehmer aber derartige Wertpapiergeschäfte tätigt, beteiligt er sich nur mittelbar an Realinvestitionen anderer, während er bei der Durchführung eigener Realinvestitionen unmittelbar selbst unternehmerisch tätig wird. Insofern ist eine grundsätzliche Unterscheidung von Real- und Finanzinvestitionen durchaus sinnvoll. Im Weiteren wird zunächst von der Möglichkeit zur Durchführung von Finanzinvestitionen abgesehen. Da diese auf einem Kapitalmarkt getätigt werden, ist diese Prämisse gleichbedeutend mit der Abstraktion von der Existenz eines Kapitalmarktes. Daher betrachten wir im Folgenden Realinvestitionsentscheidungen für den Fall **fehlenden unternehmerischen Kapitalmarktzugangs**.

Inwieweit sich Realinvestitionen für den Unternehmer lohnen, hängt natürlich zum einen von den durch die Nutzenfunktion U ausgedrückten Präferenzen des Unternehmers für Konsum in verschiedenen Zeitpunkten und zum anderen von dem Verlauf der Funktion F in Abhängigkeit vom Realinvestitionsvolumen I ab.

Man bezeichnet die Funktion F auch als **Realinvestitions- oder Investitionsertragsfunktion**. Um deren Gestalt herzuleiten, sei angenommen, dass der betrachtete Unternehmer Zugang zu N verschiedenen **Investitionsprojekten** habe. Jedes dieser Investitionsprojekte könne **unabhängig** von den anderen implementiert werden. Das bedeutet, dass die Zahlungskonsequenzen aus der Durchführung eines jeden Projekts nicht davon abhängen, welche anderen Projekte noch realisiert werden, und die zur Verfügung stehenden Projekte insbesondere in beliebiger Weise kombiniert werden können. Die Gesamtheit der vom Unternehmer letzten Endes ausgewählten Investitionsprojekte beschreibt das von ihm realisierte **Investitionsprogramm**.

---

5 Auch der Erwerb von Patenten und Lizenzen sowie sonstigen immateriellen Produktionsfaktoren ist dem Bereich der Realinvestitionen zuzuordnen, wenngleich es hier an der gegenständlichen Natur fehlt. Derartige Engagements sind nämlich ebenfalls wie der Kauf von Maschinen und Gebäuden systematisch von reinen Kapitalmarkttransaktionen, sprich Finanzinvestitionen, verschieden.

Im Rahmen des n-ten Projekts sollen maximal Mittel im Umfang von $I^{(n)}$ in $t = 0$ eingesetzt werden können. Bei Realisation des maximalen Investitionsvolumens $I^{(n)}$ belaufe sich die unternehmerische Einzahlung des Zeitpunktes $t = 1$ aus der im Rahmen des Projekts n möglichen Gütererstellung auf $E^{(n)}$. Ohne weiteres kann angenommen werden, dass stets $E^{(n)} > 0$ gilt, denn andernfalls wäre der Unternehmer niemals zur Investition und dem damit in $t = 0$ einhergehenden Konsumverzicht bereit: Investitionen können sich hier nur lohnen, wenn dadurch eine Steigerung des Konsumniveaus in $t = 1$ erreicht wird. Projekte mit $E^{(n)} \leq 0$ werden deswegen im Weiteren grundsätzlich nicht mehr betrachtet. Wir werden auf diesen Punkt allerdings nochmals zurückkommen.

Wird nur ein Betrag $I^{(n)+} < I^{(n)}$ in das Investitionsprojekt n investiert, so soll sich entsprechend nur ein Anteil $I^{(n)+}/I^{(n)}$ von $E^{(n)}$ als Rückfluss des Zeitpunktes $t = 1$ ergeben. In einem derartigen Fall mit der Möglichkeit, ein Investitionsprojekt nur zu einem bestimmten Bruchteil statt vollständig durchzuführen, spricht man von der (beliebigen) **"Teilbarkeit"** des betreffenden Investitionsprojekts. Infolge dieser hier angenommenen Eigenschaft kann man auch sagen, dass bis zu einem Investitionsvolumen $I^{(n)}$ das n-te Projekt je eingesetzter Geldeinheit einen Rückfluss für $t = 1$ in Höhe von $(1/I^{(n)})\cdot E^{(n)}$ gewährt und damit einen Vermögenszuwachs[6] von $(E^{(n)}/I^{(n)})-1$ im Zeitraum von $t = 0$ bis $t = 1$ ermöglicht. Dieser auf den Einsatz von 1 GE bezogene (und damit relative) Vermögenszuwachs wird auch als **Rendite** des Investitionsprojekts bezeichnet.

Beispiel 1.2:

Gegeben sei ein beliebig teilbares Projekt mit einem maximalen Investitionsvolumen von 80 GE in $t = 0$ bei einer hieraus resultierenden unternehmerischen Einzahlung in $t = 1$ von 100 GE. Dann liefert jede in $t = 0$ in dieses Projekt investierte GE einen Rückfluss von $100/80 = 1{,}25$ GE in $t = 1$ und mithin eine Rendite von $1{,}25-1 = 25$ % für den Unternehmer. Das heißt, auf jede in $t = 0$ eingesetzte Geldeinheit wird über den Rückerhalt dieser Geldeinheit in $t = 1$ hinaus noch eine Verzinsung von 25 % verdient. □

---

[6] Dieser kann auch negativ sein, das heißt, eine Situation mit $E^{(n)} < I^{(n)}$ ist a priori nicht ausgeschlossen, wenngleich ein derartiges Projekt n in vielen Fällen nicht realisiert würde. Beispielsweise gilt Letzteres dann, wenn **zinslose Kassenhaltung** monetärer Mittel von $t = 0$ bis $t = 1$ in beliebigem Umfang möglich ist.

Wenn der Unternehmer nun darüber zu entscheiden hat, in welches der N Projekte er sinnvollerweise eine Geldeinheit investieren sollte, wird er sich in jedem Fall zunächst für das Projekt $n = n^*$ entscheiden, das ihm den höchsten Rückfluss $E^{(n)}/I^{(n)}$ und damit natürlich auch die höchste Rendite $(E^{(n)}/I^{(n)})-1$ für diesen Mitteleinsatz verspricht. In dieses Projekt würde der Unternehmer auch eine etwaige zweite Geldeinheit investieren. In der Tat wird mit wachsendem Investitionsvolumen ein anderes als das Projekt mit der höchsten Rendite erst dann in Betracht kommen, wenn in das Projekt n^* wegen Erreichung der für dieses Projekt maßgeblichen Investitionsobergrenze $I^{(n)*}$ nicht weiter investiert werden kann. Für darüber hinausgehende Investitionsvolumina wird der Unternehmer zwangsläufig teilweise auch auf das Projekt mit der zweithöchsten Rendite zurückgreifen. Entsprechend kommt das Projekt mit der dritthöchsten Rendite erst dann zum Zuge, wenn in die beiden ertragreichsten Projekte aufgrund der Erreichung ihrer jeweiligen maximalen Investitionsvolumina nicht mehr weiter investiert werden kann. In analoger Weise verfährt der Unternehmer im Falle weiterer Ausdehnung seiner betrachteten Investitionsvolumina. Zusammenfassend wird der Unternehmer die N zur Verfügung stehenden Investitionsprojekte demnach nach ihren Renditen sortieren können. Zur Vereinfachung sei deswegen nun angenommen, dass Projekt 1 das mit der höchsten und Projekt N das mit der niedrigsten Rendite sei. Für alle nichtnegativen Investitionsvolumina I bis zu einem Maximalwert von $I^{(1)}$ ergeben sich zum Zeitpunkt $t = 1$ für den Unternehmer demnach Rückflüsse in Höhe von $(I/I^{(1)})\cdot E^{(1)}$. Investitionsvolumina über $I^{(1)}$ führen bis $I^{(1)}+I^{(2)}$ zu Rückflüssen von $E^{(1)}+[(I-I^{(1)})/I^{(2)}]\cdot E^{(2)}$. In entsprechender Weise verhält es sich für $I > I^{(1)}+I^{(2)}$.

Allgemein beläuft sich für ein Investitionsvolumen I mit $I^{(1)}+...+I^{(n-1)} < I \leq I^{(1)}+...+I^{(n)}$ der hieraus für $t = 1$ resultierende monetäre Zufluss auf $(E^{(1)}+\ldots+E^{(n-1)})+[(I-I^{(1)}-\ldots-I^{(n-1)})/I^{(n)}]\cdot E^{(n)}$. Über den Betrag $I^{(1)}+\ldots+I^{(N)}$ hinaus sind weitere Investitionen de facto nicht möglich. Das bedeutet, $I > I^{(1)}+\ldots+I^{(N)}$ kann nur so verstanden werden, dass der Unternehmer den Betrag $I-(I^{(1)}+\ldots+I^{(N)})$ beispielsweise durch "Geldverbrennung" sinnlos vernichtet, weswegen sich die Rückflüsse für $I > I^{(1)}+\ldots+I^{(N)}$ konstant auf $E^{(1)}+\ldots+E^{(N)}$ belaufen. Insofern wäre es sachgerecht, den Definitionsbereich von I auf das Intervall $[0;I^{(1)}+\ldots+I^{(n)}]$ zu beschränken. Es ist aber auch unschädlich, wenn man zur Gewährleistung einer über die ganzen nichtnegativen reellen Zahlen definierten Investitionsertragsfunktion Investitionsvolumina $I > I^{(1)}+\ldots+I^{(N)}$ zulässt und ihnen als Einzahlung des Zeitpunktes t = 1 den Wert $E^{(1)}+\ldots+E^{(N)}$ zuordnet. In dieser Weise soll im Weiteren verfahren werden.

Ein denkbarer Spezialfall wäre, dass eines der betrachteten Projekte die reine **(zinslose) Kassenhaltung**[7] der monetären Mittel beschreibt. Sofern diese in unbeschränktem Umfang möglich ist, würde sich die Steigung der Investitionsertragsfunktion ab einem gewissen Investitionsvolumen auf konstant 1 belaufen. Von dieser Möglichkeit wird im Folgenden allerdings abgesehen.

Genau über die gerade ausführlich dargelegten Rückflüsse des Zeitpunktes t = 1 in Abhängigkeit des Investitionsvolumens des Zeitpunktes t = 0 ist nun die Investitionsertragsfunktion beschrieben, da diese zu jedem Investitionsvolumen I angibt, welche Einzahlung der Unternehmer in t = 1 realisiert:

$$F(I)=\begin{cases} \frac{I}{I^{(1)}}\cdot E^{(1)} & 0\le I\le I^{(1)}, \\ \ldots & \\ E^{(1)}+\ldots+E^{(n-1)}+\frac{I-I^{(1)}-\ldots-I^{(n-1)}}{I^{(n)}}\cdot E^{(n)} & \sum_{n^+=1}^{n-1} I^{(n^+)}<I\le\sum_{n^+=1}^{n} I^{(n^+)}, \\ \ldots & \\ E^{(1)}+\ldots+E^{(N-1)}+\frac{I-I^{(1)}-\ldots-I^{(N-1)}}{I^{(N)}}\cdot E^{(N)} & \sum_{n^+=1}^{N-1} I^{(n^+)}<I\le\sum_{n^+=1}^{N} I^{(n^+)}, \\ E^{(1)}+\ldots+E^{(N)} & \sum_{n^+=1}^{N} I^{(n^+)}<I. \end{cases} \tag{1.5}$$

Die graphische Darstellung der Investitionsertragsfunktion sei als **Realinvestitions- oder Investitionsertragskurve** bezeichnet. Deren Steigung beträgt zunächst $E^{(1)}/I^{(1)}$, dann $E^{(2)}/I^{(2)}$ bis schließlich $E^{(N)}/I^{(N)}$ und wird somit wegen der angenommenen Projektsortierung nach absteigenden Renditen immer kleiner. Man erhält demnach eine abschnittsweise lineare, degressiv steigende Funktion, die im Ursprung beginnt. *Abbildung 1.1* stellt einen beispielhaften Verlauf bei Zugrundelegung von drei verschiedenen Investitionsprojekten dar.

---

7 Zweifellos ist Kassenhaltung eine sehr degenerierte Form einer Realinvestition. Weil es hierbei aber nicht um Kapitalmarkttransaktionen geht, dürfte die Klassifikation als Realinvestition vertretbar sein.

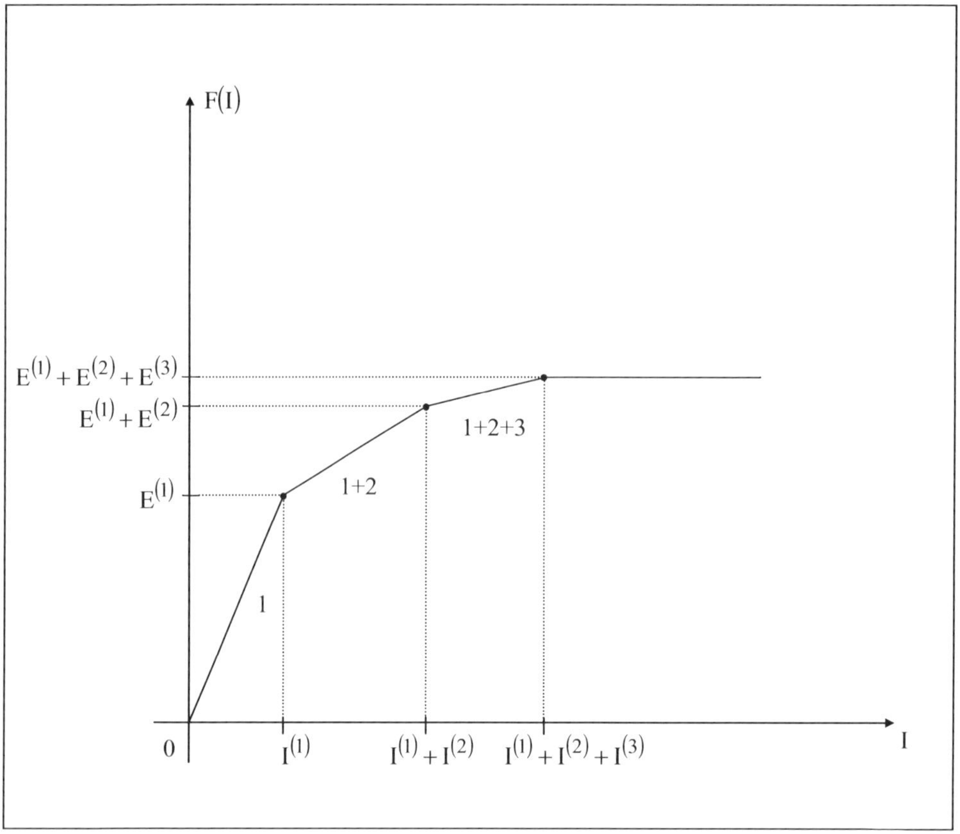

Abbildung 1.1: Investitionsertragskurve bei Verfügbarkeit von drei Investitionsprojekten 1, 2, 3

Beispiel 1.3:

Gegeben sei ein Unternehmer, der Zugang zu drei beliebig teil- und unabhängig voneinander realisierbaren Investitionsprojekten habe. Die maximalen Investitionsvolumina und zugehörigen Rückflüsse aus den drei Projekten können der nachfolgenden *Tabelle 1.1* entnommen werden:

	$I^{(n)}$	$E^{(n)}$
Projekt 1	80	100
Projekt 2	100	120
Projekt 3	50	55

Tabelle 1.1: Maximale Investitionsvolumina und monetäre Rückflüsse für drei verschiedene Projekte

Auf der Grundlage der Daten aus *Tabelle 1.1* lassen sich die Renditen der drei Projekte als $(E^{(1)}/I^{(1)})-1 = 25\ \%$, $(E^{(2)}/I^{(2)})-1 = 20\ \%$ sowie $(E^{(3)}/I^{(3)})-1 = 10\ \%$ berechnen. Die Projekte sind damit schon absteigend nach ihren jeweiligen Renditen gereiht, und es kann unmittelbar die Investitionsertragsfunktion aufgestellt werden:

$$F(I) = \begin{cases} 1{,}25 \cdot I & 0 \le I \le 80, \\ 1{,}2 \cdot (I-80)+100 & 80 < I \le 180, \\ 1{,}1 \cdot (I-180)+220 & 180 < I \le 230, \\ 275 & 230 < I. \end{cases} \tag{1.6}$$

Die graphische Darstellung dieser Investitionsertragsfunktion entspricht mit $I^{(1)} = 80$ GE, $I^{(1)}+I^{(2)} = 180$ GE und $I^{(1)}+I^{(2)}+I^{(3)} = 230$ GE sowie $E^{(1)} = 100$ GE, $E^{(1)}+E^{(2)} = 220$ GE und $E^{(1)}+E^{(2)}+E^{(3)} = 275$ GE von der Struktur her *Abbildung 1.1*. □

Sofern man also annimmt, dass der Unternehmer über Zugang zu beliebig teilbaren, unabhängigen Investitionsprojekten verfügt, lässt sich unmittelbar auf die Existenz einer degressiv steigenden Investitionsertragsfunktion schließen. Insbesondere die **Prämisse beliebiger Teilbarkeit** ist in diesem Zusammenhang kritisch. Denn zum einen ist sie mit der Realität kaum in Einklang zu bringen. Nur in sehr wenigen Fällen wird es wirklich möglich sein, ein Investitionsprojekt auch in Bruchteilen zu realisieren, also etwa ein halb so großes Fertigungswerk mit auch nur halb so großen künftigen Einzahlungen zu errichten. Zum anderen ist die Annahme der beliebigen Teilbarkeit aber in der Tat unabdingbar, um einen degressiv steigenden Verlauf der Investitionsertragsfunktion zu gewährleisten.

Beispiel 1.4:
Das Beispiel 1.3 sei insofern abgewandelt, als die drei zugrunde gelegten, beliebig kombinierbaren Projekte nun als unteilbar angenommen werden. Dies hat zur Konsequenz, dass für Investitionsvolumina unterhalb von 50 GE überhaupt keine positiven Rückflüsse erwirtschaftet werden können. Insofern ist die Investitionsertragsfunktion genaugenommen für Investitionsvolumina unter 50 GE gar nicht definiert. Fasst man diese Investitionsbeträge jedoch wie weiter oben schon dargelegt als das unproduktive Vernichten von liquiden Mitteln in $t = 0$ auf, dann ist für Investitionsbeträge $0 \leq I < 50$ eine Einzahlung von 0 GE zum Zeitpunkt $t = 1$ auszuweisen. Genau in dieser Weise soll im Folgenden verfahren werden.

Für $50 \leq I < 80$ ist allein das Projekt 3 durchführbar und damit auch optimal. Der Rückfluss des Zeitpunktes $t = 1$ beträgt jeweils 55 GE. Für $80 \leq I < 100$ wird der Unternehmer zum Projekt 1 wechseln und eine Einzahlung von 100 GE in $t = 1$ realisieren. Im Intervall [100;130) ist Projekt 2 mit einem Rückfluss von 120 GE am besten, für $I \in [130;150)$ eine Kombination von Projekt 1 und 3, was zu Einzahlungen von 155 GE in $t = 1$ führt. Im Intervall [150;180) wird die Wahl auf die simultane Realisation der Projekte 2 und 3 mit künftigen Einzahlungen von 175 GE fallen. Für $180 \leq I < 230$ werden die Projekte 1 und 2 ausgewählt, was 220 GE in $t = 1$ einbringt, und ab $I = 230$ GE schließlich werden alle drei Projekte gleichzeitig bei Einzahlungen von 275 GE implementiert. Die zugehörige Investitionsertragskurve findet sich in *Abbildung 1.2*.

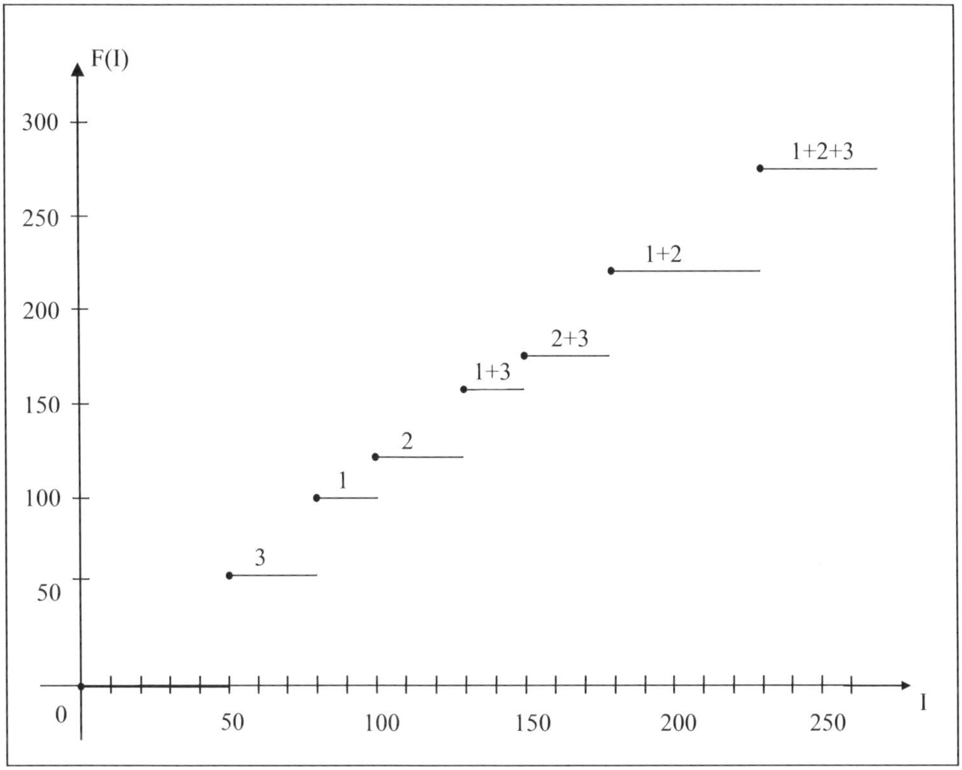

Abbildung 1.2: Investitionsertragskurve bei fehlender Teilbarkeit von Investitionsprojekten

Wie man unschwer erkennt, ist die Investitionsertragskurve zwar (natürlich) monoton steigend, aber nicht einmal mehr stetig und erst recht nicht degressiv. Des Weiteren ist eine einfache Reihung von Investitionsprojekten nach ihren jeweiligen Renditen augenscheinlich ohne Bedeutung, da auch ihr jeweiliges Investitionsvolumen mindestens ebenso wichtig ist. So wird bei Zugrundelegung der Unteilbarkeitsannahme das renditeschwächste Projekt 3 bei kleinen Investitionsvolumina einfach deswegen realisiert, weil die größeren Projekte nicht durchführbar sind. Mit wachsendem Investitionsvolumen verschwindet Projekt 3 dann zunächst wieder von der Agenda, um sich etwa für $I \in [130;150)$ erneut als optimal zu erweisen. □

Das Beispiel 1.4 zeigt recht instruktiv die Schwierigkeiten auf, die sich aus der Aufgabe der Teilbarkeitsprämisse ergeben. Im Wesentlichen bleibt nur die **Mo-**

notonie der Investitionsertragsfunktion erhalten. In ähnlicher Weise ist auch die Annahme **unabhängiger Durchführbarkeit** von Investitionsprojekten von grundlegender Bedeutung, wenngleich dieser Sachverhalt in der Realität eher vorliegen dürfte als die Teilbarkeitseigenschaft. Die extremste Form der Abhängigkeit zwischen zwei Projekten liegt vor, wenn sie nicht beide simultan durchgeführt werden können, etwa weil es sich um die Realisation zweier alternativer Herstellungsverfahren für dasselbe Produkt handelt. Man spricht in diesem Fall davon, dass sich die beiden Projekte gegenseitig ausschließen. Die sich hieraus ergebenden Konsequenzen sollen anhand eines weiteren Beispiels veranschaulicht werden.

Beispiel 1.5:
In Abwandlung des Beispiels 1.3 seien alternativ zwei verschiedene Szenarien betrachtet:

1) Die Durchführung der Projekte 2 und 3 soll sich gegenseitig ausschließen,
2) die Durchführung der Projekte 1 und 2 soll sich gegenseitig ausschließen.

Der Fall 1) ist recht einfach zu handhaben. Projekt 2 verfügt sowohl über eine höhere Rendite als auch ein höheres maximales Investitionsvolumen als Projekt 3 und ist diesem daher eindeutig überlegen. Das heißt, der Unternehmer kann die Investitionsertragsfunktion so ermitteln, als ob Projekt 3 nicht existierte. Infolge der Teilbarkeitsannahme hat der Unternehmer nämlich gewissermaßen zwischen dem Zugang zu 100 standardisierten Investitionsprojekten über jeweils 1 GE mit Rendite von je 20 % und dem Zugang zu 50 standardisierten Investitionsprojekten mit einer Rendite von jeweils 10 % zu entscheiden. Zweifellos fällt diese Wahl leicht.

Etwas komplizierter ist der Sachverhalt im Fall 2), da hier das renditestärkere Projekt 1 über einen geringeren maximalen Investitionsbetrag als das renditeschwächere Projekt 2 verfügt. Für hohe Investitionsvolumina kann es sich für den Unternehmer daher lohnen, das Projekt 2 statt des Projekts 1 trotz der geringeren Projektrendite auszuwählen. Damit ist zunächst einmal auch klar, dass sich der Unternehmer bis zu einem Investitionsvolumen von 80 GE in jedem Fall für die Realisation des Projekts 1 entscheiden wird. Für darüber hinausgehende Investitionsbeträge hat der Unternehmer nun zwischen der simultanen Realisation der Projekte 1 und 3 und alternativ dem Wechsel zur alleinigen Durchführung des Projekts 2 abzuwägen. Erstere Verhaltensweise liefert Einzahlungen in $t = 1$ von $100+[(I-80)/50]\cdot 55 = 100+1{,}1\cdot(I-80)$ für $80 < I \leq 130$, während letztere Möglichkeit zu Rückflüssen von $(I/100)\cdot 120 = 1{,}2\cdot I$ für $I \leq 100$ führt. Gleichsetzen dieser beiden Ausdrücke ergibt einen kritischen Wert $I_{krit} = 120$ GE. Erst ab diesem Investitionsvolumen würde sich der Wechsel von einem aus Projekt 1 und 3 bestehenden Investitionsprogramm zur alleinigen Durchführung des Projekts 2 demnach lohnen. Weil aber in Projekt 2 hier nur maximal 100 GE investiert werden können, scheidet die alleinige Realisation von Projekt 2 in diesem Fall 2) als optimales Investitionsverhalten aus. In Betracht kommt aber noch die kombinierte Realisation der Projekte 2 und 3. Wieder muss man sich hierzu fragen, ab welchem Investitionsvolumen die Durchführung der Projekte 2 und 3 der alternativen Realisation der Projekte 1 und 3 überlegen ist. Weil in beiden Programmen Projekt 3 enthalten ist und Projekt 1 über eine höhere Rendite als Projekt 2 verfügt, kann die simultane Durchführung der Projekte 2 und 3 allenfalls für Investitionsvolumina über $I^{(1)}+ I^{(3)} = 130$ GE von Vorteil sein. In der Tat erhält man bei vollständiger Durchführung der Investitionsprojekte 1 und 3 in $t = 1$ Einzahlungen von 155 GE. Auf diesen Betrag kommt man bei Entscheidung für die Projekte 2 und 3 erst, wenn man Projekt 2 vollständig und Projekt 3 im Umfang $35/55 = 7/11$ durchführt. Dazu gehört ein Investitionsvolumen von $100+50\cdot 7/11 \approx 131{,}82$ GE. Ab diesem Wert ist die Durchführung der Projekte 2 und 3 besser als die Umsetzung von 1 und 3. Zwischen den Investitionsvolumina 130 GE und 131,82 GE werden folglich weiterhin die Projekte 1 und 3 im vollen Umfang realisiert. Der jeweilige Restinvestitionsbetrag "versickert" unproduktiv: Die Einzahlungen des Zeitpunktes $t = 1$ belaufen sich für diese Investitionsbeträge also auf konstant 155 GE. Zusammenfassend erhält man demnach (näherungsweise) die folgende Investitionsertragsfunktion:

$$F(I) = \begin{cases} 1{,}25\cdot I & 0 \leq I \leq 80, \\ 100+1{,}1\cdot(I-80) & 80 < I \leq 130, \\ 155 & 130 < I \leq 131{,}82, \\ 120+1{,}1\cdot(I-100) & 131{,}82 < I \leq 150, \\ 175 & 150 < I. \end{cases} \tag{1.7}$$

Wie man sieht, erhält man in beiden obigen Fällen 1) und 2) nicht nur ein komplizierteres Auswahlproblem als bei Annahme beliebig kombinierbarer Projekte, auch kann der degressiv steigende Verlauf der Investitionsertragsfunktion verlorengehen. Die in (1.7) beschriebene Funktion etwa hat für Investitionsvolumina von 130 bis 131,82 GE eine Steigung von Null, unmittelbar danach aber wieder eine von 1,1. Generell erhalten bleibt bei Abhängigkeiten zwischen (beliebig teilbaren) Investitionsprojekten in der Tat allein der abschnittsweise lineare, monoton steigende Verlauf von Realinvestitionsfunktionen. □

Außer der **Monotonie** erweist sich also im allgemeinen Fall keine Eigenschaft der Investitionsertragskurve als stabil. Diese Erkenntnisse sollte man im Hinterkopf behalten, wenn aus Gründen der Komplexitätsreduktion im Weiteren die Annahmen der Unabhängigkeit und beliebigen Teilbarkeit der vorhandenen Investitionsprojekte zunächst beibehalten werden. Die hieraus resultierende Investitionsertragsfunktion ist für konkrete Anwendungen schnell aufzustellen und in ihrem allgemeinen Verlauf aufgrund der möglichen Reihung von Projekten nach ihren Renditen eindeutig zu beschreiben. Als "störend" erweisen sich allerdings noch die **"Knickstellen"**, an denen jeweils ein weiteres Projekt in das augenblicklich betrachtete Investitionsprogramm Aufnahme findet. An diesen Stellen nämlich ist die Investitionsertragskurve nicht differenzierbar. Aus diesem Grunde wird in Lehrbüchern ganz überwiegend ein "stilisierter" Verlauf der Investitionsertragsfunktion zugrunde gelegt mit $F(0) = 0$ sowie $F'(I) > 0$ und $F''(I) < 0$ für alle möglichen Investitionsvolumina $I > 0$.[8]

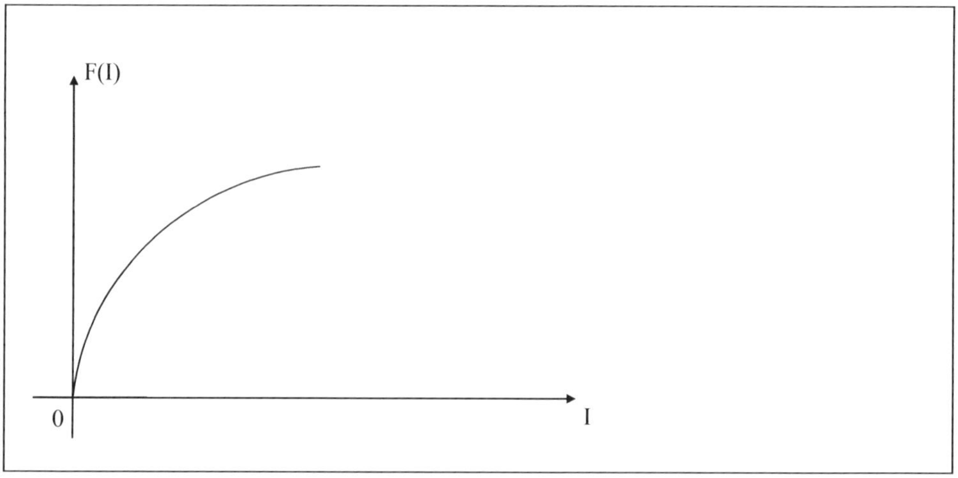

Abbildung 1.3: Stilisierter (differenzierbarer) Verlauf einer Investitionsertragskurve

8 Vgl. hierzu *Abbildung 1.3*. Siehe auch etwa *Franke/Hax* (2009), S. 153 f.

Unter Beachtung der obigen Herleitung der Investitionsertragskurve aus *Abbildung 1.1* gelangt man zu einem derartigen stilisierten Verlauf nur für den Grenzfall des unternehmerischen Zugangs zu unendlich vielen Projekten infinitesimaler Größe mit ebensolchen Renditeunterschieden, wobei die insgesamt verfügbaren Projekte überdies[9] in ihrer Gesamtheit auch noch unbegrenzte Investitionsmöglichkeiten bieten. Auch im Rahmen des vorliegenden Lehrbuchs wird zunächst von diesem vereinfachten Verlauf der Investitionsertragskurve ausgegangen, wenngleich an späterer Stelle Konsequenzen aus alternativen Verläufen der Investitionsertragskurve noch zu besprechen sein werden.

Sofern der Unternehmer nun einen Betrag I für investive Zwecke verwendet, reduziert sich sein für Konsumauszahlungen in $t = 0$ noch vorhandenes Geldvermögen auf W_0-I. Im Gegenzug ergeben sich für ihn in $t = 1$ neue Konsummöglichkeiten im Umfang von F(I). Den Unternehmer interessiert natürlich, welche Paare $(C_0;C_1)$ von gegenwärtigem und zukünftigem Konsum über die Durchführung von Realinvestitionen überhaupt erreichbar sind. Wegen $C_0 = W_0-I \Leftrightarrow I = W_0-C_0$ kann man statt F(I) auch $F(W_0-C_0)$ schreiben und somit (aufgrund der Konstanz von W_0) den möglichen C_1-Konsum unmittelbar in Abhängigkeit vom Konsum C_0 in $t = 0$ angeben. Mit $C_1 = F(W_0-C_0)$ erhält man auf diese Weise eine funktionale Beschreibung der mittels Realinvestitionen erreichbaren $(C_0;C_1)$-Kombinationen. Im Weiteren sei hier von der **Transformationsfunktion** die Rede, und die zugehörige Graphik werde als **Transformationskurve** bezeichnet. Die Transformationskurve ist also der geometrische Ort aller durch einen Unternehmer mittels Realinvestitionen und für gegebene Anfangsausstattung W_0 erreichbaren Kombinationen von gegenwärtigem und zukünftigem Konsum.

Augenscheinlich erhält man für $C_0 = W_0$ einen künftigen Konsum $C_1 = F(0) = 0$ GE in $t = 1$. Das heißt, die Transformationskurve verfügt an der Stelle $C_0 = W_0$ über eine Nullstelle. Reduziert man nun den Gegenwartskonsum ceteris paribus um 1 GE, so bedeutet dies eine Steigerung des künftigen Konsums von $C_1 = F(0) = 0$ auf $C_1 = F(1)$. Entsprechend verhält es sich mit weiteren Reduktionen des C_0-Konsums. Ausgehend von $C_0 = W_0$, bewegt man sich durch eine Reduktion von

---

9 Die Summe der Investitionsvolumina unendlich vieler kleiner Investitionsprojekte könnte durchaus stets endlich sein. Dann wäre aber $F'(I) > 0$ nicht mehr für alle I erfüllt. Vielmehr würde die Investitionsertragskurve letztlich zu einer **Parallele** der Abszisse.

C_0 in einem $(C_0;C_1)$-Diagramm nach links, während der zugehörige Ordinatenwert gemäß der Investitionsertragsfunktion ansteigt. Die Transformationskurve ist demnach nichts anderes als die an der Achse $C_0 = W_0$ nach links gespiegelte Investitionsertragskurve. Ein beispielhafter Verlauf der Transformationskurve auf der Grundlage einer Investitionsertragsfunktion gemäß *Abbildung 1.3* ist in *Abbildung 1.4* dargestellt. Da negative Konsumpositionen nicht möglich sind, ist der im zweiten Quadranten (Situation mit $C_0 < 0$) liegende Teil der Transformationskurve gestrichelt gezeichnet. Hiermit nämlich sind solche Investitionsvolumina verbunden, die der Unternehmer für seine gegebene Anfangsausstattung W_0 gar nicht erreichen kann und die insofern zumindest im hier betrachteten Szenario (bei fehlendem unternehmerischen Kapitalmarktzugang) ohne Bedeutung sind.

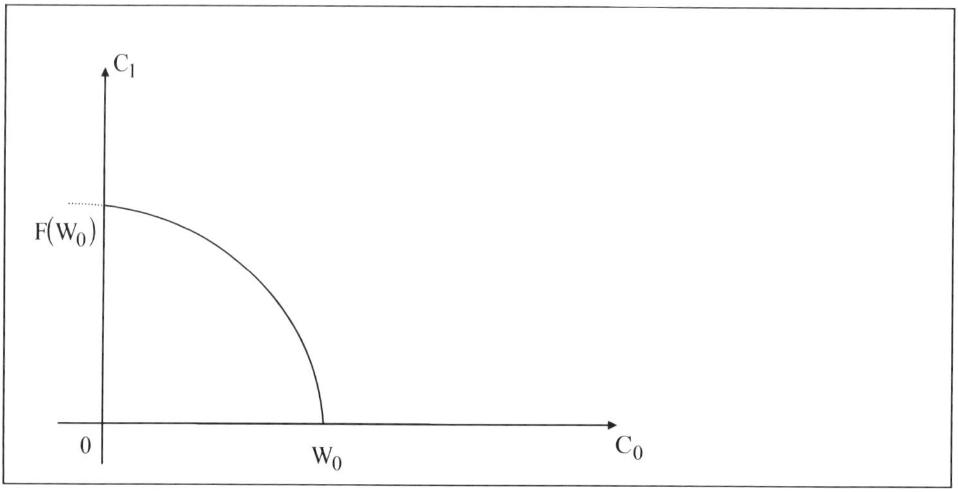

Abbildung 1.4: Stilisierter Verlauf der Transformationskurve

Beispiel 1.6:

Gegeben sei eine Investitionsertragsfunktion der Form $F(I) = 4{,}4 \cdot I^{0{,}5}$. Damit gilt $F(0) = 0$ sowie $F'(I) = 2{,}2 \cdot I^{-0{,}5} > 0$ und $F''(I) = -1{,}1 \cdot I^{-0{,}5} < 0$ für $I > 0$. Alle geforderten Voraussetzungen für den Verlauf einer Investitionsertragsfunktion sind hierbei demnach erfüllt. Ferner verfüge der betrachtete Unternehmer über eine monetäre Anfangsausstattung in $t = 0$ in Höhe von $W_0 = 10$ GE. Die Transformationsfunktion lautet dann $C_1 = F(W_0 - C_0) = 4{,}4 \cdot (10 - C_0)^{0{,}5}$ und verläuft im $(C_0;C_1)$-Diagramm progressiv fallend. □

3 Optimale Konsum- und Investitionsentscheidungen

3.1 Darstellung der Lösung

Das Problem des Unternehmers besteht nun in der **Maximierung seiner Nutzenfunktion** unter Beachtung seiner durch die Transformationsfunktion beschriebe-nen Realinvestitionsmöglichkeiten. Formal bedeutet dies:

$$U(C_0;C_1) \rightarrow \max_{C_0,C_1}.! \qquad (1.8)$$

unter Einhaltung von

$$F(W_0 - C_0) = C_1. \qquad (1.9)$$

Als besonders anschaulich erweist sich in diesem Zusammenhang ein graphischer Zugang zur Problemlösung. Zu diesem Zweck ist das $(C_0;C_1)$-Diagramm mit der Transformationskurve um die Darstellung von Indifferenzkurven[10] zu ergänzen.

Unter einer **Indifferenzkurve** versteht man den geometrischen Ort aller $(C_0;C_1)$-Kombinationen, die den gleichen (beliebigen) Nutzenwert $\bar{U}$ stiften, also

$$U(C_0;C_1) = \bar{U} = \text{konst.} \qquad (1.10)$$

Indifferenzkurven heißen deshalb auch **Isonutzenlinien** (mit griech. "iso" = "gleich") und sind grundsätzlich mit den Höhenlinien beispielsweise in Wanderkarten vergleichbar. Denn zu jeder Indifferenzkurve gehört ein ganz bestimmtes (Nutzen-) Niveau $\bar{U}$. In *Abbildung 1.5* sind drei typische Indifferenzkurven mit Nutzenniveaus $\bar{U}^{(1)}$, $\bar{U}^{(2)}$ und $\bar{U}^{(3)}$ beispielhaft dargestellt.

Dass in diesem Zusammenhang die am weitesten außen liegende Indifferenzkurve mit dem höchsten Nutzenniveau $\bar{U}^{(3)}$ einhergeht, ist kein Zufall, sondern diese

---

[10] Die Erörterung von Entscheidungsproblemen über die Betrachtung von Indifferenzkurven ist vor allem in der **mikroökonomischen Theorie** überaus gängig. Vgl. daher zur Herleitung und den Eigenschaften von Indifferenzkurven beispielsweise *Pindyck/Rubinfeld* (2009), S. 108 ff., oder auch *Wiese* (2010), S. 39 ff.

Eigenschaft liegt stets vor. Ursächlich hierfür ist, dass der unternehmerische Nutzen sowohl mit steigendem C_0 als auch steigendem C_1 zunimmt. Wie man sieht, kann der Unternehmer auf der Indifferenzkurve $\bar{U}^{(3)}$ Konsumkombinationen realisieren, die sowohl einen höheren Gegenwartskonsum als auch einen höheren Zukunftskonsum als bestimmte Punkte auf der Indifferenzkurve $\bar{U}^{(2)}$ aufweisen. Infolgedessen muss $\bar{U}^{(3)} > \bar{U}^{(2)}$ gelten. Aus dem gleichen Grunde gilt $\bar{U}^{(2)} > \bar{U}^{(1)}$. Ferner können sich verschiedene Indifferenzkurven nicht schneiden, da es ansonsten Konsumkombinationen gäbe, denen simultan zwei verschiedene Nutzenniveaus zugeordnet wären. Weil das betrachtete Nutzenniveau $\bar{U}$ einer Indifferenzkurve beliebig stetig variiert werden kann, gibt es des Weiteren zum einen unendlich viele Indifferenzkurven im $(C_0;C_1)$-Diagramm und liegen diese zum anderen derart "dicht", dass zwischen zwei verschiedenen Indifferenzkurven mit Nutzenniveaus $\bar{U}^{(1)}$ und $\bar{U}^{(3)}$ stets noch eine dritte mit Nutzenniveau $\bar{U}^{(2)}$ $(\bar{U}^{(3)} > \bar{U}^{(2)} > \bar{U}^{(1)})$ identifiziert werden kann.

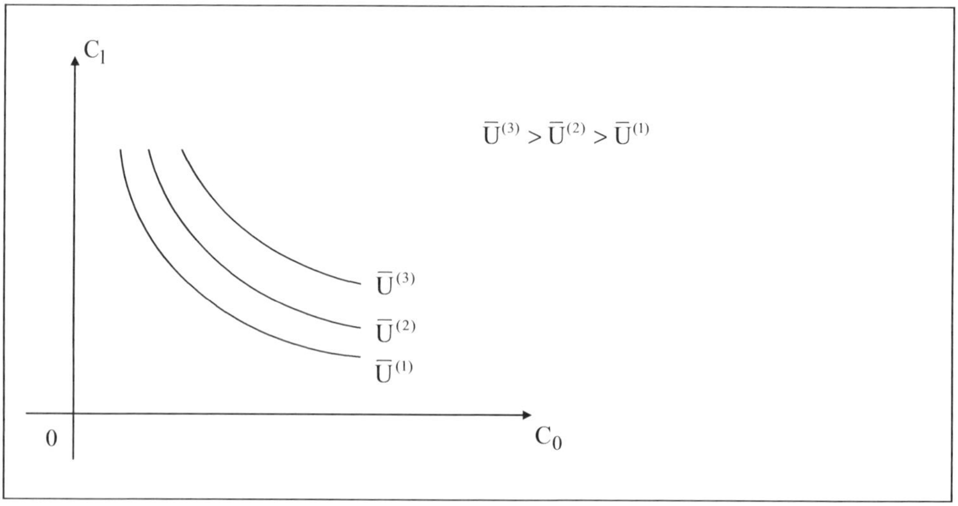

Abbildung 1.5: Indifferenzkurvenschar

Auch der degressiv fallende Verlauf der Indifferenzkurven aus *Abbildung 1.5* ist nicht willkürlich gewählt. Insbesondere sind Indifferenzkurven stets **streng monoton fallend**. Denn eine Erhöhung des Gegenwartskonsums muss ceteris paribus mit einer Reduktion des Zukunftskonsums einhergehen, sofern der resultierende Gesamtnutzenwert konstant bleiben soll. Fraglich ist jedoch, welches **Krümmungsverhalten** Indifferenzkurven aufweisen. In der Regel trifft man hier die auch in *Abbildung 1.5* zum Ausdruck kommende Annahme, dass Indifferenzkurven degressiv fallend verlaufen. Das bedeutet, dass mit wachsendem, bereits erreichten Niveau an C_0-Konsum jede weitere Geldeinheit Gegenwartskonsum den Unternehmer nur noch zu einer immer geringer werdenden Aufgabe von C_1-Konsum bewegen wird. Die Intuition hierfür ist, dass mit steigendem Wert für C_0 und fallendem für C_1 der erreichbare Zukunftskonsum relativ zum Niveau des Gegenwartskonsums immer knapper und damit aus Sicht des jeweiligen Entscheidungssubjekts immer "wertvoller" wird. Daher wird das (Grenz-) Austauschverhältnis oder die **(Grenz-) Rate der Substitution** zwischen C_1- und C_0-Konsum beständig geringer.

Stellt man auf infinitesimale Größen ab, so kann die Grenzrate der Substitution unmittelbar durch den Absolutbetrag $|dC_1/dC_0|$ der Steigung der jeweils betrachteten Indifferenzkurve beschrieben werden, da hierdurch das Grenzaustauschverhältnis zwischen C_1- und C_0-Konsum für infinitesimale Größenordnungen determiniert wird. Konkret gibt $|dC_1/dC_0|$ an, auf wie viele Einheiten des Zukunftskonsums der Unternehmer maximal zu verzichten bereit ist, wenn ihm als Ausgleich eine Steigerung seines Gegenwartskonsums um eine infinitesimale Einheit geboten wird.

Gemäß dem Satz über implizit definierte Funktionen[11] gilt des Weiteren folgende Umformung:

$$\left.\frac{dC_1}{dC_0}\right|_{U=\bar{U}} = -\frac{\partial U/\partial C_0}{\partial U/\partial C_1}. \tag{1.11}$$

[11] Vgl. zum Satz über implizit definierte Funktionen allgemein beispielsweise *Takayama* (1985), S. 404, oder *Felderer/Homburg* (2005), S. 419 ff. Die spezielle Gültigkeit von (1.11) lässt sich leicht über die Gleichung des totalen Differentials gemäß (1.2) herleiten. Charakteristisch für Indifferenzkurven ist nämlich gerade, dass nur Änderungen dC_0 des Gegenwartskonsums und dC_1 des Zukunftskonsums derart betrachtet werden, dass es per saldo zu keiner Nutzenänderung kommt. Im Zusammenhang mit (1.2) bedeutet dies $dU = 0$ für alle denkbaren Konsumvariationen dC_0 und dC_1 entlang einer Indifferenzkurve. Die Gleichung $0 = (\partial U/\partial C_0)\cdot dC_0+(\partial U/\partial C_1)\cdot dC_1$ lässt sich unmittelbar zu (1.11) umformen.

Die Grenzrate der Substitution $|dC_1/dC_0|$ entspricht damit einfach dem **Grenznutzenverhältnis** $(\partial U/\partial C_0)/(\partial U/\partial C_1)$. Eine fallende Grenzrate der Substitution ist nun gleichbedeutend damit, dass die Ableitung des Grenznutzenverhältnisses kleiner als Null ist. Die Anwendung der Quotientenregel liefert hierbei:

$$\frac{\partial\left(\frac{\partial U/\partial C_0}{\partial U/\partial C_1}\right)}{\partial C_0}=\frac{\partial^2 U/\partial C_0^2\cdot\partial U/\partial C_1-\partial U/\partial C_0\cdot\partial^2 U/(\partial C_0\partial C_1)}{(\partial U/\partial C_1)^2}. \tag{1.12}$$

Das Vorzeichen der Ableitung aus (1.12) wird wegen des infolge des Quadrats stets positiven Nenners allein durch den Zähler des Bruchs auf der rechten Seite von (1.12) bestimmt. Für eine fallende Grenzrate der Substitution müsste dieser Zähler negativ sein. In der Tat ist sein Vorzeichen aber schon infolge der bislang nicht kommentierten Kreuzableitung $\partial^2 U/(\partial C_0\partial C_1)$ unspezifiziert. Eindeutig ist lediglich, dass der Minuend des Bruchs wegen der Annahme positiven, fallenden Grenznutzens über ein negatives Vorzeichen verfügt. Unterstellt man nun, dass das Vorzeichen der Kreuzableitung nichtnegativ ist, dann ist in der Tat der gesamte Zähler der Ableitung aus (1.12) negativ und der degressiv fallende Verlauf der Indifferenzkurven zweifelsfrei gewährleistet. Ein nichtnegatives Vorzeichen der **Kreuzableitung** ist damit eine hinreichende, aber keineswegs notwendige Bedingung für den in *Abbildung 1.5* skizzierten Indifferenzkurvenverlauf. Inhaltlich besagt eine nichtnegative Kreuzableitung, dass der Grenznutzen etwa des Zukunftskonsums mit wachsendem Gegenwartskonsum nicht abnimmt. Sicherlich ist die Angemessenheit einer solchen Prämisse noch deutlich weniger leicht einzusehen als die Annahme eines positiven, fallenden Grenznutzens in C_0 und C_1. Aus dieser rudimentären formalen Analyse erkennt man daher bereits, dass die Unterstellung einer fallenden Grenzrate der Substitution auf den ersten Blick zwar durchaus plausibel erscheinen mag, aber genaugenommen eine zusätzliche Annahme hinsichtlich der Eigenschaft der unternehmerischen Nutzenfunktion U darstellt, deren Vorliegen selbst bei Voraussetzung positiven, abnehmenden Grenznutzens keineswegs stets gewährleistet sein muss.

In der Tat ist die Eigenschaft konvexer Indifferenzkurven recht wichtig und im Gegensatz zur Annahme eines degressiv steigenden Nutzenfunktionsverlaufs **nicht** den beiden zu Anfang dieses Kapitels genannten Problemen ausgesetzt. Das heißt, dass aus konvexen Indifferenzkurven bei in Verbrauchsmengen von **beliebig vielen** Gütern definierter unternehmerischer Nutzenfunktion stets auch auf konvexe Indifferenzkurven mit Bezug auf $U(C_0;C_1)$ geschlossen werden kann.[12] Überdies führt **jede** positive monotone Transformation einer Nutzenfunktion $U(C_0;C_1)$ mit konvexen Indifferenzkurven ebenfalls wieder zu konvexen Indifferenzkurven. Im Umkehrschluss bedeutet dies, dass bei einer unternehmerischen Nutzenfunktion mit positivem Grenznutzen in C_0 und C_1, aber nicht konvexen Indifferenzkurven auch durch eine positive monotone Transformation der Nutzenfunktion die Konvexität der Indifferenzkurven nicht hergestellt werden kann. Damit haben die Überlegungen im Zusammenhang mit (1.12) trotz der Ordinalität von Nutzenfunktionen bei Sicherheit dennoch grundsätzliche Bedeutung.[13]

Beispiel 1.7:

Es seien die unternehmerischen Präferenzen gemäß Beispiel 1.1 vorausgesetzt. Die Gleichung einer Indifferenzkurve mit Nutzenniveau $\bar{U}$ bestimmt sich damit gemäß

---

[12] Vgl. *Fama/Miller* (1972), S. 19 f.

[13] Es lässt sich zeigen, dass aus der **"Quasi-Konkavität"** einer Nutzenfunktion die Konvexität der Indifferenzkurven folgt. Quasi-Konkavität bedeutet, dass die Realisation einer Linearkombination $\alpha \cdot (C_0^{(1)};C_1^{(1)}) + (1-\alpha) \cdot (C_0^{(2)};C_1^{(2)})$ $(0 \leq \alpha \leq 1)$ von zwei intertemporalen Konsumallokationen $(C_0^{(1)};C_1^{(1)})$ und $(C_0^{(2)};C_1^{(2)})$ keinen geringeren Nutzen als das Minimum der Nutzenwerte bei Konsum von **entweder** $(C_0^{(1)};C_1^{(1)})$ **oder** $(C_0^{(2)};C_1^{(2)})$ liefert, eine Mischung insbesondere von extremen Konsumallokationen aus Sicht eines Entscheiders generell von Vorteil ist. In der Tat ist hier der Zusammenhang etwas präziser angesprochen, der weiter oben als Motivation für den konvexen Verlauf von Indifferenzkurven geltend gemacht worden ist. Vgl. näher *Mas-Collel/Whinston/Green* (1995), S. 49 f.

$$\begin{aligned} &U(C_0;C_1) = C_0^{0,3} \cdot C_1^{0,7} = \bar{U} \\ &\Leftrightarrow C_1 = \bar{U}^{\frac{10}{7}} \cdot C_0^{-\frac{3}{7}}, \end{aligned} \tag{1.13}$$

so dass des Weiteren

$$\begin{aligned} &\frac{dC_1}{dC_0} = -\frac{3}{7} \cdot \bar{U}^{\frac{10}{7}} \cdot C_0^{-\frac{10}{7}} < 0, \\ &\frac{d^2C_1}{dC_0^2} = \frac{30}{49} \cdot \bar{U}^{\frac{10}{7}} \cdot C_0^{-\frac{17}{7}} > 0 \end{aligned} \tag{1.14}$$

für $C_0 > 0$ und damit hier in der Tat ein degressiv fallender Indifferenzkurvenverlauf resultiert. □

Trotz der oben dargelegten Probleme soll die Annahme der fallenden Grenzrate der Substitution im Weiteren beibehalten werden, denn zusammen mit den Bedingungen, die zu einer degressiv steigenden Investitionsertragsfunktion führen, ergibt sich nun eine besonders einfache Lösung des unternehmerischen Entscheidungsproblems.[14]

Es ist nämlich bekannt, dass der Unternehmer alle Punkte auf (oder natürlich auch unterhalb) der Transformationskurve im $(C_0;C_1)$-Diagramm erreichen kann. Jeder dieser Punkte liegt (auch) auf einer bestimmten Indifferenzkurve. Unternehmerische Nutzenmaximierung bedeutet nun, diejenige Investitionsentscheidung zu treffen, das heißt denjenigen Punkt auf der Transformationskurve anzusteuern, dessen zugehörige Indifferenzkurve mit dem höchsten Nutzenniveau einhergeht, also am weitesten außen liegt. In der Tat muss die aus Unternehmersicht optimale Konsumkombination (bei Voraussetzung einer inneren Lösung) daher dadurch gekennzeichnet sein, dass dort ein **Tangentialpunkt** von Transformations- und Indifferenzkurve vorliegt. Ansonsten wäre es leicht, einen anderen Punkt auf der Transformationskurve zu finden, durch den eine Indifferenzkurve mit einem höheren Nutzenniveau verläuft. Eine graphische Veranschaulichung dieses Sach-

---

14 Wie schon weiter oben angedeutet, benötigt man für das zentrale Ergebnis des Abschnitts 1 des folgenden Kapitels III lediglich positiven Grenznutzen im Konsum, nicht aber ein bestimmtes Krümmungsverhalten der Indifferenzkurven. Insofern ist diese Frage letztlich ohnehin nicht ganz so entscheidend.

verhalts findet sich in *Abbildung 1.6*, wobei die optimale Konsumposition durch $\left(C_0^*;C_1^*\right)$ gekennzeichnet ist. Das optimale Realinvestitionsvolumen I^* kann als Differenz zwischen Anfangsausstattung W_0 und optimalem Gegenwartskonsum C_0^* ebenfalls leicht in der *Abbildung 1.6* abgelesen werden.

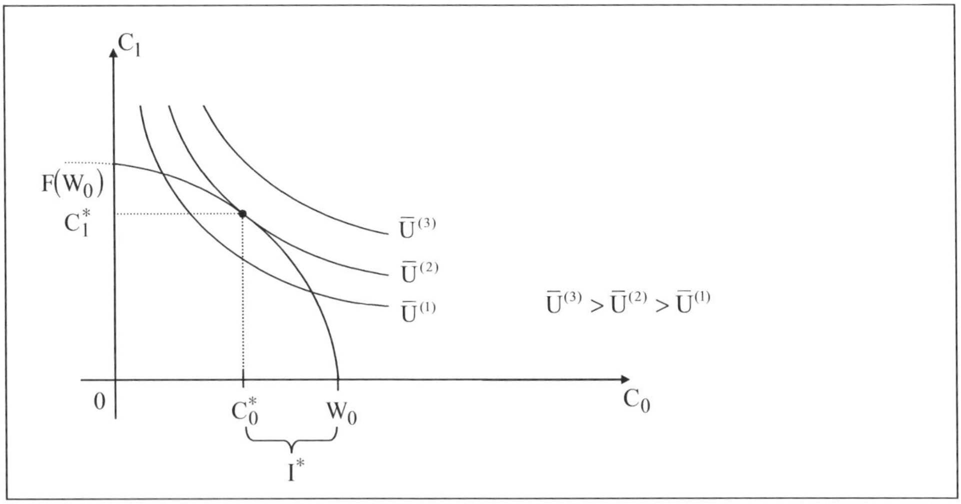

Abbildung 1.6: Optimale unternehmerische Konsumund Investitionsentscheidungen

Im Tangentialpunkt entspricht die Steigung der Indifferenzkurve gerade der Steigung der Transformationskurve. Den Absolutbetrag der Letzteren kann man auch als **Grenzrate der Transformation** bezeichnen. Denn sie gibt an, um wie viel der C_1-Konsum infolge geringerer investiver Auszahlungen in $t = 0$ zurückgeht, wenn der C_0-Konsum um eine (infinitesimale) Geldeinheit ausgedehnt wird. Da sich die Ableitung der Transformationsfunktion $F(W_0-C_0)$ nach C_0 wegen $I = W_0-C_0$ gemäß Kettenregel als $[\partial F(I)/\partial I]\cdot(\partial I/\partial C_0) = -\partial F(I)/\partial I < 0$ ergibt, bestimmt sich die Grenzrate der Transformation als $\partial F/\partial I$. Im Tangentialpunkt von Indifferenz- und Transformationskurve gilt die **Gleichheit** von Grenzrate der Substitution und Grenzrate der Transformation.

Je größer C_0 bereits ist, umso höher sind die (Grenz-) Einbußen an C_1-Konsum bei weiterer Ausdehnung von C_0 durch zusätzlichen Investitionsverzicht. Weil gleichzeitig annahmegemäß die Wertschätzung des C_1-Konsums aus Sicht des Unternehmers relativ zunimmt, ist der C_0-Konsum gerade nur bis zu dem Punkt auszudehnen, in dem beide Grenzraten übereinstimmen. Diese **Optimalitätsbedingung** lässt sich auch leicht formal herleiten. Dazu ist auf das weiter oben unter (1.8) und (1.9) präsentierte Entscheidungsproblem zurückzukommen. Zur Lösung dieses Problems kann beispielsweise (1.9) in (1.8) eingesetzt werden, so dass man nur noch über eine Variable, nämlich C_0, maximieren muss:

$$U[C_0; F(W_0 - C_0)] \rightarrow \max_{C_0}.! \tag{1.15}$$

Durch Ableiten gelangt man mittels Kettenregel und unter Beachtung von I = $W_0 - C_0$ zu der folgenden notwendigen Bedingung für ein unternehmerisches Nutzenmaximum:

$$\frac{\partial U}{\partial C_0} - \frac{\partial U}{\partial C_1} \cdot \frac{\partial F}{\partial I} = 0. \tag{1.16}$$

Umformung von (1.16) liefert unmittelbar

$$\frac{\partial U/\partial C_0}{\partial U/\partial C_1} = \frac{\partial F}{\partial I}, \tag{1.17}$$

mithin die bereits als erforderlich hergeleitete Gleichheit von Grenzrate der Substitution und Grenzrate der Transformation.

Die hinreichende Bedingung für ein lokales Nutzenmaximum bestimmt sich hierbei übrigens gemäß Produkt- und Kettenregel als

$$\frac{\partial^2 U}{\partial C_0^2} - 2 \cdot \frac{\partial^2 U}{\partial C_0 \partial C_1} \cdot \frac{\partial F}{\partial I} + \frac{\partial^2 U}{\partial C_1^2} \cdot \left(\frac{\partial F}{\partial I}\right)^2 + \frac{\partial U}{\partial C_1} \cdot \frac{\partial^2 F}{\partial I^2} < 0 \tag{1.18}$$

und ist unter den getroffenen Annahmen im Falle nichtnegativer Kreuzableitung sicherlich erfüllt. Die Analogie zur graphischen Problemlösung zeigt sich demnach auch hier.

Weil sich das optimale Investitionsvolumen I^* als $W_0 - C_0^*$ ergibt, liegt mit C_0^* und C_1^* natürlich auch I^* fest. Wir erhalten also hier eine sehr einfache Optimalitätsbedingung für unternehmerisches Investitionsverhalten: Investiere so lange, bis die Grenzrate der Transformation der Grenzrate der Substitution entspricht. Die Grenzrate der Transformation ist dabei nichts anderes als die um 1 erhöhte **Grenzrendite** aus der Investition, wobei die Grenzrendite wiederum definiert ist als die aus der Investition einer weiteren (infinitesimalen) Geldeinheit erzielbare Verzinsung.

Beispiel 1.8:
Betrachtet sei ein Unternehmer mit der Nutzenfunktion aus Beispiel 1.1 und der Investitionsertragsfunktion sowie der unternehmerischen Anfangsausstattung aus Beispiel 1.6. Das unternehmerische Konsumoptimum ist dann durch den Tangentialpunkt einer Indifferenzkurve mit der Transformationskurve gekennzeichnet. Der optimale Gegenwartskonsum C_0 sowie das maximal erreichbare Nutzenniveau $\bar{U}$ müssen daher den folgenden beiden Bedingungen genügen:

$$\begin{aligned} &\text{I.} \quad \bar{U}^{\frac{10}{7}} \cdot C_0^{-\frac{3}{7}} = 4{,}4 \cdot \sqrt{10 - C_0}, \\ &\text{II.} \quad \frac{3}{7} \cdot \bar{U}^{\frac{10}{7}} \cdot C_0^{-\frac{10}{7}} = \frac{2{,}2}{\sqrt{10 - C_0}}. \end{aligned} \tag{1.19}$$

Bedingung I. stellt sicher, dass ein gemeinsamer Punkt von Transformationskurve und Indifferenzkurve betrachtet wird. Bedingung II. gewährleistet, dass es sich bei diesem gemeinsamen Punkt um einen Tangentialpunkt handelt. Die numerische Lösung dieser beiden Gleichungen führt zu einem optimalen Gegenwartskonsum C_0^* von etwa 4,61 GE, einem zugehörigen Investitionsvolumen I^* von ca. 5,39 GE sowie Zukunftskonsum C_1^* von ungefähr 10,21 GE. Der Unternehmer erreicht damit insgesamt ein Nutzenniveau in Höhe von etwa 8,05. □

3.2 Diskussion

Zu beachten ist, dass die leicht zugängliche Entscheidungsregel der Gleichsetzung der beiden Grenzraten nur aufgrund der hier getroffenen vereinfachenden Annahmen Gültigkeit besitzt. Beispielsweise lässt sie sich überhaupt nur sinnvoll anwenden, wenn man von einem **Zwei-Zeitpunkte-Fall** ausgeht. Bei der Betrachtung von mehr als zwei Zeitpunkten ist diese Entscheidungsregel demnach bereits nicht mehr hilfreich. Ferner wurde bislang wenigstens implizit stets angenommen, dass überhaupt ein Tangentialpunkt zwischen Indifferenzkurvenschar und Transformationskurve existiert. Ist dies nicht der Fall, gilt entweder für alle Punkte der Transformationskurve, dass die Grenzrate der Transformation stets über der Grenzrate der Substitution liegt oder aber stets darunter. Im erstgenannten Fall wird $I^* = W_0$ und somit $C_0^* = 0$ GE gewählt, im letzteren $I^* = 0$ GE und somit $C_1^* = 0$ GE.

Randlösungen dieser Art sind überdies immer auch dann zu prüfen, wenn sich die Indifferenzkurven entgegen den getroffenen Annahmen nicht als konvex erweisen. Auch ist es dann denkbar, dass es mehrere Tangentialpunkte und damit Kandidatenstellen für optimale Konsumentscheidungen gleichzeitig gibt.

Noch gravierender sind die Modifikationen, die sich ergeben, wenn man von der Annahme der Existenz **unendlich vieler kleiner Investitionsprojekte** mit stetig variierender Rendite abgeht. Die Transformationskurve ist in diesem Fall abschnittsweise linear, weswegen möglicherweise selbst bei Vorliegen einer inneren Lösung kein Tangentialpunkt von Transformationskurve und Indifferenzkurvenschar existiert. Dies wird dann der Fall sein, wenn die am weitesten außen liegende, erreichbare Indifferenzkurve durch eine Knickstelle verläuft. Ist überdies beliebige Kombinierbarkeit der Projekte auch nicht gegeben und insofern nicht einmal ein progressiv fallender Verlauf der Transformationskurve gewährleistet, können mehrere Tangentialpunkte von Transformationskurve und Indifferenzkurvenschar oder Schnittpunkte in Knickstellen gleichzeitig auftreten. Fehlt es schließlich auch noch an der **beliebigen Teilbarkeit** der Investitionsprojekte, ist die Existenz eines Tangentialpunkts völlig ausgeschlossen und beträgt die Grenzrate der Transformation, sofern überhaupt definiert, stets Null. Ein marginalanalytischer Ansatz auf der Grundlage der Betrachtung von Ableitungen ist spätestens jetzt vollkommen hinfällig. Stabil ist lediglich die Aussage, dass eine möglichst weit außen gelegene Indifferenzkurve angestrebt werden sollte.

Die Investitionsregel, Grenzrate der Transformation mit Grenzrate der Substitution gleichzusetzen, mag zwar einleuchtend klingen, lässt sich aber in der Tat nur für ganz bestimmte Fallkonstellationen rechtfertigen. Überdies hat sie den Nachteil, dass sie unmittelbar von den **Präferenzen** des betrachteten Unternehmers, nämlich seiner jeweiligen Nutzenfunktion, abhängt. Schon dieser Umstand birgt wenigstens **zwei Probleme**. Erstens wird eine Gruppe von Entscheidungsträgern bei Vorliegen unterschiedlicher Zeitpräferenzen und damit Nutzenfunktionen in der Regel nicht zu einer **einmütigen Beurteilung** hinsichtlich des von der betreffenden Unternehmung anzustrebenden Investitionsprogramms gelangen. Zweitens stellt sich für die Formulierung praktisch brauchbarer Empfehlungen zur Entscheidungsunterstützung von Unternehmern das Problem, dass die jeweilige unternehmerische **Nutzenfunktion spezifiziert** werden muss, was in praxi zumeist schwierig sein dürfte.[15] Insofern wäre es aus vielerlei Gründen wünschenswert, Bedingungen zu nennen, bei deren Erfüllung **präferenzunabhängige Aussagen** zum optimalen Realinvestitionsprogramm von Unternehmen hergeleitet werden können. Sehr hilfreich wäre es überdies, wenn dabei zugleich die bislang benötigten **Annahmen** zur Unabhängigkeit und Teilbarkeit der einzelnen Investitionsprojekte **gelockert** werden könnten. Im nächsten Kapitel soll gezeigt werden, dass diese Anforderungen unter bestimmten Bedingungen in der Tat erfüllt werden können.

4 Zusammenfassung

Gegenstand des vorliegenden Kapitels war die Ermittlung der optimalen unternehmerischen Konsum- und Investitionsentscheidung für den **Zwei-Zeitpunkte-Fall** und bei **fehlendem Kapitalmarktzugang**. Die **Investitionsertrags- oder Realinvestitionsfunktion** gibt in diesem Zusammenhang zu jedem denkbaren Investitionsvolumen des Zeitpunktes $t = 0$ die hieraus resultierenden unternehmerischen Einzahlungen des Zeitpunktes $t = 1$ an. Unter Berücksichtigung der monetären Anfangsausstattung des Unternehmers kann die Investitionsertragsfunktion in ein $(C_0;C_1)$-Diagramm übertragen werden, wobei C_t $(t = 0, 1)$ die Konsumauszahlungen des Unternehmers im Zeitpunkt t bezeichnet. In diesem Fall spricht man von der **Transformationskurve** des Unternehmers. Hierbei handelt es sich um den geometrischen Ort aller Kombinationen von gegenwärtigem und zukünftigem Konsum, die der Unternehmer unter Beachtung seiner monetären Anfangsausstattung und seiner Realinvestitionsmöglichkeiten überhaupt erreichen kann. Unter bestimmten (restriktiven) Voraussetzungen verläuft die Transformationskurve progressiv fallend ohne "Knickstellen".

---

[15] Auf die Möglichkeiten zur **Ermittlung** unternehmerischer Nutzenfunktionen soll an dieser Stelle nicht weiter eingegangen werden. Wir werden hierauf im zweiten Band noch zurückkommen.

Die unternehmerischen Präferenzen können graphisch anhand sogenannter **Indifferenzkurven** abgebildet werden. Eine Indifferenzkurve ist der geometrische Ort aller Kombinationen von Gegenwarts- und Zukunftskonsum, die dem Unternehmer gleichen Nutzen stiften. Weil der Unternehmer ceteris paribus mehr Geld gegenüber weniger Geld stets vorzieht, wird er das Erreichen einer möglichst weit außen liegenden Indifferenzkurve anstreben. Unter bestimmten Annahmen hinsichtlich der unternehmerischen Präferenzen verlaufen Indifferenzkurven degressiv fallend. Das optimale unternehmerische Investitionsverhalten ist dann grundsätzlich durch die Realisation des **Tangentialpunktes** der Transformationskurve mit einer Indifferenzkurve charakterisiert. In diesem Punkt stimmen Grenzrate der Transformation und Grenzrate der Substitution überein. Während die **Grenzrate der Transformation** angibt, auf wie viel Geldeinheiten Zukunftskonsum der Unternehmer infolge einer Einschränkung des Investitionsvolumens bei Ausdehnung des Gegenwartskonsums um eine infinitesimale Geldeinheit verzichten muss, teilt die **Grenzrate der Substitution** mit, welche Einschränkung von C_1 bei marginaler Ausdehnung von C_0 gerade noch dergestalt akzeptabel ist, dass sich das unternehmerische Gesamtnutzenniveau nicht verringert.

Insgesamt war so die Identifikation einer **einfachen Entscheidungsregel** auf der Grundlage marginalanalytischer Überlegungen möglich. Als unbefriedigend erwiesen sich aber die recht **engen Prämissen** zur Herleitung dieser Regel und die **Präferenzabhängigkeit** der optimalen Lösung. Im nächsten Kapitel soll deswegen der Versuch zur Ermittlung einer allgemeineren und präferenzunabhängigen Entscheidungsregel unternommen werden.

Wiederholungsfragen

W1.1
Welche Annahmen bezüglich der unternehmerischen Präferenzen werden im Rahmen des hier erörterten investitionstheoretischen Grundmodells getroffen?

W1.2
Erklären Sie die Begriffe "Realinvestition" und "Finanzinvestition"! Wie lassen sich beide voneinander abgrenzen?

W1.3
Was versteht man allgemein unter einer Realinvestitions- oder Investitionsertragsfunktion?

W1.4
Was versteht man unter der beliebigen Teilbarkeit eines Investitionsprojekts, und inwiefern ist diese Prämisse problematisch?

W1.5
Für welche Eigenschaften der Realinvestitionsfunktion erweisen sich die Annahmen beliebiger Projektteilbarkeit und Unabhängigkeit von Investitionsprojekten als kritisch?

W1.6
Was versteht man unter einer Transformationsfunktion?

W1.7
Was versteht man unter einer Indifferenzkurve, und welchen Verlauf weisen Indifferenzkurven grundsätzlich auf?

W1.8
Beschreiben Sie das unternehmerische Entscheidungsproblem zur simultanen Bestimmung optimaler Konsum- und Investitionsentscheidungen bei fehlendem Kapitalmarktzugang sowohl graphisch als auch formal!

W1.9

Wie sind die Grenzrate der Substitution und die Grenzrate der Transformation zwischen gegenwärtigem und künftigem Konsum definiert?

W1.10

Wieso erhält man für das hier betrachtete Entscheidungsproblem "Grenzrate der Substitution = Grenzrate der Transformation" als Investitions- und Konsumregel, und welche Probleme ergeben sich beim Versuch einer praktischen Anwendung dieser Regel?

III Investitionsentscheidungen bei vollkommenem Kapitalmarkt

1 *Fisher*-Separation und Kapitalwertkriterium

1.1 Problemstellung

Im Weiteren soll die unternehmerische Entscheidungssituation des vorhergehenden Kapitels für den Fall des Zugangs zu einem **vollkommenen Kapitalmarkt** untersucht werden. Hieraus ergeben sich weitreichende Konsequenzen für das optimale unternehmerische Investitionsverhalten, die unter dem Stichwort **"*Fisher*"-Separation** in der Literatur hinlänglich bekannt sind. Im folgenden **Abschnitt 1.2** werden die zusätzlich zur Darstellung des vorhergehenden Kapitels benötigten Annahmen vorgestellt. **Abschnitt 1.3** präsentiert im Detail die *Fisher*-Separation mit der wichtigsten Implikation, dass eine präferenz- und vermögensunabhängige Beurteilung von Investitionsprojekten anhand des Kapitalwertes der mit ihnen jeweils verbundenen Zahlungskonsequenzen, das heißt ihrer jeweiligen Zahlungsreihe[1], möglich wird. **Abschnitt 1.4** schließlich fasst die wesentlichen Erkenntnisse zusammen.

1.2 Die zusätzlichen Annahmen

Die Entscheidungssituation des vorhergehenden Kapitels sei im Folgenden um die Möglichkeit des Unternehmers zur Durchführung von **Finanzinvestitionen** ergänzt. Das heißt, der Unternehmer habe Zugang zu einem Kapitalmarkt, auf dem er Mittel von $t = 0$ bis $t = 1$ anlegen oder auch aufnehmen kann. Letzteres stellt gewissermaßen eine Finanzinvestition mit negativem Umfang dar.

Des Weiteren sei angenommen, dass der **Kapitalmarkt vollkommen** ist. Definitionen der Vollkommenheit von (Kapital-) Märkten gibt es wohl fast so viele wie Lehrbücher zur Investitionsrechnung.[2] Drei **Merkmale** dürften in jedem Fall zentral für die Charakterisierung eines vollkommenen Kapitalmarktes sein:[3]

---

1 Genaugenommen geht es im mathematischen Sinne um **"Folgen"** von Projekteinzahlungen im Zeitablauf. Weil der Begriff der Zahlungsreihe jedoch überaus gängig ist, wird er auch hier beibehalten.

2 Vgl. für alternative Charakterisierungen eines vollkommenen Kapitalmarktes etwa *Franke* (1983), S. 241, *Schmidt/Terberger* (2003), S. 91, *Copeland/Weston/Shastri* (2005), S. 353 f., *Franke/Hax* (2009), S. 154 f.

3 Vgl. hierzu auch schon *Breuer* (2000a) sowie *Breuer* (2008), S. 82 f.

1) Rationalverhalten aller Marktteilnehmer, wobei mehr Geld gegenüber weniger Geld vorgezogen werde,
2) Mengenanpasserverhalten aller Marktteilnehmer und
3) Abwesenheit von Informations- und sonstigen Transaktionskosten inclusive Steuern.

Die Forderung nach Rationalverhalten gemäß 1) besagt, dass jeder Marktteilnehmer unter mehreren zur Auswahl stehenden Handlungsalternativen stets diejenige wählt, die für ihn zum **höchsten Zielerreichungsgrad** führt, hier also seine jeweilige Nutzenfunktion U maximiert. In dieser Formulierung ist Eigenschaft 1) nicht sonderlich restriktiv[4] und fast unabdingbar für ökonomische Analysen. Denn wie sollte man es anders denn als Ausdruck gewisser Irrationalität interpretieren, wenn sich jemand für eine Alternative entscheidet, die nicht seinen Nutzen maximiert, und wie sollte man das Verhalten dieser Person bei der Möglichkeit des Auftretens derartiger Verhaltensweisen überhaupt vorhersehen und verstehen können? Ebenso wie die Vorhersage im obigen Sinne irrationalen Verhaltens erhebliche Probleme bereiten wird, könnten überdies auch kaum sinnvoll Verhaltensempfehlungen für irrationale Entscheidungsträger hergeleitet werden.

Die genauen Präferenzen eines Entscheiders spielen im Zusammenhang mit dem Rationalitätspostulat aus 1) grundsätzlich keine Rolle. Im Weiteren wird allerdings die (schwache und realistische) zusätzliche Annahme getroffen, dass mehr Geld durch einen Entscheider gegenüber weniger Geld vorgezogen wird, ohne dass andersartige Präferenzen deswegen als „irrational" zu bezeichnen wären.

Gemäß Merkmal 2) fasst jeder Marktteilnehmer die am Kapitalmarkt herrschenden Preise, hier konkret die für Mittelanlage und -aufnahme gültigen **Zinssätze**, als **gegeben** und durch seine Kapitalmarkttransaktionen unbeeinflussbar auf.

Merkmal 3) schließlich besagt, dass es vor allem **keine Kosten** der Informationsbeschaffung und -verarbeitung gibt. Des Weiteren sind mit Finanzinvestitionen auch keine sonstigen Kosten der Abwicklung verbunden.

---

[4] Es gibt durchaus wesentlich strengere Rationalitätsbegriffe, die aber hier keine Rolle spielen. Vgl. etwa *Bamberg/Coenenberg/Krapp* (2008), S. 3 f., oder auch *Eisenführ/Weber/Langer* (2010), S. 4 ff.

1.3 Die Konsequenzen

1.3.1 Existenz eines einheitlichen Zinssatzes für Anlage/Verschuldung

Die oben genannten drei Charakteristika eines vollkommenen Kapitalmarktes implizieren insbesondere, dass es auf dem betrachteten Kapitalmarkt im Gleichgewicht nur **genau einen** einheitlichen Zinssatz i für die Anlage und die Aufnahme von Mitteln von t = 0 bis t = 1 geben kann. Denn angenommen, auf dem Kapitalmarkt existierten wenigstens zwei verschiedene Zinssätze $i^{(1)}$ und $i^{(2)}$ mit $i^{(1)} < i^{(2)}$. In diesem Fall würde jeder Marktteilnehmer in t = 0 einen Kredit in beliebiger Höhe K zum Zinssatz $i^{(1)}$ aufnehmen wollen und damit für t = 1 eine Verbindlichkeit in Höhe von $K+K \cdot i^{(1)} = K \cdot (1+i^{(1)})$ begründen, die sich aus der Tilgung des aufgenommenen Betrags K und den zusätzlich zu leistenden Zinsen $K \cdot i^{(1)}$ zusammensetzt. Der in t = 0 erhaltene Betrag K würde gleichzeitig mit der Aufnahme noch in t = 0 zur Anlage zum höheren Zinssatz $i^{(2)}$ verwandt werden und dem betreffenden Individuum zu einer Forderung für t = 1 in Höhe von $K+K \cdot i^{(2)} = K \cdot (1+i^{(2)})$ verhelfen, so dass nach Begleichung der Verbindlichkeiten in t = 1 ein ohne Einsatz eigener Mittel in t = 0 erreichter Vermögenszuwachs in Höhe von $K \cdot (1+i^{(2)}) - K \cdot (1+i^{(1)}) = K \cdot (i^{(2)} - i^{(1)}) > 0$ resultierte, der durch entsprechende Wahl von K beliebig groß gemacht werden könnte. Weil dieser Umstand wegen der Annahme 3) kostenloser Informationsbeschaffung und -verarbeitung allen Marktteilnehmern bekannt sein wird, alle Marktteilnehmer infolge 2) von exogenen Zinssätzen $i^{(1)}$ und $i^{(2)}$ ausgehen und schließlich aufgrund von 1) jeder eine ceteris paribus mögliche Vermögensmehrung zum Zeitpunkt t = 1 als erstrebenswert wahrnehmen wird, wird es zum Zinssatz $i^{(1)}$ kein Mittelangebot in t = 0, wohl aber eine unbegrenzte Nachfrage geben. Entsprechend werden zu $i^{(2)}$ in t = 0 Mittel nur angeboten, nicht aber nachgefragt. Für beide Zinssätze stimmen Mittelangebot und -nachfrage in krasser Weise nicht überein. Die somit nicht gegebene Markträumung ist gleichbedeutend mit dem Nichtvorliegen eines Gleichgewichts. Markträumung erfordert demnach, dass es am Kapitalmarkt nur einen einzigen einheitlichen Zinssatz i gibt.

Man spricht hierbei auch vom **Gesetz des Einheitspreises**, hier verstanden als Existenz nur eines Zinssatzes für Mittelanlage und -verschuldung. Eine Verletzung dieses Gesetzes auf dem vollkommenen Kapitalmarkt würde grundsätzlich die Möglichkeit zur Erzielung sicherer Gewinne mittels Kapitalmarkttransaktionen eröffnen, die jeder Marktteilnehmer wahrnehmen wollte, und insofern ein Gleichgewicht im Sinne des Ausgleichs von Angebot und Nachfrage auf dem betrachteten Kapitalmarkt ausschließen. Im Zusammenhang mit der Realisation sicherer Gewinne spricht man auch von **Arbitrage**: Ein vollkommener Kapitalmarkt im Gleichgewicht ist demnach notwendigerweise frei von Arbitragemöglichkeiten, das heißt, er ist arbitragefrei.[5]

1.3.2 Die Kapitalmarktgeraden

Ausgehend von einer beliebigen Konsumposition $(\overline{C}_0;\overline{C}_1)$, die der Unternehmer etwa allein aufgrund seiner vorhandenen Vermögensanfangsausstattung und geplanter Realinvestitionen erreichen kann, führt die Aufnahme eines Kredites in Höhe von K dazu, dass der Unternehmer sein Konsumniveau in $t = 0$ auf $C_0 = \overline{C}_0 + K$ steigert. Dafür reduziert sich aber aufgrund der zukünftig erforderlichen Kreditrückzahlung simultan sein Konsum im Zeitpunkt $t = 1$ auf $C_1 = \overline{C}_1 - (1+i)\cdot K$.

Man kann in diesem Kontext ohne weiteres auch negative Werte für K zulassen. Ein negatives Kreditvolumen entspricht der Anlage von Mitteln am Kapitalmarkt zum Zinssatz i von $t = 0$ bis $t = 1$. Als Konsequenz von $K < 0$ verringert sich das Konsumniveau des Unternehmers in $t = 0$, während sein Konsum in $t = 1$ zunimmt.

Löst man die daher für alle $K \in \mathbb{R}$ gültige Bestimmungsgleichung $C_0 = \overline{C}_0 + K$ für C_0 nach $-K$ auf, $-K = \overline{C}_0 - C_0$, und setzt das Ergebnis in die Bestimmungsgleichung für C_1 ein, $C_1 = \overline{C}_1 - (1+i)\cdot K$, so erhält man die Gleichung der sogenannten **Kapitalmarktgeraden**:

$$C_1 = \overline{C}_1 + (1+i)\cdot(\overline{C}_0 - C_0). \qquad (1.1)$$

Die Kapitalmarktgerade beschreibt den geometrischen Ort aller $(C_0;C_1)$-Kombinationen, die der betrachtete Unternehmer durch Anlage oder Aufnahme von Mitteln am Kapitalmarkt, ausgehend von einer (durch Realinvestitionen bei gegebener Vermögensanfangsausstattung erreichten) Konsumposition $(\overline{C}_0;\overline{C}_1)$, re-

---

5 Vgl. zum **"Prinzip der arbitragefreien Bewertung"** auf vollkommenen Kapitalmärkten im Gleichgewicht z.B. *Breuer* (2008), S. 84 ff., oder auch *Spremann* (1996), S. 557 ff., *Hax/Hartmann-Wendels/v. Hinten* (2001), S. 593 ff., und *Kruschwitz/Husmann* (2010), S. 40 ff., 151 ff.

alisieren kann. Die Steigung der Kapitalmarktgeraden ist unabhängig vom "Startpunkt" $(\bar{C}_0;\bar{C}_1)$ stets konstant:

$$\frac{dC_1}{dC_0} = -(1+i). \tag{1.2}$$

Denn die Ausdehnung des gegenwärtigen Konsums um eine weitere Geldeinheit über zusätzliche Verschuldung begründet stets eine neue Rückzahlungsverpflichtung für den Zeitpunkt t = 1 im Umfang von 1+i. Entsprechend führt die Einschränkung des Gegenwartskonsums um eine Geldeinheit für Anlagezwecke zu einer erhöhten Einzahlung von 1+i in t = 1. Zu beachten ist ferner, dass negative Werte für C_0 nicht realisiert werden können, da der betreffende Unternehmer in t = 0 mehr als $\bar{C}_0$ zusätzlich am Kapitalmarkt anlegen müsste, was er augenscheinlich nicht kann. Aus einem ähnlichen Grunde sind auch negative Werte für C_1 nicht möglich. Denn dies würde bedeuten, dass der Unternehmer sich so stark verschuldet, also den Gegenwartskonsum so stark ausdehnt, dass er sich im Zeitpunkt t = 1 als zahlungsunfähig erweist, weil $\bar{C}_1$ nicht ausreicht, um seine Verbindlichkeiten zu begleichen. Natürlich wird der Unternehmer infolge der angenommenen Kapitalmarktvollkommenheit aber keinen Kapitalgeber in t = 0 finden, der ihm dann überhaupt einen derart hohen Kredit gewährt. Insofern kann der Unternehmer zwar grundsätzlich als Mengenanpasser auf dem betrachteten Kapitalmarkt zu einem unbeeinflussbaren Zinssatz i Mittel anlegen und aufnehmen, aber selbstverständlich nur im Rahmen seiner gegebenen Anfangsausstattung. Demnach sind für den Unternehmer zur Ermittlung seiner endgültigen Konsumposition nur solche Punkte einer Kapitalmarktgeraden relevant, für die $C_0, C_1 \geq 0$ gilt. Trotzdem allerdings kann der Startpunkt der Kapitalmarktgeraden durchaus durch $\bar{C}_0 < 0$ gekennzeichnet sein, nämlich dann, wenn der Unternehmer ein Realinvestitionsvolumen plant, das durch seine Vermögensanfangsausstattung allein nicht realisiert werden kann. Natürlich kommt in diesem Zusammenhang dann nur noch eine mehr oder weniger starke Verschuldung am Kapitalmarkt für den Unternehmer in Betracht. Wir werden auf diesen Fall im Rahmen des Abschnitts **"*Hirshleifer*-Modell und Klienteleffekt"** im Kapitel IV dieses Buchs noch ausführlich zurückkommen.

Beispiel 1.1:
Es sei angenommen, der Zinssatz i für Anlage und Verschuldung von t = 0 bis t = 1 belaufe sich auf 10 %. Unternehmer 1 habe eine Anfangsausstattung von $W_0 = 10$ GE, aber keinen Zugang zu Realinvestitionsmöglichkeiten. Damit ist der Startpunkt der für ihn relevanten Kapitalmarktgeraden durch $(\bar{C}_0;\bar{C}_1)$ festgelegt, und deren zugehörige Gleichung lautet

$$C_1 = 0 + 1{,}1 \cdot (10 - C_0) = 11 - 1{,}1 \cdot C_0. \tag{1.3}$$

Unternehmer 2 hingegen plane für gegebene Vermögensanfangsausstattung derartige Realinvestitionen, dass sich als Startpunkt der für ihn relevanten Kapitalmarktgeraden $(\bar{C}_0;\bar{C}_1) = (6;8{,}8)$ ergibt. Hieraus resultiert als Geradengleichung:

$$C_1 = 8{,}8 + 1{,}1 \cdot (6 - C_0) = 15{,}4 - 1{,}1 \cdot C_0. \tag{1.4}$$

In beiden Fällen erhält man als Geradensteigung also –1,1. Zur Veranschaulichung sind die beiden Kapitalmarktgeraden in *Abbildung 1.1* wiedergegeben. □

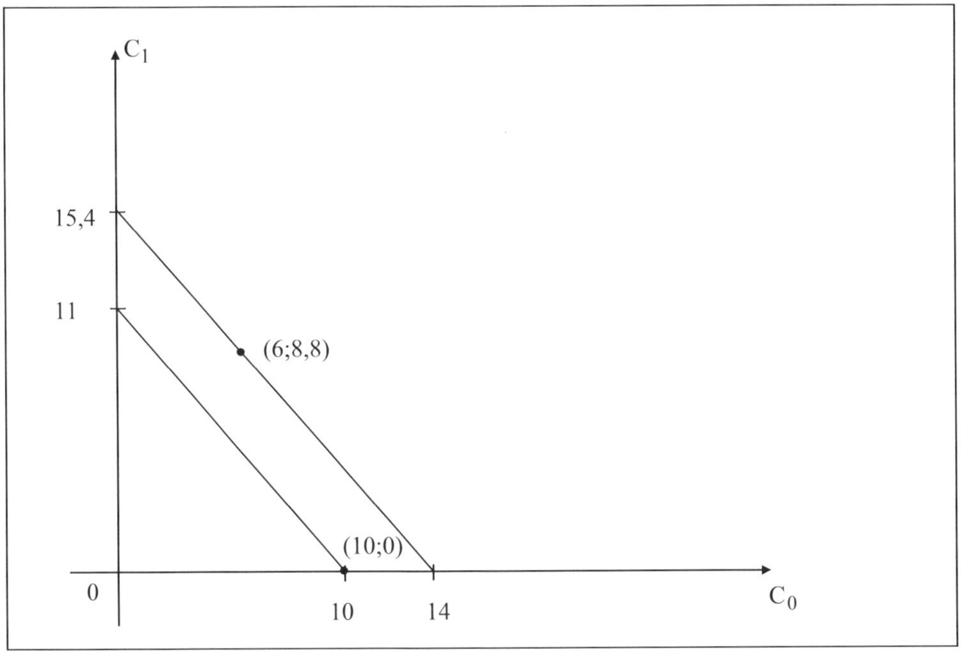

Abbildung 1.1: Kapitalmarktgeraden bei unterschiedlichen Startpunkten (10;0) und (6;8,8)

1.3.3 Die *Fisher*-Separation: präferenz- und vermögensunabhängige Ermittlung optimaler Realinvestitionen

Unabhängig von der konkret angenommenen Nutzenfunktion U des Unternehmers ist es für diesen schon bei bloßer **Voraussetzung positiver Grenznutzen** stets am besten, wenn er eine möglichst **weit außen** liegende Kapitalmarktgerade erreicht. Denn eine weiter außen liegende Kapitalmarktgerade ermöglicht es im Vergleich zu einer weiter innen liegenden stets, ceteris paribus sowohl den unternehmerischen Gegenwarts- als auch den Zukunftskonsum zu erhöhen.

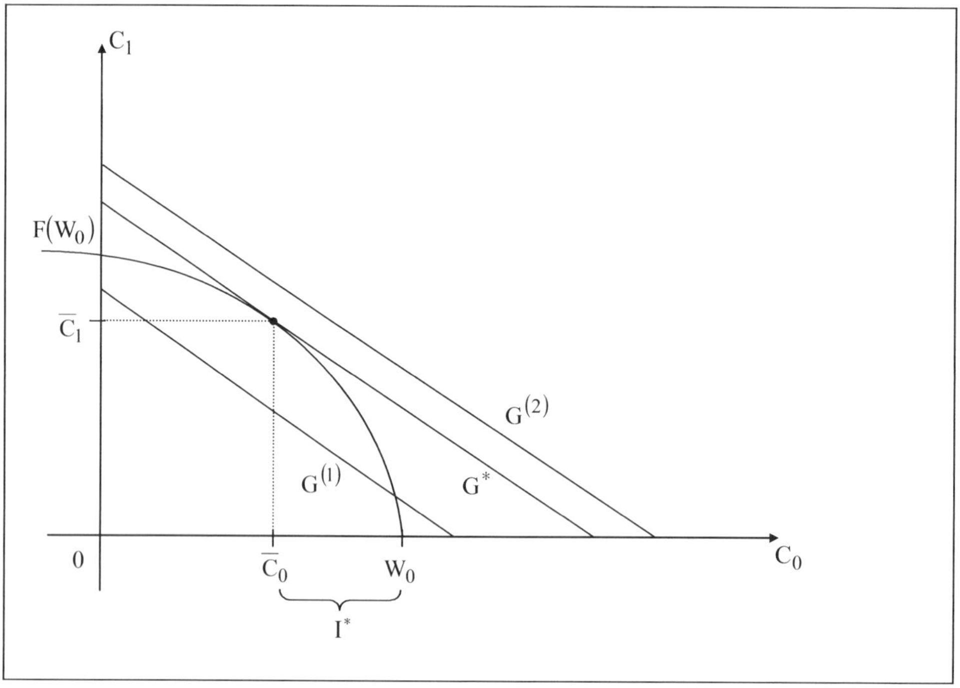

Abbildung 1.2: Optimales Realinvestitionsvolumen bei Existenz eines vollkommenen Kapitalmarktes

Welche Kapitalmarktgerade der Unternehmer konkret erreicht, hängt neben seiner Anfangsausstattung von dem gewählten Realinvestitionsvolumen ab. Unterstellt man wie in dem vorhergehenden Kapitel II einen progressiv fallenden Verlauf der Transformationskurve, so realisiert der Unternehmer die am weitesten außen liegende Kapitalmarktgerade im Allgemeinen dann, wenn er ein solches Realinvestitionsvolumen I^* umsetzt, dass die zugehörige Kapitalmarktgerade Tangente an die Transformationskurve wird.[6] Dieser Zusammenhang ist in *Abbildung 1.2*

[6] Grundsätzlich kann es auch sein, dass es gar keinen Tangentialpunkt gibt, weil die Steigung der Transformationskurve entweder nie größer oder aber nie kleiner als die Steigung der Kapitalmarktgeraden ist. Unter dieser Voraussetzung liegen **Randlösungen** vor, bei denen die relevante Kapitalmarktgerade durch den Punkt $(W_0;0)$ oder $(0;F(W_0))$ verläuft. Im Weiteren seien derartige Fälle ausgeschlossen. Hinreichend hierfür sind die Annahmen $\lim_{I \to 0} F'(I) = \infty$ und $F'(W_0) = 0$. Dann nimmt $F'(I)$ für $I \in [0;W_0]$ jeden Wert aus dem Intervall $[0;\infty)$ genau einmal an. Außerdem soll auch für das zu erörternde unternehmerische Konsumoptimum stets angenommen werden, dass es sich nicht als

skizziert. Dort erweist sich das Realinvestitionsvolumen I^* und somit das Erreichen der Kapitalmarktgeraden G^* als optimal. Natürlich gibt es noch weiter außen liegende Kapitalmarktgeraden, doch haben diese – wie etwa $G^{(2)}$ – keinen Punkt mehr mit der Transformationskurve gemeinsam, können vom betrachteten Unternehmer also durch Realinvestitionen nicht erreicht werden. Alle sonst erreichbaren Kapitalmarktgeraden – wie etwa $G^{(1)}$ – liegen hingegen weiter innen und sind aus Unternehmersicht deshalb schlechter als die Tangente G^*. Zu beachten ist, dass die Transformationskurve im zweiten Quadranten nun nicht mehr als gestrichelte Linie gezeichnet ist. Denn auch die dort abgetragenen $(C_0;C_1)$-Punkte und die zugehörigen Investitionsvolumina sind für den Unternehmer infolge seiner Verschuldungsmöglichkeiten am Kapitalmarkt als Startpunkt einer Kapitalmarktgeraden durchaus erreichbar. Da in *Abbildung 1.2* der letztlich relevante Startpunkt $\left(\overline{C}_0;\overline{C}_1\right)$ aber ohnehin im ersten Quadranten liegt, braucht die Kapitalmarktgerade G^* allerdings ebenfalls nur im Rahmen des ersten Quadranten abgetragen zu werden.

Die Steigung der Transformationskurve entspricht $-F'(I)$, die der Kapitalmarktgeraden $-(1+i)$. Es gilt somit für das optimale **Realinvestitionsvolumen**:

$$-F'\left(I^*\right) = -(1+i) \Leftrightarrow F'\left(I^*\right) - 1 = i. \qquad (1.5)$$

Dies bedeutet, dass das optimale Realinvestitionsvolumen I^* durch die Gleichheit von Grenzrendite des Investitionsprogramms und Kapitalmarktzinssatz charakterisiert werden kann. Auch dieser Zusammenhang ist unmittelbar einleuchtend. Der Unternehmer verfügt nämlich über zwei Möglichkeiten, zugunsten künftigen Konsums auf Gegenwartskonsum zu verzichten. Zum einen kann er Realinvestitionen tätigen, zum anderen Finanzinvestitionen. Die Erhöhung seines Realinvestitionsvolumens wird er einer Finanzinvestition dabei so lange vorziehen, wie die aus der erhöhten Realinvestition resultierende Grenzrendite $F'(I)-1$ über der am Kapitalmarkt erreichbaren Verzinsung i liegt. Erst für darüber hinausgehende Anlagebeträge kommen Finanzinvestitionen in Betracht. Diese Argumentation hat auch Bestand, wenn der Unternehmer seinen Gegenwartskonsum gar nicht so stark einschränken möchte, wie es die Realisierung des Realinvestitionsvolumens I^* erforderte. Statt weniger zu investieren, ist es dann nämlich sinnvoller, sich am

---

Randlösung mit $C_0^* = 0$ GE oder $C_1^* = 0$ GE darstellt. Vgl. hierzu auch die Ausführungen im vorhergehenden Kapitel.

Kapitalmarkt zu i zu verschulden. Denn die hieraus resultierende Verbindlichkeit liegt wegen des progressiv fallenden Verlaufs der Transformationskurve unter der Vermögenseinbuße für $t = 1$, die aus einer Einschränkung des Realinvestitionsvolumens unter I^* resultierte. Anders ausgedrückt, lohnt sich die Umsetzung des Realinvestitionsvolumens I^* auch dann, wenn der Unternehmer es durch Mittelaufnahme zu i finanziert, da die Grenzrendite jeder in Realinvestitionen eingesetzten Geldeinheit für $I < I^*$ über i hinausgeht, die Vermögenszuwächse aus den Realinvestitionen für $t = 1$ die zusätzlichen Verbindlichkeiten dieses Zeitpunktes also übersteigen.

Beispiel 1.2:
Betrachtet sei ein Unternehmer mit einer Vermögensanfangsausstattung in $t = 0$ in Höhe von $W_0 = 10$ GE. Seine Investitionsertragsfunktion sei $F(I) = 4{,}4 \cdot I^{0{,}5}$ und entspreche damit der aus Beispiel 1.6 des vorhergehenden Kapitels. Der Kapitalmarktzinssatz i für Mittelanlage und -aufnahme von $t = 0$ bis $t = 1$ betrage 10 %. Für das optimale Investitionsvolumen muss die Steigung der Transformationskurve, $-F'(I)$, gerade dem Wert $-1{,}1$ entsprechen:

$$-\frac{2{,}2}{\sqrt{I}} = -1{,}1 \Leftrightarrow I^* = 4. \qquad (1.6)$$

Mit $I^* = 4$ GE sowie $W_0 = 10$ GE erhält man unmittelbar $\overline{C}_0 = 6$ GE und $\overline{C}_1 = 8{,}8$ GE. Die Gleichung der vom Unternehmer bei optimalem Investitionsverhalten erreichbaren Kapitalmarktgeraden ist folglich schon aus Beispiel 1.1 bekannt. □

Im Rahmen der Optimalitätsbedingung $F'(I^*) = 1+i$ spielen sowohl die Nutzenfunktion U des Unternehmers als auch dessen Anfangsausstattung W_0 **keine Rolle**. Beides beeinflusst daher nicht die Entscheidung über das optimale unternehmerische Realinvestitionsvolumen. Präferenzen und Anfangsausstattung des Unternehmers bestimmen nur, ob der Unternehmer Mittel am Kapitalmarkt aufnimmt oder anlegt, also welchen Punkt $(C_0^*; C_1^*)$ er letztlich auf der eindeutig bestimmten (Tangential-) Kapitalmarktgeraden G^* (ausgehend von $(\overline{C}_0; \overline{C}_1)$) anstrebt. Bei relativ stark ausgeprägten Zukunftspräferenzen oder großer Vermögensanfangsausstattung wird der Unternehmer zusätzlich zu seinen Realinvestitionen noch Finanzinvestitionen tätigen, also einen Gegenwartskonsum $C_0^* < \overline{C}_0$

und damit einen Zukunftskonsum $C_1^* > \overline{C}_1$ realisieren. Einen Unternehmer mit einem derartigen Optimalverhalten bezeichnet man als **Anlegertyp**. Sofern der Unternehmer hingegen mit deutlich ausgeprägteren Gegenwartspräferenzen im Verhältnis zu seinem (geringen) Anfangsvermögen ausgestattet ist, wird sich $C_0^* > \overline{C}_0$ sowie $C_1^* < \overline{C}_1$ ergeben, so dass der Unternehmer also zusätzliche Mittel zur Finanzierung seines gegenwärtigen Konsums ohne Einschränkung beim Realinvestitionsvolumen I^* aufnehmen wird. In einer derartigen Situation spricht man vom **Schuldnertyp**. Schließlich ist auch noch der Grenzfall denkbar, dass der Unternehmer neben der Umsetzung des Realinvestitionsvolumens I^* keinerlei weitere Aktivitäten entfaltet, also $C_0^* = \overline{C}_0$ sowie $C_1^* = \overline{C}_1$ gilt. Eine derartige Optimallösung ohne Kapitalmarkttransaktionen kennzeichnet den **neutralen Typ**.[7] Die optimalen Konsumpositionen dieser drei grundsätzlich zu unterscheidenden Unternehmertypen sind auch in der *Abbildung 1.3* wiedergegeben. Zur Vereinfachung wurde die Darstellung dabei wieder auf den ersten Quadranten beschränkt.

Die unternehmerische Anfangsausstattung W_0 ist für die Bestimmung des Konsumoptimums insofern relevant, als sie die genaue Lage der am weitesten außen liegenden, für den Unternehmer gerade noch erreichbaren Kapitalmarktgeraden bestimmt. Ceteris paribus führt eine Erhöhung der unternehmerischen Anfangsausstattung um ΔW_0 nämlich zu einer Rechtsverschiebung der optimalen Kapitalmarktgeraden G^* um ebendiesen Wert (ohne dass dadurch natürlich I^* beeinflusst wird[8]). Dieser Zusammenhang ist in *Abbildung 1.4* graphisch dargestellt.

---

[7] Vgl. hierzu auch *Rudolph* (1983), S. 266 f.

[8] Vgl. hierzu auch die Darstellung von *Breuer/Schweizer* (1997).

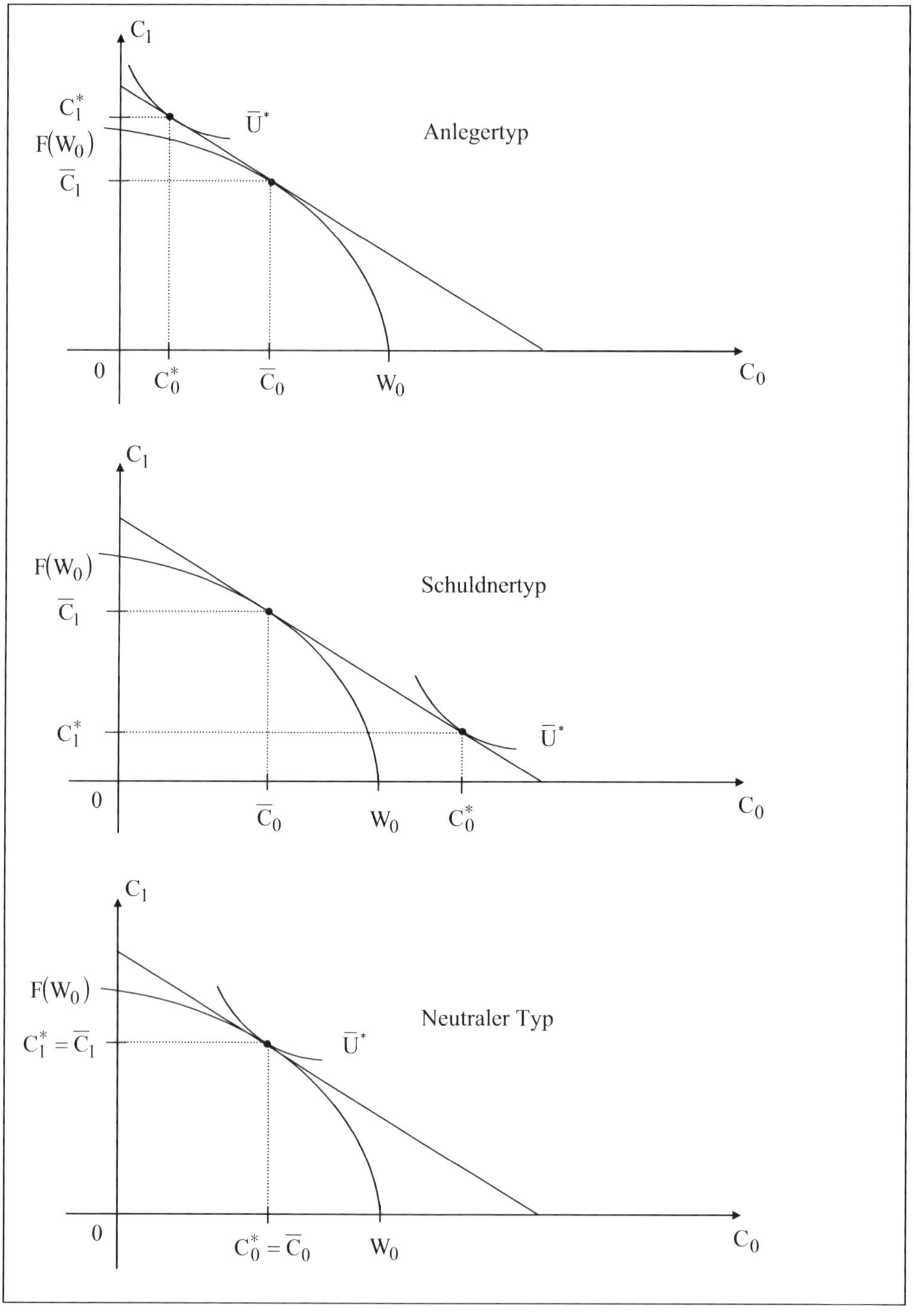

Abbildung 1.3: Optimales unternehmerisches Konsumverhalten bei unterschiedlichen Zeitpräferenzen

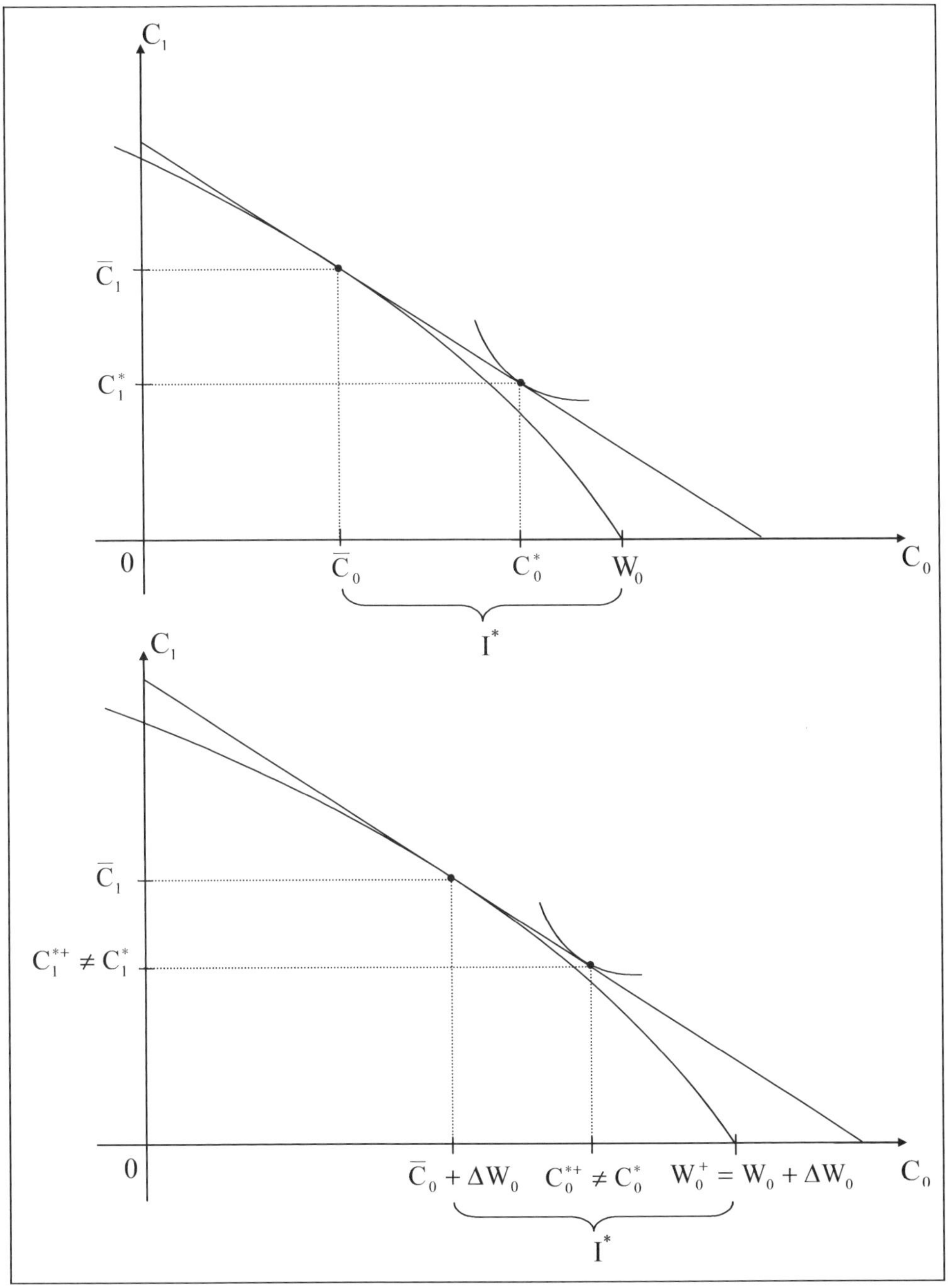

Abbildung 1.4: Unabhängigkeit des optimalen Realinvestitionsvolumens und Abhängigkeit des Konsumoptimums von der unternehmerischen Anfangsausstattung

In jedem Fall wird die vom Unternehmer angestrebte optimale Konsumposition durch einen **Tangentialpunkt** der relevanten Kapitalmarktgeraden mit einer Indifferenzkurve bestimmt. Während also das optimale Realinvestitionsvolumen durch die Gleichheit von Grenzrate der Transformation mit dem um 1 erhöhten Kapitalmarktzinssatz i charakterisiert wird, kennzeichnet die optimale Konsumposition die Gleichheit von Grenzrate der Substitution mit 1+i. Wie auch schon im Fall ohne Kapitalmarktzugang wird sich der Unternehmer demnach so verhalten, dass die Grenzrate der Transformation der Grenzrate der Substitution entspricht. Der Kapitalmarktzugang führt aber zu der zusätzlichen Restriktion, dass sich beide Grenzraten auf 1+i belaufen müssen, was generell nur erfüllt sein kann, wenn die beiden relevanten Grenzraten für unterschiedliche Werte von C_0 bestimmt werden, also die Konsumposition im Falle alleiniger Realinvestitionen von der unter Berücksichtigung von Finanzinvestitionen abweicht.

Die gerade verbal beschriebenen Zusammenhänge lassen sich auch leicht formal herleiten. Das **unternehmerische Optimierungsproblem** lautet bei Verfügbarkeit eines vollkommenen Kapitalmarktes insgesamt wie folgt:

$$U(C_0;C_1) \rightarrow \max_{C_0,C_1,I}! \qquad (1.7)$$

unter Beachtung von

$$\begin{aligned} &\text{I.} \quad \bar{C}_1 = F(W_0 - \bar{C}_0), \\ &\text{II.} \quad C_1 = \bar{C}_1 + (1+i)\cdot(\bar{C}_0 - C_0), \\ &\text{III.} \quad I = W_0 - \bar{C}_0. \end{aligned} \qquad (1.8)$$

Durch Einsetzen von I. und III. (nach Auflösung zu $\bar{C}_0 = W_0 - I$) in II. erhält man eine Bestimmungsgleichung für C_1, die nur noch von den Variablen C_0 und I abhängt. Setzt man diese Bestimmungsgleichung wiederum in (1.7) ein, so verbleibt das Problem der simultanen Optimierung der unternehmerischen Nutzenfunktion über die beiden Variablen C_0 und I:

$$U\left[C_0;F(I)+(1+i)\cdot(W_0 - I - C_0)\right] \rightarrow \max_{C_0,I}! \qquad (1.9)$$

Ableiten mittels Kettenregel und anschließendes Nullsetzen führt unmittelbar zu den beiden folgenden notwendigen[9] Bedingungen für ein **Nutzenmaximum**:

$$\begin{aligned} &\text{I.} \quad \frac{dU}{dC_0} = \frac{\partial U}{\partial C_0} + \frac{\partial U}{\partial C_1} \cdot \left[-(1+i)\right] = 0, \\ &\text{II.} \quad \frac{dU}{dI} = \frac{\partial U}{\partial C_1} \cdot \left[F'(I) - (1+i)\right] = 0. \end{aligned} \tag{1.10}$$

Aus II. folgt unmittelbar die Anforderung $F'(I)-1 = i$, während sich I. zu $(\partial U/\partial C_0)/(\partial U/\partial C_1) = 1+i$ und damit $dC_1/dC_0 = -(1+i)$ umformen lässt, so dass sich die beiden graphisch hergeleiteten Optimalitätsbedingungen auch formal bestätigen.

Die Tatsache, dass das optimale Realinvestitionsvolumen eines Unternehmers unabhängig von seinen Präferenzen und seiner Anfangsausstattung bestimmt werden kann, wird nach *Irving Fisher* auch als ***Fisher*-Separation** bezeichnet, da *Fisher* im Jahre 1930[10] als Erster auf diese Möglichkeit der Trennung hingewiesen hat.[11] Vollkommen äquivalent hierzu kann man die Separationseigenschaft im Übrigen auch auf die Möglichkeit der Trennung von Realinvestitionsentscheidungen einerseits und Konsum- sowie Finanzinvestitionsentscheidungen andererseits beziehen.

---

9 Auf eine explizite rechnerische Prüfung der **hinreichenden Bedingungen** für ein lokales Maximum sei zur Vereinfachung verzichtet. Erkenntnisse hierzu können erneut direkt aus der graphischen Analyse gewonnen werden. Insbesondere sind die hinreichenden Bedingungen bei progressiv fallender Transformationskurve und degressiv fallenden Indifferenzkurven zweifelsfrei erfüllt, so dass über (1.10) sicherlich kein lokales Minimum bestimmt wird. Überdies kann es höchstens ein zulässiges lokales Maximum geben, das dann zugleich auch ein absolutes ist.

10 Vgl. *Fisher* (1930). Siehe hierzu auch die deutsche Übersetzung *Fisher* (1932).

11 Ein Verweis auf die *Fisher*-Separation findet sich in so gut wie jedem fundierten Lehrbuch zur Investitionstheorie. Vgl. etwa *Schmidt/Terberger* (2003), S. 99 ff., *Schäfer* (2005), S. 82 ff., *Franke/Hax* (2009), S. 154 ff., und *Kruschwitz/Husmann* (2010), S. 9 ff. Siehe hierzu auch *Buchner* (1982a) und *Rudolph* (1983).

Beispiel 1.3:
Gegeben sei der Unternehmer aus Beispiel 1.2. Zusätzlich sei alternativ angenommen, dass seine Nutzenfunktion beschrieben werden könne durch
1) $U(C_0;C_1) = C_0^{0,3} \cdot C_1^{0,7}$ oder aber
2) $U(C_0;C_1) = C_0^{0,7} \cdot C_1^{0,3}$.

Aus der *Fisher*-Separation ist unmittelbar bekannt, dass in beiden Fällen die Lösung $I^* = 4$ GE aus Beispiel 1.2 Bestand hat. In beiden Fällen ist die unternehmerische Nutzenfunktion also unter Beachtung der Restriktion $C_1 = 15{,}4 - 1{,}1 \cdot C_0$ zu maximieren. Unterschiedlich werden jedoch die optimalen Finanzinvestitionen und damit die sich ergebenden Konsumpositionen für die beiden alternativ betrachteten unternehmerischen Nutzenfunktionen sein. Zunächst sei die Lösung für die unter 1) angegebene Nutzenfunktion hergeleitet. Dazu sind die folgenden beiden Bedingungen simultan zu erfüllen:

$$
\begin{aligned}
&\text{I.} \quad \bar{U}^{\frac{10}{7}} \cdot C_0^{-\frac{3}{7}} = 15{,}4 - 1{,}1 \cdot C_0, \\
&\text{II.} \quad \frac{3}{7} \cdot \bar{U}^{\frac{10}{7}} \cdot C_0^{-\frac{10}{7}} = 1{,}1.
\end{aligned}
\tag{1.11}
$$

Gesucht ist eine Indifferenzkurve mit (maximalem) Nutzenniveau $\bar{U}$, die einen Punkt mit der Kapitalmarktgeraden gemeinsam hat (I.) und in diesem Punkt über eine Grenzrate der Substitution von 1,1 verfügt (II.). Die simultane Lösung der beiden Gleichungen aus (1.11) liefert $C_0^* = 4{,}2$ GE sowie $\bar{U}^* \approx 8{,}12471$. Durch Einsetzen von $C_0^* = 4{,}2$ GE in die Gleichung der Kapitalmarktgeraden ergibt sich des Weiteren $C_1^* = 10{,}78$ GE. Wegen $\bar{C}_0 = 6$ GE $> C_0^* = 4{,}2$ GE tätigt der Unternehmer also infolge recht stark ausgeprägter Zukunftspräferenzen zusätzlich zu seinen Realinvestitionen im Umfang $I^* = 4$ GE auch noch eine Kapitalmarktanlage von 1,8 GE.

In entsprechender Weise kann das optimale unternehmerische Konsumverhalten für die Nutzenfunktion aus 2) bestimmt werden. Die simultan zu erfüllenden Gleichungen lauten hier:

$$\begin{aligned}&\text{I.}\quad \bar{U}^{\frac{10}{3}}\cdot C_0^{-\frac{7}{3}}=15{,}4-1{,}1\cdot C_0,\\&\text{II.}\quad \frac{7}{3}\cdot \bar{U}^{\frac{10}{3}}\cdot C_0^{-\frac{10}{3}}=1{,}1,\end{aligned}\qquad(1.12)$$

woraus sich C_0^*= 9,8 GE sowie $\bar{U}^* \approx 7{,}82079$ ergeben. Am höheren Exponenten von C_0 bei gleichzeitig geringerem Exponenten von C_1 erkennt man die nun stärkeren Gegenwartspräferenzen des Unternehmers im Vergleich zu 1). Diese bewegen ihn dazu, sich im Umfang von 9,8−6 = 3,8 GE am Kapitalmarkt zu verschulden, um auf diese Weise einen optimalen Konsum im Zeitpunkt t = 1 von C_1^* = 15,4−1,1·9,8 = 4,62 GE zu erreichen. □

1.3.4 Das Kapitalwertkriterium

1.3.4.1 Herleitung

Es soll nun noch etwas näher auf die Charakterisierung des optimalen unternehmerischen Investitionsvolumens I^* eingegangen werden. Augenscheinlich ist I^* so zu wählen, dass der **Abszissenabschnitt $C_{0,max}$** der zugehörigen erreichbaren Kapitalmarktgeraden maximal wird. Diesen Abszissenabschnitt wiederum ermittelt man zu einem beliebigen Investitionsvolumen I, indem man in der Gleichung der entsprechenden Kapitalmarktgeraden C_1 gleich Null setzt und den Ausdruck nach C_0 auflöst. Konkret erhält man hierbei:

$$\begin{aligned}&C_1=\bar{C}_1+(1+i)\cdot(\bar{C}_0-C_0)=F(I)+(1+i)\cdot(W_0-I-C_0)\overset{!}{=}0\\&\Rightarrow F(I)+(1+i)\cdot(W_0-I)=(1+i)\cdot C_0\\&\Rightarrow C_{0,\max}=W_0-I+\frac{F(I)}{1+i}.\end{aligned}\qquad(1.13)$$

Der zu einem bestimmten Investitionsvolumen I gehörige Abszissenabschnitt der Kapitalmarktgeraden ergibt sich also zum einen aus der ohnehin gegebenen Vermögensanfangsausstattung W_0 des Unternehmers. Hinzu tritt aber nun noch die Differenz [F(I)/(1+i)]−I. Diese Differenz gibt den auf t = 0 bezogenen unternehmerischen **Vermögenszuwachs** infolge der Realisation des Investitionsvolumens I an. Denn zum einen reduziert eine Investition in Höhe von I unmittelbar das verbleibende unternehmerische Vermögen des Zeitpunktes t = 0 auf W_0−I. Zum anderen aber erhält der Unternehmer Rückflüsse im Umfang F(I) zum Zeitpunkt t

= 1. Wenn er diese komplett zur Rückzahlung eines im Zeitpunkt t = 0 aufzunehmenden Kredits K verwenden möchte, dann ist K so zu wählen, dass K·(1+i) = F(I), also K = F(I)/(1+i), gilt. Aus den künftigen Einzahlungen F(I) seines Investitionsprogramms kann der Unternehmer demnach durch Kreditaufnahme einen zusätzlichen Gegenwartskonsum und damit Bruttovermögenszuwachs von F(I)/(1+i) finanzieren. Unter Beachtung der Anfangsauszahlung I resultiert aus dem betreffenden Realinvestitionsprogramm für den Unternehmer damit ein Nettovermögenszuwachs von [F(I)/(1+i)]−I. Man bezeichnet diese Differenz auch als den **Kapitalwert** des durch das Investitionsvolumen I beschriebenen Investitionsprogramms.[12] Graphisch entspricht der Kapitalwert im $(C_0;C_1)$Diagramm der Länge der Strecke zwischen dem Punkt $(W_0;0)$ und dem Abszissenabschnitt der über das Investitionsvolumen I erreichten Kapitalmarktgeraden.

Weil W_0 eine Konstante ist, maximiert man in (1.13) den Wert für $C_{0,max}$, indem man den Kapitalwert, also die auf t = 0 bezogene Vermögensmehrung des betrachteten Unternehmers,

$$\kappa \equiv \frac{F(I)}{1+i} - I \tag{1.14}$$

durch geeignete Wahl von I maximiert. Die *Fisher*-Separation besagt somit, dass unabhängig von den konkreten Zeitpräferenzen und der Anfangsausstattung eines Unternehmers seine Nutzenmaximierung die Realisation des **kapitalwertmaximalen Investitionsprogramms** erfordert.

Beispiel 1.4:
Gegeben sei der Unternehmer aus Beispiel 1.3. Der Kapitalwert seines optimalen Investitionsvolumens $I^* = 4$ GE beläuft sich wegen $F(I^*) = 4{,}4 \cdot 4^{0,5} = 8{,}8$ und i = 10 % auf $\kappa^* = -4+8{,}8/1{,}1 = 4$ GE. Sein maximaler Konsum in t = 0 bei optimaler Realinvestition beträgt damit 10+4 = 14 GE. □

[12] Vgl. ganz allgemein zum Kapitalwertbegriff die Ausführungen in den Lehrbüchern zur Investitionstheorie von beispielsweise *Schmidt/Terberger* (2003), S. 128 ff., *Blohm/Lüder/Schaefer* (2006), S. 51 ff., oder *Kruschwitz* (2009), S. 63 ff., S. 85 ff.

1.3.4.2 Diskussion

Der Kapitalwert eines Investitionsprogramms kann als Vermögenszuwachs aus der Investitionsrealisation angesehen werden. Durch seine Maximierung maximiert ein Unternehmer also zugleich seinen Vermögenszuwachs in t = 0 aus der Durchführung von Realinvestitionen. Ein derartiges Verhalten dürfte unmittelbar einleuchtend erscheinen, und man mag sich fragen, wozu eine solch langwierige Herleitung für dieses simpel anmutende Ergebnis erforderlich war. In diesem Zusammenhang ist aber zu beachten, dass sich die Maximierung des gegenwärtigen Vermögenszuwachses im hier betrachteten Kontext für **beliebige** unternehmerische Zeitpräferenzen als optimal erweist, also insbesondere auch für Unternehmer, die vornehmlich an Konsum im Zeitpunkt t = 1 interessiert sind. Denn auch für diese ist ein maximales gegenwärtiges Vermögen insofern von Vorteil, als sie dann durch entsprechende Anlage (oder Minderverschuldung) am Kapitalmarkt ihren Konsum des Zeitpunktes t = 1 entsprechend positiv beeinflussen können.

Weil der Kapitalwert eines Investitionsprogramms den aus der Investitionsdurchführung resultierenden Vermögenszuwachs aus Sicht des Zeitpunktes t = 0 beschreibt, ist der Kapitalwert zugleich der **Preis** (oder **Marktwert**), der am Kapitalmarkt für den Handel mit der betreffenden Investitionsmöglichkeit im Gleichgewicht gezahlt wird. Der Unternehmer nämlich, der über Zugang zu einem Investitionsprogramm mit Kapitalwert κ verfügt, wird von einem potentiellen Erwerber mindestens diesen Kapitalwert als Preis verlangen. Denn durch die Abgabe der Investitionsmöglichkeit verschiebt sich seine relevante Kapitalmarktgerade um κ Geldeinheiten nach links, so dass ein Mittelzufluss in ebendieser Höhe erforderlich ist, um die gleiche Kapitalmarktgerade wie zuvor zu erreichen. Für einen potentiellen Erwerber der Investitionsmöglichkeit gilt aus einem völlig analogen Grunde, dass maximal ein Preis von κ für den Zugang zu der betreffenden Investitionsmöglichkeit gezahlt werden kann, soll mindestens die gleiche Kapitalmarktgerade wie ohne Erwerb der Investitionsmöglichkeit erreichbar bleiben. Ein Preis von κ für den Transfer der Investitionsmöglichkeit erweist sich also aus Sicht des Verkäufers als mindestens erforderlich und aus Sicht des Käufers als maximal akzeptabel. Konsequenterweise muss der Preis der Investitionsmöglichkeit im Gleichgewicht gerade ihrem Kapitalwert κ entsprechen.

Bei flüchtiger Betrachtung bemerkenswert ist ferner, dass lediglich der Kapitalwert der Zahlungsreihe aus den investiven Aktivitäten des Unternehmers relevant ist und die Zahlungskonsequenzen aus **Finanzinvestitionen** und ihr jeweiliger Kapitalwert hierbei keine Berücksichtigung finden. Die Ursache hierfür ist darin zu sehen, dass sich der Kapitalwert der unternehmerischen Finanzinvestitionen ohnehin stets auf Null beläuft. Graphisch erkennt man dies daran, dass sich der Unternehmer allein durch Finanzinvestitionen lediglich auf einer gegebenen Kapitalmarktgeraden mit fixiertem Abszissenabschnitt, sprich Kapitalwert, bewegt. Nur Maßnahmen, durch die der Unternehmer von einer Kapitalmarktgeraden auf eine andere wechseln kann, sind kapitalwertrelevant. Im hier betrachteten Kontext ist dies allein über Realinvestitionen möglich. Auch rechnerisch prüft man leicht, dass Finanzinvestitionen einen Kapitalwert von Null haben. Dazu sei angenommen, ein Unternehmer verschulde sich von $t = 0$ bis $t = 1$ im Umfang K zum Zinssatz i, so dass ihm in $t = 0$ ein Betrag K zufließt und in $t = 1$ Mittel in Höhe von $K\cdot(1+i)$ zurückzuzahlen sind. Der Kapitalwert der Kreditzahlungsreihe ist demnach $K-[K\cdot(1+i)]/(1+i) = 0$. Genau aus diesem Grunde braucht man zur Kapitalwertmaximierung allein auf die originären Zahlungsreihen der zur Verfügung stehenden Investitionsprogramme einzugehen und kann von den Zahlungskonsequenzen unternehmerischer Finanzinvestitionen vollständig abstrahieren.

Im Weiteren soll das Ziel der Maximierung des Kapitalwertes des implementierten Investitionsprogramms kurz als **"Kapitalwertkriterium"** bezeichnet werden. Mit dem Kapitalwertkriterium erhält man demnach hier eine sehr einfache Entscheidungsregel, die vermögens- und präferenzunabhängig ist und damit unter anderem auch Interessenharmonie bei einer Mehrzahl von Entscheidern gewährleistet. Denn unabhängig davon, wie die Beteiligten an erforderlicher Anfangsauszahlung und resultierenden Rückflüssen partizipieren, wird jeder aufgrund des Zugangs zu einem vollkommenen Kapitalmarkt nur an einer möglichst großen, auf $t = 0$ bezogenen persönlichen Nettovermögenssteigerung interessiert sein. Weil das kapitalwertmaximierende Investitionsprogramm zur größten insgesamt verteilbaren Nettovermögenssteigerung führt, wäre jede andere Investitionsentscheidung in dem Sinne ineffizient, dass es durch Wechsel zum kapitalwertmaximalen Programm stets möglich wäre, mindestens einen Beteiligten ceteris paribus noch besserzustellen, ohne die anderen zu schädigen. Daher wird Einmütigkeit unter allen Entscheidungsträgern hinsichtlich der Verfolgung des Ziels der Kapitalwertmaximierung bestehen.[13]

Die Optimalität der Kapitalwertmaximierung erweist sich überdies in vielerlei Hinsicht als recht robust und ist insofern auch der Entscheidungsregel **"Grenzrendite = Kapitalmarktzinssatz"** überlegen. Letztere Regel wird nämlich im Wesentlichen nur bei progressiv fallender und allgemein differenzierbarer Transformationsfunktion und damit degressiv steigender Investitionsertragskurve zu eindeutigen und zutreffenden Verhaltensempfehlungen führen. Im letzten Kapitel haben wir aber gesehen, dass die Investitionsertragsfunktion in aller Regel diese postulierten Eigenschaften nicht besitzen wird und ein marginalanalytischer Ansatz sowie die Folgerung der Optimalitätsregel "Grenzrendite = Kapitalmarktzinssatz" nicht zulässig ist. Bei der Herleitung der Kapitalwertregel über (1.13) jedoch spielt der konkrete Verlauf der Realinvestitionsfunktion keinerlei Rolle. Solange ein vollkommener Kapitalmarkt gegeben ist, hat die **Kapitalwertregel** damit Bestand unabhängig davon, welche Investitionsprogramme jeweils zur Auswahl stehen.

Diese **Robustheit** des Kapitalwertkriteriums zeigt sich auch im Rahmen einer Mehr-Perioden-Betrachtung. Dazu sei von einem beliebigen Zeitraum von $t = 0$ bis $t = T$ ausgegangen und unterstellt, dass der Zinssatz i nicht nur für Anlage/Verschuldung von $t = 0$ bis $t = 1$ Gültigkeit hat, sondern vielmehr für beliebige Ein-Perioden-Anlage/Verschuldung von einem Zeitpunkt $t = \tau-1$ bis $t = \tau$ Gültigkeit besitzt. Des Weiteren sei ein Investitionsprogramm mit der Zahlungsreihe $z_0, z_1, ..., z_T$ vorausgesetzt, wobei $z_t > 0$ eine Einzahlung, also einen Mittelzufluss, und $z_t < 0$ eine Auszahlung, also einen Mittelabfluss, für den Unternehmer charakterisiert. Dann bestimmt sich die aus der Programmdurchführung für den Unternehmer erreichbare **Vermögenserhöhung** des Zeitpunktes $t = 0$ einfach als

$$\kappa = \sum_{t=0}^{T} \frac{z_t}{(1+i)^t}. \tag{1.15}$$

---

[13] Vgl. hierzu auch die auf den allgemeineren Fall der **Marktwertmaximierung bei Risiko** bezogene Darstellung in *Breuer* (1997a) sowie die entsprechenden Ausführungen im Band II zur Investitionstheorie.

Für den Fall T = 1 ist die Richtigkeit dieser Formel mit $z_0 = -I$ sowie $z_1 = F(I)$ bereits bekannt. Einzahlungen in t = 2 von z_2 kann der Unternehmer zur Aufnahme eines (einperiodigen) Kredits in Höhe von $K = z_2/(1+i)^2$ in t = 0 benutzen. Dieser Kredit führt nämlich zum Zeitpunkt t = 1 zu Verbindlichkeiten von $z_2/(1+i)^2+i\cdot z_2/(1+i)^2 = z_2/(1+i)$. Eine neuerliche Kreditaufnahme im Umfang $z_2/(1+i)$ von t = 1 bis t = 2 mündet entsprechend für t = 2 in Verbindlichkeiten von z_2, die ohne weiteres aus der Investitionseinzahlung geleistet werden können. Insofern ermöglicht die Einzahlung z_2 des Zeitpunktes t = 2 eine Konsumausdehnung in t = 0 in Höhe von $z_2/(1+i)^2$. Entsprechend führt eine Einzahlung z_t in einem beliebigen Zeitpunkt t zu einer auf t = 0 bezogenen unternehmerischen Vermögensmehrung von $z_t/(1+i)^t$. Die aus der Zahlungsreihe $z_0, z_1, ..., z_T$ insgesamt resultierenden Vermögenskonsequenzen des Zeitpunktes t = 0 werden demnach in der Tat über (1.15) beschrieben. Wieder können die unternehmerischen Ein- und Auszahlungen aus Finanzinvestitionen in (1.15) explizit unberücksichtigt bleiben. Die Formel (1.15) bezeichnet man hierbei völlig sachgerecht als den Kapitalwert eines Investitionsprogramms im Rahmen einer **Mehr-Perioden-Betrachtung**.

Der Kapitalwert eines Investitionsprogramms ergibt sich demnach generell als gewogene Summe der Zahlungskonsequenzen des betreffenden Programms, wobei als Gewichte zeitpunkt- und zinssatzabhängige **"Diskontierungsfaktoren"** $1/(1+i)^t$ Verwendung finden. Man sagt auch, dass die Zahlungen z_t mit dem Zinssatz i abgezinst oder diskontiert werden.

Beispiel 1.5:

Gegeben sei ein Unternehmer im Rahmen einer Vier-Zeitpunkte-Betrachtung t = 0, 1, 2, 3, der Zugang zu einem Investitionsprogramm mit der nachfolgenden Zahlungsreihe aus *Tabelle 1.1* hat:

t	0	1	2	3
z_t	−100	50	50	100

Tabelle 1.1: Zahlungsreihe eines Investitionsprogramms über vier Zeitpunkte t = 0, 1, 2, 3

Der Ein-Perioden-Kapitalmarktzinssatz für Mittelanlage/Verschuldung betrage über den gesamten Betrachtungszeitraum konstant i = 10 %. Der Kapitalwert des Investitionsprogramms beläuft sich damit auf

$$\kappa = -100 + \frac{50}{1{,}1} + \frac{50}{1{,}1^2} + \frac{100}{1{,}1^3} \approx 61{,}91\ \text{GE}. \qquad (1.16)$$

Im Falle einer Vermögensanfangsausstattung von 0 GE impliziert das Ergebnis aus (1.16), dass der Unternehmer bei Programmrealisation einen maximalen Gegenwartskonsum von ca. 61,91 GE erreicht. Weil überdies 100 GE zur Programmdurchführung benötigt werden, lautet die Behauptung, dass der Unternehmer einen in t = 0 aufgenommenen Kredit im Umfang von ungefähr 161,91 GE aus den ab t = 1 eingehenden Einzahlungen des Investitionsprogramms zurückzahlen kann. Der angegebene Kredit führt zu Verbindlichkeiten in t = 1 von $161{,}91 \cdot 1{,}1 \approx 178{,}1$ GE, von denen 50 GE sofort erbracht werden können. Die verbleibende Restschuld von etwa 128,1 GE muss durch eine Anschlussfinanzierung bis t = 2 beglichen werden. Damit sieht sich der Unternehmer zum Zeitpunkt t = 2 einer Verbindlichkeit in Höhe von ungefähr $128{,}1 \cdot 1{,}1 = 140{,}91$ GE gegenüber, von der nach partieller Bedienung noch ca. 90,91 GE verbleiben, die bei einer Finanzierung zu 10 % für t = 3 eine Restschuld von etwa $90{,}91 \cdot 1{,}1 \approx 100$ GE implizieren. Diese kann komplett aus den Einzahlungen des Unternehmers zum Zeitpunkt t = 3 beglichen werden. □

Die Berechnungsmöglichkeit für Vermögenserhöhungen aus unternehmerischer Tätigkeit über eine Kapitalwertformel im Sinne von (1.15) gilt nicht nur, wenn Zahlungskonsequenzen jeweils mit dem Abstand von einer Periode auftreten, also t lediglich nichtnegative ganzzahlige Werte annehmen kann. Vielmehr besteht ein zu (1.15) analoger Zusammenhang auch dann, wenn Zahlungen etwa nach Ablauf einer **halben Periode**, beispielsweise in t = 0,5, oder zu einem sonstigen Zeitpunkt zwischen dem Anfang und dem Ende einer Teilperiode auftreten. Stets ist der Gegenwartswert der betreffenden Zahlung z_t durch Multiplikation mit $(1+i)^{-t}$ zu bestimmen.

Zur Veranschaulichung sei angenommen, dass bei Anlage/Aufnahme von Mitteln für den Zeitraum von t = 0 bis t = 0,5 eine Verzinsung in Höhe von $i_{0,5}$ am Kapitalmarkt gewährt werde. Wenn der Ein-Perioden-Zinssatz im Zeitablauf konstant i ist, dann besitzt im Zeitraum von t = 0,5 bis t = 1 der gleiche Zinssatz wie von t = 0 bis t = 0,5 Gültigkeit. Folglich beläuft sich das Vermögen eines Investors in t = 1 auf $A \cdot (1+i_{0,5})^2$, sofern er ausgehend von t = 0 einen Betrag A zunächst bis t = 0,5 und anschließend inclusive Zinsen nochmals von t = 0,5 bis t = 1 anlegt. Werden die Mittel stattdessen direkt von t = 0 bis t = 1 mit Zinszahlungen nur in t = 1 investiert, erhält man ein Endvermögen von $A \cdot (1+i)$. Es muss nun $A \cdot (1+i_{0,5})^2 = A \cdot (1+i)$, also $1+i_{0,5} = (1+i)^{0,5}$ gelten. Ansonsten könnte man durch geeignete Kombination günstiger Verschuldung und ertragreicher Anlage von Mitteln am Kapitalmarkt von t = 0 bis t = 1 sichere Gewinne ohne eigenen Mitteleinsatz erzielen. Dies ist bekanntermaßen mit dem Vorliegen eines Kapitalmarktgleichgewichts nicht vereinbar.

Einzahlungen $z_{0,5}$ in t = 0,5 ihrerseits ermöglichen in t = 0 eine maximale Kreditaufnahme und damit Vermögensmehrung von $K = z_{0,5}/(1+i_{0,5})$, weil in t = 0,5 so gerade die Rückzahlung des Kreditbetrags mit Zinsen gelingt. Wegen $1+i_{0,5} = (1+i)^{0,5}$ bestimmt sich der Kreditbetrag K auch als $z_{0,5}/(1+i)^{0,5}$. Genau dies beschreibt die Behauptung, dass die Kapitalwertformel auch für "gebrochene" Periodenbetrachtungen Gültigkeit besitzt.

Weil der Kapitalwert eines Investitionsprogramms im Rahmen einer Mehr-Perioden-Betrachtung ebenfalls ohne weiteres als Vermögenserhöhung für den Unternehmer aus der Realisation des betreffenden Programms interpretiert werden kann und auf dem Kapitalmarkt kapitalwertneutral Mittel zwischen den einzelnen Zeitpunkten durch Anlage- oder Verschuldungsmaßnahmen transferiert werden können, bleibt die ***Fisher*-Separation** weiterhin gültig. Eine ceteris paribus durch investive Maßnahmen erreichbare, mit Bezug auf t = 0 berechnete Vermögenssteigerung wird von jedem Entscheidungsträger präferiert, weil auf dieser Grundlage durch entsprechende Finanzinvestitionen stets der gleiche Zahlungsstrom wie vor der Vermögenserhöhung erreichbar ist und überdies noch ein zusätzlicher positiver Betrag (nämlich gerade in Höhe der Vermögenssteigerung des Zeitpunktes t = 0) in t = 0 für weitere Konsumzwecke verbleibt. Der betrachtete Unternehmer wird schlicht durch die Realisation eines Investitionsprogramms mit $\kappa > 0$ um genau diesen Betrag in t = 0 reicher.

Beispiel 1.6:
Betrachtet sei erneut der Unternehmer des vorhergehenden Beispiels 1.5. Dieser verfüge über eine monetäre Anfangsausstattung in $t = 0$ von $W_0 = 80$ GE, von denen er ohne Durchführung des für ihn zugänglichen Investitionsprogramms gemäß *Tabelle 1.1* in $t = 0$ bereits 40 GE konsumieren möchte, während die übrigen 40 GE in $t = 0$ für zwei Perioden zu $i = 10$ % angelegt werden sollen, um sodann in $t = 2$ konsumiert zu werden. Der Unternehmer plant also, die Konsumwerte $C_0 = 40$ GE, $C_1 = 0$ GE, $C_2 = 40 \cdot 1{,}1^2 = 48{,}4$ GE sowie $C_3 = 0$ GE zu realisieren. Im Falle der Durchführung des Investitionsprogramms kann der Unternehmer in $t = 0$ einen Kredit von etwa 121,91 GE aufnehmen. Von den dann verfügbaren 201,91 GE werden in $t = 0$ die erforderlichen 100 GE Programmanfangsauszahlung investiert. Der Restbetrag von 101,91 GE > 40 GE wird unmittelbar konsumiert. In $t = 1$ kann der Unternehmer 50 GE von seiner bis dahin aufgelaufenen Schuld in Höhe von etwa $121{,}91 \cdot 1{,}1 \approx 134{,}1$ GE zurückzahlen, so dass sich für $t = 2$ eine Restschuld von annähernd $84{,}1 \cdot 1{,}1 = 92{,}51$ GE ergibt. Bei einem Konsum $C_2 = 48{,}4$ GE können in $t = 2$ nur 1,6 GE auf den noch vorhandenen Kreditbetrag zurückgezahlt werden. Damit ergibt sich für $t = 3$ ein verbleibender Kreditstand von ca. $(92{,}51 - 1{,}6) \cdot 1{,}1 \approx 100$ GE, der genau durch die letzte Einzahlung von 100 GE bedient werden kann.

Per saldo hat der Unternehmer demnach trotz Realinvestition seinen ursprünglichen Konsumstrom $C_0 = 40$ GE, $C_1 = 0$ GE, $C_2 = 48{,}4$ GE sowie $C_3 = 0$ GE erreichen und zusätzlich noch $\kappa \approx 61{,}91$ GE in $t = 0$ verbrauchen können. Natürlich stellt dies für den Unternehmer eine Besserstellung gegenüber der Situation ohne Programmdurchführung dar. In entsprechender Weise kann für jeden anderen Basiskonsumstrom und damit für alle anderen unternehmerischen Präferenzen oder Anfangsausstattungen argumentiert werden. □

Die Kapitalwertformel gemäß (1.15) verfügt über eine wichtige Eigenschaft, die man als **"Wertadditivität"** bezeichnet. Wertadditivität[14] der Kapitalwertformel besagt, dass der Kapitalwert eines aus zwei (unabhängig voneinander durchführbaren) Investitionsprojekten 1 und 2 mit den jeweiligen Zahlungsreihen $z_0^{(1)}$, $z_1^{(1)}$,

---

[14] Vgl. hierzu näher *Breuer* (1997b) oder auch *Haley/Schall* (1979), S. 166 f., 202 ff., *Hax* (1982), S. 57 ff., sowie *Copeland/Weston/Shastri* (2005), S. 25, 30 f. Grundlegend ist *Schall* (1972), S. 13 ff. Siehe auch Band II.

..., $z_T^{(1)}$ und $z_0^{(2)}$, $z_1^{(2)}$, ..., $z_T^{(2)}$ bestehenden Investitionsprogramms der Summe der Einzelkapitalwerte dieser beiden Projekte entspricht.

$$\begin{aligned}\kappa^{(1+2)} &\equiv \sum_{t=0}^{T} \frac{z_t^{(1)} + z_t^{(2)}}{(1+i)^t} \\ &= \sum_{t=0}^{T} \frac{z_t^{(1)}}{(1+i)^t} + \sum_{t=0}^{T} \frac{z_t^{(2)}}{(1+i)^t} \\ &\equiv \kappa^{(1)} + \kappa^{(2)}.\end{aligned} \tag{1.17}$$

Aus (1.17) folgt unmittelbar, dass sich der Kapitalwert eines aus N unabhängig voneinander durchführbaren Projekten bestehenden Investitionsprogramms schlicht als Summe der Einzelkapitalwerte dieser N Projekte ergibt. Damit wiederum lässt sich in einfacher Weise eine Entscheidungsregel für die Zusammenstellung eines optimalen Investitionsprogramms für den Fall des Zugangs zu N unabhängig voneinander durchführbaren Investitionsprojekten angeben. Zur Maximierung des Kapitalwerts des Gesamtinvestitionsprogramms sind alle Einzelprojekte mit positivem Kapitalwert durchzuführen. Investitionsprojekte mit negativem Kapitalwert sind zu unterlassen, solche mit einem Kapitalwert von Null können aufgrund ihrer Vermögensneutralität durchgeführt oder aber unterlassen werden. Im Weiteren sei angenommen, dass Projekte mit einem Kapitalwert von Null durchgeführt werden.

Die zur Verfügung stehenden N unabhängigen Projekte können demnach auch **unabhängig voneinander** beurteilt werden. Man spricht hier auch von sogenannten **Einzelentscheidungen**. In diesem Zusammenhang erkennt man ferner, dass **mangelnde Teilbarkeit** von Investitionsprojekten bei Anwendung des Kapitalwertkriteriums keinerlei zusätzliche Schwierigkeiten bereitet. Selbst wenn alle Projekte beliebig teilbar wären, würden sie doch nur entweder im maximalen Umfang (bei nichtnegativem Kapitalwert) oder gar nicht (bei negativem Kapitalwert) durchgeführt.

Beispiel 1.7:

Ein Unternehmer habe Zugang zu vier unabhängig voneinander durchführbaren Investitionsprojekten mit folgenden Zahlungsreihen:

t	0	1	2	3
$z_t^{(1)}$	−90	30	30	60
$z_t^{(2)}$	−80	20	40	30
$z_t^{(3)}$	−110	20	100	20
$z_t^{(4)}$	−60	10	40	30

Tabelle 1.2: Zahlungsreihen von vier Investitionsprojekten für t = 0 bis t = 3

Gesucht ist das kapitalwertmaximale Investitionsprogramm bei einem über alle Perioden einheitlichen Ein-Perioden-Zinssatz i = 10 % für Mittelanlage und -verschuldung.

Die Kapitalwerte der vier Investitionsprojekte belaufen sich auf

$$\begin{aligned}
\kappa^{(1)} &= -90+\frac{30}{1,1}+\frac{30}{1,1^2}+\frac{60}{1,1^3}\approx 7,15\text{ GE}>0,\\
\kappa^{(2)} &= -80+\frac{20}{1,1}+\frac{40}{1,1^2}+\frac{30}{1,1^3}\approx -6,22\text{ GE}<0,\\
\kappa^{(3)} &= -110+\frac{20}{1,1}+\frac{100}{1,1^2}+\frac{20}{1,1^3}\approx 5,85\text{ GE}>0,\\
\kappa^{(4)} &= -60+\frac{10}{1,1}+\frac{40}{1,1^2}+\frac{30}{1,1^3}= 4,69\text{ GE}>0.
\end{aligned} \tag{1.18}$$

Demnach wird der Unternehmer bloß die Projekte 1, 3 und 4 durchführen und dadurch insgesamt eine Vermögenserhöhung in t = 0 von ungefähr 7,15+5,85 +4,69 = 17,69 GE erfahren. □

Das Resultat der Möglichkeit zur **Einzelprojektbeurteilung** mag unmittelbar einleuchtend klingen. In der Tat wären aber unabhängige Projekte bei fehlender Existenz eines vollkommenen Kapitalmarktes keinesfalls ohne weiteres unabhängig voneinander beurteilbar. Zur Verdeutlichung kann an die Beispiele 1.1 und 1.3 aus dem Kapitel II angeknüpft werden.

Beispiel 1.8:
Betrachtet sei ein Unternehmer, der über Zugang zu drei unabhängig voneinander durchführbaren und beliebig teilbaren Investitionsprojekten gemäß *Tabelle 1.1* aus Beispiel 1.3 des Kapitels II verfügt. Des Weiteren sei seine Nutzenfunktion mit der aus Beispiel 1.1 des Kapitels II identisch. Schließlich soll eine Vermögensanfangsausstattung des Unternehmers in t = 0 von 250 GE angenommen werden. Möglichkeiten zu Finanzinvestitionen sollen nicht bestehen. Unter diesen Voraussetzungen liegt ein optimales Realinvestitionsvolumen $I^* = 174$ GE vor, da hierfür die Transformationskurve zur Tangente an eine Indifferenzkurve wird. Das optimale Investitionsprogramm besteht somit aus dem Projekt 1 und 94-prozentiger Durchführung des Projekts 2. Zur Prüfung dieser Aussage ist als Erstes die vom Unternehmer für $I^* = 174$ GE erreichbare Konsumposition zu bestimmen. Aus $W_0 = 250$ GE sowie $I^* = 174$ GE ergibt sich $C_0^* = 76$ GE. Die Investitionsertragsfunktion für dieses Zahlenbeispiel ist bereits aus Gleichung (1.6) des vorhergehenden Kapitels bekannt. Daraus entnimmt man, dass sich für $I^* = 174$ GE ein Rückfluss $F(I^*) = 1{,}2\cdot(I^*-80)+100 = 212{,}8$ GE ergibt. Der Konsumpunkt $(C_0^*;C_1^*) = (76;212{,}8)$ geht für die angenommene Nutzenfunktion $U(C_0;C_1) = C_0^{0,3}\cdot C_1^{0,7}$ einher mit einem Nutzenniveau von etwa 156,25 und beschreibt damit einen Tangentialpunkt von Transformationskurve und einer Indifferenzkurve, wenn die folgenden beiden Bedingungen in Analogie zum Gleichungssystem (1.19) aus dem vorhergehenden Kapitel II erfüllt sind:[15]

$$\begin{aligned} &\text{I.} && 156{,}25^{\frac{10}{7}}\cdot 76^{-\frac{3}{7}} \approx 212{,}8, \\ &\text{II.} && \frac{3}{7}\cdot 156{,}25^{\frac{10}{7}}\cdot 76^{-\frac{10}{7}} \approx 1{,}2. \end{aligned} \qquad (1.19)$$

Die erste Gleichung fordert, dass der Punkt $(C_0^*;C_1^*) = (76;212{,}8)$ sowohl auf einer Indifferenzkurve als auch auf der unternehmerischen Transformationskurve liegt. Die zweite Bedingung verlangt die Gleichheit der (Absolutbeträge der) Steigungen beider Kurven für $(C_0^*;C_1^*) = (76;212{,}8)$. Durch Ausrechnen stellt man leicht fest, dass in der Tat beide Bedingungen erfüllt sind.[16]

---

[15] Die "≈"-Zeichen sind statt Gleichheitszeichen erforderlich, weil das unternehmerische Nutzenniveau mit 156,25 nur gerundet wiedergegeben ist.

[16] Natürlich klärt diese Proberechnung nicht, wie die optimale Konsumkombination für dieses Zahlenbeispiel konkret ermittelt wurde. Wegen des abschnittsweise linearen Verlaufs von Investitionsertrags- und damit Transformationsfunktion ist

In der ersten Graphik aus *Abbildung 1.5* sind die hier interessierenden Zusammenhänge für drei beliebige Investitionsprojekte 1, 2 und 3 nochmals schematisch dargestellt.

Nimmt man hingegen an, dass nur die Projekte 2 und 3 aus *Tabelle 1.1* des vorhergehenden Kapitels verfügbar sind, nicht aber Projekt 1, dann resultiert ein optimales Investitionsvolumen I^* von 150 GE, so dass nunmehr Projekt 2 und Projekt 3 realisiert werden. Es liegt hier demnach ein derartiger Spezialfall vor, dass sich das Optimum in einem Eckpunkt der abschnittsweise linearen Tranformationskurve befindet und folglich nicht durch einen Tangentialpunkt von Transformations- und einer Indifferenzkurve gekennzeichnet ist.

Zur Überprüfung der Richtigkeit der behaupteten Lösung ist zunächst wieder der zu $I^* = 150$ GE gehörige Konsumpunkt zu ermitteln. Man erhält unmittelbar $C_0^* = 250-150 = 100$ GE. Für die Berechnung von $C_1^* = F(I^*)$ benötigt man die Investitionsertragsfunktion, die sich auf der Grundlage von (1.6) aus dem vorhergehenden Kapitel II leicht durch Weglassen des Projekts 1 bestimmen lässt:

$$F(I) = \begin{cases} 1{,}2 \cdot I & 0 \le I \le 100, \\ 1{,}1 \cdot (I - 100) + 120 & 100 < I \le 150, \\ 175 & 150 < I. \end{cases} \tag{1.20}$$

Damit kann man F(150) = 175 GE ablesen. Der Konsumpunkt $(C_0^*; C_1^*) = (100;175)$ geht einher mit einem unternehmerischen Nutzenniveau von $100^{0,3} \cdot 175^{0,7} \approx 147{,}95$ und ist aus unternehmerischer Sicht optimal, wenn die folgenden beiden Bedingungen erfüllt sind:[17]

hierbei in der Tat ein gewisses **intelligentes Ausprobieren** möglicher Tangentialpunktlagen erforderlich, auf das hier aber aus Platzgründen nicht näher eingegangen werden soll.

17 Das "≈"-Zeichen steht in I. aus (1.21) wegen des nur gerundet wiedergegebenen Wertes von 147,95 für das unternehmerische Nutzenniveau.

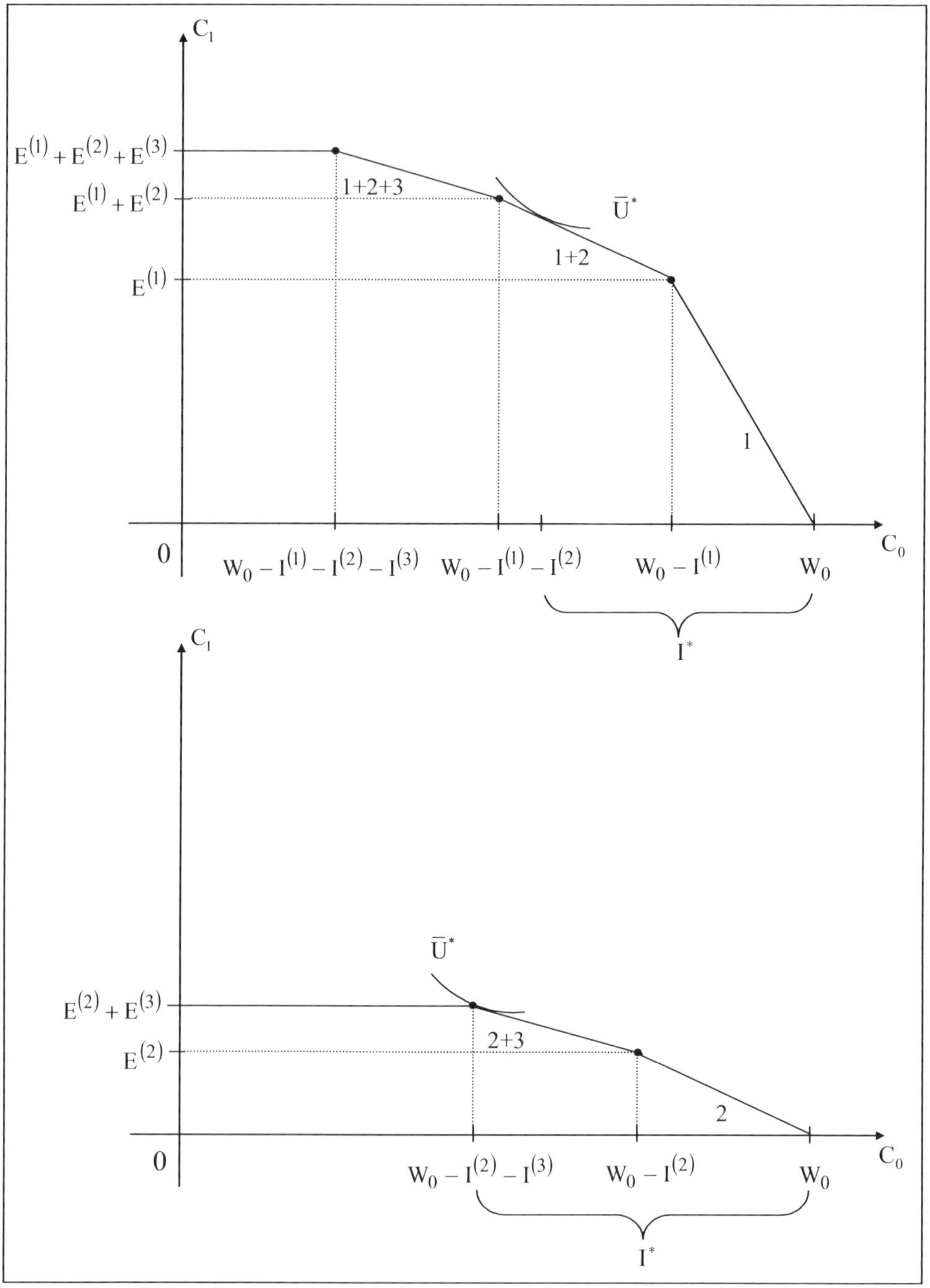

Abbildung 1.5: Nachweis mangelnder Beurteilungsunabhängigkeit im Rahmen von Einzelentscheidungen bei fehlendem Kapitalmarktzugang

$$\begin{aligned} &\text{I.}\quad 147{,}95^{\frac{10}{7}} \cdot 100^{-\frac{3}{7}} \approx 175, \\ &\text{II.}\quad \frac{3}{7} \cdot 147{,}95^{\frac{10}{7}} \cdot 100^{-\frac{10}{7}} < 1{,}1. \end{aligned} \tag{1.21}$$

Bedingung I. stellt wiederum sicher, dass ein gemeinsamer Punkt von Transformations- und Indifferenzkurve betrachtet wird. Bedingung II. verlangt, dass der Absolutbetrag der Steigung der Indifferenzkurve, also die Grenzrate der Substitution dC_1/dC_0, im betreffenden Konsumpunkt kleiner als 1,1 ist, da ansonsten an der betrachteten Stelle ein Schnittpunkt von Transformations- und Indifferenzkurve vorläge, also eine Ausdehnung des Gegenwartskonsums über 100 GE hinaus aus Unternehmersicht von Vorteil wäre. Die Gültigkeit von I. und II. aus (1.21) lässt sich wieder leicht mit Hilfe eines Taschenrechners verifizieren. In *Abbildung 1.5* ist auch dieses Szenario skizziert, und zwar in der unteren Graphik.

Zusammenfassend erkennt man also unter anderem, dass die Vorteilhaftigkeit des unabhängig von anderen Projekten durchführbaren Projektes 3 hier wesentlich von der Möglichkeit der Realisation anderer Projekte, hier des Projekts 1, abhängt. □

Sofern zwei oder mehr Investitionsprojekte nur alternativ durchgeführt werden können, liegt eine **Auswahlentscheidung** vor. Auch hier erleichtert die Wertadditivität der Kapitalwertformel das Treffen von Entscheidungen sehr stark. Falls ein Unternehmer Zugang zu N Projekten hat, von denen sich n gegenseitig ausschließen, während die übrigen N−n untereinander und mit den n sich gegenseitig ausschließenden Projekten in keinerlei Abhängigkeit stehen, dann sollte der Unternehmer von den n sich gegenseitig ausschließenden Projekten dasjenige mit dem höchsten (nichtnegativen) Kapitalwert durchführen und von den übrigen N−n Projekten all diejenigen, deren Kapitalwert ebenfalls nichtnegativ ist.

Betrachtet man vereinfachend den Spezialfall von nur zwei sich gegenseitig ausschließenden Investitionsprojekten 1 und 2 mit Zahlungsreihen $z_0^{(1)}, z_1^{(1)}, \ldots, z_T^{(1)}$ und $z_0^{(2)}, z_1^{(2)}, \ldots, z_T^{(2)}$, dann ist der Kapitalwert $\kappa^{(1)}$ des Projektes 1 größer als der von Projekt 2, $\kappa^{(2)}$, wenn gilt:

$$\begin{aligned}&\sum_{t=0}^{T}\frac{z_t^{(1)}}{(1+i)^t} > \sum_{t=0}^{T}\frac{z_t^{(2)}}{(1+i)^t}\\ \Leftrightarrow &\sum_{t=0}^{T}\frac{z_t^{(1)}}{(1+i)^t} - \sum_{t=0}^{T}\frac{z_t^{(2)}}{(1+i)^t} > 0\\ \Leftrightarrow &\sum_{t=0}^{T}\frac{z_t^{(1)}-z_t^{(2)}}{(1+i)^t} > 0.\end{aligned} \tag{1.22}$$

Projekt 1 ist dem Projekt 2 gegenüber vorzuziehen, wenn die Differenz $\kappa^{(1)}-\kappa^{(2)}$ der beiden Kapitalwerte positiv ist. Aus der Wertadditivitätseigenschaft der Kapitalwertformel folgt gemäß der dritten Zeile aus (1.22), dass die Differenz zweier Kapitalwerte dem Kapitalwert der Differenzzahlungsreihe $z_t^{(1)}-z_t^{(2)}$ (t = 0, ..., T) entspricht. Der letztgenannte Kapitalwert wird auch als Kapitalwert der **Differenzinvestition**[18] 1−2 bezeichnet und soll im Weiteren durch $\kappa^{(1-2)}$ abgekürzt werden. Da die Differenzinvestition 1−2 bzw. Differenzzahlungsreihe $z_t^{(1-2)} \equiv z_t^{(1)} - z_t^{(2)}$ (t = 0, ..., T) angibt, welche Zahlungskonsequenzen ausgelöst werden, wenn man von der Durchführung des Projekts 2 zum Projekt 1 wechselt, gibt der zugehörige Kapitalwert an, welche Vermögensmehrung dadurch eintritt, dass man Projekt 2 durch Projekt 1 ersetzt. Zugleich ist der Kapitalwert $\kappa^{(1-2)}$ der Preis, der am Kapitalmarkt für den Tausch der Möglichkeit zur Durchführung von Projekt 2 gegen die Möglichkeit zur Durchführung von Projekt 1 gezahlt werden müsste. Der Kapitalwert einer Differenzinvestition lässt sich also völlig entsprechend zum bereits bekannten "herkömmlichen" Kapitalwert interpretieren.[19] In zur Gänze analoger Weise kann auch die Differenzinvestition 2−1 betrachtet werden, bei der es um den Wechsel von der Durchführung des Projekts 1 hin zu Projekt 2 geht.

Nicht erkennbar ist aus dem **Vorzeichen** einer Differenzinvestition wie etwa 1−2, welches Vorzeichen die Einzelkapitalwerte besitzen. Sofern also zwei sich gegenseitig ausschließende Projekte 1 und 2 betrachtet werden, von denen keines

---

[18] Vgl. zum Begriff der Differenzinvestition beispielsweise *Hax* (1993), S. 39 ff., oder auch *Grob* (2006), S. 397.

[19] In der Tat ist eine Einzelentscheidung nichts anderes als eine Auswahlentscheidung, bei der eine der beiden alternativen Zahlungsreihen in allen Zeitpunkten **identisch Null** ist. So gesehen, beschreibt **jeder** Kapitalwert gewissermaßen den Kapitalwert einer bestimmten Differenzinvestition. Wir werden hierauf im Abschnitt 3 dieses Kapitels noch zurückkommen.

durchgeführt werden muss, ist ein positiver Kapitalwert $\kappa^{(1-2)}$ nur notwendig, aber nicht hinreichend für eine sachgerechte Entscheidung zugunsten des Projekts 1. Separat zu prüfen ist dann immer noch, ob $\kappa^{(1)}$ größer als Null ist. Insofern erweist sich die Entscheidungsfindung anhand der Kapitalwerte $\kappa^{(n)}$ als einfacher und direkter, als zunächst (und letzten Endes zusätzlich) Kapitalwerte von Differenzinvestitionen zu ermitteln. Wir werden aber auf die Bedeutung von Differenzinvestitionen noch im weiteren Verlauf dieses Kapitels zurückkommen.

Beispiel 1.9:
In Abwandlung von Beispiel 1.7 sei angenommen, dass der Unternehmer die Projekte 3 und 4 nur alternativ durchführen könne, während ansonsten alle Projekte beliebig kombinierbar sind. Als Konsequenz daraus besteht wegen $\kappa^{(3)} \approx 5{,}85$ GE > $\kappa^{(4)} \approx 4{,}69$ GE das optimale unternehmerische Investitionsprogramm lediglich aus den Projekten 1 und 3, so dass sich für den Unternehmer aus seinen Realinvestitionen ein auf t = 0 bezogener Vermögenszuwachs von ungefähr 13 GE ergibt.

Die Differenzinvestitionen 3−4 und 4−3 verfügen dabei über die folgenden Zahlungsreihen:

t	0	1	2	3
$z_t^{(3-4)}$	−50	10	60	−10
$z_t^{(4-3)}$	50	−10	−60	10

Tabelle 1.3: Zahlungsreihen der Differenzinvestitionen 3−4 und 4−3

Die Zahlungsreihen beider Differenzinvestitionen entsprechen sich damit natürlich bis auf die jeweils entgegengesetzten Vorzeichen. Aus *Tabelle 1.3* erkennt man des Weiteren, dass ein Wechsel von Projekt 4 zu Projekt 3 in t = 0 eine zusätzliche Auszahlung von 50 GE zur Folge hat, andererseits aber in t = 1 und t = 2 dafür auch um 10 bzw. 60 GE erhöhte Einzahlungen erbringt. In t = 3 allerdings reduzieren sich die unternehmerischen Einzahlungen durch den Wechsel nochmals um 10 GE. Der Kapitalwert der Differenzinvestition beträgt $\kappa^{(3-4)} \approx 5{,}85-4{,}69 = 1{,}16$ GE > 0. Der Wechsel von Projekt 4 zu Projekt 3 macht den Unternehmer also um etwa 1,16 GE reicher und wird daher vollzogen. Der Kapitalwert $\kappa^{(4-3)}$ beläuft sich entsprechend auf ungefähr −1,16 GE. Der Wechsel von Projekt 3 zu Projekt 4 verursacht demnach Vermögenseinbußen von 1,16 GE und unterbleibt deshalb. Da $\kappa^{(3)} \approx 5{,}85$ GE > 0 gilt, ist die Entscheidung für Projekt 3 hier in der Tat optimal. □

Bedeutungslos im Zusammenhang mit Auswahlentscheidungen zwischen verschiedenen Projekten ist übrigens, ob die betreffenden Projekte über unterschiedliche **"Nutzungsdauern"** verfügen. Unter der Nutzungsdauer eines Investitionsprojekts soll dabei derjenige Zeitpunkt T verstanden werden, in dem sich aus dem betreffenden Projekt zum letzten Mal eine von Null verschiedene Zahlungskonsequenz ergibt. Auch wenn zwei sich gegenseitig ausschließende Projekte 1 und 2 unterschiedliche Nutzungsdauern $T^{(1)}$ und $T^{(2)}$ mit $T^{(1)} > T^{(2)}$ aufweisen, reicht ein Kapitalwertvergleich zur Entscheidungsfindung aus. Durch die Kapitalwertermittlung werden nämlich ohnehin letztlich alle Zahlungen auf den Zeitpunkt $t = 0$ verdichtet unabhängig davon, über welche Nutzungsdauer ein Investitionsprojekt verfügt. Aus einem entsprechenden Grunde spielt es auch keine Rolle, ob die Anfangsauszahlungen verschiedener, sich gegenseitig ausschließender Investitionsprojekte unterschiedlich hoch sind: Stets ist das Projekt zu realisieren, dass per saldo zur größten Vermögensmehrung für den Unternehmer führt, also mit dem größten Kapitalwert einhergeht. Die unterschiedliche Höhe von Anfangsauszahlungen wird dabei ohnehin in der Kapitalwertermittlung berücksichtigt. So ist in Beispiel 1.9 Projekt 3 besser als Projekt 4, obgleich Projekt 4 eine deutlich geringere Anfangsauszahlung erfordert. Beispielsweise wird ein mittelloser Unternehmer bei Entscheidung für Projekt 3 einen Kredit von etwa 115,85 GE in $t = 0$ erhalten können, während bei Realisation von Projekt 4 nur eine Mittelaufnahme von ca. 64,69 GE möglich ist, so dass dem Unternehmer im ersten Fall nach Abzug der Anfangsauszahlung mit ca. 5,85 GE mehr Mittel für Konsumzwecke verbleiben als mit näherungsweise 4,69 GE im zweiten Fall.

1.4 Zusammenfassung

Gegenstand dieses Abschnitts war die Analyse der Konsequenzen aus der Existenz eines **vollkommenen Kapitalmarktes** für unternehmerische Realinvestitionsentscheidungen. Es zeigte sich, dass unter dieser Prämisse das optimale (Real-) Investitionsprogramm eines Unternehmers unabhängig von seinen Zeitpräferenzen und seiner monetären Anfangsausstattung bestimmt werden kann (***Fisher*- Separation**). Kennzeichen des optimalen Investitionsprogramms ist dabei seine Eigenschaft der **Kapitalwertmaximierung**. Der Kapitalwert eines Investitionsprogramms ist die gewogene Summe seiner Zahlungskonsequenzen, wobei als Gewichte zins- und zeitpunktabhängige **Diskontierungsfaktoren** auftreten. Anschaulich beschreibt der Kapitalwert eines Investitionsprogramms die sich aus der Programmrealisation ergebende **Vermögensmehrung** des Unternehmers zum Zeitunkt t = 0. Der Kapitalwert eines Investitionsprogramms entspricht der Summe der Kapitalwerte der in diesem Programm enthaltenen Projekte. Sofern mehrere unabhängig voneinander durchführbare Investitionsprojekte zur Verfügung stehen, sollte der Unternehmer auf jeden Fall all diejenigen realisieren, deren Kapitalwert positiv ist, da er auf diese Weise das Investitionsprogramm maximalen Kapitalwerts erreicht. Die Durchführung von Projekten mit einem Kapitalwert von Null ist vermögensneutral und kann daher ebenfalls erfolgen. Projekte mit einem negativen Kapitalwert werden nicht umgesetzt, da sie vermögensreduzierend wirken. Weil die einzelnen Investitionsprojekte hierbei unabhängig voneinander beurteilt werden können, spricht man auch von **Einzelentscheidungen**. Hat ein Unternehmer zwei oder mehr alternativ realisierbare Projekte zur Auswahl, so sollte er sich für dasjenige mit dem höchsten (nichtnegativen) Kapitalwert entscheiden (sogenannte **Auswahlentscheidungen**).

Wiederholungsfragen

W1.1
Benennen Sie die Eigenschaften eines vollkommenen Kapitalmarktes, und erläutern Sie deren Bedeutung!

W1.2
Welche Konsequenz ergibt sich aus der Annahme eines vollkommenen Kapitalmarktes für Anlage- und Verschuldungszinssatz?

W1.3
Was versteht man unter einer Kapitalmarktgeraden?

W1.4
Beschreiben Sie die drei grundsätzlich zu unterscheidenden Unternehmertypen "Anlegertyp", "Schuldnertyp" und "Neutraler"!

W1.5
Was versteht man unter der *Fisher*-Separation, und wie wird sie hergeleitet?

W1.6
Was versteht man unter dem Kapitalwert eines Investitionsprogramms, und wo lässt sich dieser im $(C_0;C_1)$-Diagramm ablesen?

W1.7
Inwiefern gibt die *Fisher*-Separation eine Rechtfertigung für die Anwendung des Kapitalwertkriteriums?

W1.8
Wie berechnet sich der Kapitalwert eines Investitionsprogramms im Mehr-Perioden-Fall?

W1.9

Zeigen Sie, dass die Kapitalwertformel über die Eigenschaft der Wertadditivität verfügt!

W1.10

Was versteht man unter Einzel- und Auswahlentscheidungen, und wie sind diese im Rahmen des *Fisher*-Modells zu treffen?

2 Dynamischer versus statischer Vorteilhaftigkeitsvergleich

2.1 Problemstellung

Im vorhergehenden Abschnitt wurde das **Kapitalwertkriterium** als geeignete Entscheidungsregel hinsichtlich des durchzuführenden unternehmerischen Realinvestitionsprogramms bei Zugang zu einem vollkommenen Kapitalmarkt erläutert. Insbesondere in der Wirtschaftspraxis wird zum Teil für das Treffen von Investitionsentscheidungen auf **gewinnorientierte Betrachtungen** abgestellt. Während man kapitalwertorientierte Kalküle wegen der hier über entsprechende Diskontierungen erfolgenden expliziten Berücksichtigung der zeitlichen Struktur der monetären Konsequenzen aus Realinvestitionen als **dynamisch** bezeichnet, ist bei gewinnorientierten Ansätzen von statischen Kalkülen die Rede.[1]

Im Rahmen **statischer Investitionsrechnungen** wird typischerweise auf die Betrachtung einer **"repräsentativen" Periode** abgestellt, und sodann werden hierfür (durchschnittliche) Gewinne oder (bei entscheidungsunabhängiger Erlössituation) Kosten ermittelt. Entsprechend spricht man von statischen **Gewinn- und Kostenvergleichen**. Zuweilen wird auch an Renditen angesetzt. In diesem Fall liegt ein statischer **Rentabilitätsvergleich** vor.[2]

Man mag die Betrachtung repräsentativer Perioden als anschaulicher als eine unmittelbare Entscheidung anhand von Kapitalwerten auffassen. Im Weiteren soll gezeigt werden, wie sich auch auf **kapitalwertorientierter Basis** Analysen auf der Grundlage repräsentativer Perioden darstellen lassen und welche Probleme im Gegensatz hierzu mit einem **rein statischen Ansatz** verbunden sind. Zu diesem Zweck sind im folgenden **Abschnitt 2.2** zunächst **Rentenbarwertfaktoren** und

---

[1] Vgl. beispielsweise *Rolfes* (1986).

[2] Daneben gibt es noch die **statische Amortisationsrechnung**, die im Gegensatz zu Gewinn-, Kosten- und Rentabilitätsvergleichen an der Betrachtung von Zahlungsreihen ansetzt, allerdings ohne diese zu diskontieren. Insofern liegt hier trotz mehrperiodiger Betrachtung ebenfalls ein statischer Ansatz vor, wenngleich die statische Amortisationsrechnung die einzige gängige statische Vergleichsrechnung ist, die nicht auf die Betrachtung einer repräsentativen Periode abstellt. Vorgehen und Sinnhaftigkeit von Amortisationsrechnungen werden noch im nächsten Abschnitt eingehend erörtert. Aus Gründen der Systematik soll an dieser Stelle auf eine vertiefte Behandlung verzichtet werden.

(äquivalente) Annuitäten als wichtige finanzmathematische Begriffe im Zusammenhang mit der Betrachtung repräsentativer Perioden einzuführen. Anschließend erfolgt im **Abschnitt 2.3** eine Gegenüberstellung von statischen und dynamischen Vorteilhaftigkeitsvergleichen auf der Basis der Betrachtung repräsentativer Perioden. Im **Abschnitt 2.4** wird mit Hilfe des sogenannten ***Lücke*-Theorems** dargelegt, dass zahlungs- und gewinnorientierte **Kapitalwertberechnungen** unter bestimmten Voraussetzungen zu identischen Ergebnissen führen können und sich demnach auch dynamische Investitionsrechenansätze durchaus gewinnorientiert ausgestalten lassen. Die Ausführungen schließen mit einer Zusammenfassung im **Abschnitt 2.5**.

2.2 Rentenbarwertfaktor und äquivalente Annuität

Ausgangspunkt soll ein Investitionsprojekt mit der Zahlungsreihe $z_0, ..., z_T$ und einem Kapitalwert κ bei einem (einperiodigen) Kapitalmarktzinssatz i über alle Perioden sein. Ohne weiteres kann man sich fragen, wie groß eine konstante Einzahlung z von t = 1 bis T sein muss, um für gegebenen Zinssatz i auf diesen Kapitalwert κ zu kommen. Die gesuchte Einzahlung z muss demnach folgender Bedingung genügen:

$$\begin{aligned}
&\sum_{t=1}^{T} \frac{z}{(1+i)^t} \overset{!}{=} \kappa \\
\Leftrightarrow\ & z \cdot \sum_{t=1}^{T} \frac{1}{(1+i)^t} = \kappa \\
\Leftrightarrow\ & z = \frac{\kappa}{\sum_{t=1}^{T} \frac{1}{(1+i)^t}} \\
\Leftrightarrow\ & z = \frac{\kappa}{\text{RBF}(i;T)},
\end{aligned} \qquad (2.1)$$

wobei "RBF(i;T)" kurz für "**Rentenbarwertfaktor** bei einem Kalkulationszinsfuß i und einem Betrachtungszeitraum T" steht und hier einfach definiert ist als $\sum_{t=1}^{T}(1+i)^{-t}$. In dieser Definition entspricht der Kapitalwert einer gleichbleibenden Einzahlung in Höhe von z in den Zeitpunkten t = 1 bis t = T gerade z·RBF(i;T). Da man hierbei demnach gerade RBF(i;T) für z = 1 erhält, ist der Rentenbarwertfaktor RBF(i;T) nichts anderes als der Kapitalwert einer gleichbleibenden Einzahlung von genau 1 GE in den Zeitpunkten t = 1 bis t = T für gegebenen Kalkulationszinsfuß i. Der Quotient κ/RBF(i;T) seinerseits gibt gemäß (2.1) augenscheinlich an, welche gleichbleibende Zahlung z von t = 1 bis t = T gerade ebenfalls zum Kapitalwert κ führt. Man bezeichnet z hierbei auch als (zu der dem Kapitalwert κ zugrundeliegenden Zahlungsreihe) **äquivalente Annuität** und nennt 1/RBF(i;T) den **Annuitätenfaktor** ANN(i;T). In völliger Analogie zu RBF(i;T) gibt ANN(i;T) an, welche gleichbleibende Einzahlung von t = 1 bis t = T bei einem Kalkulationszinsfuß i erforderlich ist, um einen Kapitalwert von genau 1 GE zu generieren.[3]

Insbesondere für großes T ist es etwas mühsam, den Rentenbarwertfaktor über die Summe der entsprechenden Diskontierungsfaktoren von t = 1 bis t = T zu ermitteln. In der Tat gibt es eine viel **einfachere Formel**, bei der man ohne die Bildung länglicher Summen auskommt. Sie lautet:

$$\mathrm{RBF}(i;T) = \frac{(1+i)^T - 1}{(1+i)^T \cdot i}. \tag{2.2}$$

Die Herleitung von (2.2) ist einfach, wenn man weiß, dass es sich beim Rentenbarwertfaktor um eine ganz spezifische Summe handelt, die man auch als **geometrische Reihe** bezeichnet. Für eine beliebige Zahl q nennt man die von T abhängige Summe $q^0+q^1+...+q^{T-1}$ von Potenzen eine geometrische Reihe. Im Anhang 1 zu diesem Abschnitt wird gezeigt, dass für diese (unter Voraussetzung von $q \neq 1$) folgender Zusammenhang vorliegt:

$$\sum_{t=1}^{T} q^{t-1} = \frac{1-q^T}{1-q}. \tag{2.3}$$

(2.3) kann nun leicht auf den Spezialfall der **Summation von Diskontierungsfaktoren** angewandt werden, wenn man $q \equiv 1/(1+i)$ (unter Voraussetzung von $i \neq -1$ und $i \neq 0$) ansetzt. Damit erhält man:

---

[3] Vgl. zur Definition von Rentenbarwert- und Annuitätenfaktor auch etwa *Fischer* (2009), S. 34 ff. Tabellen mit Werten dieser finanzmathematischen Größen für verschiedene Kombinationen von i und T finden sich beispielsweise auch in *Seicht* (2001), S. 612 ff.

$$\begin{aligned}
\mathrm{RBF}(i;T) &= \sum_{t=1}^{T} \frac{1}{(1+i)^t} \\
&= \frac{1}{1+i} \cdot \sum_{t=1}^{T} \frac{1}{(1+i)^{t-i}} \\
&= \frac{1}{1+i} \cdot \frac{1-\frac{1}{(1+i)^T}}{1-\frac{1}{1+i}} \\
&= \frac{1}{1+i} \cdot \frac{(1+i)^T-1}{(1+i)^{T-1}\cdot i} \\
&= \frac{(1+i)^T-1}{(1+i)^T\cdot i}.
\end{aligned} \tag{2.4}$$

In der zweiten Zeile von (2.4) wurde der Faktor $1/(1+i)$ vor die Summe gezogen und in der dritten (2.3) genutzt. In der vierten Zeile wurde zum einen der Nenner $1-[1/(1+i)]$ des Bruchs zu $i/(1+i)$ umgeformt und zum anderen der ganze Bruch mit $(1+i)^T$ erweitert. In der fünften Zeile schließlich wurde nur noch der Nenner verdichtet.

Beispiel 2.1:
Gegeben sei ein Investitionsprojekt 1 mit der folgenden Zahlungsreihe über einen Zeitraum von $t = 0$ bis $t = 5$:

t	0	1	2	3	4	5
$z_t^{(1)}$	−1.000	500	400	200	300	300

Tabelle 2.1: Zahlungsreihe des Investitionsprojekts 1

Der Kapitalmarktzinssatz sei $i = 8$ %. Daraus resultiert ein Projektkapitalwert in Höhe von $\kappa^{(1)} \approx 389{,}35$ GE. Der Rentenbarwertfaktor für $i = 8$ % und $T = 5$ bemisst sich als $\mathrm{RBF}(0{,}08;5) = (1{,}08^5-1)/(1{,}08^5\cdot 0{,}08) \approx 3{,}9927$. Die zu dem obigen Projekt für $T = 5$ gehörige äquivalente Annuität beträgt somit ungefähr $389{,}35/3{,}9927 \approx 97{,}52$ GE. Das bedeutet, dass gleichbleibende Einzahlungen von 97,52 GE in den

Zeitpunkten t = 1 bis t = 5 ebenfalls näherungsweise zu einem Kapitalwert von 389,35 GE führen. □

Statt Investitionsentscheidungen direkt mittels des Kapitalwertkriteriums zu treffen, kann man natürlich auch mit Hilfe äquivalenter Annuitäten zu sachgerecht zusammengestellten Investitionsprogrammen gelangen. Im Rahmen einer **Einzelentscheidung** sollte ein Investitionsprojekt durchgeführt werden, wenn seine für einen beliebigen Betrachtungszeitraum T berechnete äquivalente Annuität nichtnegativ ist. Denn in diesem Fall ist auch der zugehörige Kapitalwert des Projekts nichtnegativ. Entsprechend ist bei einer **Auswahlentscheidung** zwischen zwei (oder mehr) Projekten zu verfahren: Dasjenige Projekt, dessen äquivalente Annuität für einen (projektunabhängig fixierten) Betrachtungszeitraum die größte ist, verfügt auch über den höchsten Kapitalwert und sollte vorgezogen werden.

Beispiel 2.2:
Gegeben sei erneut das Projekt 1 aus Beispiel 2.1 bei einem einheitlichen Kapitalmarktzinssatz i = 8 %. Im Rahmen einer Einzelentscheidung wäre dieses Projekt in jedem Falle vorteilhaft, wie auch dessen positive äquivalente Annuität signalisiert. Zusätzlich existiere nun aber ein weiteres Projekt 2, das alternativ zu Projekt 1 durchgeführt werden kann und zu den folgenden Zahlungskonsequenzen in den Zeitpunkten t = 0 bis t = 4 führt:

t	0	1	2	3	4
$z_t^{(2)}$	−500	200	400	150	300

Tabelle 2.2: Zahlungsreihe des Investitionsprojekts 2

Der Kapitalwert des Projekts 2 beträgt ungefähr 367,7 GE. Der auf einen Zeithorizont T = 4 bezogene Rentenbarwertfaktor ist ungefähr 3,3121. Somit ergibt sich für T = 4 als äquivalente Annuität ein Wert von etwa $367{,}7/3{,}3121 \approx 111{,}02$ GE, der größer als die zum Projekt 1 gehörige äquivalente Annuität von ca. 97,52 GE ist. Natürlich ist aber eine Entscheidung durch den Vergleich dieser beiden Annuitäten nicht zulässig. Denn während Projekt 1 äquivalent zu gleichbleibenden periodischen Einzahlungen von 97,52 GE über einen Zeitraum von fünf Perioden ist, liefert Projekt 2 einen derartigen Zahlungsstrom von 111,02 GE nur über vier

Perioden. Aus diesem Grunde sind zum Vergleich von zwei Projekten im Rahmen einer Auswahlentscheidung die äquivalenten Annuitäten in jedem Fall auf den gleichen (beliebigen) Zeitraum zu beziehen. Beispielsweise beläuft sich die zu Projekt 2 äquivalente Annuität für T = 5 auf etwa 367,7/3,9927 ≈ 92,1 GE und liegt damit deutlich unter der von ca. 97,52 GE des Projekts 1. In entsprechender Weise könnte man auch die zu Projekt 1 für T = 4 äquivalente Annuität mit 389,35/3,3121 ≈ 117,55 GE berechnen. Hier sieht man natürlich erneut, dass sich Projekt 1 gegenüber Projekt 2 mit einer nunmehr maßgeblichen äquivalenten Annuität von näherungsweise 111,02 GE als überlegen erweist. □

Das Treffen von Investitionsentscheidungen auf der Basis **äquivalenter Annuitäten** beruht letztlich auf dem Gedanken, Investitionsprojekte anhand einer **repräsentativen Periode** zu beurteilen. Interessant ist in diesem Zusammenhang insbesondere, wie die Anfangsauszahlung Einfluss nimmt auf die Höhe der äquivalenten Annuität. Zu diesem Zweck ist der Begriff des **Ertragswerts** eines Projekts zu einem Zeitpunkt t einzuführen. Hierunter versteht man den auf den Zeitpunkt t bezogenen Kapitalwert η_t der aus Sicht des Zeitpunktes t künftigen Einzahlungsüberschüsse aus einem Investitionsprojekt. Bei Betrachtung aus Sicht des Zeitpunktes t = 0 erhält man den zugehörigen Ertragswert η_0 eines Investitionsprojekts folglich als Kapitalwert nur der Zahlungsreihe $z_1, ..., z_T$.[4] Sei des Weiteren die Anfangsauszahlung des Zeitpunktes t = 0 für die Investitionsrealisation mit A_0 bezeichnet, also $z_0 = -A_0$. Dann gilt $\kappa = -A_0+\eta_0$ und damit gemäß (2.1):

$$z = \frac{\eta_0 - A_0}{RBF(i;T)}. \tag{2.5}$$

Augenscheinlich wird also bei der Berechnung von z die Anfangsauszahlung A_0 in ganz spezifischer Weise auf die T künftigen Zeitpunkte verteilt. Dies wirkt unmittelbar sachgerecht, weil die Anfangsauszahlung zwar nur in t = 0 anfällt, aber die Nutzung des Projekts über einen längeren Zeitraum ermöglicht. Das Bedürfnis, die Anfangsauszahlung auf künftige Nutzungsperioden zu verteilen, ist auch aus der Kosten- und Leistungsrechnung bekannt. Dort wird dieses Ziel durch die **Abschreibung** der Anfangsauszahlung erreicht. Unter der Abschreibung kann

4 Der Ertragswertbegriff wird nochmals im Abschnitt 4 des vierten Kapitels bei der Diskussion der sogenannten **Ertragswertabschreibung** aufgegriffen. Dort finden sich auch Berechnungsbeispiele für Ertragswerte.

man generell eine Verringerung des ausgewiesenen (Buch-) Wertes eines Vermögensgegenstands begreifen. Bei Übereinstimmung des anfänglichen Buchwerts eines Investitionsobjekts mit der Projekt-Anfangsauszahlung (oder – in der Terminologie der Kosten- und Leistungsrechnung – den Anschaffungskosten) und einer insgesamt erfolgenden Abschreibung bis auf Null[5] stellen Abschreibungen nichts anderes dar als eine Verteilung der Anfangsauszahlung auf mehrere nachfolgende Perioden. Insofern kann man die Rechnung A_0/RBF(i;T) als eine ganz spezifische Form der Abschreibung der Anfangsauszahlung begreifen. Während im Rahmen des Rechnungswesens die Abschreibung auf Basis der Anschaffungsauszahlungen derart erfolgt, dass die Summe aller Abschreibungen mit der Anschaffungsauszahlung übereinstimmt, stellt eine Abschreibung auf der Basis der Rechnung A_0/RBF(i;T) sicher, dass der **Kapitalwert** der Abschreibungen der Anfangsauszahlung entspricht. Es sollte unmittelbar einleuchten, dass Letzteres unter dem Aspekt kapitalwertorientierter Entscheidungsrechnungen auf der Grundlage repräsentativer Perioden die einzig sinnvolle Art darstellt, die Anfangsauszahlung auf künftige Perioden zu verteilen, also abzuschreiben.[6] Bemerkenswerterweise muss – entgegen der möglicherweise ersten Vermutung manches Lesers – die Abschreibung dabei keineswegs über einen Zeitraum erfolgen, der mit der **Projektnutzungsdauer** exakt übereinstimmt. In der Tat ist der Einzahlungsüberschuss einer repräsentativen Periode abhängig von der Zahl der insgesamt betrachteten Perioden, und entscheidend ist lediglich, dass bei Auswahlentscheidungen für alle alternativen Projekte der gleiche Betrachtungszeitraum zugrunde gelegt wird.

---

5 Sofern das der Projektzahlungsreihe zugrundeliegende Investitionsobjekt zum Ende seiner Nutzung noch zu einem positiven Preis verkauft werden kann, ist es sachgerecht, nur bis zu diesem **Restverkaufserlös** abzuschreiben. Auf diese Komplikation soll im Weiteren jedoch nicht näher eingegangen werden.

6 Die Summe der Abschreibungen wird bei kapitalwertorientierter Rechnung A_0/RBF(i;T) wegen der Diskontierung der Abschreibungsbeträge **größer** als A_0 sein müssen. Im Rahmen der externen Rechnungslegung nach dem deutschen Handelsgesetzbuch, die Außenstehende über die unternehmerische Ertragslage informieren soll, bestehen enge gesetzliche Vorschriften, die über A_0 hinausgehende Gesamtabschreibungen ausschließen. Uns interessieren an dieser Stelle jedoch nur interne Rechnungssysteme, die der Entscheidungsunterstützung für die Unternehmensleitung dienen und für die es grundsätzlich keine gesetzlichen Restriktionen gibt.

2.3 Statischer Gewinnvergleich versus Kapitalwertkriterium

2.3.1 Vorgehen im Rahmen eines statischen Gewinnvergleichs

Mancher mag das Treffen von Investitionsentscheidungen auf der Grundlage repräsentativer Perioden als **anschaulicher** als eine direkte Kapitalwertorientierung erachten. Natürlich ist aber auch der Kapitalwert als die durch das betrachtete Projekt für t = 0 erreichbare Vermögensmehrung als recht anschaulich zu bezeichnen. Ferner werden die benötigten äquivalenten Annuitäten letztlich auf Basis der Projektkapitalwerte bestimmt, so dass hierdurch grundsätzlich lediglich zusätzlicher Rechenaufwand verursacht wird. Typischerweise werden Betrachtungen repräsentativer Perioden daher zumeist auch gar nicht auf kapitalwertorientierter Grundlage durchgeführt, sondern sind vielmehr **gewinnorientiert**.

Das heißt, es werden für ein Investitionsprojekt[7] die im Rahmen einer repräsentativen Periode anfallenden **Gewinne** bestimmt, und es wird das betreffende Projekt auf dieser Grundlage sodann beurteilt. Wie bereits im Abschnitt 2.1 ausgeführt, spricht man in derartigen Fällen von **statischen Investitionsrechnungen** im Gegensatz zu den dynamischen, die auf (diskontierte) Zahlungsstrukturen abstellen. Nach den bisherigen Darlegungen dieses Buches ist ohne weiteres klar, dass eine gewinnorientierte Betrachtung nur sinnvoll sein kann, wenn sie stets zum gleichen Ergebnis führt wie eine kapitalwertorientierte. Selbst unter vereinfachenden Annahmen leistet ein statischer Gewinnvergleich dies nicht, und insofern ist von seiner Anwendung grundsätzlich abzuraten. Entsprechendes gilt für andere Spielarten statischer Investitionsrechnungen.

Um diese Beurteilung nachvollziehen zu können, soll im Weiteren zunächst das Vorgehen im Rahmen eines statischen Gewinnvergleichs näher beschrieben werden. Analoge Darstellungen wären für statische Kosten- und Rentabilitätsvergleiche möglich. Hierauf sei aber aus Platzgründen verzichtet.[8]

---

7 Der aufmerksame Leser wird anmerken, dass genaugenommen natürlich eine Investitionsprogrammentscheidung den Ansatzpunkt auch etwa für Gewinnvergleichsrechnungen bilden sollte. In der Tat sind **Gewinnformeln** aber ebenso wie Kapitalwertformeln **wertadditiv,** so dass in diesem Zusammenhang auf die im letzten Abschnitt angeführte Begründung für die Möglichkeit zur Einzelprojektbeurteilung verwiesen werden kann.

8 Ausführliche Erörterungen statischer Vergleichsrechnungen finden sich in zahlreichen finanzwirtschaftlichen Lehrbüchern. Vgl. z.B. *Blohm/Lüder/*

2.3.1.1 Einzelentscheidung

Ausgangspunkt eines statischen Gewinnvergleichs ist die **Ermittlung des Gewinns** G_t aus einem Projekt in jedem Zeitpunkt t = 0, ..., T der Nutzung dieses Projekts. Die in t = 0 im Rahmen der Projektdurchführung anfallende Anfangsauszahlung sei A_0. Da in t = 0 in Höhe dieser Anfangsauszahlung auch eine Aktivierung, das heißt Wertzuschreibung, erfolgt, ist der Gewinn in t = 0 aus der Projektdurchführung unmittelbar 0 GE. Von Null verschiedene Gewinne sollen daher erst ab t = 1, dem Beginn der laufenden Güterproduktion und -veräußerung, anfallen. In diesem Zusammenhang bezeichne x_t den **mengenmäßigen Absatz** des im Rahmen des Investitionsprojekts gefertigten Produkts zum Zeitpunkt t, während p_t für den zugehörigen (Stück-) **Preis** in diesem Zeitpunkt steht. Mit $k_{v,t}$ sollen die **variablen Kosten** pro Stück im Zeitpunkt t bezeichnet werden, und $K_{f,t}$ steht entsprechend für die **Fixkosten**, die in t anfallen. Im Weiteren sei unterstellt, dass die variablen Stückauszahlungen in t ebenso wie die fixen Auszahlungen in t mit den entsprechenden Kostengrößen übereinstimmen. Deswegen werden die auf den Zeitpunkt t verrechneten **Abschreibungen** D_t der Anfangsauszahlung ("D" für engl. "depreciation"), obgleich es sich hierbei auch um eine Fixkostenkomponente handelt, separat erfasst. Denn Abschreibungen stellen zwangsläufig eine nicht zahlungsgleiche Kostengröße dar. Entsprechendes gilt für die daher ebenfalls getrennt zu erfassende Größe kZ_t, worunter die **kalkulatorischen Zinsen** eines Zeitpunktes t zu verstehen sind. Im Rahmen statischer Ansätze unterbleibt die Diskontierung monetärer Konsequenzen verschiedener Zeitpunkte. Um Zinseffekte nicht völlig zu vernachlässigen, werden aber immerhin sogenannte kalkulatorische Zinsen auf die einzelnen Perioden verrechnet. Die Vorstellung hierbei ist die, dass eine Anfangsauszahlung A_0 in t = 0 unmittelbar einen entsprechenden zu finanzierenden **Mittelbedarf** dieses Zeitpunktes zur Folge hat. Durch die Abschreibungen verringern sich der Wertansatz für die angeschafften Investitionsgüter und damit scheinbar auch der Mittelbedarf für die nächste Periode. Wenn man derart argumentiert, unterstellt man augenscheinlich wenigstens implizit, dass jeweils in Höhe der Abschreibungen (über die sowieso erfolgenden Zinszahlungen hinausgehende) Rückzahlungen an Kapitalgeber geleistet werden.[9] Während demnach in

---

Schaefer (2006), S. 134 ff., *Grob* (2006), S. 14 ff., *Götze* (2008), S. 50 ff., und *Perridon/Steiner/Rathgeber* (2009), S. 33 ff.

[9] Diese Art der Berechnung unternehmerischen Mittelbedarfs in einem Zeitpunkt t wird auch als **bilanzbezogene Kapitalbedarfsrechnung** bezeichnet. Vgl. hierzu näher beispielsweise *Hax* (1998), S. 205 ff., sowie *Breuer* (2008), S. 38 f.

$t = 0$ ein Mittelbedarf von A_0 auszuweisen ist, beträgt dieser in $t = 1$ nur $A_0 - D_1$ aufgrund des durch die vorgenommene Abschreibung entsprechend reduzierten (Restbuch-) Wertes der eingesetzten Investitionsobjekte. Der durchschnittliche[10] Mittelbedarf ist folglich $(A_0 + (A_0 - D_1))/2 = A_0 - D_1/2$. Mit i als maßgeblichem Kalkulationszinsfuß ergeben sich damit auf den Zeitpunkt $t = 1$ zu verrechnende kalkulatorische Zinsen von $i \cdot (A_0 - D_1/2)$. Auf die gleiche Weise kann für den Zeitraum von $t = 1$ bis $t = 2$ verfahren werden. Mit $A_0 - D_1$ als Mittelbedarf in $t = 1$ und $A_0 - D_1 - D_2$ als verbleibendem Mittelbedarf in $t = 2$ gelangt man zu kalkulatorischen Zinsen des Zeitpunktes $t = 2$ von $i \cdot [(A_0 - D_1 + A_0 - D_1 - D_2)/2] = i \cdot (A_0 - D_1 - D_2/2)$. Beliebige andere Zeiträume werden analog behandelt. Im Spezialfall linearer Abschreibung, also $D_t = D =$ konst. ($\forall$ t), ergibt sich eine recht einfache Formel für den durchschnittlichen Mittelbedarf von einem Zeitpunkt $t-1$ bis t. Im Zeitpunkt $t-1$ nämlich liegt noch ein Mittelbedarf von $A_0 - (t-1) \cdot D$ vor, während in t der Mittelbedarf auf $A_0 - t \cdot D$ gesunken ist. Das arithmetische Mittel dieser beiden Werte ergibt als durchschnittlichen Mittelbedarf von $t-1$ bis t gerade $A_0 - (t-0{,}5) \cdot D$. Die zugehörigen kalkulatorischen Zinsen sind folglich $i \cdot [A_0 - (t-0{,}5) \cdot D]$ und werden dem Zeitpunkt t zugeordnet.

In jedem Fall lässt sich der **Gewinn** aus dem zugrunde gelegten Projekt in einem Zeitpunkt $t = 1, ..., T$ schreiben als:

$$G_t = x_t \cdot (p_t - k_{v,t}) - K_{f,t} - D_t - kZ_t. \tag{2.6}$$

Der Gewinn des Zeitpunktes t ergibt sich damit aus dem **Deckungsbeitrag** $x_t \cdot (p_t - k_{v,t})$ des Zeitpunktes t unter Abzug der **Fixkosten** $K_{f,t}$, der **Abschreibung** D_t und der verrechneten **kalkulatorischen Zinsen** kZ_t. Den Gewinn $\overline{G}$ einer "repräsentativen" Periode (oder kurz: den repräsentativen Gewinn) erhält man sodann durch Summation der entsprechenden Einzelgewinne von $t = 1$ bis $t = T$ und anschließende Division dieser Summe durch T:

---

[10] Bei einer solchen Berechnung des durchschnittlichen Mittelbedarfs von einem Zeitpunkt $t-1$ bis zu einem Zeitpunkt t wird eine gleichmäßige Wertminderung von $t-1$ bis t unterstellt, was nur bei **linearer Abschreibung**, das heißt konstanten Abschreibungsbeträgen je Periode, wirklich gerechtfertigt erscheint. Genauere Berechnungen des durchschnittlichen Mittelbedarfs im Falle nichtlinearer Abschreibung sollen hier zur Vereinfachung unterbleiben.

$$\bar{G} = \frac{\sum_{t=1}^{T} G_t}{T} = \frac{\sum_{t=1}^{T} x_t \cdot (p_t - k_{v,t})}{T} - \frac{\sum_{t=1}^{T} K_{f,t}}{T} - \frac{\sum_{t=1}^{T} D_t}{T} - \frac{\sum_{t=1}^{T} kZ_t}{T}. \tag{2.7}$$

Der repräsentative Gewinn eines Projekts kann demnach auch dadurch ermittelt werden, dass man vom durchschnittlichen Deckungsbeitrag die durchschnittlichen Fixkosten, die durchschnittlichen Abschreibungen und die durchschnittlichen kalkulatorischen Zinsen abzieht. Unter der Prämisse, dass die Summe aller Abschreibungen gerade der Anfangsauszahlung A_0 entspricht, bestimmt sich die durchschnittliche Abschreibung $\bar{D}$ überdies **unabhängig** von der konkreten Form der Abschreibung als A_0/T. Umständliche Summationen können bei der Berechnung von $\bar{D}$ folglich vermieden werden.

Im Hinblick auf die Maximierung des Gewinns einer repräsentativen Periode wird ein Projekt im Rahmen einer **Einzelentscheidung** für $\bar{G} \geq 0$ GE schließlich als vorteilhaft aufgefasst.

Beispiel 2.3:

Gegeben sei ein Investitionsprojekt 1 mit einer Anfangsauszahlung in Höhe von 580 GE. Aus diesem Projekt sollen sich weitere monetäre Konsequenzen in den Zeitpunkten t = 1, 2, ..., 10 ergeben. Die konkreten Erfolgskonsequenzen aus dem Investitionsprojekt 1 können der nachfolgenden *Tabelle 2.3* entnommen werden. Dabei sei von einer linearen Abschreibung über alle 10 Zeitpunkte ausgegangen. Dies führt unmittelbar zu $D_t^{(1)} = 580/10 = 58$ GE = konst. ($\forall$ t). Auf dieser Grundlage können sodann auch die kalkulatorischen Zinsen aus *Tabelle 2.3* nachvollzogen werden. So besteht zum Zeitpunkt t = 1 nur noch ein (unterstellter) Mittelbedarf von 580−58 = 522 GE. Im Durchschnitt belief sich der Mittelbedarf von t = 0 bis t = 1 auf (580+522)/2 = 551 GE. Mit einem Kapitalmarktzinssatz von i = 10 % gelangt man somit zum Ansatz von kalkulatorischen Zinsen für die Periode von t = 0 bis t = 1 in Höhe von 0,1·551 = 55,1 GE. Auf die gleiche Weise lassen sich die weiteren Zahlen der Zeile $kZ_t^{(1)}$ bestimmen. Mit 522−58 = 464 GE als verbleibendem Buchwert und damit unterstelltem Mittelbedarf in t = 2 erhält man beispielsweise im Zeitraum von t = 1 bis t = 2 einen durchschnittlichen Mittelbedarf von (522+464)/2 = 493 GE, auf den 0,1·493 = 49,3 GE kalkulatorische Zinsen verrechnet werden. Augenscheinlich reduzieren sich damit die ausgewiesenen kalkulatorischen Zinsen jede Periode um 0,1·58 = 5,8 GE.

t	1	2	3	4	5	6	7	8	9	10
$x_t^{(1)}$	28	32	32	28	30	31	32	27	35	28
$p_t^{(1)}$	20	25	27	23	26	21	23	19	28	18
$k_{v,t}^{(1)}$	10	14	12	16	10	9	11	15	13	10
$K_{f,t}^{(1)}$	130	130	140	150	140	170	190	200	150	100
$D_t^{(1)}$	58	58	58	58	58	58	58	58	58	58
$kZ_t^{(1)}$	55,1	49,3	43,5	37,7	31,9	26,1	20,3	14,5	8,7	2,9

Tabelle 2.3: Erfolgskonsequenzen aus der Durchführung des Projekts 1

Mit den Werten aus *Tabelle 2.3* ist es nun möglich, die Gewinne $G_t^{(1)}$ aus dem Projekt 1 in den Zeitpunkten t = 1 bis t = 10 gemäß Formel (2.6) zu berechnen. Beispielsweise erhält man $G_t^{(1)} = 28 \cdot (20-10)-130-58-55{,}1 = 36{,}9 \approx 37$ GE. Insgesamt ergeben sich die folgenden (ganzzahlig gerundeten) Werte:

$G_1^{(1)}$	$G_2^{(1)}$	$G_3^{(1)}$	$G_4^{(1)}$	$G_5^{(1)}$	$G_6^{(1)}$	$G_7^{(1)}$	$G_8^{(1)}$	$G_9^{(1)}$	$G_{10}^{(1)}$
37	115	239	−50	250	118	116	−165	308	63

Tabelle 2.4: (Ganzzahlig gerundete) Gewinne $G_t^{(1)}$ aus Projekt 1 (t = 1, ..., 10)

Das arithmetische Mittel der Gewinne $G_t^{(1)}$ (t = 1, …, T), also der Gewinn einer repräsentativen Periode, beträgt damit: $\bar{G}^{(1)} \approx 1.031/10 = 103{,}1$ GE[11], wobei der kumulierte Gesamtgewinn über alle 10 Zeitpunkte durch die Anzahl der Betrachtungszeitpunkte dividiert wird. Wegen $\bar{G}^{(1)} > 0$ erweist sich Projekt 1 im Rahmen einer Einzelentscheidung und bei Zugrundelegung des Ziels der Maximierung des repräsentativen Gewinns einer Periode damit als sinnvoll. □

[11] Dieser Wert resultiert auch bei exakter Rechnung.

Unter bestimmten Voraussetzungen vereinfacht sich die Ermittlung des gesuchten repräsentativen Gewinns. Bei **linearer Abschreibung** der Anfangsauszahlung muss im Rahmen der Berechnung von $\overline{G}$ einfach nur die konstante Abschreibung $D = A_0/T$ in Abzug gebracht werden. Dies für sich genommen ist noch keine nennenswerte Erleichterung, weil stets $\overline{D} = A_0/T$ gilt, falls lediglich A_0 insgesamt abgeschrieben wird. Des Weiteren aber verkürzt sich die Formel für die durchschnittlichen kalkulatorischen Zinsen sehr. Da der durchschnittliche Mittelbedarf von $t = 0$ bis $t = T$ im Falle linearer Abschreibung gerade $A_0/2$ beträgt, resultieren durchschnittliche kalkulatorische Zinsen von $i \cdot A_0/2$:

$$\begin{aligned}
&\sum_{t=1}^{T} \frac{kZ_t}{T} \\
&= \frac{i}{T} \cdot \sum_{t=1}^{T} \left[A_0 - (t-0{,}5) \cdot D \right] \\
&= \frac{i}{T} \cdot \left[T \cdot A_0 - D \cdot \sum_{t=1}^{T} (t-0{,}5) \right] \\
&= \frac{i}{T} \cdot \left\{ T \cdot A_0 - \frac{A_0}{T} \left[\frac{T \cdot (T+1)}{2} - \frac{T}{2} \right] \right\} \\
&= i \cdot \frac{A_0}{2}.
\end{aligned} \tag{2.8}$$

Bei den Umformungen aus (2.8) wurde in der vierten Zeile zum einen der Umstand genutzt, dass sich die Summe der Zahlen von 1 bis T als $T \cdot (T+1)/2$ berechnet.[12] Zum anderen wurde $D = A_0/T$ im Rahmen linearer Abschreibung berücksichtigt.

Beispiel 2.4:

Für das Projekt 1 aus Beispiel 2.3 kann man ohne explizite Ermittlung der kalkulatorischen Zinsen der Zeitpunkte $t = 1$ bis $t = 10$ direkt darauf schließen, dass sich deren Durchschnitt auf $0{,}1 \cdot 580/2 = 29$ GE beläuft. □

---

12 Vgl. hierzu näher den Anhang 2 zu diesem Kapitel.

Wenn schließlich auch noch die Absatzmenge x_t über alle Perioden konstant sein sollte, $x_t = x =$ konst. ($\forall$ t), dann vereinfacht sich (2.7) zu

$$\overline{G} = x \cdot \left(\frac{\sum_{t=1}^{T} p_t}{T} - \frac{\sum_{t=1}^{T} k_{v,t}}{T} \right) - \frac{\sum_{t=1}^{T} K_{f,t}}{T} - \frac{A_0}{T} - i \cdot \frac{A_0}{2}. \qquad (2.9)$$

In diesem Fall müsste man also im Wesentlichen nur noch die durchschnittlichen Preise, variablen Stückkosten und periodenbezogenen Fixkosten über den Zeitraum von t = 1 bis t = T ermitteln. Eine separate Berechnung der Deckungsbeiträge der einzelnen Zeitpunkte t = 1, ..., T erübrigt sich hierbei demnach.

2.3.1.2 Auswahlentscheidung

Sofern neben dem gerade erörterten Projekt noch ein zweites, **alternativ realisierbares** Projekt existiert, ist für beide der repräsentative Gewinn zu ermitteln, und die Entscheidung fällt dann zugunsten desjenigen Projekts mit dem höchsten repräsentativen Gewinn. Im Rahmen einer derartigen **Auswahlentscheidung** stellen sich allerdings wenigstens zwei Fragen, die bei Einzelentscheidungen nicht aufkommen. Wie ist zu verfahren, wenn die zu vergleichenden Projekte über eine **unterschiedliche Nutzungsdauer** verfügen? Welche Konsequenzen sind aus **unterschiedlichen Mitteleinsätzen** zu ziehen?

Falls beide Projekte **nur einmal** durchgeführt werden können, ist ihnen zur Ermittlung des repräsentativen Gewinns auch unmittelbar der **gleiche Betrachtungszeitraum** zugrunde zu legen. Dieser kann grundsätzlich beliebig gewählt werden und muss insbesondere nicht der Nutzungsdauer eines der beiden Projekte entsprechen. Durch die Rechnung mit einheitlichem Bezugszeitraum ist gewährleistet, dass man sich für dasjenige Projekt mit dem höchsten Gesamtgewinn entscheidet. Insofern hätte man sich auch gleich auf die Betrachtung der Gesamtgewinne beschränken können, und wieder mag die Berechnung periodenbezogener Gewinngrößen ähnlich wie die Bestimmung äquivalenter Annuitäten im Rahmen dynamischer Ansätze vor allem unter dem Aspekt der Gewährleistung größerer Anschaulichkeit von Interesse sein. Falls man die beurteilungsrelevanten repräsentativen Gewinne der beiden Projekte in der Tat unter Zugrundelegung ihrer jeweiligen **(unterschiedlichen) Nutzungsdauer** ermittelt, ist die daraus resultierende Entscheidung nur unter der (impliziten) Prämisse stets äquivalent zur Gesamtgewinnmaximierung, dass beide Projekte so oft wiederholt werden können, dass im Rahmen der wiederholten Projektdurchführung für beide Projekte doch wiederum eine **identische Gesamtnutzungsdauer** vorliegt. Im einfachsten Fall könnte man etwa die Möglichkeit unendlich häufiger Wiederholung der beiden Projekte unterstellen. Dann wäre aus Gründen der Vergleichbarkeit auch die Berechnung repräsentativer Gewinne in besonderer Weise gerechtfertigt.

Schließlich ist auf die Frage zurückzukommen, welche Konsequenzen aus **unterschiedlichen Mitteleinsätzen** der beiden Projekte in $t = 0$ zu ziehen sind. Sofern man schlicht die in herkömmlicher Weise ermittelten repräsentativen Gewinne der beiden sich ausschließenden Projekte gegenüberstellt, ist dieses Vorgehen gleichbedeutend mit der (impliziten) Annahme, dass neben den beiden zur Auswahl stehenden Projekten keine besseren Mittelverwendungsmöglichkeiten als zum Kapitalmarktzinssatz i bestehen. Etwaige nach Projektdurchführung noch vorhandene Mittel wären dann erfolgsneutral, weil erzielte Erträge und verrechnete kalkulatorische Zinsen übereinstimmten.[13]

Beispiel 2.5:
Gegeben sei das Investitionsprojekt 1 aus Beispiel 2.3 bei weiterhin gültiger Annahme von $i = 10\ \%$. Zusätzlich existiere nun aber auch noch ein alternativ realisierbares Projekt 2, das bei einer Anfangsauszahlung von 430 GE in den Zeitpunkten $t = 1, ..., 8$ zu von Null verschiedenen Erfolgskonsequenzen führt und dessen Nutzungsdauer sich somit auf 8 Perioden beläuft. Wieder sei von einer linearen Abschreibung, dieses Mal über 8 Perioden, ausgegangen. Die hier relevanten konkreten Werte können der *Tabelle 2.5* entnommen werden.

---

[13] Bemerkenswerterweise wird dieser Umstand in der Literatur zuweilen nicht erkannt. Vgl. etwa *Kruschwitz* (1993), Sp. 1861, sowie *Kruschwitz* (2009), S. 34. In der Tat ist dies der gleiche Grund, warum auch im Zusammenhang mit Auswahlentscheidungen über Kapitalwertbetrachtungen unterschiedliche Projektanfangsauszahlungen nicht weiter beachtlich sind.

t	1	2	3	4	5	6	7	8
$x_t^{(2)}$	29	31	29	26	31	32	30	33
$p_t^{(2)}$	25	25	22	20	24	25	24	26
$k_{v,t}^{(2)}$	12	8	12	10	11	12	15	11
$K_{f,t}^{(2)}$	180	200	190	170	180	170	170	180
$D_t^{(2)}$	53,75	53,75	53,75	53,75	53,75	53,75	53,75	53,75
$kZ_t^{(2)}$	40,31	34,94	29,56	24,19	18,81	13,44	8,06	2,69

Tabelle 2.5: Erfolgskonsequenzen aus der Durchführung des Projekts 2 (letzte Zeile mit gerundeten Werten)

Auf der Basis von *Tabelle 2.5* gelangt man zu den folgenden (ganzzahlig gerundeten) Gewinnen $G_t^{(2)}$ aus Projekt 2 in den Zeitpunkten $t = 1, ..., 8$:

$G_1^{(2)}$	$G_2^{(2)}$	$G_3^{(2)}$	$G_4^{(2)}$	$G_5^{(2)}$	$G_6^{(2)}$	$G_7^{(2)}$	$G_8^{(2)}$
103	238	17	12	150	179	38	259

Tabelle 2.6: (Ganzzahlig gerundete) Gewinne $G_t^{(2)}$ aus Projekt 2 ($t = 1, ..., 8$)

Als repräsentativer Gewinn über die Projektnutzungsdauer ergibt sich auf der Grundlage von *Tabelle 2.6* das arithmetische Mittel 996/8 = 124,5 GE[14], das somit über dem repräsentativen Gewinn aus Projekt 1 liegt. Projekt 2 würde demnach Projekt 1 vorgezogen. Gesamtgewinnmaximierend wäre diese Entscheidung aber nur unter gewissen Zusatzannahmen, etwa wenn Projekt 1 vier- und Projekt 2

---

14 Diesen Wert erhält man auch auf der Grundlage der exakten Periodengewinne.

fünfmal hintereinander durchgeführt werden könnte, so dass der maßgebliche Betrachtungszeitraum in beiden Fällen 40 Perioden umfasste. Hier aber war von einer derartigen wiederholten Durchführung gar keine Rede. Dann jedoch ist die Entscheidung auf der Grundlage der gerade ermittelten Durchschnittsgewinne nicht sachgerecht. Während Projekt 1 nämlich über 10 Perioden hinweg Gewinne von durchschnittlich 103,1 GE generiert, liefert Projekt 2 einen durchschnittliche Periodengewinn von 124,5 GE nur über 8 Perioden. Wie bereits dargelegt, sollte man die berechneten Gewinne einer repräsentativen Periode wenigstens auf den gleichen Betrachtungszeitraum beziehen. Legt man etwa generell den Zeitraum von $t = 0$ bis $t = 10$ zugrunde, so liefert Projekt 1 den bereits bekannten repräsentativen Gewinn von 103,1 GE, während Projekt 2 nur auf 996/10 = 99,6 GE kommt, also schlechter abschneidet. Entsprechend könnte man auch einen Betrachtungszeitraum von 8 Perioden ansetzen. Dies bedeutet nicht, dass man die Gewinne aus dem Projekt 1 in den Zeitpunkten $t = 9$ und $t = 10$ unberücksichtigt lässt. Vielmehr wird der Gesamtgewinn eines jeden Projekts, also auch von Projekt 1, auf lediglich 8 Perioden verteilt. Man fragt sich also genaugenommen, welcher gleichbleibende Gewinn in $t = 1, ..., 8$ zum gleichen Gesamtgewinn führt wie das jeweils betrachtete Projekt über seine komplette Nutzungsdauer. Dabei ergibt sich für Projekt 1 ein Wert von 1.031/8 ≈ 128,88 GE, der selbstverständlich ebenfalls über dem entsprechenden Wert von 124,5 GE des Projekts 2 angesiedelt ist. Ebenso gut kann man auch unmittelbar die kumulierten Gesamtgewinne der beiden Projekte vergleichen. Projekt 1 ist mit einem Gesamtgewinn von 1.031 GE auch hier dem Projekt 2 mit einem Gesamtgewinn von 996 GE überlegen.

Erwähnenswert ist des Weiteren, dass Projekt 2 nur 430 GE Anfangsauszahlung benötigt, während Projekt 1 einen Mittelbedarf in $t = 0$ von 580 GE aufweist. Damit die obigen Rechnungen konsistent sind, muss daher angenommen werden, dass die betrachtete Unternehmung neben der Durchführung eines der beiden Projekte etwaige noch vorhandene Mittel nur noch zum Kapitalmarktzinssatz $i = 10\ \%$ anlegen kann. □

2.3.2 Gegenüberstellung mit dem Kapitalwertkriterium

Der **wesentlichste Kritikpunkt** hinsichtlich der statischen Verfahren betrifft ihre fehlende theoretische Fundierung und – damit zusammenhängend – ihre allenfalls zufällige Übereinstimmung mit den auf der Grundlage des **Kapitalwertkriteriums** resultierenden optimalen Entscheidungen. Unter der **theoretischen Fun-**

dierung einer Entscheidungsregel versteht man generell den Umstand, dass ein modellmäßiger (formaler) Kontext existiert, in dem die betreffende Entscheidungsregel zu optimaler Verhaltensweise führt. Der Vorteil theoretischer Fundierung von Enscheidungsregeln liegt auf der Hand: Es ist zumindest klar, dass bei Vorliegen bestimmter Annahmenkonstellationen ein bestimmtes Verhalten in der Tat optimal ist. Die Diskussion im Rahmen praktischer Anwendungen muss sich dann nur noch auf die Frage beziehen, ob die **erforderlichen Annahmen** reale Zusammenhänge hinreichend genau abbilden. Sofern man dies bejaht, folgt hieraus direkt die Adäquanz der zugehörigen Entscheidungsregel. Entscheidungsregeln ohne theoretische Fundierung hingegen sind dem Problem ausgesetzt, dass überhaupt nicht klar ist, wieso sie beachtet werden sollten. Einen solchen Vorwurf kann man nun gegenüber den statischen Kalkülen im Hinblick auf das Treffen von Realinvestitionsentscheidungen erheben. [15]

Ein weiterer Vorteil einer theoretischen Fundierung besteht darin, dass man sich **explizit** über die zugrundeliegenden Annahmen im Rahmen einer Entscheidungssituation klar wird. Auch im Zusammenhang mit statischen Investitionsrechnungen werden Annahmen getroffen, die aber **impliziter Natur** sind, also eher stillschweigend erfolgen, und deswegen leicht in ihrer Tragweite übersehen werden. Konkret wird implizit angenommen, dass die **Rückführung aufgenommener Mittel** im Rahmen von Finanzierungsmaßnahmen gerade der jeweiligen Abschreibung der betreffenden Periode entspricht. Ändert man nun die Abschreibungsmethode und daraufhin auch die Berechnung der kalkulatorischen Zinsen, unterstellt man zugleich eine veränderte Rückführung aufgenommener Mittel. Im Extrem einer **Sofortabschreibung** würde man unterstellen, dass man sämtliche zur Finanzierung der betreffenden Realinvestition benötigten Mittel sofort komplett zurückführt. Diese Verkopplung zwischen Abschreibungsmethode und Kreditrückführung scheint wenig plausibel und sollte deswegen explizit dargelegt werden. Weitere, oben schon angesprochene implizite Prämissen im

---

[15] Es gibt durchaus **fortgeschrittene Ansätze**, die gewinnorientierte Betrachtungen zu rechtfertigen suchen. Vgl. z.B. *Reichelstein* (1997) und *Rogerson* (1997). Im Mittelpunkt steht hierbei die Steuerung des Investitionsverhaltens eines angestellten (eigennützigen) Managers aus Sicht der Unternehmenszentrale über entsprechende Ausgestaltung der Managemententlohnung. Derartige Überlegungen auf der Grundlage von Interessenkonflikten zwischen Managern und Unternehmenszentrale sollen im Rahmen dieser einführenden Darstellung aber nicht vertieft werden.

Zusammenhang mit Auswahlentscheidungen betreffen die Annahmen zur **Verwendung überschüssiger Mittel**, die in $t = 0$ nicht für investive Zwecke genutzt werden, und zur **Wiederholbarkeit von Investitionsprojekten**. Auch hier sollte man die impliziten Prämissen offenlegen.

Treten nun systematische Abweichungen für statisch orientierte Entscheidungsrechnungen von den theoretisch fundierten Empfehlungen auf Basis des Kapitalwertkriteriums auf, so spricht dies augenscheinlich gegen die Nutzung der Ersteren. Die **Ursachen** für mögliche Diskrepanzen zwischen statischer und dynamischer Betrachtung liegen dabei auf der Hand. Selbst wenn man annimmt, dass nur Abschreibungen und kalkulatorische Zinsen unter den Erfolgskomponenten nicht zahlungsgleich sind, ergibt sich doch dadurch schon die Unmöglichkeit, aus der Projektbeurteilung bei Gewinnvergleich auf die Projektbeurteilung bei Kapitalwertvergleich zu schließen. Denn zum einen erfolgt im Rahmen des statischen Ansatzes grundsätzlich **keine sachgerechte Verteilung** der Anfangsauszahlung auf die einzelnen Perioden und führt zum anderen eine Änderung des ohnehin nicht eindeutig determinierten anzuwendenden **Abschreibungsverfahrens** bereits zu veränderten Ausweisen des repräsentativen Gewinns, da nämlich über das gewählte Abschreibungsverfahren der angesetzte Mittelbedarf der einzelnen Perioden und mithin die zugehörigen kalkulatorischen Zinsen bestimmt werden. Des Weiteren spielt die **zeitliche Verteilung** der Erlöse sowie der hiermit einhergehenden variablen Kosten und periodenbezogenen Fixkosten im Rahmen des statischen Gewinnvergleichs keine Rolle für den resultierenden durchschnittlichen Gewinn, da die verrechneten Zinsen allein durch die gewählte Abschreibungsmethode bestimmt werden. Eine Änderung der zeitlichen Verteilung von Erlösen, variablen und periodenbezogenen Fixkosten wirkt sich aber sehr wohl auf den resultierenden Projektkapitalwert aus, so dass also auch unter diesem Aspekt erkennbar ist, dass zwischen kapitalwert- und gewinnorientierter Investitionsrechnung keinerlei systematischer Zusammenhang besteht. Entsprechend leicht lassen sich Zahlenbeispiele konstruieren, in denen man zu **widersprüchlichen Empfehlungen** bei statischer und dynamischer Investitionsrechnung gelangt.

Beispiel 2.6:

Gegeben seien die Annahmen der Beispiele 2.3 und 2.5, wobei alle Erfolgsgrößen (bis auf Abschreibungen und kalkulatorische Zinsen) zahlungsgleich seien. Auf Basis der *Tabellen 2.3* und *2.5* lassen sich damit die Einzahlungsüberschüsse $z_t^{(n)}$

$= x_t^{(n)} \cdot \left(p_t^{(n)} - k_{v,t}^{(n)}\right) - K_{f,t}^{(n)}$ aus einem Projekt n = 1, 2 in den Zeitpunkten t = 1, ..., 10 ermitteln. Für Projekt 2 etwa berechnet sich die Einzahlung $z_1^{(2)}$ des Zeitpunktes t = 1 als 29·(25–12)–180 = 197 GE. Insgesamt erhält man:[16]

t	1	2	3	4	5	6	7	8	9	10
$z_t^{(1)}$	150	222	340	46	340	202	194	–92	375	124
$z_t^{(2)}$	197	327	100	90	223	246	100	315	0	0

Tabelle 2.7: Zahlungsreihen der Projekte 1 und 2

Unter Beachtung der Werte aus *Tabelle 2.7* sowie der Anfangsauszahlungen von 580 GE für Projekt 1 und 430 GE für Projekt 2 erhält man für i = 10 % als Kapitalwerte der beiden Projekte $\kappa^{(1)} \approx 615{,}32$ GE sowie $\kappa^{(2)} \approx 631{,}53$ GE, so dass in der Tat doch Projekt 2 gegenüber Projekt 1 vorzuziehen ist. Statt der Kapitalwerte hätte man auch die äquivalenten Annuitäten der beiden Projekte für einen einheitlichen Betrachtungszeitraum von t = 0 bis t = T gegenüberstellen können. In der nachfolgenden Tabelle sind die äquivalenten Annuitäten der beiden Projekte für die Fälle T = 8 und T = 10 aufgeführt:

T	8	10
Projekt 1	115,34	100,14
Projekt 2	118,38	102,78

Tabelle 2.8: Äquivalente Annuitäten der Projekte 1 und 2 für T = 8 bzw. T = 10 (auf zwei Stellen genau gerundet)

Zur Prüfung der Werte aus *Tabelle 2.8* ist lediglich die Kenntnis von RBF(0,1;8) ≈ 5,3349 GE sowie RBF(0,1;10) ≈ 6,1446 erforderlich. Wenngleich sich immerhin die äquivalenten Annuitäten in der Größenordnung der jeweiligen repräsentativen Gewinne bewegen (128,88 bzw. 103,1 als Durchschnittsgewinn bei Projekt 1 für 8

[16] In den Zeitpunkten t = 9 und t = 10 resultieren bei Projekt 2 wegen der Nutzungsdauer von 8 Perioden natürlich unmittelbar Einzahlungen von 0 GE.

bzw. 10 Perioden als Berechnungsgrundlage, 124,5 bzw. 99,6 entsprechend für Projekt 2), ist doch der Zusammenhang zwischen statischem und dynamischem Kalkül mehr als lose, wie schon die unterschiedlichen resultierenden Verhaltensempfehlungen belegen. Ferner könnte durch einfache Vertauschung der Deckungsbeiträge und periodenbezogenen Fixkosten eines Projekts in den verschiedenen Zeitpunkten seine jeweilige äquivalente Annuität beeinflusst werden, ohne dass sich der zugehörige repräsentative Gewinn änderte. Zur Verdeutlichung sei unterstellt, dass bei Projekt 2 Deckungsbeitrag und periodenbezogene Fixkosten aus $t = 1$ nun dem Zeitpunkt $t = 10$ zugeordnet seien und umgekehrt. Entsprechend werde mit den anderen Zeitpunkten verfahren, so dass beispielsweise die Deckungsbeiträge und periodenbezogenen Fixkosten der Zeitpunkte $t = 2$ und $t = 9$ ebenso wie die der Zeitpunkte $t = 3$ und $t = 8$ vertauscht werden. Als Konsequenz hieraus erhält man als neue Zahlungsreihe des Investitionsprojekts 2:

t	1	2	3	4	5	6	7	8	9	10
$z_t^{(2)}$	0	0	315	100	246	223	90	100	327	197

Tabelle 2.9: Modifizierte Zahlungsreihe des Projekts 2

Der zugehörige Kapitalwert beträgt nun nur noch etwa 461,06 GE, und die äquivalenten Annuitäten belaufen sich für $T = 8$ auf ungefähr 86,42 GE und für $T = 10$ auf näherungsweise 75,03 GE. Aus kapitalwertorientierter Sicht wäre Projekt 2 dem Projekt 1 nunmehr unterlegen. Bemerkenswert ist hierbei, dass der Gesamtgewinn aus Projekt 2 und damit natürlich auch der durchschnittliche Gewinn über alle 10 Perioden trotz dieser Transformation der zeitlichen Verteilung der Erfolgskonsequenzen unbeeinflusst geblieben ist. Für den durchschnittlichen Gewinn aus der Umsetzung von Projekt 2 ist also die veränderte zeitliche Struktur der zugehörigen monetären Konsequenzen bedeutungslos. □

Statische und dynamische Kalküle werden demnach nur **zufällig** zu der gleichen Entscheidung führen, wobei generell eine **geringe zeitliche Schwankung** der unternehmerischen Erlös- und Kosten- bzw. Auszahlungssituation für die Gleichartigkeit der jeweils hergeleiteten Handlungsempfehlungen hilfreich ist. Insbesondere führt ein Vergleich zweier Projekte mit identischer Nutzungsdauer und Anfangsauszahlung bei gleichem Abschreibungsverlauf und jeweils zeitlich konstanter Erlös- und Auszahlungssituation sowohl auf der Grundlage ihrer Gewinne gemäß (2.6) als auch ihrer äquivalenten Annuitäten **stets** zum selben Ergebnis. Der konstante Einzahlungsüberschuss aus einem Investitionsprojekt entspricht nämlich hier dem um kalkulatorische Zinsen und Abschreibungen erhöhten konstanten Gewinn eines Projekts je Periode. Aufgrund der getroffenen Annahmen sind kalkulatorische Zinsen und Abschreibungen für beide Investitionsobjekte jeweils gleich hoch, so dass ein höherer konstanter Einzahlungsüberschuss des einen Projekts unmittelbar auch einen höheren repräsentativen Gewinn impliziert. Infolge der für beide Investitionsobjekte gleich hohen Anfangsauszahlungen geht ein höherer Einzahlungsüberschuss eines Projekts darüber hinaus mit einer überlegenen äquivalenten Annuität einher. Äquivalente Annuität und repräsentativer Gewinn führen deshalb hier im Rahmen von Auswahlentscheidungen zum selben Ergebnis. Natürlich ist in einer solchen Situation ein Vergleich der beiden Investitionsprojekte allerdings derart simpel, dass schon die Gegenüberstellung der Einzahlungsüberschüsse aus den beiden Projekten zu einem beliebigen Zeitpunkt hinreichend für eine Entscheidungsfindung ist.

Nach der ausführlichen Darstellung der **Schwächen** statischer Vergleichsrechnungen stellt sich natürlich die Frage, was ihre **Beliebtheit**[17] in der Wirtschaftspraxis ausmachen könnte. Ein wesentliches Argument im Rahmen jeder praktischen Anwendung ist der **vermeintlich geringe Datenbedarf** zur Anwendung eines Verfahrens. Wir werden auf diesen Umstand noch an anderer Stelle zurückkommen. Zur Kapitalwertermittlung jedenfalls benötigt man die detaillierte Kenntnis der gesamten Zahlungsreihe eines Investitionsprojekts, während bei einem statischen Gewinnvergleich die **pauschale Abschätzung** eines Durchschnittsgewinns auszureichen scheint. In der Tat zeigten die obigen Zahlenbeispiele 2.3 und 2.5, dass natürlich auch der Ermittlung von Durchschnittsgewinnen irgendwelche Vorstellungen über die Gewinne in den einzelnen künftigen Zeitpunkten während der Nutzungsdauer des betrachteten Investitionsprojekts zugrunde liegen werden – und wenn es nur die Annahme eines konstanten Gewinns in allen Zeitpunkten $t = 1, ..., T$ ist. Ansonsten könnte man übrigens auch mit der gleichen Begründung die Betrachtung äquivalenter Annuitäten dem direkten Kapitalwertvergleich vorziehen. Tatsächlich aber erfolgt die Ermittlung einer äquivalenten Annuität auf der Grundlage des zugehörigen Kapitalwertes und die Be-

---

17 Vgl. *Wehrle-Streif* (1989), S. 20, 34.

stimmung des repräsentativen Ein-Perioden-Gewinns auf der Grundlage des Gesamtgewinns über alle Perioden der Nutzungsdauer.

Insgesamt bieten damit statische Vergleiche allenfalls noch einen gewissen Vorteil in Form **einfacherer erforderlicher Rechenoperationen**. Vor allem braucht man keine Potenzen zu bestimmen. Allerdings dürfte dieser Vorteil wenigstens nach gewisser Einübung des Berechnens von Kapitalwerten keinerlei Bestand mehr haben. Alles in allem stellen statische Vergleichsrechnungen **keine ernstzunehmende Alternative** zur Anwendung des Kapitalwertkriteriums dar, weswegen im Weiteren im Rahmen dieses Buches grundsätzlich[18] nur noch auf die dynamischen Verfahren näher eingegangen wird.

Abschließend kann man sich die Frage stellen, **warum** statische Kalküle dann überhaupt in der Wirtschaftspraxis zur Anwendung kommen können. Die Ursache liegt wohl letztlich in der Existenz eines an **Leistungen und Kosten** orientierten Rechnungswesens, das quasi als Nebenaspekt auch zum Treffen von Investitionsentscheidungen genutzt werden soll. Übersehen wird dabei indes der spezifische Zweck von Kosten- und Leistungsrechnungen. Solange man – wie bei Investitionsentscheidungen – die **Totalperiode**, das heißt die gesamte Lebensdauer eines Projekts oder Programms, betrachtet, kommt es allein auf die Höhe und den Zeitpunkt der jeweiligen **Zahlungskonsequenzen** an, da diese die Konsummöglichkeiten der Entscheidungsträger determinieren.

Anders verhält es sich, wenn man sich nach dem "Erfolg" im Rahmen einer bestimmten **(Teil-) Periode** von t−1 bis t fragt. Zur Veranschaulichung betrachte man eine Situation, bei der in einem Zeitpunkt t−2 Rohstoffe erworben wurden, die erst im Zeitpunkt t−1 verbraucht werden, um ein Produkt herzustellen, das ebenfalls noch im Zeitpunkt t−1 verkauft wird. Die Erlöse aus dem Verkauf sollen aber erst nach t eingehen. Fragt man nun unter diesen Bedingungen nach dem **Erfolg** des Zeitpunktes t−1 (bzw. des Zeitraums von t−1 bis t), dann fallen hier keinerlei Ein- und Auszahlungen an. Man könnte aber mit einigem Recht behaupten, dass die Auszahlungen für die in t−1 verbrauchten Rohstoffe dem Zeitpunkt t−1 zugerechnet werden sollten, denn der Verbrauch der Rohstoffe ist letztlich **ursächlich** für ihre vorhergehende Beschaffung. Dieser Überlegung liegt die

[18] Eine **Ausnahme** besteht hinsichtlich der statischen Amortisationsrechnung, die im nächsten Abschnitt der Vollständigkeit halber noch kurz vorgestellt wird.

Definition von **Kosten als (betriebsbedingten) Güterverbräuchen** zugrunde. In entsprechender Weise könnte man auch die Erlöse aus dem Verkauf der Erzeugnisse dem Zeitpunkt t–1 zuordnen, obwohl der Zahlungsmitteleingang erst später erfolgt. Dieser Gedanke führt zur Definition von **Leistungen als (betriebsbedingten) Gütererstellungen**. Im Ergebnis würde man für den Zeitpunkt t–1 ein von Null verschiedenes Ergebnis als Saldo von Leistungen und Kosten ausweisen, obwohl die korrespondierenden Zahlungskonsequenzen anderen Perioden zuzuordnen wären. Das Abstellen auf Leistungen und Kosten ist in diesem Sinne demnach angebracht, wenn es sich um Ein-Perioden-, also kurzfristige, Betrachtungen handelt. Im Rahmen von Investitionsentscheidungen geht es aber denknotwendig um **Mehr-Perioden-Probleme**, weswegen sich auch unter dieser Prämisse das Abstellen auf Größen der Kosten- und Leistungsrechnung für das Treffen von Investitionsentscheidungen verbietet.

2.4 Das *Lücke*-Theorem

2.4.1 Das Grundproblem

Gegenstand der vorhergehenden Abschnitte war eine ausführliche Darlegung der Defizite statischer, auf Daten der Kosten- und Leistungsrechnung basierender Investitionskalküle. Es wurde indes gleichfalls dargelegt, dass in der Wirtschaftspraxis aufgrund der entsprechenden Datenverfügbarkeit durchaus ein gewisser Anreiz zum Rückgriff gerade auf Erfolgsrechnungssysteme auch zum Beurteilen von Investitionsprojekten besteht. Insofern drängt sich die Frage auf, welche **Modifikationen** erforderlich sind, um auf Basis von **Erfolgsgrößen** zu Entscheidungen zu gelangen, die sich als äquivalent zum **Kapitalwertkriterium** auf Basis von Zahlungskonsequenzen erweisen.

In der Tat ist genau diese Frage schon sehr früh in der Literatur von zunächst *Preinreich* (1937) in den USA und später unabhängig davon von *Lücke* (1955) in Deutschland behandelt worden.[19] Das nach dem letztgenannten Autor benannte ***Lücke*-Theorem** nennt Bedingungen, unter denen **Kapitalwertberechnungen** auf Basis von Größen der **Kosten- und Leistungsrechnung** zu den gleichen Ergebnissen wie auf Basis von rein zahlungsorientierten Größen führen.

[19] Noch ältere Vorläufer als *Preinreich* (1937) werden in *Stotz* (2004) behandelt.

2.4.2 Kapitalwert auf Basis von Gewinnen

Die weitere Darstellung baut auf dem folgenden Zahlenbeispiel auf.

Beispiel 2.7:

Ausgangspunkt der Betrachtung sei ein Investitionsprojekt mit der Zahlungsreihe gemäß *Tabelle 2.10*. Die zugehörigen Gewinne sind für **zwei** Formen der **Abschreibung** ausgewiesen: $G_t^{(1)}$ für eine je hälftige Abschreibung der Anfangsauszahlung in t = 1 und t = 2, d.h. $D_1 = D_2 = 50$ GE und $D_3 = D_4 = 0$ GE, während $G_t^{(2)}$ den Gewinn bei linearer Abschreibung der Anfangsauszahlung von t = 1 bis t = 4 angibt, also $D_t = 250$ GE für t = 1, 2, 3, 4. Der Kapitalmarktzinssatz belaufe sich für alle Perioden fest auf i = 10 %.

t	0	1	2	3	4
z_t	−100	40	50	20	10
$G_t^{(1)}$	0	−10	0	20	10
$G_t^{(2)}$	0	15	25	−5	−15

Tabelle 2.10: Zahlungsreihe und abschreibungsabhängiger Gewinnausweis eines Investitionsprojekts (t = 0, ..., 4)

Unter den getroffenen Annahmen ist es leicht, den **Kapitalwert $\kappa^{(z)}$** des Investitionsprojekts auf Basis der Zahlungsreihe zu bestimmen:

$$\kappa^{(z)} = -100 + \frac{40}{1,1} + \frac{50}{1,1^2} + \frac{20}{1,1^3} + \frac{10}{1,1^4} \approx -0,46. \tag{2.10}$$

Infolge des **negativen Kapitalwertes** wäre das entsprechende Investitionsprojekt als **nachteilig** abzulehnen. Wenig verwunderlich ergäben sich auf Basis der **Gewinne** andere Kapitalwerte, die überdies vom gewählten Abschreibungsverfahren abhingen, während die Art der Abschreibung für eine zahlungsorientierte Betrachtung natürlich bedeutungslos ist:

$$\kappa^{(G,1)} = -\frac{10}{1,1} + \frac{0}{1,1^2} + \frac{20}{1,1^3} + \frac{10}{1,1^4} \approx 12,77,$$
$$\kappa^{(G,2)} = \frac{15}{1,1} + \frac{25}{1,1^2} - \frac{5}{1,1^3} - \frac{15}{1,1^4} \approx 20,30. \quad (2.11)$$

Tatsächlich wäre nun der Kapitalwert des Investitionsprojekts sogar in beiden Fällen **größer als Null**. Dieser Befund zeigt, dass es augenscheinlich **nicht** ausreichend ist, einfach den Kapitalwert der mit einem Investitionsprojekt verbundenen Gewinne zu berechnen. Die **Ursache** für die Verwerfungen ist, dass die Anfangsauszahlung durch die zunächst erfolgende Aktivierung und dann später vorgenommene Abschreibung **nicht kapitalwertneutral** zwischen den Perioden umverteilt wird. Vielmehr ist im betrachteten Kontext ohne weiteres klar, dass durch die **anfängliche Aktivierung** der Anfangsauszahlung der **Kapitalwert** des Projekts auf Gewinnbasis **größer** ausfällt als auf Zahlungsbasis. Je langsamer abgeschrieben wird, desto mehr steigt der Kapitalwert an. Darum erhält man in vorliegenden Fall $\kappa^{(G,2)} > \kappa^{(G,1)} > \kappa^{(z)}$. □

2.4.3 Kapitalwert auf Basis von Residualgewinnen

Die im vorhergehenden Abschnitt beschriebene kapitalwerterhöhende Wirkung der Aktivierung von Anfangsauszahlungen mit erst später erfolgender Abschreibung muss in geeigneter Weise **kompensiert** werden. Dies kann geschehen, indem man **zusätzliche Aufwendungen** für die Perioden aufweist, für die die besagte Aktivierung kapitalwerterhöhend wirkt. Genau an dieser Idee knüpft das ***Lücke*-Theorem** an.

Sei zur Verdeutlichung etwas genauer eine Abschreibung D_t zu einem Zeitpunkt t betrachtet. Gesucht ist diejenige **zusätzliche konstante Aufwandsverrechnung** a_t in den Zeitpunkten $\tau = 1$ bis $\tau = t$, die zusammen mit dem Ansatz von D_t in t gerade einen Kapitalwert von D_t aufweist. Denn mit der Abschreibung D_t in t korrespondiert ja eine entsprechende Aktivierung im Zeitpunkt 0, die für sich genommen den Kapitalwert um exakt D_t erhöht, weil D_t eben nicht bereits im Zeitpunkt 0 negativ in die Kapitalwertberechnung eingeht. Man erhält:

$$\sum_{\tau=1}^{t-1}\frac{a_t}{(1+i)^\tau}+\frac{D_t+a_t}{(1+i)^t}\overset{!}{=}D_t$$

$$\Leftrightarrow \sum_{\tau=1}^{t}\frac{a_t}{(1+i)^\tau}=D_t-\frac{D_t}{(1+i)^t}$$

$$\Leftrightarrow a_t\cdot\frac{(1+i)^t-1}{(1+i)^t\cdot i}=D_t-\frac{D_t}{(1+i)^t} \tag{2.12}$$

$$\Leftrightarrow a_t\cdot[(1+i)^t-1]=i\cdot D_t\cdot[(1+i)^t-1]$$

$$\Leftrightarrow a_t=i\cdot D_t.$$

In der zweiten Zeile von (2.12) wurden die Terme mit a_t und D_t jeweils auf einer Seite der Gleichung zusammengefasst. In der dritten Zeile wird die aus dem vorhergehenden Abschnitt bekannte Berechnungsformel für den **Rentenbarwertfaktor** bei Kalkulationszinsfuß i und Laufzeit t genutzt. In der vierten Zeile wurden beide Gleichungsseiten mit $(1+i)^t \cdot i$ multipliziert, und in der letzten Zeile durch $(1+i)^t-1$ geteilt.

Man erhält das interessante Ergebnis, dass pro Periode von $\tau = 1$ bis $\tau = t$ Zinsen auf den im Zeitpunkt 0 **aktivierten Betrag D_t** zu verrechnen sind, wenn man auch bei einer erfolgsorientierten Betrachtungsweise dieselben Kapitalwerte wie bei zahlungsorientierter Rechnung bestimmen will. Diese Erkenntnis bildet den Kern des *Lücke*-Theorems. Weil dies für beliebige Aktivierungen und nachfolgende Abschreibungen D_t gilt, folgt daraus, dass in den Zeitpunkt $\tau = 1$ bis $\tau = t$ jeweils Zinsen auf den bis dahin noch nicht zuvor abgeschriebenen Teil der Anfangsauszahlung, d.h. das bis dahin noch **"gebundene Kapital"**, zu verrechnen sind.

Der gerade beschriebene Umstand gilt **für alle Formen** der Aktivierung. Es muss sich also nicht um ein Verschieben von Aufwendungen in die Zukunft über die Aktivierung von Auszahlungen mit erst späteren Abschreibungen handeln. Entsprechende Zusammenhänge gelten auch für den Fall, dass Leistungen (etwa in Form der Herstellung von Produkten) aktiviert werden, die erst in späteren Perioden zu Einzahlungen und damit zur Mittelfreisetzung (beispielsweise über den Verkauf der Produkte) führen. Die um diese spezielle Form **kalkulatorischer Zinsen** korrigierte Art des Gewinnausweises nennt man **Residualgewinn**. Das ***Lücke*-Theorem** besagt demnach im Kern, dass der Kapitalwert der in spezifischer Weise zu berechnenden Residualgewinne dem Kapitalwert auf Basis der Zahlungskonsequenzen entspricht.

Zur konkreten **Berechnung der Residualgewinne** in einem Zeitpunkt t hat man sich an der zum Vorzeitpunkt t–1 noch gegebenen Mittelbindung MB_{t-1} zu orientieren (denn in dieser Höhe wurden frühere Aktivierungen noch nicht etwa durch Abschreibungen wieder aufgelöst) und hierauf Zinsen $i \cdot MB_{t-1}$ zu bestimmen. Diese kalkulatorische Zinsbelastung ist von dem bereits zuvor ermittelten herkömmlichen Gewinn G_t in Abzug zu bringen, um solchermaßen den Residualgewinn RG_t zu berechnen. Man rechnet also:

$$RG_t = G_t - i \cdot MB_{t-1}. \tag{2.13}$$

Für t = 0 wird dabei $G_t = RG_t$ unterstellt, weil MB_{-1} nicht definiert ist. Die Verfahrensweise gemäß (2.13) soll anhand der Fortführung des Beispiels 2.7 veranschaulicht werden.

Beispiel 2.8:

Sei erneut die Entscheidungssituation aus Beispiel 2.7 betrachtet. *Tabelle 2.11* weist jeweils die Mittelbindungen der einzelnen Perioden in Abhängigkeit der gewählten Abschreibung sowie die zugehörigen Residualgewinne aus.

Man erhält als **korrespondierende Kapitalwerte**:

$$\begin{aligned} \kappa^{(RG,1)} &= -\frac{20}{1{,}1} - \frac{5}{1{,}1^2} + \frac{20}{1{,}1^3} + \frac{10}{1{,}1^4} \approx -0{,}46, \\ \kappa^{(RG,2)} &= \frac{5}{1{,}1} + \frac{17{,}5}{1{,}1^2} - \frac{10}{1{,}1^3} - \frac{17{,}5}{1{,}1^4} \approx -0{,}46. \end{aligned} \tag{2.14}$$

t	0	1	2	3	4
z_t	−100	40	50	20	10
$G_t^{(1)}$	0	−10	0	20	10
$MB_t^{(1)}$	100	50	0	0	0
$MB_{t-1}^{(1)}$	–	100	50	0	0
$i \cdot MB_{t-1}^{(1)}$	–	10	5	0	0
$\mathbf{RG_t^{(1)}}$	**–**	**−20**	**−5**	**20**	**10**
$G_t^{(2)}$	0	15	25	−5	−15
$MB_t^{(2)}$	100	75	50	25	0
$MB_{t-1}^{(2)}$	–	100	75	50	25
$i \cdot MB_{t-1}^{(2)}$	–	10	7,5	5	2,5
$\mathbf{RG_t^{(2)}}$	**–**	**5**	**17,5**	**−10**	**−17,5**

Tabelle 2.11: Residualgewinnberechnung für zwei alternative Abschreibungsverläufe

Wie nicht anders zu erwarten war, stimmen beide Kapitalwerte auf Basis der Residualgewinne mit demjenigen auf Basis der Zahlungen gemäß Formel (2.10) überein. □

Die Vorgehensweise im Rahmen des *Lücke*-Theorems erinnert ein wenig an diejenige, die im Zusammenhang mit **statischen Gewinnvergleichsrechnungen** im vorhergehenden Abschnitt dargelegt worden ist. Auch dort wurden kalkulatorische Zinsen auf die jeweils gebundenen Mittel angesetzt. Freilich wurde – wegen fehlender Notwendigkeit – nicht terminologisch zwischen Gewinn G_t (**vor** kalkulatorischen Zinsen) und Residualgewinn RG_t (**nach** kalkulatorischen Zinsen) unterschieden. Wichtiger als diese begriffliche Frage ist indes, dass anders als im Abschnitt 2 dieses dritten Kapitels die Berechnung des Residualgewinns im Rahmen des *Lücke*-Theorems auf die beschriebene Weise **unabhängig** davon zulässig ist, wie extern beschaffte Mittel tatsächlich zurückgeführt werden. Die

Argumentation des vorhergehenden Abschnitts im Hinblick auf die angesetzten kalkulatorischen Zinsen fußte maßgeblich auf der **impliziten Prämisse**, dass in Höhe der **Abschreibungen** jeweils **Rückzahlungen** etwa von Krediten an Kreditgeber möglich sind. Im Zusammenhang mit dem *Lücke*-Theorem hingegen spielt die zeitliche Struktur der Mittelrückzahlung **keine Rolle**, da die Höhe der anzusetzenden Zinsen schlicht so erfolgt, dass eine residualgewinnorientierte Kapitalwertberechnung äquivalent zu einer zahlungsorientierten ist.

Das ***Lücke*-Theorem** basiert dabei auf dem **Gedanken**, dass eine Umverteilung von Zahlungskonsequenzen über zwischenzeitliche Aktivierung von Auszahlungen oder Leistungen durch entsprechende **Verrechnung von kalkulatorischen Zinsen** auf die gebundenen Mittel neutralisiert wird. Zu einem späteren Zeitpunkt werden die Positionen mit aktivierten Auszahlungen bzw. Leistungen wieder erfolgswirksam aufgelöst. **In Summe** und ohne Diskontierung stimmen Gewinne und Einzahlungsüberschüsse über alle Perioden aber überein. Wie zum Ende des vorhergehenden Abschnitts 2.3.2 erörtert, stellt diese **zeitliche Umverteilung** der originär angefallenen Zahlungskonsequenzen eine **zentrale Motivation** für die grundsätzliche Etablierung von erfolgsorientierten Rechungssystemen überhaupt dar. Deswegen kann im Regelfall von der **Gültigkeit dieser Kongruenzbeziehung** ausgegangen werden.

Im Umkehrschluss ergibt sich daraus, dass der Ansatz von erfolgsrechnerischen Größen, die **nicht** zu irgendeinem Zeitpunkt mit entsprechenden Zahlungskonsequenzen einhergehen, die Gültigkeit des *Lücke*-Theorems untergräbt.

Beispiel 2.9:
Angenommen, im Rahmen des in den beiden vorhergehenden Beispielen betrachteten Investitionsprojekts wird für den zugleich als Geschäftsführer agierenden Unternehmer ein **kalkulatorischer Lohn** von je 10 GE in den Zeitpunkten $t = 1$ bis $t = 4$ verrechnet. Eine Änderung der Einzahlungsüberschüsse geht damit **nicht** einher, da diese ja ohnehin schon als diejenigen Zahlungen zu verstehen sind, die den Kapitalgebern zufließen. Daraus folgt sofort, dass $\kappa^{(z)}$ **unverändert** bleibt, gewinn- und residualgewinnorientierte Kapitalwerte aber **reduzieren** sich jeweils um $10 \cdot \mathrm{RBF}(0{,}1;4) \approx 31{,}70$ GE. Übereinstimmung von $\kappa^{(z)}$ und $\kappa^{(RG)}$ besteht damit nicht mehr. □

2.5 Zusammenfassung

Gegenstand dieses Abschnitts waren vor allem eine Präsentation und Würdigung sogenannter **statischer Verfahren** im Rahmen von Investitionsrechnungen. Bei den statischen Verfahren wird typischerweise eine Erfolgsgröße für eine **repräsentative Periode** eines Investitionsprojekts ermittelt. Die **zeitliche Struktur** der Projekterfolge wird dabei nur sehr **pauschal** und ungenau über den Ansatz kalkulatorischer Zinsen in die Betrachtung einbezogen. In kapitalwertorientierten Ansätzen dienen **Diskontierungsfaktoren** zur expliziten und differenzierten Erfassung der zeitlich unterschiedlich anfallenden monetären Konsequenzen aus einer Projektdurchführung. Man spricht in derartigen Fällen daher auch von **dynamischen Ansätzen**.

Handelt es sich bei der der statischen Investitionsrechnung zugrundeliegenden Erfolgsgröße um den Gewinn, so spricht man von **Gewinnvergleichsrechnungen**. Entsprechend gibt es ferner **Kosten- und Rentabilitätsvergleichsrechnungen**. Auch bei **kapitalwertorientierten** Betrachtungen kann man auf repräsentative Perioden abstellen. Es geht dann um die Ermittlung von **äquivalenten Annuitäten**. Den statischen Verfahren mangelt es generell an einer ebenso überzeugenden **theoretischen Fundierung**, wie sie im vorhergehenden Abschnitt für die kapitalwertorientierten hergeleitet worden ist. Aus diesem Grunde verwundert es nicht, dass beide Verfahren nur **zufällig** zum selben Ergebnis führen. Vermeintliche Vorteile der statischen Verfahren sollen ihr **geringer Datenbedarf** und ihre **leichte Rechenbarkeit** sein. Da allerdings auch der Erfolg einer repräsentativen Periode nur bei differenzierten Vorstellungen über den Projekterfolg während der gesamten Projektnutzungsdauer bestimmt werden kann und sich Kapitalwertberechnungen mit ein wenig Übung keinesfalls als schwer erweisen, sind beide Argumente **nicht** in der Lage, den Nachteil fehlender theoretischer Fundierung aufzuwiegen. Im Weiteren bleiben die statischen Verfahren daher generell unberücksichtigt.

Zum Ende dieses Abschnitts erfolgte sodann der Nachweis, dass **Kapitalwertberechnungen** sehr wohl auch **gewinnorientiert** umgesetzt werden können. Um dieselben Resultate wie bei zahlungsorientierter Kapitalwertermittlung zu erhalten, müssen die Gewinne jeweils um **kalkulatorische Zinsen** auf die **Mittelbindung** der jeweiligen Vorperiode reduziert werden. Man spricht hierbei von **Residualgewinnen**. Gemäß dem sogenannten ***Lücke*-Theorem** stimmt der Kapitalwert der Residualgewinne mit dem Kapitalwert der Einzahlungsüberschüsse überein, sofern die (undiskontierte) Summe der Gewinne der (undiskontierten) Summe der Einzahlungsüberschüsse entspricht, sich also **Unterschiede** zwischen Erfolgs- und Zahlungsgrößen **nur temporär** ergeben. Wenngleich mit Hilfe des *Lücke*-Theorems eine Verbindung zwischen erfolgs- und zahlungsorientierten Rechnungssystemen hergestellt werden kann, beschreiben zahlungsorientierte Ansätze doch den direkteren Problemzugang. Deswegen wird im weiteren Verlauf dieses Buches die **zahlungsorientierte Sichtweise** beibehalten.

Anhang 1[20]

Man betrachte die Differenz der Summen $q^0+q^1+...+q^{T-1}$ und $q^1+q^2+...+q^T$. Da beide Summen aus T Summanden bestehen und sich nur in zwei Summanden unterscheiden, erhält man sofort q^0-q^T als Ergebnis der Differenzbildung. Wegen $q^1+q^2+...+q^T = q\cdot(q^0+q^1+...+q^{T-1})$ ist die Differenz der beiden Summanden aber auch identisch zu $(1-q)\cdot(q^0+q^1+...+q^{T-1})$. Es folgt somit unter Beachtung von $q^0 =$ 1:

$$\begin{aligned} &(1-q)\cdot\sum_{t=1}^{T} q^{t-1} = 1-q^T \\ \Leftrightarrow \quad &\sum_{t=1}^{T-1} q^{t-1} = \frac{1-q^T}{1-q}. \end{aligned} \qquad \text{(A2.1)}$$

Die Umformung von der ersten zur zweiten Zeile ist dabei nur für $q \neq 1$ zulässig.

[20] Der Beweis kann auch über **vollständige Induktion** geführt werden. Vgl. hierzu etwa *Forster* (2008), S. 3.

Anhang 2[21]

Man betrachte die Summation der beiden Summen $1+2+...+(T-1)+T$ und $T+(T-1)+...+2+1$. Paarweise Addition zunächst der beiden jeweils ersten Summanden, dann der jeweils zweiten Summanden und so fort liefert als Ergebnis unmittelbar $(1+T)+[2+(T-1)]+...+[(T-1)+2]+(T+1) = T\cdot(T+1)$. Weil die Summe aus $1+2+...+(T-1)+T$ und $T+(T-1)+...+2+1$ auch als $2\cdot[1+2+...+(T-1)+T]$ geschrieben werden kann, erhält man damit:

$$\begin{aligned} & 2\cdot\sum_{t=1}^{T} t = T\cdot(T+1) \\ \Leftrightarrow \quad & \sum_{t=1}^{T} t = \frac{T\cdot(T+1)}{2}. \end{aligned} \tag{A2.2}$$

[21] Vgl. hierzu etwa *Forster* (2008), S. 3 f.

Wiederholungsfragen

W2.1
Was versteht man generell unter statischen und dynamischen Verfahren im Rahmen von Investitionsrechnungen?

W2.2
Erklären Sie die Begriffe "Rentenbarwertfaktor" und "äquivalente Annuität"!

W2.3
Wie können Investitionsentscheidungen mit Hilfe äquivalenter Annuitäten getroffen werden? Gehen Sie dabei auf Einzel- und Auswahlentscheidungen ein!

W2.4
Was versteht man allgemein unter einer statischen Gewinnvergleichsrechnung?

W2.5
Skizzieren Sie die Vorgehensweise bei statischen Gewinnvergleichsrechnungen im Rahmen einer Einzelentscheidung!

W2.6
Skizzieren Sie die Vorgehensweise bei statischen Gewinnvergleichsrechnungen im Rahmen einer Auswahlentscheidung!

W2.7
Welche zusätzlichen Probleme tauchen beim Treffen von Auswahlentscheidungen mittels statischer Gewinnvergleichsrechnungen auf, die beim Treffen von Einzelentscheidungen nicht von Relevanz sind?

W2.8
Welche Schwächen haben statische Verfahren im Allgemeinen? Gehen Sie insbesondere auf die Vereinbarkeit mit dem Kapitalwertkriterium ein!

W2.9

Worin könnten Vorteile statischer Vergleichsrechnungen gesehen werden?

W2.10

Was versteht man unter dem *Lücke*-Theorem, und auf welchen Prämissen beruht seine Gültigkeit?

3 Parameterregeln

3.1 Problemstellung

Welche Zahlungsreihe man einem Investitionsprojekt zuordnet, scheint in gewisser Weise eine Frage des Standpunktes zu sein, der sich in der Definition einer Ausgangssituation als **Bezugspunkt** der Betrachtung niederschlägt. Im folgenden **Abschnitt 3.2** wird gezeigt, dass die Festlegung des Bezugspunktes bei Kapitalwertermittlungen erfreulicherweise unerheblich für die resultierende Reihung von sich gegenseitig ausschließenden Projekten nach dem Kapitalwertkriterium ist. Im **Abschnitt 3.3** wird sodann ein Gedanke aufgegriffen, der mit der Problemstellung des Abschnitts 3.2 vordergründig nicht viel gemein zu haben scheint.

Häufig interessiert es nämlich, für welche Parameterkonstellationen die Zahlungsreihe eines Investitionsprojekts zu einem Kapitalwert von gerade 0 GE führt. Die ceteris paribus ermittelten Parameterausprägungen, die einen Projektkapitalwert von Null bedingen, bezeichnet man als **"kritische Werte"**. Abschnitt 3.3 definiert diesen Begriff genauer und gibt praktische Beispiele. Besonders wichtige kritische Werte sind **interne Zinsfüße**. Hierbei handelt es sich um Kalkulationszinsfüße, die ceteris paribus zu Projektkapitalwerten von 0 GE führen.

Im **Abschnitt 3.4** wird genauer auf die Ermittlung interner Zinsfüße und die Möglichkeit, mit ihrer Hilfe Entscheidungen zu treffen, eingegangen. Generell erweisen sich Entscheidungen auf der Basis kritischer Werte (gemäß sogenannter **Parameterregeln**) gegenüber dem Kapitalwertkriterium als in mehrfacher Hinsicht unterlegen. Insbesondere etwa ist die Rangfolge sich gegenseitig ausschließender Projekte nach ihren internen Zinsfüßen nicht unabhängig vom gewählten Bezugspunkt und allein schon deswegen unter Beachtung der Ergebnisse des Abschnitts 3.2 nur zufällig mit der Reihung nach Projektkapitalwerten identisch.

Abschnitt 3.5 dient der Zusammenfassung der zuvor hergeleiteten Ergebnisse.

3.2 Irrelevanz der Nullpunktwahl bei Kapitalwertorientierung

Ausgangspunkt der Betrachtung sei eine **Auswahlentscheidung** zwischen zwei verschiedenen Investitionsprojekten 1 und 2 bei einem Betrachtungszeitraum von t = 0 bis t = T. Aus sonstigen investiven Maßnahmen sollen sich bereits unternehmerische Einzahlungen von t = 0 bis t = T in Höhe von $z_0^{(B)}$, $z_1^{(B)}$, ..., $z_T^{(B)}$ ergeben. Die Durchführung des Projekts 1 impliziere zusätzliche Einzahlungen in t = 0 bis t = T von $z_0^{(1)}$, $z_1^{(1)}$, ..., $z_T^{(1)}$. Die Reihe der zusätzlichen Einzahlungen aus Projekt 2 sei entsprechend $z_0^{(2)}$, $z_1^{(2)}$, ..., $z_T^{(2)}$. Insgesamt ergeben sich aus der Durchführung des Projekts 1 demnach Gesamteinzahlungen von $z_0^{(B)}+z_0^{(1)}$, $z_1^{(B)}+z_1^{(1)}$, ..., $z_T^{(B)}+z_T^{(1)}$. Der zugehörige Kapitalwert sei mit $\kappa_{ges}^{(1)}$ bezeichnet. Entsprechend sei $\kappa_{ges}^{(2)}$ der Gesamtkapitalwert für das Projekt 2 auf Basis der Zahlungsreihe $z_0^{(B)}+z_0^{(2)}$, $z_1^{(B)}+z_1^{(2)}$, ..., $z_T^{(B)}+z_T^{(2)}$. Bei Orientierung am Kapitalwertkriterium ist einfach dasjenige Investitionsprojekt mit dem höchsten resultierenden Kapitalwert zu realisieren.

Einwenden könnte man gegen das gerade präsentierte Vorgehen, dass die Zahlungsreihe $z_0^{(B)}$, $z_1^{(B)}$, ..., $z_T^{(B)}$ von den Projekten 1 und 2 gar nicht verursacht worden und ihnen insofern auch nicht zuzuordnen ist.[1] Das heißt, man könnte darauf hinweisen, dass die Projekte 1 und 2 allein aufgrund der durch sie zusätzlich verursachten Zahlungsreihen $z_0^{(1)}$, $z_1^{(1)}$, ..., $z_T^{(1)}$ bzw. $z_0^{(2)}$, $z_1^{(2)}$, ..., $z_T^{(2)}$ beurteilt werden sollten. Die hieraus resultierenden Kapitalwerte seien mit $\kappa^{(1)}$ und $\kappa^{(2)}$ bezeichnet. Mit $\kappa^{(B)}$ als Kapitalwert der Zahlungsreihe $z_0^{(B)}$, $z_1^{(B)}$, ..., $z_T^{(B)}$ gilt nun aber für n = 1, 2:

$$\begin{aligned}\kappa_{ges}^{(n)} &= \sum_{t=0}^{T} \frac{z_t^{(B)}+z_t^{(n)}}{(1+i)^t} \\ &= \sum_{t=0}^{T} \frac{z_t^{(B)}}{(1+i)^t} + \sum_{t=0}^{T} \frac{z_t^{(n)}}{(1+i)^t} \\ &= \kappa^{(B)} + \kappa^{(n)}.\end{aligned} \tag{3.1}$$

[1] Im Rahmen der Kosten- und Leistungsrechnung wird ähnlich argumentiert, wenn **Fixkosten** aufgrund ihrer fehlenden Dispositionsabhängigkeit in Entscheidungskalkülen nicht angesetzt werden (sollen). Vgl. etwa *Scheffen* (1993), S. 319.

Aus (3.1) ergibt sich sofort $\kappa_{ges}^{(1)} - \kappa_{ges}^{(2)} = \kappa^{(1)} - \kappa^{(2)}$ und demnach

$$\kappa_{ges}^{(1)} \underset{<}{\overset{>}{=}} \kappa_{ges}^{(2)} \Leftrightarrow \kappa^{(1)} \underset{<}{\overset{>}{=}} \kappa^{(2)}. \tag{3.2}$$

Damit spielt es für das Ergebnis der kapitalwertorientiert getroffenen Auswahlentscheidung **keine Rolle**, ob man zur Beurteilung der beiden Investitionsprojekte die Zahlungsreihen $z_0^{(B)} + z_0^{(n)}$, $z_1^{(B)} + z_1^{(n)}$, ..., $z_T^{(B)} + z_T^{(n)}$ oder aber $z_0^{(n)}$, $z_1^{(n)}$, ..., $z_T^{(n)}$ (n = 1, 2) zugrunde legt. Die ausgewiesene Differenz der Kapitalwerte und folglich auch die hierauf basierende Handlungsempfehlung sind in beiden Fällen identisch.

Beispiel 3.1:

Gegeben sei ein Unternehmer, der aus dem bereits fest geplanten Teil seines Investitionsprogramms Einzahlungen $z_t^{(B)}$ (t = 0, ..., 3) gemäß *Tabelle 3.1* erreicht. In *Tabelle 3.1* finden sich überdies auch noch die durch zwei alternativ realisierbare Investitionsprojekte 1 und 2 jeweils zusätzlich zu den Einzahlungsüberschüssen $z_t^{(B)}$ ausgelösten Zahlungskonsequenzen $z_t^{(1)}$ bzw. $z_t^{(2)}$ (t = 0, ..., 3).

t	0	1	2	3
$z_t^{(B)}$	−1.000	400	500	400
$z_t^{(1)}$	−120	60	70	40
$z_t^{(2)}$	−100	50	45	45

Tabelle 3.1: Basiszahlungsreihe sowie Zahlungskonsequenzen zweier alternativer Projekte 1 und 2

Der Kapitalmarktzinssatz sei i = 10 %. Bei Entscheidung für Projekt 1 gelangt der Unternehmer damit zu einem Kapitalwert der Gesamtzahlungsreihe $z_t^{(B)} + z_t^{(1)}$ (t = 0, ..., 3) von $\kappa_{ges}^{(1)} \approx 99{,}835$ GE und für die Zahlungsreihe $z_t^{(B)} + z_t^{(2)}$ zu $\kappa_{ges}^{(2)} \approx 93{,}839$ GE. Die Realisation von Projekt 1 führt folglich zu einem um etwa $99{,}835 - 93{,}839 \approx 6$ GE höheren Gesamtkapitalwert als die Wahl von Projekt 2. Dass sich durch die Entscheidung zugunsten des Projekts 1 ein Kapitalwert- und damit Vermögenszuwachs von etwa 6 GE ergibt, kann man auch durch Gegenüberstellung der Kapitalwerte der Zahlungsreihen von $z_t^{(1)}$ und $z_t^{(2)}$ $(t = 0, ..., 3)$ ermitteln. Es resultieren nämlich $\kappa^{(1)} \approx 22{,}449$ GE sowie $\kappa^{(2)} \approx 16{,}454$ GE und damit erneut eine Differenz von ungefähr 6 GE. □

Die Frage nach der "richtigen" Projektzahlungsreihe stellt sich demnach im gerade beschriebenen Kontext gar nicht. Im Rahmen der Ermittlung der einem Investitionsprojekt zuzuordnenden Zahlungsreihe geht es gewissermaßen um eine Art **Nullpunktfestlegung**. Bei Ansatz an einer Zahlungsreihe der Form $z_0^{(B)} + z_0^{(n)}$, $z_1^{(B)} + z_1^{(n)}$, ..., $z_T^{(B)} + z_T^{(n)}$ wird als Nullpunkt sozusagen keinerlei unternehmerische Tätigkeit gewählt, während die Zahlungsreihe $z_0^{(n)}$, $z_1^{(n)}$, ..., $z_T^{(n)}$ gerade die Unterlassung (nur) der beiden Investitionsprojekte bei Aufrechterhaltung der sonstigen unternehmerischen Tätigkeit als Bezugs- oder Nullpunkt impliziert. Natürlich sind noch viele andere Nullpunkte denkbar, etwa die Realisation eines der beiden Investitionsprojekte. In jedem Fall ermittelt man die durch ein Investitionsprojekt n in Relation zur definierten **Basiszahlungsreihe** resultierenden Zahlungskonsequenzen und den zugehörigen Kapitalwert. Insofern stellt jede Kapitalwertberechnung stets die Berechnung des Kapitalwertes einer **Differenzinvestition** dar. Infolge der bereits im Abschnitt 1 dieses Kapitels erörterten Eigenschaft der **Wertadditivität** der Kapitalwertformel ist aber nun gerade die Bezugspunktfestlegung ohne Bedeutung, da der Kapitalwert einer Differenz von Zahlungsreihen stets der Differenz der zugehörigen Kapitalwerte entspricht. Sofern sich also das Projekt 1 dem Projekt 2 bei vollständigem Verzicht auf jegliche unternehmerische Tätigkeit als Bezugspunkt als überlegen erweist, gilt dies auch für jeden anderen Bezugspunkt. In der Tat ist die Differenz der Kapitalwerte der Projekte 1 und 2 unabhängig von dem gewählten Bezugspunkt. Auch inhaltlich ist dieses Resultat unmittelbar einsichtig. Der einem Investitionsprojekt zugeordnete Kapitalwert gibt im Lichte der obigen Überlegungen stets die unternehmerische Vermögensmehrung in Relation zum zugrunde gelegten Nullpunkt an. Wenn Projekt 1 aber für irgendeinen beliebigen Bezugspunkt zu einer größeren Vermögensmehrung als Projekt 2 führt, dann gilt dies auch für alle anderen denkbaren Bezugspunkte. Die Zusammenhänge wirken hier in gewisser Weise ähnlich zu denen bei **Höhen- oder Temperaturmessungen**. Wenn jemand vom Scheitel bis zur Sohle 180 cm misst und ein anderer nur 175 cm, dann ist der Letztere stets 5 cm kleiner als der Erstgenannte, auch wenn man die jeweils erreichte Kopfhöhe (bei gleichem Niveau des Standortes) vom Meeresspiegel oder vom Erdmittelpunkt aus bestimmt. Entsprechend ist 110° C um 10° wärmer als 100° C, wobei der Gefrierpunkt von Wasser als Nullpunkt dient. Die Differenz von 10° bleibt auch bestehen, wenn man die Temperaturen vom absoluten Nullpunkt (0 K = −273,15° C) aus misst, also statt 110° C eine Temperatur von 383,15 K und statt 100° C einen Wert von 373,15 K ausweist.

Ein wenig hinken die Vergleiche allerdings. Denn genaugenommen ist die Analogie zu Höhen- und Temperaturmessungen zunächst einmal nur in der **gleichbleibenden Differenz** zwischen der Einzahlung $z_t^{(1)}$ aus einem Projekt 1 und der entsprechenden Einzahlung $z_t^{(2)}$ aus einem Projekt 2 (t = 0, ..., T) zu sehen, auch wenn man einen unterschiedlichen Nullpunkt definiert. Die anschließende Kapitalwertberechnung stellt eine **Bewertung** der Gesamtzahlungsreihe dar, und dass sich auch in diesem Zusammenhang die Bezugspunktwahl als unerheblich erweist, ist ein durchaus nicht selbstverständlicher Umstand, sondern vielmehr eine Konsequenz der spezifischen Struktur der Kapitalwertformel. Würde man etwa eine Situation ohne Kapitalmarktzugang betrachten, dann würde für eine fixierte Nutzenfunktion U eines Unternehmers ein Vergleich der Nutzenwerte $U(z_0^{(B)}+z_0^{(1)};z_1^{(B)}+z_1^{(1)};\ldots;z_T^{(B)}+z_T^{(1)})$ und $U(z_0^{(B)}+z_0^{(2)};z_1^{(B)}+z_1^{(2)};\ldots;z_T^{(B)}+z_T^{(2)})$ **keineswegs** stets zum selben Ergebnis führen wie ein Vergleich der Nutzenwerte $U(z_0^{(1)};z_1^{(1)};\ldots,z_T^{(1)})$ und $U(z_0^{(2)};z_1^{(2)};\ldots;z_T^{(2)})$. Konkret kann man unterschiedliche Entscheidungen genau dann erhalten, wenn die Nutzenfunktion U nicht **additiv-linear** in den Argumenten C_t ist, also nicht $U(C_0;\ldots;C_T) = \alpha_0 \cdot C_0 + \ldots + \alpha_T \cdot C_T$ mit festen Koeffizienten α_t und $T \geq 1$ gilt.[2] Allerdings ist dies auch kein Grund zur Besorgnis, denn sachgerecht ist natürlich nur ein Vergleich der Nutzenwerte auf der Grundlage von allen resultierenden Zahlungskonsequenzen, hier also gemäß

---

[2] Beachtet werden sollte, dass im Fall **reiner Ein-Zeitpunkt-Betrachtungen** (T = 0) die Bezugspunktwahl in der Tat auch bei fehlendem Kapitalmarktzugang **nicht** von Bedeutung ist: Unabhängig von den bereits erreichten Einzahlungen $z_0^{(B)}$ und der unterstellten streng monoton steigenden Nutzenfunktion $U(C_0)$ ist eine Alternative 1 mit zusätzlichen Einzahlungen $z_0^{(1)}$ besser als eine Alternative 2 mit zusätzlichen Einzahlungen $z_0^{(2)} < z_0^{(1)}$. Im Rahmen investitionsrechnerischer Überlegungen sind Ein-Zeitpunkt-Betrachtungen natürlich weitestgehend gegenstandslos. Anders verhält es sich bei der im Allgemeinen einperiodig angelegten Kosten- und Leistungsrechnung. Tatsächlich ist die gerade dargelegte Überlegung der Grund für die **fehlende Entscheidungsrelevanz** von Fixkosten im Rahmen der Kosten- und Leistungsrechnung bei Sicherheit.

den ersten beiden Nutzenwerten.[3] Insofern liegt die für die einzelnen Handlungsalternativen anzusetzende Zahlungsreihe durchaus **eindeutig** fest, und man braucht sich zumindest aus theoretischer Sicht keine großen Gedanken um den Bezugspunkt zu machen. Von einem mehr praktischen Standpunkt aus ist es nun aber schon erfreulich, dass selbst bei "falscher" Bezugspunktwahl das Kapitalwertkriterium zu adäquaten Auswahlentscheidungen führt. Denn oft wird die Ermittlung bestimmter Differenzzahlungsreihen einfacher als die Ermittlung unternehmerischer Gesamtzahlungsreihen sein. Unter diesem Aspekt liegt hier also in der Tat ein bemerkenswertes Ergebnis vor, auf das wir im weiteren Verlauf dieses Abschnitts noch zurückkommen werden.

Infolge unserer gewonnenen Erkenntnis, dass jede Kapitalwertberechnung stets die Ermittlung des Kapitalwertes einer Differenzinvestition ist, sollte man generell die jeweils zugrunde gelegte Basiszahlungsreihe bei Kapitalwertermittlungen explizit nennen. Da diese sich aber letzten Endes für Projektreihungen auf der Grundlage des Kapitalwertkriteriums wiederum als irrelevant erweist, sollen im Weiteren unter der Zahlungsreihe $z_0, z_1, ..., z_T$ eines Projekts (wie bislang ohnehin implizit angenommen) stets diejenigen eindeutigen Zahlungskonsequenzen verstanden werden, die sich ceteris paribus aus der Projektdurchführung im Vergleich zur **Projektunterlassung** ergeben. Als Basiszahlungsreihe fungiert hierbei demnach eine Situation, in der ceteris paribus lediglich das betreffende Projekt und die hierzu in Erwägung gezogenen Investitionsalternativen unterlassen werden, unbeschadet sonstiger, als gegeben angenommener unternehmerischer Investitionsaktivitäten. Sofern andere Basiszahlungsreihen zugrunde gelegt werden, wird hierauf explizit hingewiesen.

3.3 Parameter, kritische Werte und Projektkapitalwerte

Bereits im Rahmen des Abschnitts 2 dieses Kapitels haben wir die Determinanten der Zahlungsreihe eines Projekts weiter aufgeschlüsselt, indem auf die jeweiligen Umsätze sowie die variablen und fixen Auszahlungen eines Zeitpunktes t näher eingegangen wurde. Derartige Größen wie Absatzmengen x_t, Preise p_t, variable

---

[3] Natürlich könnte man für den zweiten Fall simultan zur Bezugspunktänderung eine **Transformation** der angesetzten Nutzenfunktion so vornehmen, dass die jeweils ausgewiesenen Nutzenwerte trotz modifizierter angesetzter Zahlungsreihe identisch bleiben. In diesem (trivialen) Sinne allerdings ist die Nullpunktwahl **stets** entscheidungsirrelevant.

Stückauszahlungen $k_{v,t}$ und fixe Auszahlungen $K_{f,t}$ bezeichnet man als **Parameter** eines Investitionsprojekts. Generell versteht man im hier relevanten Kontext darunter jede Größe, deren Ausprägung Einfluss auf die Höhe des ausgewiesenen Kapitalwertes nimmt. Auch die **Projektnutzungsdauer T** sowie der angesetzte **Kalkulationszinsfuß i** sind daher als Parameter aufzufassen. Im Weiteren sei zur Vereinfachung ein Investitionsprojekt angenommen, das neben einer Anfangsauszahlung A_0 in $t = 0$ in den Zeitpunkten $t = 1$ bis $t = T$ gleichbleibende Zahlungskonsequenzen $z = x \cdot (p - k_v) - K_f$ verursacht. Aus sonstigen, bereits implementierten Investitionen sollen sich für den Unternehmer Einzahlungen von $z_0^{(B)}$, $z_1^{(B)}$, ..., $z_T^{(B)}$ mit Kapitalwert $\kappa^{(B)}$ ergeben. Als Bezugspunkt sei zunächst der Verzicht auf jegliche unternehmerische Tätigkeit gewählt. Aufgrund der **Wertadditivitätseigenschaft** der Kapitalwertfunktion und gemäß der Darstellung des vorhergehenden Abschnitts 2 dieses Kapitels kann in einem derartigen Fall der zugehörige Projektkapitalwert mit Hilfe des **Rentenbarwertfaktors RBF(i;T)** in sehr übersichtlicher Weise formuliert werden:

$$\kappa_{ges} = -A_0 + \left[x \cdot (p - k_v) - K_f\right] \cdot RBF(i;T) + \kappa^{(B)}. \tag{3.3}$$

Von besonderem Interesse sind nun solche Ausprägungen eines Parameters, die für gegebene übrige Parameterausprägungen zu einem Kapitalwert von Null führen. Man nennt derartige Parameterausprägungen **"kritische Werte"**.[4] Sofern ein Parameter also gerade seinen kritischen Wert annimmt, führt die Projektdurchführung (für gegebenen Nullpunkt) zu **keinerlei Vermögensänderung**. Im Hinblick auf die der Bestimmungsgleichung (3.3) zugrundeliegende Bezugspunktwahl bedeutet dies, dass der Unternehmer aus seiner gesamten investiven Tätigkeit unter Einschluss der (zusätzlichen) Durchführung des Projekts 1 keinerlei Reichtumszuwachs erfährt.

Natürlich kann man für verschiedene Bezugspunkte kritische Werte ermitteln. Beispielsweise könnte man sich auf die Betrachtung der durch die Projektdurchführung zusätzlich zu $z_0^{(B)}$, $z_1^{(B)}$, ..., $z_T^{(B)}$ erreichbaren Zahlungsreihe beschränken. Man würde also an einem Projektkapitalwert κ mit

$$\kappa = -A_0 + \left[x \cdot (p - k_v) - K_f\right] \cdot RBF(i;T) \tag{3.4}$$

---

4 Vgl. hierzu auch *Kilger* (1965) oder *Schneider* (1973), S. 63 ff.

anknüpfen, diesen gleich Null setzen und nach einem der Parameter x, p, k_v, K_f, i oder T auflösen. Basiszahlungsreihe oder Nullpunkt wäre hier demnach die Nichtdurchführung des Investitionsprojekts unter Beibehaltung der sonstigen unternehmerischen Tätigkeit. Für den hierbei ermittelten kritischen Wert wäre der Reichtumszuwachs aus der Projektdurchführung gegenüber der Projektunterlassung folglich Null. Die Interpretation von kritischen Werten ist also sachgerecht stets nur vor dem Hintergrund der jeweils angesetzten Basiszahlungsreihe möglich. Weil sich demnach für denselben betrachteten Parameter je nach zugrunde gelegtem Nullpunkt unterschiedliche Interpretationen des Bedeutungsinhalts seines jeweiligen kritischen Wertes ergeben und auch wegen der unterschiedlichen Gestalt von (3.3) und (3.4), sollte ohne weiteres einleuchten, dass auch die ermittelte Höhe des kritischen Wertes von der gewählten Basiszahlungsreihe abhängt. Im Weiteren wird nur noch auf die Darstellung gemäß (3.4) zurückgegriffen, so dass die über die Setzung $\kappa = 0$ jeweils berechneten kritischen Werte unmittelbar eine Aussage der Art zulassen, dass der betrachtete Unternehmer der Projektrealisation indifferent gegenübersteht.

Man kann des Weiteren verschiedene kritische Werte je nach dem betrachteten Parameter unterscheiden. Setzt man etwa (3.4) gleich Null, um nach x aufzulösen, so spricht man von der **Break-even-Menge** (in dynamischer Betrachtung[5]). Konkret resultiert:

$$x_{krit} = \frac{\frac{A_0}{RBF(i;T)} + K_f}{p - k_v}. \qquad (3.5)$$

Die Break-even-Menge erhält man, indem man die auf eine repräsentative Periode bezogenen ausbringungsunabhängigen Auszahlungen durch die (zahlungsorientiert[6] definierte) Deckungsspanne $p-k_v$ des hergestellten Gutes teilt. Die De-

---

5 Auch im Rahmen **statischer** Betrachtungen kann man kritische Werte ausrechnen. Dabei wird dann für gewöhnlich der **Gewinn** einer repräsentativen Periode gleich Null gesetzt. Vgl. beispielsweise *Ewert/Wagenhofer* (2008), S. 193.

6 Normalerweise bezieht sich der Begriff der Deckungsspanne auf die Differenz zwischen Absatzpreis und variablen Stückkosten. Im Rahmen unserer investitionstheoretischen Überlegungen stehen aber natürlich **Zahlungskonsequenzen** und damit die variablen Stückauszahlungen im Vordergrund. Unter-

ckungsspanne gibt hierbei an, wie viel Einzahlungsüberschuss zur "Abdeckung" der fixen Auszahlungsverpflichtungen der repräsentativen Periode durch den Absatz von 1 ME des hergestellten Gutes in der betreffenden Periode erwirtschaftet wird. Es leuchtet unmittelbar ein, dass man daher über (3.5) diejenige pro Periode abzusetzende Menge erhält, die zu einer Projekteinzahlung der repräsentativen Periode und damit einem Kapitalwert von Null führt. Die einzige Komplikation besteht in der Art der **Verrechnung der Anfangsauszahlung** auf die Perioden der Nutzungsdauer des Projekts mittels Division durch den Rentenbarwertfaktor. Dieses Vorgehen ist aber aus dem letzten Abschnitt 2 ebenfalls bereits bekannt.

Beispiel 3.2:

Gegeben sei ein Investitionsprojekt mit einer Anfangsauszahlung $A_0 = 100$ GE in $t = 0$, das in den Zeitpunkten $t = 1$ bis $t = 4$ den Absatz von jeweils x Mengeneinheiten eines Produkts zu einem konstanten (Stück-) Preis von $p = 3$ GE/ME bei konstanten variablen Stückauszahlungen $k_v = 1$ GE/ME ermöglicht. Ferner sollen in $t = 1$ bis $t = 4$ jeweils fixe Auszahlungen $K_f = 50$ GE anfallen. Mit einem Kapitalmarktzinssatz $i = 10$ % erhält man sofort einen Rentenbarwertfaktor RBF(0,1;4) von etwa 3,1699 und damit als Break-even-Menge

$$x_{krit} \approx \frac{\frac{100}{3{,}1699} + 50}{3 - 1} \approx 40{,}77 \text{ ME} \tag{3.6}$$

oder, ganzzahlig aufgerundet, 41 ME. □

Löst man (3.4) nach Nullsetzung alternativ nach dem Preis auf, erhält man den sogenannten **Break-even-Preis**:

$$p_{krit} = k_v + \frac{\frac{A_0}{RBF(i;T)} + K_f}{x}. \tag{3.7}$$

---

stellt man wie im vorhergehenden Abschnitt 2 die Gleichheit von variablen Stückauszahlungen und -kosten, stimmt die zahlungsorientiert definierte Deckungsspanne mit der "herkömmlichen" überein.

Auch dieses Ergebnis lässt sich leicht interpretieren. Augenscheinlich muss der Absatzpreis des erstellten Gutes mindestens den variablen Stückauszahlungen entsprechen. Zusätzlich sind aber auch die aufs Stück und eine repräsentative Periode umgerechneten beschäftigungsunabhängigen Auszahlungen abzudecken.

Beispiel 3.3:
Gegeben sei das Investitionsprojekt aus Beispiel 3.2, wobei nun von einer konstanten Absatzmenge $x = 45$ ME in den Zeitpunkten $t = 1$ bis $t = 4$ ausgegangen werde. Der hieraus ceteris paribus resultierende Break-even-Preis beträgt

$$p_{krit} \approx 1 + \frac{\frac{100}{3{,}1699} + 50}{45} \approx 2{,}81 \ \frac{GE}{ME} \tag{3.8}$$

und ist folglich (natürlich) kleiner als 3 GE/ME. □

Drittens kann man sich die Frage stellen, für welche Gesamtlaufzeit τ der Kapitalwert Null oder (bei Betrachtung nur ganzzahliger Werte für τ) zum ersten Mal positiv wird. Diesen kritischen Wert τ_{krit} bezeichnet man als **Amortisationsdauer**.[7]

Beispiel 3.4:
Gegeben sei das Investitionsprojekt aus Beispiel 3.2 mit $x = 50$ ME als möglicher Absatzmenge in den Zeitpunkten $t = 1$ bis $t = 4$. Hieraus ergibt sich ein konstanter Einzahlungsüberschuss $z = x \cdot (p - k_v) - K_f = 50$ GE für $t = 1, ..., 4$. In *Tabelle 3.2* sind die resultierenden Projektkapitalwerte $\kappa(\tau)$ für verschiedene Laufzeiten $\tau = 1$ bis $\tau = 4$ abgetragen:

[7] Auch hier ist genaugenommen von der Amortisationsdauer in **dynamischer** Betrachtung zu sprechen. In statischer Betrachtung lässt sich nämlich ebenfalls eine Amortisationsdauer bestimmen. Hierbei wird derjenige Zeitpunkt ermittelt, bei dem die undiskontierte Summe der Zahlungskonsequenzen eines Projekts Null oder (bei ganzzahliger Ermittlung der Amortisationsdauer) zum ersten Mal positiv wird.

τ	1	2	3	4
$\kappa(\tau)$	−54,55	−13,22	24,34	58,49

Tabelle 3.2: Kapitalwerte eines Investitionsprojekts in Abhängigkeit der realisierten Laufzeit (auf zwei Stellen genau gerundet)

Der Kapitalwert wird hierbei zum ersten Mal für $\tau = 3$ positiv. Die Amortisationsdauer bei Beschränkung auf ganzzahlige Werte für τ ist damit folglich gerade dieser Wert von 3 Perioden. Lässt man auch nicht-ganzzahlige Lösungen zu und unterstellt einen gleichmäßigen Zahlungseingang zwischen zwei Zeitpunkten $t-1$ und t, wobei die Gewichtung dieser Zahlungen aber einheitlich[8] mit $(1+i)^{-t}$ erfolge, dann erhält man wegen $\kappa(3)-\kappa(2) \approx 37{,}56$ GE eine Amortisationsdauer von $2+(37{,}56-24{,}34)/37{,}56 \approx 2{,}35$ Perioden. □

Der prominenteste kritische Wert dürfte aber durch die Nullsetzung von (3.4) und Auflösung nach i determiniert werden. Man nennt einen zum Kalkulationszinsfuß i gehörigen kritischen Wert i_{krit} einen **internen Zinsfuß** der entsprechenden Zahlungsreihe.[9] Die weitere Diskussion kritischer Werte soll sich exemplarisch auf die Erörterung von Entscheidungen mit Hilfe interner Zinsfüße beziehen. Die wesentlichen Implikationen lassen sich nämlich auch auf die Nutzung anderer kritischer Werte übertragen.

3.4 Interne Zinsfüße von Zahlungsreihen

3.4.1 Ermittlung und Interpretation von internen Zinsfüßen

Besonders einfach ist die Berechnung von internen Zinsfüßen im **Zwei-Zeitpunkte-Fall**, also für ein Projekt mit Anfangsauszahlung A_0 in $t = 0$ und Rückflüssen z_1 in $t = 1$. Dann erhält man nämlich:

---

[8] Natürlich könnte man die Darstellung noch insofern verfeinern, dass für Zahlungsrückflüsse zu unterschiedlichen Zeitpunkten im Zeitraum von $t-1$ bis t auch **unterschiedliche Diskontierungsfaktoren** angesetzt werden. Dieser Gedanke würde hier aber zu weit führen und soll deswegen nicht weiter verfolgt werden.

[9] Vgl. zum Begriff des internen Zinsfußes etwa *Hax* (1993), S. 15 ff., *Schäfer* (2005), S. 155 ff., und *Kruschwitz* (2009), S. 102 ff.

$$\kappa \quad = -A_0 + \frac{z_1}{1+i} \stackrel{!}{=} 0$$
$$\Leftrightarrow \quad i_{krit} = \frac{z_1 - A_0}{A_0}. \tag{3.9}$$

Der interne Zinsfuß einer Zahlungsreihe im Rahmen einer Zwei-Zeitpunkte-Betrachtung wird demnach ermittelt, indem man den über A_0 hinausgehenden Rückfluss aus dem Investitionsprojekt durch den in t = 0 erforderlichen Mitteleinsatz dividiert. Augenscheinlich ist dies der Vermögenszuwachs aus der Investition je eingesetzter Geldeinheit, also eine **Renditegröße**, wie sie schon im Kapitel II eingeführt worden ist. In der Tat können interne Zinsfüße auch im Rahmen von Mehr-Perioden-Problemen generell als **Projektrenditen** aufgefasst werden.

Beispiel 3.5:
Zur Veranschaulichung sei von den folgenden Zahlungskonsequenzen eines Investitionsprojekts 1 ausgegangen: $z_0^{(1)} = -100$, $z_1^{(1)} = 70$ sowie $z_2^{(1)} = 50{,}16$ GE.

Man prüft leicht, dass $i_{krit}^{(1)} = 14$ % ein interner Zinsfuß dieser Zahlungsreihe ist:

$$\kappa^{(1)} = -100 + \frac{70}{1{,}14} + \frac{50{,}16}{1{,}14^2} = 0. \tag{3.10}$$

Sofern der Kapitalmarktzinssatz i = 14 % beträgt, entspricht der maximal aus den künftigen Projektrückflüssen in t = 0 aufnehmbare Kredit demnach gerade der Anfangsauszahlung. Der Unternehmer wird dann durch die Projektrealisation weder reicher noch ärmer. Dies impliziert, dass einem Kreditgeber bei Bereitstellung von 100 GE in t = 0 demnach exakt eine Periodenverzinsung von 14 % gewährt werden kann:

Wenn der überlassene Betrag von 100 GE sich mit 14 % verzinsen soll, dann resultieren für t = 1 hieraus Zahlungsverpflichtungen des Unternehmers im Umfang von $100 \cdot 1{,}14 = 114$ GE. Von diesen Verbindlichkeiten kann der Unternehmer in t = 1 bereits 70 GE begleichen, so dass sich eine verbleibende Schuld von $114-70 = 44$ GE ergibt. Bei erneuter Verzinsung zu 14 % von t = 1 bis t = 2 muss der Unternehmer in t = 2 insgesamt noch $44 \cdot 1{,}14 = 50{,}16$ GE an den Kapitalgeber zahlen, wozu er gerade noch in der Lage ist. Insofern liefert das betrachtete Projekt hier in der Tat für die eingesetzten 100 GE eine Rendite von 14 %.

In ähnlicher Weise kann argumentiert werden, wenn es neben der Anfangsauszahlung in t = 0 noch weitere Zeitpunkte mit negativen Zahlungssalden gibt. Gegeben sei beispielsweise ein Investitionsprojekt 2 mit $z_0^{(2)} = -50$, $z_1^{(2)} = 60$ sowie $z_2^{(2)} = -6{,}48$ GE. Die Auszahlung zum Ende der Nutzungsdauer mag etwa Folge von Abbruch- oder sonstigen **Beseitigungsmaßnahmen** im Zusammenhang mit den eingesetzten Produktionsanlagen sein. Wieder lässt sich rechnerisch leicht verifizieren, dass der zugehörige Kapitalwert für i_{krit} = 8 % einen Wert von Null annimmt. Der Unternehmer kann demnach bei einem Kapitalmarktzinssatz von 8 % gerade einen Kredit von 50 GE in t = 0 aufnehmen und durch zwischenzeitliche Überschussanlage auch von t = 1 bis t = 2 die Schlussauszahlung finanzieren:

Aus dem Erhalt von 50 GE in t = 0 ergeben sich für t = 1 Rückzahlungsverpflichtungen von $50 \cdot 1{,}08 = 54$ GE. Wegen $z_1 = 60 > 54$ könnten diese ohne weiteres bedient werden. Weil aber in t = 2 noch eine Auszahlung von 6,48 GE zu leisten ist, ist bei einem Anlagezinssatz von i = 8 % außerdem ein Betrag von 6,48/1,08 = 6 GE von t = 1 bis t = 2 anzulegen. Damit verbleiben tatsächlich 60−6 = 54 GE in t = 1, die zur Tilgung und Verzinsung der eine Periode zuvor aufgenommenen Verbindlichkeit aber immer noch gerade ausreichend sind.

Insofern liefert das betrachtete Projekt eine Periodenverzinsung von 8 % auf die in t = 0 benötigten Mittel. Diese Aussage ist allerdings etwas weniger robust als im ersten Beispiel. Dort nämlich kann durchaus sinnvoll behauptet werden, dass das betrachtete Projekt 1 eine 14-prozentige Verzinsung der Anfangsauszahlung durch die möglichen Rückflüsse in t = 1 und t = 2 gewährleistet, selbst wenn der Kapitalmarktzinssatz ein anderer sein sollte. Weitergehende Kapitalmarkttransaktionen als die Mittelaufnahme in t = 0 treten nämlich bei der oben präsentierten zugehörigen Rechnung zur Veranschaulichung der Renditeinterpretation nicht auf. Für das zweite Projekt ist dies nicht zutreffend, da zwischenzeitlich eine Mittelanlage zur späteren Leistung der Schlussauszahlung erforderlich ist: Wäre der Kapitalmarktzinssatz etwa nur 7 %, müssten in t = 1 ceteris paribus mehr als nur 6 GE bis t = 1 angelegt werden, so dass weniger als 54 GE in t = 1 an den Kapitalgeber für seine Mittelüberlassung von 50 GE in t = 0 zurückgezahlt werden können. Während demnach die Behauptung einer 14-prozentigen Rendite für das Projekt 1 sogar unabhängig vom tatsächlichen Kapitalmarktzinssatz zutreffend ist, gewährt das zweite Projekt auf die Anfangsauszahlung eine 8-prozentige Rendite nur unter der Voraussetzung, dass der Kapitalmarktzinssatz auch 8 % beträgt. Weil ein Kapitalwert von Null generell nicht mehr als diesen letzten Umstand impliziert, sollte man sich darüber nicht allzu wundern.[10] □

Die Ermittlung kritischer Werte kann sich im konkreten Einzelfall als **sehr schwierig** erweisen. Eine geschlossene Lösung zur Bestimmung der Amortisationsdauer etwa lässt sich ohne Zusatzannahmen zur zeitlichen Verteilung von Einzahlungsüberschüssen innerhalb der einzelnen Perioden gar nicht angeben. Die Ermittlung interner Zinsfüße für ein Investitionsprojekt mit Zahlungsreihe z_0, ..., z_T führt zum Problem der **Nullstellenbestimmung** hinsichtlich eines Polynoms T-ten Grades:

$$\begin{aligned} & \sum_{t=0}^{T} \frac{z_t}{(1+i)^t} \stackrel{!}{=} 0 \\ \Leftrightarrow \quad & \sum_{t=0}^{T} z_t \cdot (1+i)^{T-t} = 0 \qquad\qquad (3.11) \\ \Leftrightarrow \quad & \sum_{t=0}^{T} z_t \cdot q^{T-t} = 0, \end{aligned}$$

wobei hier $q \equiv 1+i$ gelte und die Ermittlung von q_{krit} damit äquivalent zur Bestimmung von i_{krit} ist. Ferner sei darauf hingewiesen, dass in der zweiten Zeile von (3.11) beide Seiten der Gleichung mit $(1+i)^T$ multipliziert worden sind, so dass die auftretenden Exponenten von q Werte von 0 bis T annehmen.

Die generelle Lösung von (3.11) ist spätestens ab T = 5 nur noch numerisch möglich,[11] so dass sich die Berechnung interner Zinsfüße bereits hier gewissen Schwierigkeiten gegenübersieht, die allerdings wenigstens dann schon vernachlässigbar sind, wenn man Zugang zu einem Taschenrechner hat, der über entsprechend fest eingebaute Lösungsroutinen verfügt oder generell frei programmierbar

---

[10] Vgl. zur inhaltlichen Interpretation des internen Zinsfußes auch etwa *Hering* (1998), S. 901 f.

[11] Nur für Gleichungen bis vierten Grades liegen allgemeine geschlossene Lösungsformeln vor. Gleichungen ab **fünftem Grad** sind nicht mehr generell algebraisch lösbar. Vgl. beispielsweise *Bronstein/Semendjajew/Musiol/Mühlig* (2008), S. 45.

ist. Schwerer dürfte der Umstand wiegen, dass ein **Polynom T-ten Grades** grundsätzlich auch über T verschiedene Nullstellen verfügen kann. Für unser Problem bedeutet dies, dass ein und dieselbe Zahlungsreihe durchaus mehrere interne Zinsfüße gleichzeitig besitzen mag. Ein derartiger Umstand trägt nicht gerade dazu bei, die **inhaltliche Interpretation** interner Zinsfüße zu erleichtern. Erfreulicherweise kann man allerdings immerhin Bedingungen formulieren, unter denen diese Mehrdeutigkeit doch **nicht** zum Zuge kommt. Für uns reicht dabei das Abstellen auf die Betrachtung sogenannter **Normalinvestitionen**. Eine Normalinvestition ist dadurch gekennzeichnet, dass von $t = 0$ bis zu einem Zeitpunkt $t = \tau \geq 0$ aus der Investitionsrealisation nur Auszahlungen (oder Nullzahlungen) resultieren, während ab $t = \tau+1$ bis zum Ende der Projektnutzung in $t = T$ die Zahlungskonsequenzen sämtlich nichtnegativ sind. Man sagt auch, dass die Zahlungsreihe $z_0, z_1, ..., z_T$ nur einen **Vorzeichenwechsel** vom Negativen zum Positiven hat.[12,13]

Schon unter dem Aspekt der Interpretation interner Zinsfüße als an Kapitalgeber zu gewährende Maximalrenditen ist diese Eigenschaft einer Projektzahlungsreihe gemäß Beispiel 3.5 erfreulich. Sie dürfte im Übrigen mit dem **landläufigen Verständnis** einer Investition konform gehen, die in den ersten Zeitpunkten durch Nettoauszahlungen charakterisiert ist, während sich im Anschluss an diese Aufbauphase positive Einzahlungsüberschüsse realisieren.[14] Entsprechend nennt man eine Zahlungsreihe, bei der es nur einen Vorzeichenwechsel vom Positiven ins Negative gibt, sinnvollerweise eine **Normalfinanzierung**.

---

[12] Vgl. zu dieser Begriffsfassung etwa *Bitz* (2005), S. 110, oder *Kruschwitz* (2009), S. 108. Zum Teil wird der Begriff in der Literatur allerdings auch anders definiert. Siehe etwa *Lücke* (1991), S. 291.

[13] Normalinvestitionen stellen einen Spezialfall sogenannter **regulärer Investitionen** dar, auf die hier aber nicht weiter eingegangen werden soll. Vgl. zu Begriff und Eigenschaften regulärer Investitionen etwa *Franke/Hax* (2009), S. 178 f., sowie *Norstrøm* (1972).

[14] Natürlich heißt dies nicht, dass in praxi nicht auch Projekte mit Zahlungsreihen auftreten können, die sich nicht als Normalinvestitionen charakterisieren lassen. Man denke nur an das Auftreten von **Schlussauszahlungen** wie bei dem Projekt 2 aus dem vorhergehenden Beispiel 3.5. Trotzdem dürfte mit Normalinvestitionen auch in der Praxis doch ein wesentlicher Teil von Investitionsprojekten erfasst sein.

Man kann nun auf der Grundlage der sogenannten kartesischen Vorzeichenregel zeigen, dass es bei Normalinvestitionen (und auch Normalfinanzierungen) nur einen einzigen internen Zinsfuß größer als −100 % geben kann.[15] Zinssätze von −100 % und weniger wiederum können ohne weiteres unberücksichtigt bleiben, wie sich auf verschiedene Weisen begründen lässt. So bedeutet eine Verzinsung unterhalb von −100 %, dass man zusätzlich zu den überlassenen Mitteln als Kapitalgeber in Zukunft noch weitere Zahlungen erbringen muss.[16] Ein derartiger Kapitalmarktzinssatz ist unter der Annahme der Sicherheit auf einem vollkommenen Kapitalmarkt im Gleichgewicht nicht denkbar,[17] da jeder schon das einfache **"Verbrennen"** von Geld seiner Anlage zu $i < -100$ % vorziehen würde. Zu $i < -100$ % gäbe es demnach kein Mittelangebot, andererseits aber verständli-

---

15 Nach der kartesischen Vorzeichenregel entspricht die Anzahl der positiven Nullstellen eines Polynoms T-ten Grades der Anzahl der Vorzeichenwechsel in der Folge seiner Koeffizienten oder ist um eine gerade Zahl geringer (vgl. z.B. *Hax* (1993), S. 18 f., *Bronstein/Semendjajew/Musiol/Mühlig* (2008), S. 45). Da die (nach Exponenten der zugehörigen Potenzen aufsteigend sortierten) Koeffizienten z_T, ..., z_0 des hier betrachteten Polynoms T-ten Grades aus (3.11) mit den (nach Zahlungszeitpunkten absteigend sortierten) Zahlungskonsequenzen des jeweiligen Investitionsprojekts in den einzelnen Zeitpunkten $t = 0, ..., T$ übereinstimmen, folgt aus nur einem Vorzeichenwechsel in der Zahlungsreihe, dass es genau einen Wert $q \equiv 1+i > 0$ gibt, für den sich der Kapitalwert der Zahlungsreihe auf Null beläuft. Dies wiederum impliziert, dass es dann nur ein $i > -100$ % mit dieser Eigenschaft gibt.

16 Es sollte erwähnt werden, dass die Kapitalwertformel für $i = -100$ % in der Tat gar **nicht definiert** ist. In Anbetracht der Charakterisierung von Situationen mit internen Zinsfüßen unterhalb von −100 % ist es aber sachgerecht, einen internen Zinsfuß von −100 % als definitionsgemäß gegeben für Situationen mit $z_0 < 0$ bei $z_t = 0$ $(t = 1, ..., T)$ aufzufassen. Hierbei handelt es sich also um Fälle, in denen der Unternehmer für die in $t = 0$ eingesetzten Mittel **keinerlei Rückzahlung** erhält.

17 Praktisch können derartige Verzinsungen wegen der real gegebenen Ungewissheit über künftige Entwicklungen durchaus auftreten. Zu denken wäre etwa an den Erwerb eines Genossenschaftsanteils in $t = 0$ mit möglicher **Nachschussverpflichtung** für $t = 1$, die dann wirklich relevant wird. Hier ergäbe sich in der Tat eine Verzinsung unterhalb von −100 %. Zweifellos beschreibt ein derartiges Szenario einen außerordentlich seltenen und keineswegs regelmäßig eintretenden Sachverhalt. In den allermeisten Fällen dürfte auch praktisch ein Totalverlust der eingesetzten Mittel, also eine Verzinsung von −100 %, die schlechtestmögliche Renditerealisation beschreiben. In jedem Falle stimmt dies bei herkömmlichen Kreditgewährungen.

cherweise eine unbegrenzte Mittelnachfrage. Für den von uns betrachteten Kontext sind solche Kapitalmarktzinssätze gegenstandslos, so dass auch die Erkenntnis eines Kapitalwertes von Null für einen derartigen Zinssatz, also Indifferenz gegenüber der Projektdurchführung, keine weitergehende Bedeutung hat. Im Folgenden werden dementsprechend stets nur noch Zinssätze $i > -100$ % betrachtet.

Beispiel 3.6:

Gegeben sei das Investitionsprojekt 1 aus dem vorhergehenden Beispiel 3.5 mit den Zahlungskonsequenzen $z_0^{(1)} = -100$, $z_1^{(1)} = 70$ sowie $z_2^{(1)} = 50{,}16$ GE. Der Ansatz zur Ermittlung der internen Zinsfüße der Zahlungsreihe lautet dann:

$$\kappa(i) = -100 + \frac{70}{1+i} + \frac{50{,}16}{(1+i)^2} \overset{!}{=} 0$$

$$\Leftrightarrow \quad -100 \cdot (1+i)^2 + 70 \cdot (1+i) + 50{,}16 = 0$$

$$\Leftrightarrow \quad i^2 + 1{,}3 \cdot i - 0{,}2016 = 0 \tag{3.12}$$

$$\Leftrightarrow \quad i_{1,2} = -0{,}65 \pm \sqrt{0{,}65^2 + 0{,}2016}$$

$$\Leftrightarrow \quad i_{krit,1} = 0{,}14,\ i_{krit,2} = -1{,}44.$$

Da die zugrunde gelegte Zahlungsreihe eine Normalinvestition beschreibt, war klar, dass es außer dem bereits bekannten internen Zinsfuß von 14 % keinen weiteren oberhalb von −100 % geben kann. In der Tat existiert zwar ein zweiter interner Zinsfuß, dieser liegt aber bei −144 %. Bei einem Kapitalmarktzinssatz von −144 % resultierte demnach ebenso wie für $i = 14$ %, dass der Unternehmer durch die Projektdurchführung weder ärmer noch reicher würde, das heißt, es wäre ihm exakt möglich, in $t = 0$ einen Kredit in Höhe der Anfangsauszahlung aufzunehmen und aus den späteren Projektrückflüssen inclusive Zinsen zu bedienen. Konkret müsste der Kapitalgeber bei einem Zinssatz von −144 % in $t = 1$ weitere $100 \cdot (1{,}44-1) = 44$ GE (144 GE **"negative"** Zinsen abzüglich der Tilgung von 100 GE) an den Unternehmer zahlen. Diesem würden $70+44 = 114$ GE zur Anlage bis $t = 2$ verbleiben, wo sie zu einer Verbindlichkeit des Unternehmers von $114 \cdot (1{,}44-1) = 50{,}16$ GE führten, die der Unternehmer exakt leisten könnte.[18]

[18] Wie bereits weiter oben dargelegt, würde der Unternehmer (ebenso wie der Kapitalgeber aus $t = 0$) sein Geld lieber verbrennen, als es zu einem Zinssatz $i <$ −100 % anzulegen. In diesem Sinne erweist sich die Betrachtung von Situationen mit Kapitalmarktzinssätzen unterhalb von −100 % in der Tat als wenig ergiebig.

Insofern liefert das Projekt eine Periodenverzinsung der Anfangsauszahlung von −144 %, falls dies auch der Kapitalmarktzinssatz ist. □

3.4.2 Investitionsentscheidungen mit Hilfe interner Zinsfüße

3.4.2.1 Einzelentscheidungen

Aus Abschnitt 1 dieses Kapitels ist bereits bekannt, dass Investitionsentscheidungen im hier betrachteten Kontext kapitalwertmaximierend zu treffen sind. Sofern man mit Hilfe interner Zinsfüße zu adäquaten Investitionsentscheidungen gelangen will, sollte man daher ein solches Vorgehen wählen, dass das resultierende Investitionsprogramm **kapitalwertmaximal** ist. Im Rahmen von **Einzelentscheidungen** ist deswegen dafür Vorsorge zu treffen, dass nur Projekte mit einem **nichtnegativen Kapitalwert** realisiert werden.

Aus der Definition des **internen Zinsfußes** folgt, dass der Projektkapitalwert für einen derartigen Kapitalmarktzinssatz gerade 0 GE beträgt. Unter der Prämisse, dass es nur einen einzigen internen Zinsfuß i_{krit} mit $i_{krit} > -100$ % gibt, muss der Kapitalwert des betreffenden Investitionsprojekts für alle Kapitalmarktzinssätze i mit $-100\ \% < i < i_{krit}$ das gleiche Vorzeichen aufweisen. Entsprechendes gilt für die Kapitalmarktzinssätze i mit $i > i_{krit}$. Bei **Normalinvestitionen** liegen die Auszahlungen näher an $t = 0$ als die künftigen Einzahlungsüberschüsse. Daher ist der Projektkapitalwert für kleine Zinssätze i, also **"links"** von i_{krit}, positiv, für große Zinssätze i, also **"rechts"** von i_{krit}, hingegen negativ.[19] Es gilt für Normalinvestitionen demnach folgender Zusammenhang:[20]

$$\kappa \overset{>}{\underset{<}{=}} 0 \Leftrightarrow i_{krit} \overset{>}{\underset{<}{=}} i. \tag{3.13}$$

---

[19] Der (naheliegende) Schluss auf einen generell **streng monoton fallenden** Verlauf der Kapitalwertkurve einer Normalinvestitionen für $i > -100$ % ist indes **nicht** zutreffend, falls nicht der Spezialfall $z_0 < 0$ und $z_t > 0$ für alle $t = 1, ..., T$ unterstellt wird. Gleichwohl wird in den nachfolgenden Abbildungen zur Vereinfachung stets solch ein Monotonieverhalten angenommen.

[20] Vgl. hierzu auch *Abbildung 3.1*.

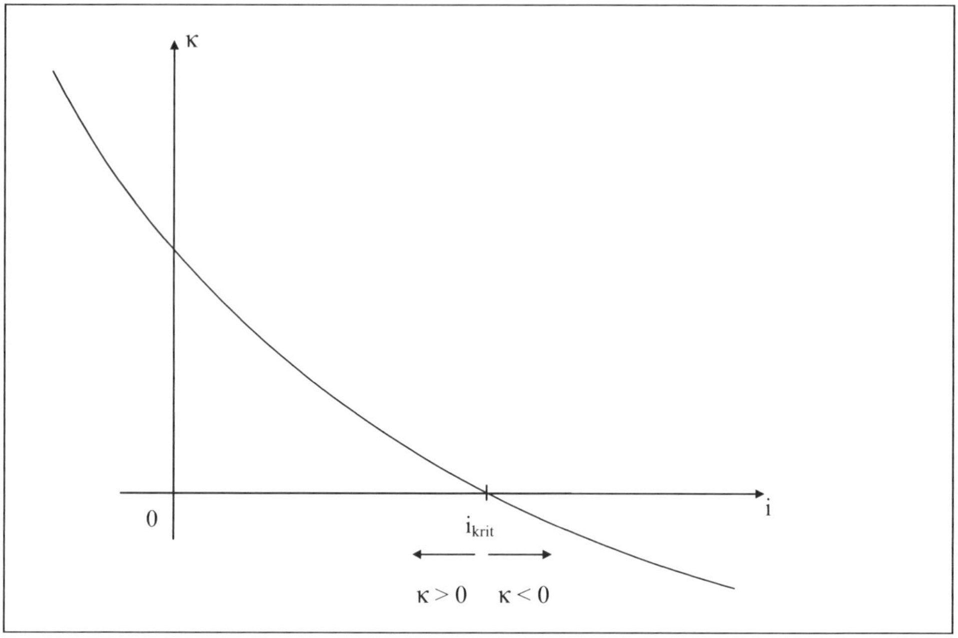

Abbildung 3.1: Verlauf der Kapitalwertkurve bei einer Normalinvestition in Abhängigkeit von i

Man erkennt hier also, wie auch auf der Grundlage interner Zinsfüße sachgerecht Einzelentscheidungen getroffen werden können. Sinnvoll ist es, den (eindeutigen) internen Zinsfuß des betrachteten Investitionsprojekts mit dem **Kapitalmarktzinssatz** zu vergleichen. Sofern dann auch noch der grundsätzliche Verlauf der Kapitalwertkurve links und rechts von $i = i_{krit}$ bekannt ist, kann sofort entschieden werden, ob das Projekt über einen nichtnegativen Kapitalwert verfügt und damit angenommen werden soll oder nicht. Bei einer Normalinvestition erfolgt die Projektannahme für $i_{krit} \geq i$.

Auch inhaltlich ist dieses Entscheidungskriterium ohne weiteres verständlich. Wenn man auf die Interpretation des internen Zinsfußes einer Zahlungsreihe bei Normalinvestitionen als die (maximal) an einen Kapitalgeber zu gewährende Periodenverzinsung zurückkommt, dann ist klar, dass bei einer Zinssatzforderung des jeweiligen Kapitalgebers unterhalb von i_{krit} noch positive Einzahlungsüberschüsse beim Unternehmer verbleiben. Der Unternehmer wird demnach in diesem Fall durch die Projektdurchführung **reicher**. Im Vergleich zur Unterlassung des Investitionsprojekts wird er dessen Durchführung daher in jedem Falle als vorteilhaft erachten.

Die gerade vorgestellten Überlegungen gelten auch für das Treffen von Investitionsentscheidungen auf der Grundlage anderer kritischer Werte. Generell sind diese mit der **tatsächlichen Parameterausprägung** zu kontrastieren. Sofern nun noch der grundsätzliche **Verlauf** der Kapitalwertfunktion in Abhängigkeit des jeweiligen Parameters bekannt ist, kann man unmittelbar auf das **Vorzeichen** des Projektkapitalwertes für die tatsächliche Parameterausprägung und damit die Vorteilhaftigkeit des betreffenden Investitionsprojekts schließen. Gerade in dieser zusätzlich benötigten Kenntnis des grundsätzlichen Verlaufs der Kapitalwertfunktion zeigt sich (neben den rechentechnischen Schwierigkeiten der Ermittlung von kritischen Werten) eine weitere **Schwäche** der Entscheidungsfindung auf der Basis der Betrachtung kritischer Werte. Durch die Ermittlung kritischer Parameterwerte weiß man zunächst einmal nur, dass sich für diese Parameterausprägungen der resultierende Kapitalwert auf Null beläuft, kennt aber nicht unbedingt den generellen Verlauf der Kapitalwertfunktion, sondern muss dazu gegebenenfalls **weitere Überlegungen** anstellen.

Beispiel 3.7:
Es sei ein Investitionsprojekt mit folgender Zahlungsreihe betrachtet: $z_0 = -100{,}05$, $z_1 = 205$ und $z_2 = -105$ GE. Augenscheinlich liegt keine Normalinvestition vor. In der Tat erhält man auch zwei interne Zinsfüße $i_1 \approx 1{,}4493$ % sowie $i_2 \approx 3{,}4483$ %, und man muss nun erst durch weiteres Nachdenken erschließen, wie die Kapitalwertfunktion in Abhängigkeit von i verläuft. Da sich die zinslos kumulierten Zahlungen auf $-100{,}05+205-105 = -0{,}05$ GE belaufen, ist der Kapitalwert κ für $i = 0$ % negativ. Daraus folgt sofort, dass κ im Bereich $i > -100$ % nur für Kalkulationszinsfüße i mit $i_1 < i < i_2$ positiv ist. Dementsprechend wäre das Projekt auch bei einem Kapitalmarktzinssatz unterhalb von i_1 abzulehnen. Wenngleich sachgerecht, fällt die inhaltliche Interpretation derartiger Entscheidungsfindungen bei mehreren relevanten internen Zinsfüßen doch in aller Regel nicht leicht. □

Der Verlauf der Kapitalwertkurven in Abhängigkeit von **Absatzmengen** oder -**preisen** ist glücklicherweise allerdings recht leicht zu bestimmen. Ceteris paribus führen höhere Absatzpreise in jedem Fall auch zu höheren Kapitalwerten. Entsprechendes gilt für Absatzmengen bei Vorliegen positiver Deckungsspannen. Bei negativen Deckungsspannen fällt der Kapitalwert eines Projekts hingegen mit wachsender Absatzmenge. Zum Verlauf der Kapitalwertkurve in Abhängigkeit von der **Projektnutzungsdauer** ist keine generelle Aussage möglich. Unterstellt man allerdings, dass jede weitere Periode zu zusätzlichen nichtnegativen Einzahlungen führt, ist $\kappa(T)$ natürlich eine monoton wachsende Funktion.

Grundsätzlich kann man folglich auf Basis kritischer Werte adäquate Einzelentscheidungen derart treffen, dass **Konsistenz zum Kapitalwertkriterium** gewahrt ist. Die Berechnung kritischer Werte erweist sich allerdings in aller Regel als schwerer als eine direkte Kapitalwertberechnung. Ferner muss man wenigstens eine gewisse generelle Vorstellung vom Verlauf der Kapitalwertkurve des jeweiligen Investitionsprojekts in Abhängigkeit vom betrachteten Parameter haben. Ein drittes bislang noch nicht angesprochenes Problem existiert, wenn der betreffende Parameter **nicht** über alle künftigen Zeitpunkte hinweg **konstant** ist, also wenn etwa in jedem Zeitpunkt $t = 1, ..., T$ ein anderer Preis oder eine andere Absatzmenge realisiert werden könnte oder wenn die Ein-Perioden-Zinssätze nicht für alle künftigen Perioden konstant sind. Die Berechnung eines kritischen Wertes beispielsweise in Form eines über alle Zeitpunkte hinweg konstanten Break-even-Preises wäre hier wenig hilfreich, da die konkreten Absatzpreise der einzelnen Zeitpunkte teilweise unter- und teilweise oberhalb von p_{krit} liegen könnten und man dann über einen Vergleich kritischer und tatsächlicher Parameterausprägungen zu keinen sinnvollen Handlungsempfehlungen gelangen kann. In solchen Fällen mit über die Zeit hinweg nicht konstanten Parameterausprägungen könnte man nur noch für eine **ausgewählte Teilperiode** eine Break-even-Menge oder einen Break-even-Preis oder einen (einperiodigen) internen Zinsfuß ausrechnen und diesen der jeweiligen tatsächlichen Parameterausprägung für diese Periode sinnvoll gegenüberstellen. Augenscheinlich handelt es sich hierbei um wenig attraktiv erscheinende Anwendungsfälle für das Arbeiten mit kritischen Werten.

3.4.2.2 Auswahlentscheidungen

Kritische Werte können nicht nur für das Treffen von Einzelentscheidungen genutzt werden, sondern auch für **Auswahlentscheidungen**. Abermals sollte man sich fragen, wie man kritische Werte derart nutzen kann, dass die resultierende Entscheidung mit dem **Kapitalwertkriterium** übereinstimmt. Zur Veranschaulichung seien zwei sich gegenseitig ausschließende Projekte 1 und 2 betrachtet, die auf der Grundlage interner Zinsfüße miteinander verglichen werden sollen. Bezugspunkt für Kapitalwertberechnungen seien die unternehmerischen Einzahlungsüberschüsse bei Verzicht auf beide Projekte.

Es sei angenommen, dass es sich um **Normalinvestitionen** mit folglich nur jeweils einem internen Zinsfuß $i^{(1)}$ bzw. $i^{(2)}$ größer als -100 % handelt. Wir wissen damit, dass bei einem Kapitalmarktzinssatz $i = i^{(1)}$ die Durchführung des Projekts 1 aus Unternehmersicht so gut wie dessen Unterlassung ist und für $i < i^{(1)}$ zu einer Reichtumsmehrung in Form eines positiven Kapitalwertes führt. Entsprechendes besagt $i^{(2)}$ für Projekt 2. Die beiden internen Zinsfüße erlauben insofern nur einen Vergleich der betrachteten Investitionsalternative mit der zugrunde gelegten Basiszahlungsreihe, hier also der Unterlassung beider Projekte. Wie es um die relative Attraktivität der beiden Projekte 1 und 2 zueinander je nach Kapitalmarktzinssatz bestellt ist, kann aus den Zinssätzen $i^{(1)}$ und $i^{(2)}$ nicht abgelesen werden. Dafür ist es in der Tat von größerem Interesse zu wissen, für welchen Kalkulationszinsfuß sich die Kapitalwerte der beiden Projekte entsprechen. Dies ist gleichbedeutend damit, dass sich die Differenz $\kappa^{(1)}-\kappa^{(2)}$ bzw. $\kappa^{(2)}-\kappa^{(1)}$ der beiden Kapitalwerte und folglich der Kapitalwert der Differenzinvestition 1−2 bzw. 2−1 auf Null beläuft. Für Auswahlentscheidungen kommt es demnach auf den internen Zinsfuß $i_{krit}^{(1-2)} =$[21] $i_{krit}^{(2-1)}$ (oder allgemeiner: den kritischen Wert des betrachteten Parameters) bezüglich der Differenzinvestition 1−2 bzw. 2−1 der beiden Projekte an. Für $i < i_{krit}^{(1-2)}$ wird sich ein anderes der beiden Projekte als vorteilhaft erweisen als für $i > i_{krit}^{(1-2)}$. In welchem der beiden Fälle Projekt 1 besser und in welchem es schlechter als Projekt 2 ist, hängt letztlich vom Verlauf der Kapitalwertkurve der jeweiligen Differenzinvestition ab. Handelt es sich bei 1−2 um eine Normalinvestition[22], dann ist $\kappa^{(1-2)} > 0$ für $i < i_{krit}^{(1-2)}$ und hierbei somit Projekt 1 besser als Projekt 2. Entsprechend kann über die Betrachtung der Differenzinvestition 2−1 argumentiert werden. Handelt es sich bei 1−2 um eine Normalinvestition, dann muss 2−1 wegen der genau entgegengesetzten Vorzeichen der einzelnen Zahlungskonsequenzen eine Normalfinanzierung sein. Aus $i < i_{krit}^{(1-2)} = i_{krit}^{(2-1)}$ folgt da-

---

[21] Die Gleichheit ist eine Konsequenz aus der Äquivalenz von $\kappa^{(1)} - \kappa^{(2)} = 0$ und $\kappa^{(2)} - \kappa^{(1)} = 0$.

[22] Zu beachten ist, dass die Differenzinvestition zweier Normalinvestitionen **keineswegs** selbst wieder eine **Normalinvestition** sein muss. Die sich hieraus ergebenden Komplikationen entsprechen jedoch denen bei **Einzelentscheidungen** für **"Nicht-Normalinvestitionen"** und können deswegen hier undiskutiert bleiben.

mit $\kappa^{(2-1)} < 0$, also erneut, dass Projekt 1 dem Projekt 2 vorzuziehen ist. Insbesondere im Zusammenhang mit der Gegenüberstellung der Argumentation für einen Ansatz an der Differenzinvestition 1−2 mit der für einen Ansatz an der Differenzinvestition 2−1 sieht man übrigens nochmals sehr deutlich, wie wichtig es bei Entscheidungen auf der Grundlage kritischer Werte ist, den Verlauf der **Kapitalwertkurve** zu kennen.

Auch bei der Entscheidung über zwei alternative Investitionen anhand des internen Zinsfußes ihrer Differenzinvestition wird der Umstand genutzt, dass mittels eines kritischen Wertes eine Investitionsalternative sinnvoll nur mit der jeweils angenommenen **Basiszahlungsreihe** verglichen werden kann. Betrachtet man etwa die Differenzinvestition 1−2, so ist das gleichbedeutend mit der Annahme einer Basiszahlungsreihe, die sich aus der Durchführung des Projekts 2 (und unter Beachtung sonstiger fixer Einzahlungen des Unternehmers aus weiteren Investitionen) ergibt. Für $i = i_{krit}^{(1-2)}$ ist der Wechsel zur Durchführung des Projekts 1 nun ebenso gut wie der Verbleib beim Bezugspunkt in Form des Projekts 2, weswegen für $i \neq i_{krit}^{(1-2)}$ keine Indifferenz zwischen den beiden Handlungsalternativen besteht. Diesen Umstand sollte man im Weiteren stets beachten.

Beispiel 3.8:
Ausgangspunkt der Betrachtung sei ein vollkommener Kapitalmarkt mit einem über alle Perioden einheitlichen Kapitalmarktzinssatz von $i = 15$ %. Ein Unternehmer habe Zugang zu zwei Projekten 1 und 2 mit folgenden Zahlungskonsequenzen im Rahmen einer Drei-Zeitpunkte-Betrachtung:

t	0	1	2
$z_t^{(1)}$	−80	20	105
$z_t^{(2)}$	−60	50	40

Tabelle 3.3: Zahlungsreihen zweier alternativ realisierbarer Investitionsprojekte 1 und 2

Da es sich bei beiden Projekten um Normalinvestitionen handelt, wissen wir von vornherein, dass es für jedes der beiden Projekte nur einen internen Zinsfuß oberhalb von −100 % geben kann. In der Tat lässt sich leicht nachrechnen, dass $i_{krit}^{(1)} \approx$ 27,74 % und $i_{krit}^{(2)} \approx$ 33,33 % gilt. Diese Werte lassen aber keinen Schluss auf die jeweilige relative Vorteilhaftigkeit der beiden Projekte zu. So gilt hier des Weiteren $\kappa^{(1)} \approx$ 16,79 GE > $\kappa^{(2)} \approx$ 13,72 GE. Das Projekt mit dem niedrigeren internen Zinsfuß führt hier also zur größeren Reichtumssteigerung auf Seiten des Unternehmers.

Sachgerecht möglich ist allerdings beispielsweise eine Entscheidung auf der Grundlage der Differenzinvestition 1−2. Deren Zahlungsreihe kann der *Tabelle 3.4* entnommen werden.

t	0	1	2
$z_t^{(1-2)}$	−20	−30	65
$z_t^{(2-1)}$	20	30	−65

Tabelle 3.4: Zahlungsreihen der Differenzinvestitionen 1−2 und 2−1

Es handelt sich bei 1−2 um eine Normalinvestition mit dem einzig interessierenden internen Zinsfuß $i_{krit}^{(1-2)} \approx$ 20,26 %. Infolge der Normalinvestitionseigenschaft von 1−2 kann man unmittelbar auf $\kappa^{(1-2)} > 0$ für $i = 15\ \% < i_{krit}^{(1-2)} \approx 20{,}26\ \%$ schließen. Auch auf der Grundlage dieser Überlegungen gelangt man damit letztlich zur Vorteilhaftigkeit der Durchführung des Projekts 1 gegenüber dem Projekt 2. Die Zusammenhänge sind auch in den *Abbildungen 3.2* und *3.3* schematisch veranschaulicht.

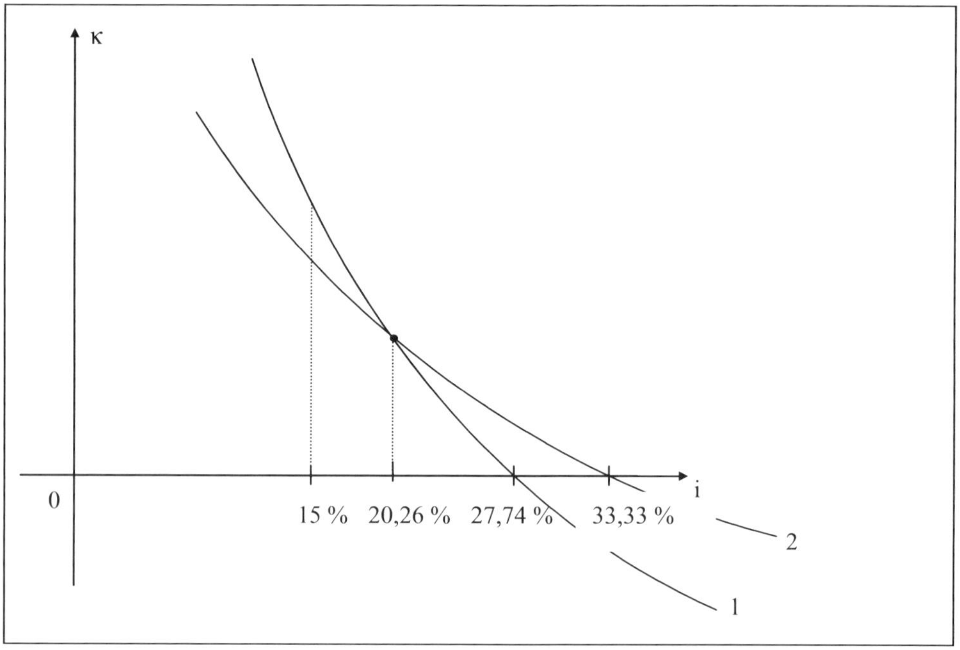

Abbildung 3.2: Kapitalwertkurven der Projekte 1 und 2 (schematisch)

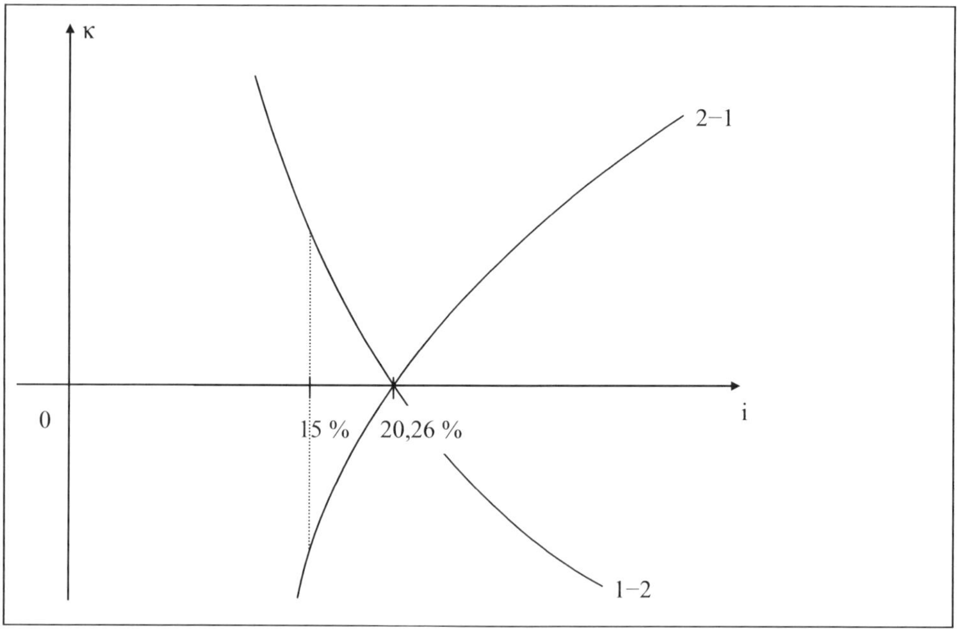

Abbildung 3.3: Kapitalwertkurven der Differenzinvestitionen 1–2 und 2–1 (schematisch)

Statt der Differenzinvestition 1−2 hätte man auch 2−1 betrachten können.[23] Selbstverständlich gilt ebenfalls $i_{krit}^{(2-1)} \approx 20{,}26\ \%$. Die Differenzinvestition 2−1 hat nicht die Struktur einer Normalinvestition, sondern vielmehr die einer Normalfinanzierung. Die Kapitalwertkurve $\kappa^{(2-1)}$ verläuft daher für $i > -100\ \%$ streng monoton steigend und liegt demnach für $i = 15\ \% < i_{krit}^{(2-1)} \approx 20{,}26\ \%$ im Negativen.[24] Ein Wechsel von Projekt 1 zu Projekt 2 ist wegen der für den Unternehmer damit einhergehenden Reichtumseinbuße folglich nicht sinnvoll. □

Ein direkter Vergleich interner Zinsfüße (oder anderer kritischer Parameterausprägungen) muss gemäß dem vorangegangenen Beispiel 3.8 **keineswegs** zu kapitalwertmaximierenden Investitionsentscheidungen führen. Die mehr als lose Verbindung zwischen den beiden Entscheidungskriterien belegt vor allem der Umstand, dass die Entscheidung auf der Grundlage kritischer Parameterwerte im Gegensatz zu kapitalwertorientierten Entscheidungen von der **Wahl des Bezugspunktes** abhängig sein kann. Dass die Wahl der Basiszahlungsreihe Einfluss nimmt auf den ausgewiesenen kritischen Wert eines Investitionsprojekts, ergibt sich schon aus Beispiel 3.8: Mit Bezugspunkt der Unterlassung beider Projekte verfügt Investitionsprojekt 1 über einen internen Zinsfuß von ca. 27,74 %. Ist die Basiszahlungsreihe hingegen die Durchführung des Projekts 2 (inclusive der von Projekt 1 und Projekt 2 unabhängigen unternehmerischen Einzahlungsüberschüsse), reduziert sich der dem Projekt 1 zuzuordnende interne Zinsfuß auf ungefähr 20,26 %. Auch der einem Investitionsprojekt zugehörige Projektkapitalwert hängt natürlich vom gewählten Bezugspunkt ab. Während aber die Rangfolge verschiedener Projekte nach Kapitalwerten durch eine Variation der Basiszahlungsreihe **nicht** beeinflusst werden kann, gilt dies im Zusammenhang mit direkten Reihungen nach kritischen Werten nicht.

Beispiel 3.9:

Das Beispiel 3.8 sei nun insofern ergänzt, als der Unternehmer in $t = 0$ unabhängig von seiner Entscheidung für Projekt 1 oder 2 in jedem Fall noch Auszahlungen in Höhe von 15 GE für den **Abbruch** eines vorangegangenen Investitionsprojekts leisten muss. Im Beispiel 3.8 wurde diese Zahlungskonsequenz im Zusammenhang mit den Projektzahlungsreihen nicht berücksichtigt, also implizit dem dort unterstellten Nullpunkt zugerechnet. Der dort gewählte Nullpunkt war demnach

23 Vgl. zur resultierenden Zahlungsreihe ebenfalls *Tabelle 3.4*.

24 Vgl. auch *Abbildung 3.3*.

die Zahlungsreihe $z_0 = -15$, $z_1 = z_2 = 0$ GE. Nun soll aber $z_0 = z_1 = z_2 = 0$ GE als Basiszahlungsreihe angesetzt werden. Demnach sind bei den beiden Projekten 1 und 2 die Auszahlungen des Zeitpunktes $t = 0$ um jeweils 15 GE zu erhöhen. Graphisch bedeutet dies in *Abbildung 3.2*, dass sich beide Kapitalwertkurven um 15 GE nach unten verschieben. Natürlich ändert sich dadurch nichts an der Projektrangfolge nach Kapitalwerten für ein beliebiges i und wird auch die Schnittstelle der beiden Kurven, $i_{krit}^{(1-2)} = i_{krit}^{(2-1)} \approx 20{,}26$ %, hierdurch nicht beeinflusst, so dass Kapitalwertkriterium und Betrachtung des internen Zinsfußes der Differenzinvestition 1−2 bzw. 2−1 weiterhin zum gleichen Ergebnis führen. Sehr wohl beeinflusst werden aber die resultierenden Nullstellen der beiden Kapitalwertkurven, die sich nun als $i_{krit}^{(1)} \approx 16{,}18$ % und $i_{krit}^{(2)} \approx 13{,}61$ % ergeben, womit sich die Rangfolge der beiden Projekte allein durch die Änderung des Bezugspunktes im Vergleich zur Situation im Beispiel 3.8 bereits genau umkehrt.[25] □

Die Reihung von Projekten durch direkte Gegenüberstellung ihrer kritischen Werte führt allein schon wegen des gerade erörterten Problems im Wesentlichen **allenfalls zufällig** zur gleichen Reihung wie nach dem Kapitalwertkriterium und ist insofern abzulehnen. Man mag dies überraschend finden, ist doch etwa im Beispiel 3.8 Projekt 2 in der Lage, einem die Anfangsauszahlung finanzierenden Kapitalgeber eine Periodenverzinsung von ungefähr 33,33 % zu gewähren, während Projekt 1 hier nur etwa 27,74 % Verzinsung bieten kann. Worin ist also neben der formalen Begründung über Kapitalwertkurven und deren Schnittpunkte die **inhaltliche Erläuterung** für den Trugschluss einer Vorteilhaftigkeit der Entscheidung für Projekt 2 wegen seines höheren internen Zinsfußes zu sehen? Die Ursache hierfür liegt in dem Umstand, dass Projekt 2 zwar schon eine Verzinsung der Anfangsauszahlung von etwa 33,33 % bietet, dies aber **nur** für einen Betrag von 60 GE. Man kann sich dabei die 60 GE Mittelaufnahme in zwei Teilbeträge von 37,5 GE und 22,5 GE zerlegt vorstellen. Die Aufnahme von 37,5 GE von $t = 0$ bis $t = 1$ zu etwa 33,33 % führt im Zeitpunkt $t = 1$ zu einer Verbindlichkeit von ungefähr 50 GE. Die Aufnahme von 22,5 GE von $t = 0$ bis $t = 2$ zu etwa 33,33 % pro Periode begründet für $t = 2$ eine Verbindlichkeit von ungefähr 40 GE. Eine Aufnahme von 60 GE seitens des Unternehmers in $t = 0$ mit Rückzahlungen von 50 GE in $t = 1$ und 40 GE in $t = 2$ kann folglich derart interpretiert werden, dass mit 37,5 GE der größte Teil der Mittelüberlassung aus $t = 0$ einen einperiodigen Kredit

---

25 Vgl. hierzu generell etwa auch *Hållsten* (1966), S. 54 ff., oder *Buchner* (1973), S. 699 f.

zu ca. 33,33 % darstellt, während nur 22,5 GE für zwei Perioden zu etwa 33,33 % pro Periode bereitgestellt wurden. Im Rahmen von Projekt 1 hingegen kann ein Kapitalgeber in t = 0 insgesamt 80 GE anlegen, von denen nur ungefähr 15,66 GE einen einperiodigen Kredit darstellen ($15{,}66 \cdot 1{,}2774 \approx 20$ GE), während der erheblich größere Restbetrag von ca. $80-15{,}66 = 64{,}34$ GE in Form eines zweiperiodigen Kredits bis t = 2 angelegt werden kann ($64{,}34 \cdot 1{,}2774^2 \approx 105$ GE). Infolge der deutlich höheren möglichen Anlagebeträge von t = 0 bis t = 2 kann sich Projekt 1 trotz der niedrigeren gebotenen Verzinsung dem Projekt 2 als überlegen erweisen. Natürlich wäre die Möglichkeit beliebig umfangreicher einperiodiger Anlagen in t = 0 und t = 1 zu jeweils 33,33 % einer ebensolchen Möglichkeit mit einem Zinssatz zu 27,74 % stets vorzuziehen. Diese **Flexibilität** liefern Investitionsprojekte aufgrund ihrer fixierten Zahlungsstruktur aber nicht, und daher ist der einfache **"Rendite"-Vergleich** hier generell **nicht zulässig**. Entsprechende Zusammenhänge gelten bei dem Versuch, Projekte nach anderen kritischen Parameterwerten direkt zu reihen.

Eine nähere Betrachtung von *Abbildung 3.2* gibt einen Hinweis auf den einzigen Fall, in dem man doch ohne Gefahr einer Fehlentscheidung direkt die internen Zinsfüße zweier Projekte miteinander vergleichen darf. Dieser liegt genau dann vor, wenn sich die beiden **Kapitalwertkurven nicht schneiden**, also die Differenzinvestition der beiden Zahlungsreihen über keinen internen Zinsfuß verfügt.

Beispiel 3.10:
Gegeben seien zwei Investitionsprojekte 1 und 2 mit Zahlungsstrukturen gemäß der folgenden *Tabelle 3.5.*

t	0	1	2
$z_t^{(1)}$	−200	190	100
$z_t^{(2)}$	−100	100	200

Tabelle 3.5: Zahlungsreihen zweier alternativ realisierbarer Investitionsprojekte 1 und 2

Die Kapitalwertkurven der beiden Projekte schneiden sich nicht, sondern verfügen über einen schematischen Verlauf gemäß *Abbildung 3.4.* Der Kapitalwert des

Projekts 2 ist für jeden denkbaren Kapitalmarktzinssatz $i > -100$ % höher als der von Projekt 1, Projekt 2 demnach für jedes i besser als Projekt 1.

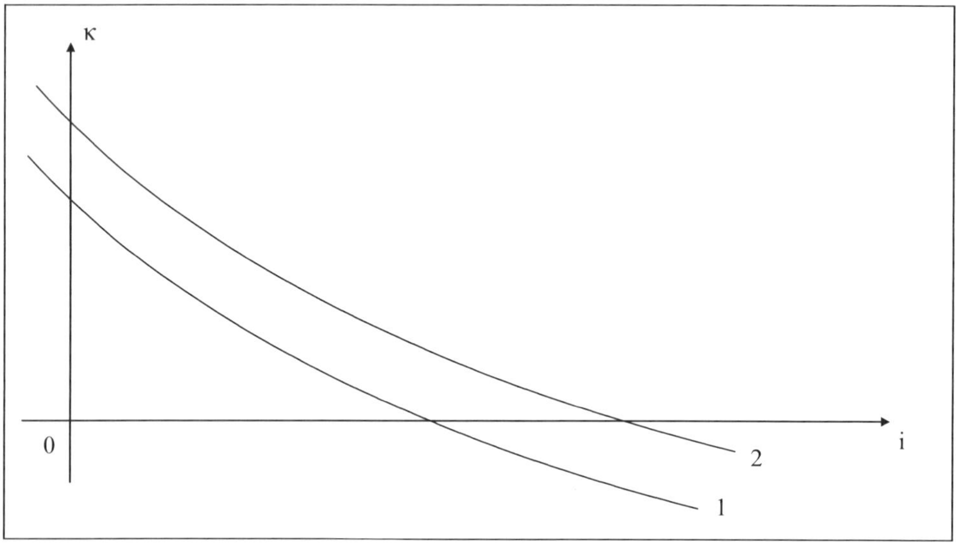

Abbildung 3.4: Schnittpunktfreie Kapitalwertkurven der Projekte 1 und 2 (schematisch)

Entsprechendes gilt für einfachere Beispiele. Angenommen, ein Projekt 1 liefert bei einer Anfangsauszahlung von 100 GE in $t = 0$ im Zeitpunkt $t = 1$ Rückflüsse von 8 GE und in $t = 2$ von 108 GE, während Projekt 2 bei gleicher Anfangsauszahlung nur 6 GE Einzahlung in $t = 1$ gewährt und 106 GE in $t = 2$. Projekt 1 entspricht gewissermaßen einer 8-prozentigen Anlage von 100 GE von $t = 0$ bis $t = 2$ mit einperiodischen Zinszahlungen, während Projekt 2 eine nur 6-prozentige Verzinsung bietet. Natürlich ist Projekt 1 in der Tat dem Projekt 2 vorzuziehen, und insofern führt auch der Vergleich der internen Zinsfüße zum korrekten Ergebnis.

Etwas formaler ausgedrückt, erhält man im letztgenannten Fall eine Zahlungsreihe der Differenzinvestition 1−2 gemäß *Tabelle 3.6*.

t	0	1	2
$z_t^{(1-2)}$	0	2	2

Tabelle 3.6: Zahlungsreihe einer Differenzinvestition 1–2

Unabhängig davon, wie man die Zahlungsreihe $z_t^{(1-2)}$ (t = 0, 1, 2) auch diskontiert, wird sie stets positiv sein.[26] Das bedeutet, der Differenzkapitalwert ist für jeden Kalkulationszinsfuß i > −100 % stets größer als Null und damit der Kapitalwert des Projekts 1 stets größer als der von Projekt 2. Eine Entscheidung durch Vergleich der internen Zinsfüße der beiden Investitionsprojekte ist zulässig. Dieses Ergebnis lässt sich leicht verallgemeinern: Besteht die Zahlungsreihe einer Differenzinvestition entweder **nur** aus nichtnegativen oder nur aus nichtpositiven Gliedern, dann verfügt der zugehörige Kapitalwert über keinen internen Zinsfuß größer als −100 % und sind die **Kapitalwertkurven** der beiden zugehörigen Investitionsprojekte **schnittpunktfrei**.[27] □

Sofern man allerdings weiß, dass sich die Kapitalwertkurven nicht schneiden, kann man das bessere Projekt statt durch die mehr oder weniger umständliche Berechnung interner Zinsfüße (oder anderer kritischer Werte) einfach durch **Gegenüberstellung der Anfangsauszahlungen** ermitteln: Dasjenige Projekt mit der niedrigeren Anfangsauszahlung A_0 muss das bessere der beiden betrachteten sein, da es wenigstens für i → ∞ über einen höheren Kapitalwert (gemäß seiner niedrigeren Anfangsauszahlung) verfügt und für alle i laut vorausgesetztem Kenntnisstand die gleiche Kapitalwertrelation zwischen den beiden betrachteten Projekten resultiert.[28] Sollte man hingegen nicht von vornherein wissen, dass die

---

[26] Man kann dieses Ergebnis auch durch Anwendung der weiter oben eingeführten kartesischen Vorzeichenregel begründen, wenngleich es ohnehin unmittelbar einsichtig ist.

[27] Die zuerst im Rahmen dieses Beispiels 3.10 dargestellte Auswahlentscheidung zeigt, dass das gerade formulierte Kriterium nur **hinreichend**, nicht aber notwendig für die Gewährleistung schnittpunktfreier Kapitalwertkurven ist. Für ein grundsätzlich allgemeineres Kriterium siehe daher etwa *Franke/Hax* (2009), S. 195.

[28] Sofern die beiden Anfangsauszahlungen gleich hoch sind, ist entsprechend ein Vergleich der Einzahlungen des Zeitpunktes 1 oder – allgemeiner – desjenigen Zeitpunktes t, in dem die beiden Projekte zum ersten Mal zu unterschiedlichen

Kapitalwertkurven der beiden Projekte über keinen Schnittpunkt verfügen, dann kann man ohnehin einfach direkt die beiden Kapitalwerte ermitteln.

Die Reihung von sich gegenseitig ausschließenden Projekten durch direkte Gegenüberstellung auf der Grundlage ihrer für einheitlichen Bezugspunkt ermittelten kritischen Parameterausprägungen wurde von *Franke* (1978) – etwas unglücklich, weil irreführend – als Durchführung **"mittelbarer" Parametervergleiche** bezeichnet.[29] Bei N simultan zur Auswahl stehenden Projekten würde man demnach für jedes der Projekte eine kritische Parameterausprägung ermitteln, z.B. die jeweilige Break-even-Menge, und sodann die Investitionsprojekte gemäß den jeweils zugehörigen kritischen Werten in eine Rangfolge bringen, also beispielsweise Platz 1 an das Projekt mit der niedrigsten Break-even-Menge vergeben. Im Zusammenhang mit der korrekten Vorgehensweise zur Ermittlung der besten von N Alternativen über den Ansatz an kritischen Werten spricht *Franke* (1978) von **"unmittelbaren" Parametervergleichen**. Um das sachgerechte Procedere herzuleiten, muss man sich nur vergegenwärtigen, dass die Entscheidung zwischen zwei Projekten durch Betrachtung des kritischen Wertes ihrer **Differenzinvestition** getroffen werden kann. Will man also etwa mit Hilfe interner Zinsfüße eine Auswahl zwischen N alternativen Investitionsmöglichkeiten treffen, so sind als Erstes zwei von diesen auszuwählen, und es ist der interne Zinsfuß ihrer Differenzinvestition dem Kapitalmarktzinssatz gegenüberzustellen. Sofern der Verlauf der Kapitalwertkurve der Differenzinvestition bekannt ist, kann auf dieser Grundlage entschieden werden, welches der beiden Projekte sich als besser erweist. Dieser "Sieger" wird sodann mit einem der noch verbliebenen N–2 Projekte wieder auf der Grundlage ihrer Differenzinvestition verglichen. In dieser Weise verfährt man weiter, bis keine weiteren Projekte mehr zum Vergleich vorhanden sind, so dass nach N–1 unmittelbaren Parametervergleichen das kapitalwertmaximierende der N zur Auswahl stehenden Projekte ermittelt ist.

Beispiel 3.11:

Gegeben seien die Annahmen des Beispiels 3.8 mit der Modifikation, dass es neben den beiden Projekten 1 und 2 noch ein drittes gebe, wobei von den nunmehr drei zur Auswahl stehenden Projekten nur ein einziges realisiert werden kann. Die

---

Zahlungskonsequenzen führen, hinreichend. Die höhere Einzahlung kennzeichnet das bessere Projekt.

29 Vgl. hierzu auch *Franke/Hax* (2009), S. 195 ff.

Zahlungsreihe des Projekts 3 ebenso wie die der beiden bereits bekannten Projekte 1 und 2 können in *Tabelle 3.7* abgelesen werden.

t	0	1	2
$z_t^{(1)}$	−80	20	105
$z_t^{(2)}$	−60	50	40
$z_t^{(3)}$	−50	60	20

Tabelle 3.7: Zahlungsreihen dreier alternativ realisierbarer Investitionsprojekte

Als Basiszahlungsreihe wurde der Verzicht auf die Durchführung aller drei Projekte (unter Beibehaltung einer etwaigen sonstigen unternehmerischen Tätigkeit) gewählt. Die Kapitalwerte $\kappa^{(1)} \approx 16{,}79$ GE sowie $\kappa^{(2)} \approx 13{,}72$ GE der Projekte 1 und 2 sind bereits bekannt. Des Weiteren erhält man für $i = 15$ % noch $\kappa^{(3)} \approx 17{,}3$ GE, so dass Projekt 3 demnach gegenüber Projekt 1 und dieses wiederum gegenüber Projekt 2 vorzuziehen ist. An dieser Rangfolge ändert sich auch nichts, wenn man der Betrachtung eine andere Basiszahlungsreihe zugrunde legt. Beispielsweise könnte eine Situation mit der Durchführung des Projekts 3 (unter Beibehaltung einer etwaigen sonstigen unternehmerischen Tätigkeit) als neuer Bezugspunkt definiert werden. In diesem Fall ist einem Projekt $n = 1, 2, 3$ gerade die Zahlungsreihe der Differenzinvestition $n-3$ zuzuordnen. Die entsprechenden Werte können der *Tabelle 3.8* entnommen werden.

t	0	1	2
$z_t^{(1-3)}$	−30	−40	85
$z_t^{(2-3)}$	−10	−10	20
$z_t^{(3-3)}$	0	0	0

Tabelle 3.8: Zahlungsreihen dreier alternativ realisierbarer Investitionsprojekte bei modifizierter Basiszahlungsreihe

Natürlich wird dem Projekt 3 nun eine Zahlungsreihe von durchgängig 0 GE zugeordnet, da der "Wechsel" von Projekt 3 zu Projekt 3 keinerlei Reichtumskonsequenzen auslöst. Auch sollte klar sein, dass die Kapitalwerte der drei Projekte auf der Grundlage des neuen Bezugspunktes über die gleichen Differenzen wie zuvor verfügen. Es gilt nämlich nun $\kappa^{(1-3)} \approx -0{,}51$, $\kappa^{(2-3)} \approx -3{,}57$ sowie $\kappa^{(3-3)} = 0$ GE, so dass alle Kapitalwerte lediglich um etwa 17,3 GE niedriger als zuvor ausfallen und die Reihenfolge der Projekte nach dem Kapitalwertkriterium unverändert bleibt. Mit dem Bezugspunkt "Verzicht auf alle drei Investitionsprojekte" ergibt sich $i_{krit}^{(1)} \approx 27{,}74$ %, $i_{krit}^{(2)} \approx 33{,}33$ % sowie $i_{krit}^{(3)} \approx 47{,}18$ %, weshalb die teilweise falsche Reihung 1) Projekt 3, 2) Projekt 2 und 3) Projekt 1 resultierte. Bei einem Bezugspunkt "Realisation des Projekts 3" erhält man modifizierte interne Zinsfüße, die sich für Projekt 1 auf etwa 14,38 % und für Projekt 2 auf 0 % belaufen. Mithin wäre Projekt 1 nunmehr gegenüber Projekt 2 als besser einzustufen. Für Projekt 3 ist kurioserweise **jeder** Kapitalmarktzinssatz i zugleich auch ein interner Zinsfuß, da der Kapitalwert von Projekt 3 nun natürlich stets 0 GE beträgt. Insofern ist Projekt 3 auf der Grundlage interner Zinsfüße hier gar nicht sinnvoll mit den Projekten 1 und 2 vergleichbar. Diese Aussage gilt natürlich stets für Projekte, die die Basiszahlungsreihe definieren.

Eine korrekte Auswahlentscheidung auf der Grundlage interner Zinsfüße sieht nun derart aus, dass man einen **paarweisen Vergleich** der drei Investitionsprojekte mit Hilfe ihrer jeweiligen Differenzinvestition durchführt. Für die Differenzinvestition 1−2 wurde bereits im Rahmen des Beispiels 3.8 ein interner Zinsfuß $i_{krit}^{(1-2)}$ von etwa 20,26 % > 15 % ermittelt. Da 1−2 eine Normalinvestition darstellt, ist Projekt 1 damit gegenüber Projekt 2 vorzuziehen. Zu beachten ist, dass die Höhe von $i_{krit}^{(1-2)}$ unabhängig von der gewählten Basiszahlungsreihe ist. Zur Ermittlung des besten Projekts muss nun nur noch die Differenzinvestition 1−3 betrachtet werden. Man erhält $i_{krit}^{(1-3)} \approx 14{,}38$ % < 15 % und weil 1−3 gemäß *Tabelle 3.8* ebenfalls eine Normalinvestition darstellt, ist Projekt 3 besser als Projekt 1. Zugleich ergibt sich aus dem ersten paarweisen Vergleich, dass Projekt 1 gegenüber Projekt 2 vorzuziehen ist, so dass auch über die beiden durchgeführten unmittelbaren Parametervergleiche eine Komplettreihung der drei Projekte ermöglicht wird. □

Man erkennt ohne Probleme, dass das korrekte Vorgehen im Rahmen von Parametervergleichen wesentlich aufwendiger als die Ermittlung von N Projektkapitalwerten ist. Überdies verfügt man mit den N Projektkapitalwerten stets bereits über eine komplette Reihung aller N Projekte, während die Durchführung von N unmittelbaren Parametervergleichen zunächst einmal lediglich Aufschluss über das kapitalwertmaximale Investitionsprojekt liefert; schon das zweitbeste Projekt wird aber hierbei in der Regel (noch) nicht identifizierbar sein. Wollte man eine komplette Reihung aller Projekte über unmittelbare Parametervergleiche erreichen, so wäre im Extrem der paarweise Vergleich von **allen** zur Auswahl stehenden N Projekten erforderlich. Die maximal benötigte Zahl von Parametervergleichen beläuft sich damit auf die Anzahl der möglichen Paare bei N verschiedenen Projekten und somit – gemäß den Erkenntnissen der Kombinatorik – auf $0{,}5 \cdot N \cdot (N-1)$. Denn jedes der N Projekte kann mit jedem der jeweils $N-1$ verbleibenden verglichen werden, wobei aber jede "Paarung" doppelt auftritt (beispielsweise ist die Paarung "Projekt 1 versus Projekt 2" äquivalent zur Gegenüberstellung "Projekt 2 versus Projekt 1"). Im Einzelfall kann man auch mit weniger paarweisen Vergleichen bereits eine komplette Reihung aller Projekte erreichen. Mindestens nötig sind aber $N-1$ Vergleiche. Auf diese geringe Zahl kommt man dann, wenn sich Projekt 2 gegen Projekt 1 durchsetzt, anschließend Projekt 2 aber gegen Projekt 3 verliert, das wiederum gegenüber Projekt 4 das Nachsehen hat, wobei dieses gegen Projekt 5 verliert ... und sich schließlich Projekt N gegenüber Projekt $N-1$ durchsetzt. Eine derartige Situation liegt im Rahmen des vorhergehenden Beispiels 3.11 vor. Die beiden durchgeführten paarweisen Vergleiche lieferten daher schon die komplette Rangfolge 1) Projekt 3, 2) Projekt 1 und 3) Projekt 2, so dass man hier also nicht $0{,}5 \cdot 3 \cdot 2 = 3$ Vergleiche benötigte.

Natürlich käme niemand auf die Idee, freiwillig über unmittelbare Parametervergleiche eine Reihung von N Investitionsprojekten zu bestimmen. Rangfolgeermittlungen über **mittelbare Parametervergleiche** sind im Gegensatz dazu deutlich einfacher, wenngleich nicht so leicht wie eine einfache Kapitalwertreihung. Neben ihrer noch recht einfachen Handhabung und des für manchen Anwender möglicherweise anschaulicheren Abstellens auf Renditen statt auf Kapitalwerte besitzen mittelbare Parametervergleiche einen **entscheidenden Vorteil**, der sicherlich zu ihrer Verbreitung trotz grundsätzlicher Unbrauchbarkeit beigetragen hat: Man kommt im Rahmen ihrer Anwendung mit der Schätzung von **einem Parameter weniger** als beim Kapitalwertkriterium aus. Reiht man etwa Projekte nach ihren jeweiligen internen Zinsfüßen, dann benötigt man hierzu keine Kenntnis des Kapitalmarktzinssatzes i. Entsprechendes gilt für die Reihung von Projekten nach Break-even-Mengen, -Preisen oder Amortisationsdauern.

Es wurde schon darauf hingewiesen, dass die **Datenbeschaffung** in der Wirtschaftspraxis eines der Hauptprobleme darstellen dürfte. Daher wird dort jede Gelegenheit zur Reduktion des Informationsbedarfs grundsätzlich begrüßt. Die Durchführung von mittelbaren Parametervergleichen statt der Kapitalwertberechnungen stellt nun eine derartige, leider grundsätzlich unbrauchbare Möglichkeit dar. In der Tat sollte es den Anwendern doch zu denken geben, dass bei mittelbaren Parametervergleichen mit Anknüpfung an internen Zinsfüßen der zweifelsfrei für die unternehmerischen Vermögenskonsequenzen relevante Kapitalmarktzinssatz i überhaupt nicht mehr auftaucht.

3.5 Zusammenfassung

Gegenstand dieses Abschnitts war in erster Linie die Erläuterung des Begriffs **kritischer Werte** und der Möglichkeiten, mit ihrer Hilfe Investitionsentscheidungen zu treffen. Unter einem kritischen Wert versteht man generell eine solche Ausprägung eines die Höhe eines Kapitalwertes bestimmenden Parameters, dass sich ein **Kapitalwert von Null** ergibt. Bekannte kritische Werte sind die Break-even-Menge, der Break-even-Preis, die Amortisationsdauer und der interne Zinsfuß. Im Rahmen von **Einzelentscheidungen** lassen sich Projekte mit einem nichtnegativen Kapitalwert auch dadurch identifizieren, dass man zunächst für einen kapitalwertbestimmenden Parameter den zugehörigen kritischen Wert für das jeweils zu beurteilende Projekt ermittelt und diesen sodann mit der **tatsächlichen Parameterausprägung** vergleicht. Sofern der generelle **Verlauf der Kapitalwertfunktion** in Abhängigkeit des jeweiligen Parameters bekannt ist, kann über dieses Verfahren auf das **Vorzeichen des Projektkapitalwertes** für die tatsächliche Parameterausprägung geschlossen werden.

Auch **Auswahlentscheidungen** zwischen mehreren alternativ durchführbaren Projekten können auf der Grundlage kritischer Werte sachgerecht durchgeführt werden. Dabei ist es allerdings im Allgemeinen **nicht korrekt**, für alle zur Auswahl stehenden Projekte jeweils den zugehörigen kritischen Wert eines Parameters zu ermitteln und anschließend direkt hiernach (etwa absteigend nach internen Zinsfüßen oder aufsteigend nach Break-even-Mengen) die Investitionsprojekte zu reihen. Man spricht in diesem Zusammenhang von (generell unzulässigen) **mit-**

telbaren Parametervergleichen. Vielmehr können die Investitionsprojekte **nur paarweise** auf der Grundlage der kritischen Werte ihrer Differenzinvestitionen miteinander verglichen werden. Dieses Vorgehen bezeichnet man als die Durchführung von (zulässigen) **unmittelbaren Parametervergleichen**. Generell erweist sich das korrekte Vorgehen damit als **deutlich aufwendiger** als eine direkte Reihung der Investitionsprojekte nach ihren jeweiligen Kapitalwerten. Das fehlerhafte Vorgehen ist zwar insofern weniger kompliziert und benötigt sogar nicht einmal die Kenntnis der tatsächlichen Parameterausprägung (also beispielsweise des am Markt herrschenden Zinssatzes i, wenn nach internen Zinsfüßen gereiht wird). Leider stimmt die hierbei resultierende Rangfolge in der Regel jedoch **allenfalls zufällig** mit der nach dem Kapitalwertkriterium überein, so dass mittelbare Parametervergleiche grundsätzlich abzulehnen sind.

Wiederholungsfragen

W3.1
Was versteht man unter der Irrelevanz der Nullpunktwahl bei kapitalwertorientierten Investitionsentscheidungen?

W3.2
Was versteht man unter Parametern im Rahmen von Kapitalwertformeln?

W3.3
Wie ist der kritische Wert eines Parameters definiert?

W3.4
Was versteht man unter Break-even-Mengen und -Preisen, was unter der Amortisationsdauer eines Investitionsprojekts?

W3.5
Definieren Sie die Begriffe "interner Zinsfuß" und "Normalinvestition"!

W3.6
Welche Probleme stellen sich bei der Ermittlung interner Zinsfüße von Projektzahlungsreihen?

W3.7
Erläutern Sie, wie man mit Hilfe interner Zinsfüße Einzelentscheidungen im Rahmen der Investitionsprogrammplanung treffen kann!

W3.8
Wie lassen sich mit Hilfe interner Zinsfüße Auswahlentscheidungen im Rahmen der Investitionsprogrammplanung treffen?

W3.9

Erklären Sie die Begriffe "mittelbarer Parametervergleich" und "unmittelbarer Parametervergleich"!

W3.10

Geben Sie eine kritische Würdigung der beiden möglichen Varianten von Parametervergleichen!

4 Nutzungsdauerentscheidungen und optimaler Ersatzzeitpunkt

4.1 Problemstellung

Nachdem in den letzten drei Abschnitten die **Grundlagen** für Investitionsentscheidungen auf dem vollkommenen Kapitalmarkt erörtert worden sind, sollen in den folgenden vier Abschnitten dieses Kapitels einige **Fortentwicklungen** der Basiszusammenhänge präsentiert werden. So wurde bislang stets angenommen, dass die Zahlungsreihe eines Investitionsprojektes eindeutig festliegt. In praktischen Anwendungen muss dies natürlich keineswegs der Fall sein. Es ist bereits bekannt, dass man die Einzahlung z_t eines Zeitpunktes t grundsätzlich zurückführen kann auf die Differenz $x_t \cdot (p_t - k_{v,t}) - K_{f,t}$. Hierbei bezeichnet x_t die Absatzmenge des im Rahmen des Investitionsprojekts zu fertigenden Produkts im Zeitpunkt t und p_t den zugehörigen Absatzpreis. $K_{f,t}$ steht für die in t anfallenden fixen, das heißt ausbringungsunabhängigen, Auszahlungen, während $k_{v,t}$ die variablen, also ausbringungsabhängigen, Auszahlungen pro gefertigter Mengeneinheit in t kennzeichnet.

Sofern der Unternehmer nicht als Mengenanpasser fungiert, kann er aktiv auf den Preis p_t Einfluss nehmen und diesen zum **Gegenstand einer Optimierung** machen. Sehr einfach sind die Zusammenhänge, wenn der Preis p_t lediglich auf die Absatzmenge x_t einwirkt, nicht aber auf die Absatzmengen sonstiger Zeitpunkte $\tau \neq t$.[1] Dann nämlich gilt lediglich $x_t = x_t(p_t)$. Herkömmlicherweise wird man annehmen, dass x_t mit wachsendem p_t fallend verläuft, also bei ceteris paribus höheren Absatzpreisen weniger Mengeneinheiten verkauft werden können,[2] und in der Regel die Umkehrfunktion $p_t(x_t)$ statt $x_t(p_t)$ betrachten. Bei variabler Absatzmenge ist zu beachten, dass auch die variablen Stückauszahlungen $k_{v,t}$ eine Funktion von x_t sein können. Im Weiteren seien die gesamten Auszahlungen mit $K_t(x_t) \equiv x_t \cdot k_{v,t}(x_t) + K_{f,t}$ bezeichnet.[3] Der gesamte Erlös aus dem Produkteverkauf werde

---

[1] Es werde demnach von **Absatzinterdependenzen** zwischen den einzelnen Betrachtungszeitpunkten abstrahiert. Vgl. hierzu etwa *Ewert/Wagenhofer* (2008), S. 45 f.

[2] Diese unmittelbar plausible Annahme kann als absolut gängig im Rahmen preispolitischer Betrachtungen aufgefasst werden. Vgl. hierzu etwa die Darstellungen in *Simon* (1992), S. 94 ff., sowie *Diller* (2008), S. 74 ff.

[3] **Interdependenzen** zwischen den **Auszahlungen** der einzelnen Zeitpunkte bestehen damit ebenfalls nicht. Vgl. auch hierzu etwa *Ewert/Wagenhofer* (2008), S. 47.

durch $E_t(x_t) \equiv x_t \cdot p_t(x_t)$ beschrieben. Infolge der getroffenen Annahmen sind die unternehmerischen Erlöse und Auszahlungen eines Zeitpunktes t unabhängig von denen jedes beliebigen anderen Zeitpunktes $t' \neq t$. Daher und wegen der **Wertadditivität** der Kapitalwertformel können die optimalen Preise und Absatzmengen der einzelnen Zeitpunkte t = 1, ..., T unabhängig voneinander ermittelt werden. Jede Steigerung des Einzahlungsüberschusses eines beliebigen Zeitpunktes t geht nämlich ceteris paribus mit einem höheren Projektkapitalwert einher. Die optimale Absatzmenge x_t ist folglich so zu wählen, dass der Einzahlungsüberschuss z_t des Zeitpunktes t (t = 1, ..., T) maximal wird. Konkret lautet der **Optimierungsansatz** des Unternehmers für jeden Zeitpunkt t dabei wie folgt:

$$E_t(x_t) - K_t(x_t) \rightarrow \max_{x_t}.! \tag{4.1}$$

Ableiten und Nullsetzen von (4.1) führt zu

$$E_t'(x_t) = K_t'(x_t). \tag{4.2}$$

Der Unternehmer wird demnach jede Absatzmenge x_t und damit jeden Preis p_t (t = 1, ..., T) so festsetzen, dass der Grenzerlös aus dem Verkauf der letzten Produkteinheit gerade den Grenzauszahlungen zur Herstellung des betreffenden Stücks entspricht.[4] Der Verkauf von weniger Gütereinheiten wäre suboptimal, weil jede weitere verkaufte Mengeneinheit einen höheren Erlös erbrächte, als sie zusätzliche Auszahlungen verursachte. Der Verkauf von mehr Gütereinheiten als über (4.2) determiniert wäre ebenfalls ungünstig, weil die zusätzlich verkauften Produkteinheiten höhere Auszahlungen induzierten, als sie an Erlösen zusätzlich verdienten. Über (4.2) gelangt man demnach schon zu einer ersten einfachen Endogenisierung der Zahlungsreihe $z_1, ..., z_T$ eines Investitionsprojekts.

Beispiel 4.1:

Gegeben sei ein Unternehmer, der auf einem vollkommenen Kapitalmarkt mit einem Kapitalmarktzinssatz von i = 8 % Zugang zu einem Investitionsprojekt mit einer Anfangsauszahlung in t = 0 von 50 GE hat. Im Rahmen der zu beurteilenden Investition wird ein Produkt gefertigt, dessen Preis p_1 sich im Zeitpunkt t = 1 auf

4 Vgl. zu dieser **marginalanalytischen**, also an der Betrachtung von "Grenz"-Größen orientierten, Ermittlung optimaler unternehmerischer Preissetzung auch etwa *Kreps* (1990), S. 299 ff., oder *Güth* (1994), S. 22 ff.

$p_1(x_1) = 30-2 \cdot x_1$ beläuft, wobei x_1 die angestrebte Absatzmenge des Zeitpunktes t = 1 bezeichnet. Die Produktherstellung verursacht in t = 1 zusätzliche Auszahlungen in Höhe von $K_1(x_1) = x_1^2 + 20$. Auch in t = 2 sei noch ein Produkteabsatz möglich. Der realisierte Preis p_2 belaufe sich hierbei in Abhängigkeit von der erwünschten Absatzmenge x_2 auf $10 \cdot x_2^{-0,5}$. Die maßgebliche **Auszahlungsfunktion** in t = 2 sei $K_2(x_2) = x_2+4$. Weitere Zahlungskonsequenzen sind mit der Projektdurchführung nicht verbunden.

Auf der Grundlage der angegebenen Daten können zunächst die optimalen Preise und Absatzmengen der Zeitpunkte t = 1 und t = 2 getrennt voneinander ermittelt werden. Aus diesen wiederum lassen sich sodann die zugehörigen Einzahlungsüberschüsse z_t aus dem Investitionsprojekt in t = 1 und t = 2 und schließlich der resultierende Projektkapitalwert bestimmen.

Der Unternehmer wird die Absatzmenge x_1 des Zeitpunktes t = 1 derart festlegen, dass der Einzahlungsüberschuss $p_1(x_1) \cdot x_1 - K_1(x_1) = (30 - 2 \cdot x_1) \cdot x_1 - x_1^2 - 20 = 30 \cdot x_1 - 3 \cdot x_1^2 - 20$ maximiert wird. Ableiten nach x_1 und Nullsetzen führt zu

$$\begin{aligned} & 30 - 6 \cdot x_1 = 0 \\ \Leftrightarrow\ & x_1^* = 5 \text{ ME}. \end{aligned} \tag{4.3}$$

Daraus wiederum kann man auf $z_1 = 30 \cdot 5-3 \cdot 5^2-20 = 55$ GE schließen.

In entsprechender Weise ist x_2 derart zu bestimmen, dass $p_2(x_2) \cdot x_2 - K_2(x_2) = 10 \cdot x_2^{-0,5} \cdot x_2 - x_2 - 4 = 10 \cdot x_2^{0,5} - x_2 - 4$ maximiert wird. Ableiten nach x_2 und Nullsetzen ergibt

$$\begin{aligned} & 5 \cdot x_2^{-0,5} - 1 = 0 \\ \Leftrightarrow\ & x_2^* = 25 \text{ ME} \end{aligned} \tag{4.4}$$

und damit $z_2 = 10 \cdot 25^{0,5}-25-4 = 21$ GE. Der Kapitalwert des Investitionsprojekts bei optimalen Absatzentscheidungen in t = 1 und t = 2 bemisst sich demnach als $-50+55/1,08+21/1,08^2 \approx 18,93$ GE > 0. Das Investitionsprojekt sollte mithin realisiert werden. □

Eine weitere Möglichkeit der Einflussnahme auf die Zahlungsreihe eines Investitionsprojekts besteht aus Unternehmersicht in der Entscheidung über die vollständige **Liquidation** und damit **Veräußerung** des Investitionsprojekts. Im Weiteren sei auf dieses Entscheidungsproblem näher eingegangen, während die Einzahlungen z_t ansonsten im obigen Sinne stets als bereits optimiert angenommen werden. Dabei lassen sich zwei verschiedene Fälle unterscheiden. Zum einen kann man sich die Frage stellen, wann ein bereits implementiertes Projekt abgebrochen und (in aller Regel) durch ein Nachfolgeprojekt ersetzt werden sollte. Hierbei geht es augenscheinlich um das Problem des **optimalen Ersatzzeitpunktes** eines (bereits vorhandenen) Projekts. Zum anderen kann (und sollte) man sich aber auch schon vor der Projektdurchführung darüber Gedanken machen, zu welchem Zeitpunkt das Projekt sinnvollerweise zu liquidieren ist. In diesem Kontext spricht man von der Wahl der **optimalen Nutzungsdauer**. Sofern dabei das betrachtete Investitionsprojekt durch ein Nachfolgeprojekt abgelöst werden soll, geht es um die Bestimmung des optimalen Ersatzzeitpunktes einer möglicherweise durchzuführenden Investitionsmaßnahme. Insofern umfassen Nutzungsdauerentscheidungen als **Spezialfall** auch die Frage nach dem optimalen Ersatzzeitpunkt von Investitionsprojekten. Es genügt daher im Folgenden, wenn nur auf Nutzungsdauerentscheidungen eingegangen wird.

Im Zusammenhang mit Nutzungsdauerentscheidungen können verschiedene **Fallkonstellationen** unterschieden werden, auf die der Reihe nach in den folgenden Abschnitten einzugehen ist:[5]

1) Es handelt sich um eine einmalige Investitionsentscheidung ohne Anschlussprojekt **(Abschnitt 4.2)**.
2) Es besteht im Zeitablauf N-mal hintereinander die Möglichkeit zur Durchführung eines identischen Investitionsprojekts **(Abschnitt 4.3)**.

---

5 Nutzungsdauerentscheidungen werden in zahlreichen anderen Lehrbüchern mit vergleichbarer grundlegender Systematik behandelt. Vgl. etwa *Busse v. Colbe/Laßmann* (1990), S. 131 ff., *Adam* (2000), S. 196 ff., oder auch *v. Nitzsch* (2004), S. 48 ff., sowie *Kruschwitz* (2009), S. 189 ff. Bemerkenswert ist überdies die große Zahl von Beiträgen zu diesem wohlstrukturierten Problem in Zeitschriften zur Hochschulausbildung. Vgl. etwa *Schröder* (1986, 1987), *Altrogge* (1992) sowie *Kistner/Steven* (1992).

3) Es besteht im Zeitablauf N-mal hintereinander die Möglichkeit zur Durchführung unterschiedlicher Investitionsprojekte **(Abschnitt 4.4)**.
4) Es besteht im Zeitablauf die Möglichkeit, ein bestimmtes Investitionsprojekt unendlich oft zu wiederholen **(Abschnitt 4.5)**.
5) Es besteht im Zeitablauf die Möglichkeit, unendlich oft in nicht identische Projekte zu investieren **(Abschnitt 4.6)**.

Die Ausführungen schließen wie gewohnt mit einer kurzen Zusammenfassung im **Abschnitt 4.7**.

4.2 Optimale Nutzungsdauer eines Projekts ohne Möglichkeit zu Anschlussinvestitionen

Der einfachste Fall ist naturgemäß dadurch gekennzeichnet, dass lediglich zu einem Investitionsprojekt mit noch zu bestimmender Nutzungsdauer Zugang besteht und nach der Beendigung dieses Projekts **keine Folgeprojekte** verfügbar sind. Aus dem Abbruch des Projekts in einem Zeitpunkt T ergeben sich dabei zwei Konsequenzen. Zum einen fallen ab dem Zeitpunkt T+1 keine weiteren Zahlungen aus dem Projekt mehr an. Zum anderen ist es denkbar, dass aus der Liquidation der vorhandenen Anlagen im Zeitpunkt T zusätzlich zu den gerade noch realisierten laufenden Einzahlungen z_T ein **Liquidationserlös L_T** erzielt wird. Demnach ergibt sich der Kapitalwert κ(T) des betrachteten Projekts bei der Entscheidung für eine Laufzeit T als

$$\kappa(T)=\sum_{t=0}^{T}\frac{z_t}{(1+i)^t}+\frac{L_T}{(1+i)^T}. \qquad (4.5)$$

Man erhält mithin für jede denkbare Nutzungsdauer T eine spezifische Zahlungsreihe für das Investitionsprojekt und kann stets den zugehörigen Kapitalwert ermitteln. Im Weiteren sei angenommen, dass bei Projektnutzung über einen Zeitpunkt T_{max} hinaus nur noch Einzahlungsüberschüsse und Liquidationserlöse in Höhe von **maximal** 0 GE realisiert werden können.[6] T_{max} beschreibt demnach in

[6] Grundsätzlich kann jedes Investitionsprojekt ad infinitum betrieben werden. Eine maximale **technische** Nutzungsdauer existiert daher nicht. Irgendwann allerdings werden Einzahlungen aus dem Produkteverkauf ausbleiben oder aber durch ausufernde Auszahlungen zur Instandhaltung der Anlagen überkompensiert

jedem Fall die maximal in Erwägung zu ziehende Projektnutzungsdauer. Somit stehen $T_{max}+1$ verschiedene Nutzungsdauern 0, ..., T_{max} zur Auswahl, von denen nur eine realisiert werden kann. Es liegt folglich de facto eine **Auswahlentscheidung** zwischen $T_{max}+1$ verschiedenen Investitionsprojekten vor. Im Vergleich zur bisher erfolgten Diskussion von Auswahlentscheidungen kommt bei Nutzungsdauerentscheidungen (ohne Möglichkeit zu Anschlussinvestitionen) lediglich das Problem hinzu, dass zunächst die Zahlungsreihen je nach möglicher Nutzungsdauer ermittelt werden müssen, während sie bisher stets gegeben waren.[7]

Beispiel 4.2:[8]

Betrachtet sei ein Investitionsprojekt, das maximal bis zum Zeitpunkt $T_{max} = 5$ mit positiven Zahlungskonsequenzen verbunden ist. In der *Tabelle 4.1* kann man zum einen die Einzahlungen z_t eines Zeitpunktes t für den Fall der mindestens bis t erfolgenden Projektdurchführung ablesen. Zum anderen werden in der *Tabelle 4.1* auch die möglichen Liquidationserlöse L_t bei Projektabbruch im Zeitpunkt t angegeben. Der Kapitalmarktzinssatz sei i = 10 %, und gesucht ist der optimale Liquidationszeitpunkt.

---

werden. Hier wird angenommen, dass eine solche Situation spätestens ab dem Zeitpunkt $T_{max}+1$ vorliegt und daher das betrachtete Investitionsprojekt aus **wirtschaftlichen** Gründen sicherlich vorher zu beenden ist.

7 Natürlich müssen die Zahlungsreihen auch bei "herkömmlichen" Auswahlentscheidungen stets erst einmal ermittelt werden. Insofern liegt hier keine "wirkliche" Komplizierung der Zusammenhänge vor. Am Rande sei erwähnt, dass selbstverständlich auch die Ermittlung optimaler Absatzpreise im Rahmen einer Projektdurchführung als Auswahlentscheidung verstanden werden kann.

8 Das folgende Zahlenbeispiel ist an *Eisenführ* (1993), S. 39 f., angelehnt. Entsprechendes gilt für Beispiel 4.3.

t	0	1	2	3	4	5
z_t	−1.000	600	400	300	200	60
L_t	1.000	600	500	300	100	0

Tabelle 4.1: Mögliche Einzahlungen z_t und Liquidationserlöse L_t (t = 0, ..., 5) aus einem Investitionsprojekt

Die Zahlungsreihe des Investitionsprojekts je nach gewählter Nutzungsdauer T kann der *Tabelle 4.2* entnommen werden. Für T = 0, das heißt "sofortigen" Projektabbruch ergibt sich eine Nullzahlungsreihe: Das Investitionsprojekt wird uno actu initiiert und wieder abgebrochen, mithin faktisch überhaupt nicht realisiert. Für T = 1 erhält man zum einen in t = 0 eine Auszahlung in Höhe von 1.000 GE, zum anderen ergeben sich Einzahlungen in t = 1 im Umfang von z_1 = 600 GE aus der laufenden Geschäftstätigkeit sowie im Ausmaß L_1 = 600 GE aus der anschließenden Projektliquidation. Insgesamt fließen dem Unternehmer für T = 1 in t = 1 demnach 1.200 GE zu. Für T = 2 bleiben weiterhin 1.000 GE Auszahlung in t = 0 erforderlich. Des Weiteren erhält der Unternehmer Einzahlungen aus der laufenden Geschäftstätigkeit im Umfang von 600 GE in t = 1 und 400 GE in t = 2. Schließlich führt der Projektabbruch noch zu Liquidationserlösen in t = 2 in Höhe von 500 GE. In entsprechender Weise ergeben sich die Zahlungsreihen für T = 3, 4, 5.

	t = 0	t = 1	t = 2	t = 3	t = 4	t = 5
T = 0	0	0	0	0	0	0
T = 1	−1.000	1.200	0	0	0	0
T = 2	−1.000	600	900	0	0	0
T = 3	−1.000	600	400	600	0	0
T = 4	−1.000	600	400	300	300	0
T = 5	−1.000	600	400	300	200	60

Tabelle 4.2: Zahlungsreihe des Investitionsprojekts je nach Nutzungsdauer T (T = 0, ..., 5)

Es liegt somit eine Auswahlentscheidung mit 6 verschiedenen, alternativ durchführbaren Investitionsprojekten vor. Zu wählen ist die Nutzungsdauer, die zum höchsten Projektkapitalwert führt. Konkret erhält man hier:

T	0	1	2	3	4	5
$\kappa(T)$	0	90,91	289,26	326,82	306,33	275,29

Tabelle 4.3: Projektkapitalwerte in Abhängigkeit der Nutzungsdauer T (auf zwei Stellen genau gerundet)

Ohne weiteres erkennt man, dass der maximale Kapitalwert bei einer Nutzungsdauer von $T^* = 3$ erreicht wird. □

Die Bestimmung der optimalen Nutzungsdauer eines einzelnen Investitionsprojekts lässt sich somit zurückführen auf das Problem einer Auswahlentscheidung zwischen $T_{max}+1$ verschiedenen Investitionsalternativen. In der Tat besteht hier aber eine Besonderheit des Problems darin, dass sich die Zahlungsreihen der Handlungsalternativen sehr stark ähneln, wie man etwa aus *Tabelle 4.2* des vorhergehenden Zahlenbeispiels ersehen kann. Bildet man konkret die **Differenzinvestition** zwischen der für Nutzungsdauer T+1 und der für Nutzungsdauer T resultierenden Projektzahlungsreihe, dann erhält man $z_t^{((T+1)-T)} = 0$ für t = 0, ..., T−1 und $z_t^{((T+1)-T)} = -L_T$ für t = T sowie $z_t^{((T+1)-T)} = z_{T+1} + L_{T+1}$ für t = T+1.[9] Dieses Ergebnis ist auch recht leicht verständlich. Die gedankliche Verlängerung der Nutzungsdauer um eine Periode von T zu T+1 hat zur Folge, dass auf den Liquidationserlös L_T des Zeitpunktes T verzichtet wird, dafür aber zusätzliche Einzahlungen $z_{T+1}+L_{T+1}$ eine Periode später erzielt werden. Lohnend ist diese Verlängerung der Nutzungsdauer um eine Periode von T nach T+1 dann, wenn der Kapitalwert dieser Differenzinvestition positiv ist. Dann nämlich erzielt man durch den Übergang von der Nutzungsdauer T zur Nutzungsdauer T+1 einen Vermögenszuwachs in der Höhe des Kapitalwertes der Differenzinvestition. Nun gilt:

$$\begin{aligned} &\kappa^{((T+1)-T)} \\ &= -\frac{L_T}{(1+i)^T} + \frac{z_{T+1} + L_{T+1}}{(1+i)^{T+1}} \overset{!}{>} 0 \qquad (4.6) \\ \Leftrightarrow \quad & -L_T + \frac{z_{T+1} + L_{T+1}}{1+i} > 0. \end{aligned}$$

Es ist zur Ermittlung des Vorzeichens von $\kappa^{((T+1)-T)}$ demnach gar nicht nötig, die beiden von Null verschiedenen Zahlungen der Differenzinvestition bis auf t = 0 zu diskontieren. Es genügt eine Diskontierung der Einzahlungen des Zeitpunktes t = T+1 auf den Zeitpunkt t = T, also eine Berechnung des Ausmaßes der Vermögensänderung im Falle der Nutzungsdauerverlängerung aus Sicht des Zeitpunktes t = T. Der hierbei relevante Kapitalwert gemäß der linken Seite der Ungleichung aus der letzten Zeile von (4.6) sei im Weiteren mit $\kappa_T^{((T+1)-T)}$ bezeichnet.

Auf der Grundlage der Differenzinvestitionen zwischen "benachbarten" Projektnutzungsdauern lässt sich nun leicht auf **alternative** Weise die optimale Nutzungsdauer eines Projekts ermitteln: Zunächst bestimmt man für alle Nutzungsdauern T die Differenzinvestitionen (T+1)−T und die zugehörigen Kapitalwerte in

9 Die Schreibweise "(T+1)−T" dient – analog zur Vorgehensweise in den vorangegangenen Abschnitten – kurz zur Kennzeichnung der aus dem Übergang von Nutzungsdauer T zu Nutzungsdauer T+1 resultierenden Differenzinvestition und kann natürlich nicht wie eine Summe zu "1" zusammengefasst werden. Entsprechend handelt es sich im Zusammenhang mit den z_t hierbei um eine Indizierung und nicht um einen Exponenten (daher auch die Klammern um den Gesamtausdruck "(T+1)−T").

"einfacher" Diskontierung gemäß (4.6). Eine Nutzungsdauer T kann nur optimal sein, wenn der Kapitalwert der Differenzinvestition (T+1)−T negativ[10] ist, also der Übergang von der Projektnutzungsdauer T zur Nutzungsdauer T+1 mit einer Reichtumseinbuße einhergeht. Des Weiteren muss der Kapitalwert der Differenzinvestition T−(T−1) positiv sein, das heißt, der Übergang von der Nutzungsdauer T−1 hin zu T muss zu einer Vermögensmehrung auf Seiten des Unternehmers führen. Fasst man diese beiden Gedanken zusammen, so kann nur eine solche Nutzungsdauer T optimal sein, bei der der Kapitalwert der Differenzinvestitionen vom Positiven ins Negative umschlägt. Gibt es nur eine "Kandidatenstelle", an der dies der Fall ist, ist damit bereits die optimale Lösung gefunden. Sollte es hingegen mehrere mit einem derartigen Vorzeichenwechsel einhergehende Nutzungsdauern geben, dann ist für diese in die engere Wahl zu ziehenden Handlungsalternativen wohl doch noch die Ermittlung der konkreten Projektkapitalwerte erforderlich. Immerhin ist aber eine gewisse **Vorauswahl** unter den möglichen Nutzungsdauern gelungen, die zudem wegen der einfachen Zahlungsreihen der betrachteten Differenzinvestitionen rechentechnisch sehr leichtfällt. Ferner kann man aus (4.6) sehr gut die Konsequenzen einer Ceteris-paribus-Erhöhung des Kalkulationszinsfußes i erkennen. Augenscheinlich werden die relevanten Differenzkapitalwerte im Falle nichtnegativer laufender Einzahlungsüberschüsse und Liquidationserlöse generell reduziert, was tendenziell eine kürzere Nutzungsdauer des betrachteten Investitionsprojekts attraktiver werden lässt. Insbesondere sinkt die optimale Projektnutzungsdauer für hinreichend hohen Kalkulationszinsfuß stets auf Null, was schlicht dem Umstand geschuldet ist, dass sich für $i \to \infty$ jedes mit einer Anfangsauszahlung $A_0 > 0$ beginnende Investitionsprojekt als unvorteilhaft erweist.

Beispiel 4.3:

Ausgangspunkt sei erneut das Entscheidungsproblem aus Beispiel 4.2. Die Berechnung der Differenzinvestitionen zwischen den Zahlungsreihen des Investitionsprojekts für "benachbarte" Nutzungsdauern liefert gemäß *Tabelle 4.4* die folgenden Ergebnisse:

---

[10] Genauer müsste hier von einem "nichtpositiven" Kapitalwert die Rede sein, weil auch der Fall denkbar ist, dass zwei aufeinanderfolgende Nutzungsdauern T und T+1 zugleich optimal sind, der Kapitalwert der relevanten Differenzinvestition folglich Null ist. Zur Vereinfachung der Formulierungen wird von diesem Spezialfall hier jedoch abgesehen.

t	0	1	2	3	4	5
1–0	−1.000	1.200	0	0	0	0
2–1	0	−600	900	0	0	0
3–2	0	0	−500	600	0	0
4–3	0	0	0	−300	300	0
5–4	0	0	0	0	−100	60

Tabelle 4.4: Zahlungsreihen der Differenzinvestitionen bei Vergleich aufeinanderfolgender Nutzungsdauermöglichkeiten T+1 und T

Wechselt man etwa von der Nutzungsdauer T = 2 zur Nutzungsdauer T = 3, betrachtet also die Differenzinvestition 3–2, dann büßt der Unternehmer einerseits den Liquidationserlös L_2 = 500 GE in t = 2 ein, gewinnt dafür aber die Einzahlungen z_3 = 300 GE und den Liquidationserlös L_3 = 300 GE des Zeitpunktes t = 3 neu hinzu.

Die zu den Zahlungsreihen aus *Tabelle 4.4* gehörigen Kapitalwerte $\kappa_T^{((T+1)-T)} = -L_T + (z_{T+1} + L_{T+1})/(1+i)$ sind in *Tabelle 4.5* wiedergegeben.

T	0	1	2	3	4
$\kappa_T^{((T+1)-T)}$	90,91	218,18	45,45	−27,27	−45,45

Tabelle 4.5: Kapitalwerte $\kappa_T^{((T+1)-T)}$ der Differenzinvestitionen aufeinanderfolgender Nutzungsdauermöglichkeiten T+1 und T (auf zwei Stellen genau gerundet)

Die Folge der Kapitalwerte $\kappa_T^{((T+1)-T)}$ der Differenzinvestitionen weist nur einen Vorzeichenwechsel vom Positiven ins Negative auf, und zwar ist der Kapitalwert $\kappa_3^{(4-3)}$ von 4−3 der erste negative. Die optimale Nutzungsdauer ergibt sich damit auch in dieser Betrachtungsweise als $T^* = 3$. □

4.3 Optimale Nutzungsdauern bei endlicher Wiederholung gleichartiger Projekte

Die zu treffende Auswahlentscheidung ist deutlich komplizierter, wenn mehrfach hintereinander Investitionsmöglichkeiten bestehen. Dabei wird grundsätzlich angenommen, dass im Zeitpunkt der Liquidation eines Projekts bereits die Anfangsauszahlung für das nächste Projekt geleistet und dieses damit schon initiiert werden kann. Diese Annahme stellt sicher, dass es in keinem Zeitpunkt zu positiven Einzahlungen z_t von zwei Projekten gleichzeitig kommen kann, andererseits aber stets ein Projekt mit positiven Einzahlungen z_t gerade "aktiv" sein mag. Die zugrundeliegende Vorstellung könnte hierbei etwa die sein, Fertigungsanlagen für ein und dasselbe Produkt im Zeitablauf immer wieder zu ersetzen: In keinem Zeitpunkt kann man dann mit einem doppelten Bestand an Fertigungsanlagen sinnvoll produzieren, wohl aber sollten überhaupt irgendwelche Fertigungsanlagen in jedem Betrachtungszeitpunkt zur Herstellung des betreffenden Produkts verfügbar sein.

Recht gut generell analysierbar ist der Fall, dass alle hintereinander durchführbaren Projekte grundsätzlich **identisch** in dem Sinne sind, dass sie bei gleicher (vom Unternehmer fixierbarer) Nutzungsdauer auch zu den gleichen Zahlungskonsequenzen vom Zeitpunkt ihrer jeweiligen Implementierung an führen. Im einfachsten Fall liegt dabei lediglich die Möglichkeit zweimaliger Investition, das heißt die Option einer einmaligen Projektwiederholung, vor. Gesucht ist sodann die optimale Nutzungsdauer im Rahmen der ersten Projektdurchführung sowie die optimale Nutzungsdauer im Rahmen der zweiten. Weil die Entscheidung über die optimale Nutzungsdauer bei der erstmaligen Projektdurchführung sachgerecht nur getroffen werden kann, wenn man weiß, wie lange das Projekt bei der zweiten Durchführung genutzt werden soll, ist es in der Tat zweckmäßig, das Entscheidungsproblem im Wege der **"Rückwärtsinduktion"** von hinten nach vorne aufzurollen.[11] Das bedeutet, dass zunächst die optimale Nutzungsdauer im Rahmen der zweiten Durchführung bestimmt wird, um auf dieser Grundlage anschließend die optimale erstmalige Nutzungsdauer zu ermitteln.[12] Denn wie wir sehen wer-

---

[11] Gerade in investitionstheoretischen Ansätzen ist hierbei auch oft vom **"Roll-back-Verfahren"** die Rede. Vgl. etwa *Hax* (1993), S. 179, *Kruschwitz* (2009), S. 339.

[12] Alternativ könnte man einfach im Rahmen **vollständiger Enumeration** für alle möglichen Kombinationen von Nutzungsdauern des ersten und des zweiten Pro-

den, bestimmt der Kapitalwert aus der zweiten Projektdurchführung die optimale Nutzungsdauer im Rahmen der erstmaligen Projektrealisation.

Die optimale Nutzungsdauer bei zweiter Projektdurchführung bereitet dabei keine Probleme. Da anschließend kein weiteres Investitionsprojekt mehr durchgeführt wird und wegen der **Wertadditivität** und damit **Bezugspunktunabhängigkeit** der Kapitalwertfunktion, kann die Entscheidung genau so getroffen werden, als ob nur einmalig die optimale Nutzungsdauer eines Investitionsprojekts ohne Anschlussinvestition ermittelt werden sollte. Es lässt sich folglich unmittelbar das Vorgehen aus Abschnitt 4.2 nutzen. Die hierbei resultierende optimale Nutzungsdauer der zweiten Projektdurchführung sei im Weiteren mit $T^{(2)*}$ bezeichnet. Der damit einhergehende, auf den Zeitpunkt $T^{(1)}$ der Beendigung des ersten Projekts und Initiierung des zweiten bezogene Kapitalwert sei entsprechend als $\kappa^{(2)*}$ charakterisiert. Die in diesem Kontext genaugenommen erforderliche Indexierung mit "$T^{(1)}$" sei aus Vereinfachungsgründen weggelassen.

Bei der Bestimmung der optimalen Nutzungsdauer des ersten Projekts ist nun zu beachten, dass die Verlängerung der Nutzungsdauer von $T^{(1)} = T$ auf $T^{(1)} = T+1$ nicht nur zu den Zahlungskonsequenzen $-L_T$ in T und $z_{T+1}+L_{T+1}$ in T+1 führt, sondern dass sich vielmehr auch der Beginn der zweiten Projektdurchführung um eine Periode nach hinten verschiebt. Das bedeutet, dass die für eine Nutzungsdauer von T des ersten Projekts in T anfallende Vermögensmehrung $\kappa^{(2)*}$ aus dem zweiten Projekt nunmehr erst in T+1 eintritt. Dies ist äquivalent zur Annahme, dass die Verlängerung der Nutzungsdauer des ersten Projekts insgesamt zu monetären Konsequenzen $-L_T-\kappa^{(2)*}$ in T und $z_{T+1}+L_{T+1}+\kappa^{(2)*}$ in T+1 führt. Wieder lohnt sich die Verlängerung der Nutzungsdauer für das erste Projekt von T auf T+1 genau dann, wenn der (auf T bezogene) Kapitalwert $-L_T-\kappa^{(2)*}+(z_{T+1}+L_{T+1}+\kappa^{(2)*})/(1+i)$ der Differenzinvestition nichtnegativ ist. Wegen $-\kappa^{(2)*}+\kappa^{(2)*}/(1+i) < 0$ für $\kappa^{(2)*} > 0$ wird diese Bedingung aber eher als bei der zweiten Projektdurchführung verletzt sein. In der Tat werden für gegebene Nutzungsdauer $T^{(2)*}$ bei zweiter

jekts den zugehörigen Gesamtkapitalwert bestimmen und auf dieser Grundlage die kapitalwertmaximale Handlungsalternative auswählen. Wenngleich hierbei sehr deutlich wird, dass einmal mehr eine Auswahlentscheidung zu treffen ist, ist dieses Verfahren jedoch deutlich aufwendiger als eine Lösung im Wege der Rückwärtsinduktion. Die letztgenannte Methodik vermeidet nämlich die Betrachtung zahlreicher suboptimaler Handlungsalternativen.

Projektdurchführung alle Differenzkapitalwerte des ersten Projekts um $\kappa^{(2)*} - \kappa^{(2)*}/(1+i)$ reduziert, was tendenziell zur Vorteilhaftigkeit **kürzerer** Projektnutzungsdauern führt, obwohl die beiden hintereinander durchführbaren Projekte grundsätzlich gleichartig sind. Mit zunehmender Zahl betrachteter möglicher Projektwiederholungen verstärkt sich dieser Effekt, weil sich eine ceteris paribus erfolgende Verlängerung der Nutzungsdauer eines zeitlich weit vorne gelegenen Investitionsprojekts durch die spätere Durchführung sehr vieler nachfolgender Projekte zunehmend nachteilig auswirkt. Unterstellt man etwa die Möglichkeit dreimaliger Projektdurchführung, so führt die Verlängerung der Nutzungsdauer im Rahmen der ersten Projektimplementierung dazu, dass nun zwei Folgeprojekte jeweils eine Periode später beginnen und dementsprechend die Reichtumsmehrungen aus zwei Projekten zeitlich weiter nach hinten verschoben werden. Entsprechendes gilt bei N-maliger Projektdurchführung mit der Konsequenz, dass die optimale Nutzungsdauer des Projekts zu Anfang am kürzesten und bei der letzten Projektdurchführung am längsten ist. Man spricht hier auch von einem **"Ketteneffekt"**.[13] Je höher der angesetzte Kalkulationszinsfuß ist, umso größer sind dabei ceteris paribus, das heißt für gegebene[14] Kapitalwerte der Folgeprojekte, die Reichtumseinbußen aus der zeitlichen Verlagerung des Beginns von Folgeprojekten in die entferntere Zukunft.

Beispiel 4.4:

Gegeben sei die Entscheidungssituation aus Beispiel 4.2 mit dem einzigen Unterschied, dass nunmehr das besagte Investitionsprojekt zweimal hintereinander durchgeführt werden könne. Die optimale Nutzungsdauer im Rahmen der zweiten Realisation ist damit gemäß den Ergebnissen aus Beispiel 4.2 mit $T^{(2)*} = 3$ bereits bekannt. Bezogen auf den Zeitpunkt der zweiten Realisation des Projekts und damit zugleich den Zeitpunkt des Abbruchs der ersten Projektdurchführung beläuft sich der zugehörige Projektkapitalwert auf $\kappa^{(2)*} \approx 326{,}82$ GE. Aus der Verlänge-

---

13 Dieses bemerkenswerte Ergebnis geht auf *Preinreich* (1940), S. 16 f., zurück. Seine praktische Bedeutung wurde im deutschsprachigen Raum insbesondere von *Buchner* (1980, 1982b) sowie *Zechner* (1981, 1982) diskutiert.

14 Natürlich sind diese Kapitalwerte in konkreten Entscheidungsproblemen nicht ceteris paribus gegeben, sondern werden typischerweise mit wachsendem i sinken. Insofern ist der Gesamteffekt einer Kalkulationszinsfußanhebung im Hinblick auf die Nutzungsdauer eines bestimmten Investitionsprojekts im Rahmen der kompletten Projektkette nicht eindeutig determiniert. Vgl. hierzu auch etwa *Eisenführ* (1993), S. 74.

rung der Nutzungsdauer des ersten Projekts von T zu T+1 ergibt sich damit eine auf T bezogene Vermögenseinbuße wegen verzögerter zweiter Projektdurchführung von ungefähr 326,82−326,82/1,1 ≈ 29,71 GE. Alle in *Tabelle 4.5* ausgewiesenen, einfach diskontierten Kapitalwerte der zu betrachtenden Differenzinvestitionen sind demnach um diesen Betrag zu reduzieren, was aber nichts an der Optimalität einer Nutzungsdauer von $T^{(1)} = 3$ auch bei erstmaliger Projektdurchführung ändert. Augenscheinlich würde eine Verkürzung der optimalen Nutzungsdauer im Rahmen der ersten Projektdurchführung erst bei einer Reduktion aller Differenzkapitalwerte um mehr als ungefähr 45,45 GE eintreten. Im Folgenden wird gezeigt, dass eine derartig deutliche Reduktion bei dreimaliger Durchführung des gleichen Investitionsprojekts in der Tat beobachtet werden kann.

Auch im Fall dreimaliger Projektdurchführung löst man das Entscheidungsproblem im Wege der Rückwärtsinduktion von hinten nach vorne. Die optimale Nutzungsdauer für die dritte Projektdurchführung beträgt in Anbetracht der obigen Ergebnisse wegen fehlender Anschlussprojekte wieder $T^{(3)*} = 3$. Bei der zweiten Projektrealisation steht noch ein Folgeprojekt an. Auch hierfür ist die optimale Nutzungsdauer bereits bekannt. Sie beträgt ebenfalls $T^{(2)*} = 3$. Mit $T^{(1)} = T$ als die (noch zu bestimmende) Nutzungsdauer bei erster Projektdurchführung werden die Zahlungsreihen aus zweiter und dritter Projektdurchführung gemäß *Tabelle 4.6* beschrieben.

	T	T+1	T+2	T+3	T+4	T+5	T+6
$z_t^{(2)}$	−1.000	600	400	600	0	0	0
$z_t^{(3)}$	0	0	0	−1.000	600	400	600

Tabelle 4.6: Zahlungsreihen aus zweiter und dritter Projektdurchführung bei Optimalverhalten

Im Rahmen der Ermittlung der optimalen Nutzungsdauer bei erstmaliger Projektdurchführung ist nun zu beachten, dass jede Periode Nutzungsverlängerung sowohl die zweite als auch die dritte Projektdurchführung um eine weitere Periode hinauszögert. Aus der zweiten Projektdurchführung realisiert sich ein auf den Zeitpunkt T der Leistung der Anfangsauszahlung des zweiten Projekts und damit des

Abbruchs des ersten Projekts bezogener Kapitalwert $\kappa^{(2)*}$ von etwa 326,82 GE. Entsprechend bezieht sich der gleich große Kapitalwert $\kappa^{(3)*}$ der dritten Projektdurchführung auf den Zeitpunkt $T+T^{(2)} = T+3$ der Anfangsauszahlung des dritten und damit des Abbruchs des zweiten Projekts. Die Verlängerung der Nutzungsdauer des ersten Projekts von $T^{(1)} = T$ auf $T^{(1)} = T+1$ verursacht damit hinsichtlich der unternehmerischen Vermögenssteigerungen aus dem zweiten und dritten Projekt die folgenden Konsequenzen gemäß *Tabelle 4.7*:

T	T+1	T+2	T+3	T+4
–326,82	326,82	0	–326,82	326,82

Tabelle 4.7: Vermögenskonsequenzen aus der Verlängerung der Nutzungsdauer bei erster Projektdurchführung von T auf T+1 (auf zwei Stellen genau gerundet)

Die bereits bekannten Kapitalwerte der Differenzinvestitionen aus *Tabelle 4.5* sind demnach sämtlich um $326{,}82-326{,}82/1{,}1+326{,}82/1{,}1^3-326{,}82/1{,}1^4 \approx 52{,}03$ GE nach unten zu korrigieren. Man erhält damit als neue, nunmehr relevante Differenzkapitalwerte bei Gegenüberstellung der Nutzungsdauern $T^{(1)} = T+1$ und $T^{(1)} = T$:

T	0	1	2	3	4
$\kappa_T^{((T+1)-T)}$	38,88	166,15	–6,58	–79,31	–97,49

Tabelle 4.8: Kapitalwerte der Differenzinvestitionen aufeinanderfolgender Nutzungsdauermöglichkeiten T+1 und T bei erster Projektdurchführung (auf zwei Stellen genau gerundet)

Augenscheinlich ist als optimale Nutzungsdauer für die erste Projektdurchführung demnach $T^{(1)*} = 2$ anzusetzen.

Statt über Differenzinvestitionen wäre eine Lösung des Nutzungsdauerproblems auch über die Betrachtung von **Gesamtkapitalwerten** möglich. Das bedeutet, man würde im Wege der Rückwärtsinduktion zunächst die möglichen Zahlungsreihen bei zweiter Projektdurchführung aufstellen, wie es bereits in *Tabelle 4.2* dargelegt worden ist. Die auf dieser Basis bestimmbare optimale Nutzungsdauer $T^{(2)*} = 3$ bedingt einen – bereits bekannten – maximalen Kapitalwert in Höhe von $\kappa^{(2)*} \approx 326{,}82$ GE aus der zweiten Projektrealisation. Dieser Kapitalwert realisiert sich jeweils im Zeitpunkt der **Beendigung** der ersten Projektdurchführung. Man kann deswegen die optimale Nutzungsdauer bei erstmaliger Projektrealisation auch dadurch ermitteln, dass man die ursprünglichen Zahlungsreihen des Projekts aus *Tabelle 4.2* in den möglichen Zeitpunkten $T^{(1)}$ der Liquidation um jeweils ca. 326,82 GE erhöht und für diese – in *Tabelle 4.9* dargestellten – "Zahlungsreihen" jeweils den zugehörigen Kapitalwert bestimmt.

	t = 0	t = 1	t = 2	t = 3	t = 4	t = 5
$T^{(1)} = 0$	326,82	0	0	0	0	0
$T^{(1)} = 1$	−1.000	1.526,82	0	0	0	0
$T^{(1)} = 2$	−1.000	600	1.226,82	0	0	0
$T^{(1)} = 3$	−1.000	600	400	926,82	0	0
$T^{(1)} = 4$	−1.000	600	400	300	626,82	0
$T^{(1)} = 5$	−1.000	600	400	300	200	386,82

Tabelle 4.9: Zahlungsreihe des Investitionsprojekts bei erstmaliger Durchführung je nach Nutzungsdauer $T^{(1)}$ ($T^{(1)} = 0, ..., 5$) und unter Beachtung des jeweiligen Folgekapitalwerts aus zweiter Projektdurchführung (auf zwei Stellen genau gerundet)

Man erhält als maßgebliche Kapitalwerte zur Bestimmung der optimalen Nutzungsdauer bei erstmaliger Projektdurchführung die Werte gemäß *Tabelle 4.10* und natürlich erneut $T^{(1)*} = 3$.

$T^{(1)}$	0	1	2	3	4	5
$\kappa(T^{(1)})$	0	388,02	559,36	572,37	529,55	478,21

Tabelle 4.10: Gesamtprojektkapitalwerte in Abhängigkeit der Nutzungsdauer $T^{(1)}$ bei optimaler zweiter Nutzungsdauer $T^{(2)*}$ (auf zwei Stellen genau gerundet)

Die gerade präsentierte Vorgehensweise ist etwas **aufwendiger** als die Rechnung mittels Differenzinvestitionen, dafür aber leichter nachvollziehbar. □

4.4 Optimale Nutzungsdauern bei endlicher Kette verschiedenartiger Projekte

Die Ermittlung der optimalen Nutzungsdauer von Investitionsprojekten für den Fall, dass im Zeitablauf Zugang zu grundsätzlich **unterschiedlichen** Projekten besteht, stellt sich ähnlich wie bei einer Kette gleichartiger Projekte dar: Es ist im Wege der Rückwärtsinduktion zunächst die optimale Nutzungsdauer des letzten Projekts zu ermitteln, dann des vorletzten und so weiter. Generelle Erkenntnisse lassen sich dabei freilich ohne Zusatzannahmen nicht mehr herleiten. Ein spezielles Szenario, das zu betrachten lohnt, sind Situationen mit technischem Fortschritt.[15]

Technischer Fortschritt wird sich typischerweise dadurch bemerkbar machen, dass die erforderliche Anfangsauszahlung für ein Folgeprojekt im Zeitablauf sinkt und/oder die nachfolgenden Einzahlungsüberschüsse wegen größerer Effektivität in der Produktfertigung oder auch wegen verbesserter Absatzmöglichkeiten infolge erhöhter Produktqualität steigen. Natürlich mag es sein, dass allgemeiner technischer Fortschritt über die dadurch ermöglichten Preissenkungsspielräume zu sinkenden Absatzpreisen führt. Von derartigen Sekundärwirkungen sei im Weiteren abgesehen und vielmehr schlicht angenommen, dass die Realisation eines neuen Projekts zu einem beliebigen Zeitpunkt t bei einer (konstanten) Anfangsauszahlung $A_t = A_0$ zu anschließenden Rückflüssen $z_{t+1}, z_{t+2}, \ldots$ führt, die das q^t-fache der Einzahlungen $z_1, z_2, \ldots$ bei Projektrealisation im Zeitpunkt $t = 0$ betragen. Der

[15] Vgl. zur Berücksichtigung technischen Fortschritts im Rahmen der Investitionsrechnung etwa auch *Nippel* (1995) sowie *Betge* (2000), S. 148 ff.

Faktor $q \geq 1$ kann in diesem Zusammenhang als Maßgröße für den technischen Fortschritt (pro Periode) aufgefasst werden.

Fraglich ist allerdings, wie sich technischer Fortschritt auf die aus einer Liquidation des Investitionsprojektes realisierbaren Erlöse L_{t+1}, L_{t+2}, ... auswirkt.[16] Am einfachsten dürfte die Annahme sein, dass sich die möglichen (künftigen) Liquidationserlöse bei Investition in t analog zu den z_{t+1}, z_{t+2}, ... auf das q^t-fache der Werte für L_1, L_2, ... belaufen. Konsequenz daraus in Bezug auf die letzte Projektdurchführung wäre, dass der zugehörige Ertragswert[17] bei Projektstart in t für jede denkbare Nutzungsdauer auf das q^t-fache des entsprechenden Ertragswerts bei Projektstart schon im Zeitpunkt 0 anstiege. Bei gleichbleibender Anfangsauszahlung A_0 für den Projektstart wird diejenige Nutzungsdauer gewählt, die **ertragswertmaximierend** ist, was wiederum wegen des von der gesuchten Nutzungsdauer unabhängigen Faktors q^t direkt impliziert, dass die Beurteilung von Nutzungsdauern $T > 0$ bei letztmaliger Projektrealisation **unabhängig** vom Ausmaß des technischen Fortschritts q und vom Zeitpunkt t des Projektstarts ist. Sofern demnach nicht $T = 0$ für Startzeitpunkt 0 optimal war, ändert sich die optimale Nutzungsdauer bei letztmaliger Projektdurchführung durch den späteren Startzeitpunkt und den damit verbundenen technischen Fortschritt nicht.

Die Konsequenzen technischen Fortschritts für Projekte, an die sich noch Folgeprojekte anschließen, sind differenzierter zu beurteilen. Neben dem gerade beschriebenen positiven Effekt aus zunehmendem technischen Fortschritt für das **aktuelle** Projekt selbst sind auch die Konsequenzen des technischen Fortschritts für die Attraktivität **künftiger** Projekte zu berücksichtigen.[18] Insbesondere macht der technische Fortschritt das Hinauszögern des Beginns neuer Projekte zum einen attraktiver, weil diese dann über günstigere Zahlungsreihen z_t verfügen. Zum anderen spricht aber für eine Verkürzung der Nutzungsdauer weit vorne gelegener Projekte im Fall starken technischen Fortschritts, dass die Kapitalwerte der Folgeprojekte und damit auch die Einbußen aus ihrem verspäteten Beginn mit

---

[16] Die Annahme $L_t = -A_t$ soll aus Plausibilitätsgründen hier nicht zur Diskussion stehen.

[17] Vgl. zum Ertragswertbegriff auch die Ausführungen im Abschnitt 2 dieses Kapitels sowie im Abschnitt 4 des Kapitels IV.

[18] Prägnant formuliert, kann man demnach zwischen den Auswirkungen aktuellen und zukünftigen technischen Fortschritts unterscheiden.

wachsender Intensität des technischen Fortschritts zunehmen, so dass nicht ohne weiteres klar ist, wie sich technischer Fortschritt auf die optimale Nutzungsdauer von Projekten auswirkt, denen sich noch Folgeprojekte anschließen. Hier hilft nur eine formale Analyse, um die Gesamtzusammenhänge zu erhellen.

Zu diesem Zweck werde die zweimalige Durchführung eines Investitionsprojekts unter Berücksichtigung der monetären Konsequenzen aus technischem Fortschritt betrachtet. Mit $\eta_T^{(2)*}$ sei der auf den Zeitpunkt T bezogene Ertragswert aus der Durchführung des zweiten Projekts bei dessen Initiierung in T und optimaler Nutzungsdauer $T^{(2)*}$ bezeichnet. Unter den bislang getroffenen Annahmen bezüglich der Auswirkungen des technischen Fortschritts auf laufende Einzahlungsüberschüsse und Liquidationserlöse ist $\eta_T^{(2)*}$ ebenso wie der korrespondierende gesamte Projektkapitalwert $\eta_T^{(2)*}-A_0$ zum Startzeitpunkt T des zweiten Projekts unabhängig von T.

Damit bewirkt eine Verlängerung der Nutzungsdauer bei erstmaliger Projektdurchführung von $T^{(1)} = T$ auf $T^{(1)} = T+1$, dass auf den Zeitpunkt T bezogen wegen $A_T = A_0$ und $z_{T+t} = q^T \cdot z_t$ sowie $L_{T+t} = q^T \cdot L_t$ ($t = 1, 2, \ldots, T^{(2)*}$) eine Kapitalwerteinbuße von $q^T \cdot \eta_0^{(2)*} - A_0$ eintritt, wohingegen auf den Zeitpunkt T+1 bezogen ein zusätzlicher Kapitalwert $q^{T+1} \cdot \eta_0^{(2)*} - A_0$ realisiert wird. Die monetären Konsequenzen aus der zeitlichen Verschiebung der zweiten Projektdurchführung um eine Periode nach hinten betragen auf T bezogen demnach

$$\begin{aligned} & -q^T \cdot \eta_0^{(2)*} + A_0 + \frac{q^{T+1} \cdot \eta_0^{(2)*} - A_0}{1+i} \\ = \; & q^T \cdot \eta_0^{(2)*} \cdot \left(\frac{q}{1+i} - 1\right) + A_0 \cdot \left(1 - \frac{1}{1+i}\right). \end{aligned} \tag{4.7}$$

Für hinreichend stark ausgeprägten technischen Fortschritt ergibt sich hier ein **positiver** Effekt aus der Nutzungsdauerverlängerung des ersten Projekts, obgleich der technische Fortschritt lediglich die Zahlungskonsequenzen aus der zweiten Projektdurchführung beeinflusst.[19] Entsprechendes gilt bei der Betrachtung einer

---

19 Das heißt, wir betrachten hier tatsächlich isoliert die Konsequenzen **künftigen** technischen Fortschritts, da aufgrund der getroffenen Annahmen **aktueller** technischer Fortschritt bei der ersten Investition keine Rolle spielt.

Kette von N Investitionsprojekten. Es kommt hier also (unter anderem) zu einer Abwägung zwischen dem **negativen Zinseffekt** verspäteter Durchführung weiterer Projekte und dem **positiven Wachstumseffekt** aus technischem Fortschritt.

In diesem Zusammenhang ergeben sich auch bemerkenswerte Implikationen für den Fall, dass der Beginn eines Folgeprojekts über die technisch maximale Nutzungsdauer des ersten Projekts, das heißt, bis in Bereiche, in denen für das alte Projekt $z_t = L_t = 0$ gilt, hinaus verlängert werden kann. Bei hinreichend starkem technischen Fortschritt kann es sich in der Tat als lohnend erweisen, zwischen dem Ende des alten Projekts und dem Beginn des neuen Projekts zusätzlich Zeit verstreichen zu lassen.[20] Konkret wäre es im Falle von $q/(1+i) > 1$ in (4.7) am besten, mit dem zweiten Projekt so lange wie möglich zu warten, denn die ausgewiesene Differenz würde dann in T steigend verlaufen. Die Ursache hierfür ist klar: Der Einzahlungszuwachs aus technischem Fortschritt **überkompensiert** den Zinsverlust aus späterem Projektbeginn. Technischer Fortschritt kann demnach auch und gerade unter Beachtung von Folgeprojekten ohne weiteres **nutzungsdauerverlängernd** und insofern (neu-) investitionshemmend wirken, wenn er allzu stark ausgeprägt ist.[21] Bestünde schon die Möglichkeit, die erste Investition zeitlich nach hinten zu verlagern, so wäre auch dies zu beobachten.

Die gerade beschriebenen Konsequenzen dürften auch praktisch bedeutsam sein. In der privaten Sphäre etwa führt der schnelle Fortschritt im Bereich der Computertechnologien sicherlich zu gewissen Kaufzurückhaltungen auf Seiten der potentiellen Kunden, einfach weil die jeweils neu beschafften Geräte überaus schnell veralten.

Beispiel 4.5:

Gegeben sei das Beispiel 4.4 bei zweimaliger Investitionsmöglichkeit mit dem einzigen Unterschied, dass eine Durchführung des zweiten Projekts in einem Zeitpunkt $T^{(1)} = T$ infolge technischen Fortschritts zu Zahlungskonsequenzen z_{T+1}

---

20 Für q = 1, also ohne technischen Fortschritt, käme ein derartiges Verhalten nie in Betracht.

21 Entscheidend ist in diesem Zusammenhang allerdings, wie sich der technische Fortschritt konkret in der Zahlungsreihe manifestiert. Vgl. für einen alternativen Ansatz, in dem technischer Fortschritt stets nutzungsdauerverkürzend ist, *Swoboda* (1996), S. 106 ff.

$= q^T \cdot z_1$, $z_{T+2} = q^T \cdot z_2$, ... und Liquidationserlösen $L_{T+1} = q^T \cdot L_1$, $L_{T+2} = q^T \cdot L_2$, ... führt. Es gelte hierbei $q = 1{,}06$. Spätestens im Zeitpunkt $T_{max} = 5$ müsse vom alten zum neuen Projekt gewechselt werden.

Auch dieses Problem kann leicht im Wege der Rückwärtsinduktion gelöst werden. Da unter den getroffenen Annahmen die optimale Nutzungsdauer des zweiten Projekts unabhängig von der Nutzungsdauer des ersten Projekts ist, kann zur Bestimmung von $T^{(2)*}$ einfach $T^{(1)} = 0$ angesetzt werden. Dies aber beschreibt gerade den Fall der Nutzungsdauerbestimmung bei einmaliger Projektdurchführung ohne explizite Berücksichtigung von technischem Fortschritt. Schon aus Beispiel 4.2 ist bekannt, dass sich hierfür $T^{(2)*} = 3$ ergibt. Anders als im Beispiel 4.2 gehört hierzu aber nun nicht fest ein Kapitalwert von ungefähr 326,82 GE sondern von $\kappa_{T^{(1)}}^{(2)*} = 1{,}06^{T^{(1)}} \cdot \eta_0^{(2)*} - A_0 \approx 1{,}06^{T^{(1)}} \cdot 1.326{,}82 - 1.000$, der augenscheinlich von der Wahl für $T^{(1)}$ abhängig ist. Die konkret in Abhängigkeit von $T^{(1)}$ resultierenden Werte sind in *Tabelle 4.11* abgetragen.

$T^{(1)}$	0	1	2	3	4	5
$\kappa_{T^{(1)}}^{(2)*}$	326,82	406,43	490,82	580,27	675,08	775,59

Tabelle 4.11: (Maximale) Kapitalwerte für Projekt 2 in Abhängigkeit der Nutzungsdauer $T^{(1)}$ des Projekts 1 und bezogen auf $T^{(1)}$ (auf zwei Stellen genau gerundet)

Zur Bestimmung von $T^{(1)*}$ kann damit beispielsweise eine zu *Tabelle 4.9* analoge Auflistung der zu verschiedenen Werten von $T^{(1)}$ gehörenden Zahlungskonsequenzen aus erster Projektdurchführung erstellt werden, wobei dem jeweiligen Liquidationszeitpunkt bei erster Projektdurchführung auch noch der zugehörige Kapitalwert des Folgeprojekts zugeordnet wird. Es ergeben sich konkret die Werte aus *Tabelle 4.12*.

	t = 0	t = 1	t = 2	t = 3	t = 4	t = 5
$T^{(1)} = 0$	326,82	0	0	0	0	0
$T^{(1)} = 1$	−1.000	1.606,43	0	0	0	0
$T^{(1)} = 2$	−1.000	600	1.390,82	0	0	0
$T^{(1)} = 3$	−1.000	600	400	1.180,27	0	0
$T^{(1)} = 4$	−1.000	600	400	300	975,08	0
$T^{(1)} = 5$	−1.000	600	400	300	200	835,59

Tabelle 4.12: Zahlungsreihe des Investitionsprojekts bei erstmaliger Durchführung je nach Nutzungsdauer $T^{(1)}$ ($T^{(1)} = 0, ..., 5$) und unter Beachtung des jeweiligen Folgekapitalwerts aus zweiter Projektdurchführung (auf zwei Stellen genau gerundet)

Beispielsweise ergeben sich die Einträge in der Zeile für $T^{(1)} = 3$ aus den Werten der *Tabelle 4.2* zuzüglich von ungefähr 580,27 GE im Zeitpunkt t = 3. *Tabelle 4.13* enthält die zugehörigen entscheidungsrelevanten Kapitalwerte. Man erhält damit $T^{(1)*} = 4$. Für höhere Wert des Parameters q zur Abbildung des Ausmaßes des technischen Fortschritts würde sich sogar schließlich $T^{(1)*} = 5$ ergeben. Da für q = 1 die Lösung $T^{(1)*} = 3$ resultierte, erkennt man in diesem Beispiel sehr gut die unter Umständen **investitionshemmende Wirkung** des (künftig erwarteten) technischen Fortschritts.

$T^{(1)}$	0	1	2	3	4	5
$\kappa(T^{(1)})$	326,82	460,39	694,89	762,78	767,42	756,86

Tabelle 4.13: Gesamtprojektkapitalwerte in Abhängigkeit der Nutzungsdauer $T^{(1)}$ bei optimaler zweiter Nutzungsdauer $T^{(2)*}$ (auf zwei Stellen genau gerundet)

Alternativ wäre eine Problemlösung über das Konzept der Differenzinvestitionen unter Nutzung von (4.7) möglich gewesen. Zu beachten wäre hierbei lediglich, dass die Vermögenseinbußen aus der einperiodigen Verschiebung der zweiten

Projektdurchführung nun aber nicht konstant, sondern von $T^{(1)}$ abhängig sind und auf Basis der Kapitalwerte aus *Tabelle 4.11* zu berechnen wären. □

4.5 Optimale Nutzungsdauern bei unendlicher Wiederholung identischer Projekte

Bislang wurde grundsätzlich von einem **endlichen** Betrachtungszeitraum ausgegangen. Im Zusammenhang mit bestimmten Unternehmenstypen wie Aktiengesellschaften wird jedoch in der Regel die Annahme eines **unbegrenzten** Zeithorizontes angemessener sein, da hier kein geplantes Ende der unternehmerischen Tätigkeit vorgesehen und eine erzwungene Beendigung der Unternehmenstätigkeit im Gefolge einer Insolvenz wegen der angenommenen Sicherheit aller künftigen Zahlungskonsequenzen zumindest im hier betrachteten Kontext nicht denkbar ist. Selbst bei Abstellen auf die Betrachtung eines Einzelunternehmers kann die Annahme eines unbegrenzten Zeithorizontes sachgerecht sein, wenn man etwa die Möglichkeit der (für den Erblasser nutzenstiftenden) Vererbung eines Unternehmens in den Kalkül miteinbezieht. Insofern ist es schon von grundsätzlichem Interesse, eine derartige Situation näher zu untersuchen.

Die Bestimmung optimaler Projektnutzungsdauern bei Möglichkeit unendlich häufiger Projektwiederholung kann nun allerdings **nicht** mehr im Wege der Rückwärtsinduktion erfolgen, da es kein wohldefiniertes Ende der Projektkette gibt. Dafür kann unmittelbar darauf geschlossen werden, dass alle Projekte über **dieselbe optimale** Nutzungsdauer verfügen. In jedem Fall nämlich gibt es für ein beliebiges Projekt aus der gesamten Kette stets unendlich viele Folgeprojekte. Daraus lässt sich sofort folgern, dass die optimale Nutzungsdauer eines Projekts, dessen Kapitalwert für wenigstens ein T überhaupt größer als Null ist, auch bei unendlich häufiger Wiederholung nicht gegen Null gehen kann. Durch eine einheitliche Nutzungsdauer $T = 0$ könnte nämlich kein Vermögenszuwachs erzielt werden, während es annahmegemäß aber wenigstens eine einheitliche Projektnutzungsdauer $T > 0$ gibt, für die eine Vermögensmehrung erreichbar ist.

Die Ermittlung derjenigen einheitlichen Nutzungsdauer aller Projekte, die den Gesamtkapitalwert maximiert, kann auf verschiedene Arten erfolgen. Am einfachsten dürfte eine Argumentation auf der Grundlage **äquivalenter Annuitäten** sein.

Je nach gewählter einheitlicher Nutzungsdauer T verfügen die einzelnen Projekte über jeweils denselben Kapitalwert $\kappa(T)$. Zur Maximierung des Gesamtkapitalwertes gelangt man nun aber nicht dadurch, dass man einfach die Nutzungsdauer T wählt, die zum höchsten Kapitalwert eines Einzelprojekts führt. Zu beachten ist nämlich auch, wie viele Perioden erforderlich sind, um den betreffenden Projektkapitalwert zu "generieren". Eine kürzere Nutzungsdauer mag selbst bei geringerem damit verbundenen Kapitalwert von Vorteil sein, weil dadurch schneller zu einem Folgeprojekt gewechselt werden kann. Mit T^+ als Zeitpunkt der Implementierung eines Projekts erweist es sich aus diesem Grunde als zweckmäßig, zum Projektkapitalwert $\kappa_{T^+}(T)$ bei Nutzungsdauer T diejenige gleichbleibende Einzahlung von T^++1 bis T^++T zu bestimmen, die mit Bezug auf T^+ zum gleichen Kapitalwert $\kappa_{T^+}(T)$ wie die Zahlungsreihe des betrachteten Projekts führt. Dies ist definitionsgemäß die zur Projektzahlungsreihe gehörige äquivalente Annuität. Weil man sich auf die Betrachtung einer einheitlichen Nutzungsdauer für alle Projekte beschränken kann und demnach für alle Projekte bei gegebener einheitlicher Nutzungsdauer T zur gleichen äquivalenten Annuität gelangt, bestimmt man auf diese Weise letzten Endes zu jedem T einen gleichbleibenden Zahlungsstrom z(T) ab t = 1,[22] der über den gleichen Kapitalwert wie die gesamte unendliche Investitionskette verfügt. Natürlich ist diejenige Nutzungsdauer T für alle Projekte zu wählen, durch die die höchste Einzahlung z(T) erreicht wird.

Der zur Investitionskette gehörige Gesamtkapitalwert stimmt mit dem Kapitalwert der Zahlungsreihe z(T) überein. Bei Einzahlungen z(T) von t = 1 bis $t = T_{ges}$ erhält man hierfür einen Kapitalwert von

---

22 Hier erkennt man letztlich, warum der Projektkapitalwert $\kappa_{T^+}(T)$ auf die Zeitpunkte T^++1 bis T^++T und nicht auf T^+ bis T^++T "umgelegt" wird. Im letztgenannten Fall nämlich gäbe es Überschneidungen zwischen den berechneten Zahlungsreihen von Projekten an den Zeitpunkten, wo das eine Projekt aufhört und ein anderes anfängt. Man erhielte somit **nicht** einen äquivalenten **konstanten** Zahlungsstrom über alle Betrachtungszeitpunkte hinweg.

$$\kappa_{ges} = z(T) \cdot RBF(i;T_{ges})$$
$$= z(T) \cdot \frac{(1+i)^{T_{ges}} - 1}{(1+i)^{T_{ges}} \cdot i} \qquad (4.8)$$
$$= z(T) \cdot \frac{1 - \frac{1}{(1+i)^{T_{ges}}}}{i}.$$

Beim Übergang von der zweiten zur dritten Zeile in (4.8) wurde der Bruch mit $(1+i)^{T_{ges}}$ gekürzt.

Mit wachsendem T_{ges} wird der Ausdruck $1/(1+i)^{T_{ges}}$ immer kleiner und konvergiert für $T_{ges} \rightarrow \infty$ letzten Endes gegen Null, so dass man für den hier interessierenden Fall unendlicher Projektwiederholung ($T_{ges} \rightarrow \infty$) einen Rentenbarwertfaktor von 1/i und damit einen Gesamtkapitalwert von z(T)/i erhält.

Beispiel 4.6:
Betrachtet sei das in den vorhergehenden Beispielen 4.2 bis 4.4 zugrunde gelegte Investitionsprojekt, das nun aber unendlich oft wiederholt werden könne. In der *Tabelle 4.14* sind die aus einmaliger Projektdurchführung in Abhängigkeit der unterstellten Projektnutzungsdauer T resultierenden Projektkapitalwerte κ(T), die zu einer Projektlaufzeit von T jeweils gehörenden Rentenbarwertfaktoren RBF(i;T) sowie die sich somit ergebenden äquivalenten Annuitäten z(T) abgetragen. Die Projektkapitalwerte sind schon aus *Tabelle 4.3* bekannt. Die Formel für die Berechnung von Rentenbarwertfaktoren lautet bekanntermaßen $[(1+i)^T-1]/[(1+i)^T \cdot i]$. Die Werte für z(T) ergeben sich schließlich durch die Rechnung κ(T)/RBF(i;T).

T	κ(T)	RBF(0,1;T)	z(T)
0	0	0	0
1	90,91	0,9091	100
2	289,26	1,7355	166,67
3	326,82	2,4869	131,42
4	306,33	3,1699	96,64
5	275,29	3,7908	72,62

Tabelle 4.14: Projektkapitalwerte, Rentenbarwertfaktoren und äquivalente Annuitäten für verschiedene Nutzungsdauern (gerundet)

Die höchste äquivalente Annuität und damit die optimale Nutzungsdauer wird für T = 2 erreicht. Der Unternehmer stellt sich hierbei genau so gut wie bei Zugang zu einer **ewigen Rente**, das heißt zeitlich unbegrenzten, gleichbleibenden Einzahlungen, ab t = 1 in Höhe von etwa 166,67 GE. Der zur Investitionskette gehörige Gesamtkapitalwert beläuft sich bei optimaler Nutzungsdauer für alle Projekte auf etwa 166,67/0,1 = 1.666,7 GE. □

4.6 Optimale Nutzungsdauern bei unendlicher Kette verschiedenartiger Projekte

Im Gegensatz zu einer Situation mit unendlicher Wiederholung identischer Projekte ist das Entscheidungsproblem bei einer unendlichen Kette **unterschiedlicher** Projekte selbstverständlich deutlich erschwert und sind allgemeine Aussagen kaum möglich. In diesem Zusammenhang mag man sich fragen, wie derartige Entscheidungssituationen mit einer Abfolge unendlich vieler nicht gleichartiger Projekte überhaupt aussehen. Ein Beispiel etwa läge für den Fall vor, dass man das im vorhergehenden Abschnitt erörterte Szenario mit technischem Fortschritt auf eine Situation mit der Möglichkeit unendlich häufiger Initiierung von Investitionsprojekten erweiterte, wobei jedes weitere Hinausschieben des Startzeitpunkts einer Investition zu einem Anwachsen der resultierenden Einzahlungsüberschüsse im Anschluss an die Anfangsauszahlung mit Faktor $q \geq 1$ führe.

Im Vergleich zur Darstellung für den Fall einer unendlichen Kette identischer Projekte werden die optimalen Nutzungsdauern einzelner verschiedenartiger Projekte im Zeitablauf generell nicht konstant sein, da bereits die **Qualität** der Folgeprojekte trotz jeweils unendlichen verbleibenden Zeithorizontes unterschiedlich ist. Insofern kann man die Untersuchung hierbei generell nicht ohne weiteres auf eine Optimierung über ewige Renten zurückführen. Aus diesem Grunde soll auf eine allgemeine Analyse dieses letzten Falls verzichtet werden. Festgehalten sei lediglich, dass sich die bereits bei endlicher Projektwiederholung auftretende investitionshemmende Wirkung des technischen Fortschritts natürlich auch bei unendlicher Projektwiederholung manifestieren kann.

Vergleichsweise einfach zu behandeln sind im Wesentlichen allenfalls noch Situationen, in denen zwar grundsätzlich unterschiedliche Projekte im Zeitablauf hintereinander folgen, spätestens ab einem bestimmten Zeitpunkt T^+ jedoch aus Gründen der **Komplexitätsreduktion** dann doch eine unendliche Kette identischer Projekte betrachtet wird. Mithin läge hier zwar insgesamt eine unendliche Kette von Projekten vor, die nicht alle identisch sind, aber die Anzahl der verschiedenen Projekttypen wäre trotzdem **endlich**. In einer derartigen speziellen Situation wäre als Erstes die optimale (einheitliche) Projektnutzungsdauer im Rahmen der unendlichen Kette identischer Projekte zu bestimmen. Mit Hilfe des hierbei resultierenden Kapitalwertes der gesamten Kette könnten sodann wieder im Wege der Rückwärtsinduktion die entsprechenden optimalen Nutzungsdauern der von den Gliedern der unendlichen Kette verschiedenartigen, zeitlich vorgelagerten Projekte bestimmt werden. Selbst derartige Entscheidungsprobleme können sich als außerordentlich komplex erweisen, da es sich hierbei generell um eine Erweiterung des bereits im vorhergehenden Abschnitt 4.4 behandelten Falls der endlichen Abfolge verschiedenartiger Projekte handelt. Aus diesem Grunde soll nur ein sehr einfaches Beispiel zur Veranschaulichung gegeben werden.

Beispiel 4.7:

Gegeben sei das Investitionsprojekt aus Beispiel 4.2, dem eine unendliche Kette identischer Investitionsprojekte nachfolge, bei der sich die optimale Nutzungsdauer eines jeden Projekts auf 5 Perioden belaufe und einen Projektkapitalwert von jeweils 600 GE, bezogen auf den Zeitpunkt der jeweiligen Projektdurchführung, generiere. Die zu einem Kapitalwert von 600 GE gehörige äquivalente Annuität für 5 Perioden und einen Zinssatz $i = 10\ \%$ beträgt $600/\text{RBF}(0{,}1;5) \approx$

600/3,7908 ≈ 158,28 GE. Mit $T^{(1)}$ sei der Zeitpunkt des Abbruchs des ersten Projekts und des Beginns des zweiten bezeichnet. Damit erhält man einen auf $T^{(1)}$ bezogenen Kapitalwert der gesamten Kette von etwa 158,28/0,1 = 1.582,8 GE. Die Aufschiebung des Beginns der Kette durch Nutzungsdauerverlängerung für das erste Projekt von $T^{(1)} = T$ auf $T^{(1)} = T+1$ führt mit Bezug auf T folglich zu einer Vermögenseinbuße von ca. 1.582,8−1.582,8/1,1 ≈ 143,89 GE. Um diesen Wert sind alle Differenzkapitalwerte aus *Tabelle 4.5* zu reduzieren, so dass sich als Kandidaten für die optimale Nutzungsdauer des ersten Projekts $T^{(1)} = 0$ und $T^{(1)} = 2$ ergeben. Denn nur beim Wechsel von ein- zu zweiperiodiger Nutzung gelangt man zu einer positiven Kapitalwertveränderung, weswegen neben $T^{(1)} = 2$ auch der vollständige Verzicht auf Realisation des ersten Projekts grundsätzlich als Alternative in Erwägung zu ziehen ist.

Der für $T^{(1)} = 0$ resultierende Gesamtkapitalwert ist ungefähr 1.582,8 GE, während eine Nutzungsdauer von T = 2 für das erste Projekt zu einem Gesamtkapitalwert von etwa $289{,}26+1.582{,}8/1{,}1^2$ ≈ 1597,36 GE > 1.582,8 GE führt. Also beträgt die optimale Nutzungsdauer für das erste Projekt $T^{(1)*} = 2$. In der Tat war die Vorteilhaftigkeit von $T^{(1)} = 2$ gegenüber $T^{(1)} = 0$ in Anbetracht der Herleitungen aus dem Beispiel 4.6 des vorhergehenden Abschnitts 4.5 von vornherein klar. Dort führte die höhere äquivalente Annuität von etwa 166,67 GE zu einer Nutzungsdauerverkürzung für die erste Projektdurchführung auf ebenfalls $T^{(1)} = 2$, so dass im Rahmen dieses Beispiels 4.8 keine kürzere optimale Nutzungsdauer von 0 resultieren kann. Generell aber sind Fälle denkbar, in denen bei einer Abfolge nicht identischer Projekte trotz eines für bestimmte Nutzungsdauern positiven Projektkapitalwertes für ein Projekt eine Nutzungsdauer von 0 gewählt wird. □

4.7 Zusammenfassung

Gegenstand dieses Abschnitts war eine vertiefte Analyse der Frage nach den Bestimmungsgründen der einem Investitionsprojekt zuzuordnenden Zahlungsreihe. Neben einer kurzen Diskussion einer Optimierung von Projektzahlungsreihen über entsprechende **Preissetzungsentscheidungen** in den einzelnen Zeitpunkten wurde anschließend schwerpunktmäßig auf die Ermittlung der **optimalen Nutzungsdauer** von Investitionsprojekten eingegangen. Schon wenn **nur ein** Projekt betrachtet wird, liegt mit der Bestimmung seiner optimalen Nutzungsdauer eine spezifische Form einer **Auswahlentscheidung** vor. Wegen der starken Ähnlichkeit der zur Auswahl stehenden Investitionsalternativen kann die Entscheidung in vielen Fällen recht leicht über die Bildung von **Differenzinvestitionen** "zeitlich benachbarter" Alternativen und die Berechnung der zugehörigen Kapitalwerte getroffen werden. Sofern mehrere Investitionsprojekte im Zeitablauf hintereinander durchgeführt werden können, ist bei **endlicher** Projektanzahl eine Lösung im Wege der **Rückwärtsinduktion** möglich. Man bestimmt demnach zunächst die optimale Nutzungsdauer des zuletzt durchzuführenden Projekts, anschließend die des vorletzten und so fort, bis man bei der ersten Projektdurchführung angelangt ist. Ein solches Vorgehen ist vor allem deswegen geboten, weil die Verlängerung der Nutzungsdauer eines beliebigen Investitionsprojekts den Beginn aller nachgelagerten Projekte und die hieraus resultierenden Vermögenssteigerungen nach hinten verschiebt. Diese negative Konsequenz verlängerter Projektnutzung ist bei der Ermittlung optimaler Nutzungsdauern zu berücksichtigen und führt tendenziell zu **verkürzten** Nutzungsdauern zeitlich vorgelagerter Projekte, und zwar selbst dann, wenn eine Kette grundsätzlich identischer Projekte betrachtet wird.

Die Ermittlung der optimalen Nutzungsdauern einer Abfolge **nicht identischer** Projekte erfolgt ebenfalls im Wege der Rückwärtsinduktion, wenngleich sich allgemeingültige Aussagen zu den Charakteristika des jeweiligen Optimalverhaltens wegen der **Heterogenität** möglicher Problemsituationen kaum herleiten lassen. Deswegen erfolgte in diesem Zusammenhang hier nur die Analyse eines sehr einfachen Beispiels zur Untersuchung der **Konsequenzen technischen Fortschritts** bei der Bestimmung optimaler Nutzungsdauern von Projekten im Zeitablauf. Es zeigte sich, dass für die hier gewählte Modellierung bei sehr ausgeprägtem technischen Fortschritt ein **nutzungsdauerverlängernder** und insofern **(neu-) investitionshemmender** Effekt zu beobachten war.

Schließlich wurde noch auf Situationen mit **unendlichem** Zeithorizont eingegangen, da diese Prämisse auch aus praktischen Überlegungen heraus vergleichsweise bedeutsam anmutet, wenn man berücksichtigt, dass die Tätigkeit von Unternehmen in vielen Fällen a priori ohne zeitliche Begrenzung angelegt ist. Generelle Aussagen ließen sich allerdings nur unter der Annahme einer unendlichen Kette grundsätzlich **identischer** Projekte herleiten. Hierbei ergab sich, dass man wegen des Fehlens eines wohldefinierten Endes des Betrachtungszeitraums zwar das Problem nicht mehr im Wege der Rückwärtsinduktion lösen kann, dafür aber alle Projekte über die **gleiche optimale** Nutzungsdauer verfügen, da es stets unendlich viele Folgeprojekte gibt. Aus diesem Grunde ließ sich das Problem der Nutzungsdauerbestimmung auf einen Vergleich **ewiger Renten** in Höhe der äquivalenten Annuitäten zu den jeweils einheitlich angenommenen Nutzungsdauern aller Projekte der Kette zurückführen.

Wiederholungsfragen

W4.1
Nennen Sie denkbare Möglichkeiten der unternehmerischen Einflussnahme auf die Zahlungsreihe eines Investitionsprojekts!

W4.2
Welche verschiedenen Fallkonstellationen im Zusammenhang mit Nutzungsdauerentscheidungen können unterschieden werden? Geben Sie jeweils eine Kurzcharakterisierung!

W4.3
Weshalb stellt die Bestimmung der optimalen Nutzungsdauer eines Investitionsprojekts ohne die Möglichkeit einer Anschlussinvestition eine typische Auswahlentscheidung dar?

W4.4
Erklären Sie die Vorgehensweise zur Bestimmung der optimalen Nutzungsdauer eines Investitionsprojekts ohne die Möglichkeit einer Anschlussinvestition mit Hilfe der Konzeption der Differenzinvestitionen zwischen "benachbarten" Projektnutzungsdauern!

W4.5
Skizzieren Sie die generelle Vorgehensweise zur Bestimmung optimaler Nutzungsdauern bei zweimaliger Wiederholung des gleichen Projekts!

W4.6
Was versteht man unter dem "Ketteneffekt" im Zusammenhang mit der Ermittlung optimaler Nutzungsdauern bei endlicher Wiederholung gleichartiger Investitionsprojekte?

W4.7
Wie wirkt sich technischer Fortschritt im Zeitablauf auf die Zahlungsreihe von Investitionsprojekten aus?

W4.8
Inwiefern erweist sich die Bestimmung optimaler Nutzungsdauern im Rahmen einer Abfolge verschiedenartiger Projekte als besonders schwierig?

W4.9
Erklären Sie intuitiv die mögliche nutzungsdauerverlängernde und (neu-) investitionshemmende Wirkung technischen Fortschritts!

W4.10
Wie ermittelt man die einheitliche optimale Projektnutzungsdauer bei unendlicher Wiederholung gleichartiger Investitionsprojekte?

5 Kapitalwert bei nicht-flacher Zinsstruktur

5.1 Problemstellung

Bislang wurde im Rahmen dieses Buches stets davon ausgegangen, dass der für Mittelanlage und -aufnahme einheitliche Ein-Perioden-Zinssatz i über den gesamten Betrachtungszeitraum t = 0, ..., T **konstant** ist. Zweifellos handelt es sich hierbei um keine allzu realistische Annahme, die überdies auch **nicht** aus der Voraussetzung eines vollkommenen Kapitalmarktes gefolgert werden kann. Die Vollkommenheit des Kapitalmarktes impliziert lediglich, dass der für einen bestimmten Zeitraum von t–1 bis t maßgebliche Ein-Perioden-Zinssatz i_t sowohl für Mittelanlage wie auch für Verschuldung gilt. Keineswegs aber muss die weitergehende Einschränkung $i_t = i =$ konst. für alle t = 1, ..., T Bestand haben. Auch für die Gültigkeit der ***Fisher*-Separation** ist es bereits hinreichend, wenn sich die Soll- und Habenzinssätze einer beliebigen Periode jeweils entsprechen, insofern also jeweils eine Schar von Kapitalmarktgeraden mit **konstanter Steigung** von $-(1+i_t)$ bei zeitlicher Verteilung von Konsummöglichkeiten zwischen zwei beliebigen Zeitpunkten t−1 und t, also in einem $(C_{t-1};C_t)$-Diagramm, vorliegt.[1] Eine Konstanz der i_t über alle Perioden wird jedoch nicht benötigt.

Die **Ein-Perioden-Zinssätze i_t** lassen sich dabei in zweierlei Hinsicht interpretieren. Zum einen kann man diese Zinssätze als **Terminzinssätze** auffassen. Ein Termingeschäft ist generell durch das zeitliche Auseinanderfallen von Verpflichtungs- und Verfügungsgeschäft gekennzeichnet.[2] Im hier betrachteten Kontext bedeutet dies, dass der Unternehmer etwa in t = 0 vereinbart **(Verpflichtungs-**

---

1 Etwas genauer ausgedrückt, bedingt die **Konstanz** aller Ein-Perioden-Zinssätze i_t, dass man im Rahmen einer Darstellung mit T+1 verschiedenen Achsen, auf denen die unternehmerischen Konsumwerte C_0, …, C_T der einzelnen Zeitpunkte abgetragen werden, T-dimensionale **"Hyperebenen"** zur Beschreibung der durch Finanzinvestitionen für den Unternehmer erreichbaren Konsumpositionen bei einer beliebigen Anfangsausstattung $(\bar{C}_0, \ldots, \bar{C}_T)$ erhält. Von all diesen Kapitalmarktebenen ist natürlich die am weitesten außen liegende für den betreffenden Unternehmer vermögens- und präferenzunabhängig am besten, und der resultierende C_0-Achsenabschnitt einer Kapitalmarktebene charakterisiert nach wie vor den konstanten **Kapitalwert** aller auf der jeweiligen Ebene erreichbaren Konsumpositionen.

2 Vgl. hierzu beispielsweise *Eller/Spindler* (1994), S. 312, oder auch *Kruschwitz/Husmann* (2010), S. 57 f.

geschäft), seinem Vertragspartner in einem späteren Zeitpunkt t = τ einen bestimmten Betrag K für eine Periode bis t = τ+1 zu überlassen **(Verfügungsgeschäft)**, wobei bereits heute in t = 0 der für diese künftige einperiodige Mittelüberlassung maßgebliche Zinssatz eindeutig fixiert wird. Dieser Zinssatz ist ein Terminzinssatz, weil er sich auf die Abwicklung eines (Zins-) Termingeschäfts bezieht, und würde im Rahmen der hier verwendeten Symbolik mit $i_{\tau+1}$ bezeichnet.

Neben Termingeschäften gibt es noch **Kassageschäfte**, bei denen Verpflichtungs- und Verfügungsgeschäft zeitlich (so gut wie[3]) zusammenfallen. Für den hier betrachteten Unternehmer könnte dies etwa bedeuten, anstatt in t = 0 ein Termingeschäft per Termin t = τ abzuschließen, bis zum Zeitpunkt t = τ ohne weitere Handlungen zu warten und zum dann herrschenden **Kassazinssatz** eine einperiodige Mittelanlage vorzunehmen. Aus der in diesem Lehrbuch getroffenen Annahme der Sicherheit folgt sofort, dass sich auch der hierbei maßgebliche Kassazinssatz des Zeitpunktes τ für Anlage bis τ+1 auf $i_{\tau+1}$ belaufen muss, also mit dem entsprechenden Terminzinssatz **identisch** ist. Wäre dies anders, gäbe es die Möglichkeit zu sicherer Gewinnerzielung auf dem Kapitalmarkt, Arbitragefreiheit läge mithin nicht vor, und der Kapitalmarkt könnte nicht im Gleichgewicht sein.

Konkret würde sich bei einem unter dem zugehörigen Kassazinssatz liegenden Terminzinssatz jeder Marktteilnehmer in t = 0 per Termin für den Zeitraum von t = τ bis t = τ+1 verschulden, um die in t = τ zufließenden Mittel in diesem Zeitpunkt schließlich zum höheren Kassazinssatz für eine Periode anzulegen. Weil die hieraus resultierenden Rückflüsse die zu bedienende Verbindlichkeit inclusive Zinsen überstiegen, könnte man auf diese Weise beliebig hohe sichere Gewinne in t = τ+1 erreichen. Natürlich würde jeder Marktteilnehmer diese Gelegenheit wahrnehmen wollen: Es gäbe daher zum Terminzinssatz für die Periode von t = τ bis t = τ+1 in t = 0 kein Mittelangebot, aber eine unendlich große Mittelnachfrage, während zum zugehörigen Kassazinssatz des Zeitpunktes t = τ nur Mittel angeboten würden, aber nicht nachgefragt. Aufgrund völlig analoger Überlegungen kann der Terminzinssatz auch nicht größer als der entsprechende Kassazinssatz sein.

---

3 Praktisch können wenige Tage zwischen Verpflichtungs- und Verfügungsgeschäft liegen. Vgl. hierzu *Dichtl/Issing* (1993), S. 1110.

Beispiel 5.1:

Betrachtet sei ein Drei-Zeitpunkte-Modell (t = 0, 1, 2). Der in t = 0 für den Zeitraum von t = 1 bis t = 2 maßgebliche Terminzinssatz belaufe sich auf 5 %, während der in t = 1 für Anlage/Verschuldung bis t = 2 eintretende Kassazinssatz nur 4 % betrage. Jeder Marktteilnehmer wird dann in t = 0 bereits per Termin t = 1 Mittel in möglichst hohem Umfang bis t = 2 zu 5 % anlegen und den in t = 1 daraus resultierenden Mittelbedarf durch einperiodige Verschuldung im Rahmen eines Kassageschäfts von t = 1 bis t = 2 zu 4 % decken. Bei 100 GE, die auf diese Weise von t = 1 bis t = 2 zu 4 % aufgenommen und zu 5 % angelegt werden, resultiert letztlich ein positiver Überschuss von 1 GE in t = 2 ohne eigene Mitteleinsätze in t = 0 oder t = 1. Durch entsprechende Erhöhung des simultan für Verschuldung und Anlage vorgesehenen Geldbetrags kann jeder Marktteilnehmer seinen sicheren Überschuss für t = 2 beliebig groß werden lassen. Damit einher geht eine unbegrenzte Nachfrage nach Krediten zu 4 % und Mittelanlage zu 5 % von t = 1 bis t = 2. □

In der Literatur ist seit langem bekannt, wie im Falle **nicht-konstanter Ein-Perioden-Zinssätze** die Formel zur Berechnung des Kapitalwertes einer Zahlungsreihe lautet. Zur Herleitung muss man sich nur fragen, welchen Kreditbetrag K man in t = 0 aufnehmen kann, wenn man in t = τ genau 1 GE zurückzuzahlen bereit ist. Die Schulden des Zeitpunktes t = 1 belaufen sich bei Mittelaufnahme von t = 0 bis t = 1 in Höhe von K zu einem Zinssatz i_1 auf $K \cdot (1+i_1)$. Da (für $\tau > 1$) in t = 1 noch keine Rückzahlungen erfolgen sollen, besteht Bedarf an einer Anschlussfinanzierung bis t = 2 zu einem Zinssatz i_2 für den Gesamtbetrag $K \cdot (1+i_1)$, was bis t = 2 zu weiter aufgelaufenen Verbindlichkeiten in Höhe von $K \cdot (1+i_1) \cdot (1+i_2)$ führt, die (im Falle von $\tau > 2$) wiederum für eine weitere Periode, dieses Mal zu i_3, zu refinanzieren sind. Augenscheinlich ergeben sich über diese revolvierende einperiodige Verschuldung bis t = τ insgesamt Verbindlichkeiten von $K \cdot (1+i_1) \cdot \ldots \cdot (1+i_\tau)$. Da die Verbindlichkeiten insgesamt 1 GE betragen sollen, kann man für t = 0 auf einen aufzunehmenden Kreditbetrag K von $1/[(1+i_1) \cdot \ldots \cdot (1+i_\tau)]$ schließen. Genau dies ist der **Kapitalwert** von 1 GE Einzahlung in t = τ aus Sicht von t = 0. Denn um diesen Betrag führt eine Einzahlung von 1 GE in t = τ für t = 0 zur Möglichkeit der Konsumausweitung für das betrachtete Wirtschaftssubjekt.[4] Die Verbindung zum

4 Man könnte mutmaßen, dass dieses Ergebnis doch nicht eindeutig sei, denn es wurde eine kurzfristig revolvierende Finanzierung unterstellt. Vielleicht ist der aus 1 GE in t = τ für t = 0 finanzierbare Konsum bei mehrperiodiger Mittelaufnahme noch höher. In der Tat ist genau dies aber nicht der Fall, da Finanzin-

Kapitalwert bei Konstanz aller Ein-Perioden-Zinssätze ist unmittelbar ersichtlich. Sofern $i_t = i$ für alle $t = 1, ..., \tau$ gilt, vereinfacht sich das Produkt $(1+i_1)\cdot\ldots\cdot(1+i_\tau)$ nämlich zu $(1+i)^\tau$.

Generell beträgt der Kapitalwert für eine Einzahlung z_τ in einem beliebigen Zeitpunkt $t = \tau$ natürlich $z_\tau/[(1+i_1)\cdot\ldots\cdot(1+i_\tau)]$. Der mögliche Mehrkonsum aus einer gesamten Zahlungsreihe $z_0, \ldots, z_T$ kann nun in gleicher Weise dadurch ermittelt werden, dass man sich für jede einzelne Einzahlung z_τ fragt, welcher maximale Kredit K_τ im Rahmen kurzfristig revolvierender Verschuldung von $t = 0$ bis $t = \tau$ hieraus finanziert werden kann, und anschließend die Summe über all diese Einzelkredite bildet. Der Kapitalwert einer Zahlungsreihe $z_0, \ldots, z_T$ ist damit nach wie vor nichts anderes als die Summe der Einzelkapitalwerte der Zahlungen z_t, **Wertadditivität** trotz mangelnder Konstanz der Ein-Perioden-Zinssätze demnach weiterhin gegeben. Aus diesem Grunde gelangt man letztlich zu der folgenden Formel für den Kapitalwert eines Investitionsprojekts mit Zahlungskonsequenzen $z_0, \ldots, z_T$:[5]

$$\begin{aligned}\kappa &= z_0 + \frac{z_1}{1+i_1} + \frac{z_2}{(1+i_1)\cdot(1+i_2)} + \ldots + \frac{z_T}{(1+i_1)\cdot(1+i_2)\cdot\ldots\cdot(1+i_T)} \\ &= \sum_{t=0}^{T} \frac{z_t}{\prod_{\tau=1}^{t}(1+i_\tau)}.\end{aligned} \qquad (5.1)$$

Formel (5.1) hat den Nachteil, dass sie sich auf künftige Kassa- bzw. aktuelle Terminzinssätze bezieht. Sofern diese nicht unmittelbar gegeben sind, stellt sich natürlich die Frage, wie sie auf der Grundlage anderer Daten wohl berechnet werden können. Konkret wird es in aller Regel einfacher sein, in praxi die für verschiedene Laufzeiten $t = \tau$ zu einem bestimmten Betrachtungszeitpunkt $t = 0$

---

vestitionen auf vollkommenem Kapitalmarkt **kapitalwertneutral** sind, unabhängig davon, ob die Ein-Perioden-Zinssätze konstant oder nicht konstant sind. Wäre es anders, ergäben sich erneut Möglichkeiten zur Erzielung unbegrenzter Gewinne, indem man zinsgünstig Mittel aufnähme und hochverzinslich anläge. Hierauf wird noch zurückzukommen sein.

5 Es sei darauf hingewiesen, dass das Produkt $\prod_{\tau=1}^{0}(\cdot)$ **definitionsgemäß** den Wert 1 annimmt.

am Kapitalmarkt für Mittelanlage und -verschuldung mit periodischer Zinszahlung jeweils herrschenden **Ein-Perioden-Verzinsungen r_τ** zu ermitteln.

Beispiel 5.2:
Es sei angenommen, dass man bei einer Mittelanlage von t = 0 bis t = 4 eine periodische Verzinsung r_4 des angelegten Betrags von 7 % erzielt. Dies bedeutet, dass bei einem Anlagebetrag von 100 GE jeweils $0{,}07 \cdot 100 = 7$ GE Zinsen in t = 1 bis t = 4 sowie in t = 4 zusätzlich eine Rückzahlung der angelegten 100 GE geleistet werden. Bei weiterhin gegebener Annahme eines vollkommenen Kapitalmarktes gelten diese Zusammenhänge in entsprechender Weise bei Verschuldung von t = 0 bis t = 4. Der Zinssatz r_3 für Mittelanlage/-aufnahme von t = 0 bis t = 3 kann sich aber ohne weiteres auf einen anderen Wert, etwa 6,5 %, belaufen. Dies impliziert, dass ein Anlagebetrag von 100 GE Zinsen in Höhe von $0{,}065 \cdot 100 = 6{,}5$ GE in den Zeitpunkten t = 1 bis t = 3 erbringt, wobei zusätzlich in t = 3 der gesamte Betrag von 100 GE zurückgezahlt wird. Für eine zweiperiodige Anlage von t = 0 bis t = 2 belaufe sich der maßgebliche Ein-Perioden-Zinssatz r_2 auf 6 % und r_1 für einperiodige Anlage von t = 0 bis t = 1 auf 4 %. Diese Angaben sind nochmals in *Tabelle 5.1* zusammengefasst.

Laufzeit t	1	2	3	4
Zinssatz r_t	4 %	6 %	6,5 %	7 %

Tabelle 5.1: Periodenzinssätze in Abhängigkeit vom Anlage-/Verschuldungszeitraum □

Sofern lediglich die Zinssätze r_t bekannt sind, ist nicht ohne weiteres klar, wie sich der Kapitalwert einer Zahlungsreihe $z_0, \ldots, z_T$ berechnet und, damit zusammenhängend, welche Ein-Perioden-Zinssätze i_t ($t = 1, \ldots, T$) auf dem betrachteten Kapitalmarkt herrschen. Auf diese beiden Fragen ist im Weiteren vertieft einzugehen. Vor allem von *Rolfes* wurde zu diesen Fragen in Deutschland eine umfangreiche Diskussion in Gang gesetzt, in deren Verlauf eine Reihe von Zusammenhängen neu rekapituliert wurde und auch Eingang in Lehrbuchdarstellungen fand.[6] Trotz allgemeiner Bekanntheit der generellen Zusammenhänge haben sich

6 Vgl. insbesondere *Kruschwitz* (2009), S. 92 ff., sowie *Schäfer* (2005), S. 187 ff.

die Ausführungen zum Fall nicht-konstanter Ein-Perioden-Zinssätze in den meisten Lehrbüchern nämlich vor Beginn der genannten Diskussion auf die bloße Wiedergabe von (5.1) ohne tiefergehende Erläuterungen beschränkt.[7] Stattdessen wurde fast ausschließlich mit der Annahme $i_t = i =$ konst. ($\forall$ t) gearbeitet. Die folgende Darstellung baut deswegen auf den Ausführungen von *Rolfes* (1992, 1993)[8] und seinen Kritikern auf.[9] Zunächst wird dabei im **Abschnitt 5.2** dargelegt, wie *Rolfes* bei alleiniger Bekanntheit der Zinssätze r_t ($t = 1, ..., T$) Kapitalwerte über ein **"retrogrades" Berechnungsschema** zu ermitteln sucht.

Unter einem **Zero Bond** versteht man eine Anlage- oder Verschuldungsform, die nur in einem einzigen Zeitpunkt $t > 0$ Zahlungskonsequenzen mit sich bringt. Da man jeden Zahlungsstrom als ein **Bündel von Zero Bonds** verschiedener Fristigkeit auffassen kann, bietet es sich an, den Kapitalwert von Investitionsprojekten über die Summe der Kapitalwerte der der Projektzahlungsreihe entsprechenden Zero Bonds zu bestimmen. Dieser Gedanke wird im **Abschnitt 5.3** präsentiert. Zugleich werden dort auch die Grenzen der Anwendbarkeit der retrograden Berechnungsmethode von *Rolfes* aufgezeigt, und es wird ein einfacheres und allgemeineres Verfahren zur Ermittlung des Kapitalwerts von Investitionsprojekten über die Formulierung und Lösung eines **Systems linearer Gleichungen** präsentiert. Im **Abschnitt 5.4** wird aus der Kapitalmarktbewertung von Zero Bonds auf deren zugehörige **Effektivrenditen** $\mathbf{v_t}$ ($t = 1, ..., T$) geschlossen und der Begriff der **Zinsstruktur** eingeführt. **Abschnitt 5.5** dient der genaueren Analyse der Zusammenhänge zwischen den Zinssätzen i_t, r_t und v_t auf einem vollkommenen Kapitalmarkt im Gleichgewicht, und im **Abschnitt 5.6** werden alle erhaltenen Resultate zusammengefasst.

---

7 Beispielhaft sei auf die Darstellung in *Hax* (1993), S. 14, verwiesen.

8 Mittlerweile liegt das Lehrbuch von *Rolfes* aus dem Jahre 1992 in dritter Auflage vor.

9 Es ist in diesem Lehrbuch nicht nötig, im Einzelnen auf die Streitpunkte im Rahmen der geführten Diskussion einzugehen, zumal die Qualität der Beiträge als überaus heterogen einzustufen ist. Als sehr lesenswert können allerdings die Ausführungen von *Kruschwitz/Röhrs* (1994) und *Hartmann-Wendels/Gumm-Heußen* (1994) bezeichnet werden. Die Daten aus Beispiel 5.2 und die hierauf aufbauenden, nachfolgenden Beispiele sind entsprechend der erstgenannten Quelle entlehnt.

5.2 Die retrograde Berechnungsmethode nach *Rolfes*

Im Weiteren sei angenommen, dass für alle Laufzeiten t = 1, ..., T die zugehörigen **Ein-Perioden-Verzinsungen r_t** einer entsprechenden t-periodigen Anlage/Verschuldung bekannt sind. Damit kann man sich nun als Erstes für die letzte Zahlungskomponente z_T eines Investitionsprojekts fragen, wie hoch ein in t = 0 aufzunehmender Kredit K_T mit Laufzeit bis t = T sein kann, wenn im Zeitpunkt t = T der Zahlungseingang aus dem Investitionsprojekt ausreichen soll, um den Kreditbetrag inclusive der dann fälligen Zinsen zurückzuzahlen. Augenscheinlich gilt $K_T/(1+r_T)$. Dabei ist nun aber zu beachten, dass auch in den Zeitpunkten t = 1, ..., T−1 Zinszahlungen im Umfang $K_T \cdot r_T$ anfallen. Das heißt, im Zeitpunkt t = T−1 etwa verbleiben aus dem Investitionsprojekt unter Beachtung der gerade genannten Zinszahlungen noch Überschüsse von $z_{T-1}-K_T \cdot r_T$. Wiederum kann aus diesem Restbetrag eine Kreditaufnahme in t = 0, dieses Mal mit Fälligkeit in t = T−1, finanziert werden. Damit in t = T−1 Zahlungsfähigkeit gerade noch gewährleistet ist, darf der Kreditbetrag K_{T-1} nicht größer als $(z_{T-1}-K_T \cdot r_T)/(1+r_{T-1})$ gewählt werden. In t = T−2 verfügt der Unternehmer unter Beachtung der Zinszahlungen aus dem T- und dem (T−1)-periodigen Kredit noch über liquide Mittel von $z_{T-2}-K_T \cdot r_T- K_{T-1} \cdot r_{T-1}$, aus denen ein dritter Kredit K_{T-2} im Zeitpunkt t = 0 aufgenommen werden kann. Insgesamt kann man demnach zu jeder Einzahlung z_t einen Kreditbetrag im Umfang K_t mit gleicher Laufzeit unter Berücksichtigung der zwischenzeitlichen Zinszahlungen aufnehmen. Die Summe $K_1+\ldots+K_T$ der in t = 0 verfügbaren Mittel aus den Krediten nach Abzug der Anfangsauszahlung bezeichnet den aus dem Investitionsprojekt an den Unternehmer in t = 0 fließenden Reichtumszuwachs, bestimmt also damit den **Projektkapitalwert**. Die einzelnen Kreditvolumina K_t werden hierbei "von hinten nach vorne" ermittelt, weil der maximal rückzahlbare Kreditbetrag K_t mit Fälligkeit im Zeitpunkt t grundsätzlich nur bestimmt werden kann, wenn bekannt ist, welche Zinszahlungen aufgrund von Krediten mit Fristigkeiten von t+1 bis T (auch) in t anfallen. Man spricht deswegen bei dieser Art der Ermittlung des Projektkapitalwertes von der **"retrograden" Berechnungsmethode**. Sie geht auf *Rolfes* (1992, 1993) zurück.

Beispiel 5.3:

Es seien ein Investitionsprojekt mit $z_0 = -8.000$, $z_1 = 2.000$, $z_2 = 2.100$, $z_3 = 2.900$ sowie $z_4 = 3.800$ GE und die Kapitalmarktdaten gemäß *Tabelle 5.1* vorausgesetzt. In *Tabelle 5.2* sind die Zahlungsreihen aller realisierbaren Kredite $K^{(t)}$ mit Fälligkeiten in t = 1 bis t = 4 wiedergegeben.

Der Kreditbetrag K_4 zum Kredit $K^{(4)}$ aus *Tabelle 5.2* wurde beispielsweise durch die Rechnung 3.800/1,07 ≈ 3.551,4 GE ermittelt. Die damit einhergehenden Zinszahlungen in den Zeitpunkten t = 1, ..., 4 betragen ungefähr 0,07·3.551,4 ≈ 248,6 GE. Aus Unternehmersicht abfließende Zahlungen werden in *Tabelle 5.2* dabei durchgängig mit **negativem** Vorzeichen, zufließende Zahlungen hingegen mit **positivem** Vorzeichen ausgewiesen. Unter Beachtung der Zinszahlungen von etwa 248,6 GE in t = 3 aus dem Kreditbetrag K_4 verbleiben in t = 3 noch ungefähr 2.900−248,6 = 2.651,4 GE zur Tilgung eines Kreditbetrags K_3 mit dreiperiodiger Laufzeit, der sich deshalb auf näherungsweise 2.651,4/1,065 ≈ 2.489,58 GE belaufen kann und in t = 1, 2, 3 Zinszahlungen von ca. 0,065·2.489,58 ≈ 161,82 GE zur Folge hat. In entsprechender Weise sind die übrigen Zahlungsgrößen aus *Tabelle 5.2* ermittelt.

t	0	1	2	3	4
z_t	−8.000	2.000	2.100	2.900	3.800
$K^{(4)}$	3.551,4	−248,6	−248,6	−248,6	−3.800
$K^{(3)}$	2.489,58	−161,82	−161,82	−2.651,4	0
$K^{(2)}$	1.593,94	−95,64	−1.689,58	0	0
$K^{(1)}$	1.436,48	−1.493,94	0	0	0
Σ	1.071,4	0	0	0	0

Tabelle 5.2: Retrograde Kapitalwertermittlung (Zahlen generell auf zwei Dezimalstellen gerundet)

Insgesamt können aus den Einzahlungsüberschüssen z_1, …, z_4 des Investitionsprojekts damit Kredite in einem Gesamtumfang von etwa 3.551,4+2.489,58 +1.593,94+1.436,48 ≈ 9.071,4 GE in Zukunft verzinst und getilgt werden. Nach Abzug der 8.000 GE für die Anfangsauszahlung im Zusammenhang mit dem Investitionsprojekt verbleibt dem Unternehmer in t = 0 eine Reichtumssteigerung von ca. 9.071,4−8.000 = 1.071,4 GE, wodurch zugleich der Kapitalwert des betrachteten Investitionsprojekts beschrieben wird. □

5.3 Kapitalwertberechnung mittels Zero-Bond-Abzinsungsfaktoren

So anschaulich die retrograde Berechnungsmethode auch ist, so mühselig ist sie, wenn mehrere Projekte zur Auswahl stehen. Denn für jedes Investitionsprojekt ist aufs Neue ein Tableau wie in *Tabelle 5.2* zu erstellen. Aus diesem Grunde wäre es hilfreich, über eine **weniger umständliche** Methode zur Kapitalwertermittlung zu verfügen.

Einen denkbaren Zugang zur Problemlösung gewinnt man, wenn man den Begriff des **"Zero Bond"** (oder der "Nullkupon-Anleihe") einführt. Ein Zero Bond ist ein Finanzierungstitel, der nur in einem zukünftigen Zeitpunkt t mit von Null verschiedenen Zahlungskonsequenzen verbunden ist.[10] Beispielsweise führt ein in $t = 0$ ausgegebener dreiperiodiger Zero Bond nur in $t = 3$ zu Rückzahlungen an den Halter dieses Finanzierungstitels. Diese Rückzahlung umfasst damit neben der Tilgung des jeweils an den Emittenten des Zero Bond in $t = 0$ gezahlten Betrags auch die zugehörige gesamte Verzinsung. Man kann sich nun natürlich ohne weiteres einen standardisierten Zero Bond mit einem Zahlungsversprechen von 1 GE im Zeitpunkt $t = \tau$ vorstellen. Dessen Preis in $t = 0$ sei mit d_τ bezeichnet und wird **"Zero-Bond-Abzinsungsfaktor"** genannt. Ein Zero-Bond mit einem Zahlungsversprechen von z_τ in $t = \tau$ verfügt dann über einen Preis in $t = 0$ von gerade $d_\tau \cdot z_\tau$. Auf einem vollkommenen Kapitalmarkt bei Sicherheit stimmt der Preis oder Marktwert eines Zahlungsstroms mit seinem Kapitalwert überein. Aus der **Wertadditivität** der Kapitalwert- und damit auch der Marktwertformel folgt, dass der Preis einer Summe von Zahlungen $z_0, z_1, \ldots, z_T$ der Summe der Preise dieser Zahlungen entspricht. Da Letztere wiederum mit Hilfe der Zero-Bond-Abzinsungsfaktoren bestimmt werden können, stellt sich der **Kapitalwert** eines Zahlungsstroms $z_0, z_1, \ldots, z_T$ auch wie folgt dar:

$$\kappa = d_0 \cdot z_0 + d_1 \cdot z_1 + \ldots + d_T \cdot z_T = \sum_{t=0}^{T} d_t \cdot z_t. \tag{5.2}$$

Inhaltlicher Hintergrund für Formel (5.2) ist, dass jeder Zahlungsstrom grundsätzlich als ein **Bündel von Zero Bonds** interpretiert werden kann. Gemäß (5.2) sind die Zero-Bond-Abzinsungsfaktoren unmittelbar identisch mit den **Diskon-**

[10] Vgl. zum Begriff auch etwa *Kußmaul* (1989).

tierungsfaktoren für die einzelnen Zahlungszeitpunkte im Rahmen von Kapitalwertberechnungen. Gerade dies macht ihre besondere Bedeutung aus, und deswegen seien sie im Weiteren mit dem Kürzel "d" bezeichnet.

Beispiel 5.4:
Gegeben seien das Investitionsprojekt aus Beispiel 5.3 sowie Zero-Bond-Abzinsungsfaktoren für die verschiedenen Zeitpunkte t = 1, ..., 4 gemäß *Tabelle 5.3*.

t	0	1	2	3	4
d_t	1	0,9615	0,889	0,826	0,7595

Tabelle 5.3: Zero-Bond-Abzinsungsfaktoren d_t für verschiedene Laufzeiten t

Wieso sich die Zero-Bond-Abzinsungsfaktoren gerade auf die in *Tabelle 5.3* ausgewiesenen Werte belaufen sollten, wird noch weiter unten näher erläutert. In jedem Fall einleuchten dürfte aber, dass $d_0 = 1$ GE gilt: Eine in t = 0 zu erhaltende Geldeinheit ist natürlich schon definitorisch in t = 0 auch 1 GE wert. Klar sein dürfte auch, dass die Zero-Bond-Abzinsungsfaktoren mit wachsender Laufzeit t immer kleiner werden. In aller Regel ist der Zufluss von 1 GE in einem Zeitpunkt t = τ aus Sicht des Zeitpunktes t = 0 wertvoller als der Zugang von 1 GE in einem Zeitpunkt t = τ+1. Zumindest kann bei Möglichkeit zu **zinsloser Kassenhaltung** von Wirtschaftssubjekten unmittelbar darauf geschlossen werden, dass die Folge der d_t mit wachsendem t **monoton fallend** verlaufen muss, da ansonsten wenigstens ein Zeitpunkt t = τ existiert, so dass man sich auf folgende Weise durch Kapitalmarkttransaktionen bereichern könnte: Erwerb eines Zero Bond mit Fälligkeit in t = τ, Kassenhaltung der in t = τ zufließenden Mittel und Nutzung des damit in t = τ+1 vorhandenen liquiden Bestands zur Bedienung eines ebenfalls in t = 0 mit Fälligkeit t = τ+1 veräußerten Zero Bond gleichen Rückzahlungsbetrags wie (aber höheren Preises als) der in t = 0 erworbene. Dem per saldo verbleibenden Mittelüberschuss in t = 0 stünden keinerlei weitere Zahlungskonsequenzen in Folgezeitpunkten gegenüber. Unterstellt man gar plausiblerweise, dass alle künftigen Ein-Perioden-Zinssätze positiv sind, dann muss die Folge der d_t sogar **streng** monoton fallen, sofern am Kapitalmarkt keine Bereicherungsmöglichkeiten bestehen sollen, was wiederum im hier betrachteten Kontext notwendige Voraussetzung für die Existenz eines Kapitalmarktgleichgewichts ist.

In jedem Fall kann man den Zahlungsstrom aus dem zu bewertenden Investitionsprojekt derart interpretieren, dass er aus 8.000 Zero Bonds über jeweils 1 GE Rückzahlung mit Fälligkeit in t = 0, 2.000 Zero Bonds über je 1 GE Rückzahlung mit Fälligkeit in t = 1, 2.100 Zero Bonds über je 1 GE Rückzahlung mit Fälligkeit in t = 2, 2.900 Zero Bonds über je 1 GE Rückzahlung mit Fälligkeit in t = 3 sowie schließlich auch noch 3.800 Zero Bonds über je 1 GE Rückzahlung mit Fälligkeit in t = 4 besteht. Der Markt- oder Kapitalwert dieses Bündels von Zero Bonds bestimmt sich dabei als

$$-8.000+2.000\cdot 0{,}9615+2.100\cdot 0{,}889+2.900\cdot 0{,}826+3.800\cdot 0{,}7595 \\ = 1.071{,}4 \text{ GE}. \qquad (5.3)$$

Es resultiert demnach das gleiche Ergebnis wie im vorhergehenden Abschnitt 5.2. In der Tat muss dies bei konsistenter Berechnung auch der Fall sein, wie gleich noch erläutert wird. Des Weiteren sollte beachtet werden, dass jedes andere Investitionsprojekt in ganz entsprechender Weise wie das obige mit Hilfe von Zero-Bond-Abzinsungsfaktoren bewertet werden kann. □

Sobald man die Zero-Bond-Abzinsungsfaktoren kennt, kann der Kapitalwert zu **jedem beliebigen** Investitionsprojekt gemäß Formel (5.2) leicht bestimmt werden. Damit stellt sich allerdings unmittelbar die Frage nach Möglichkeiten zur Ermittlung der Zero-Bond-Abzinsungsfaktoren. Im Hinblick auf das im Abschnitt 5.2 präsentierte Vorgehen zur Berechnung des Kapitalwertes eines Investitionsprojekts bietet es sich an, auch Zero-Bond-Abzinsungsfaktoren im Wege einer **retrograden Berechnung** zu ermitteln. Ein Zero-Bond-Abzinsungsfaktor d_τ ist ja nichts anderes als der Kapitalwert aus Sicht des Zeitpunktes t = 0 von 1 GE Einzahlung in $t = \tau$.

Beispiel 5.5:

Gegeben seien die Kapitalmarktdaten des Beispiels 5.2. Der Kapitalwert von 1 GE Einzahlung im Zeitpunkt t = 4 aus Sicht des Zeitpunktes t = 0 kann dann über die retrograde Berechnungsmethode von *Rolfes* (1992, 1993) gemäß *Tabelle 5.4* bestimmt werden.

t	0	1	2	3	4
z_t	0	0	0	0	1
$K^{(4)}$	0,9346	−0,0654	−0,0654	−0,0654	-1
$K^{(3)}$	−0,0614	0,004	0,004	0,0654	0
$K^{(2)}$	−0,0579	0,0035	0,0614	0	0
$K^{(1)}$	−0,0557	0,0579	0	0	0
Σ	0,7596	0	0	0	0

Tabelle 5.4: Retrograde Ermittlung von d_4 (Zahlen generell auf vier Dezimalstellen gerundet)

Der Aufbau von *Tabelle 5.4* entspricht grundsätzlich dem von *Tabelle 5.2*. Zunächst fragt man sich demnach, welcher Kredit in t = 0 mit Fälligkeit in t = 4 aufgenommen werden kann, wenn eine Einzahlung von 1 GE in t = 4 zur Kreditrückzahlung und Leistung von Zinsen zur Verfügung steht. Das gesuchte Kreditvolumen K_4 berechnet sich bekanntermaßen als $1/1{,}07 \approx 0{,}9346$ GE. Die in t = 1 bis t = 4 hieraus resultierenden Zinszahlungen sind näherungsweise $0{,}07 \cdot 0{,}9346 \approx 0{,}0654$ GE. Eine kleine Modifikation im Vergleich zur Kapitalwertberechnung des Beispiels 5.3 besteht nun allerdings insofern, als in t = 3 infolge fehlender positiver Einzahlungen zur Erbringung der gerade berechneten Zinsleistung von 0,0654 GE aus Sicht des Zeitpunktes t = 0 eine Anlage, also ein negativer Kredit, zu tätigen ist. Diese Anlage muss sich in t = 0 auf ungefähr $0{,}0654/1{,}065 \approx 0{,}0614$ GE belaufen, damit in t = 3 hieraus Rückflüsse von näherungsweise 0,0654 GE resultieren, aus denen die Zinszahlungen des Zeitpunktes t = 3 im Zusammenhang mit dem Kredit $K^{(4)}$ bedient werden können. In entsprechender Weise erhält man einen zusätzlichen Anlagebedarf in Höhe von ca. 0,0579 GE von t = 0 bis t = 2 sowie von etwa 0,0557 GE von t = 0 bis t = 1. Per saldo verbleiben von dem Kreditvolumen in Höhe von etwa 0,9346 GE nach Abzug der benötigten Anlagen von insgesamt ungefähr $0{,}0614+0{,}0579+0{,}0557 = 0{,}175$ GE noch ungefähr 0,7596 GE in t = 0. Dies ist der letztlich über 1 GE Einzahlung in t = 4 zum Zeitpunkt t = 0 finanzierbare Mehrkonsum eines Wirtschaftssubjekts, also der Markt- oder Kapitalwert von 1 GE Einzahlung in t = 4, mithin der gesuchte Zero-Bond-Abzinsungsfaktor

d_4. Bis auf Rundungsdifferenzen stimmt er mit dem über *Tabelle 5.3* ad hoc vorausgesetzten Wert für d_4 überein. □

Bei einem Betrachtungszeitraum bis t = T müsste man demnach **T-mal** über die retrograde Berechnungsmethode Zero-Bond-Abzinsungsfaktoren bestimmen. Anschließend kann allerdings dann jedes beliebige Investitionsprojekt über diese Abzinsungsfaktoren bewertet werden.

Zweifellos ist aber auch dieses Vorgehen vergleichsweise aufwendig. Wesentlich einfacher lassen sich die Zero-Bond-Abzinsungsfaktoren ermitteln, wenn man sich vor Augen hält, dass auch schon eine Mittelanlage von t = 0 bis t = τ mit laufenden Zinszahlungen in den Zeitpunkten t = 1, ..., τ nichts anderes als ein ganz spezifisches Bündel von Zero Bonds darstellt und dementsprechend auch bewertet werden kann. Bei einem Anlagebetrag etwa von 1 GE erhält man in t = 1, ..., τ−1 Zinszahlungen r_τ und in t = τ eine Gesamtzahlung von $1+r_\tau$. Der Preis oder Kapitalwert des Bündels aus Zero Bonds mit Fälligkeit von t = 1 bis t = τ muss gerade der angelegten Geldeinheit entsprechen, da man ansonsten durch eine reine Finanzinvestition sein Vermögen erhöhen könnte. Weil jeder eine derartige Möglichkeit zur Reichtumssteigerung über Finanzinvestitionen wahrnehmen wollte, könnten andernfalls Angebot und Nachfrage nach bestimmten Finanztransaktionen nicht zur Deckung gebracht werden. Letztlich ist dies nichts anderes als eine erneute Umschreibung des bekannten Sachverhalts der im Gleichgewicht eines vollkommenen Kapitalmarktes gegebenen **Kapitalwertneutralität von Finanzinvestitionen**. Es muss also gelten:

$$1 = d_1 \cdot r_\tau + d_2 \cdot r_\tau + \ldots + d_{\tau-1} \cdot r_\tau + d_\tau \cdot (1+r_\tau) \tag{5.4}$$

für alle τ = 1, …, T.

Man erhält demnach **T Bestimmungsgleichungen**, in denen die T Zero-Bond-Abzinsungsfaktoren auftreten. Diese T Bestimmungsgleichungen lassen sich dabei aufgrund der spezifischen Struktur des Gleichungssystems sehr leicht lösen. Weil für τ = 1 die Gleichung $1 = d_1 \cdot (1+r_1)$ resultiert, kann für gegebenes r_1 hieraus d_1 sofort berechnet werden. Für τ = 2 erhält man $1 = d_1 \cdot r_2 + d_2 \cdot (1+r_2)$, woraus man bei Kenntnis von d_1 und gegebenem Wert für r_2 unmittelbar d_2 berechnen kann. In entsprechender Weise kann man für τ = 3 bis τ = T verfahren.

Beispiel 5.6:

Gegeben seien die Kapitalmarktdaten des Beispiels 5.2. Dann müssen die für die Fälligkeiten t = 1 bis t = 4 zur Verfügung stehenden Anlage-/Verschuldungsmöglichkeiten mit laufender Zinszahlung den folgenden Gleichungen genügen:

$$\begin{aligned}
&\text{I.} && 1 = d_1 \cdot 1{,}04 \Leftrightarrow d_1 = \frac{1}{1{,}04},\\
&\text{II.} && 1 = d_1 \cdot 0{,}06 + d_2 \cdot 1{,}06 \Leftrightarrow d_2 = \frac{1 - d_1 \cdot 0{,}06}{1{,}06},\\
&\text{III.} && 1 = d_1 \cdot 0{,}065 + d_2 \cdot 0{,}065 + d_3 \cdot 1{,}065 \Leftrightarrow d_3 = \frac{1 - (d_1 + d_2) \cdot 0{,}065}{1{,}065},\\
&\text{IV.} && 1 = d_1 \cdot 0{,}07 + d_2 \cdot 0{,}07 + d_3 \cdot 0{,}07 + d_4 \cdot 1{,}07 \Leftrightarrow d_4 = \frac{1 - (d_1 + d_2 + d_3) \cdot 0{,}07}{1{,}07}.
\end{aligned} \tag{5.5}$$

Aus I. ergibt sich unmittelbar $d_1 = 1/1{,}04 \approx 0{,}9615$ GE. Einsetzen dieses Wertes in II. führt zu $d_2 \approx (1-0{,}9615 \cdot 0{,}06)/1{,}06 \approx 0{,}889$. In entsprechender Weise erhält man ohne große Mühe $d_3 \approx 0{,}826$ GE sowie $d_4 \approx 0{,}7595$ GE, also genau die im Beispiel 5.4 zugrunde gelegten Werte. □

Die Ermittlung der Zero-Bond-Abzinsungsfaktoren über die Lösung eines **linearen Gleichungssystems** mit T Variablen $d_1, \ldots, d_T$ ist aber nicht nur einfacher als im Rahmen einer retrograden Berechnungsmethode der d_t. Sie erweist sich überdies auch als **allgemeiner** anwendbar. Um nämlich Zero-Bond-Abzinsungsfaktoren oder auch direkt Kapitalwerte von Investitionsprojekten retrograd zu bestimmen, benötigt man die Kenntnis der Zinssätze für Anlagen mit Laufzeiten von t = 1 bis t = T. Bei der Ermittlung von Zero-Bond-Abzinsungsfaktoren über die Lösung eines Gleichungssystems ist diese Voraussetzung nicht erforderlich. Hier braucht man lediglich T Finanzierungsinstrumente **beliebiger** Laufzeiten derart, dass die resultierenden T Bewertungsgleichungen **linear unabhängig** voneinander und damit eindeutig lösbar sind.[11]

[11] Lineare Unabhängigkeit der Gleichungen bedeutet, dass **keine** der T Bewertungsgleichungen redundant in dem Sinne ist, dass sie durch (lineare) Umformung und Zusammenfassung der anderen Bewertungsgleichungen **reproduziert** werden kann. Um T Zero-Bond-Abzinsungsfaktoren über die Lösung eines linearen Gleichungssystems eindeutig zu bestimmen, benötigt man demnach T **nicht redundante** Bewertungsgleichungen.

Beispiel 5.7:
Gegeben sei ein Drei-Zeitpunkte-Modell bei Sicherheit (t = 0, 1, 2). Auf dem vollkommenen Kapitalmarkt werden zwei Wertpapiere mit folgenden Zahlungsreihen gemäß *Tabelle 5.5* gehandelt:

t	1	2
$z_t^{(1)}$	6	106
$z_t^{(2)}$	2	54

Tabelle 5.5: Zahlungsreihen zweier Wertpapiere

Der Preis und damit Kapitalwert des Wertpapiers 1 in t = 0 sei $\kappa^{(1)}$ = 100,14245 GE, der des Wertpapiers 2 sei $\kappa^{(2)}$ = 50 GE. Wertpapier 1 kann als eine Anleihe interpretiert werden, die für den Zeitpunkt t = 2 einen Rückzahlungsbetrag von 100 GE verspricht. Die bei Anleihen für die Zinsberechnung maßgebliche Bezugsgröße wird als **Nenn- oder Nominalbetrag** bezeichnet. Die Zinszahlungen ergeben sich dann als Produkt von Nennbetrag und Nominalzinssatz. Für Wertpapier 1 etwa könnte ein Nennbetrag von 100 GE bei einem Nominalzinssatz von 6 % gegeben sein. Damit würde der Rückzahlungsbetrag dem Nennbetrag entsprechen, was typischerweise, wenngleich nicht zwingend, gilt. Das Konstrukt eines Nennbetrags ist bei Anleihen deswegen erforderlich, weil der jeweils aktuelle Preis einer Anleihe keine konstante Größe ist, sondern sich ständig den jeweiligen Zinsentwicklungen auf dem Kapitalmarkt anpasst. Beispielsweise mag es sein, dass die Anleihe in einem Zeitpunkt t = −1 zu einem Preis von 100 GE erstmalig von einem Emittenten ausgegeben werden konnte, weil in diesem Zeitpunkt für dann noch dreiperiodige Anlagen gerade ein Zinssatz von 6 % bei jeweils einperiodiger Zinszahlung Gültigkeit besaß. Aus der Tatsache, dass der Anleihepreis nunmehr in t = 0 über 100 GE liegt, kann man unmittelbar schließen, dass in t = 0 für zweiperiodige Mittelanlage mit jeweils einperiodiger Zinszahlung ein Zinssatz von weniger als 6 % gewährt wird, weswegen die Anleihe auch mehr als 100 GE in t = 0 wert ist.

Das zweite Wertpapier könnte eine Art **Sparbrief** mit wachsender Verzinsung beschreiben.[12] Bei einem Ausgabe- und Rückzahlungsbetrag von jeweils 50 GE wird in t = 1 eine Verzinsung von 4 % und in t = 2 eine Verzinsung von 8 % auf diesen "Sparbrief" gewährt.

Es sind damit in diesem Beispiel zwei Wertpapiere gegeben, die von Wirtschaftssubjekten in beliebiger Weise in t = 0 gekauft oder verkauft werden können. Sofern dabei ein Marktteilnehmer einen der Titel verkauft, ohne ihn zu besitzen, spricht man von einem **Leerverkauf**. Der betrachtete Marktteilnehmer tritt hierbei gewissermaßen als Emittent des betreffenden Wertpapiers auf: Vom jeweiligen Vertragspartner erhält er den Kaufpreis für das Wertpapier und verpflichtet sich dafür im Gegenzug, die aus dem Wertpapier für die Folgezeitpunkte fließenden Einzahlungen an den Vertragspartner zu gewähren. Es liegt somit nichts anderes als eine spezifische Form der **Kreditaufnahme** vor.

Beide Wertpapiere im Rahmen dieses Beispiels verfügen über eine grundsätzlich zweiperiodige Laufzeit. Eine unmittelbare Anwendung der retrograden Berechnungsmethode zur Bestimmung von Zero-Bond-Abzinsungsfaktoren ist daher nicht möglich. Zwar wüsste man, dass etwa durch die Ausgabe von 1/54 des Sparbriefs in t = 0 für t = 2 eine Zahlungsverpflichtung von genau 1 GE resultierte, man also in t = 0 einen Mittelzufluss von maximal 50/54 ≈ 0,9259 GE aus 1 GE Einzahlung in t = 2 finanzieren könnte. Offen bliebe aber, welcher Betrag hiervon wieder bis t = 1 angelegt werden müsste, um die aus der Sparbriefemission für t = 1 resultierende Zinszahlungsverpflichtung von (1/54)·2 = 1/27 ≈ 0,037 GE abzudecken. Über die Formulierung eines **linearen Gleichungssystems** hingegen können die beiden Zero-Bond-Abzinsungsfaktoren d_1 und d_2 leicht bestimmt werden.

$$\begin{aligned} &\text{I.} \quad 100{,}14245 = 6 \cdot d_1 + 106 \cdot d_2, \\ &\text{II.} \quad 50 = 2 \cdot d_1 + 54 \cdot d_2. \end{aligned} \qquad (5.6)$$

[12] Ein praktisches Beispiel wären etwa Bundesschatzbriefe des Typs A. Vgl. z.B. *Dichtl/Issing* (1993), S. 1958.

Rechnung I.−3·II. führt zu:

$$-49{,}85755 = -56 \cdot d_2$$
$$\Leftrightarrow d_2 = \frac{49{,}85755}{56} \approx 0{,}8903 \text{ GE.} \qquad (5.7)$$

Mittels Auflösung von II. nach d_1 und Einsetzen des Ergebnisses für d_2 aus (5.7) gelangt man zu

$$d_1 = \frac{50 - 54 \cdot d_2}{2} \approx 0{,}9615 \text{ GE.} \qquad (5.8)$$

Mit den Werten für d_1 und d_2 ist nun wieder die Ermittlung des Kapitalwertes eines beliebigen Investitionsprojekts auf dem betrachteten Kapitalmarkt möglich. Beispielsweise erhält man für ein Investitionsprojekt mit der Zahlungsreihe $z_0 = -30$, $z_1 = 15$ und $z_2 = 20$ GE einen Kapitalwert $\kappa \approx -30+0{,}9615 \cdot 15+0{,}8903 \cdot 20 \approx 2{,}23$ GE > 0, die Projektdurchführung ist damit also lohnenswert. □

Sofern die Ermittlung von Zero-Bond-Abzinsungsfaktoren über die Lösung eines linearen Gleichungssystems mit T Gleichungen nicht möglich ist, sind die gesuchten T Zero-Bond-Abzinsungsfaktoren durch die gegebenen Kapitalmarktdaten **nicht eindeutig** bestimmt. Wenn sich die d_t (t = 1, ..., T) demnach überhaupt eindeutig bestimmen lassen, dann über die Lösung eines entsprechenden linearen Gleichungssystems.

Beispiel 5.8:
Gegeben sei ein Kapitalmarkt über drei Zeitpunkte t = 0, 1, 2 hinweg, auf dem zwei Wertpapiere 1 und 2 gemäß *Tabelle 5.6* gehandelt werden.

t	1	2
$z_t^{(1)}$	4	108
$z_t^{(2)}$	2	54

Tabelle 5.6: Zahlungsreihen zweier Wertpapiere

Der Preis oder Kapitalwert des Titels 1 sei 100 GE, der des Titels 2 belaufe sich auf 50 GE. Damit können die folgenden beiden Bestimmungsgleichungen für d_1 und d_2 formuliert werden:

$$\begin{aligned} &\text{I.} \quad 100 = 4 \cdot d_1 + 108 \cdot d_2, \\ &\text{II.} \quad 50 = 2 \cdot d_1 + 54 \cdot d_2. \end{aligned} \tag{5.9}$$

Sowohl aus I. wie aus II. folgt, dass $d_1 = 25-27 \cdot d_2$ gilt. Eine genauere Spezifikation von d_1 und d_2 ist jedoch nicht möglich. Jede der beiden Bewertungsgleichungen erweist sich damit in Kenntnis der jeweils anderen als **redundant**: Multiplikation von I. mit 0,5 liefert II., Multiplikation von II. mit 2 liefert I. Mit nur einer nicht redundanten Bewertungsgleichung lassen sich aber nicht simultan zwei Zero-Bond-Abzinsungsfaktoren bestimmen. □

5.4 Effektivrenditen von Zero Bonds und Zinsstrukturcharakterisierung

Da ein Zero Bond, der 1 GE Einzahlung in einem Zeitpunkt τ liefert, in $t = 0$ über einen Kapitalwert von d_τ verfügt, kann man ohne weiteres den zugehörigen Ein-Perioden-Kalkulationszinsfuß v_τ zur Einzahlung $z_\tau = 1$ GE berechnen, so dass sich der resultierende Kapitalwert auf d_τ beläuft:

$$\begin{aligned} & d_\tau \overset{!}{=} \frac{1}{(1+v_\tau)^\tau} \\ \Leftrightarrow\ & v_\tau = \sqrt[\tau]{\frac{1}{d_\tau}} - 1. \end{aligned} \tag{5.10}$$

Der Zinsfuß v_τ ist damit nichts anderes als der zu der Zahlungsreihe $z_0 = -d_\tau$ und $z_\tau = 1$ GE gehörige **interne Zinsfuß**. Entsprechend der Darstellung im Abschnitt 3 dieses Kapitels kann v_τ folglich als die an den jeweiligen Halter des Zero Bond von $t = 0$ bis $t = \tau$ auf den Kaufpreis d_τ gewährte Ein-Perioden-Verzinsung oder Effektivrendite interpretiert werden.

Beispiel 5.9:
Für die Zero-Bond-Abzinsungsfaktoren aus *Tabelle 5.3* erhält man folgende zugehörige **Effektivrenditen**:[13]

$$\begin{aligned} v_1 &\approx \frac{1}{0{,}9615} - 1 \approx 4\ \%, \\ v_2 &\approx \sqrt{\frac{1}{0{,}889}} - 1 \approx 6{,}06\ \%, \\ v_3 &\approx \sqrt[3]{\frac{1}{0{,}826}} - 1 \approx 6{,}58\ \%, \\ v_4 &\approx \sqrt[4]{\frac{1}{0{,}7595}} - 1 \approx 7{,}12\ \%. \end{aligned} \tag{5.11}$$

Gemäß (5.11) ergibt sich damit beispielsweise für eine Anlage von Mitteln von t = 0 bis t = 2 eine Verzinsung pro Periode von etwa 6,06 % am Kapitalmarkt. Diese liegt leicht **über** dem Zinssatz von 6 %, der für zweiperiodige Anlage mit Zinszahlungen in t = 1 und t = 2 Gültigkeit besitzt. Der Grund hierfür ist darin zu sehen, dass im letzteren Fall genaugenommen eine **Mischung** aus einperiodiger und zweiperiodiger Anlage realisiert wird, da zum Teil Zahlungen an den Halter des Titels bereits in t = 1 erfolgen. Insofern wäre hier insgesamt eine Anlage mit einer durchschnittlichen[14] Fristigkeit unterhalb von zwei Perioden, aber natürlich oberhalb von einer Periode gegeben. Aus diesem Grunde muss die durchschnittliche Periodenverzinsung im Rahmen dieser Anlage mit 6 % auch zwischen der Periodenverzinsung von 4 % bei einer reinen einperiodigen Anlage und der Periodenverzinsung von etwa 6,06 % bei einer reinen zweiperiodigen Anlage liegen. Weil der weitaus überwiegende Teil der Zahlungen in t = 2 anfällt, liegt der

---

[13] In der Tat ist das Ergebnis von 4 % für v_1 sogar exakt. Die beiden "≈"-Zeichen müssen hier lediglich aufgrund der wiederholten Rundung gesetzt werden, führen aber zufälligerweise zum korrekten genauen Ergebnis.

[14] Natürlich stellt sich hierbei die Frage, wie die durchschnittliche Fristigkeit einer Anlage-/Verschuldungsmöglichkeit konkret berechnet werden sollte. Eine sehr weitverbreitete Kennziffer zur Bestimmung dieser durchschnittlichen Fristigkeit ist die sogenannte **Duration**. Im Anhang zu diesem Abschnitt wird allerdings gezeigt, dass sich diese Kennziffer zumindest im hier betrachteten Kontext als **wenig aussagekräftig** erweist.

Zinssatz von 6 % sehr nahe bei der Effektivrendite $v_2 \approx 6{,}06$ %. Aus entsprechenden Gründen gilt $v_3 \approx 6{,}58\ \% > 6{,}5\ \%$ sowie $v_4 \approx 7{,}12\ \% > 7\ \%$. □

Die Effektivrenditen von Zero Bonds geben damit die Ein-Perioden-Verzinsungen von Wertpapieren mit **"reinen"** Laufzeiten von t = 1 bis t = T an. Folglich beschreiben die Effektivrenditen von Zero Bonds die sogenannte **Zinsstruktur**. Diese ordnet jeder Fristigkeit die jeweils am Kapitalmarkt zugehörige Ein-Perioden-Verzinsung zu. Die graphische Darstellung der Zinsstruktur bezeichnet man als **Zinskurve**.[15] Sofern die Ein-Perioden-Zinssätze v_t in t streng monoton steigen, spricht man von einer **normalen** Zinskurve und -struktur, da dieser Fall aus empirischer Sicht die Regel ist: Je länger die Laufzeit einer Anlage oder Verschuldung, umso höher ist die Effektivrendite pro Periode. Aus theoretischer Sicht[16] wird die Zinsstruktur bei Sicherheit letztlich durch die **Zeitpräferenzen** der Marktteilnehmer bestimmt. Für entsprechende Nutzenfunktionen wäre es auch denkbar, dass die Zinskurve horizontal verläuft: In diesem Fall spricht man recht anschaulich von einer **flachen** Zinskurve oder Zinsstruktur: Für alle Laufzeiten ist die zugehörige Ein-Perioden-Verzinsung identisch. Man kann sich unschwer denken, dass dies genau den Fall einheitlicher Ein-Perioden-(Termin-)Zinssätze $i_t = i =$ konst. beschreibt. Bis zum vorhergehenden Abschnitt wurde demnach im Rahmen dieses Buchs stets eine flache Zinsstruktur vorausgesetzt. Erst im Laufe dieses Abschnitts wurden auch nicht-flache Zinsstrukturen zugelassen. Sofern die v_t mit wachsendem t streng monoton fallen, spricht man von einer **inversen** Zinskurve oder -struktur, da dieser Fall empirisch eher die Ausnahme darstellt.[17]

Auch über die Effektivrenditen von Zero Bonds lassen sich wegen der über die erste Gleichung aus (5.10) gegebenen Beziehung zu den Zero-Bond-Abzinsungsfaktoren unmittelbar Kapitalwertberechnungen durchführen. Man erhält:

---

[15] Vgl. auch *Abbildung 5.1*.

[16] Auf das Gebiet der Zinsstrukturtheorien kann und soll an dieser Stelle nicht im Detail eingegangen werden. Vgl. dazu etwa die umfassende Darstellung bei *Sandmann* (2001).

[17] Das bedeutet aber nicht, dass inverse Zinsstrukturen fast nicht zu beobachten wären. So herrschte in Deutschland etwa zu Anfang der neunziger Jahre über längere Zeit eine solche Situation vor. Vgl. *Wolters/Hassler* (1998), S. 147.

$$\kappa = z_0 + \frac{z_1}{1+v_1} + \frac{z_2}{(1+v_2)^2} + \ldots + \frac{z_T}{(1+v_T)^T} = \sum_{t=0}^{T} \frac{z_t}{(1+v_t)^t}, \qquad (5.12)$$

wobei $v_0 = 0$ und $(1+v_0)^0 = 1$ gilt.

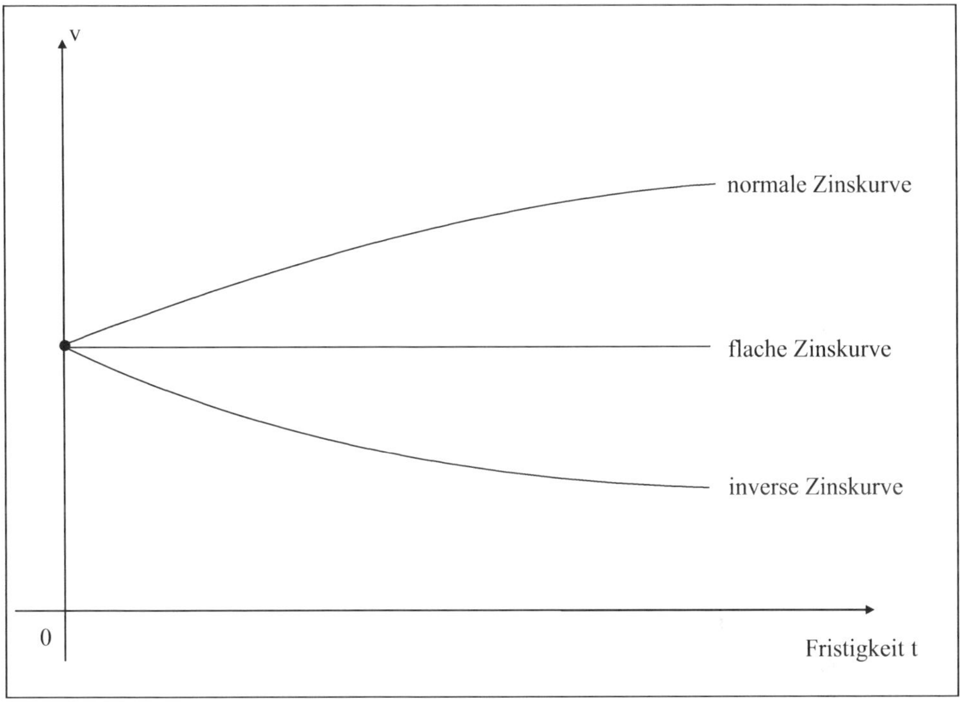

Abbildung 5.1: Grundsätzliche Verlaufstypen von Zinskurven

Beispiel 5.10:
Gegeben seien die Effektivrenditen v_t (t = 1, …, 4) von Zero Bonds gemäß (5.11) sowie das Investitionsprojekt aus Beispiel 5.3. Dessen Kapitalwert lässt sich dann unter anderem auch wie folgt berechnen:

$$\kappa \approx -8.000 + \frac{2.000}{1{,}04} + \frac{2.100}{1{,}0606^2} + \frac{2.900}{1{,}0658^3} + \frac{3.800}{1{,}0712^4} \approx 1.071{,}35 \text{ GE}, \qquad (5.13)$$

was, abgesehen von Rundungsdifferenzen, mit den Werten aus *Tabelle 5.2* sowie Formel (5.3) übereinstimmt. □

5.5 Ein-Perioden-Terminzinssätze und Zero-Bond-Abzinsungsfaktoren

Mit Hilfe der Betrachtung von Zero-Bond-Abzinsungsfaktoren bzw. der zugehörigen Effektivrenditen ist es nun auch leicht, die **Ein-Perioden-(Termin-)Zinssätze** $i_1, \ldots, i_T$ zu bestimmen. Wenn man nämlich 1 GE von einem Zeitpunkt $t = 0$ bis $t = \tau$ anzulegen wünscht, dann bieten sich hierzu mehrere Möglichkeiten. Zum einen wäre es denkbar, dass man seine Mittel von $t = 0$ bis $t = 1$ zu einem Zinssatz i_1 anlegt, anschließend (für $\tau > 1$) den Gesamterlös $1+i_1$ von $t = 1$ bis $t = 2$ zu i_2, den hieraus resultierenden Rückfluss $(1+i_1)\cdot(1+i_2)$ (für $\tau > 2$) von $t = 2$ bis $t = 3$ zu i_3 und so fort, bis sich schließlich insgesamt in $t = \tau$ Einzahlungen von $(1+i_1)\cdot\ldots\cdot(1+i_\tau)$ ergeben. Zum anderen könnte man auch einen Zero Bond mit Fälligkeit in $t = \tau$ erwerben. Da ein standardisierter Zero Bond bei einem Rückzahlungsbetrag von 1 GE in $t = \tau$ einen Preis von d_τ in $t = 0$ hat, erhält man für 1 GE in $t = 0$ genau $1/d_\tau$ standardisierte Zero Bonds und daher einen entsprechenden Rückzahlungsanspruch in $t = \tau$. Der Ausdruck $1/d_\tau$ wiederum ist gemäß (5.10) identisch zu $(1+v_\tau)^\tau$, was auch unmittelbar einleuchtet: Wenn man 1 GE über Zero Bonds von $t = 0$ bis $t = \tau$ anlegt, dann resultiert eine durchschnittliche Ein-Perioden-Rendite von v_τ und folglich ein Rückzahlungsbetrag am Ende der Laufzeit von $(1+v_\tau)^\tau$.

Es muss nun

$$(1+i_1)\cdot\ldots\cdot(1+i_\tau) = (1+v_\tau)^\tau \tag{5.14}$$

für jeden beliebigen Betrachtungszeitraum $t = 0$ bis $t = \tau$ gelten. Andernfalls nämlich bestünde einmal mehr für Marktteilnehmer die Möglichkeit zur beliebigen Reichtumsmehrung mittels Kapitalmarkttransaktionen. Wäre etwa die linke Seite von (5.14) kleiner als die rechte, würde es sich lohnen, sich kurzfristig revolvierend von $t = 0$ bis $t = \tau$ zu verschulden und die in $t = 0$ hieraus zufließenden Mittel zum Kauf von Zero Bonds mit Fälligkeit in $t = \tau$ zu verwenden. Weil diese Transaktionen für jeden Marktteilnehmer vorteilhaft wären, gäbe es eine unbegrenzte Nachfrage nach einperiodigen Verschuldungsmöglichkeiten, aber keinerlei Angebot. Ebenso existierte eine unbegrenzte Nachfrage nach Zero Bonds mit Fälligkeit im Zeitpunkt $t = \tau$. Niemand aber böte diese Zero Bonds an. Aus einem entsprechenden Grund kann die linke Seite von (5.14) nicht größer als die rechte sein.

Beispiel 5.11:

Gegeben sei ein Kapitalmarkt über drei Zeitpunkte t = 0, 1, 2 hinweg. Die Effektivrendite v_2 von Zero Bonds mit Fälligkeit in t = 2 betrage 6,06 %. Der Zinssatz i_1 für Mittelanlage/-aufnahme von t = 0 bis t = 1 sei 4 %, der korrespondierende Zinssatz i_2 für Mittelanlage/-aufnahme von t = 1 bis t = 2 betrage 7 %. Dann gilt: $(1+i_1)\cdot(1+i_2) = 1{,}1128 < 1{,}1249 \approx (1+v_2)^2$. Unter diesen Voraussetzungen wäre es daher lohnenswert, in t = 0 beispielsweise 100 GE über einen einperiodigen Kredit aufzunehmen und diesen Betrag unmittelbar zum Kauf von Zero Bonds mit Fälligkeit in t = 2 zu verwenden. Aus dem Zero-Bond-Erwerb ergäben sich Einzahlungen in t = 2 von $100\cdot 1{,}0606^2 \approx 112{,}49$ GE. Die Kreditaufnahme in t = 0 ihrerseits bedingt für t = 1 eine Verbindlichkeit in Höhe von 104 GE. Zu deren Deckung ist eine erneute Kreditaufnahme von t = 1 bis t = 2 zu 7 % erforderlich, was schließlich zu Verbindlichkeiten in t = 2 von $104\cdot 1{,}07 = 111{,}28$ GE führt. Insgesamt verbleibt damit dem handelnden Marktteilnehmer ein Überschuss von etwa $112{,}49-111{,}28 = 1{,}21$ GE > 0 in t = 2 ohne jeglichen eigenen Mitteleinsatz. Bei größeren Engagements über 100 GE hinaus resultierten entsprechend höhere Nettoerträge. Natürlich kann eine derartige Situation kein Kapitalmarktgleichgewicht beschreiben. □

Mittels (5.14) lassen sich nun leicht aus den Effektivrenditen der Zero Bonds sämtliche **Ein-Perioden-Zinssätze i_t** herleiten. Weil (5.14) nämlich für alle $\tau = 1$ bis T gilt, erhält man ein System von **T linearen Gleichungen**. Aufgrund der besonderen Struktur dieses Gleichungssystems fällt dessen Lösung nicht sehr schwer. So erhält man für $\tau = 1$ unmittelbar $1+i_1 = 1+v_1$ und somit $i_1 = v_1$. Natürlich entspricht der Ein-Perioden-Zinssatz i_1 von t = 0 bis t = 1 gerade der Effektivrendite des einperiodigen Zero Bond: Im Rahmen einer Ein-Perioden-Betrachtung ist nämlich **jede** Anlage naturgemäß ein Zero Bond.

Für $\tau = 2$ gilt $(1+i_1)\cdot(1+i_2) = (1+v_2)^2$. Für gegebenen Wert v_2 und bereits berechneten Wert i_1 lässt sich diese Gleichung unmittelbar zur Bestimmung von i_2 nutzen: $i_2 = [(1+v_2)^2/(1+i_1)]-1$. Analog lassen sich die Werte für $i_3, i_4, \ldots, i_T$ der Reihe nach ermitteln.

Beispiel 5.12:

Gegeben seien die Effektivrenditen von Zero Bonds gemäß (5.11). Damit erhält man sofort $i_1 = 4$ %. Für i_2 ergibt sich ungefähr $1{,}0606^2/1{,}04-1 \approx 8{,}16$ %. In entsprechender Weise gelangt man zu $i_3 = (1+v_3)^3/[(1+i_1)\cdot(1+i_2)]-1 \approx 7{,}63$ % sowie $i_4 = (1+v_4)^4/[(1+i_1)\cdot(1+i_2)\cdot(1+i_3)]-1 \approx 8{,}76$ %. Bemerkenswerterweise zeigt sich hierbei, dass eine steigende Zinsstruktur **keinesfalls** auch mit steigenden Ein-Perioden-(Termin-)Zinssätzen einhergehen muss.[18] □

Statt der Effektivrenditen von Zero Bonds kann man wegen des Zusammenhangs $(1+v_t)^t = 1/d_t$ auch die **Zero-Bond-Abzinsungsfaktoren** zur Bestimmung der Ein-Perioden-Terminzinssätze nutzen. Dabei gilt generell:

$$i_t = \frac{d_{t-1}}{d_t} - 1. \qquad (5.15)$$

Die Richtigkeit von (5.15) ist schnell verdeutlicht. Wegen $i_1 = 1+v_1-1$ und $1+v_1 = 1/d_1$ gilt $i_1 = (1/d_1)-1$, wobei bereits bekannt ist, dass $d_0 = 1$ GE ist. Wegen $i_2 = (1+v_2)^2/(1+i_1)-1$, $(1+v_2)^2=1/d_2$ und $1+i_1 = 1/d_1$ gelangt man zu $i_2 = (d_1/d_2)-1$. In entsprechender Weise kann für jeden Betrachtungszeitpunkt τ verfahren werden.

Bereits zu Anfang dieses Abschnitts wurde dargelegt, dass die Ein-Perioden-Zinssätze i_τ unter anderem auch als Terminzinssätze interpretiert werden können. Wenn aus den Zero-Bond-Daten die Werte der i_τ berechenbar sind, dann muss eine derartige Terminanlage auch grundsätzlich über Zero Bonds konstruierbar sein.[19] In der Tat ist dies recht einfach. Um 1 GE Auszahlung in $t = \tau-1$ zu generieren, muss man einen standardisierten Zero Bond mit Fälligkeit in $t = \tau-1$ im Zeitpunkt $t = 0$ zu einem Preis von $d_{\tau-1}$ emittieren. In $t = \tau$ sollen sich Einzahlungen von $1+i_\tau$ ergeben, was für $t = 0$ den Erwerb von $1+i_\tau$ standardisierten Zero

---

18 Der Umkehrschluss ist allerdings zutreffend: Steigende Ein-Perioden-Zinssätze implizieren eine steigende Zinsstruktur. Dieser Zusammenhang ist Gegenstand einer als **Erwartungshypothese** bekannten Zinsstrukturtheorie. Vgl. etwa *Franke/Hax* (2009), S. 403 f. Das Vorliegen einer steigenden Zinsstruktur wird hierbei über die Erwartung von steigenden Ein-Perioden-Zinssätzen seitens der Marktteilnehmer erklärt. Da die Ursache dieser Erwartung nicht weiter ausgeführt wird, kann diese Zinsstrukturtheorie nur als überaus rudimentär bezeichnet werden. Ferner haben wir gerade feststellen können, dass steigende Ein-Perioden-Zinssätze nicht notwendig für das Vorliegen einer steigenden Zinsstruktur sind.

19 Im **Umkehrschluss** bedeutet dies übrigens, dass nicht berechenbare Zinssätze mit nicht konstruierbaren Anlagen/Verschuldungen korrespondieren.

Bonds über je 1 GE Rückzahlung in $t = \tau$ erfordert. Deren Preis in $t = 0$ ist $(1+i_\tau)\cdot d_\tau$. Insgesamt wendet man in $t = 0$ einen Geldbetrag in Höhe von $(1+i_\tau)\cdot d_\tau - d_{\tau-1} = 0$ GE auf, was natürlich klar war, da i_τ ansonsten kein reiner Terminzinssatz gewesen wäre.

Beispiel 5.13:
Gemäß dem Ergebnis aus Beispiel 5.12 muss es möglich sein, aus Zero Bonds eine Terminanlage von $t = 1$ bis $t = 2$ mit einer Verzinsung von etwa 8,16 % zu konstruieren. Dazu ist im Zeitpunkt $t = 0$ ein standardisierter Zero Bond mit Fälligkeit in $t = 1$ zum Preis von 0,9615 GE leerzuverkaufen. Gleichzeitig sind 1,0816 standardisierte Zero Bonds mit Fälligkeit in $t = 2$ ebenfalls noch in $t = 0$ zu einem Gesamtpreis von $1{,}0816\cdot 0{,}889 \approx 0{,}9615$ GE zu erwerben. Damit ist die gewünschte Terminanlage **"synthetisch"** erzeugt, wie *Tabelle 5.7* belegt.

t	0	1	2
Zero Bond 1	0,9615	−1	0
Zero Bond 2	−0,9615	0	1,0816
Σ	0	−1	1,0816

Tabelle 5.7: Konstruktion einer synthetischen Terminanlage (Werte zum Teil gerundet) □

Im Rahmen der hier präsentierten Herleitungen wurden auch die Zero-Bond-Abzinsungsfaktoren selbst auf der Grundlage anderer Daten, konkret den Zinssätzen für Anlagen/Verschuldungen mit laufenden periodischen Zinszahlungen, ermittelt. Daher ist es sogar möglich, auf der Basis dieser Daten jeden Zahlungsstrom zu generieren, sofern Zero-Bond-Abzinsungsfaktoren eindeutig ermittelt werden können.

Beispiel 5.14:
Gegeben seien die Kapitalmarktdaten aus *Tabelle 5.1*. Dann muss es möglich sein, in $t = 0$ durch geschickte Kombination von einperiodiger Verschuldung und zweiperiodiger Anlage eine Terminanlage von $t = 1$ bis $t = 2$ synthetisch zu erzeugen. Zu diesem Zweck bezeichne A_2 den Betrag, der von $t = 0$ bis $t = 2$ angelegt

wird. In t = 2 sollen sich Einzahlungen von ungefähr 1,0816 GE ergeben, so dass unmittelbar auf $A_2 \cdot 1{,}06 = 1{,}0816 \Leftrightarrow A_2 = 1{,}0816/1{,}06 \approx 1{,}0204$ GE geschlossen werden kann. Aus dieser Anlage resultieren in t = 1 weitere Einzahlungen von etwa $1{,}0204 \cdot 0{,}06 \approx 0{,}06122$ GE. In t = 0 ist ferner ein Kredit im Umfang K_1 mit Fälligkeit in t = 1 aufzunehmen, so dass sich per saldo eine Auszahlung von 1 GE für t = 1 ergibt. Es ist mithin $K_1 \cdot 1{,}04 \approx 1{,}06122$ GE zu verlangen. Daraus erhält man $K_1 \approx 1{,}0204$ GE. Die synthetische Konstruktion einer Terminanlage von 1 GE zu einem Zinssatz von etwa 8,16 % von t = 1 bis t = 2 erfordert demnach die Aufnahme von ungefähr 1,0204 GE von t = 0 bis t = 1 zu einem Zinssatz von 4 % und die Anlage von ebenfalls etwa 1,0204 GE von t = 0 bis t = 2 zu einem Zinssatz von 6 % mit Zinszahlungen in t = 1 und t = 2. In *Tabelle 5.8* sind die Zahlungskonsequenzen der beiden Kapitalmarkttransaktionen nochmals zusammengefasst dargestellt.

t	0	1	2
Kredit	1,0204	−1,06122	0
Anlage	−1,0204	0,06122	1,0816
Σ	0	−1	1,0816

Tabelle 5.8: Konstruktion einer synthetischen Terminanlage (Werte zum Teil gerundet) □

Auch mit Hilfe der Ein-Perioden-Zinssätze $i_1, \ldots, i_T$ können Kapitalwertberechnungen durchgeführt werden. Bereits aus (5.14) in Verbindung mit (5.12) folgt dabei die Gültigkeit der zu Beginn dieses Abschnitts vorgeführten Formel (5.1). Diese stellt demnach bei Ansatz der Betrachtungen an den Zinssätzen $r_1, \ldots, r_T$ den Endpunkt der Überlegungen und nicht ihren Anfang dar.

Beispiel 5.15:

Gegeben seien das Investitionsprojekt und die Kapitalmarktdaten aus Beispiel 5.3. Dann besteht auf der Grundlage der insgesamt hergeleiteten Ergebnisse auch die folgende Möglichkeit der Kapitalwertberechnung:

$$\kappa \approx -8.000 + \frac{2.000}{1,04} + \frac{2.100}{1,04 \cdot 1.0816} + \frac{2.900}{1,04 \cdot 1.0816 \cdot 1.0763} + \frac{3.800}{1,04 \cdot 1,0816 \cdot 1,0763 \cdot 1,0875} \approx 1.071,46 \text{ GE.} \tag{5.16}$$

Abgesehen von Rundungsdifferenzen stimmt der Kapitalwert gemäß (5.16) mit den Werten aus *Tabelle 5.2* sowie den Formeln (5.3) und (5.13) überein. □

Die im Rahmen dieses Abschnitts präsentierten vier Möglichkeiten zur Kapitalwertberechnung bei nicht-flacher Zinsstruktur können alle als Ausdruck einer jeweils spezifischen Form der Finanzierung des aus der Projektrealisation ermöglichten Mehrkonsums im Zeitpunkt t = 0 interpretiert werden. Während bei der retrograden Finanzierungsweise nach *Rolfes* für jeden Fälligkeitszeitpunkt t auf eine Verschuldung oder Anlage gleicher Fristigkeit bei periodischen Zinszahlungen zurückgegriffen wird, unterstellen die Formeln (5.2) und (5.12) die Veräußerung oder den Erwerb von Zero Bonds mit Fälligkeiten von t = 1 bis t = T. Formel (5.1) schließlich geht von kurzfristig revolvierenden (jeweils einperiodigen) Verschuldungen/Anlagen aus. Alle unterstellten Kapitalmarkttransaktionen führen zum selben Kapitalwert und belegen damit insbesondere nochmals die Kapitalwertneutralität von Finanzinvestitionen, wie sie schon aus dem Fall flacher Zinsstruktur bekannt ist.

5.6 Zusammenfassung

Gegenstand dieses Abschnitts war die Herleitung der Kapitalwertformel für den Fall **nicht-flacher Zinsstruktur**. Es wurde gezeigt, dass die Kapitalwertformel dabei auf verschiedene, jeweils äquivalente Weise dargestellt werden kann. Lange Zeit herrschte in den investitionsrechnerischen Lehrbüchern die Beschreibung der Kapitalwertformel über die Verwendung von **Ein-Perioden-Termin-Zinssätzen** vor. Zu Recht wurde insbesondere von *Rolfes* kritisiert, dass typischerweise die Zinssätze von Anlagen verschiedener Fristigkeit mit **laufenden Zinszahlungen** eher als die Terminzinssätze zugänglich sind. Mit Hilfe der auch von ihm vorgeschlagenen **retrograden Berechnungsmethode** wurde die Kapitalwertermittlung unmittelbar auf der Grundlage der Kapitalmarktdaten für unterschiedliche Fristigkeiten der Mittelanlage/-verschuldung präsentiert. Anschließend wurden die Interpretation eines Zahlungsstroms als eines **Bündels von Zero Bonds** und die hierauf aufbauende Kapitalwertberechnung dargestellt. Der Kapitalwert eines

Zahlungsstroms wird in diesem Zusammenhang als Summe der Kapitalwerte der ihn bildenden Zero Bonds bestimmt. Die als **Zero-Bond-Abzinsungsfaktoren** bezeichneten Preise standardisierter Zero Bonds konnten dabei zum einen retrograd nach *Rolfes* oder einfacher und allgemeiner über die Lösung eines **linearen Gleichungssystems** ermittelt werden. Zuletzt wurden die **Zusammenhänge** zwischen Zero-Bond-Abzinsungsfaktoren, Effektivrenditen von Zero Bonds sowie den Ein-Perioden-Termin-Zinssätzen dargelegt. In *Tabelle 5.9* sind alle in diesem Kapitel verwandten Größen zur Kapitalwertberechnung bei nicht-flacher Zinsstruktur noch einmal überblicksartig zusammengestellt.

Symbol	Bedeutung
r_t	Zinssatz **pro Periode** bei t-periodiger Anlage (mit periodischer Zinszahlung und endfälliger Tilgung)
v_t	Zinssatz **pro Periode** bei Erwerb eines Zero Bond mit Fälligkeit in t
i_t	Ein-Perioden-Kassa- oder -Termin-Zinssatz von t−1 bis t
d_t	Preis eines Zero Bond im Zeitpunkt 0 bei Fälligkeit in t und Rückzahlung von 1 GE (Zero-Bond-Abszinsungsfaktor)

Tabelle 5.9: Wichtige Zinssätze und Preise bei nicht-flacher Zinsstruktur

Anhang

Während die Fristigkeit von Zero Bonds unmittelbar zu erkennen ist, ist bei allen anderen Anlage- und Verschuldungsformen, die stets Bündel von Zero Bonds verschiedener Laufzeit sind, die adäquate Messung der zugehörigen durchschnittlichen Laufzeit nicht so ohne weiteres klar. In der Tat gibt es hier eine als **Duration** bekannte Maßzahl, die sich aus verschiedenen Gründen großer Beliebtheit erfreut.[20]

Unter der Duration DU einer Zahlungsreihe $z_0, \ldots, z_T$ versteht man ein gewogenes Mittel der **Zahlungszeitpunkte** $t = 0, ..., T$, wobei als Gewicht q_t im Zeitpunkt t der jeweilige Anteil des **Kapitalwertes** der Zahlung z_t am Gesamtkapitalwert der Zahlungsreihe fungiert.[21]

$$DU \equiv \sum_{t=1}^{T} t \cdot q_t \qquad \text{(A5.1)}$$

mit

$$q_t \equiv \frac{d_t \cdot z_t}{\sum_{\tau=1}^{T} d_\tau \cdot z_\tau}. \qquad \text{(A5.2)}$$

Beispiel A5.1:

Gegeben seien die Kapitalmarktdaten aus Beispiel 5.2 und damit Zero-Bond-Abzinsungsfaktoren, die ungefähr denen aus *Tabelle 5.3* entsprechen. Die Duration DU einer Anlage von 100 GE in $t = 0$ bis $t = 2$ mit Zinszahlung in Höhe von 6 GE in $t = 1$ und $t = 2$ beträgt dann ungefähr

$$DU \approx 1 \cdot \frac{0{,}9615 \cdot 6}{100} + 2 \cdot \frac{0{,}889 \cdot 106}{100} = 1{,}94237. \qquad \text{(A5.3)}$$

---

[20] Auf die einzelnen (vorteilhaften) Eigenschaften der Duration soll hier nicht näher eingegangen werden. Vgl. dazu etwa *Kruschwitz/Schöbel* (1986) oder *May* (1999).

[21] Der Zeitpunkt $t = 0$ kann ohne weiteres im Folgenden unberücksichtigt bleiben, da der Beitrag des zugehörigen Teilprodukts $0 \cdot q_0$ zur Gesamtsumme natürlich stets Null ist.

Der Kapitalwert der aus der Anlage in t = 1 und t = 2 fließenden Zahlungen beläuft sich nämlich gerade auf 100 GE, wie schon aus Beispiel 5.2 implizit[22] folgt, aber auch leicht durch die Rechnung $6 \cdot 0{,}9615+106 \cdot 0{,}889 \approx 100$ GE geprüft werden kann. In der Tat erhält man also eine Duration, die knapp unterhalb von 2 liegt. Auch dies bestätigt, dass bei einer steigenden Zinskurve mit $v_1 = 4$ % und $v_2 \approx 6{,}06$ % die Ein-Perioden-Verzinsung bei zweiperiodiger Anlage mit periodischer Zinszahlung zwischen v_1 und v_2, aber dabei sehr nahe an v_2 liegen wird. □

Beispiel A5.1 zeigt, wie man durch Durationsberechnung die durchschnittliche Fristigkeit eines Zahlungsstroms abschätzen kann. Natürlich mag man einwenden, dass man auch schon ohne Bestimmung der komplexen Kennziffer "Duration" eine durchschnittliche Laufzeit der betrachteten Anlage unterhalb von zwei Perioden behauptet hätte. Die Duration oder jede andere Form der Ermittlung einer durchschnittlichen Laufzeit könnte im hier betrachteten Kontext nur dann einen zusätzlichen Informationswert haben, wenn damit eine unmittelbare Verknüpfung zur zugehörigen **durchschnittlichen Effektivverzinsung** der betrachteten Zahlungsreihe erreicht wird.

Beispiel A5.2:

Zur Veranschaulichung sei der Zahlungsstrom $z_1 = 0{,}05$, $z_2 = 0$ und $z_3 = 0{,}058202717$ GE unter weiterhin angenommener Gültigkeit der Kapitalmarktdaten aus Beispiel 5.2 betrachtet. Der Kapitalwert dieses Zahlungsstroms bestimmt sich über $d_1 \cdot z_1 + d_3 \cdot z_3$ ungefähr als 0,09615 GE. Als Duration erhält man bei Anwendung von Formel (A5.1) in Verbindung mit (A5.2) fast genau 2. Sollten sich Durationsberechnungen im hier interessierenden Kontext als hilfreich erweisen, dann müsste die zugehörige Effektivrendite des Zahlungsstroms gerade einen Wert von $v_2 \approx 6{,}06$ %, also wie bei einem Zero Bond mit Laufzeit von zwei Perioden, aufweisen. Tatsächlich aber führt die Rechnung $z_1/(1+v_2)+z_3/[(1+v_2)^3]$ zu einem Kapitalwert von etwa 0,09593 GE, wobei die Diskrepanz zum tatsächlichen Kapitalwert **nicht** rundungsbedingt ist. Dies erkennt man daran, dass die Duration der Zahlungsreihe unabhängig von d_2 und damit v_2 ist. Das bedeutet, dass man

---

22 Im Beispiel 5.2 ermöglicht eine Mittelanlage in t = 0 von 100 GE Rückflüsse in t = 1 von 6 GE und in t = 2 von 106 GE. Da Finanzinvestitionen auf vollkommenem Kapitalmarkt einen Kapitalwert von Null aufweisen, muss der Kapitalwert der Einzahlungen des Zeitpunktes t = 1 und t = 2 aus Sicht von t = 0 gerade 100 GE ausmachen.

ceteris paribus für jeden anderen Effektivzinssatz v_2 eines zweiperiodigen Zero Bond stets zum Ausweis einer Duration von 2 des betrachteten Zahlungsstroms gelangte. Nur zufällig wird der mit v_2 berechnete falsche Kapitalwert dem richtigen (und von v_2 unabhängigen) entsprechen. □

Aus Beispiel A5.2 folgt unmittelbar, dass eine Kenngröße zur Quantifizierung der durchschnittlichen Laufzeit einer Zahlungsreihe über Gewichte q_t der Zahlungszeitpunkte verfügen müsste, die in jedem Fall von der **gesamten** Zinsstruktur abhängen. Das heißt, auch etwa q_1 und q_3 müssten Funktionen von v_2 sein, selbst wenn $z_2 = 0$ GE gilt. Die Duration ist damit im hier betrachteten Kontext als grundsätzlich ungeeignet zu qualifizieren, und es ist mehr als fraglich, ob überhaupt eine adäquate Kenngröße existiert. Insofern muss die Aussage, dass die Effektivzinssätze der Zero Bonds im den Ausführungen dieses Abschnitts zugrundeliegenden Zahlenbeispiel wegen der steigenden Zinsstruktur und den unter T liegenden durchschnittlichen Fristigkeiten von T-periodigen Anlagen/Verschuldungen mit periodischer Zinszahlung höher als die Effektivzinssätze der zuletzt genannten Anlagen/Verschuldungen sind, so **unscharf** bleiben, wie sie formuliert ist.[23]

---

[23] Offen bleibt im Rahmen der vorliegenden Überlegungen freilich, ob sich die genannten theoretischen Probleme bei der Nutzung der Duration zur Effektivzinsabschätzung praktisch in der Tat als relevant erweisen. Mit dieser Frage haben sich *Knoll/Deininger* (2004) näher beschäftigt.

Wiederholungsfragen

W5.1
Was versteht man unter Termin-, was unter Kassazinssätzen?

W5.2
Welcher Zusammenhang besteht zwischen Termin- und Kassazinssätzen im Kapitalmarktgleichgewicht bei Sicherheit?

W5.3
Wie lautet die Kapitalwertformel im Fall nicht-konstanter Ein-Perioden-Zinssätze?

W5.4
Beschreiben Sie die retrograde Berechnungsmethode nach *Rolfes* zur Ermittlung von Projektkapitalwerten!

W5.5
Was versteht man unter Zero Bonds und unter Zero-Bond-Abzinsungsfaktoren?

W5.6
Auf welche verschiedenen Arten lassen sich Zero-Bond-Abzinsungsfaktoren bestimmen?

W5.7
Wie lässt sich der Kapitalwert eines Investitionsprojekts mit Hilfe von Zero-Bond-Abzinsungsfaktoren berechnen?

W5.8
Auf welche Weise kann man die Effektivrenditen von Zero Bonds aus den Zero-Bond-Abzinsungsfaktoren ermitteln?

W5.9

Welche Verläufe von Zinsstrukturkurven sind grundsätzlich denkbar, und wie sind diese inhaltlich zu interpretieren?

W5.10

Skizzieren Sie die Zusammenhänge zwischen Zero-Bond-Abzinsungsfaktoren, Effektivrenditen von Zero Bonds sowie Ein-Perioden-Terminzinssätzen!

6 Kapitalwert und Inflation[1]

6.1 Problemstellung

Bereits in früheren Abschnitten wurde darauf hingewiesen, dass sowohl der Konsum des Unternehmers als auch dessen Produktion im Rahmen von Realinvestitionen grundsätzlich in **Gütereinheiten** zu definieren ist. Erst durch die Bewertung dieser Mengeneinheiten mit den zugehörigen Preisen gelangt man zu monetären Größen, mit denen man vereinfacht weiterarbeiten kann. Natürlich kann man sich die Frage stellen, welche Relevanz Preise für den Kapitalwert eines Investitionsprojekts besitzen. Um diese Frage zu untersuchen, ist eine Aufspaltung der Zahlungsgrößen in eine **Mengen-** und eine **Wertkomponente** erforderlich. Statt auf die Bedeutung einzelner Güterpreise für Projektkapitalwerte abzustellen, wird im Weiteren der Einfluss einer aggregierten Größe in Form des **Preisniveaus** einer Volkswirtschaft im Vordergrund stehen. Im folgenden **Abschnitt 6.2** wird zunächst definiert, was ein Preisniveau und – damit zusammenhängend – eine **Inflationsrate** ist. Auf dieser Grundlage können nominale und reale, sogenannte preisniveaubereinigte, Größen voneinander unterschieden werden. **Abschnitt 6.3** legt dar, wie man die gängige Kapitalwertformel in eine **preisniveaubereinigte** Form überführen kann, unter welchen Voraussetzungen diese Formulierung von Vorteil ist und wie plausibel diese Voraussetzungen sind. **Abschnitt 6.4** prüft näher die Frage, wie sich Inflationsratenvariationen auf Projektkapitalwerte und unternehmerische Endvermögenspositionen auswirken, und im **Abschnitt 6.5** werden die wichtigsten Ergebnisse zusammengefasst.

6.2 Inflationsraten, nominale und reale Größen

Unter dem **Preisniveau P_t** eines Zeitpunktes t versteht man nichts anderes als eine gewogene Summe von Güterpreisen des betreffenden Zeitpunktes. Die Gewichte ergeben sich hierbei aus dem jeweils für die Preisniveauermittlung zugrunde gelegten Warenkorb. Die Einheit von P_t ist damit genaugenommen GE/ME, weil der Preis pro Einheit eines Warenkorbs ausgewiesen wird. Zur Vereinfachung wird im Weiteren indes auf diesen Ausweis der Dimension von P_t verzichtet. In jedem Fall kann man auf der Basis der Preisniveaudefinition nunmehr die **Inflationsrate π_t** für einen Zeitraum vom Zeitpunkt $t-1$ bis zum Zeitpunkt t ermitteln, indem man die von $t-1$ bis t eingetretene Preisniveauänderung $P_t - P_{t-1}$ durch das Ausgangs-

---

[1] Die folgende Darstellung geht in Teilen auf *Breuer* (2000c) zurück.

preisniveau P_{t-1} des Zeitpunktes $t-1$ dividiert. Inflationsraten sind folglich nichts anderes als **relative Preisniveauänderungen**, deren formale Definition wie folgt lautet:

$$\pi_t \equiv \frac{P_t - P_{t-1}}{P_{t-1}} = \frac{P_t}{P_{t-1}} - 1. \tag{6.1}$$

Beispiel 6.1:
Betrachtet werde eine Volkswirtschaft über vier Zeitpunkte $t = 0, ..., 3$ hinweg. Das Preisniveau belaufe sich im Zeitpunkt $t = 0$ auf $P_0 = 1{,}5$, in $t = 1$ auf $P_1 = 1{,}575$, in $t = 2$ auf $P_2 = 1{,}62225$ und schließlich in $t = 3$ auf $P_3 = 1{,}68714$. Damit erhält man Inflationsraten $\pi_1 = (1{,}575-1{,}5)/1{,}5 = 5\ \%$, $\pi_2 = (1{,}62225-1{,}575)/1{,}575 = 3\ \%$ sowie zuletzt $\pi_3 = (1{,}68714-1{,}62225)/1{,}62225 = 4\ \%$. □

Gemäß (6.1) gilt folglich $P_t = (1+\pi_t)\cdot P_{t-1}$. Da diese Beziehung für beliebige Betrachtungszeitpunkte t Gültigkeit besitzt, erhält man weiter $P_{t-1} = (1+\pi_{t-1})\cdot P_{t-2}$ und damit durch Einsetzen in die Bestimmungsgleichung für P_t schließlich $P_t = (1+\pi_t)\cdot(1+\pi_{t-1})\cdot P_{t-2}$. Durch fortgesetztes rekursives Einsetzen gelangt man schließlich zu der folgenden Bestimmungsgleichung für P_t:

$$P_t = P_0 \cdot (1+\pi_1) \cdot \ldots \cdot (1+\pi_t) = P_0 \cdot \prod_{\tau=1}^{t} (1+\pi_\tau). \tag{6.2}$$

Das Preisniveau P_t eines Zeitpunktes t kann also aus dem Preisniveau des Zeitpunktes 0 berechnet werden, indem Letzteres jeweils mit den um 1 erhöhten Inflationsraten aller Folgeperioden bis zum Betrachtungszeitpunkt t multipliziert wird.

Beispiel 6.2:
Gegeben seien erneut die Inflationsraten aus Beispiel 6.1. Dann gilt $P_3 = P_0\cdot(1+\pi_1)\cdot(1+\pi_2)\cdot(1+\pi_3) = 1{,}5\cdot 1{,}05\cdot 1{,}03\cdot 1{,}04 = 1{,}68714$. Entsprechend erhält man $P_2 = 1{,}5\cdot 1{,}05\cdot 1{,}03 = 1{,}62225$ sowie $P_1 = 1{,}5\cdot 1{,}05 = 1{,}575$. □

Unter Beachtung von Inflationsraten kann man eine Unterscheidung zwischen **realen** und **nominalen Größen** einführen. Ausgangspunkt sei eine Einzahlung in Höhe von z_t zu einem Zeitpunkt t in Geldeinheiten. Eine derartige **monetäre**

Größe wird als nominal bezeichnet. Bislang wurden im Rahmen dieses Lehrbuchs stets nur nominale Größen der Bestimmung von Kapitalwerten zugrunde gelegt, so dass eine genauere Kennzeichnung entbehrlich war. Im Rahmen dieses Abschnitts wird sich dies jedoch ändern, weswegen im Folgenden statt z_t genauer $z_t^{(nom)}$ geschrieben wird. Dividiert man nämlich $z_t^{(nom)}$ durch das Preisniveau P_t des Zeitpunktes t, so gelangt man zu der Anzahl der im Zeitpunkt t erwerbbaren Mengeneinheiten des der Preisniveaubestimmung zugrundeliegenden Warenkorbs. Der Quotient $z_t^{(nom)} / P_t$ ist in dieser Hinsicht eine "reale", weil in **Gütereinheiten** ausgedrückte Größe und soll deswegen als $z_t^{(real)}$ bezeichnet werden.

Es sei nun angenommen, dass ein Investor einen Geldbetrag $z_{t-1}^{(nom)}$ von t−1 bis t zum maßgeblichen Ein-Perioden-Zinssatz i_t anlegt. Natürlich beträgt seine erzielbare Rendite mit Bezug auf sein Geldvermögen gerade i_t. Nun kann man sich aber auch fragen, welche Änderung seine Konsummöglichkeiten hinsichtlich des der Preisniveauberechnung zugrunde gelegten Warenkorbs erfahren. Im Zeitpunkt t−1 kann der Investor bei einem Geldbetrag $z_{t-1}^{(nom)}$ genau $z_{t-1}^{(nom)} / P_{t-1}$ Mengeneinheiten des Warenkorbs erwerben. Im Zeitpunkt t hingegen beläuft sich diese Anzahl auf $z_{t-1}^{(nom)} \cdot (1+i_t) / P_t$. Die absolute Änderung bemisst sich folglich als $[z_{t-1}^{(nom)} \cdot (1+i_t) / P_t] - [z_{t-1}^{(nom)} / P_{t-1}]$. Dividiert man diesen Betrag durch die "Ausgangskonsummöglichkeit" $z_{t-1}^{(nom)} / P_{t-1}$, so gelangt man zu der relativen Änderung der Konsummöglichkeiten. Diese relative Änderung wird als von t−1 bis t maßgeblicher **Realzinssatz** $\mathbf{i_t^{(real)}}$ bezeichnet, weil hier ein Bezug auf die Veränderung realer Größen gegeben ist. Der Zinssatz i_t wird in Abgrenzung von $i_t^{(real)}$ als **Nominalzinssatz**[2] charakterisiert und soll im Weiteren zur besseren Unterscheidung durch $i_t^{(nom)}$ beschrieben werden.

---

[2] Trotz der gleichartigen Bezeichnung hat der hier als Nominalzinssatz bezeichnete Zins grundsätzlich **nichts** mit dem Nominalzinssatz von Anleihen zu tun, wie er im Zusammenhang mit der Diskussion nicht-flacher Zinsstrukturen eingeführt worden ist. Allerdings ist der Nominalzinssatz von Anleihen wie jeder andere vertraglich vereinbarte Zinssatz zusätzlich "nominal" im Sinne von "nicht real".

Es gilt nun:[3]

$$i_t^{(real)} \equiv \frac{\dfrac{z_{t-1}^{(nom)} \cdot \left(1+i_t^{(nom)}\right)}{P_t} - \dfrac{z_{t-1}^{(nom)}}{P_{t-1}}}{\dfrac{z_{t-1}^{(nom)}}{P_{t-1}}}$$

$$= \frac{1+i_t^{(nom)}}{\dfrac{P_t}{P_{t-1}}} - 1 \qquad (6.3)$$

$$= \frac{1+i_t^{(nom)}}{1+\pi_t} - 1.$$

Man erhält somit den folgenden Zusammenhang zwischen Nominalzinssatz $i_t^{(nom)}$, Realzinssatz $i_t^{(real)}$ und Inflationsrate π_t eines beliebigen Zeitraums von t−1 bis t:

$$\left(1+i_t^{(real)}\right) \cdot \left(1+\pi_t\right) = 1+i_t^{(nom)}. \qquad (6.4)$$

Der Realzinssatz $i_t^{(real)}$ kann demnach auch als derjenige Teil der gesamten nominalen Verzinsung $i_t^{(nom)}$ von t−1 bis t interpretiert werden, der über die bloße Abgeltung der Inflationsrate hinausgeht, also insofern einen echten **Mehrkonsum** bezüglich des der Preisniveauermittlung zugrundeliegenden Warenkorbs ermöglicht.

Beispiel 6.3:

Gegeben sei ein Kapitalmarkt mit den folgenden nominalen Ein-Perioden-Zinssätzen $i_t^{(nom)}$ sowie Inflationsraten π_t gemäß *Tabelle 6.1* im Rahmen einer Betrachtung über vier Zeitpunkte t = 0, ..., 3, das heißt, drei Perioden.

---

[3] Die Herleitung der folgenden Beziehung zwischen Real- und Nominalzinssätzen sowie Inflationsraten geht auf *Fisher* (1896) zurück. Eine sehr umfassende Analyse liefert *Gebauer* (1982). Vgl. aber auch etwa *Richter/Schlieper/Friedmann* (1981), S. 135 ff., oder *Schneider* (1992), S. 389 ff.

t	1	2	3
$i_t^{(nom)}$	0,04	0,05	0,03
π_t	0,02	0,04	0,01

Tabelle 6.1: Nominalzinssätze und Inflationsraten für eine Drei-Perioden-Betrachtung von t = 0 bis t = 3

Damit kann man die Realzinssätze der einzelnen Teilperioden berechnen als $i_1^{(real)} = (1{,}04/1{,}02)-1 \approx 1{,}96\ \%$, $i_2^{(real)} = (1{,}05/1{,}04)-1 \approx 0{,}96\ \%$, $i_3^{(real)} = (1{,}03/1{,}01)-1 \approx 1{,}98\ \%$. □

Eine vereinfachte **(Näherungs-) Formel** für $i_t^{(real)}$ erhält man durch Ausmultiplizieren der linken Seite von (6.4):

$$\begin{aligned} & 1+i_t^{(real)}+\pi_t+i_t^{(real)}\cdot\pi_t = 1+i_t^{(nom)} \\ \Leftrightarrow\ & i_t^{(real)} = i_t^{(nom)}-\pi_t-i_t^{(real)}\cdot\pi_t \qquad (6.5) \\ \Rightarrow\ & i_t^{(real)} \approx i_t^{(nom)}-\pi_t, \end{aligned}$$

sofern sich Zinssätze und Inflationsraten im Bereich weniger Prozente bewegen. Dann nämlich liegt das Produkt aus Realzinssatz und Inflationsrate im Bereich von unterhalb 1 ‰ und kann auf der rechten Seite der zweiten Zeile von (6.5) vernachlässigt werden. Approximativ lässt sich demnach die Realverzinsung $i_t^{(real)}$ von einem Zeitpunkt t−1 bis zu einem Zeitpunkt t dadurch abschätzen, dass man einfach vom zugehörigen Nominalzinssatz $i_t^{(nom)}$ die Inflationsrate π_t für den Zeitraum von t−1 bis t abzieht.

Beispiel 6.4:

Gegeben seien die Nominalzinssätze und Inflationsraten aus Beispiel 6.3 im Rahmen einer Drei-Perioden-Betrachtung. Dann gilt $i_t^{(real)} \approx 0{,}04-0{,}02 = 2\ \%$, $i_2^{(real)} \approx 0{,}05-0{,}04 = 1\ \%$, $i_3^{(real)} \approx 0{,}03-0{,}01 = 2\ \%$. Die auftretenden Schätzfehler belaufen sich damit auf 0,02 bis 0,04 Prozentpunkte, also auf Bruchteile von "Promillepunkten". □

6.3 Kapitalwertformel in realen Größen

6.3.1 Herleitung

Schon im Kapitel II wurde darauf hingewiesen und zu Beginn dieses Abschnitts 6 daran erinnert, dass die Nutzenfunktion eines Unternehmers originär in den verbrauchten Mengen der einzelnen zugänglichen Konsumgüter in den Betrachtungszeitpunkten t = 0, ..., T definiert ist und der Ansatz einer in den gesamten jeweiligen Konsumauszahlungen der Zeitpunkte t = 0, ..., T definierten modifizierten Nutzenfunktion bereits eine gewisse (letzten Endes für die Herleitung der *Fisher*-Separation grundsätzlich unkritische) Aggregation beinhaltet. Natürlich kann der Preis ein und desselben Konsumguts in verschiedenen Betrachtungszeitpunkten t unterschiedlich sein, ohne dass dies für die Fundierung der *Fisher*-Separation im Abschnitt 1 des vorliegenden Kapitels in irgendeiner Form von Bedeutung ist. Entsprechendes gilt in Mehr-Perioden-Betrachtungen. Bereits dies impliziert, dass es für die Gültigkeit der *Fisher*-Separation und damit auch für die Kapitalwertberechnungen, wie sie bislang im Rahmen dieses Lehrbuchs vorgestellt wurden, grundsätzlich unbedeutend ist, inwiefern in einer Volkswirtschaft Inflation herrscht und wie sich Real- und Nominalzinssätze in den einzelnen Betrachtungsperioden zueinander verhalten. Man ermittelt die (nominale) Zahlungsreihe und diskontiert mit den entsprechenden nominalen Zinssätzen. Gleichwohl mag man im Lichte der bislang dargestellten Zusammenhänge unter bestimmten Voraussetzungen zu vereinfachten Kapitalwertberechnungsmöglichkeiten gelangen. Zu diesem Zweck soll die Kapitalwertformel zunächst auf reale Größen zurückgeführt werden. Dazu sei $z_t^{(real)} \equiv z_t^{(nom)} / P_t$ als die unternehmerischen Konsummöglichkeiten hinsichtlich des der Preisniveauermittlung zugrundeliegenden Warenkorbs für Einzahlung $z_t^{(nom)}$ und Preisniveau P_t im Zeitpunkt t definiert. Man kann bei den $z_t^{(real)}$ knapp und ungenau von den realen Einzahlungsüberschüssen des Unternehmers aus einem Investitionsprogramm oder -projekt sprechen.[4] Damit gilt:

[4] Der Begriff ist deswegen ungenau, weil eine "reale" Einzahlung gewissermaßen einen **Widerspruch** in sich darstellt. Zur Wahrung einer prägnanten Ausdrucksweise sei auf diese Ungenauigkeit aber nicht weiter eingegangen. In der Regel wird in anderen Darstellungen entsprechend verfahren. Vgl. etwa *Eisenführ* (1993), S. 77, oder auch *Franke/Hax* (2009), S. 219.

$$\begin{aligned}
\kappa &= \sum_{t=0}^{T} \frac{z_t^{(nom)}}{\prod_{\tau=1}^{t}\left(1+i_\tau^{(nom)}\right)} \\
&= \sum_{t=0}^{T} \frac{z_t^{(real)} \cdot P_t}{\prod_{\tau=1}^{t}\left[\left(1+i_\tau^{(real)}\right)\cdot\left(1+\pi_\tau\right)\right]} \\
&= \sum_{t=0}^{T} \frac{z_t^{(real)} \cdot P_0 \cdot \prod_{\tau=1}^{t}\left(1+\pi_\tau\right)}{\prod_{\tau=1}^{t}\left(1+i_\tau^{(real)}\right)\cdot\prod_{\tau=1}^{t}\left(1+\pi_\tau\right)} \\
&= P_0 \cdot \sum_{t=0}^{T} \frac{z_t^{(real)}}{\prod_{\tau=1}^{t}\left(1+i_\tau^{(real)}\right)}.
\end{aligned} \tag{6.6}$$

In der zweiten Zeile aus (6.6) wurden die Definitionen von $z_t^{(real)}$ und $i_t^{(real)}$ genutzt, in der dritten Zeile wurde P_t gemäß (6.2) ersetzt. Die vierte Zeile schließlich ergibt sich nach Herauskürzen von $\prod_{\tau=1}^{t}(1+\pi_t)$.

Es ist demnach ohne weiteres möglich, die Berechnung des Kapitalwertes einer Zahlungsreihe von nominalen Größen in die zugehörigen **realen** Größen zu überführen.

Beispiel 6.5:

Betrachtet sei ein Investitionsprojekt über vier Zeitpunkte t = 0, ..., 3 hinweg, das zu Zahlungskonsequenzen $z_t^{(nom)}$ gemäß *Tabelle 6.2* führt. Inflationsraten und Nominalzinssätze für die einzelnen Zeiträume von t−1 bis t (t = 1, 2, 3) sollen denen aus *Tabelle 6.1* entsprechen. Das Preisniveau im Zeitpunkt t = 0 belaufe sich auf $P_0 = 1{,}5$.

t	0	1	2	3
$z_t^{(nom)}$	−100	50	60	65

Tabelle 6.2: (Nominale) Zahlungsreihe eines Projekts für t = 0, ..., 3

Der Projektkapitalwert bestimmt sich in nominaler Berechnungsweise damit als

$$\kappa = -100 + \frac{50}{1,04} + \frac{60}{1,04 \cdot 1,05} + \frac{65}{1,04 \cdot 1,05 \cdot 1,03} \approx 60,81 \text{ GE.} \qquad (6.7)$$

Die realen "Zahlungen" aus dem Investitionsprojekt berechnen sich als $z_0^{(real)}$ = −100/1,5 ≈ −66,6667 ME[5], $z_1^{(real)}$ = 50/(1,5·1,02) ≈ 32,6797 ME, $z_2^{(real)}$ = 60/ (1,5·1,02·1,04) ≈ 37,7074 ME sowie $z_3^{(real)}$ = 65/(1,5·1,02·1,04·1,01) ≈ 40,4452 ME. Die Realzinssätze sind schon aus Beispiel 6.3 bekannt. Damit lässt sich der Projektkapitalwert bei Abstellen auf reale Größen gemäß der vierten Zeile aus (6.6) auch wie folgt bestimmen:

$$\kappa \approx 1,5 \cdot \left(-66,6667 + \frac{32,6797}{1,0196} + \frac{37,7074}{1,0196 \cdot 1,0096} + \frac{40,4452}{1,0196 \cdot 1,0096 \cdot 1,0198} \right) \qquad (6.8)$$
$$\approx 60,82 \text{ GE.}$$

Es resultiert natürlich in nominaler wie realer Betrachtungsweise der (bis auf Rundungsdifferenzen) gleiche Projektkapitalwert. □

Insbesondere für ein Ausgangspreisniveau P_0 von 1 erhält man den Kapitalwert einer beliebigen Zahlungsreihe einfach dadurch, dass man die realen Einzahlungen mit den entsprechenden realen Ein-Perioden-Zinssätzen diskontiert. Im Weiteren sei daher zur Vereinfachung generell $P_0 = 1$ vorausgesetzt. Diese Annahme stellt insofern keine Einschränkung dar, als letztlich nur relative Preisniveauänderungen, also Inflationsraten, praktisch von Interesse sind. Sofern P_0 nicht gleich 1 ist, kann man ohne weiteres **neue** Preisniveaus $P_t^+ \equiv P_t / P_0$ definieren, für die einerseits $P_0^+ = 1$ resultiert und andererseits $(P_t^+ - P_{t-1}^+) / P_{t-1}^+ = (P_t - P_{t-1}) / P_{t-1}$, also $\pi_t^+ = \pi_t$, für alle Inflationsraten auf der Grundlage der beiden Preisniveaudefinitionen gilt, weswegen auch die ausgewiesenen Realzinssätze ceteris paribus unverändert blieben. Weitere Konsequenz der Normierung wäre, dass alle realen Zahlungen mit P_0 zu multiplizieren wären, da aus $z_t^{(real)+} \equiv z_t^{(nom)} / P_t^+$ unmittelbar

5 Die Einheit der $z_t^{(real)}$ lautet gemäß der Definition der $z_t^{(real)}$ auf **Mengeneinheiten** des der Preisniveauermittlung zugrundeliegenden Warenkorbs. Durch die letzten Endes erfolgende Multiplikation mit P_0 (Einheit: GE/ME) erhält man schließlich wieder Geldeinheiten.

$z_t^{(real)+} = P_0 \cdot z_t^{(real)}$ folgt. Insofern stellt die Normierung quasi nichts anderes als eine Umdefinition der realen Zahlungen dar.

Beispiel 6.6:

Es sei erneut die Situation aus Beispiel 6.5 betrachtet. Den (bis auf mögliche Rundungsdifferenzen) gleichen Kapitalwert wie in (6.7) und (6.8) erhält man auch dann, wenn man die Preisniveaus P_t der einzelnen Zeitpunkte t über Division durch 1,5 neu normiert, so dass für den Zeitpunkt t = 0 ein Preisniveau von 1 resultiert. Konkret ergibt sich $P_0^+ = P_0 / 1{,}5 = 1$, $P_1^+ = P_1 / 1{,}5 = (1{,}5 \cdot 1{,}02)/1{,}5 = 1{,}02$, $P_2^+ = P_2 / 1{,}5 = (1{,}5 \cdot 1{,}02 \cdot 1{,}04)/1{,}5 = 1{,}0608$ und $P_3^+ = P_3 / 1{,}5 = (1{,}5 \cdot 1{,}02 \cdot 1{,}04 \cdot 1{,}01)/1{,}5 = 1{,}071408$, weswegen sich die Inflationsraten nach wie vor auf (1,02/1)−1 = 2 %, (1,0608/1,02)−1 = 4 % sowie (1,071408/1,0608)−1 = 1 % belaufen und somit auch die Realzinssätze unverändert bleiben. Die "neuen" realen Zahlungsgrößen des Projekts bestimmen sich als Quotient aus den $z_t^{(nom)}$ und den zugehörigen Preisniveaus P_t^+ und sind damit gegenüber den "alten" realen Größen letztlich nur mit 1,5 gestreckt: $z_0^{(real)+} = -100/1 = -100$ ME, $z_1^{(real)+} = 50/(1 \cdot 1{,}02) \approx 49{,}0196$ ME, $z_2^{(real)+} = 60/(1 \cdot 1{,}02 \cdot 1{,}04) \approx 56{,}5611$ ME sowie $z_3^{(real)+} = 65/(1 \cdot 1{,}02 \cdot 1{,}04 \cdot 1{,}01) \approx 60{,}6678$ ME. Damit ergibt sich:

$$\begin{aligned}\kappa &\approx -100 + \frac{49{,}0196}{1{,}0196} + \frac{56{,}5611}{1{,}0196 \cdot 1{,}0096} + \frac{60{,}6678}{1{,}0196 \cdot 1{,}0096 \cdot 1{,}0198} \\ &\approx 60{,}82 \text{ GE.}\end{aligned} \tag{6.9}$$

Natürlich ändert diese Neudefinition demnach nichts am resultierenden Kapitalwert. □

Zu fragen ist nun, unter welchen Voraussetzungen sich ein Ansatz an der letzten Zeile von Formel (6.6) statt an der ersten Zeile als **lohnenswert** erweist. Sicherlich stellt es keine Arbeitserleichterung dar, wenn man zunächst alle nominalen Größen schätzt und sie anschließend in reale umrechnet. Eine echte Erleichterung im Bereich der Datenbeschaffung resultiert vielmehr nur dann, wenn man gewisse **Zusatzannahmen** trifft. Insbesondere ist der Gedanke naheliegend, dass der einzige Grund für schwankende nominale Ein-Perioden-Zinssätze im Zeitablauf in ebenfalls schwankenden Inflationsraten besteht. Unter dieser Prämisse erhält man einen **konstanten** Ein-Perioden-Realzinssatz $i^{(real)}$ über alle Betrachtungsperioden. Geht man nun zusätzlich davon aus, dass auch die Einzahlungsüberschüsse aus der

Investition in den Zeitpunkten t = 1 bis t = T **nur** wegen unterschiedlicher Inflationsraten nicht konstant sind, wäre auch ein konstanter Wert $z^{(real)}$ der real ausgedrückten Einzahlungsüberschüsse der Unternehmung in den Zeitpunkten t = 1 bis t = T gegeben. Mit $P_0 = 1$ und A_0 als der in t = 0 erforderlichen Anfangsauszahlung könnte unter diesen Voraussetzungen der Kapitalwert eines Investitionsprojekts folgendermaßen ermittelt werden:

$$\begin{aligned}\kappa &= -A_0 + \sum_{t=1}^{T} \frac{z^{(real)}}{\left(1+i^{(real)}\right)^t} \\ &= -A_0 + z^{(real)} \cdot RBF(i^{(real)};T).\end{aligned} \tag{6.10}$$

Die Kapitalwertformel würde sich demnach rechentechnisch und vom Datenbedarf her sehr stark **vereinfachen**, da man lediglich noch zwei Größen, $i^{(real)}$ und $z^{(real)}$ zu schätzen hätte. Formel (6.10) hätte dabei für beliebige Ein-Perioden-Nominalzinssätze, Inflationsraten und nominale Projekteinzahlungen Gültigkeit, solange nur der hieraus resultierende Realzinssatz und die "reale" Projekteinzahlung in jeder Periode die gleichen sind. In der Tat dürften die nominalen Größen sogar stochastisch, das heißt risikobehaftet[6], sein, sofern nur Sicherheit bezüglich $i^{(real)}$ und $z^{(real)}$ herrscht. Die konkrete Inflationsrate hätte damit keinerlei Einfluss auf die Höhe des ausgewiesenen Projektkapitalwertes.

Beispiel 6.7:
Gegeben sei ein Investitionsprojekt, das über drei Perioden hinweg in t = 1, 2 und 3 reale "Einzahlungen" von jeweils 50 ME bei einem konstanten realen Ein-Perioden-Zinssatz von 4 % liefert. Die Anfangsauszahlung A_0 sei 100 GE, das Preisniveau P_0 in t = 0 betrage 1. Dann gilt für den Projektkapitalwert:

$$\begin{aligned}\kappa &= -100 + 50 \cdot RBF(0{,}04;3) \\ &= -100 + 50 \cdot \frac{1{,}04^3 - 1}{1{,}04^3 \cdot 0{,}04} \\ &\approx 38{,}75 \text{ GE.}\end{aligned} \tag{6.11}$$

---

[6] Bei **Risiko** stimmen die künftigen (nominalen) Ein-Perioden-Kassazinssätze nicht zwingend mit den zugehörigen Terminzinssätzen überein. Stochastisch aus Sicht von t = 0 können natürlich nur die **künftigen Kassazinssätze** sein. Auf diese bezieht sich daher hier auch die Aussage im Haupttext.

Zum gleichen Ergebnis gelangt man natürlich auch auf der Grundlage der nominalen Größen. Um diese zu ermitteln, benötigt man allerdings noch die Kenntnis der Inflationsraten der einzelnen Perioden. In der nachfolgenden *Tabelle 6.3* sind exemplarisch (und willkürlich) Werte für die π_t zusammen mit den hieraus resultierenden nominalen Projekteinzahlungen und den nominalen Ein-Perioden-Zinssätzen angegeben. Das bedeutet, dass zu den angesetzten Inflationsraten jeweils die Werte für $i_t^{(nom)}$ und $z_t^{(nom)}$ berechnet wurden, so dass sich entsprechend dem betrachteten Szenario $z_t^{(real)} = 50$ ME und $i_t^{(real)} = 4$ % für t = 1, 2, 3 ergibt.

π_t	---	5,7692 %	3,8462 %	4,8077 %
$i_t^{(nom)}$	---	10 %	8 %	9 %
$z_t^{(nom)}$	–100	52,8846	54,9186	57,5589

Tabelle 6.3: Inflationsraten, Nominalzinssätze und nominale Projekteinzahlungen für t = 0, ..., 3 (zum Teil gerundet)

Der Kapitalwert bei Abstellen auf nominale Größen beträgt damit:

$$\kappa \approx -100 + \frac{52,8846}{1,1} + \frac{54,9186}{1,1 \cdot 1,08} + \frac{57,5589}{1,1 \cdot 1,08 \cdot 1,09} \approx 38,75 \text{ GE}. \qquad (6.12)$$

Nicht nur benötigt man für die explizite Durchführung der nominalen Berechnungsweise die zusätzliche Vorgabe von Inflationsraten, auch ist die Ermittlung des Kapitalwertes in der Form (6.12) umständlicher als über (6.11). □

6.3.2 Diskussion

6.3.2.1 Konstante reale Einzahlungen

Beide der Bestimmungsgleichung (6.10) für den Projektkapitalwert zugrundeliegenden Prämissen sind nicht unproblematisch. So besteht zum einen grundsätzlich keine Veranlassung, von der Konstanz der realen Einzahlungsüberschüsse einer Unternehmung auszugehen. Aus früheren Abschnitten ist bekannt, dass im Ein-Produkt-Fall für t = 1, ..., T

$$z_t^{(nom)} = (p_t - k_{v,t}) \cdot x_t - K_{f,t} \qquad (6.13)$$

geschrieben werden kann, so dass man

$$z_t^{(real)} = \frac{(p_t - k_{v,t}) \cdot x_t - K_{f,t}}{\prod_{\tau=1}^{t}(1+\pi_\tau)} \quad (t = 1, \ldots, T) \tag{6.14}$$

erhält. Schon anhand von (6.14) erkennt man, dass im Allgemeinen nicht davon auszugehen ist, dass sich $z_t^{(real)}$ im Zeitablauf als konstant erweist. Natürlich mag dies "zufällig" einmal der Fall sein. Der **einzige systematische** Grund dürfte jedoch darin bestehen, dass sich bei konstanter Absatzmenge $x_t = x_1 \ (\forall\, t = 1, ..., T)$ die (Stück-) Preise p_t, die variablen Stückauszahlungen $k_{v,t}$ sowie die periodischen Fixauszahlungen $K_{f,t}$ ebenfalls entsprechend den Inflationsraten im Zeitraum von t = 1 bis t = T entwickeln:

$$\begin{aligned} p_t &= p_1 \cdot \prod_{\tau=2}^{t}(1+\pi_\tau), \\ k_{v,t} &= k_{v,1} \cdot \prod_{\tau=2}^{t}(1+\pi_\tau), \\ K_{f,t} &= K_{f,1} \cdot \prod_{\tau=2}^{t}(1+\pi_\tau). \end{aligned} \tag{6.15}$$

Bei Gültigkeit von (6.15) wird (6.14) unter Beachtung von $P_0 = 1$ zu

$$z_t^{(real)} = \frac{(p_1 - k_{v,1}) \cdot x_1 - K_{f,1}}{1+\pi_1} = \frac{z_1^{(nom)}}{1+\pi_1} = z_1^{(real)} = \text{konst.} \quad (t = 1, \ldots, T), \tag{6.16}$$

da für $P_0 = 1$ die Gleichheit von $1+\pi_1$ und P_1 gegeben ist.

Zweifellos sind dies recht **strenge Anforderungen** zur Begründung konstanter realer Investitionseinzahlungen, so dass hiervon allenfalls näherungsweise ausgegangen werden kann.

Beispiel 6.8:

Gegeben sei ein Investitionsprojekt über vier Zeitpunkte t = 0, 1, 2, 3 hinweg, wobei in t = 0 ein Preisniveau von $P_0 = 1$ herrsche. Die Anfangsauszahlung in t = 0 betrage 100 GE. Für t = 1 wird mit einer Produktabsatzmenge von $x_1 = 70$ ME zu einem Preis p_1 = 3,173076 GE/ME bei variablen Stückauszahlungen $k_{v,1}$ von 2,115384 GE/ME gerechnet. Die fixen Auszahlungen $K_{f,1}$ des Zeitpunktes t = 1 sollen sich auf 21,15384 GE belaufen. Für die Zeitpunkte t = 2 und t = 3 geht man ebenfalls von einer Absatzmenge von jeweils 70 ME aus. Preis, variable Stückauszahlungen und fixe Auszahlungen je Periode sollen sich jedoch jeweils entsprechend der Inflationsrate von t = 1 bis t = 2 bzw. von t = 2 bis t = 3 verändern. Inflationsraten und Nominalzinssätze sollen denen aus *Tabelle 6.3* des Beispiels 6.7 entsprechen. Damit erhält man für die Projektparameter und -einzahlungen in den Zeitpunkten t = 1, 2, 3 die in *Tabelle 6.4* dargestellten Werte:

t	1	2	3
p_t	3,173076	3,295119	3,453538
$k_{v,t}$	2,115384	2,196746	2,302359
$K_{f,t}$	21,15384	21,967459	23,023589
$z_t^{(nom)}$	52,8846	54,9187	57,5589

Tabelle 6.4: Absatzpreise, variable Stückauszahlungen, fixe Auszahlungen und resultierende Einzahlungsüberschüsse in t = 1, 2, 3 für das Investitionsprojekt (auf vier bzw. sechs Dezimalstellen genau gerundet)

Die Projektzahlungsreihe stimmt damit fast genau mit der aus Beispiel 6.7 überein. Weil gleiches für die Inflationsraten gilt, liegt hier demnach tatsächlich eine Investition mit nahezu konstanten realen Einzahlungen von 50 ME in t = 1, 2, 3 vor, wie schon aus Beispiel 6.7 hervorgeht. Man kann dies auch leicht nochmals dadurch überprüfen, dass man die Zahlungsgrößen der $z_t^{(nom)}$ jeweils durch $(1+\pi_1)\cdot\ldots\cdot(1+\pi_t)$ dividiert, um so die realen Zahlungen zu erhalten. Es ergibt sich ein annähernd konstanter Wert von 50 ME.

Da überdies auch die Nominalzinssätze denen aus Beispiel 6.7 entsprechen, ist der Projektkapitalwert mit dem dort berechneten faktisch identisch. □

6.3.2.2 Konstanter Realzinssatz

In entsprechender Weise ist grundsätzlich auch **nicht** einzusehen, dass die reale Verzinsung über alle Perioden konstant sein sollte. Schon die Konstanz des Nominalzinssatzes bei Abstraktion von Inflation, also eine flache Zinsstruktur, lässt sich höchstens als **theoretischer Spezialfall** interpretieren, der ganz bestimmte Zeitpräferenzen der Wirtschaftssubjekte erfordert. Man könnte daher allenfalls die These vertreten, dass sich der Realzinssatz einer (beliebigen) Periode von t−1 bis t nicht in Abhängigkeit von der Inflationsrate dieses Zeitraums ändert. In diesem Zusammenhang spricht man auch von der ***Fisher*-Hypothese**.[7]

Selbst die *Fisher*-Hypothese ist aber nur sehr schwach theoretisch fundiert. Um sie sachgerecht zu würdigen, ist es erforderlich, allgemeine Marktgleichgewichte zu betrachten, in denen die Einführung von einer **exogenen Störung** wie staatlichen Eingriffen, Präferenz- oder Produktionstechnologieänderungen zu Preisanpassungen führt. Durch Vergleich des vor und nach der Störung jeweils herrschenden Realzinssatzes ist sodann eine Prüfung der *Fisher*-Hypothese auf Gültigkeit möglich.[8] Dabei sollte es nicht allzu sehr verwundern, dass je nach der betrachteten Ursache für die Beeinflussung von Preisen sogar schon im **Ein-Gut-Fall** eine **Verletzung** der *Fisher*-Hypothese denkbar ist.

Zur Veranschaulichung sei ein Marktteilnehmer betrachtet, der im Rahmen eines Zwei-Zeitpunkte-Ansatzes in t = 0 über eine liquide Mittelausstattung in Höhe von W_0 verfüge, die er entweder zum Erwerb des einzig existenten Konsumgutes ge-

---

7 Vgl. zur *Fisher*-Hypothese beispielsweise *Franke/Hax* (2009), S. 220 ff., sowie die bereits in Fußnote 3 dieses Abschnitts genannten Quellen. Vor allem *Gebauer* (1982) gibt einen umfassenden Überblick über mögliche Modifikationen der *Fisher*-Hypothese. Im Rahmen des internationalen Finanzmanagements etwa erweitert man die ursprüngliche *Fisher*-Hypothese hin zur behaupteten Gleichheit der Realzinssätze in verschiedenen Ländern und spricht hierbei dann vom **"Nationalen *Fisher*-Effekt"**. Vgl. zu Letzterem etwa *Breuer* (2000a) sowie den nachfolgenden Abschnitt 7 dieses Kapitels.

8 Die Notwendigkeit, die *Fisher*-Hypothese im Rahmen einer **expliziten Gleichgewichtsbetrachtung** zu untermauern, wurde in der Literatur erst recht spät erkannt. Vgl. als einen frühen Beitrag etwa *Friedman* (1978). Des Weiteren sei auf die Darstellung von *Sargent* (1987), S. 143 f., verwiesen.

gen Zahlung eines Preises[9] P_0 je Stück oder aber zur Anlage zum Nominalzinssatz $i^{(nom)}$ bis t = 1 nutzen kann. Mit y_0 sei die Anzahl der nachgefragten Einheiten des Konsumgutes bezeichnet, der Anlagebetrag von t = 0 bis t = 1 sei durch $A^{(nom)}$ charakterisiert. In t = 1 verfüge das Subjekt über keine liquide Anfangsausstattung, so dass nur Mittel in Höhe von $A^{(nom)} \cdot (1+i^{(nom)})$ in t = 1 zum Erwerb des Konsumgutes zum dann herrschenden Preis P_1 zur Verfügung stehen. Die Variable y_1 kennzeichne die Anzahl der nachgefragten Gütereinheiten. Unter diesen Bedingungen sieht sich das Wirtschaftssubjekt mit den folgenden Budgetrestriktionen konfrontiert:

$$\begin{aligned} &\text{I.} \quad P_0 \cdot y_0 + A^{(nom)} = W_0, \\ &\text{II.} \quad P_1 \cdot y_1 = A^{(nom)} \cdot (1 + i^{(nom)}). \end{aligned} \qquad (6.17)$$

Umformung der zweiten Restriktion liefert:

$$\begin{aligned} &\frac{P_1}{P_0} \cdot y_1 = \frac{A^{(nom)} \cdot (1 + i^{(nom)})}{P_0} \\ &\Leftrightarrow y_1 = \frac{A^{(nom)} \cdot (1 + i^{(real)})}{P_0}. \end{aligned} \qquad (6.18)$$

In der ersten Zeile wurden hierbei beide Seiten der Gleichung durch P_0 dividiert, in der zweiten Zeile durch $1 + \pi_1 = P_1 / P_0$. Des Weiteren sei angenommen, dass sowohl das Gesamtangebot $\bar{y}_{t,ges}$ an Gütern der Zeitpunkte t = 1 und t = 2 als auch an Möglichkeiten $\bar{A}_{ges}^{(nom)}$ der Mittelanlage preisunabhängig festliege. Die Möglichkeiten der Mittelanlage sollen dabei nämlich in dem Erwerb staatlicher Anleihen in t = 0 bestehen, deren Angebot seitens des Staates in t = 0 exogen sei. Gleichung (6.18) gilt für jedes Subjekt und damit auch bei der Addition der Güternachfragen über alle Individuen. Mit $y_{t,ges}$ als gesamter Güternachfrage und $A_{ges}^{(nom)}$ als gesamtem Anlagebetrag aller Individuen und unter Beachtung der Gleichgewichtsanforderungen $\bar{y}_{t,ges} = y_{t,ges}$ und $\bar{A}_{ges}^{(nom)} = A_{ges}^{(nom)}$ erfordert Markträumung in t = 1 damit:

[9] Da es **nur e**in Gut gibt, braucht nicht zwischen Güterpreis und Preisniveau unterschieden zu werden. Weil exogene Störungen auch den Güterpreis des Zeitpunktes t = 0 beeinflussen können, erfolgt hier überdies zweckmäßigerweise keine Beschränkung auf Situationen mit P_0 = 1 GE/ME.

$$\overline{y}_{1,ges} = \frac{\overline{A}^{(nom)}_{ges} \cdot (1 + i^{(real)})}{P_0}. \tag{6.19}$$

Da das Güterangebot ebenso wie das insgesamt mögliche Anlagevolumen der Subjekte gegeben sein soll, folgt aus der etwaigen Konstanz des Realzinssatzes, dass P_0 ebenfalls konstant sein muss.

In entsprechender Weise kann man die mit I. in (6.17) gekennzeichneten Budgetrestriktionen aller Subjekte addieren. Man erhält hieraus unter Beachtung der Markträumungsbedingungen $\overline{y}_{0,ges} = y_{0,ges}$ und $\overline{A}^{(nom)}_{ges} = A^{(nom)}_{ges}$ sowie mit $W_{0,ges}$ als gesamter liquider Anfangsausstattung aller Marktteilnehmer in t = 0 die folgende Gleichgewichtsanforderung:

$$P_0 \cdot \overline{y}_{0,ges} + \overline{A}^{(nom)}_{ges} = W_{0,ges}. \tag{6.20}$$

Sofern von staatlicher Seite die liquide Anfangsausstattung der Subjekte in t = 0 erhöht wird (indem etwa zusätzliches Geld gedruckt und ausgegeben wird), muss bei Konstanz des gesamten Güterangebots des Zeitpunktes t = 0 sowie des gesamten Anlagevolumens aller Marktteilnehmer der Preis P_0 steigen. Dann aber kann der Realzinssatz gemäß den Überlegungen zu (6.19) nicht mehr konstant sein. Die ***Fisher*-Hypothese** wäre hier also selbst im Rahmen dieser einfachen Zwei-Zeitpunkte-Betrachtung einer Ein-Gut-Welt schon **verletzt**.

Beispiel 6.9:
Es sei von $\overline{y}_{0,ges}$ = 10 ME sowie $\overline{y}_{1,ges}$ = 22 ME mit Preisen $P_0 = P_1$ =1 GE/ME ausgegangen. Ferner gelte $\overline{A}^{(nom)}_{ges}$= 20 GE und $W_{0,ges}$ = 30 GE. Wegen $P_0 = P_1$ stimmen Nominalzinssatz und Realzinssatz in der Ausgangssituation überein. Im Weiteren wird $i^{(nom)}$ = 10 % unterstellt. Durch Einsetzen lässt sich leicht prüfen, dass die Gleichgewichtsbedingungen (6.19) und (6.20) für diese Parameterwerte erfüllt sind. Der Staat erhöhe nun jedoch ceteris paribus die monetäre Anfangsausstattung der Subjekte um 1/60 auf 30,5 GE. Gemäß (6.20) ist im neuen Gleichgewicht für t = 0 ein Güterpreis von 1,05 GE/ME statt 1 GE/ME erforderlich. Damit aber kann die Gleichgewichtsbedingung (6.19) des Zeitpunktes t = 1 nur noch für einen Realzinssatz von $1{,}1 \cdot 1{,}05 - 1$ = 15,5 % ≠ 10 % erfüllt werden. Die *Fisher*-Hypothese ist damit augenscheinlich ungültig. □

Geht man über zu **Mehr-Güter-Betrachtungen**, dann werden Verletzungen der *Fisher*-Hypothese geradezu ubiquitär, sofern relative Güterpreise im Zeitablauf nicht konstant sind und exogene Störungen zu ihrer Änderung führen. Zum Beleg genügt der Ansatz an einer Volkswirtschaft mit zwei Gütern. Deren Preise in der Ausgangssituation seien für t = 0 mit $p_0^{(1)}$ und $p_0^{(2)}$ und für t = 1 entsprechend mit $p_1^{(1)}$ und $p_1^{(2)}$ charakterisiert. Nach Einführung der exogenen Störung soll sich der Preis eines Gutes j = 1, 2 im Zeitpunkt t = 0, 1 auf $p_t^{(i)+}$ belaufen. Mit $q^{(1)}$ sei das Gewicht des Gutes 1 im der Preisniveauermittlung zugrundeliegenden Warenkorb bezeichnet. Entsprechend ist $1-q^{(1)}$ das Gewicht des Gutes 2. Damit kann das Preisniveau eines Zeitpunktes t = 0, 1 in der Ausgangssituation folgendermaßen berechnet werden:

$$P_t \equiv q^{(1)} \cdot p_t^{(1)} + (1-q^{(1)}) \cdot p_t^{(2)}. \tag{6.21}$$

In analoger Weise ist das Preisniveau unter Berücksichtigung der exogenen Störung definiert. Mit $i^{(nom)}$ und $i^{(real)}$ als den vor Störung herrschenden Zinssätzen und $i^{(nom)+}$ sowie $i^{(real)+}$ als den nach Störungseintritt maßgeblichen fordert die *Fisher*-Hypothese die Gültigkeit der folgenden Gleichung:

$$\begin{aligned} & 1+i^{(real)} = 1+i^{(real)+} \\ \Leftrightarrow\ & (1+i^{(nom)}) \cdot \frac{P_0}{P_1} = (1+i^{(nom)+}) \cdot \frac{P_0^+}{P_1^+} \\ \Leftrightarrow\ & (1+i^{(nom)}) \cdot \frac{q^{(1)} \cdot p_0^{(1)} + (1-q^{(1)}) \cdot p_0^{(2)}}{q^{(1)} \cdot p_1^{(1)} + (1-q^{(1)}) \cdot p_1^{(2)}} = (1+i^{(nom)+}) \cdot \frac{q^{(1)} \cdot p_0^{(1)+} + (1-q^{(1)}) \cdot p_0^{(2)+}}{q^{(1)} \cdot p_1^{(1)+} + (1-q^{(1)}) \cdot p_1^{(2)+}}. \end{aligned} \tag{6.22}$$

Unter dem **relativen Preis** $p_t^{(rel)}$ des Gutes 2 in Einheiten des Gutes 1 zum Zeitpunkt t versteht man die Anzahl von Einheiten des Gutes 1, die in t den gleichen Gesamtpreis wie eine Einheit des Gutes 2 aufweisen. Es gilt daher $p_t^{(rel)} = p_t^{(2)} / p_t^{(1)}$. Unter Beachtung dieser Definition kann die letzte Zeile von (6.22) in folgender Weise umgeschrieben werden:

$$\begin{aligned} & (1+i^{(nom)}) \cdot \frac{p_0^{(1)}}{p_1^{(1)}} \cdot \frac{q^{(1)} + (1-q^{(1)}) \cdot p_0^{(rel)}}{q^{(1)} + (1-q^{(1)}) \cdot p_1^{(rel)}} \\ & = (1+i^{(nom)+}) \cdot \frac{p_0^{(1)+}}{p_1^{(1)+}} \cdot \frac{q^{(1)} + (1-q^{(1)}) \cdot p_0^{(rel)+}}{q^{(1)} + (1-q^{(1)}) \cdot p_1^{(rel)+}}. \end{aligned} \tag{6.23}$$

Grundsätzlich kann (6.23) als eine in $q^{(1)}$ definierte Gleichung aufgefasst werden. Die Variable $q^{(1)}$ kürzt sich aus (6.23) nur heraus, wenn die relativen Güterpreise der Zeitpunkte t = 0 und t = 1 sowohl vor als auch nach der Störung identisch sind, also falls $p_0^{(rel)} = p_1^{(rel)}$ sowie $p_0^{(rel)+} = p_1^{(rel)+}$, oder aber die Störung die relativen Güterpreise nicht beeinflusst, also falls $p_0^{(rel)} = p_0^{(rel)+}$ und $p_1^{(rel)} = p_1^{(rel)+}$. In allen anderen Fällen ist (6.23) nur für maximal zwei Werte von $q^{(1)}$ erfüllt, da (6.23) in eine quadratische Gleichung für $q^{(1)}$ überführt werden kann. Für alle anderen Werte von $q^{(1)}$, also alle anderen denkbaren Warenkörbe, liegt dann aber zwingend eine **Verletzung** von (6.23) und damit der *Fisher*-Hypothese vor.

Beispiel 6.10:
Im Rahmen einer Zwei-Zeitpunkte-Zwei-Güter-Betrachtung gelte $p_0^{(1)} = 1$ GE/ME, $p_0^{(2)} = 1{,}2$ GE/ME, $p_1^{(1)} = 1{,}8$ GE/ME und $p_1^{(2)} = 2{,}4$ GE/ME vor Eintritt einer exogenen Störung. Nach Störungseintritt sollen die Güterpreise der Zeitpunkte t = 0 und t = 2 die Werte $p_0^{(1)+} = 1{,}2$ GE/ME, $p_0^{(2)+} = 1{,}6$ GE/ME, $p_1^{(1)+} = 2{,}2$ GE/ME und $p_1^{(2)+} = 2{,}8$ GE/ME annehmen. Der gleichgewichtige Nominalzinssatz werde durch die Störung nicht beeinflusst. Aus (6.23) lässt sich dann berechnen, dass die *Fisher*-Hypothese nur für $q^{(1)} \approx 0{,}902832$ Gültigkeit besitzen kann. Für diesen Wert von $q^{(1)}$ erhält man vor und nach exogener Störung eine Inflationsrate von ungefähr 82,29 % und damit wegen $i^{(nom)} = i^{(nom)+}$ auch den gleichen Realzinssatz.

Zwar existiert mit $q^{(2)} \approx 4{,}4305$ noch ein zweiter Wert, durch den (6.23) erfüllt wird. Doch liegt dieser nicht zwischen 0 und 1, wie es sich für einen Gewichtungsfaktor verhalten sollte. Für alle anderen Werte von q gilt die *Fisher*-Hypothese wegen der Verletzung von (6.23) ohnehin nicht. Beispielsweise beträgt die Inflationsrate vor Eintritt der Störung für $q^{(1)} = 0{,}5$ etwa 90,91 %, nach Störungseintritt jedoch nur noch näherungsweise 78,57 %, so dass der gleichgewichtige Realzinssatz als Folge der Störung steigt. □

Alles in allem verwundert es daher nicht, dass die *Fisher*-Hypothese in der **Empirie** nur recht "durchwachsenen" Rückhalt finden kann.[10] Des Weiteren sei noch-

---

[10] Die *Fisher*-Hypothese zählt sicherlich mit zu den am meisten empirisch getesteten theoretischen Zusammenhängen innerhalb der Wirtschaftswissenschaften. Die Diskussion hält dabei bis in die jüngere Zeit unvermindert an. Vgl. etwa

mals betont, dass selbst bei Gültigkeit der *Fisher*-Hypothese die Bestimmungsgleichung (6.10) **nicht** gefolgert werden kann, da sich auch bei Gültigkeit der *Fisher*-Hypothese keineswegs die Konstanz des Realzinssatzes über alle Perioden ergibt. Die *Fisher*-Hypothese bezieht sich nur darauf, dass eine in t = 0 erfolgende Ceteris-paribus-Variation von künftigen Inflationsraten der einzelnen Betrachtungsperioden die jeweils resultierenden periodenbezogenen Realzinssätze unbeeinflusst lässt. Natürlich könnte allerdings auch diese Erkenntnis das unternehmerische Investitionsentscheidungsproblem bereits vereinfachen.

Zusammenfassend ist die Bestimmungsgleichung (6.10) damit jedenfalls mit Vorsicht zu genießen. Unabhängig von dieser Würdigung ihrer praktischen Bedeutung kommt ihr jedoch **konzeptionelle Relevanz** insofern zu, als hierüber Bedingungen aufgezeigt werden, unter denen für verschiedene Inflationsniveaus stets der gleiche Kapitalwert resultiert. Im Weiteren soll deshalb nun unter anderem noch etwas näher geprüft werden, wie Projektkapitalwerte generell auf Inflationsratenvariationen reagieren.

6.4 Monetäre Konsequenzen von Inflationsratenvariationen

Um die Konsequenzen einer Variation der für die Kapitalwertberechnung zugrunde gelegten Inflationsraten abzuschätzen, sind einige **vereinfachende Annahmen** zu treffen. Die nominalen Einzahlungen aus dem Investitionsprojekt sollen von t = 1 ab jede Periode um den **Faktor g** wachsen, so dass

$$z_t^{(nom)} = z_1^{(nom)} \cdot (1+g)^{t-1} \tag{6.24}$$

für alle t = 1, ..., T gilt. Des Weiteren werde von einem konstanten Nominalzinssatz $i^{(nom)}$ und einer konstanten Inflationsrate π über alle Perioden von t = 0 bis t = T ausgegangen, womit wegen (6.4) auch ein konstanter Realzinssatz $i^{(real)}$ über den gesamten Betrachtungszeitraum resultiert. Als Kapitalwertformel erhält man damit:

Crowder/Hoffman (1996) sowie *Cooray* (2003) und die dort jeweils zitierten Quellen.

$$\begin{aligned}\kappa &= -A_0 + \sum_{t=1}^{T} \frac{z_t^{(nom)}}{(1+i^{(nom)})^t}\\ &= -A_0 + \frac{z_1^{(nom)}}{1+g} \cdot \sum_{t=1}^{T} \left[\frac{1+g}{(1+i^{(real)}) \cdot (1+\pi)}\right]^t \\ &= -A_0 + \frac{z_1^{(nom)}}{1+g} \cdot RBF(\iota; T)\end{aligned} \tag{6.25}$$

mit

$$\begin{aligned}&\frac{1}{1+\iota} \equiv \frac{1+g}{(1+i^{(real)}) \cdot (1+\pi)}\\ \Leftrightarrow\ &\iota \equiv \frac{(1+i^{(real)}) \cdot (1+\pi) - (1+g)}{1+g}.\end{aligned} \tag{6.26}$$

Die Größen g, $i^{(real)}$ und π bilden demnach hierbei einen in spezifischer Weise zu berechnenden, zusammengesetzten Kalkulationszinsfuß ι. Des Weiteren bezeichnet der Quotient $z_t^{(nom)}/(1+g)$ gewissermaßen eine fiktiv auf den Zeitpunkt t = 0 zurückgerechnete Einzahlung $\hat{z}_0^{(nom)}$, die sich dann ergäbe, wenn bereits in t = 0 laufende Einzahlungsüberschüsse aus der im Rahmen der Projektrealisation erfolgenden Produkteherstellung resultierten und die konstante Wachstumsrate von g auch im Zeitraum von t = 0 bis t = 1 Gültigkeit besäße. Die Prämisse $P_0 = 1$ ist zur Herleitung von (6.25) übrigens nicht erforderlich.

Beispiel 6.11:

Gegeben sei ein Investitionsprojekt mit einer Anfangsauszahlung in t = 0 von 100 GE. In t = 1 ergeben sich Rückflüsse von 50 GE. Die Rückflüsse der Zeitpunkte t = 2 und t = 3 sollen jeweils 20 % über denen des vorhergehenden Zeitpunktes liegen. Der Realzinssatz $i^{(real)}$ betrage für alle Teilperioden t−1 bis t (t = 1, 2, 3) jeweils 5 %, und die Inflationsrate belaufe sich auf einheitlich π = 3 % für alle Teilperioden. Damit erhält man als konstanten Nominalzinssatz $i^{(nom)}$ in den einzelnen Zeiträumen t−1 bis t (t = 1, 2, 3) jeweils 1,05·1,03–1 = 8,15 %. Der Projektkapitalwert bemisst sich dementsprechend als:

$$\kappa = -100 + \frac{50}{1.0815} + \frac{60}{1.0815^2} + \frac{72}{1{,}0815^3} \approx 54{,}45 \text{ GE.} \tag{6.27}$$

Zum gleichen Ergebnis gelangt man natürlich auch bei Verwendung der Formeln (6.25) und (6.26). Hiernach resultiert

$$\begin{aligned}\kappa &= -100 + \frac{50}{1{,}2} \cdot \text{RBF}(-0{,}09875;3) \\ &= -100 + 41{,}\overline{6} \cdot \frac{(1-0{,}09875)^3 - 1}{(1-0{,}09875)^3 \cdot (-0{,}09875)} \\ &\approx 54{,}45 \text{ GE},\end{aligned} \tag{6.28}$$

da

$$\iota = \frac{1{,}05 \cdot 1{,}03 - 1{,}2}{1{,}2} = -9{,}875\,\% \tag{6.29}$$

gilt. Dass ι hierbei negativ ist, ist eine Konsequenz aus $i^{(nom)} = 5\ \% < g = 20\ \%$. Denn der Zähler der Bestimmungsgleichung (6.26) für ι kann auch einfach als $i^{(nom)}-g$ geschrieben werden. Für die Anwendbarkeit der Rentenbarwertformel spielt das Vorzeichen von ι indes **keine** besondere Rolle, wie man auch an den gemäß (6.27) und (6.28) resultierenden identischen Ergebnissen erkennt. □

Bestimmungsgleichung (6.25) ist augenscheinlich mit Formel (6.10) verwandt. Selbst unter der Voraussetzung $P_0 = 1$ ist aber keine der beiden Formeln als Spezialfall der jeweils anderen aufzufassen. Während in (6.10) nämlich durchaus von Periode zu Periode unterschiedliche Wachstumsraten g_t der (nominalen) Projekteinzahlungen und Inflationsraten π_t unterstellt werden können, solange nur stets $g_t = \pi_t$ Gültigkeit besitzt, wird in (6.25) zwar Konstanz aller g_t und aller π_t angenommen, $g = \pi$ muss aber nicht zwingend gelten. Entsprechend kann man (6.10) zu (6.25) unter der zusätzlichen Annahme $g_t = g$ sowie $\pi_t = \pi$ ($\forall$ t = 1, ..., T) umformen, während man aus (6.25) die Bestimmungsgleichung (6.10) gewinnt, sofern zusätzlich von $g = \pi$ (bei $P_0 = 1$) ausgegangen wird.

Je nachdem, wie sich im Zusammenhang mit (6.25) Variationen von π auf die anderen beiden Bestimmungsgrößen $i^{(real)}$ und g auswirken, ergeben sich unterschiedliche Konsequenzen für ι und damit den resultierenden Kapitalwert κ. In genereller Form ist es nicht einfach, zu gehaltvollen Aussagen zu gelangen. Aus diesem Grunde sind weitere Simplifizierungen erforderlich. Es sollen daher nur zwei verschiedene Entscheidungssituationen betrachtet werden:

1) Unabhängigkeit von $i^{(real)}$ im Hinblick auf Änderungen von π (*Fisher*-Hypothese) und
2) Unabhängigkeit von g im Hinblick auf Änderungen von π.

Des Weiteren sei ein konstanter Wert für die fiktive Einzahlung $\hat{z}_0^{(nom)}$ angenommen, so dass Variationen von g bereits ab t = 1 die Rückflüsse aus dem Projekt beeinflussen.

Wie sich ceteris paribus eine Erhöhung von π auf den Kapitalwert im **Szenario 1)** auswirkt, hängt in erster Linie von dem Einfluss der Inflationsrate auf die Wachstumsrate der nominalen Einzahlungsüberschüsse aus dem Investitionsprojekt ab. Sofern sich 1+g prozentual stärker als $1+\pi$ erhöht, steigt κ mit wachsendem π und sinkt mit fallender Inflationsrate. Genau umgekehrt sind die Konsequenzen, wenn sich 1+g nur in geringerem prozentualen Umfang als $1+\pi$ ändert. Die **Intuition** für diese Resultate dürfte auf der Hand liegen. Sofern die Einzahlungen $z_t^{(nom)}$ (t = 1, ..., T) relativ stärker als die um 1 erhöhte Inflationsrate ansteigen, erzielt der Unternehmer aus Sicht des Zeitpunktes t = 0 mit wachsender Inflation eine Vermögensmehrung und mit fallender eine Vermögensminderung. Dass sich für $g = \pi$ ein von π unabhängiger Kapitalwert ergibt, ist dabei schon aus der Diskussion des vorhergehenden Abschnitts 6.3 bekannt.

In der Tat gelten entsprechende Aussagen für das **Realvermögen** des Unternehmers zu jedem beliebigen Betrachtungszeitpunkt. So ergibt sich auf der Grundlage von (6.25) ein unternehmerisches Endvermögen des Zeitpunktes t = T von

$$\begin{aligned}&\kappa\cdot(1+i^{(nom)})^T\\&=-A_0\cdot\left[\left(1+i^{(real)}\right)\cdot(1+\pi)\right]^T+\hat{z}_0^{(nom)}\cdot\sum_{t=1}^{T}\left\{(1+g)^t\cdot\left[\left(1+i^{(real)}\right)\cdot(1+\pi)\right]^{T-t}\right\}.\end{aligned}\tag{6.30}$$

Dieses nominale Endvermögen gemäß (6.30) muss noch durch $(1+\pi)^T$ dividiert werden, um zum zugehörigen realen Vermögenswert zu gelangen.[11] Per saldo wird κ demnach natürlich mit $i^{(real)}$ aufgezinst, und man erhält:

$$\begin{aligned} &\kappa \cdot \left[\frac{1+i^{(nom)}}{1+\pi}\right]^T \\ &= \kappa \cdot (1+i^{(real)})^T \\ &= -A_0 \cdot (1+i^{(real)})^T \\ &\quad + \hat{z}_0^{(nom)} \cdot \sum_{t=1}^{T} \left\{\left[\frac{1+g}{1+\pi}\right]^t \cdot (1+i^{(real)})^{T-t}\right\}. \end{aligned} \tag{6.31}$$

Augenscheinlich wirkt eine Variation von π bei konstantem Realzinssatz $i^{(real)}$ in Abhängigkeit von der Sensitivität von g bei Inflationsratenänderung auf das reale Endvermögen demnach in gleicher Weise wie schon auf den Kapitalwert gemäß (6.25). Entsprechendes gilt für das Realvermögen $\kappa\cdot(1+i^{(real)})^t$ aus Sicht eines beliebigen anderen Bezugszeitpunktes t = 1, ..., T–1, da Variationen von π wegen des konstanten Realzinssatzes $i^{(real)}$ nur über die Beeinflussung des Projektkapitalwertes κ Wirkung entfalten können.

Beispiel 6.12:
Gegeben seien erneut die Annahmen des Beispiels 6.11. Das zum Projektkapitalwert aus (6.27) bzw. (6.28) gehörige reale Endvermögen beläuft sich ungefähr auf $54{,}45\cdot 1{,}05^3 \approx 63{,}03$ GE. Eine Erhöhung der Inflationsrate um 2 Prozentpunkte auf π = 5 % führt bei konstantem Realzinssatz $i^{(real)}$ von ebenfalls 5 % und gegebenem Wert $\hat{z}_0^{(nom)} = 41{,}\overline{6}$ GE zu einem modifizierten Projektkapitalwert κ je nach Beeinflussung von g gemäß *Tabelle 6.5*. In der letzten Zeile der *Tabelle 6.5* kann überdies das jeweils zugehörige reale Endvermögen abgelesen werden.

---

[11] Sofern der Fall $P_0 \neq 1$ berücksichtigt werden sollte, wäre – ohne Beeinflussung der Ergebnisse – durch $P_0\cdot(1+\pi)^T$ zu teilen.

g	19 %	21 %	22,33 %	23 %
κ	45,912	51	54,448	56,205
$\kappa \cdot (1+i^{(real)})^3$	53,15	59,04	63,03	65,06

Tabelle 6.5: Konsequenzen einer Inflationsratenänderung je nach induzierter Variation der Wachstumsrate g (auf zwei bzw. drei Dezimalstellen gerundete Werte)

Die Veränderung der Inflationsrate um 2 Prozentpunkte ist gleichbedeutend mit einer relativen Änderung von $1+\pi$ um $1{,}05/1{,}03-1 \approx 1{,}942$ %. Für einen auf ca. $1{,}2 \cdot 1{,}01942 \approx 1{,}2233$ gestiegenen Wert von $1+g$ bleiben deswegen Projektkapitalwert und reales Endvermögen konstant. Für geringere relative Anstiege von $1+g$ fallen beide Reichtumsmaßstäbe, für höhere nehmen sie zu. □

Die Diskussion im Rahmen des Szenarios 1) basierte auf der bereits als problematisch dargestellten *Fisher*-Hypothese. Insofern dürfte eine Auseinandersetzung mit dem Szenario 2) unter expliziter Zulassung von Verletzungen der *Fisher*-Hypothese von besonderem Interesse sein.

Im **Szenario 2)** hat eine Variation von π genau dann keine Konsequenz für den ausgewiesenen Projektkapitalwert, wenn das Produkt $(1+i^{(real)}) \cdot (1+\pi)$, also der Nominalzinssatz $i^{(nom)}$, konstant bleibt. Dies ist nicht sehr überraschend, denn wenn eine Änderung der Inflationsrate weder die Projektzahlungsreihe noch den (nominalen) Diskontierungsfaktor beeinflusst, spielt die Höhe der Inflationsrate augenscheinlich keine Rolle.

Sinkt der Nominalzinssatz bei wachsendem π infolge einer zu starken Abnahme des Realzinssatzes, dann steigt der gesamte Kapitalwert. Entsprechend fällt er für eine ceteris paribus reduzierte Inflationsrate. Genau umgekehrt sind die Effekte für den plausibleren Fall, dass sich der Nominalzinssatz mit wachsender Inflationsrate ebenfalls erhöht. Insbesondere also impliziert ein konstanter Realzinssatz im Szenario 2) einen in π fallenden Projektkapitalwert. Auch diese Ergebnisse sind intuitiv gut nachvollziehbar. So führt eine steigende Inflationsrate bei konstantem Realzinssatz schon deshalb zu einem fallenden Projektkapitalwert, weil sich die hierdurch dokumentierten (durch Mittelaufnahme in $t = 0$ erreichbaren) Konsummöglichkeiten infolge des ceteris paribus gestiegenen Nominalzinssatzes verringert haben.

Die Konsequenzen einer Variation von π im Szenario 2) für das **real gemessene Endvermögen** eines Unternehmers aus der Projektrealisation sind etwas komplexer, da das reale Endvermögen durch Aufzinsung des Projektkapitalwertes mit dem Realzinssatz auf den Zeitpunkt t = T ermittelt wird. Weil der Projektkapitalwert bei konstantem Realzinssatz in π fällt, verschlechtern sich damit allerdings wenigstens in diesem Falle auch die für t = T erreichbaren Konsummöglichkeiten. Dieses Ergebnis bestätigt sich bei einem Blick auf Bestimmungsgleichung (6.31). Entsprechendes gilt auch, wenn eine höhere Inflationsrate zwar mit wachsendem Nominalzinssatz einhergeht, dieser aber wegen nur partieller Anpassung einen sogar sinkenden Realzinssatz induziert.

Im Übrigen sind aber durchaus sowohl Konstellationen denkbar, dass ein mit wachsendem π steigender Projektkapitalwert mit einem fallenden realen Endvermögen einhergeht, als auch solche, dass ein abnehmender Projektkapitalwert mit zunehmendem realen Endvermögen zusammenfällt. Der erstgenannte Fall kann dann auftreten, wenn eine wachsende Inflationsrate einen so deutlich fallenden Realzinssatz bewirkt, dass sogar der Nominalzinssatz sinkt. Eine derartige Situation dürfte zugegebenermaßen eher theoretische, denn praktische Bedeutung haben. Praktisch ein wenig relevanter dürfte der letztgenannte Fall sein. Dieser wird dann zu beobachten sein, wenn bei ceteris paribus erhöhter Inflationsrate Nominal- und Realzinssatz anwachsen und ein hinreichend langer Betrachtungszeitraum t = 0 bis t = T zugrunde gelegt wird. Diese Zusammenhänge implizieren insbesondere, dass die Konsequenzen einer zunehmenden Inflationsrate im Rahmen des Szenarios 2) (beispielsweise in einer Ein-Gut-Welt) **präferenzabhängig** zu bewerten sind. Sofern die Projektzahlungsreihe inflationsunabhängig ist, werden Unternehmer mit hoher Gegenwartspräferenz durch zunehmende Inflation wegen der typischerweise verteuerten Kreditaufnahme geschädigt. Unternehmer mit hoher Zukunftspräferenz hingegen können von einer starken Inflation dann profitieren, wenn ein hinreichend langer Betrachtungszeitraum zugrunde gelegt wird und die durch Erhöhung von π induzierte Nominalzinssatzzunahme hinreichend ausgeprägt ist. **Trotz** Gültigkeit der *Fisher*-Separation für gegebene Inflationsrate und gegebenen Nominalzinssatz ist die Beurteilung von Parameterveränderungen demnach hier grundsätzlich präferenzabhängig. Wir werden auf dieses generelle Phänomen insbesondere bei der Diskussion der Konsequenzen aus der Besteuerung von Projekterträgen nochmals zurückkommen.

Beispiel 6.13:
Gegeben seien einmal mehr die Annahmen aus Beispiel 6.11. Eine Erhöhung der Inflationsrate um 2 Prozentpunkte auf $\pi = 0{,}05$ führt bei konstanter Wachstumsrate $g = 20$ % und gegebenem Wert $\hat{z}_0^{(nom)} = 41{,}\overline{6}$ GE zu einem modifizierten Projektkapitalwert κ je nach Beeinflussung des Realzinssatzes $i^{(real)}$ gemäß *Tabelle 6.6*. In der letzten Zeile der *Tabelle 6.6* kann ferner das jeweils zugehörige reale Endvermögen abgelesen werden.

$i^{(real)}$	1 %	3 %	5 %	7 %
κ	60,864	54,448	48,441	42,809
$\kappa \cdot (1+i^{(real)})^3$	62,71	59,5	56,08	52,44

Tabelle 6.6: Konsequenzen einer Inflationsratenänderung je nach induzierter Variation des Realzinssatzes $i^{(real)}$ (auf zwei bzw. drei Dezimalstellen gerundete Werte)

Sofern sich der Realzinssatz auf 3 % verringert, bleibt der resultierende Nominalzinssatz mit 8,15 % trotz Inflationsratenvariation konstant. Entsprechendes gilt für den Projektkapitalwert. Das zugehörige reale Endvermögen hingegen fällt unter das für $\pi = 3$ % in der Ausgangssituation gemäß Beispiel 6.12 erreichbare Niveau von ca. 63,03 GE. Ein Realzinssatz von 1 % korrespondiert mit einem Nominalzinssatz von nur noch 6,05 %. Aufgrund des gesunkenen Nominalzinssatzes erhält man hier einen höheren Kapitalwert als in der Ausgangssituation. Wegen des gleichzeitig sehr niedrigen Realzinssatzes ist aber das hiermit einhergehende reale Endvermögen erneut niedriger als für $\pi = 3$ %. Für gleichbleibenden Realzinssatz $i^{(real)} = 5$ % resultieren – wie *Tabelle 6.6* exemplarisch belegt – stets ein niedrigerer Projektkapitalwert und ein niedrigeres reales Endvermögen.

Unterstellt man in Abweichung von den bisherigen Annahmen $g = 0$ und $T = 30$ (unter Beibehaltung von $\hat{z}_0^{(nom)} = 41{,}\overline{6}$ GE), so ergibt sich für $\pi = 3$ % und $i^{(real)} =$ 5 % ein Projektkapitalwert in $t = 0$ von etwa 362,51 GE bei einem zugehörigen realen Endvermögen von ca. 1.566,76 GE. Für $\pi = 5$ % und $i^{(real)} = 7$ %, mithin

$i^{(nom)} = 12{,}35$ %, erhält man stattdessen einen niedrigeren Projektkapitalwert von etwa 227,13 GE bei einem damit zugleich einhergehenden höheren Endvermögen von näherungsweise 1.728,95 GE. □

6.5 Zusammenfassung

Im Rahmen dieses Abschnitts wurden die Konsequenzen inflationärer Tendenzen für Kapitalwertberechnungen dargelegt. Unter der **Inflationsrate** eines Zeitraums von t–1 bis t versteht man die **relative Preisniveauänderung** der betreffenden Periode. Ein **Preisniveau** wiederum ist nichts anderes als ein gewogenes Mittel von Güterpreisen, wobei die Gewichte der einzelnen Preise über den jeweils betrachteten **Warenkorb** definiert werden. Unter Beachtung inflationärer Tendenzen kann eine Unterscheidung von **nominalen** (monetären) und **realen** (das heißt in Mengeneinheiten des der Preisniveauermittlung zugrundeliegenden Warenkorbs ausgedrückten) Größen eingeführt werden. Insbesondere ergibt sich der **reale Zinssatz** näherungsweise als Differenz des nominalen Zinssatzes und der jeweiligen Inflationsrate. Die herkömmliche, auf nominale Größen bezogene Kapitalwertformel kann nun derart umgeformt werden, dass reale "Projekteinzahlungen" mit realen Ein-Perioden-Zinssätzen diskontiert werden und trotzdem der ausgewiesene Kapitalwert unverändert bleibt.

Auf der Grundlage der in realen Größen formulierten Kapitalwertformel wurden die Konsequenzen von ceteris paribus variierenden Inflationsraten auf den für einen Unternehmer in t = 0 oder in t = T erreichbaren Vermögenszuwachs aus der Projektrealisation erörtert. Dabei zeigte es sich insbesondere, dass nur unter vergleichsweise **engen** Prämissen Inflationsratenvariationen ohne Bedeutung für Projektkapitalwerte und korrespondierende (reale) Endvermögenspositionen sind. Sofern man unterstellt, dass variierende Inflationsraten auf den herrschenden Nominalzinssatz Einfluss nehmen, wird in der Regel für Inflationsunabhängigkeit des Projektkapitalwertes die Gültigkeit der ***Fisher*-Hypothese** benötigt. Danach sollen Inflationsratenvariationen ohne Bedeutung für die in den einzelnen Perioden herrschenden Realzinssätze sein. Das **theoretische** Fundament der *Fisher*-Hypothese erwies sich jedoch als derart **schwach**, dass sich ihre Gültigkeit nicht einmal im Rahmen einer Ein-Gut-Welt immer nachweisen lässt. Erst recht besteht bei Mehr-Güter-Betrachtungen keine Veranlassung, von ihrer Gültigkeit auszugehen. Es überrascht daher nicht, dass der **empirische** Gehalt der *Fisher*-Hypothese eher als **gering** zu bezeichnen ist. Schließlich konnte dargelegt werden, dass trotz Gültigkeit der *Fisher*-Separation die Beurteilung einer ceteris paribus erhöhten Inflationsrate durchaus von den **Zeitpräferenzen** des betrachteten Entscheiders abhängt. Ein ähnliches Phänomen wird sich auch im Kapitel 4 bei der Diskussion der Konsequenzen aus der Besteuerung von Projekterträgen ergeben.

Wiederholungsfragen

W6.1
Was versteht man unter einem Preisniveau, was unter einer Inflationsrate?

W6.2
Wie ist grundsätzlich zwischen nominalen und realen Größen zu unterscheiden? Was versteht man konkret unter einem nominalen, was unter einem realen Zinssatz?

W6.3
Welche Beziehung zwischen nominalem und realem Zinssatz gilt exakt, welche näherungsweise?

W6.4
Wie lässt sich die herkömmliche, auf nominale Größen bezogene Kapitalwertformel auf reale Größen zurückführen?

W6.5
Unter welchen Prämissen haben Inflationsratenvariationen keinen Einfluss auf die real ausgedrückte Zahlungsreihe eines Investitionsprojekts?

W6.6
Was versteht man unter der *Fisher*-Hypothese, und unter welchen (strengen) Voraussetzungen ist sie gültig?

W6.7
Unter welchen Voraussetzungen ist der Kapitalwert eines Investitionsprojekts unabhängig von Inflationsratenvariationen?

W6.8
Wie wirken sich Inflationsratenvariationen bei gegebenem Realzinssatz, aber preisniveauabhängiger Projektzahlungsreihe auf den ausgewiesenen Projektkapitalwert aus?

W6.9
Wie wirken sich Inflationsratenvariationen bei gegebener Projektzahlungsreihe, aber preisniveauabhängigem Realzinssatz auf den ausgewiesenen Projektkapitalwert aus?

W6.10
Welche Wirkungen sind im Falle der in W6.8 und W6.9 betrachteten Parametervariationen bezüglich des (real gemessenen) unternehmerischen Endvermögens festzustellen, und wie sind diese im Verhältnis zu den simultan auftretenden Kapitalwertänderungen zu beurteilen?

7 Kapitalwert von Auslandsdirektinvestitionen

7.1 Problemstellung

Bislang wurde im Rahmen dieses Buches nicht auf den Umstand eingegangen, dass es in verschiedenen Ländern **verschiedene Währungen** geben kann. Wenngleich sich dieses Problem seit der Einführung des Euro als einheitlicher Währung im Rahmen der Europäischen Währungsunion für alle hieran beteiligten Staaten, zu denen auch Deutschland zählt, entschärft hat, ist es doch nicht völlig verschwunden. Aus deutscher Sicht etwa sind der US-Dollar, der japanische Yen und das britische Pfund als wichtige Fremdwährungen anzusehen. Für die Zukunft wird insbesondere eine wachsende Relevanz des chinesischen Yuan (Renminbi) erwartet. Im Rahmen der Investitionstheorie interessiert nun natürlich, welche Konsequenzen sich aus der expliziten Berücksichtigung verschiedener Währungen für investitionsrechnerische Kalküle ergeben. Im Mittelpunkt steht dabei die Frage, inwiefern sich die Beurteilung von Investitionen in **anderen Währungsgebieten** von "heimischen" Investitionen unterscheidet.

Realinvestitionen im Ausland bezeichnet man generell als **Auslandsdirektinvestitionen**. Der vorliegende Abschnitt ist daher in erster Linie der Beurteilung von Auslandsdirektinvestitionen gewidmet. Die Betrachtung wird dabei auf das Vorliegen von zwei Währungen beschränkt, wobei die Inlandswährung als Euro (EUR) und die Fremdwährung als US-Dollar (US-$) bezeichnet sei.

Im folgenden **Abschnitt 7.2** wird zunächst kurz dargelegt, dass trotz Existenz verschiedener Währungsgebiete bei vollkommenem heimischen Kapitalmarkt und Währungshandelsmöglichkeiten nach wie vor die ***Fisher*-Separation** Gültigkeit besitzt und Investitionsentscheidungen weiterhin derart zu treffen sind, dass der **Kapitalwert** aller unternehmerischen Einzahlungsüberschüsse maximiert wird. Gibt es mehr als eine Währung, kann der Kapitalwert eines Investitionsprojekts sowohl in Inlands- als auch in Fremdwährung ausgedrückt werden. Im **Abschnitt 7.3** werden beide Kapitalwertformeln für eine Auslandsdirektinvestition beschrieben und in Verbindung zueinander gesetzt. Dabei offenbart sich ein als **Internationaler *Fisher*-Effekt** bekannter Zusammenhang, der im **Abschnitt 7.4** näher dargelegt wird. **Abschnitt 7.5** diskutiert eine Reihe weitergehender Fragen, die sich insbesondere im Zusammenhang mit der Erörterung von Auslandsdirektinvestitionen stellen, die zum Teil aber auch darüber hinausgehende Bedeutung haben. Vor allem wird geprüft, unter welchen Voraussetzungen sich **vereinfachte Kapitalwertformeln** herleiten lassen. Eine wesentliche Rolle wird dabei dem **Nationalen *Fisher*-Effekt** zukommen, der daher im Detail untersucht wird. Die Ausführungen schließen mit einer Zusammenfassung im **Abschnitt 7.6**.

7.2 *Fisher*-Separation und Kapitalwertkriterium

Sofern es mindestens zwei Währungen gibt, ist es denkbar, dass der Unternehmer sowohl Güter konsumiert, die im Inland zu einem Preis in Euro angeboten werden, als auch solche, die im Ausland mit einem US-\$-Preis ausgezeichnet sind. Auf dem (vollkommenen) Devisenmarkt kann man verschiedene Währungen gegeneinander tauschen. Mit w_t sei dabei der feste Preis einer Einheit Fremdwährung in Inlandswährung zum Zeitpunkt t bezeichnet, zu dem die Fremdwährung verkauft oder erworben werden kann. Man nennt w_t dann den im Zeitpunkt t gültigen **Wechselkurs** zwischen Euro und US-\$, und die Einheit von w_t ist EUR/US-\$. Der Preis von 1 EUR in US-\$ bestimmt sich entsprechend als $1/w_t$. Denn für 1 US-\$ bekommt man w_t Euro im Zeitpunkt t, für $1/w_t$ US-\$ mithin gerade w_t/w_t, also einen.

Beispiel 7.1:

Angenommen, es gilt $w_0 = 1{,}5$ EUR/US-\$. Dann muss man 1,5 EUR am Devisenmarkt zahlen, um 1 US-\$ zu erhalten. Entsprechend benötigt man zum Erwerb von 1 EUR nur $1/w_0 \approx 0{,}666667$ US-\$. Gilt weiterhin $w_1 = 1{,}2$ EUR/US-\$ $\Rightarrow 1/w_1 \approx 0{,}833333$ US-\$/EUR, dann ist der Preis des US-\$ in Euro von t = 0 bis t = 1 gefallen und der des Euro in US-\$ gestiegen, das heißt, der Euro ist im Verhältnis zum US-\$ wertvoller geworden. Der Euro hat sich auf-, der US-\$ hat sich abgewertet. □

Plant ein Unternehmer in einem bestimmten Zeitpunkt t Konsumauszahlungen $\Delta C_t^{(I)}$ in Inlandswährung und $\Delta C_t^{(F)}$ in Fremdwährung, so ist der entsprechende Gesamtgegenwert in Inlandswährung $C_t^{(I)} = \Delta C_t^{(I)} + w_t \cdot \Delta C_t^{(F)}$. Ein US-\$-Betrag von $\Delta C_t^{(F)}$ kann nämlich am Devisenmarkt im Zeitpunkt t in einen Betrag von $w_t \cdot \Delta C_t^{(F)}$ Euro getauscht werden.

Zusätzliche Konsumauszahlungen, gleich in welcher Währung, ermöglichen ceteris paribus die Ausweitung der für Konsumzwecke beschafften Gütermengen und erhöhen daher in jedem Fall den resultierenden Konsumnutzen des Unternehmers. Überdies gehen sie mit einer Erhöhung von $C_t^{(I)}$ einher. Man kann deshalb die unternehmerischen Konsumauszahlungen eines jeden Zeitpunkts einheitlich in Inlandswährung ausdrücken und den Schluss ziehen, dass der Konsumnutzen des Unternehmers streng monoton steigt in den $C_t^{(I)}$. Auch bei Existenz von mehr als einer Währung können wir uns deswegen auf die Betrachtung eines Unternehmers mit einer Nutzenfunktion U beschränken, die in auf Inlandswährung lautenden Konsumauszahlungen definiert ist. Existiert nun noch ein **vollkommener Kapitalmarkt** wenigstens für gegenwärtige und künftige Zahlungen in Inlandswährung, so lässt sich die Analyse des Abschnitts 1 dieses Kapitels ohne wesentliche Änderungen hier wiederholen. Insbesondere folgen sofort die Gültigkeit der ***Fisher*-Separation** und ein Unternehmer, der an der **Maximierung des Kapitalwerts** seiner sämtlichen, gegebenenfalls zu jeweils herrschenden Wechselkursen in Inlandswährung umgerechneten Einzahlungsüberschüsse interessiert ist. Der Kapitalwert eines Investitionsprojekts entspricht dabei weiterhin dem **Marktwert** der mit dem Investitionsprojekt verbundenen Investitionsmöglichkeit und beschreibt die unternehmerische **Reichtumssteigerung** durch die Realisation des betreffenden Investitionsprojekts. Auf dieser Grundlage ist nun der Kapitalwert einer Auslandsdirektinvestition näher zu betrachten.

7.3 Kapitalwertformeln

7.3.1 Kapitalwertformel in Inlandswährung

Konkret sei ein Unternehmer vorausgesetzt, der in einem Zeitpunkt t = 0 in einem anderen Land eine Realinvestition mit Nutzungsdauer bis zum Zeitpunkt t = T durchführen kann. Man mag sich hierunter beispielsweise den Bau eines Zweigwerks im Ausland vorstellen.

Sowohl die Anfangsauszahlung $A_0^{(nom,F)}$ des Zeitpunktes t = 0 als auch die anschließenden Einzahlungsüberschüsse $z_1^{(nom,F)}, ..., z_T^{(nom,F)}$ aus dem Investitionsprojekt sollen in **Fremdwährung** anfallen. Das Kürzel "nom" steht in diesem Zusammenhang wie schon im vorhergehenden Abschnitt für "nominal". Auch im vorliegenden Abschnitt brauchen wir diese Spezifikation, da wir weiter unten erneut zur Betrachtung **realer** Größen übergehen.

Durch Umtausch einer Fremdwährungszahlung $z_t^{(nom,F)}$ in Inlandswährung zum Wechselkurs w_t ergeben sich für den Unternehmer Einzahlungen in Heimatwährung von $z_t^{(nom,I)} \equiv z_t^{(nom,F)} \cdot w_t$. In analoger Weise kann man $A_0^{(nom,I)} \equiv A_0^{(nom,F)} \cdot w_0$ definieren. Im Weiteren werde überdies $z_0^{(nom,I)} \equiv -A_0^{(nom,I)}$ vereinbart. Entsprechendes gilt für $z_0^{(nom,F)}$. Mit $i_t^{(nom,I)}$ als dem von einem Zeitpunkt t−1 bis t am inländischen Kapitalmarkt herrschenden (nominalen) Ein-Perioden-Zinssatz für Anlage oder Aufnahme von Mitteln ergibt sich ein in **Inlandswährung** ausgedrückter **Kapitalwert** von:

$$\begin{aligned}\kappa^{(I)} &= -A_0^{(nom,I)} + \sum_{t=1}^{T} \frac{z_t^{(nom,I)}}{\prod_{\tau=1}^{t}(1+i_\tau^{(nom,I)})} \\ &= -A_0^{(nom,F)} \cdot w_0 + \sum_{t=1}^{T} \frac{z_t^{(nom,F)} \cdot w_t}{\prod_{\tau=1}^{t}(1+i_\tau^{(nom,I)})} \\ &= \sum_{t=0}^{T} \frac{z_t^{(nom,F)} \cdot w_t}{\prod_{\tau=1}^{t}(1+i_\tau^{(nom,I)})}.\end{aligned} \tag{7.1}$$

Sofern dieser Kapitalwert positiv ist, wird der Unternehmer durch die Projektdurchführung aus Sicht des Zeitpunktes t = 0 in Inlandswährung reicher und deswegen das Investitionsprojekt realisieren.

Beispiel 7.2:
Betrachtet werde ein deutscher Unternehmer, der im Zeitpunkt t = 0 über die Möglichkeit zur Realisation einer Auslandsdirektinvestition in Form der Gründung einer ausländischen Tochtergesellschaft verfügt.

Die Auslandsdirektinvestition erfordert in t = 0 eine Anfangsauszahlung von 100 US-$. In den Zeitpunkten t = 1 bis t = 3 ergeben sich Einzahlungsüberschüsse in US-$ gemäß *Tabelle 7.1*. In *Tabelle 7.1* sind überdies die Wechselkurse w_t der Zeitpunkte t = 1, 2, 3 sowie die Ein-Perioden-Nominalzinssätze $i_t^{(nom,F)}$ des Auslands und $i_t^{(nom,I)}$ des Inlands für die Zeiträume von t−1 bis t (t = 1, 2, 3) angegeben. Der Wechselkurs w_0 des Zeitpunktes t = 0 schließlich soll 1,1 EUR/US-$ sein.

t	1	2	3
$z_t^{(nom,F)}$	50	55	60
w_t	1,14	1,18	1,2
$i_t^{(nom,F)}$	4,2105 %	4,822 %	7,1833 %
$i_t^{(nom,I)}$	8 %	8,5 %	9 %

Tabelle 7.1: Zahlungsreihe in Fremdwährung, Wechselkurse sowie In- und Auslandszinssätze für t = 1, 2, 3

Umrechnung der Fremdwährungseinzahlungen $z_t^{(nom,F)}$ zu jeweils aktuellen Wechselkursen w_t in Inlandswährung und anschließendes Diskontieren mit den inländischen Ein-Perioden-Zinssätzen $i_t^{(nom,I)}$ liefert den beurteilungsrelevanten Kapitalwert $\kappa^{(I)}$ der Auslandsdirektinvestition:

$$\kappa^{(I)} = -100 \cdot 1{,}1 + \frac{50 \cdot 1{,}14}{1{,}08} + \frac{55 \cdot 1{,}18}{1{,}08 \cdot 1{,}085} + \frac{60 \cdot 1{,}2}{1{,}08 \cdot 1{,}085 \cdot 1{,}09} \approx 54{,}533236 \text{ EUR}. \tag{7.2}$$

Aus dem positiven Kapitalwert ergibt sich sofort die Vorteilhaftigkeit der Auslandsdirektinvestition. □

7.3.2 Kapitalwertformel in Fremdwährung

Statt des Kapitalwertes in Inlandswährung hätte man auch den in **Fremdwährung** berechnen können. Dieser muss sich einfach durch $w_0 \cdot \kappa^{(F)} = \kappa^{(I)} \Leftrightarrow \kappa^{(F)} = \kappa^{(I)}/w_0$ bestimmen lassen,[1] weil bloß die Vermögensmehrung des Zeitpunktes t = 0 in Inlandswährung in die in Fremdwährung umzurechnen ist. Gilt $\kappa^{(I)} > 0$, so (für $w_0 > 0$) auch $\kappa^{(F)} > 0$. Ob man den Kapitalwert des Investitionsprojekts in Inlands- oder Fremdwährung der Projektbeurteilung mittels des Vorzeichens des Projektkapitalwerts zugrunde legt, ist demnach **bedeutungslos**.

Statt über $\kappa^{(I)}$ kann man $\kappa^{(F)}$ auch direkt durch Diskontierung der Fremdwährungseinzahlungen mit den Ein-Perioden-Zinssätzen $i_t^{(nom,F)}$ des Auslands berechnen:

1 Vgl. etwa *Stehle* (1982), S. 485.

$$\kappa^{(F)} = \sum_{t=0}^{T} \frac{z_t^{(nom,F)}}{\prod_{\tau=1}^{t}(1+i_\tau^{(nom,F)})}. \tag{7.3}$$

Damit für **beliebige** Projektzahlungsreihen in der Tat stets $\kappa^{(I)} = w_0 \cdot \kappa^{(F)}$ gilt, muss unter Beachtung der Gleichungen (7.1) und (7.3) zwischen Wechselkursen sowie In- und Auslandszinssätzen demnach folgender Zusammenhang für jeden Zeitpunkt t gelten:

$$\begin{aligned} &\frac{w_t}{\prod_{\tau=1}^{t}(1+i_\tau^{(nom,I)})} = \frac{w_0}{\prod_{\tau=1}^{t}(1+i_\tau^{(nom,F)})} \\ \Leftrightarrow\ &\frac{w_t}{w_0} = \frac{\prod_{\tau=1}^{t}(1+i_\tau^{(nom,I)})}{\prod_{\tau=1}^{t}(1+i_\tau^{(nom,F)})}. \end{aligned} \tag{7.4}$$

Die Beziehung gemäß (7.4) bezeichnet man auch als **ungedeckte Zinsparitätentheorie** oder **Internationalen *Fisher*-Effekt**.

Beispiel 7.3:

Gegeben seien die Annahmen des Beispiels 7.2. In Kenntnis von $\kappa^{(I)}$ kann $\kappa^{(F)}$ ohne weiteres als $\kappa^{(I)}/w_0 \approx 49{,}575669$ US-$ ermittelt werden. Zum (annähernd) gleichen Ergebnis gelangt man auch, wenn man unmittelbar die Fremdwährungseinzahlungen $z_t^{(nom,F)}$ mit den ausländischen Ein-Perioden-Zinssätzen $i_t^{(nom,F)}$ diskontiert:

$$\begin{aligned} &\kappa^{(F)} \\ &= -100 + \frac{50}{1{,}042105} + \frac{55}{1{,}042105 \cdot 1{,}04822} \\ &\quad + \frac{60}{1{,}042105 \cdot 1{,}04822 \cdot 1{,}071833} \\ &\approx 49{,}575756 \text{ US-\$}. \end{aligned} \tag{7.5}$$

Die Ursache für die Gleichheit der beiden Resultate aus beiden Rechenwegen ist hier darin zusehen, dass in jedem Zeitraum 0 bis t (t = 1, 2, 3) der Internationale

Fisher-Effekt (näherungsweise) Gültigkeit besitzt. In der Tat lässt sich dies leicht überprüfen:[2]

$$\begin{aligned}
&\frac{w_1}{w_0}=\frac{1+i_1^{(nom,I)}}{1+i_1^{(nom,F)}}\Leftrightarrow\frac{1{,}14}{1{,}1}=\frac{1{,}08}{1{,}042105},\\
&\frac{w_2}{w_0}=\frac{(1+i_1^{(nom,I)})\cdot(1+i_2^{(nom,I)})}{(1+i_1^{(nom,F)})\cdot(1+i_2^{(nom,F)})}\Leftrightarrow\frac{1{,}18}{1{,}1}=\frac{1{,}08\cdot 1{,}085}{1{,}042105\cdot 1{,}04822},\\
&\frac{w_3}{w_0}=\frac{(1+i_1^{(nom,I)})\cdot(1+i_2^{(nom,I)})\cdot(1+i_3^{(nom,I)})}{(1+i_1^{(nom,F)})\cdot(1+i_2^{(nom,F)})\cdot(1+i_3^{(nom,F)})}\\
&\quad\Leftrightarrow\frac{1{,}2}{1{,}1}=\frac{1{,}08\cdot 1{,}085\cdot 1{,}09}{1{,}042105\cdot 1{,}04822\cdot 1{,}071833}.
\end{aligned}\qquad(7.6)$$

Die **Vorteilhaftigkeit** der Auslandsdirektinvestition zeigt sich folglich ebenso in einem positiven Kapitalwert auf der Basis der Fremdwährungseinzahlungen wie in einem solchen auf der Basis der in Inlandswährung umgerechneten Einzahlungsüberschüsse. □

7.4 Der Internationale *Fisher*-Effekt

In der Tat besitzt der Internationale *Fisher*-Effekt auf vollkommenen Märkten bei Sicherheit **stets** Gültigkeit, wie man sich leicht klarmachen kann. Um Mittel von einem Zeitpunkt t−1 bis zu einem Zeitpunkt t anzulegen, stehen einem inländischen Marktteilnehmer nämlich grundsätzlich **zwei Möglichkeiten** offen. Zum einen kann der Mittelbetrag im Inland zu $i_t^{(nom,I)}$ für eine Periode angelegt werden. Aus einer Geldeinheit in Inlandswährung im Zeitpunkt t−1 resultieren in t dann Rückflüsse von $1+i_t^{(nom,I)}$. Zum anderen kann aber auch eine Mittelanlage in Fremdwährung getätigt werden zum maßgeblichen Zinssatz $i_t^{(nom,F)}$. Weil 1 GE in Inlandswährung im Zeitpunkt t−1 in $1/w_{t-1}$ Einheiten Fremdwährung getauscht werden kann, ergibt sich bei Einsatz einer Geldeinheit in Inlandswährung ein Fremdwährungsrückfluss im Zeitpunkt t von $(1/w_{t-1})\cdot(1+i_t^{(nom,F)})$. Dieser wiederum kann zum dann maßgeblichen Wechselkurs w_t in Inlandswährung zurückgetauscht werden, so dass aus der Fremdwährungsanlage ein Endvermögen in Inlandswährung von $(w_t/w_{t-1})\cdot(1+i_t^{(nom,F)})$ resultiert.

---

2 Die kleinen numerischen Diskrepanzen ergeben sich dadurch, dass genaugenommen schon in *Tabelle 7.1* **gerundete** Werte für Auslandszinssätze angegeben sind.

Beide möglichen Formen der Mittelanlage von t−1 bis t müssen zum gleichen Endvermögen des betrachteten Marktteilnehmers im Zeitpunkt t führen:

$$\begin{aligned} &1+i_t^{(nom,I)} \overset{!}{=} \frac{w_t}{w_{t-1}} \cdot (1+i_t^{(nom,F)}) \\ \Leftrightarrow\ &\frac{w_t}{w_{t-1}} = \frac{1+i_t^{(nom,I)}}{1+i_t^{(nom,F)}}. \end{aligned} \tag{7.7}$$

Ansonsten wären beliebig hohe sichere Endvermögenswerte allein durch Kapitalmarkttransaktionen erreichbar. Konkret würde es sich im Falle von $1+i_t^{(nom,I)} <$ $(w_t/w_{t-1})\cdot(1+i_t^{(nom,F)})$ lohnen, Mittel in Inlandswährung zu $i_t^{(nom,I)}$ für eine Periode von t−1 bis t aufzunehmen und sie sodann nach Umtausch in Fremdwährung für den gleichen Zeitraum zu $i_t^{(nom,F)}$ mit anschließendem Rückwechsel in Inlandswährung anzulegen. Per saldo verblieben auch nach Rückzahlung der Verbindlichkeit in t positive Überschüsse ohne eigenen Mitteleinsatz. Natürlich würde jeder eine derartige Gelegenheit wahrnehmen wollen, weswegen hierdurch kein Marktgleichgewicht beschrieben werden könnte: Der letzten Endes unbegrenzten Nachfrage nach Krediten in Inlandswährung und Mittelanlagen in Fremdwährung stünde kein entsprechendes Angebot gegenüber. In analoger Weise könnte auch $1+i_t^{(nom,I)} >$ $(w_t/w_{t-1})\cdot(1+i_t^{(nom,F)})$ wegen unbegrenzter Nachfrage nach Mittelanlagen in Inlandswährung und Krediten in Fremdwährung kein Gleichgewicht beschreiben.[3] Nur wenn (7.7) Gültigkeit besitzt, existieren keine Möglichkeiten zur sicheren Gewinnerzielung und sind die Kapitalmärkte arbitragefrei. Dass **Arbitragefreiheit**, also die Nichtexistenz von Arbitragemöglichkeiten, eine notwendige Bedingung für das Vorliegen eines Marktgleichgewichts ist, wurde bereits im Abschnitt 1 dieses Kapitels dargelegt.

Beispiel 7.4:
Gegeben sei eine Zwei-Zeitpunkte-Betrachtung (t = 0, 1) mit $i_1^{(nom,I)} = 8\,\%$, $i_1^{(nom,F)}$ = 5 %, w_0 = 1,1 EUR/US-$ sowie w_1 = 1,14 EUR/US-$. Dann gilt

$$1+i_1^{(nom,I)} = 1{,}08 < \frac{w_1}{w_0} \cdot (1+i_1^{(nom,F)}) = \frac{1{,}14}{1{,}1} \cdot 1{,}05 \approx 1{,}088182. \tag{7.8}$$

[3] Vgl. hierzu auch *Breuer* (2000a).

Die Aufnahme von 1 EUR zu $i_1^{(nom,I)} = 8\ \%$ mit anschließendem Umtausch in 1/1,1 US-$ und Anlage von t = 0 bis t = 1 zu $i_1^{(nom,F)} = 5\ \%$ resultiert in Zuflüssen des Zeitpunktes t = 1 im Umfang von (1/1,1)·1,05 ≈ 0,954545 US-$. Dieser Betrag entspricht ungefähr 1,14·0,954545 ≈ 1,088181 EUR. Nach Tilgung der aus der Aufnahme von 1 EUR von t = 0 bis t = 1 resultierenden Verbindlichkeit von 1,08 EUR des Zeitpunktes t = 1 verbleibt damit in t = 1 ein Nettoüberschuss des betreffenden Marktteilnehmers von etwa 1,088181−1,08 = 0,008181 EUR bzw. 0,008181/1,14 ≈ 0,007176 US-$ ohne eigenen Mitteleinsatz. Der Markt ist nicht arbitragefrei und daher nicht im Gleichgewicht.

Entsprechendes gilt, wenn man ceteris paribus von $i_1^{(nom,F)} = 4\ \%$ ausgeht. Dann lohnt es sich, 1 US-$ zum Fremdwährungszinssatz von 4 % in t = 0 bis t = 1 aufzunehmen, anschließend noch in t = 0 in 1,1 EUR zu tauschen und von t = 0 bis t = 1 zu $i_1^{(nom,I)} = 8\ \%$ anzulegen. Die sich hieraus ergebenden Einzahlungen in Euro belaufen sich auf 1,1·1,08 = 1,188 EUR oder 1,188/1,14 ≈ 1,042105 US-$, so dass nach der Rückzahlung der Verbindlichkeit von 1,04 US-$ aus der Mittelaufnahme des Zeitpunktes t = 0 noch ein Überschuss von etwa 1,042105−1,04 = 0,002105 US-$ bzw. 0,002105·1,14 ≈ 0,0024 EUR[4] verbleibt, abermals also Arbitragemöglichkeiten bestehen. □

In der Tat kommt in (7.7) die bereits bekannte **Kapitalwertneutralität von Finanzinvestitionen** auf vollkommenen Märkten zum Ausdruck. Der Kapitalwert aus der Anlage von 1 GE in Inlandswährung über Fremdwährungsumtausch im Ausland von t−1 bis t bestimmt sich aus Sicht von t−1 und unter Beachtung des erforderlichen Mitteleinsatzes nämlich als $[(w_t/w_{t-1})\cdot(1+i_t^{(nom,F)})/(1+i_t^{(nom,I)})]-1$ und beläuft sich folglich bei Gültigkeit des Internationalen *Fisher*-Effekts auf 0. Die Kapitalwertneutralität von Finanzinvestitionen ist insofern Ausdruck der Arbitragefreiheit der Kapitalmärkte.

(7.7) kann in eine **einprägsamere Form** gebracht werden, wenn man auf beiden Seiten der letzten Gleichung aus (7.7) "−1" rechnet, und zwar auf der linken Seite in Form von w_{t-1}/w_{t-1} und auf der rechten in Form von $(1+i_t^{(nom,F)})/(1+i_t^{(nom,F)})$, und den resultierenden Ausdruck $(i_t^{(nom,I)} - i_t^{(nom,F)})/(1+i_t^{(nom,F)})$ auf der rechten Seite

[4] Tatsächlich ist das letzte Resultat von 0,0024 EUR sogar exakt. Das "≈"-Zeichen steht hier lediglich aufgrund der mehrfachen Rundung, die zufällig insgesamt aber zum genauen Ergebnis führt.

unter Voraussetzung von $(1+i_t^{(nom,F)}) \approx 1$ für $i_t^{(nom,F)}$ im Bereich weniger Prozente einfach als ungefähr gleich zu $i_t^{(nom,I)} - i_t^{(nom,F)}$ abschätzt. Dann nämlich erhält man

$$\frac{w_t - w_{t-1}}{w_{t-1}} \approx i_t^{(nom,I)} - i_t^{(nom,F)}. \tag{7.9}$$

Auf der linken Seite von (7.9) findet sich die relative Wechselkursänderung von t−1 bis t, die man auch als **"Wechselkursrendite"** bezeichnet. Die Wechselkursrendite gibt an, um wie viel Prozent man sein Euro-Vermögen allein dadurch mehrt, dass man in t−1 Euro gegen US-$ zu w_{t-1} tauscht und im Folgezeitpunkt t zu w_t wieder zurücktauscht. Beläuft sich die Wechselkursrendite etwa auf 3 %, dann wird der Euro von t−1 bis t um 3 % abgewertet (der Wechselkurs, also der Preis des US-$ in Euro, steigt um 3 %), so dass man aus 1 EUR zum Zeitpunkt t−1 durch diesen zweifachen Tausch $w_t/w_{t-1} = 1{,}03$ EUR in t machen kann.

Auf der rechten Seite von (7.9) steht die Differenz der von t−1 bis t im In- und Ausland herrschenden Ein-Perioden-Zinssätze. Die (approximative) Gleichheit dieser beiden Ausdrücke lässt sich damit begründen, dass beispielsweise ein höheres Zinssatzniveau im In- als im Ausland, also $i_t^{(nom,I)} - i_t^{(nom,F)} > 0$, nur dann mit einem Gleichgewicht vereinbar ist, wenn man als Inländer bei der Anlage seiner Mittel im Ausland aus dem Tausch des Euro in US-$ in t−1 und dem späteren Rücktausch in t eine weitere Rendite, nämlich die Wechselkursrendite, erlöst. Dass der gerade beschriebene Zusammenhang dabei nur näherungsweise Gültigkeit besitzt, ist dem Umstand geschuldet, dass die Renditen aus Wechselkursänderungen und verzinslicher Anlage im Ausland genaugenommen nicht additiv, sondern **multiplikativ** verknüpft sind.

Weil (7.7) für jede beliebige Periode gilt, kann man eine entsprechende Formel auch für den Zeitraum von t−2 bis t−1 aufstellen. Der Internationale *Fisher*-Effekt verlangt hierfür konkret:

$$\begin{aligned} & 1+i_{t-1}^{(nom,I)} \overset{!}{=} \frac{w_{t-1}}{w_{t-2}} \cdot (1+i_{t-1}^{(nom,F)}) \\ \Leftrightarrow\; & \frac{w_{t-1}}{w_{t-2}} = \frac{1+i_{t-1}^{(nom,I)}}{1+i_{t-1}^{(nom,F)}}. \end{aligned} \tag{7.10}$$

Auflösung von (7.10) nach w_{t-1} ermöglicht ein Einsetzen in Bestimmungsgleichung (7.7), so dass eine Beziehung zwischen w_t und w_{t-1} folgt:

$$\frac{w_t}{w_{t-2}} = \frac{(1+i_{t-1}^{(nom,I)})\cdot(1+i_t^{(nom,I)})}{(1+i_{t-1}^{(nom,F)})\cdot(1+i_t^{(nom,F)})}. \tag{7.11}$$

Auch w_{t-2} lässt sich durch eine zu (7.7) und (7.10) analoge Beziehung auf w_{t-3} zurückführen und in (7.11) ersetzen. Fortgesetztes rekursives Ersetzen führt schließlich zur Gültigkeit von (7.4).

Darüber hinaus lässt sich (7.4) auch direkt herleiten, indem man einfach eine einperiodig revolvierende Anlage im Inland von 0 bis t mit einer entsprechenden revolvierenden Anlage im Ausland vergleicht. Im letztgenannten Fall werden Euro dabei in 0 in US-$ getauscht, und in t erfolgt der Rücktausch. Die Inlandsanlage von 1 EUR bis t führt zu Gesamtrückflüssen von $\prod_{\tau=1}^{t}(1+i_\tau^{(nom,I)})$, die Auslandsanlage liefert unter Beachtung des zweifachen Währungstauschs einen Erlös in Inlandswährung von $(w_t/w_0)\cdot\prod_{\tau=1}^{t}(1+i_\tau^{(nom,F)})$. Gleichsetzen beider Resultate ergibt sodann erneut (7.4).

7.5 Weitergehende Fragen

Mittels der Bestimmungsgleichungen (7.1) und (7.3) ist ohne weiteres eine Beurteilung von Auslandsdirektinvestitionen möglich. Gleichwohl werden im Zusammenhang mit Auslandsdirektinvestitionen in praktischen Anwendungen typischerweise noch einige weitergehende Fragen diskutiert. **Erstens** dürfte der betrachtete Unternehmer in aller Regel über **weitere Investitionsprojekte** auch im Inland oder in anderen Ländern verfügen, so dass sich die Frage stellt, inwiefern dieser Umstand bei der Entscheidung über die hier betrachtete Auslandsdirektinvestition eine Rolle spielt. **Zweitens** wurde oben darauf hingewiesen, dass die Einzahlungsüberschüsse aus der Auslandsdirektinvestition diskontiert werden. Was hat man hierunter in praktischen Fällen zu verstehen, wenn eine ausländische Tochterunternehmung aus ihrer Geschäftstätigkeit im Ausland Fremdwährungseinzahlungen erwirtschaftet, aber nur **ein Teil** davon zur inländischen Muttergesellschaft fließt?[5] **Drittens** benötigt man zur Kapitalwertberechnung gemäß (7.1) und (7.3) entweder die Kenntnis der künftigen Wechselkurse oder aber der künftigen ausländischen Ein-

---

5 Vgl. zu dieser Frage auch *Shapiro* (1978, 1983).

Perioden-Zinssätze.[6] Aus Gründen vereinfachter Datenbeschaffung (und gegebenenfalls Kapitalwertberechnung) mag es hilfreich sein, wenn man Bedingungen nennen könnte, unter denen die Kapitalwertberechnung **ohne** eine Schätzung dieser nicht rein inländisch orientierten Größen möglich ist.

7.5.1 Möglichkeit zur Einzelprojektbeurteilung

Schon im Abschnitt 1 dieses Kapitels wurde die Eigenschaft der **Wertadditivität** der Kapitalwertformel hergeleitet, an die hier nur erinnert werden muss: Der Kapitalwert eines Investitionsprogramms ergibt sich einfach als Summe der Kapitalwerte der das Programm bildenden Einzelprojekte. Deswegen ist jedes Investitionsprojekt aus Unternehmersicht vorteilhaft, das über einen positiven Kapitalwert verfügt. Welche Investitionsprojekte dem Unternehmer sonst noch zur Verfügung stehen, spielt dabei keine Rolle. Eine **Einzelprojektbeurteilung** ist damit ohne weiteres möglich.

7.5.2 Alleinige Bewertungsrelevanz der durch die Investition ausgelösten Zahlungskonsequenzen

Um die Vorteilhaftigkeit einer Auslandsdirektinvestition gegenüber ihrer Unterlassung zu beurteilen, sind grundsätzlich für beide Handlungsalternativen die beim Unternehmer insgesamt zu Konsumzwecken verbleibenden Einzahlungsüberschüsse gegenüberzustellen. Gemäß der Darstellung aus Abschnitt 3 dieses Kapitels kann die **Bezugspunktwahl** dabei allerdings **beliebig** erfolgen. In Entsprechung zu den Ausführungen des Abschnitts 3 dürfte es deshalb am einfachsten sein, die ceteris paribus erfolgende Unterlassung der Auslandsdirektinvestition als Bezugspunkt zu wählen. Die Bewertung der Auslandsdirektinvestition kann dann unmittelbar anhand

---

[6] Es sei daran erinnert, dass die künftigen Ein-Perioden-Kassazinssätze mit den aus Sicht von $t = 0$ maßgeblichen korrespondierenden Ein-Perioden-Terminzinssätzen übereinstimmen. In entsprechender Weise handelt es sich bei den w_t zunächst einmal um **künftige Kassawechselkurse**, die aber im Gleichgewicht den aus Sicht von $t = 0$ für die korrespondierenden Devisentermingeschäfte maßgeblichen **Terminwechselkursen** entsprechen müssen. Statt der Schätzung künftiger Kassagrößen genügt im hier betrachteten Kontext in $t = 0$ die Bestimmung von gegenwärtigen Termingrößen. Sofern diese Termingrößen allerdings in praktischen Anwendungen nicht unmittelbar beobachtbar sind, muss sich aus dieser Neuformulierung des Datenbeschaffungsproblems nicht unbedingt ein Vorteil ergeben.

der durch die gegenüber der Nichtinvestition resultierenden Zahlungskonsequenzen durchgeführt werden. Denn nur durch diese werden im Rahmen der Auslandsdirektinvestition die **unternehmerischen Konsummöglichkeiten** beeinflusst. Alle sonstigen Maßnahmen, die Zahlungskonsequenzen auslösen und über deren Umsetzung unabhängig von der Realisation der Auslandsdirektinvestition befunden werden kann, können demnach wegen fehlender Entscheidungsrelevanz vernachlässigt werden.

Teile positiver Einzahlungen aus einem Investitionsprojekt etwa, die von der durchführenden ausländischen Tochtergesellschaft zu Zwecken der Reinvestition einbehalten werden, sind daher als Einzahlungsüberschuss aus der Auslandsdirektinvestition zu betrachten, sofern sie auch an den Unternehmer ausgeschüttet werden könnten und ihre Einbehaltung eine von der Realisation der Auslandsdirektinvestition **unabhängige** weitere (Verwendungs-) Entscheidung beschreibt. Ist diese Reinvestition hingegen indisponibler Teil der Auslandsdirektinvestition, dann sind die entsprechenden Zahlungskonsequenzen nicht mehr als Einzahlungsüberschuss aus der Auslandsdirektinvestition aufzufassen.

Sofern Mitteleinbehaltungen im Rahmen der Auslandsdirektinvestition zur Durchführung von Finanzinvestitionen dienen, können diese alternativ auch explizit dem Investitionsprojekt zugerechnet werden. Ursächlich hierfür ist die bereits erwähnte **Kapitalwertneutralität** von Finanzinvestitionen auf vollkommenen Kapitalmärkten.

Zahlungskonsequenzen aus der Auslandsdirektinvestition, die bei anderen Gesellschaften des Unternehmers anfallen, sind ebenfalls dem zu beurteilenden Projekt zuzuordnen. Dies gilt unabhängig davon, ob etwa im Falle von verursachten Zusatzauszahlungen diese von der ausländischen Tochtergesellschaft der anderen Gesellschaft erstattet werden oder nicht. Andere Zahlungen zwischen den Gesellschaften des Unternehmers, die nicht durch die Auslandsdirektinvestition induziert werden, sind nicht beurteilungsrelevant.

Die Frage also, inwiefern Zahlungen effektiv von der Auslandstochter an die Muttergesellschaft weitergeleitet werden, ist selbst höchstens von **sekundärer** Bedeutung. Maßgeblich ist vielmehr, welche zusätzlichen **Konsummöglichkeiten** für den Unternehmer aus der Auslandsdirektinvestition resultieren.

Beispiel 7.5:

Betrachtet sei ein Unternehmer mit der Möglichkeit der Gründung einer ausländischen Tochtergesellschaft, die im Zeitpunkt t = 0 eine Auszahlung von 100 US-$ erfordert und in den Zeitpunkten t = 1, ..., 3 bei dieser möglichen neuen Tochtergesellschaft mit weiteren Zahlungskonsequenzen $z_t^{(nom,F)+}$ in US-$ gemäß der folgenden *Tabelle 7.2* einhergeht. Wechselkurse sowie in- und ausländische Ein-Perioden-Zinssätze sollen denen aus Beispiel 7.2 entsprechen.

t	1	2	3
$z_t^{(nom,F)+}$	50	60	60

Tabelle 7.2: Zahlungskonsequenzen in US-$ aus einer Auslandsdirektinvestition für t = 1, 2, 3

Von den Rückflüssen $z_1^{(nom,F)+}$ sollen 10 US-$ in den USA von t = 1 bis t = 3 zu den dort jeweils herrschenden Ein-Perioden-Zinssätzen angelegt werden. Die übrigen Zahlungen ebenso wie die Rückflüsse aus der Finanzinvestition im Ausland wären in den Zeitpunkten ihrer Entstehung an die inländische Muttergesellschaft auszuschütten. Es ist geplant, dass jene die Beträge bis auf 15 US-$ des Zeitpunktes t = 2 unmittelbar an den Unternehmer weiterleitet, der diese konsumtiv verwenden kann. Von den einbehaltenen 15 US-$ des Zeitpunktes t = 2 würden 5 US-$ zur Ausweitung der Kapazitäten der Muttergesellschaft benötigt, um die Belieferung der ausländischen Tochter mit Vorprodukten sicherzustellen. Die Zahlungen der ausländischen Tochter für die Vorprodukte würden derart an die Mutter erfolgen, dass sich hieraus per saldo keine weiteren Zahlungswirkungen im Inland ergeben. Das bedeutet, dass die durch die Herstellung der Vorprodukte resultierenden zusätzlichen Auszahlungen der Muttergesellschaft exakt durch Ausgleichszahlungen der Tochtergesellschaft kompensiert würden, die bereits in der Zahlungsreihe gemäß *Tabelle 7.2* berücksichtigt worden sind. Die verbleibenden 10 US-$ des Zeitpunktes t = 2 sind zu einer von der Gründung der ausländischen Tochtergesellschaft unabhängigen investiven Verwendung durch die Muttergesellschaft vorgesehen. Es stellt sich die Frage, ob die Auslandsdirektinvestition aus Sicht des Unternehmers von Vorteil ist.

Grundsätzlich **entscheidungsrelevant** sind die aus der Projektdurchführung resultierenden unternehmerischen Einzahlungsüberschüsse. Zu den Einzahlungsüberschüssen zählen hier alle monetären Konsequenzen auf Unternehmerebene, die durch die betrachtete Investitionsmöglichkeit im Vergleich zu ihrer Unterlassung ausgelöst werden. Dass die Tochtergesellschaft im Zeitpunkt t = 1 einen Betrag von 10 US-$ für investive Zwecke einbehalten will, ist ebenso wie die Einbehaltung von 10 US-$ durch die Muttergesellschaft ohne Bedeutung, da die hiermit verbundenen Finanz- oder Realinvestitionen in keinem direkten Zusammenhang mit der Auslandsdirektinvestition stehen. Letztere ist daher so zu bewerten, als ob die Einbehaltung von jeweils 10 US-$ in den Zeitpunkten t = 1 und t = 2 nicht stattfindet. Man kann sich auch vorstellen, dass zunächst diese Beträge an den Unternehmer ausgeschüttet werden, um sogleich wieder zur Anlage zu gelangen. Für die kapitalwertneutralen Finanzinvestitionen kann man die hiermit verbundenen Zahlungskonsequenzen natürlich bei der Bestimmung des Kapitalwertes der Auslandsdirektinvestition auch berücksichtigen, ohne einen Fehler zu begehen.

In der Tat nicht als Einzahlungsüberschuss aus der Auslandsdirektinvestition sind jedoch die 5 US-$ zu werten, die von der Muttergesellschaft in t = 1 für den erforderlichen Kapazitätsausbau eingesetzt werden sollen, da sie allein durch die Auslandsdirektinvestition induziert sind. Entsprechend sind sämtliche Aus- und Einzahlungen, die die Auslandsdirektinvestition für die Muttergesellschaft auslöst, ebenfalls im Rahmen der Kapitalwertberechnung zu berücksichtigen. Insgesamt hat die Kapitalwertberechnung im Rahmen dieses Beispiels damit von $z_1^{(nom,F)} = 50$ US-$, $z_2^{(nom,F)} = 55$ US-$ sowie $z_3^{(nom,F)} = 60$ US-$ auszugehen. Die zu dieser Zahlungsreihe bei einer Anfangsauszahlung von 100 US-$ gehörigen Kapitalwerte in In- und Auslandswährung wurden bereits im Rahmen des Beispiels 7.2 berechnet. Alternativ können auch die Konsequenzen der geplanten Finanzinvestition der Auslandstochter berücksichtigt und kann die Zahlungsreihe $z_1^{(nom,F)} = 50-10 = 40$ US-$, $z_2^{(nom,F)} = 55$ US-$ sowie $z_3^{(nom,F)} = 60+10\cdot 1{,}04822\cdot 1{,}071833 \approx 71{,}235168$ US-$ der Kapitalwertberechnung zugrunde gelegt werden. Man erhält damit

$$\begin{aligned}\kappa^{(F)} &\approx -100+\frac{40}{1{,}042105}+\frac{55}{1{,}042105\cdot 1.04822}\\ &\quad+\frac{71{,}235168}{1{,}042105\cdot 1{,}04822\cdot 1{,}071833}\\ &\approx 49{,}575756\ \text{US}-\$,\end{aligned} \tag{7.12}$$

also das gleiche Ergebnis wie in (7.5). □

7.5.3 Vereinfachte Kapitalwertformel bei Gültigkeit des Nationalen *Fisher*-Effekts

7.5.3.1 Herleitung

Bestimmungsgleichung (7.3) lässt sich zunächst ohne weitere Zusatzannahmen von einer Darstellung in nominalen Größen in eine solche mit realen Größen überführen. Mit $P_t^{(F)}$ als dem ausländischen Preisniveau des Zeitpunktes t und $\pi_t^{(F)} = (P_t^{(F)} / P_{t-1}^{(F)}) - 1$ als der zugehörigen Inflationsrate von t−1 bis t erhält man durch eine zum Vorgehen des Abschnitts 6 völlig entsprechende Herleitung folgenden Zusammenhang:

$$
\begin{aligned}
\kappa^{(F)} &= \sum_{t=0}^{T} \frac{z_t^{(nom,F)}}{\prod_{\tau=1}^{t} (1 + i_\tau^{(nom,F)}} \\
&= \sum_{t=0}^{T} \frac{z_t^{(real,F)} \cdot P_t^{(F)}}{\prod_{\tau=1}^{t} \left[\left(1 + i_\tau^{(real,F)}\right) \cdot \left(1 + \pi_\tau^{(F)}\right)\right]} \\
&= \sum_{t=0}^{T} \frac{z_t^{(real,F)} \cdot P_0^{(F)} \cdot \prod_{\tau=1}^{t} (1 + \pi_\tau^{(F)})}{\prod_{\tau=1}^{t} (1 + i_\tau^{(real,F)}) \cdot \prod_{\tau=1}^{t} (1 + \pi_\tau^{(F)})} \\
&= P_0^{(F)} \cdot \sum_{t=0}^{T} \frac{z_t^{(real,F)}}{\prod_{\tau=1}^{t} (1 + i_\tau^{(real,F)})}.
\end{aligned}
\tag{7.13}
$$

Statt der ausländischen Nominalzinssätze benötigt man im Zusammenhang mit (7.13) nunmehr die ausländischen Realzinssätze. Schon deswegen stellt die Kapitalwertberechnung mittels Bestimmungsgleichung (7.13) zunächst einmal keinen erkennbaren Vorteil gegenüber (7.1) und (7.3) dar. Unterstellt man allerdings die Gültigkeit des sogenannten **Nationalen *Fisher*-Effekts**, erfährt (7.13) eine weitere Vereinfachung.

Der Nationale *Fisher*-Effekt behauptet konkret die **Gleichheit der Realzinssätze** in verschiedenen Ländern, hier also $i_t^{(real,I)} = i_t^{(real,F)}$ für alle t. Damit aber benötigt man im Zusammenhang mit (7.13) nur noch die Prognose der inländischen Realzinssätze, so dass als einzige Fremdwährungsgröße lediglich die realen Einzahlungen $z_t^{(real,F)}$ verbleiben.[7]

Beispiel 7.6:

Gegeben seien die Annahmen des Beispiels 7.2. Zusätzlich sollen nun die in- und ausländischen Preisniveaus $P_t^{(I)}$ und $P_t^{(F)}$ berücksichtigt werden. Diese sind ebenso wie die daraus resultierenden in- und ausländischen Inflationsraten $\pi_t^{(I)}$ sowie $\pi_t^{(F)}$ in den Zeiträumen t−1 bis t (t = 1, 2, 3) der folgenden *Tabelle 7.3* zu entnehmen.

t	0	1	2	3
$P_t^{(I)}$	1,21	1,2705	1,331	1,3673
$P_t^{(F)}$	1,1	1,114474	1,127966	1,139417
$\pi_t^{(I)}$	---	0,05	0,047619	0,027273
$\pi_t^{(F)}$	---	0,013158	0,012106	0,010152

Tabelle 7.3: Preisniveaus und (gerundete) Inflationsraten des In- und Auslands

Mit Kenntnis der in- und ausländischen Inflationsraten wiederum ist es möglich, die jeweiligen Realzinssätze zu bestimmen. Damit lässt sich zeigen, dass im Rahmen dieses Zahlenbeispiels neben dem Internationalen auch der Nationale *Fisher*-Effekt (näherungsweise) für beliebige Zeiträume von t−1 bis t (t = 1, 2, 3) Gültigkeit besitzt:[8]

---

7 Vgl. hierzu auch die Darstellung bei *Lessard* (1981), S. 124.

8 Erneut sind die auftretenden Diskrepanzen allein dadurch bedingt, dass die in den *Tabellen 7.1* und *7.3* angegebenen Ausgangsdaten genaugenommen bereits gerundete Werte darstellen.

$$\frac{1+i_1^{(nom,I)}}{1+\pi_1^{(I)}} = \frac{1+i_1^{(nom,F)}}{1+\pi_1^{(F)}} \Leftrightarrow \frac{1,08}{1,05} = \frac{1,042105}{1,013158},$$
$$\frac{1+i_2^{(nom,I)}}{1+\pi_2^{(I)}} = \frac{1+i_2^{(nom,F)}}{1+\pi_2^{(F)}} \Leftrightarrow \frac{1,085}{1,047619} = \frac{1,04822}{1,012106}, \qquad (7.14)$$
$$\frac{1+i_3^{(nom,I)}}{1+\pi_3^{(I)}} = \frac{1+i_3^{(nom,F)}}{1+\pi_3^{(F)}} \Leftrightarrow \frac{1,09}{1,027273} = \frac{1,071833}{1,010152}.$$

Infolge der Gültigkeit des Nationalen *Fisher*-Effekts kann der Kapitalwert $\kappa^{(F)}$ der Auslandsdirektinvestition auch dadurch ermittelt werden, dass man die "realen" Fremdwährungseinzahlungen $z_t^{(real,F)} = z_t^{(nom,F)} / P_t^{(nom,F)}$ (t = 0, ..., 3) mit den einheitlichen realen Ein-Perioden-Zinssätzen $i_t^{(real)}$ des In- und Auslands diskontiert und das Ergebnis mit $P_0^{(F)}$ multipliziert. Konkret erhält man die reale Fremdwährungszahlungsreihe gemäß *Tabelle 7.4*. In *Tabelle 7.4* sind überdies die einheitlichen Realzinssätze $i_t^{(real)}$ des In- und Auslands in den Zeiträumen t−1 bis t (t = 1, 2, 3) ausgewiesen.

t	0	1	2	3
$z_t^{(real,F)}$	−90,909091	44,864214	48,760335	52,658509
$i_t^{(real)}$	---	2,8571 %	3,5682 %	6,1062 %

Tabelle 7.4: "Reale" Fremdwährungszahlungsreihe der Auslandsdirektinvestition und Realzinssätze (auf 6 Stellen genau gerundete Werte)

Der Kapitalwert $\kappa^{(F)}$ in US-$ berechnet sich damit als:

$$\kappa^{(F)} \approx 1,1 \cdot \left(-90,909091 + \frac{44,864214}{1,028571} + \frac{48,760335}{1,028571 \cdot 1,035682} + \frac{52,658509}{1,028571 \cdot 1,035682 \cdot 1,061062} \right) \approx 49,575687 \text{ US-\$}. \qquad (7.15)$$

Natürlich entspricht das Ergebnis (annähernd) dem aus (7.5). □

Sofern man die realen Einzahlungen $z_t^{(real,F)}$ über die separate Schätzung der nominalen Zahlungen und ausländischen Inflationsraten ermittelt, hat man damit also das Problem der Schätzung von Wechselkursen oder ausländischen Zinssätzen eingetauscht gegen die Schwierigkeit der Prognose ausländischer Inflationsraten. Eine **echte Vereinfachung** der Schätzproblematik ergibt sich daher wohl nur bei pauschalem Ansatz der Fremdwährungseinzahlungen.

Insbesondere gelangt man bei Gültigkeit des Nationalen *Fisher*-Effekts und der Annahme von ab t = 1 mit den Inflationsraten anwachsenden nominalen Fremdwährungseinzahlungen zu der folgenden Kapitalwertformel:

$$\kappa^{(F)} = -A_0^{(nom,F)} + \frac{z_1^{(nom,F)}}{1+\pi_1^{(F)}} \cdot \sum_{t=1}^{T} \frac{1}{\prod_{\tau=1}^{t}(1+i_\tau^{(real)})}. \tag{7.16}$$

Die Herleitung von (7.16) aus (7.13) kann völlig analog zu dem im vorhergehenden Abschnitt 6 präsentierten Vorgehen erfolgen. Wenn die Fremdwährungseinzahlungen $z_t^{(nom,F)}$ ab dem Zeitpunkt t = 1 mit den Inflationsraten anwachsen, dann resultiert $z_t^{(real,F)} = z_1^{(real,F)}$ für alle t = 1, ..., T. Weiterhin bestehen die Zusammenhänge $P_0^{(F)} \cdot z_1^{(real,F)} = z_1^{(nom,F)} / (1+\pi_1^{(F)})$ und $A_0^{(nom,F)} = A_0^{(real,F)} \cdot P_0^{(F)}$ aufgrund der Definition realer Größen. Damit liegt bereits (7.16) vor.

Es verbleiben demnach neben der Projektanfangsauszahlung als **einzige** noch zu schätzende nicht binnenwirtschaftliche Größen die ausländische Inflationsrate von t = 0 bis t = 1 und die Fremdwährungseinzahlungen des Zeitpunktes t = 1.

Vollends "übersichtlich" wird die Kapitalwertformel, falls der Realzinssatz im Zeitablauf konstant sein sollte, also für $i_t^{(real)} = i^{(real)} =$ konst. Dann nämlich ergibt sich aus (7.16)

$$\kappa^{(F)} = -A_0^{(nom,F)} + \frac{z_1^{(nom,F)}}{1+\pi_1^{(F)}} \cdot \mathrm{RBF}(i^{(real)}; T). \tag{7.17}$$

7.5.3.2 Diskussion

Die Kapitalwertformeln aus (7.1), (7.3) und (7.13) beruhen auf den gleichen Prämissen und sind insofern als **äquivalent** aufzufassen. Gleichung (7.16) hingegen basiert auf der zusätzlichen Voraussetzung des Nationalen *Fisher*-Effekts, der theoretisch wie empirisch als recht schwach fundiert zu bezeichnen ist. In der Tat lässt er sich nur im Rahmen einer **Ein-Gut-Welt** schlüssig herleiten, wobei überdies davon ausgegangen werden muss, dass in- und ausländische Gütermärkte **vollkommen** sind. Letzteres bedeutet generell, dass Güter im In- und Ausland zu gegebenen Preisen ohne Anfall von Transaktionskosten erworben oder veräußert und auch von einem Land in ein anderes transportiert werden können.

In einer Ein-Gut-Welt kann der Preis des homogenen Konsumgutes in einem Land unmittelbar mit dem Preisniveau dieses Landes gleichgesetzt werden. Wenn damit jemand in einem beliebigen Zeitpunkt t über die Möglichkeit zum Konsum von 1 ME des homogenen Gutes verfügt, dann führt die Anlage des korrespondierenden Geldbetrags im Inland dazu, dass seine Konsummöglichkeiten zum Zeitpunkt t+1 das Ausmaß $1+i_{t+1}^{(real,I)}$ annehmen, denn so ist der inländische Realzinssatz im vorhergehenden Abschnitt 6 gerade definiert worden. In entsprechender Weise führt die Mittelanlage in Fremdwährung von t bis t+1 zu Konsummöglichkeiten von $1+i_{t+1}^{(real,F)}$. Ein allgemeines Gleichgewicht erfordert unmittelbar $1+i_{t+1}^{(real,I)} = 1+i_{t+1}^{(real,F)}$. Ansonsten könnte man durch geeignete Güter- und Kapitalmarkttransaktionen seinen Güterkonsum zum Zeitpunkt t+1 beliebig vergrößern. Für $i_{t+1}^{(real,I)} < i_{t+1}^{(real,F)}$ etwa lohnt sich im Zeitpunkt t die Leihe von $P_t^{(I)}$ Geldeinheiten in Inlandswährung gegen ein Rückzahlungsversprechen von $1+i_{t+1}^{(nom,I)}$ Geldeinheiten in t+1, während zugleich ein Betrag von $P_t^{(I)} / w_t$ Geldeinheiten in Fremdwährung zu $1+i_{t+1}^{(nom,F)}$ im Ausland angelegt wird. Dabei gilt $P_t^{(I)} / w_t = P_t^{(F)}$, denn andernfalls wäre der Preis des Gutes im Zeitpunkt t im In- und Ausland (nach Umrechnung in dieselbe Währung) unterschiedlich hoch, weswegen es sich für jeden lohnte, in dem einen Land das Gut preiswert einzukaufen, um es in dem anderen Land (ohne Anfall von Transaktionskosten) zeitgleich teuer zu verkaufen. Die Möglichkeit zur Erzielung beliebig hoher sicherer Gewinne über Arbitrage besteht in einem Zeitpunkt t hier nur dann nicht, wenn $P_t^{(I)} / w_t = P_t^{(F)}$ gilt. Dieser Zusammenhang kann als weitere spezielle Ausprägung des bereits früher erwähnten **Gesetzes des Einheitspreises** angesehen werden.

Beispiel 7.7:

Gegeben sei eine Zwei-Zeitpunkte-Betrachtung mit nur einem homogenen Konsumgut, dessen Preis in einem Land in der jeweiligen Währung daher mit dem dort herrschenden Preisniveau identisch ist. Devisen- und Gütermärkte seien vollkommen. Der Preis des Konsumgutes belaufe sich in Euro zum Zeitpunkt t = 0 auf $P_0^{(I)}$ = 1,21 EUR/ME und in US-$ auf $P_0^{(F)}$ = 1,12 US-$/ME bei einem Wechselkurs w_0 = 1,1 EUR/US-$. Im Zeitpunkt t = 1 sollen sich die entsprechenden Werte auf $P_1^{(I)}$ = 1,2705 EUR/ME und auf $P_1^{(F)}$ = 1,08 US-$/ME sowie w_1 = 1,14 EUR/US-$ bemessen.

Wegen $P_0^{(I)}$ = 1,21 EUR/ME < $P_0^{(F)} \cdot w_0$ = 1,232 EUR/ME lassen sich beliebig hohe Gewinne im Zeitpunkt t = 0 dadurch realisieren, dass man das Konsumgut zu $P_0^{(I)}$ = 1,21 EUR/ME im Inland erwirbt und zu $P_0^{(F)}$ = 1,12 US-$/ME im Ausland veräußert. Vom US-$-Veräußerungserlös je Mengeneinheit benötigt man 1,21/1,1 = 1,1 US-$, um den für den Erwerb einer Einheit des Konsumgutes im Inland benötigten Euro-Betrag zu egalisieren. Es verbleibt damit ein Gewinn von 0,02 US-$ bzw. 0,02·1,1 = 0,022 EUR für jede vom Inland ins Ausland transferierte Einheit des Konsumgutes. Ein Gleichgewicht liegt damit unter den hier getroffenen Annahmen zum Zeitpunkt t = 0 nicht vor.

Im Zeitpunkt t = 1 hingegen lohnt es sich infolge von $P_1^{(I)}$ = 1,2705 EUR/ME > $P_1^{(F)} \cdot w_1$ = 1,2312 EUR/ME, das Gut im Ausland zu $P_1^{(F)}$ = 1,08 US-$/ME zu erstehen und sofort wieder im Inland zu $P_1^{(I)}$ = 1,2705 EUR/ME zu verkaufen. Vom Veräußerungserlös je Mengeneinheit werden 1,08·1,14 = 1,2312 EUR benötigt, um die Ausgaben für den Gütererwerb auszugleichen. Der Restbetrag von 0,0393 EUR bzw. 0,0393/1,14 ≈ 0,034474 US-$ je transferierter Gütereinheit stellt abermals einen sicheren Gewinn für den "Händler" dar. Auch im Zeitpunkt t = 1 liegt hier demnach kein Gleichgewicht vor. □

Das Gesetz des Einheitspreises bezieht sich auf die Relation der Preise eines Gutes in Inlands- und Fremdwährung. Überträgt man diese Beziehung auf die Ebene der in- und ausländischen Preisniveaus, was (fast nur) in einer Ein-Gut-Welt ohne weiteres möglich ist, dann spricht man von der **Kaufkraftparitätentheorie**.[9]

Im Zeitpunkt t+1 besteht nun zum einen eine Verbindlichkeit in Inlandswährung von $P_t^{(I)} \cdot (1+i_{t+1}^{(nom,I)})$, zum anderen eine Forderungshöhe von $P_t^{(F)} \cdot (1+i_{t+1}^{(nom,F)})$. Letztere ermöglicht im Ausland den Erwerb von $P_t^{(F)} \cdot (1+i_{t+1}^{(nom,F)}) / P_{t+1}^{(F)} = 1+i_{t+1}^{(real,F)}$ Mengeneinheiten des Konsumgutes. Hinreichende Mittel zur Bedienung der Verbind-

9 Vgl. hierzu etwa *Breuer* (1995a).

lichkeit hingegen können durch Veräußerung von $P_t^{(I)} \cdot (1+i_{t+1}^{(nom,I)}) / P_{t+1}^{(I)} = 1+i_{t+1}^{(real,I)}$ Mengeneinheiten des Konsumgutes erlöst werden. Für $i_{t+1}^{(real,F)} > i_{t+1}^{(real,I)}$ verbleiben beim Unternehmer ohne eigenen Mitteleinsatz demnach Möglichkeiten zum Konsum des homogenen Gutes, ein allgemeines Gleichgewicht kann hierbei folglich nicht vorliegen. Analoge Überlegungen sind für den Fall $i_{t+1}^{(real,F)} < i_{t+1}^{(real,I)}$ möglich.

Beispiel 7.8:
Gegeben sei eine Zwei-Zeitpunkte-Betrachtung mit einem homogenen Konsumgut, dessen Preis sich in Inlandswährung zum Zeitpunkt t = 0 auf $P_0^{(I)}$ = 1,21 EUR/ME und in US-\$ auf $P_0^{(F)}$ = 1,1 US-\$/ME bei einem Wechselkurs w_0 = 1,1 EUR/US-\$ beläuft. Im Zeitpunkt t = 1 sollen die entsprechenden Werte $P_1^{(I)}$ = 1,2705 EUR/ME, $P_1^{(F)}$ = 1,1 US-\$/ME sowie w_1 = 1,14 EUR/US-\$ betragen. Des Weiteren sei der Zinssatz für Anlage oder Aufnahme von Mitteln in Euro $i_1^{(nom,I)}$ = 8 %, und für entsprechende Transaktionen in US-\$ betrage er $i_1^{(nom,F)}$ = 4,2105 %.

Auf der Grundlage dieser Daten ergibt sich im Inland eine Inflationsrate von $\pi_1^{(I)}$ = (1,2705/1,21)−1 = 5 % und im Ausland von $\pi_1^{(F)}$ = (1,1/1,1)−1 = 0 %. Der inländische Realzinssatz ist damit (1,08/1,05)−1 ≈ 2,8571 %, und der ausländische entspricht mit 4,2105 % dem Nominalzinssatz $i_1^{(nom,F)}$. Diese Realzinssatzdifferenz signalisiert unmittelbar die Möglichkeit zur Erzielung beliebig hoher Gewinne durch geeignete Markttransaktionen. Am einfachsten ist es hierbei, in t = 1 das Konsumgut im Ausland zu $P_1^{(F)}$ = 1,1 US-\$/ME zu erwerben und sofort wieder zu $P_1^{(I)}$ = 1,2705 EUR/ME im Inland zu verkaufen.[10] Der Verkaufserlös entspricht 1,2705/1,14 ≈ 1,114474 US-\$/ME, so dass aus dieser Transaktion je Mengeneinheit des Gutes ein Nettoüberschuss von ungefähr 0,014474 US-\$ resultiert. Ein Gleichgewicht kann wegen dieser Arbitragemöglichkeit für die gegebene Parameterkonstellation demnach nicht vorliegen. □

[10] Es lässt sich zeigen, dass der **Nationale *Fisher*-Effekt** (bei Sicherheit) aus der Gültigkeit des **Internationalen *Fisher*-Effekts** und der **Kaufkraftparitätentheorie** gefolgert werden kann. Vgl. *Breuer* (2000a). Ist der Nationale *Fisher*-Effekt verletzt, dann auch eine der beiden anderen Beziehungen. Für konkrete Verletzungen des Nationalen *Fisher*-Effekts sind daher nicht die weiter oben zu seiner allgemeinen Begründung genutzten Transaktionen erforderlich. Man kann vielmehr direkt an der Ausnutzung der Verletzung des Internationalen *Fisher*-Effekts oder der Kaufkraftparitätentheorie ansetzen, so wie es auch hier im Rahmen des Zahlenbeispiels erfolgt.

Gibt es **mehr** als ein Gut, dann ist die weiter oben präsentierte Herleitung selbst bei vollkommenen Gütermärkten so **nicht umsetzbar**, weil der Inlandspreis eines Gutes oder auch eines Güterbündels sowie dessen Auslandspreis generell nicht beide zugleich mit den jeweiligen Preisniveaus zusammenfallen können, wenn In- und Ausland ihre Preisniveaus auf der Grundlage verschiedener Warenkörbe ermitteln.

Beispiel 7.9:
Gegeben seien zwei Volkswirtschaften, "Inland" und "Ausland", in denen zwei Güter 1 und 2 in einem Zeitpunkt t unter Gültigkeit des Gesetzes des Einheitspreises für jedes von ihnen gehandelt werden. Der Preis in Inlandswährung des Gutes 1 sei $p_t^{(1,I)} = 1$ EUR/ME, der des Gutes 2 betrage $p_t^{(2,I)} = 1{,}5$ EUR/ME. Die entsprechenden Preise in Fremdwährung sollen $p_t^{(1,F)} = 2$ US-\$/ME und $p_t^{(2,F)} = 3$ US-\$/ME sein. Mit $w_t = 0{,}5$ EUR/US-\$ prüft man leicht, dass das Gesetz des Einheitspreises in der Tat Gültigkeit besitzt.

Das Preisniveau im Inland werde auf der Grundlage eines Güterbündels bestimmt, das sich zu 40 % aus Gut 1 und zu 60 % aus Gut 2 zusammensetzt. Man erhält daher $P_t^{(I)} = 0{,}4 \cdot 1 + 0{,}6 \cdot 1{,}5 = 1{,}3$ EUR/ME. Der maßgebliche Warenkorb des Auslands ergebe sich zu 20 % aus Gut 1 und zu 80 % aus Gut 2. Daraus resultiert $P_t^{(F)} = 0{,}2 \cdot 2 + 0{,}8 \cdot 3 = 2{,}8$ US-\$/ME. Durch den Erwerb eines Güterbündels mit der Struktur des repräsentativen Warenkorbs des Inlands realisiert man daher einen Preis pro Mengeneinheit von 1,3 EUR. Der Preis dieses Güterbündels in Fremdwährung beläuft sich aber nun nicht auf 2,8 US-\$/ME, sondern auf $0{,}4 \cdot 2 + 0{,}6 \cdot 3 = 2{,}6$ US-\$/ME, weswegen man 1,3 EUR/ME $\neq 2{,}8 \cdot 0{,}5 = 1{,}4$ EUR/ME erhält. Entsprechende Diskrepanzen ergeben sich, wenn man das repräsentative Güterbündel des Auslands nachbildet. Damit aber kann die Herleitung des Nationalen *Fisher*-Effekts, so wie sie oben präsentiert wurde, nicht mehr durchgeführt werden. Auch im vorhergehenden Beispiel 7.8 ließe sich aus der beobachteten Verletzung der Kaufkraftparitätentheorie im Mehr-Güter-Fall **nicht** mehr zwingend auf Verletzungen des Gesetzes des Einheitspreises und die hierdurch eröffneten Möglichkeiten zur Arbitrage schließen.[11] □

Schon aus diesem Grunde ist die Bedeutung des Nationalen *Fisher*-Effekts eher als **gering** einzustufen. Hinzu kommt überdies, dass gerade für Gütermärkte die An-

[11] Vgl. hierzu auch *Solnik* (1978) sowie *Breuer* (2000a).

nahme ihrer Vollkommenheit eher als fragwürdig anzusehen ist.[12] In analoger Weise sind die Kapitalwertformeln (7.16) und (7.17) zu beurteilen. Auch die zusätzlich zur Herleitung von (7.17) getroffenen Annahmen konstanter realer Fremdwährungseinzahlungen und eines über die Perioden hinweg konstanten Realzinssatzes werden allenfalls zufällig erfüllt sein. Hierauf wurde schon im Rahmen des vorhergehenden Abschnitts 6 eingegangen. Alles in allem wird man daher unter einigermaßen plausiblen Annahmen zur Bewertung von Auslandsdirektinvestitionen nicht umhinkönnen, auch entweder künftige Wechselkurse oder aber künftige ausländische Ein-Perioden-Zinssätze zu schätzen.

7.6 Zusammenfassung

Gegenstand dieses Abschnitts war die Beurteilung von **Auslandsdirektinvestitionen**. Hierbei wurde zum ersten Mal der Umstand berücksichtigt, dass Zahlungen in verschiedenen Währungen anfallen können. Schon bei Beschränkung der Betrachtung auf zwei Währungsgebiete kann man zwischen Zahlungen in Inlands- und in Fremdwährung unterscheiden. Den Preis einer Währung in Geldeinheiten der anderen bezeichnet man dabei als einen **Wechselkurs**.

Die Gültigkeit der *Fisher*-Separation und die Optimalität kapitalwertmaximierender Investitionsentscheidungen werden hierdurch grundsätzlich **nicht** betroffen. Lediglich kann man nun zwischen dem Kapitalwert eines Investitionsprojekts auf Basis der in Inlandswährung umgerechneten Einzahlungen und dem auf Basis der in Fremdwährung ausgedrückten Einzahlungen unterscheiden. Beide Kapitalwerte sind über den **Internationalen *Fisher*-Effekt** unmittelbar miteinander verknüpft. Dieser beschreibt eine Beziehung zwischen den Zinssätzen des In- und Auslands und den Wechselkursen zwischen den beiden Währungen in verschiedenen Zeitpunkten.

Ferner wurde die Gelegenheit genutzt, etwas ausführlicher zu verdeutlichen, was man unter der **"Zahlungsreihe"** eines Investitionsprojekts versteht. Diese Frage kann insbesondere dann kompliziert werden, wenn eine Unternehmung aus mehreren verschiedenen Gesellschaften mit Zahlungsverflechtungen besteht. Grundsätzlich umfasst die Zahlungsreihe eines Investitionsprojekts all die Zahlungskonse-

---

[12] Entsprechend schwach ist – wie bereits angedeutet – der **empirische Beleg** zur Gültigkeit des Nationalen *Fisher*-Effekts. Vgl. etwa *Demirag/Goddard* (1994), S. 75.

quenzen, die durch die betreffende Investition ausgelöst werden, also ohne die besagte Investition nicht anfielen.

Schließlich wurde der **Nationale *Fisher*-Effekt** vorgestellt, der die Gleichheit der Realzinssätze des In- und Auslands postuliert und einen Beitrag zu vereinfachten Kapitalwertformeln leisten kann. Allerdings ist der Nationale *Fisher*-Effekt sowohl theoretisch als auch empirisch nur schwach zu stützen.

Generell zeigt sich, dass wenigstens für den Fall bei Sicherheit die Berücksichtigung von Fremdwährungseinzahlungen im Rahmen der Investitionstheorie **keine** besondere Schwierigkeit darstellt. Dass diese Einschätzung bei Entscheidungen unter Risiko nicht mehr ohne weiteres aufrechterhalten werden kann, sollte nicht allzu sehr überraschen, sprengt aber den Rahmen dieser einführenden Darstellung. Wir werden hierauf im Rahmen des Bands II zurückkommen.

Wiederholungsfragen

W7.1
Was charakterisiert eine Auslandsdirektinvestition?

W7.2
Was versteht man unter einem Wechselkurs?

W7.3
Wieso führt die Betrachtung von Zahlungskonsequenzen in verschiedenen Währungen bei Vollkommenheit der Devisen- und Kapitalmärkte nicht zu einer Revision der *Fisher*-Separation und der Optimalität kapitalwertmaximierender Investitionsentscheidungen?

W7.4
Wie bestimmt sich der Kapitalwert einer Auslandsdirektinvestition in Inlandswährung?

W7.5
Wie bestimmt sich der Kapitalwert einer Auslandsdirektinvestition in Fremdwährung?

W7.6
Was versteht man unter dem Internationalen *Fisher*-Effekt?

W7.7
Wieso kann man bei Gültigkeit des Kapitalwertkriteriums eine Auslandsdirektinvestition unabhängig von den sonstigen unternehmerischen Investitionsaktivitäten beurteilen?

W7.8
Welche monetären Konsequenzen sind als Zahlungsreihe einer Auslandsdirektinvestition aufzufassen?

W7.9
Was sagt das Gesetz des Einheitspreises aus?

W7.10
Welchen Zusammenhang beschreibt der Nationale *Fisher*-Effekt?

IV Investitionsentscheidungen bei unvollkommenem Kapitalmarkt

1 *Hirshleifer*-Modell und Klienteleffekt

1.1 Problemstellung

Sofern man vom einführenden (kurzen) Kapitel II einmal absieht, wurde im Rahmen dieses Lehrbuchs bislang stets die Prämisse eines **vollkommenen Kapitalmarktes** vorausgesetzt. Dies implizierte insbesondere die Gleichheit des für Mittelaufnahme und -anlage von einem Zeitpunkt t−1 bis t jeweils gültigen Zinssatzes. Zweifellos ist das ein mit realen Gegebenheiten nur schwer zu vereinbarender Umstand. Typischerweise wird man davon ausgehen müssen, dass der von t−1 bis t für Anlagezwecke erreichbare **Habenzinssatz** hinter dem für die gleiche Periode maßgeblichen **Sollzinssatz** zurückbleibt. Im folgenden **Abschnitt 1.2** sollen die Konsequenzen aus einer derartigen Situation im Rahmen einer einfachen Zwei-Zeitpunkte-Betrachtung näher analysiert werden. Weil dieses Szenario zum ersten Mal 1958 von *Jack Hirshleifer* analysiert wurde,[1] spricht man hierbei auch vom **"*Hirshleifer*-Modell"**.[2] Es wird sich zeigen, dass die *Fisher*-Separation innerhalb dieses Ansatzes **keine** Gültigkeit mehr besitzt. Eine präferenzunabhängige Beurteilung von Investitionsprojekten ist damit im Allgemeinen nicht mehr möglich.

Zuweilen wird darauf hingewiesen, dass eine vertiefte Analyse des *Hirshleifer*-Modells den Weg zu einem sogenannten **Klienteleffekt** aufzeigt, der in gewisser Weise eine Restitution des Separationsergebnisses von *Fisher* ermöglicht. Im **Abschnitt 1.3** wird daher zunächst der Klienteleffekt gemäß der in der Literatur üblichen Form vorgestellt. Weil sich dabei allerdings eine Reihe von Unstimmigkeiten im Verhältnis zum zuvor behandelten *Hirshleifer*-Modell ergibt, ist im **Abschnitt 1.4** die sachgerechte Einpassung des Klienteleffekts in das *Hirshleifer*-Modell im Detail zu problematisieren. Die Ausführungen schließen im **Abschnitt 1.5** wie stets mit einer Zusammenfassung.

---

1 Vgl. *Hirshleifer* (1958). Siehe aber auch *Hirshleifer* (1974).

2 Darstellungen des *Hirshleifer*-Modells finden sich auch in zahlreichen anderen finanzwirtschaftlichen Lehrbüchern. Vgl. insbesondere *Hax* (1993), S. 77 ff., *Drukarczyk* (1993), S. 38 ff., *Schäfer* (2005), S. 201 ff., sowie *Franke/Hax* (2009), S. 160 ff.

1.2 Das *Hirshleifer*-Modell

1.2.1 Die Annahmen

Abgesehen von einer entscheidenden Ausnahme, auf die wir in Kürze zu sprechen kommen werden, sollen im Weiteren die gleichen Annahmen gelten, die auch schon im Kapitel II sowie im Abschnitt 1 des vorhergehenden Kapitels bei der Erörterung des *Fisher*-Modells zugrunde gelegt wurden. Das heißt, es wird ein Unternehmer im Rahmen eines Zwei-Zeitpunkte-Modells von $t = 0$ bis $t = 1$ betrachtet. Seine **Nutzenfunktion** U hängt positiv von seinem (nichtnegativen) Konsum C_0 im Zeitpunkt $t = 0$ sowie von seinem (nichtnegativen) Konsum C_1 im Zeitpunkt $t = 1$ ab, wobei die Grenznutzenzuwächse aus steigendem Konsum C_t in einem Zeitpunkt $t = 0, 1$ jedoch ceteris paribus abnehmend verlaufen.

$$U \equiv U(C_0;C_1) \quad \text{mit} \quad \frac{\partial U}{\partial C_t} > 0, \ \frac{\partial^2 U}{\partial C_t^2} < 0. \tag{1.1}$$

Im $(C_0;C_1)$-Diagramm kann die Nutzenfunktion U über **Indifferenzkurven** dargestellt werden. Eine Indifferenzkurve stellt bekanntermaßen den geometrischen Ort aller $(C_0;C_1)$-Kombinationen dar, die aus Unternehmersicht **gleichen** Nutzen stiften. Je weiter außen eine solche Indifferenzkurve liegt, desto größer ist das mit ihr verbundene Nutzenniveau. Ziel des Unternehmers wird es deswegen sein, eine möglichst weit außen gelegene Indifferenzkurve zu erreichen. Wie bisher sei angenommen, dass die Indifferenzkurven **konvex** verlaufen.[3]

Der Unternehmer hat des Weiteren in $t = 0$ die Möglichkeit zur Durchführung von Realinvestitionen I, die in $t = 1$ zu Erträgen F(I) führen. Auch im Rahmen dieses Abschnitts sei dabei ein "stilisierter", durchgängig differenzierbarer Verlauf der Realinvestitionsfunktion F gemäß dem **Gesetz vom abnehmenden Grenzertrag** unterstellt. Das heißt, mit steigendem Investitionsvolumen nimmt die Grenzrendite $F'(I)-1$ des Investitionsprogramms beständig ab.[4]

Die Anfangsausstattung des Unternehmers beläuft sich auf W_0 Geldeinheiten Konsummöglichkeiten in $t = 0$. Für ein beliebiges Investitionsvolumen I realisiert der Unternehmer damit folgende Konsumposition:

---

3 Vgl. zur Diskussion dieser Präferenzannahmen Kapitel II dieses Buchs.

4 Vgl. auch hierzu schon Kapitel II dieses Buchs.

$C_0 = W_0 - I,$
$C_1 = F(I) = F(W_0 - C_0).$ (1.2)

Die graphische Darstellung von (1.2) im (C_0;C_1)-Diagramm wurde im Kapitel II als **Transformationskurve** eingeführt. Sie beschreibt die Möglichkeiten des Unternehmers, durch Konsumverzicht in t = 0, also (Real-) Investitionen, seinen Konsum in t = 1 zu steigern.

Neben der Möglichkeit zur Durchführung von Realinvestitionen habe der Unternehmer auch noch Zugang zu einem **Kapitalmarkt**. Dort kann er als **Mengenanpasser** Mittel zu einem Zinssatz $i^{(S)}$ aufnehmen bzw. zu einem niedrigeren Zinssatz $i^{(H)}$ anlegen und auf diese Weise Konsummöglichkeiten von t = 1 nach t = 0 bzw. von t = 0 nach t = 1 transferieren. Die Diskrepanz zwischen dem Zinssatz $i^{(S)}$ für **Mittelaufnahme** und dem Zinssatz $i^{(H)}$ für **Mittelanlage** ist konstitutives Merkmal des *Hirshleifer*-Modells. Begründet wird sie mit der Existenz von **Transaktionskosten** im Zusammenhang mit der Abwicklung von Kapitalmarkttransaktionen. Generell ergeben sich Transaktionskosten schon aus dem erforderlichen Zeitaufwand zur Anbahnung und Umsetzung eines Mittelüberlassungsvertrags.[5] *Hirshleifer* unterstellt somit einen augenscheinlich unvollkommenen Kapitalmarkt.

Zur Veranschaulichung der Konsequenzen aus dem Anfall von Transaktionskosten sei stark vereinfacht angenommen, dass diese nur bei der Mittelrückzahlung auftreten. Dies führt dann dazu, dass der Mittelabfluss beim Kapitalnehmer zum Zeitpunkt t = 1 über dem entsprechenden Mittelzufluss beim Kapitalgeber liegt. Die Spanne zwischen $i^{(S)}$ und $i^{(H)}$ gibt deswegen in diesem Zusammenhang die Höhe der Transaktionskosten in t = 1 an, die am Kapitalmarkt je ursprünglich aufgenommener bzw. angelegter Geldeinheit anfallen.

Beispiel 1.1:
Angenommen, im Rahmen der Mittelaufnahme von t = 0 bis t = 1 ist brutto, das heißt vor Abzug von Transaktionskosten, eine Verzinsung von $i^{(S)} = 12$ % zu

---

5 Vgl. zu einer Systematisierung von Transaktionskosten beispielsweise *Breuer* (1993a), S. 60 ff. Umfassende Darstellungen von Transaktionskosten als Quelle von Marktunvollkommenheiten finden sich insbesondere bei *Richter/Furubotn* (2003), S. 79 ff., und *Neus* (2009), S. 97 ff.

gewähren, und es fallen Transaktionskosten von 0,04 GE je zurückgezahlter Geldeinheit (exclusive Zinsen) bei Rückzahlung der aufgenommenen Mittel an. Dann resultiert für den Kapitalgeber in t = 1 nur noch ein Nettozufluss von 1,12−0,04 = 1,08 GE je in t = 0 angelegter Geldeinheit und dementsprechend ein Habenzinssatz $i^{(H)} = 8$ %. □

Zweifellos ist es realitätsnäher, den wesentlichen Anfall der Transaktionskosten im Zusammenhang mit dem Abschluss und der Abwicklung eines Mittelüberlassungsvertrags auf den Zeitpunkt t = 0 zu beziehen. Dann aber kann die Spanne $i^{(S)}-i^{(H)}$ nicht mehr so leicht wie bei vollständigem Transaktionskostenanfall in t = 1 interpretiert werden.

Beispiel 1.2:
Angenommen, im Rahmen der Mittelaufnahme von t = 0 bis t = 1 ist netto an den Kapitalgeber in t = 1 eine Verzinsung von $i^{(H)} = 8$ % zu gewähren. 4 % der in t = 0 erhaltenen Mittel werden aber unmittelbar durch Transaktionskosten aufgebraucht. Von 100 GE, die brutto in t = 0 überlassen werden, verbleiben dem Kapitalnehmer folglich nach Abzug der Transaktionskosten nur 96 GE, auf die in t = 1 insgesamt 100·1,08 = 108 GE zurückzuzahlen sind. Dies entspricht einem Sollzinssatz $i^{(S)}$ auf die netto zugeflossenen 96 GE von (108−96)/96 = 12,5 %, weshalb die Differenz $i^{(S)}-i^{(H)}$ hierbei vom Transaktionskostensatz von 4 % je aufgenommener oder von 4/96 ≈ 4,17 % je netto erhaltener Geldeinheit abweicht. □

Ausgehend von einer beliebigen Konsumposition $(\overline{C}_0^{(S)};\overline{C}_1^{(S)})$, die der Unternehmer allein aufgrund seiner durchgeführten Realinvestitionen verwirklichen könnte, führt die Aufnahme eines Kredits in Höhe von K ≥ 0 dazu, dass der Unternehmer in t = 0 sein Konsumniveau auf $C_0 = \overline{C}_0^{(S)} + K$ steigert. Dafür reduziert sich infolge der erforderlichen Kreditrückzahlung sein Konsum im Zeitpunkt t = 1 auf $C_1 = \overline{C}_1^{(S)} - (1+i^{(S)})\cdot K$. Löst man die Bestimmungsgleichung für C_0 nach K auf und setzt das Ergebnis in die Bestimmungsgleichung für C_1 ein, so erhält man die Gleichung der sogenannten **Kreditgeraden**[6]:

$$C_1 = \overline{C}_1^{(S)} - (1+i^{(S)})\cdot(C_0 - \overline{C}_0^{(S)}), \tag{1.3}$$

6 Vgl. zum Begriff *Hirshleifer* (1974), S. 197.

wobei $C_0 - \overline{C}_0^{(S)} \geq 0$, also $K \geq 0$, gelten muss, da eine Mittelanlage, $K < 0$, zu $i^{(S)}$ nicht möglich ist. Die Kreditgerade beschreibt den geometrischen Ort aller $(C_0;C_1)$-Konsumkombinationen, die der Unternehmer durch Aufnahme von Mitteln am Kapitalmarkt, ausgehend von einer (durch Realinvestitionen erreichten) Konsumposition $(\overline{C}_0^{(S)};\overline{C}_1^{(S)})$, realisieren kann. Die Steigung einer Kreditgeraden ist unabhängig vom "Startpunkt" $(\overline{C}_0^{(S)};\overline{C}_1^{(S)})$ stets konstant $-(1+i^{(S)})$.[7] Als Startpunkt kommt dabei jeder Punkt der Transformationskurve in Frage, da jede dieser Kombinationen von gegenwärtigem und zukünftigem Konsum durch entsprechende Realinvestitionen vom Unternehmer erreichbar ist. Zu beachten ist, dass die Kreditgeraden dabei nur rechts vom jeweiligen Startpunkt verlaufen, da eine Mittelanlage zu $i^{(S)}$ (also der Fall $C_0 - \overline{C}_0^{(S)} < 0$) nicht erfolgen kann. Präzise formuliert, handelt es sich hierbei demnach um "Halbgeraden".

Beispiel 1.3:
Gegeben sei ein Unternehmer, der ohne die Durchführung von Kapitalmarkttransaktionen die Konsumallokation $(\overline{C}_0^{(S)};\overline{C}_1^{(S)})$ = (1,14;8,64) realisieren kann. Mit $i^{(S)} = 12\ \%$ lautet die Gleichung der für ihn relevanten Kreditgeraden dann folgendermaßen:

$$C_1 = 8,64 - 1,12 \cdot (C_0 - 1,14) = 9,9168 - 1,12 \cdot C_0, \tag{1.4}$$

wobei $C_0 \geq 1,14$ GE zu beachten ist. □

Legt der Unternehmer stattdessen einen Betrag $A \geq 0$, ausgehend von einer Konsumposition $(\overline{C}_0^{(H)};\overline{C}_1^{(H)})$[8], zum dafür maßgeblichen Zinssatz $i^{(H)}$ von $t = 0$ bis $t = 1$ an, dann reduziert sich sein Konsumniveau in $t = 0$ auf $C_0 = \overline{C}_0^{(H)} - A$. Dafür erhöhen sich seine Konsummöglichkeiten des Zeitpunktes $t = 1$ auf $C_1 = \overline{C}_1^{(H)} + (1+i^{(H)}) \cdot A$. Durch Auflösung der Bestimmungsgleichung für C_0 nach A und Einsetzen des Ergebnisses in die Bestimmungsgleichung für C_1 gelangt man zur sogenannten **Darlehnsgeraden**[9]:

---

7 Vgl. die Kreditgeraden K^+ und K^* in *Abbildung 1.1*.

8 Die Unterscheidung der "Startpositionen" $(\overline{C}_0^{(S)};\overline{C}_1^{(S)})$ und $(\overline{C}_0^{(H)};\overline{C}_1^{(H)})$ erfolgt bereits an dieser Stelle, weil sich schon sehr bald zeigen wird, dass der Unternehmer je nach angestrebten Kapitalmarkttransaktionen auch unterschiedliche Realinvestitionsvolumina realisieren wird.

9 Vgl. zum Begriff erneut *Hirshleifer* (1974), S. 197.

$$C_1 = \overline{C}_1^{(H)} + (1 + i^{(H)}) \cdot (\overline{C}_0^{(H)} - C_0), \tag{1.5}$$

wobei $\overline{C}_0^{(H)} - C_0 \geq 0$, also $A \geq 0$, gelten muss, da eine Mittelaufnahme, $A < 0$, zu $i^{(H)}$ nicht in Frage kommt. Die Darlehnsgerade beschreibt den geometrischen Ort aller $(C_0;C_1)$-Kombinationen, die der Unternehmer durch Anlage von Mitteln am Kapitalmarkt, ausgehend von einer (durch Realinvestitionen erreichten) Konsumposition $(\overline{C}_0^{(H)};\overline{C}_1^{(H)})$, realisieren kann. Auch die Steigung der Darlehnsgeraden ist startpunktunabhängig stets konstant, und zwar gleich $-(1+i^{(H)})$.[10] Darlehnsgeraden verlaufen damit flacher als die entsprechenden Kreditgeraden, wobei die Steigungsdifferenz mit wachsenden Transaktionskosten zunimmt. Des Weiteren ist erneut jeder Punkt der Transformationskurve als Startpunkt für eine Darlehnsgerade denkbar und handelt es sich abermals nur um Halbgeraden, da eine Verschuldung zu $i^{(H)}$ (also der Fall $\overline{C}_0^{(H)} - C_0 < 0$) nicht möglich ist.

Beispiel 1.4:
Gegeben sei ein Unternehmer, der ohne die Durchführung von Kapitalmarkttransaktionen die Konsumallokation $(\overline{C}_0^{(H)};\overline{C}_1^{(H)}) = (5{,}85;8{,}96)$ realisieren kann. Mit $i^{(H)} = 8\ \%$ lautet die Gleichung der für ihn relevanten Darlehnsgeraden dann:

$$C_1 = 8{,}96+1{,}08\cdot(5{,}85-C_0) = 15{,}278-1{,}08\cdot C_0, \tag{1.6}$$

wobei $C_0 \leq 5{,}85$ GE zu beachten ist. □

1.2.2 Optimale Investitionsentscheidungen im *Hirshleifer*-Modell

Unabhängig von der konkret angenommenen Nutzenfunktion U des Unternehmers ist für diesen auf jeden Fall nur die am **weitesten außen** gelegene von allen überhaupt erreichbaren Kreditgeraden von Interesse. Denn alle Punkte auf weiter innen gelegenen Kreditgeraden werden entweder durch Punkte auf der äußersten Kreditgeraden oder durch Punkte auf der Transformationskurve derart **dominiert**, dass sowohl ein nichtniedrigeres heutiges als auch ein nichtniedrigeres zukünftiges Konsumniveau, also mindestens der gleiche Nutzenwert wie bei dem betreffenden Punkt auf der innen gelegenen Kreditgeraden, erreichbar ist. Die einzig relevante Kreditgerade ist dabei gerade Tangente an die Transformationskurve des Unternehmers und in *Abbildung 1.1* mit K^* bezeichnet. Sofern sich der Unter-

---

10 Vgl. die Darlehnsgeraden D^+ und D^* in *Abbildung 1.1.*

nehmer also in $t = 0$ verschulden möchte, wird er dies stets auf der Grundlage des in *Abbildung 1.1* mit $I^{(S)*}$ bezeichneten Realinvestitionsvolumens tun.

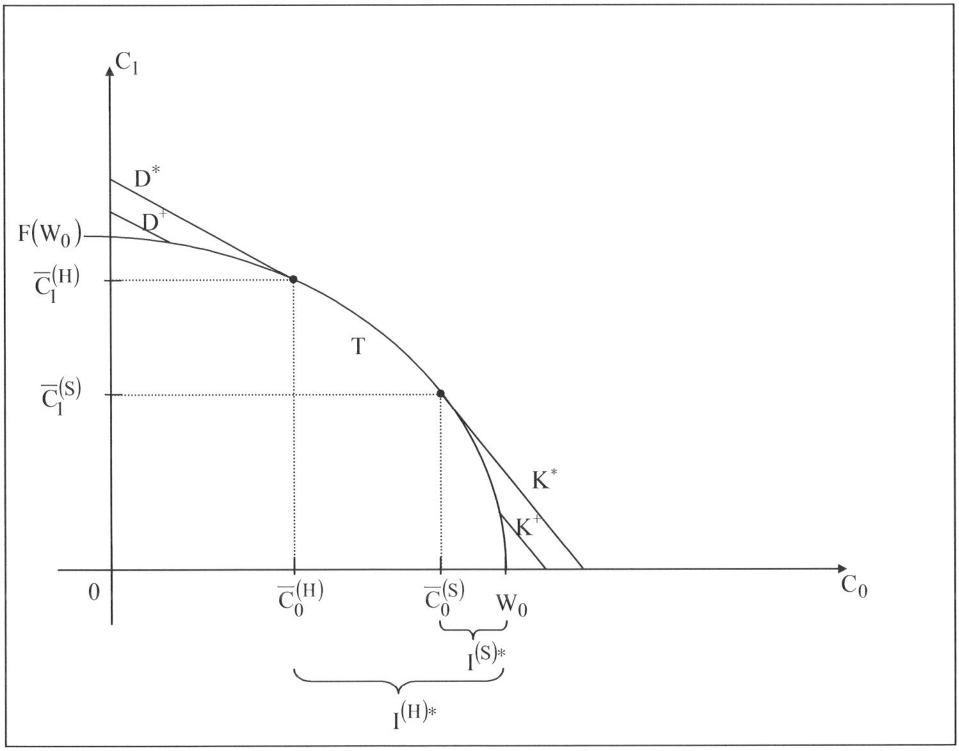

Abbildung 1.1: Transformationskurve, Darlehns- und Kreditgeraden im *Hirshleifer*-Modell

Beispiel 1.5:

Betrachtet sei ein Unternehmer mit einer Vermögensanfangsausstattung in $t = 0$ in Höhe von $W_0 = 5$ GE. Seine Investitionsertragsfunktion sei $F(I) = 4{,}4 \cdot I^{0{,}5}$ und entspreche damit der aus Beispiel 1.6 des Kapitels II. Der Kapitalmarktzinssatz $i^{(S)}$ für Mittelaufnahme von $t = 0$ bis $t = 1$ betrage 12 %. Unter der Voraussetzung, dass sich der Unternehmer am Kapitalmarkt zu verschulden beabsichtigt, muss die Steigung der Transformationskurve, $-F'(I)$, beim optimalen unternehmerischen Investitionsvolumen $I^{(S)*}$ gerade dem Wert $-1{,}12$ entsprechen:

$$-\frac{2,2}{\sqrt{I}} = -1,12 \Leftrightarrow I^{(S)*} \approx 3,86 \text{ GE}. \tag{1.7}$$

Mit $I^{(S)*} \approx 3,86$ GE sowie $W_0 = 5$ GE erhält man unmittelbar $\overline{C}_0^{(S)} \approx 1,14$ GE und $\overline{C}_1^{(S)} \approx 8,64$ GE. Die Gleichung der vom Unternehmer bei optimalem Investitionsverhalten (ungefähr) erreichbaren Kreditgeraden stimmt folglich mit der im Beispiel 1.3 berechneten überein. □

Auf der Grundlage der gleichen Überlegung ist von allen erreichbaren Darlehnsgeraden nur die am weitesten außen gelegene näher zu betrachten, und diese ist ebenfalls Tangente an die Transformationskurve. In *Abbildung 1.1* ist diese Darlehnsgerade mit D^* charakterisiert. Falls der Unternehmer demnach in $t = 0$ Mittel am Kapitalmarkt anlegen möchte, wird er dies nur auf der Grundlage des in *Abbildung 1.1* mit $I^{(H)*}$ bezeichneten Realinvestitionsvolumens tun.

Beispiel 1.6:
Betrachtet sei wieder der Unternehmer aus Beispiel 1.5, nun aber mit einem Anfangsvermögen von $W_0 = 10$ GE. Der Kapitalmarktzinssatz $i^{(H)}$ für Mittelanlage von $t = 0$ bis $t = 1$ betrage 8 %. Sofern der Unternehmer in $t = 0$ einen Teil seiner Anfangsausstattung bis $t = 1$ anzulegen gedenkt, wird er zugleich ein solches Realinvestitionsvolumen $I^{(H)*}$ anstreben, dass die Steigung der Transformationskurve, $-F'(I)$, gerade den Wert $-1,08$ annimmt:

$$-\frac{2,2}{\sqrt{I}} = -1,08 \Leftrightarrow I^{(H)*} \approx 4,15 \text{ GE}. \tag{1.8}$$

Mit $I^{(H)*} \approx 4,15$ GE sowie $W_0 = 10$ GE erhält man unmittelbar $\overline{C}_0^{(H)} \approx 5,85$ GE und $\overline{C}_1^{(H)} \approx 8,96$ GE. Die Gleichung der vom Unternehmer bei optimalem Investitionsverhalten (ungefähr) erreichbaren Darlehnsgeraden entspricht folglich der im Beispiel 1.4 ermittelten. □

In der Tat kommen als **nutzenmaximierende Konsumniveaus** nur Punkte auf K^* oder D^* sowie auf dem dazwischen liegenden Verbindungsstück T der Transformationskurve in Frage. Im Weiteren sei von Randlösungen abgesehen. Unter dieser Voraussetzung wird die optimale unternehmerische Konsumallokation durch einen (eindeutigen) Tangentialpunkt einer Indifferenzkurve mit K^*, D^* oder

T beschrieben. Wo dieser Tangentialpunkt dabei konkret liegt, kann nur einzelfallabhängig bestimmt werden. Sollte das unternehmerische Nutzenmaximum auf der Kreditgeraden liegen, wird der Unternehmer das Realinvestitionsvolumen $I^{(S)*} = W_0 - \overline{C}_0^{(S)}$ anstreben und sich anschließend auf dem Kapitalmarkt zu $i^{(S)}$ verschulden. Die Verschuldung am Kapitalmarkt zum Zwecke der Steigerung von C_0 ist besser, als das Investitionsvolumen unter das Niveau $I^{(S)*}$ hin einzuschränken, weil die Grenzrendite der Investitionen für Volumina unterhalb von $I^{(S)*}$ höher als $i^{(S)}$ ist und somit die Einbuße an künftigem Konsum durch Reduktion des Realinvestitionsvolumens ausgeprägter ist als durch Verschuldung zu $i^{(S)}$. Wie schon im Rahmen des *Fisher*-Modells spricht man hier davon, dass der Unternehmer vom **Schuldnertyp** ist. Ein Unternehmer dieses Typs hat im Verhältnis zu seiner Anfangsausstattung vergleichsweise ausgeprägte Gegenwartspräferenzen. Insbesondere bei sehr niedriger Anfangsausstattung wird ein Unternehmer im Allgemeinen vom Schuldnertyp sein. Gilt etwa $W_0 = 0$ GE, ist der betrachtete Unternehmer für jede beliebige Nutzenfunktion $U(C_0;C_1)$ (notgedrungen) als zum Schuldnertyp gehörig zu klassifizieren. Wir werden auf diesen Umstand im nächsten Abschnitt noch zurückkommen.

Der Schuldnertyp investiert so lange, bis die Grenzrendite $F'(I)-1$ aus Realinvestitionen dem Sollzinssatz $i^{(S)}$ entspricht. In völliger Analogie zu den Ausführungen im Rahmen der Erörterung des *Fisher*-Modells ist die am weitesten außen liegende von allen erreichbaren Kreditgeraden dadurch gekennzeichnet, dass ihr C_0-Achsenabschnitt maximal ist. Dieser wiederum entspricht der Summe aus dem unternehmerischen Anfangsvermögen W_0 und dem auf der Grundlage von $i^{(S)}$ berechneten Kapitalwert der unternehmerischen Realinvestitionen. Der Schuldnertyp maximiert also seinen Kapitalwert aus Realinvestitionen bei Ansatz eines Kalkulationszinsfußes $i^{(S)}$.

Beispiel 1.7:
Gegeben sei der Unternehmer aus Beispiel 1.5. Zusätzlich sei angenommen, dass seine Nutzenfunktion durch $U(C_0;C_1) = C_0^{0,3} \cdot C_1^{0,7}$ beschrieben werden könne. Sofern der Unternehmer vom Schuldnertyp ist, ist für ihn die in den Beispielen 1.3 und 1.5 genannte Kreditgerade maßgeblich. Wenn sein Konsumoptimum in der

Tat auf der Kreditgeraden liegen sollte, dann muss es einen Wert $C_0^* > 1{,}14$ GE so geben, dass die folgenden beiden Bedingungen erfüllt sind:[11]

$$\begin{aligned} &\text{I.} \quad \bar{U}^{\frac{10}{7}} \cdot C_0^{-\frac{3}{7}} = 9{,}9168 - 1{,}12 \cdot C_0, \\ &\text{II.} \quad \frac{3}{7} \cdot \bar{U}^{\frac{10}{7}} \cdot C_0^{-\frac{10}{7}} = 1{,}12. \end{aligned} \qquad (1.9)$$

Diese beiden Bedingungen sind von ihrer Struktur her schon aus Beispiel 1.3 im Rahmen des Abschnitts 1 des vorhergehenden Kapitels bekannt. Konkret ist eine Indifferenzkurve mit (maximalem) Nutzenniveau $\bar{U}$ gesucht, die einen Punkt mit der Kreditgeraden gemeinsam hat (I.) und in diesem Punkt über eine Grenzrate der Substitution von 1,12 verfügt (II.). Die simultane Lösung der beiden Gleichungen aus (1.9) liefert $C_0^* \approx 2{,}66$ GE sowie $\bar{U}^* \approx 5{,}21$. Durch Einsetzen von $C_0^* \approx 2{,}66$ GE in die Gleichung der Kreditgeraden ergibt sich des Weiteren $C_1^* \approx 6{,}94$ GE. Wegen $\bar{C}_0^{(S)} \approx 1{,}14$ GE < $C_0^* \approx 2{,}66$ GE tätigt der Unternehmer also infolge von im Verhältnis zu seiner Anfangsausstattung recht stark ausgeprägten Gegenwartspräferenzen zur teilweisen Finanzierung seiner beabsichtigten Realinvestitionen im Umfang $I^{(S)*} \approx 3{,}86$ GE eine Mittelaufnahme von etwa 1,52 GE. □

Sollte sich das Nutzenmaximum des Unternehmers auf der Darlehnsgeraden befinden, dann impliziert dies zugleich ein Realinvestitionsvolumen von $I^{(H)*} = W_0 - \bar{C}_0^{(H)}$ und die zusätzliche Anlage eines bestimmten Betrags am Kapitalmarkt zum Habenzinssatz $i^{(H)}$. Letzteres ist ertragreicher, als das Investitionsvolumen über $I^{(H)*}$ hinaus auszudehnen, da der Grenzertrag F'(I) weiterer Investitionen unterhalb von $1+i^{(H)}$, die Grenzrendite F'(I)−1 aus weiteren Investitionen also unterhalb des Habenzinssatzes liegt. Im Falle der Mittelanlage am Kapitalmarkt spricht man bekanntermaßen vom Vorliegen eines **Anlegertyps**. Dieser Typ ist durch eine im Verhältnis zu seiner Anfangsausstattung vergleichsweise geringe Gegenwartspräferenz charakterisiert. Insbesondere bei sehr hoher Anfangsausstattung wird ein Unternehmer im Allgemeinen vom Anlegertyp sein.

[11] Die Restriktion $C_0^* > 1{,}14$ GE ist zu beachten, weil die hier relevante Kreditgerade nur für solche C_0-Werte definiert ist. Sollte sich aus (1.9) eine Lösung mit C_0 < 1,14 GE ergeben, so impliziert dies schlicht, dass das Nutzenmaximum des Unternehmers **nicht** auf der Kreditgeraden liegt und er folglich nicht vom **Schuldnertyp** ist.

Das optimale Investitionsvolumen $I^{(H)*}$ des Anlegertyps ist demnach durch die Gleichheit von Grenzrendite F'(I)−1 und Habenzinssatz $i^{(H)}$ charakterisiert. Da $i^{(H)} < i^{(S)}$ und das Gesetz vom abnehmenden Grenzertrag für Realinvestitionen angenommen wurden, folgt bereits hieraus, dass der Anlegertyp ein höheres Investitionsvolumen $I^{(H)*}$ als der Schuldnertyp mit $I^{(S)*}$ realisiert. Des Weiteren läuft das optimale Investitionsverhalten auch des Anlegertyps auf Kapitalwertmaximierung hinaus, und zwar auf der Grundlage eines Kalkulationszinsfußes $i^{(H)}$.

Beispiel 1.8:
Gegeben sei der Unternehmer aus Beispiel 1.6. Zusätzlich sei angenommen, dass seine Nutzenfunktion wie schon im Beispiel 1.7 durch $U(C_0;C_1) = C_0^{0,3} \cdot C_1^{0,7}$ beschrieben werden könne. Der einzige Unterschied zum Beispiel 1.7 besteht damit in der nunmehr mit $W_0 = 10$ GE höheren Anfangsausstattung.

Sofern der Unternehmer infolge seines höheren Anfangsvermögens vom Anlegertyp ist, ist für ihn die in den Beispielen 1.4 und 1.6 genannte Darlehnsgerade maßgeblich. Wenn sein Konsumoptimum in der Tat auf der Darlehnsgerade liegen sollte, dann muss es einen Wert $C_0^* < 5{,}85$ GE so geben, dass die folgenden beiden Bedingungen erfüllt sind:[12]

$$\begin{aligned} &\text{I.} \quad \bar{U}^{\frac{10}{7}} \cdot C_0^{-\frac{3}{7}} = 15{,}278 - 1{,}08 \cdot C_0, \\ &\text{II.} \quad \frac{3}{7} \cdot \bar{U}^{\frac{10}{7}} \cdot C_0^{-\frac{10}{7}} = 1{,}08. \end{aligned} \tag{1.10}$$

Gesucht ist eine Indifferenzkurve mit (maximalem) Nutzenniveau $\bar{U}$, die einen Punkt mit der Darlehnsgeraden gemeinsam hat (I.) und in diesem Punkt über eine Grenzrate der Substitution von 1,08 verfügt (II.). Die simultane Lösung der beiden Gleichungen aus (1.10) liefert $C_0^* \approx 4{,}24$ GE sowie $\bar{U}^* \approx 8{,}1$. Durch Einsetzen von $C_0^* \approx 4{,}24$ GE in die Gleichung der Darlehnsgeraden resultiert des Weiteren $C_1^* \approx 10{,}7$ GE. Wegen $\bar{C}_0^{(H)} \approx 5{,}85$ GE $> C_0^* \approx 4{,}24$ GE tätigt der Unternehmer also infolge im Verhältnis zu seiner Anfangsausstattung recht stark ausgeprägter

[12] Die Begründung für die Berücksichtigung der Restriktion $C_0^* < 5{,}85$ GE ist analog zu der im Zusammenhang mit der Restriktion $C_0^* > 1{,}14$ GE aus dem vorhergehenden Beispiel 1.7.

Zukunftspräferenzen zusätzlich zu seinen Realinvestitionen im Umfang $I^{(H)*} \approx$ 4,15 GE noch eine Kapitalmarktanlage von etwa 1,61 GE. □

Schließlich ist noch denkbar, dass sich das Nutzenmaximum auf der Transformationskurve zwischen den oder auf den beiden Tangentialpunkten befindet. Unter dieser Voraussetzung liegt das zugehörige Investitionsvolumen $I^{(N)*}$ zwischen $I^{(S)*}$ und $I^{(H)*}$. Eine genauere Spezifikation von $I^{(N)*}$ ist nicht möglich, da sich jedes Investitionsvolumen aus dem (geschlossenen) Intervall $[I^{(S)*};I^{(H)*}]$ aus Sicht eines Unternehmers als optimal erweisen kann, sofern nur passende Zeitpräferenzen und Anfangsausstattung angenommen werden. Eine Mittelaufnahme oder -anlage am Kapitalmarkt kommt hierbei in jedem Falle nicht zustande. Aus diesem Grunde gilt $(\overline{C}_0^{(N)};\overline{C}_1^{(N)}) = (C_0^*;C_1^*)$: Der vom Unternehmer durch sein Realinvestitionsvolumen erreichte Startpunkt $(\overline{C}_0^{(N)};\overline{C}_1^{(N)})$ für Kapitalmarkttransaktionen fällt mit dem Konsumoptimum $(C_0^*;C_1^*)$ zusammen. Man spricht hierbei vom **"neutralen" Unternehmertyp**.

Der neutrale Typ verfügt über moderate Gegenwarts- und Zukunftspräferenzen in Relation zu seinem Anfangsvermögen und realisiert dabei eine Grenzrendite $F'(I^{(N)*})-1$, die im Optimum zwischen den Werten $i^{(H)}$ und $i^{(S)}$ liegt. Natürlich kann man zum optimalen Konsumpunkt $(\overline{C}_0^{(N)};\overline{C}_1^{(N)}) = (C_0^*;C_1^*)$ eines Neutralen stets eine Kapitalmarktgerade mit Steigung $-[1+F'(I^{(N)*})-1] = -F'(I^{(N)*})$ definieren, die zur Tangente an die Transformationskurve im Punkt $(\overline{C}_0^{(N)};\overline{C}_1^{(N)})$ wird. Von allen Geraden mit dieser Steigung ist sie dann die am weitesten außen gelegene, und um sie zu erreichen, muss der Unternehmer sein Realinvestitionsvolumen derart wählen, dass dessen Kapitalwert bei Ansetzen eines Kalkulationszinsfußes $F'(I^{(N)*})-1$ mit $i^{(H)} \leq F'(I^{(N)*})-1 \leq i^{(S)}$ maximiert wird.

Beispiel 1.9:

Gegeben sei erneut der Unternehmer aus den Beispielen 1.7 und 1.8, dieses Mal aber mit einem Anfangsvermögen $W_0 = 7{,}5$ GE. Aus den Beispielen 1.5 und 1.6 ist bereits bekannt, dass $I^{(S)*} \approx 3{,}86$ GE und $I^{(H)*} \approx 4{,}15$ GE gilt. Wenn sich der Unternehmer für diese Anfangsausstattung "neutral" verhält, dann muss sein optimales Investitionsvolumen folglich zwischen (ungefähr) 3,86 GE und 4,15 GE liegen und sein optimaler Gegenwartskonsum entsprechend einen Wert zwischen (ungefähr) $7{,}5-4{,}15 = 3{,}35$ GE und $7{,}5-3{,}86 = 3{,}64$ GE annehmen. Anders formuliert, muss es einen Wert C_0^* mit 3,35 ≤ C_0^* ≤ 3,64 geben, so dass die folgenden beiden Bedingungen erfüllt sind:

$$\begin{aligned} &\text{I.} \quad \bar{U}^{\frac{10}{7}} \cdot C_0^{-\frac{3}{7}} = 4{,}4 \cdot \sqrt{7{,}5 - C_0}, \\ &\text{II.} \quad \frac{3}{7} \cdot \bar{U}^{\frac{10}{7}} \cdot C_0^{-\frac{10}{7}} = \frac{2{,}2}{\sqrt{7{,}5 - C_0}}. \end{aligned} \tag{1.11}$$

Bedingung I. in (1.11) stellt sicher, dass ein gemeinsamer Punkt von Transformationskurve und Indifferenzkurve betrachtet wird. Bedingung II. in (1.11) gewährleistet, dass es sich bei diesem gemeinsamen Punkt um einen Tangentialpunkt handelt. Die numerische Lösung dieser beiden Gleichungen führt zu einem optimalen Gegenwartskonsum von etwa 3,46 GE, einem zugehörigen Investitionsvolumen von ca. 4,04 GE sowie Zukunftskonsum von ungefähr 8,84 GE. Der Unternehmer erreicht damit insgesamt ein Nutzenniveau in Höhe von näherungsweise 6,67. Weil $3{,}35 \le C_0^* \le 3{,}64$ gilt, ist gewährleistet, dass der Tangentialpunkt aus Transformations- und Indifferenzkurve in einem Bereich liegt, der nicht von Punkten auf der Kreditgeraden K^* oder der Darlehnsgeraden D^* dominiert wird, was ansonsten dazu führte, dass sich die eingangs aufgestellte Hypothese, es mit einem "neutralen" Unternehmer zu tun zu haben, als widersprüchlich erwiese. In *Abbildung 1.1* wurde dieser nicht dominierte Bereich der Transformationskurve mit "T" bezeichnet.

Die Grenzrendite auf Realinvestitionen im unternehmerischen Konsumoptimum beträgt ungefähr 9,45 %, wie sich durch Einsetzen des optimalen unternehmerischen Gegenwartskonsums in die rechte Seite der Gleichung II. aus (1.11) leicht überprüfen lässt. Das heißt, würde der Unternehmer bei Ansatz eines derartigen Kalkulationszinsfußes den Kapitalwert seines Investitionsprogramms maximieren wollen, erhielte man erneut $I^{(N)*} \approx 4{,}04$ GE:

$$\begin{aligned} &\kappa = \frac{4{,}4 \cdot \sqrt{I}}{1{,}0945} - I \rightarrow \max_{I}! \\ \Leftrightarrow\ &\frac{4{,}4}{2 \cdot \sqrt{I} \cdot 1{,}0945} - 1 \overset{!}{=} 0 \\ \Leftrightarrow\ &I^{(N)*} \approx 4{,}04 \text{ GE}. \end{aligned} \tag{1.12}$$

Das Kapitalwertkriterium ist demnach bei Voraussetzung eines Kalkulationszinsfußes von etwa 9,45 % auch hier anwendbar. □

Auf der Grundlage der obigen Überlegungen gelangt man damit zu einigen wesentlichen Erkenntnissen hinsichtlich des optimalen unternehmerischen Realinvestitionsverhaltens bei unvollkommenem Kapitalmarkt. Zunächst einmal ist augenscheinlich, dass sich das optimale Realinvestitionsvolumen des Unternehmers als generell **präferenz- und vermögensabhängig** erweist. Die auf einem vollkommenen Kapitalmarkt gültige *Fisher*-Separation lässt sich hier demnach nicht folgern. Auf eine genaue Kenntnis der unternehmerischen Zeitpräferenzen und Anfangsausstattung kann lediglich insofern verzichtet werden, als die Information, mit einem Anlegertyp konfrontiert zu sein, eindeutig das optimale Investitionsvolumen $I^* = I^{(H)*}$ determiniert, während aus Kenntnis des Vorliegens eines Schuldnertyps sofort auf $I^* = I^{(S)*}$ geschlossen werden kann. Sofern nur bekannt ist, dass der Unternehmer vom neutralen Typ ist, kann I^* lediglich auf Werte zwischen $I^{(S)*}$ und $I^{(H)*}$ eingegrenzt werden. Letzteres gilt auch schon, wenn man nichts Genaueres über die unternehmerischen Zeitpräferenzen weiß.

Des Weiteren aber bleibt das **Kapitalwertkriterium** in modifizierter Form gültig: Für jeden Unternehmer existiert nämlich stets ein Kalkulationszinsfuß i mit $i^{(H)} \leq i \leq i^{(S)}$, so dass sich auf dieser Grundlage das subjektiv-optimale Realinvestitionsvolumen des betreffenden Unternehmers zugleich als kapitalwertmaximierend erweist. Während allerdings im Rahmen des *Fisher*-Modells der relevante Kalkulationszinsfuß mit dem Kapitalmarktzinssatz i eindeutig und für jeden Unternehmer gleichermaßen a priori festliegt, erweist sich der maßgebliche Kalkulationszinsfuß im Rahmen des *Hirshleifer*-Modells als **präferenz- und vermögensabhängig**. Für sehr ausgeprägte Gegenwartspräferenzen in Relation zur monetären Anfangsausstattung ist $i^{(H)}$ zu nutzen, für starke Zukunftspräferenzen hingegen $i^{(S)}$. Im Falle moderater (oder gänzlich unbekannter) Zeitpräferenzen liegt der adäquate Kalkulationszinsfuß ("irgendwo") zwischen den beiden Extremen. Weil der anzusetzende Kalkulationszinsfuß im Rahmen von Kapitalwertberechnungen hier genaugenommen erst bekannt ist, wenn man das optimale Realinvestitionsvolumen eines Unternehmers kennt, spricht man auch von einem **"endogenen" Kalkulationszinsfuß** im Gegensatz zum exogenen Kalkulationszinsfuß aus dem *Fisher*-Modell.

Die Existenz endogener Kalkulationszinsfüße ist dabei nicht an die Voraussetzungen des *Hirshleifer*-Modells gebunden. Beispielsweise existiert auch in einer Situation wie der aus Kapitel II, also ohne jeglichen unternehmerischen Kapitalmarktzugang, stets ein passender Kalkulationszinsfuß, so dass die unternehmerische Realinvestitionsentscheidung als kapitalwertmaximierend interpretiert werden kann. Dieser Umstand ergibt sich unmittelbar aus der Diskussion des neutralen Typs im Rahmen dieses Abschnitts. Dieser nämlich kann schon definitionsgemäß so behandelt werden, als gäbe es keinen Kapitalmarktzugang. Der anzusetzende relevante Kalkulationszinsfuß entspricht hierbei stets der Grenzrendite aus Realinvestitionen bei Optimalverhalten. Adäquate endogene Kalkulationszinsfüße für die einzelnen Perioden gibt es des Weiteren auch dann, wenn man eine **MehrPerioden-Betrachtung** vornimmt. Wir werden auf diesen Umstand in einem späteren Abschnitt noch näher eingehen. Ferner besitzt die Kapitalwertformel auf der Grundlage der endogenen Kalkulationszinsfüße natürlich weiterhin die Eigenschaft der **Wertadditivität**. Das bedeutet unter anderem, dass bei Ansatz der endogenen Kalkulationszinsfüße zur Kapitalwertberechnung eine **Einzelprojektbeurteilung** möglich ist.[13]

Augenscheinlich kommt endogenen Kalkulationszinsfüßen mehr konzeptionelle denn praktische Bedeutung zu, da sie zwar eine theoretische Begründung für die Anwendung des Kapitalwertkriteriums liefern, aber ihre exakte Ausprägung grundsätzlich erst **nach Lösung** des jeweiligen Entscheidungsproblems bekannt ist, also dann, wenn ihre Kenntnis gar nicht mehr erforderlich ist.

Allerdings kann es schon hilfreich sein, wenigstens zu wissen, in welchen Grenzen der adäquate Kalkulationszinsfuß liegen wird. Aus der Tatsache etwa, dass $i \geq i^{(H)}$ gilt, folgt unmittelbar im Rahmen der hier relevanten Zwei-Zeitpunkte-Betrachtung, dass alle Investitionen mit einem negativen Kapitalwert für $i = i^{(H)}$ von

[13] Diese Erkenntnis widerspricht nicht der Feststellung aus Abschnitt 1 des Kapitels III, dass bei fehlendem Zugang zu einem vollkommenen Kapitalmarkt **keine Einzelprojektbeurteilung** erfolgen kann. Zu beachten ist nämlich, dass die Ausprägungen der endogenen Kalkulationszinsfüße bei fehlendem oder nicht vollkommenem Kapitalmarkt von den verfügbaren Investitionsprojekten **abhängen** werden und sich hieraus **Interdependenzen** bei der Beurteilung der einzelnen verfügbaren Investitionsprojekte ergeben. **Nur** für als gegeben angenommene "endogene" Kalkulationszinsfüße besteht demnach eine (Schein-) Möglichkeit der Einzelprojektbeurteilung.

keinem Unternehmer realisiert werden, da der negative Kapitalwert dann auch für alle höheren Kalkulationszinsfüße resultiert. In entsprechender Weise verfügt ein Investitionsprojekt mit nichtnegativem Kapitalwert für $i = i^{(S)}$ über einen ebensolchen für jeden anderen Kalkulationszinsfuß $i \leq i^{(S)}$. Investitionen mit $\kappa \geq 0$ für $i = i^{(S)}$ werden daher von jedem Unternehmer durchgeführt.[14] Als kritisch erweisen sich mithin solche Projekte, die für $i = i^{(H)}$ über einen nichtnegativen Kapitalwert verfügen (für den Anlegertyp demnach interessant sind), gleichzeitig aber durch $\kappa < 0$ für $i = i^{(S)}$ charakterisiert sind (für den Schuldnertyp daher nicht in Frage kommen). Die Betrachtung endogener Kalkulationszinsfüße ermöglicht demnach zumindest in Grenzen noch eine gewisse Vorselektion von Investitionsprojekten in solche, die auf keinen Fall realisiert werden sollten, solche, die auf jeden Fall durchgeführt werden sollten, und solche, deren Beurteilung präferenz- und anfangsvermögensabhängig ist.

Beispiel 1.10:
Gegeben sei ein Kapitalmarkt mit $i^{(H)} = 8\ \%$ sowie $i^{(S)} = 12\ \%$ im Rahmen einer Zwei-Zeitpunkte-Betrachtung. Ein Unternehmer habe Zugang zu drei unabhängig voneinander durchführbaren Projekten 1, 2 und 3 gemäß *Tabelle 1.1*.

t	0	1
$z_t^{(1)}$	–100	120
$z_t^{(2)}$	–50	53
$z_t^{(3)}$	–120	132

Tabelle 1.1: Zahlungsreihe dreier Investitionsprojekte 1, 2, 3

Die Kapitalwerte der drei Projekte sind für $i^{(S)} = 12\ \%$ sowie $i^{(H)} = 8\ \%$ in *Tabelle 1.2* aufgeführt.

---

[14] Unterstellt wird hierbei wie schon in früheren Abschnitten, dass bei einem Kapitalwert von Null ebenfalls noch Projektdurchführung erfolgt.

i	8 %	12 %
$\kappa^{(1)}$	11,11	7,14
$\kappa^{(2)}$	−0,93	−2,68
$\kappa^{(3)}$	2,22	−2,14

Tabelle 1.2: Kapitalwerte dreier Investitionsprojekte 1, 2, 3 für $i^{(H)} = 8$ % bzw. $i^{(S)} = 12$ % (auf zwei Stellen genau gerundet)

Man erkennt ohne weiteres, dass Projekt 1 (wegen seines internen Zinsfußes von 20 %) selbst für $i^{(S)} = 12$ % über einen positiven Kapitalwert verfügt. Unabhängig von der konkreten Vermögensanfangsausstattung des Unternehmers und seinen Präferenzen wird sich deshalb die Realisation von Projekt 1 als vorteilhaft erweisen. Selbst bei reiner Kreditfinanzierung führt die Realisation von Projekt 1 zu einer Vermögensmehrung. Aus einem entsprechenden Grund wird Projekt 2 mit einem (wegen seines internen Zinsfußes von 6 %) schon für $i^{(H)} = 8$ % negativen Kapitalwert auf keinen Fall durchgeführt. Selbst bei Finanzierung aus eigenen Mitteln lohnt sich die Projektdurchführung nicht; besser wäre es, frei verfügbare Mittel am Kapitalmarkt anzulegen. Einzelfallabhängig ist hingegen die Beurteilung des Investitionsprojekts 3, da es mit einem positiven Kapitalwert für $i^{(H)} = 8$ % aus Sicht eines Anlegertyps vorteilhaft ist, während ein Schuldnertyp wegen des negativen Projektkapitalwertes für $i^{(S)} = 12$ % auf die Investition verzichtete. Anders formuliert, lohnt sich eine Finanzierung der Anfangsauszahlung von Projekt 3 mittels eigener Mittel, weil diese alternativ am Kapitalmarkt nur zu 8 % angelegt werden könnten, sich aber die Anfangsauszahlung im Rahmen des Projekts mit 10 % verzinst. Aus einem entsprechenden Grunde wäre eine Finanzierung über Kreditaufnahme zu 12 % hingegen zu teuer. Innerhalb der Gruppe der Neutralen schließlich wird man sowohl Unternehmer finden, die Projekt 3 durchzuführen wünschen, als auch solche, die darauf lieber verzichten. □

1.2.3 Marktwert von Investitionsmöglichkeiten

Nicht mehr möglich ist es ferner im Allgemeinen, den Kapitalwert eines Investitionsprojekts bei Zugrundelegung des "korrekten" Kalkulationszinsfußes als Vermögensmehrung aus Sicht des Zeitpunktes $t = 0$ bei Durchführung des Investitionsprojekts zu bezeichnen. Die Vermögensmehrung aus Sicht des Zeitpunktes t

= 0 ist vielmehr stets unter Zugrundelegung des Sollzinssatzes zu bestimmen, da nur zu diesem eine Kreditaufnahme in t = 0 möglich ist. In entsprechender Weise lockert sich die Beziehung zwischen dem **Kapitalwert** eines Investitionsprojekts und dem **Marktwert** der damit verbundenen Investitionsmöglichkeit. Zur Veranschaulichung sei die obere Graphik aus *Abbildung 1.2* betrachtet **("Situation 1")**. Angenommen wurde hier, dass ein Investitionsprojekt zu Einzahlungen $\overline{C}_1 > 0$ im Zeitpunkt t = 1 führt. Ferner gebe es einen Unternehmer, der lediglich über ein Anfangsvermögen W_0 in t = 0 ohne zusätzliche Realinvestitionsmöglichkeiten verfügt und unter diesen Voraussetzungen den intertemporalen Konsumplan $(C_0^*;C_1^*)$ mit $C_1^* > \overline{C}_1$ anstrebt. Dieser Unternehmer wäre bereit, maximal den Betrag $W_0 - \overline{C}_0$ in t = 0 zum Erwerb der Einzahlung $\overline{C}_1$ des Zeitpunktes t = 1 aus dem Investitionsprojekt aufzuwenden, denn von dem damit erreichbaren Punkt $(\overline{C}_0;\overline{C}_1)$ aus könnte er sodann durch zusätzliche Mittelanlage das gleiche Konsumoptimum wie vor dem Erwerb von $\overline{C}_1$ realisieren. Der aufzuwendende Betrag wiederum besteht aus dem **Kaufpreis V** (V für engl. "value") der dem Projekt zugrundeliegenden Investitionsmöglichkeit zuzüglich der Anfangsauszahlung A_0. Weil die Differenz zwischen W_0 und $\overline{C}_0$ dem Kapitalwert von $\overline{C}_1$ bei Ansatz von $i^{(H)}$ entspricht, ist der Erwerb der Investitionsmöglichkeit aus Sicht des betrachteten Unternehmers genau dann von Vorteil,[15] wenn

$$\begin{aligned} & \frac{\overline{C}_1}{1+i^{(H)}} \geq V + A_0 \\ \Leftrightarrow \quad & \frac{\overline{C}_1}{1+i^{(H)}} - A_0 \geq V \end{aligned} \tag{1.13}$$

und somit der Projektkapitalwert bei Berechnung mittels $i^{(H)}$ nicht kleiner als der Kaufpreis V ist. Aufgrund völlig analoger Überlegungen würde der betreffende Unternehmer beim Verkauf der Investitionsmöglichkeit mindestens einen Preis V verlangen, der dem Projektkapitalwert für $i = i^{(H)}$ entspricht, sofern er allein durch Realinvestitionen den Konsumpunkt $(\overline{C}_0;\overline{C}_1)$ erreichen könnte, also wenn sich sein nach Abzug der Anfangsauszahlung A_0 für die Realinvestition verbleibendes Vermögen gerade noch auf $\overline{C}_0$ beliefe.

---

15 Bei Gleichheit in (1.13) besteht natürlich genaugenommen Indifferenz zwischen dem Erwerb der Investitionsmöglichkeit und dem Verzicht hierauf aus Sicht des Unternehmers. Insofern ist der Erwerb dann nur "schwach" vorteilhaft.

Beispiel 1.11:
Betrachtet sei ein Unternehmer mit der Nutzenfunktion $U(C_0;C_1) = C_0^{0,3} \cdot C_1^{0,7}$ und einem Anfangsvermögen $W_0 = 211{,}11$ GE in t = 0. Der am Kapitalmarkt gültige Habenzinssatz für Mittelanlage von t = 0 bis t = 1 belaufe sich auf $i^{(H)} = 8$ %, der entsprechende Sollzinssatz sei $i^{(S)} = 12$ %.

In Ermangelung einer positiven Anfangsausstattung mit Konsummöglichkeiten in t = 1 ist für den betrachteten Unternehmer lediglich die in dem Punkt (211,11;0) beginnende Darlehnsgerade relevant. Auf dieser Grundlage erhält man die optimale unternehmerische Konsumallokation durch Bestimmung des Tangentialpunktes von Darlehnsgerade und unternehmerischer Indifferenzkurvenschar. Der erforderliche Ansatz entspricht unter Beachtung der nunmehr relevanten Darlehnsgeradengleichung $C_1 = 1{,}08 \cdot (211{,}11 - C_0)$ strukturell den beiden Gleichungen aus (1.10) im Rahmen des Beispiels 1.8. Man erhält hierbei schließlich $C_0^* \approx 63{,}33$ GE und $C_1^* \approx 159{,}6$ GE.

Der Unternehmer könne nun ein Investitionsprojekt mit Einzahlungen von 120 GE in t = 1 und einer Anfangsauszahlung von 100 GE in t = 0 erlangen. Es handelt sich folglich um Projekt 1 aus *Tabelle 1.1* des vorhergehenden Beispiels. Der zu $i^{(H)}$ = 8 % berechnete Projektkapitalwert dieser Zahlungskonsequenzen beträgt gemäß *Tabelle 1.2* ungefähr 11,11 GE. Solange der Preis V für den Erwerb dieser Investitionsmöglichkeit nicht über ungefähr 11,11 GE liegt, ist die Beschaffung der Investitionsmöglichkeit für den Unternehmer nicht nachteilig. Für V ≈ 11,11 GE ist der Unternehmer gerade **indifferent** zwischen Beschaffung und Nicht-Beschaffung des betreffenden Investitionsprojekts. Im Falle des Erwerbs der Investitionsmöglichkeit zu V ≈ 11,11 GE und anschließender Projektdurchführung realisiert der Unternehmer die Konsumallokation $(\bar{C}_0;\bar{C}_1)$ = (100;120). Durch Anlage eines Betrags in Höhe von ungefähr 100−63,33 = 36,67 GE von t = 0 zu t = 1 kann der Unternehmer annähernd die gleiche (und überdies bei Projekterwerb weiterhin optimale) Konsumallokation (63,33;159,6) wie im Falle ohne Investitionsprojekt erreichen. Für alle über ca. 11,11 GE hinausgehenden Kaufpreise stellt sich der Unternehmer schlechter, für alle geringeren hingegen besser.

Aus entsprechenden Gründen würde der Unternehmer bei einer monetären Anfangsausstattung von 200 GE und Zugang zum besagten Investitionsprojekt mindestens einen Preis von ungefähr 11,11 GE von einem potentiellen Erwerber der Investitionsmöglichkeit verlangen. □

Etwas komplizierter liegt der Fall für einen Unternehmer mit Präferenzen und Anfangsausstattung gemäß der Darstellung der unteren Graphik aus *Abbildung 1.2* **("Situation 2").**[16] Auch hier beschreibt die Differenz $W_0 - \overline{C}_0$ den maximal vom betrachteten Unternehmer aufwendbaren Betrag zum Erwerb der Konsummöglichkeit $\overline{C}_1$ des Zeitpunktes $t = 1$. Denn von $(\overline{C}_0;\overline{C}_1)$ aus kann der Unternehmer durch zusätzliche Verschuldung die Konsumallokation $(C_0^{*(1)};C_1^{*(1)})$ realisieren, die ihm das Erreichen der **gleichen** Indifferenzkurve wie seine Anfangsausstattung W_0 ermöglicht. Über W_0 nämlich kann der Unternehmer durch geeignete Mittelanlage zu $(C_0^{*(2)};C_1^{*(2)})$ gelangen. Erneut darf sich der zum Erwerb und der anschließenden Durchführung des Investitionsprojekts benötigte Betrag auf nicht mehr als die Differenz zwischen W_0 und $\overline{C}_0$ belaufen. Diese Differenz ist größer als $\overline{C}_1 / (1+i^{(S)})$, aber kleiner als $\overline{C}_1 / (1+i^{(H)})$. Anders formuliert, ist der Absolutbetrag der Steigung $-(1+i)$ der (in *Abbildung 1.2* nicht eingezeichneten) Verbindungsgeraden zwischen $(\overline{C}_0;\overline{C}_1)$ und $(W_0;0)$ größer als $1+i^{(H)}$ und kleiner als $1+i^{(S)}$. Es gibt demnach einen Zinssatz i mit $i^{(H)} < i < i^{(S)}$, so dass $W_0 - \overline{C}_0 = \overline{C}_1 / (1+i)$ gilt. Weil $W_0 - \overline{C}_0 \geq V + A_0$ erfüllt sein muss, damit der Unternehmer mit Präferenzen gemäß der zweiten Graphik aus *Abbildung 1.2* bereit ist, die Investitionsmöglichkeit zu erwerben, erhält man folgende Bedingung:

$$\begin{aligned} & \frac{\overline{C}_1}{1+i} \geq V + A_0 \\ \Leftrightarrow\ & \frac{\overline{C}_1}{1+i} - A_0 \geq V. \end{aligned} \tag{1.14}$$

---

[16] Ob man für einen Unternehmer zur Ermittlung des maximal akzeptablen Betrags zum Erwerb eines zukünftigen Konsumniveaus $\overline{C}_1$ die Situation 1 oder die Situation 2 zugrunde zu legen hat, lässt sich **leicht** feststellen. Situation 1 ist maßgeblich, wenn der vom Unternehmer angestrebte Optimalwert seines Zukunftskonsums allein auf der Grundlage seiner Anfangsausstattung mindestens $\overline{C}_1$ beträgt. Ansonsten ist Situation 2 relevant. Entsprechendes gilt, wenn es um die Ermittlung des mindestens zu verlangenden Verkaufspreises für eine Investitionsmöglichkeit geht.

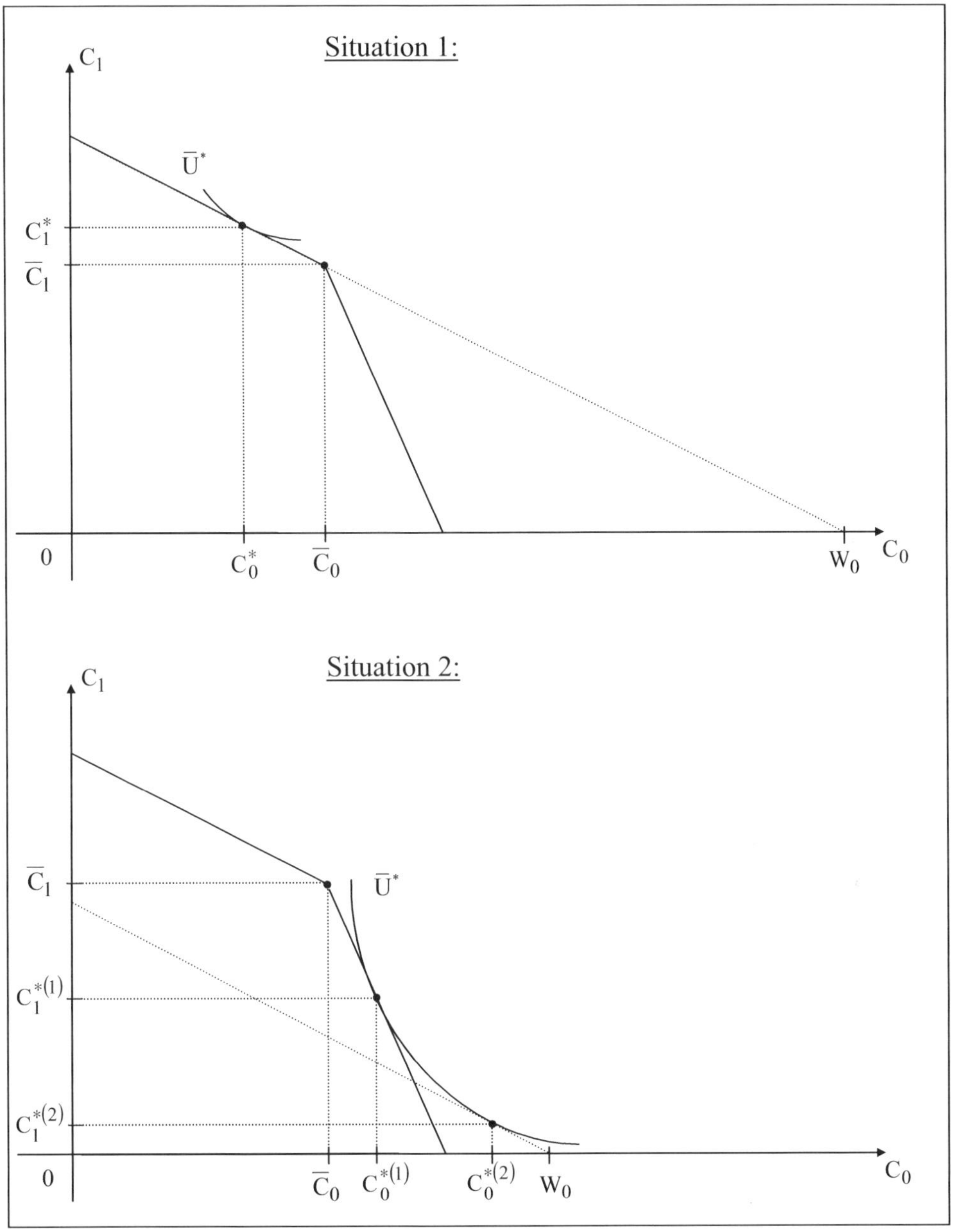

Abbildung 1.2: Subjektive Bewertung von Investitionsmöglichkeiten

Der Projektkapitalwert, berechnet zum Kalkulationszinsfuß i mit $i^{(H)} < i < i^{(S)}$, muss demnach mindestens dem Kaufpreis V entsprechen. In analoger Weise wird ein Unternehmer mit Präferenzen gemäß der zweiten Graphik aus *Abbildung 1.2*, der die Investitionsmöglichkeit zu verkaufen beabsichtigt und über ein Anfangsvermögen nach Erbringung der Anfangsauszahlung von $\bar{C}_0$ verfügt, mindestens einen Kaufpreis in Höhe des mittels i berechneten Projektkapitalwertes verlangen.

Beispiel 1.12:
Betrachtet sei ein Unternehmer mit Nutzenfunktion $U(C_0;C_1) = C_0^{0,7} \cdot C_1^{0,3}$ und Anfangsvermögen $W_0 = 158{,}87$ GE in t = 0. Der am Kapitalmarkt gültige Habenzinssatz für Mittelanlage von t = 0 bis t = 1 belaufe sich auf $i^{(H)} = 8$ %, der entsprechende Sollzinssatz sei $i^{(S)} = 12$ %. Im Vergleich zu Beispiel 1.11 wird damit ein Unternehmer zugrunde gelegt, dessen Gegenwartspräferenzen in Relation zur Anfangsausstattung deutlich ausgeprägter sind. Wie schon im Abschnitt 1 des Kapitels III ausgeführt, erkennt man dies am größeren Exponenten für C_0-Konsum bei gleichzeitig geringerem Exponenten für C_1-Konsum im Vergleich zur unternehmerischen Nutzenfunktion aus Beispiel 1.11 (und einem geringeren Anfangsvermögen).

Wegen fehlender positiver Anfangsausstattung mit Konsummöglichkeiten in t = 1 ist für den betrachteten Unternehmer lediglich die in dem Punkt (158,87;0) beginnende Darlehnsgerade relevant. Erneut kann damit unter Beachtung des Zusammenhangs $C_1 = 1{,}08 \cdot (158{,}87 - C_0)$ auf das Vorgehen des Beispiels 1.8 zur Ermittlung des Tangentialpunktes von Darlehnsgerade und unternehmerischer Indifferenzkurvenschar verwiesen werden, wobei nun allerdings auch der Verlauf der Indifferenzkurvenschar ein anderer als in Beispiel 1.8 ist. In der Tat entspricht er hier dem Fall 2) aus Beispiel 1.3 des Abschnitts 1 im Kapitel III. Auf dieser Grundlage erhält man als optimale unternehmerische Konsumallokation $C_0^{*(2)} \approx 111{,}21$ GE und $C_1^{*(2)} \approx 51{,}47$ GE. Das dabei resultierende Nutzenniveau beläuft sich auf ungefähr 88,26.

Der Unternehmer könne nun ein Investitionsprojekt mit Einzahlungen von 120 GE in t = 1 und einer Anfangsauszahlung von 100 GE in t = 0 erlangen. Bei einem Preis von etwa 8,87 GE für die Investitionsmöglichkeit ist der Unternehmer gerade indifferent zwischen dem Erwerb dieser Möglichkeit und dem Verzicht hierauf. Denn im Falle der Projektdurchführung und unter Beachtung eines Kaufpreises von ca. 8,87 GE erreicht der Unternehmer die Konsumposition $(\bar{C}_0;\bar{C}_1) \approx$ (50;120), von der aus der optimale Konsumplan durch Verschuldung im Umfang von etwa 60 GE realisiert wird: $(C_0^{*(2)};C_1^{*(2)}) \approx (110;52{,}8)$. Letztere Behauptung lässt sich verifizieren, indem der Tangentialpunkt der durch (50;120) verlaufenden unternehmerischen Kreditgeraden $C_1 = 120-1{,}12\cdot(C_0-50)$ mit der unternehmerischen Indifferenzkurvenschar gemäß dem Vorgehen aus Beispiel 1.7 bestimmt wird. Das dabei letztlich erreichbare Nutzenniveau ist erneut ungefähr 88,26, Indifferenz (näherungsweise) mithin gegeben. Folglich wird der Unternehmer bereit sein, die Investitionsmöglichkeit zu Preisen bis zu ca. 8,87 GE in $t = 0$ zu erwerben.

Aus völlig analogen Überlegungen folgt, dass ein Unternehmer mit einer Anfangsausstattung von 150 GE und Nutzenfunktion U gemäß diesem Beispiel mindestens 8,87 GE für den Verkauf der Investitionsmöglichkeit verlangen wird. Nach Verkauf der Investitionsmöglichkeit kann er dann nämlich entlang seiner Darlehnsgeraden $C_1 = 1{,}08\cdot(158{,}87-C_0)$ das gleiche Nutzenniveau wie bei Projektdurchführung und folglich maßgeblicher Kreditgeraden $C_1 = 120-1{,}12\cdot(C_0-50)$ erreichen.

Einen Kapitalwert von etwa 8,87 GE erhält man für das betreffende Investitionsprojekt, wenn man die Einzahlungen von 120 GE in $t = 1$ mit einem Zinssatz von ungefähr 10,226 % abzinst: $\kappa \approx -100+120/1{,}10226 \approx 8{,}87$ GE. □

Es ist unter den hier beschriebenen Prämissen ohne weiteres denkbar, dass ein Unternehmer in der Situation 1 als Käufer einer Investitionsmöglichkeit im Eigentum eines Unternehmers gemäß Situation 2 in Frage kommt und sich die Kontrahenten zu **beiderseitigem Vorteil** auf einen **Verkaufspreis V** zwischen den zu $i^{(H)}$ und $i^{(S)}$ berechneten Projektkapitalwerten verständigen. Die akzeptable **Preisobergrenze** für den Erwerb der Investitionsmöglichkeit ist nämlich mit $\bar{C}_1 / (1+i^{(H)})-A_0$ für einen Unternehmer in Situation 1 in jedem Falle **größer** als die zu beachtende **Preisuntergrenze** $\bar{C}_1/(1+i)-A_0$ mit $i^{(S)} > i > i^{(H)}$ für einen Unternehmer in Situation 2 im Zusammenhang mit dem Verkauf der Investitionsmöglichkeit.

Während demnach im ***Fisher*-Modell** der Kapitalwert eines Investitionsprojekts den Marktwert der zugehörigen Investitionsmöglichkeit beschreibt, kann man im

***Hirshleifer*-Modell** einmal mehr nur festhalten, dass der Marktwert einer Investitionsmöglichkeit **irgendwo zwischen** den zu $i^{(H)}$ und $i^{(S)}$ resultierenden Projektkapitalwerten liegt. Gleichzeitig erkennt man hier noch einmal die Präferenz- und Ausstattungsabhängigkeit der Bewertung von Realinvestitionen bei unvollkommenem Kapitalmarkt.

Beispiel 1.13:
Gegeben sei der Unternehmer aus Beispiel 1.12 mit einer Anfangsausstattung von 150 GE in t = 0 und Zugang zu dem dort beschriebenen Investitionsprojekt (Unternehmer 2). Des Weiteren sei der Unternehmer aus Beispiel 1.11 mit Anfangsvermögen in t = 0 von 211,11 GE ohne Zugang zum Investitionsprojekt betrachtet (Unternehmer 1).

Weil Unternehmer 2 für den Verkauf der Investitionsmöglichkeit mindestens einen Preis von ca. 8,87 GE verlangen wird und Unternehmer 1 höchstens einen Preis von ungefähr 11,11 GE zu zahlen bereit ist, besteht hier zwischen beiden ein positiver Einigungsbereich. Für jeden Kaufpreis $V \in (8{,}87;11{,}11)$ stellen sich beide Vertragspartner echt besser. □

Alles in allem zeigt sich jedenfalls, dass **Separationsaussagen** im Rahmen des *Hirshleifer*-Modells nur noch **sehr eingeschränkt** möglich sind.[17]

1.3 Der Klienteleffekt[18]

Im Abschnitt 1.2 wurde verdeutlicht, dass man drei Gruppen von Wirtschaftssubjekten nach ihren Zeitpräferenzen unterscheiden kann, nämlich

1) solche, die das Realinvestitionsvolumen $I^{(H)*}$ umsetzen und Mittel zu $i^{(H)}$ am Kapitalmarkt anlegen (**Anleger** mit relativ hoher Präferenz für Konsum in t = 1),
2) solche, die das Realinvestitionsvolumen $I^{(S)*}$ umsetzen und Mittel am Kapitalmarkt zu $i^{(S)}$ aufnehmen (**Schuldner** mit relativ hoher Präferenz für Konsum in t = 0), sowie

---

[17] Vgl. hierzu auch die Überlegungen bei *von Nitzsch* (1997), S. 46 ff.

[18] Die Ausführungen der nachfolgenden Abschnitte 1.3 und 1.4 basieren im Wesentlichen auf *Breuer* (1993b).

3) solche, die ein Realinvestitionsvolumen zwischen $I^{(H)*}$ und $I^{(S)*}$ umsetzen und keinerlei Kapitalmarkttransaktionen durchführen (**Neutrale** mit "gemäßigten" Zeitpräferenzen).

Sofern in einer Unternehmung Gesellschafter unterschiedlichen Typs zusammentreffen, kann es folglich **Schwierigkeiten** bei der Festlegung des optimalen Realinvestitionsvolumens geben. Als Ursache für dieses Problem gilt gemeinhin der **gegebene** Gesellschafterkreis.[19] Deswegen fragt man, wie sich die Ergebnisse aus Abschnitt 1.2 ändern, wenn der Gesellschafterkreis **endogenisiert** wird. Als Erstes stellt sich dann in der Tat die Frage, wie die Partizipation der einzelnen Beteiligten an Anfangsauszahlung und späteren Einzahlungsüberschüssen aus der unternehmerischen Tätigkeit genau aussehen soll. Es soll hier nicht näher auf dieses **Verteilungsproblem** eingegangen werden. Stattdessen ist von gegebenen Teilungsregeln auszugehen und sind die einzelnen Gesellschafter nach ihrem Optimalverhalten für gegebene Partizipation an den Einzahlungsüberschüssen der Unternehmung zu klassifizieren. Finanzinvestitionen werden dabei wegen ihrer Präferenzabhängigkeit und infolge der aufgrund der bestehenden Spanne zwischen Soll- und Habenzinssatz nicht kostenlos auf Gesellschafterebene rückgängig zu machenden Kapitalmarkttransaktionen auf Unternehmensebene[20] nur durch die Gesellschafter selbst durchgeführt. Ohne weiteres ist damit klar, dass es dann keine Probleme hinsichtlich der Bestimmung des optimalen Realinvestitionsvolumens gibt, wenn **alle** Gesellschafter zum Anlegertyp gehören. Entsprechendes gilt, wenn **alle** vom Schuldnertyp sind. Problematisch bleiben aber die Neutralen. Auch ist unklar, wie eine **Selbstorganisation** der verschiedenen Gesellschaftertypen vonstatten gehen sollte. Hier setzt der eigentliche **Klienteleffekt** an. Er lässt sich wie folgt formulieren:[21]

---

[19] Vgl. *Franke/Hax* (2009), S. 163.

[20] Damit ist gemeint: **vor** Verteilung der Zahlungsströme an die Gesellschafter.

[21] Vgl. auch hierzu *Franke/Hax* (2009), S. 164 f. Neben dem Klienteleffekt im Kontext des *Hirshleifer*-Modells gibt es noch andere als Klienteleffekt bezeichnete Phänomene, insbesondere im Zusammenhang mit der unternehmerischen **Dividendenpolitik**. Siehe zu Letzterem etwa *Breuer* (2006). Auf derlei soll hier natürlich nicht weiter eingegangen werden.

Wenn ein Wirtschaftssubjekt Wertpapiere einer Unternehmung hält, kann es nur vom Anlegertyp sein, denn der Schuldnertyp verschuldet sich lediglich am Kapitalmarkt, und der Neutrale tritt gar nicht erst am Kapitalmarkt in Erscheinung.

Daraus wird nun gefolgert, dass **alle** Gesellschafter einer Unternehmung vom **Anlegertyp** sein müssen, wenn man die Prämisse eines gegebenen Gesellschafterkreises fallenlässt. Genau dieses Phänomen wird als **Klienteleffekt** bezeichnet. Aus dem Klienteleffekt wird weiter eine wichtige **Konsequenz** für die optimale Investitionspolitik einer Unternehmung gezogen. Unter den Wirtschaftssubjekten des Anlegertyps herrsche nämlich **Einmütigkeit** über das anzustrebende Realinvestitionsprogramm: Alle Anleger seien sich einig, dass nur Investitionen mit einer Rendite von mindestens $i^{(S)}$ (vor Berücksichtigung von Transaktionskosten) durchgeführt werden. Denn nur dann könne nach Berücksichtigung der Transaktionskosten eine Verzinsung von $i^{(H)}$ für die Kapitalgeber sichergestellt werden. Durch diese Überlegung gelangt man also ebenfalls zu einem Separationsergebnis. Der relevante Kalkulationszinsfuß zur Bestimmung optimaler unternehmerischer Realinvestitionsentscheidungen bemisst sich präferenzunabhängig als $i^{(S)}$.

1.4 *Hirshleifer*-Modell und Klienteleffekt

Die Aussage des Klienteleffekts grenzt an eine **Tautologie**. Nur Anleger werden Wertpapiere einer Unternehmung erwerben. Auf ganz natürliche Weise scheint sich damit auch das optimale und präferenzunabhängige Investitionsvolumen einer Unternehmung zu ergeben. Trotzdem bleibt die Argumentation **unscharf**, und es ist nicht ohne weiteres klar, wie der Klienteleffekt ins ursprüngliche *Hirshleifer*-Modell aus Abschnitt 1.2 passt. Wenn dort alle Gesellschafter vom Anlegertyp sind, wird das Investitionsprogramm $I^{(H)*}$, nicht aber $I^{(S)*}$ realisiert. Andererseits gilt auch im ursprünglichen *Hirshleifer*-Modell, dass nur Anlegertypen als (externe) Kapitalgeber in Frage kommen. Gleichwohl realisiert deswegen nicht jede Unternehmung ein Investitionsvolumen in Höhe von $I^{(S)*}$. Deswegen stellt sich die Frage, wie der Klienteleffekt bzw. das auf ihm fußende Separationsergebnis sachgerecht ins *Hirshleifer*-Modell einzupassen ist. Folgende **Interpretation** liegt hierbei nahe:

Man betrachte im *Hirshleifer*-Modell einen Unternehmer, der über **keinerlei** Vermögensanfangsausstattung verfüge. Wie in *Abbildung 1.3* dargestellt, beginnt seine Transformationskurve deswegen im Ursprung. Zulässig sind nur nichtnegative Konsumpositionen, das heißt, der Unternehmer muss versuchen, den **positiven Quadranten** zu erreichen. Unabhängig von seinen Präferenzen gibt es dazu nur eine Möglichkeit: Er muss sich zu $i^{(S)}$ verschulden. Damit steht aber auch fest, dass das von ihm gewählte Realinvestitionsvolumen **stets** $I^{(S)*}$ betragen wird. Genau dies ist das **Separationsergebnis** des Klienteleffekts.

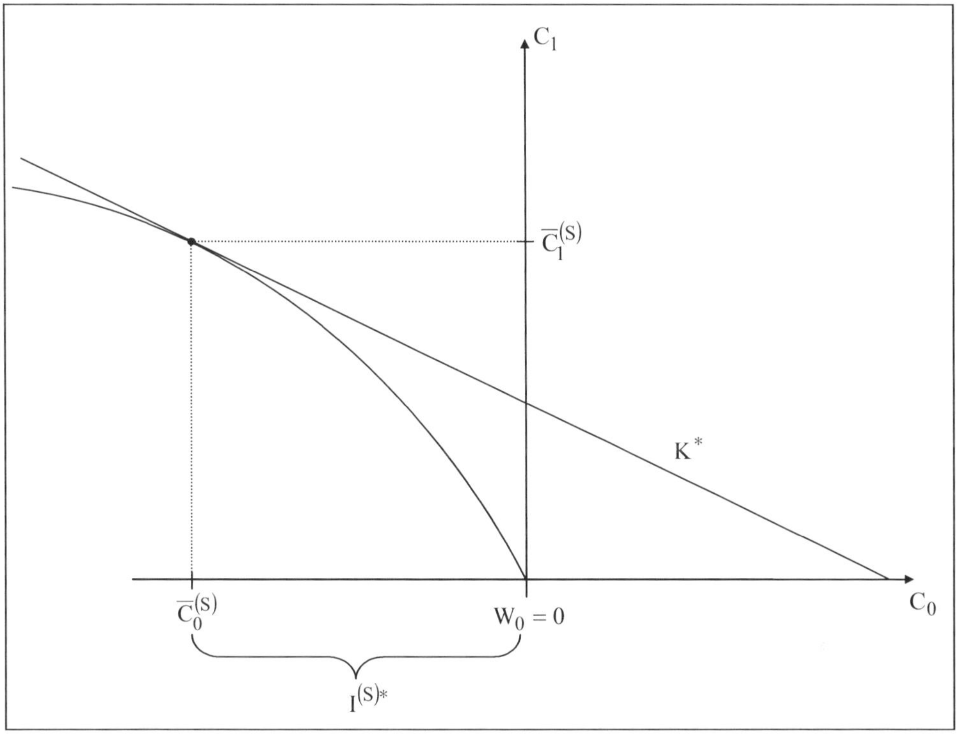

Abbildung 1.3: Klienteleffekt als Vermögenseffekt

Ein **mittelloser** Unternehmer kann nur investieren, wenn er Mittel zu $i^{(S)}$ aufnimmt. Das optimale Investitionsvolumen bemisst sich in diesem Fall stets als $I^{(S)*}$. Entscheidend ist also nicht, dass nur Anleger Wertpapiere einer Unternehmung erwerben. Es kommt vielmehr darauf an, ob der Unternehmer **überhaupt** extern Kapital aufnimmt. Wenn er dies tut, ist $I^{(S)*}$ das optimale Realinvestitionsvolumen. Beim Klienteleffekt wird nun gerade unterstellt, dass dies **stets** der Fall ist, die Unternehmung sozusagen eine **Hülse** ohne Mittel ist und die Bereitstellung von Mitteln durch den Unternehmer selbst Transaktionskosten wie bei jeder anderen Kapitalaufnahme verursacht. Dann nämlich ist jede Form der Investitionsfinanzierung externe Finanzierung, die Transaktionskosten verursacht und deswegen eine Bruttoverzinsung, das heißt Verzinsung vor Transaktionskosten, von $i^{(S)}$ erfordert.

Im ursprünglichen *Hirshleifer*-Modell gibt es **zwei** Arten von Kapitalgebern: Unternehmer bzw. Gesellschafter, die ohne Anfall von Transaktionskosten ihre Mittel in die Unternehmung einbringen, und externe Kapitalgeber, deren Mittelüberlassung zu Transaktionskosten führt. Der Klienteleffekt hebt diese Unterscheidung auf. Hier verursacht die Überlassung von Mitteln durch die Gesellschafter **genauso hohe** Transaktionskosten wie die Mittelaufnahme bei Externen. Der Klienteleffekt steht und fällt mit dieser Annahme. Mit einer etwaigen Endogenisierung des Gesellschafterkreises hat diese Argumentation deswegen tatsächlich nichts gemein. Vielmehr wirkt hier ein **Vermögenseffekt**, der jeden Unternehmer bzw. Gesellschafter bei seiner Realinvestitionsentscheidung quasi in einen **Schuldner**typ (**nicht** in einen **Anleger**typ!) verwandelt. Gerade dies dürfte die wesentliche Lehre sein, die man aus der Diskussion des Klienteleffekts ziehen kann. Ob ein Wirtschaftssubjekt vom Anleger- oder Schuldnertyp ist, hängt nicht nur von seinen Präferenzen, sondern (selbstverständlich) auch von seiner **Anfangsausstattung** ab, wie schon im Abschnitt 1.2 exemplarisch gezeigt wurde. Bei einer Anfangsausstattung von Null ist **jeder** Unternehmer vom Schuldnertyp, und Interessenkonflikte bezüglich des optimalen Realinvestitionsvolumens können nicht mehr auftreten.

Beispiel 1.14:

Gegeben sei eine Unternehmung mit einer Investitionsertragsfunktion $F(I) = 4{,}4\cdot I^{0{,}5}$. Jede zu investierende Geldeinheit muss extern zu $i^{(S)} = 12\ \%$ beschafft werden. Unabhängig von den Präferenzen der geschäftsführenden Gesellschafter ist deshalb so zu investieren, dass der Kapitalwert der Investitionen auf der Grundlage eines Kalkulationszinsfußes $i = i^{(S)}$ maximiert wird. Man erhält deswegen gemäß der Rechnung aus Beispiel 1.5 unmittelbar stets $I^* = I^{(S)*} \approx 3{,}86$ GE, woraus sich mit $W_0 = 0$ GE weiter $\overline{C}_1 \approx 8{,}64$ GE bei $\overline{C}_0 \approx -3{,}86$ GE ergibt. Die Gleichung der resultierenden, einzig relevanten Kreditgeraden ist damit

$$C_1 \approx 8{,}64-1{,}12\cdot(C_0+3{,}86) = 4{,}3168-1{,}12\cdot C_0, \qquad (1.15)$$

wobei zur Sicherstellung nichtnegativen Konsums in t = 0 und t = 1 (ungefähr) $0 \leq C_0 \leq 3{,}86$ zu beachten ist. □

Präferenzunabhängige Einmütigkeit hinsichtlich des Ansatzes eines Kalkulationszinsfußes von $i = i^{(S)}$ liegt dabei genaugenommen nicht nur vor, wenn sämtliche investierten Mittel einer Unternehmung nur unter Anfall von Transaktionskosten beschafft werden können. **Hinreichend** ist vielmehr schon eine derart geringe positive unternehmerische Anfangsausstattung W_0, dass die Grenzrendite $F'(W_0)-1$ noch nicht kleiner als $i^{(S)}$ ist.

Alles in allem jedenfalls ist der **Klienteleffekt** wegen seiner vergleichsweise sonderbar anmutenden theoretischen Fundierung wohl **kaum geeignet**, eine überzeugende Begründung für die Präferenzunabhängigkeit optimaler Realinvestitionsvolumina auf unvollkommenem Kapitalmarkt zu liefern.

1.5 Zusammenfassung

Gegenstand des vorliegenden Abschnitts war eine Darstellung des ***Hirshleifer*-Modells**, das durch **gespaltene** Soll- und Habenzinssätze infolge von **Transaktionskosten** charakterisiert ist. Es zeigte sich, dass unter dieser Prämisse die ***Fisher*-Separation** ihre generelle Gültigkeit **verliert**. Realinvestitionsentscheidungen können nicht mehr unabhängig von unternehmerischen Präferenzen und Anfangsausstattungen getroffen werden und erweisen sich als unmittelbar verknüpft mit unternehmerischen Kapitalmarkttransaktionen. Als Konsequenz hieraus kann auch das **Kapitalwertkriterium** zur Entscheidungsfindung grundsätzlich **nicht** mehr herangezogen werden. Bekannt ist lediglich, dass es zu jeder optimalen Realinvestitionsentscheidung eines Unternehmers einen passenden **("endogenen") Kalkulationszinsfuß** derart gibt, dass sich das ausgewählte Realinvestitionsprogramm für diesen Zinssatz als **kapitalwertmaximierend** erweist. Ohne Kenntnis der unternehmerischen Zeitpräferenzen kann dieser Zinssatz aber höchstens **grob abgeschätzt** werden, so dass vor Lösung des Entscheidungsproblems ein kapitalwertorientierter Problemzugang weitgehend ausscheidet. In entsprechender Weise erweist sich der **Marktwert** einer Investitionsmöglichkeit allein auf der Grundlage von Soll- und Habenzinssatz als **nicht eindeutig** bestimmbar.

Der **Klienteleffekt** behauptet, dass letztlich nur Subjekte mit Anlagewünschen und damit vergleichsweise geringen Gegenwartspräferenzen als Kapitalgeber für Unternehmen in Frage kommen. Um diesen nach Transaktionskosten eine Verzinsung in Höhe von $i^{(H)}$ zu gewähren, ist vor Transaktionskosten eine Beschränkung auf Realinvestitionen mit einer Rendite von mindestens dem Sollzinssatz $i^{(S)}$

erforderlich. Insofern liegt der adäquate Kalkulationszinsfuß hier dann auch wieder **präferenzunabhängig** fest.

Es wurde erläutert, dass die Argumentation des Klienteleffekts auf der **impliziten** Prämisse beruht, dass **jegliche** Form der Mittelüberlassung an Unternehmen, also auch durch die Unternehmer selbst, Transaktionskosten verursacht. Ein derartiges Szenario dürfte **wenig Relevanz** besitzen, da wenigstens durch Einzahlungsüberschüsse vergangener Perioden stets Mittel in Unternehmen ohne Anfall weiterer Transaktionskosten vorhanden sein werden. Aus diesem Grunde lässt sich die *Fisher*-Separation letzlich **nicht überzeugend** im Rahmen des *Hirshleifer*-Modells restituieren.

Wiederholungsfragen

W1.1
Durch welches konstituierende Element ist das *Hirshleifer*-Modell gekennzeichnet? Wie wird dieses gemeinhin begründet?

W1.2
Was versteht man unter Kreditgeraden, was unter Darlehnsgeraden, und wie lauten die entsprechenden Geradengleichungen?

W1.3
Warum hat die *Fisher*-Separation im *Hirshleifer*-Modell keine Gültigkeit mehr?

W1.4
Was versteht man im Rahmen des *Hirshleifer*-Modells unter dem Anlegertyp, was unter dem Schuldnertyp und was unter dem neutralen Typ, und wie verhalten sich Unternehmer der verschiedenen Typen jeweils?

W1.5
In welcher Hinsicht besitzt das Kapitalwertkriterium auch noch im Rahmen des *Hirshleifer*-Modells Gültigkeit, und was ist in diesem Zusammenhang für den jeweils relevanten Kalkulationszinsfuß charakteristisch?

W1.6
Inwiefern ist auch noch im Rahmen des *Hirshleifer*-Modells präferenz- und anfangsvermögensunabhängig eine gewisse Vorselektion von Investitionsprojekten möglich?

W1.7
Welcher Zusammenhang besteht im *Hirshleifer*-Modell zwischen Kapitalwert eines Investitionsprojekts und dem Marktwert der zugehörigen Investitionsmöglichkeit?

W1.8
Was versteht man im Kontext des *Hirshleifer*-Modells unter dem "Klienteleffekt"?

W1.9

Welche Konsequenz wird typischerweise aus dem Klienteleffekt bezüglich des optimalen unternehmerischen Investitionsprogramms gezogen?

W1.10

Weshalb ist der Klienteleffekt wenig geeignet, um eine Separationsaussage im Rahmen des *Hirshleifer*-Modells sinnvoll zu untermauern?

2 Das *Dean*-Modell

2.1 Problemstellung

Bereits vor *Jack Hirshleifer* hat sich *Joel Dean* im Jahre 1951 mit der Frage nach der Ermittlung optimaler Kapitalbudgets auf unvollkommenem Kapitalmarkt auseinandergesetzt. Seine Überlegungen mündeten in den nach ihm als ***Dean*-Modell** bezeichneten Problemlösungsansatz. Im folgenden **Abschnitt 2.2** soll zunächst die Grundstruktur des *Dean*-Modells im Rahmen einer **Zwei-Zeitpunkte-Betrachtung** präsentiert werden. Im **Abschnitt 2.3** wird sodann geprüft, inwiefern Möglichkeiten zur **Lockerung** der recht restriktiven Annahmen des Grundmodells bestehen. Obgleich unternehmerische Zeitpräferenzen im Rahmen des *Dean*-Modells nicht differenziert abgebildet werden können, sondern stets Endvermögensmaximierung unterstellt wird, lassen sich grundsätzlich die gleichen drei allgemeinen Szenarien für optimale unternehmerische Investitionsvolumina wie im *Hirshleifer*-Modell des vorhergehenden Abschnitts 1 dieses Kapitels darstellen. Der **Abschnitt 2.4** kontrastiert daher das *Dean*-Modell mit dem *Hirshleifer*-Modell und wird die konzeptionelle Überlegenheit des letztgenannten Ansatzes belegen. Die wichtigsten Ergebnisse werden im **Abschnitt 2.5** nochmals zusammengefasst.

2.2 Das *Dean*-Modell in seiner Grundversion

2.2.1 Die Prämissen

In seiner **Grundversion** handelt es sich beim *Dean*-Modell um einen **Zwei-Zeitpunkte-Ansatz.**[1] Alle zur Auswahl stehenden Investitionsprojekte sind beliebig teilbar und können unabhängig voneinander durchgeführt werden. Entsprechendes gilt auch für alle Finanzierungsmaßnahmen. Die Zielsetzung des Unternehmers besteht in der Maximierung seines **Endvermögens** zum Zeitpunkt $t = 1$ bei gegebener Anfangsausstattung ΔW_0 in $t = 0$, die investiv verwendet werden soll.

---

[1] Darstellungen des *Dean*-Modells in seiner hier zunächst behandelten Grundversion finden sich in fast jedem Lehrbuch zur Behandlung investitionstheoretischer Fragen. Vgl. beispielsweise *Hax* (1993), S. 62 ff., *Schulte* (1999), S. 127 ff., *Gerke/Bank* (2003), S. 486 ff., oder auch *Schäfer* (2005), S. 216 ff.

Die von *Dean* (1951) eingeführte Lösungsmethodik zur Bestimmung des optimalen Investitions- und Finanzierungsprogramms des Unternehmers ist **graphischer** Art und besteht aus der Ermittlung des Schnittpunkts zweier Kurven, die als **Kapitalangebots- und -nachfragekurven** bezeichnet werden. Beide Kurven sind dabei unternehmensbezogen definiert, tragen mithin keinen gesamtwirtschaftlichen Charakter.

Die **Kapitalnachfragefunktion** ordnet jedem möglichen Investitionsvolumen die Rendite der letzten investierten Geldeinheit, also die jeweilige **Grenzrendite**, zu. Ihre graphische Darstellung wird als **Kapitalnachfragekurve (KNK)** bezeichnet. Aus dieser Definition der Kapitalnachfragefunktion ergibt sich sofort, dass sie grundsätzlich der um 1 reduzierten ersten Ableitung der Realinvestitionsfunktion F(I) entspricht. Zusätzlich zur Durchführung von Realinvestitionen ist es aber auch möglich, Mittel am Kapitalmarkt zu einem Zinssatz $i^{(H)}$ anzulegen. Insofern entspricht die Kapitalnachfragefunktion der um 1 reduzierten ersten Ableitung von F(I) nur so lange, wie $F'(I)-1$ größer als $i^{(H)}$ ist, also bis zum Investitionsvolumen $I^{(H)*}$ des vorhergehenden Abschnitts. Ab diesem Punkt geht die Kapitalnachfragekurve in eine Horizontale mit Ordinatenabschnitt $i^{(H)}$ über. Natürlich verläuft die Kapitalnachfragefunktion stets monoton fallend, da zunächst solche Investitionsmaßnahmen mit besonders hoher Grenzrendite durchgeführt werden, während auf weniger ertragreiche Investitionsmöglichkeiten erst nach Ausschöpfung günstigerer Projekte mit höherer Grenzrendite zurückgegriffen wird. Auf diesen Umstand wurde schon im Kapitel II im Detail eingegangen. Ist die Realinvestitionsfunktion stetig differenzierbar für alle $I > 0$, dann erhält man auch eine stetige Kapitalnachfragefunktion. Insbesondere ist dies der Fall, wenn man von der Existenz sehr vieler und sehr kleiner Investitionsprojekte mit marginal variierender Rendite ausgeht. Sofern hingegen eine endliche Anzahl von Investitionsprojekten mit nicht nur marginalen maximalen Anfangsauszahlungen betrachtet wird, ist die Realinvestitionsfunktion bekanntermaßen abschnittsweise linear und dementsprechend die zugehörige Kapitalnachfragefunktion ebenfalls, allerdings Letztere mit Sprungstellen jeweils dort, wo eine weitere Erhöhung des Investitionsvolumens die Durchführung eines neuen Investitionsprojekts bedingt.

Die Zusammenhänge zwischen Realinvestitions- und Kapitalnachfragekurve sind in *Abbildung 2.1* wiedergegeben. Dabei soll die Ordinatenbezeichnung i hier für die Grenzrendite aus dem jeweiligen Investitionsprogramm stehen, und KMA bezeichne die Kapitalmarktanlage von Mitteln zu $i^{(H)}$ seitens des betrachteten Unternehmers. Die beiden oberen Graphiken beziehen sich auf den Fall einer stetig differenzierbaren Realinvestitionsfunktion, während die beiden unteren Graphiken exemplarisch Realinvestitions- und zugehörige Kapitalnachfragekurve bei Verfügbarkeit von nur zwei (beliebig teilbaren) Investitionsprojekten 1 und 2 mit (konstanten) Grenzrenditen $i^{(1)}$ bzw. $i^{(2)}$ bei nicht nur marginalen Anfangsauszahlungen abbilden.

Die **Kapitalangebotsfunktion** gibt zu jedem benötigten Finanzierungsvolumen (für investive Zwecke) die von den jeweiligen Kapitalgebern geforderte Verzinsung der letzten an den Unternehmer überlassenen Geldeinheit an. Man spricht hierbei auch von dem jeweiligen **marginalen Kapitalkostensatz**.[2] Die graphische Darstellung der Kapitalangebotsfunktion wird als **Kapitalangebotskurve (KAK)** bezeichnet.

Im Kontext des dem *Dean*-Modell zugrundeliegenden Entscheidungsproblems existieren grundsätzlich zwei Quellen zur Finanzierung von Investitionsprojekten. Zum einen sind dies etwaige **Fremdmittel** von externen Kapitalgebern. Im Weiteren sei zunächst angenommen, dass Mittel hier zu einem einheitlichen Sollzinssatz $i^{(S)}$ im Rahmen der unternehmerischen Budgetrestriktion in beliebigem Umfang beschafft werden können. Der Zinssatz $i^{(S)}$ beschreibt demnach den hierbei maßgeblichen (Fremd-) Kapitalkostensatz.

Zum anderen sind dies die **eigenen Mittel** des Unternehmers, die nicht für Konsum in $t = 0$ vorgesehen sind. Die eigenen Mittel des Unternehmers stehen dabei grundsätzlich kostenlos für investive Zwecke zur Verfügung. Man könnte daher argumentieren, dass sich der relevante Kapitalkostensatz auf 0 % beläuft, da keine Zinszahlungen geleistet werden müssen. In der Tat lässt sich aber auch noch die schärfere Behauptung rechtfertigen, dass der relevante Kapitalkostensatz −100 % ist, da auch eine Mittelrückzahlung des Unternehmers an sich selber nicht erfolgen muss und somit bei Eigenfinanzierung stets eine Zahlungsverpflichtung in $t = 1$ von 0 GE besteht. Weil man in diesem Kontext den relevanten Kapitalkostensatz aus den tatsächlich für den Kapitalnehmer zu erbringenden **(Aus-) Zahlungen** herleiten will, sind die beiden angesprochenen Ansätze von 0 % oder gar −100 % für den unternehmerischen (Eigen-) Kapitalkostensatz ebenso wie der Fremdka-

[2] Vgl. zum Kapitalkostenbegriff z.B. *Breuer* (1994) oder *Hax* (1998), S. 213 ff.

pitalkostensatz $i^{(S)}$ als **"pagatorisch"** (von lateinisch "pagare" = "(be-) zahlen") zu bezeichnen.

Zumeist wird in der Literatur statt eines Eigenkapitalkostensatzes von 0 % oder gar −100 % ein solcher in Höhe von $i^{(H)}$ angesetzt. Dieser Kapitalkostensatz beruht auf **Opportunitätskostenüberlegungen** und ist insofern nicht als pagatorisch, sondern vielmehr als **wertmäßig** zu bezeichnen.[3] Implizit wird über den Ansatz von $i^{(H)}$ die **beste Alternativverwendung** der eigenen Mittel, nämlich die Anlage am Kapitalmarkt zum Habenzinssatz, abgebildet. Denn Realinvestitionen kommen für den Unternehmer nur insofern in Frage, wie mindestens eine (Grenz-) Rendite von $i^{(H)}$ erreicht wird. Natürlich ist bei einem derartigen Eigenkapitalkostenansatz im Rahmen der Kapitalnachfragefunktion nicht mehr auf die Möglichkeit der Mittelanlage zu $i^{(H)}$ einzugehen. Generell besteht kein Vorteil darin, Handlungsalternativen implizit statt explizit abzubilden. Sachgerechter erscheint es daher, die Möglichkeit der Mittelanlage zu $i^{(H)}$ als Investitionsalternative zu berücksichtigen.[4] Beide Ansätze führen überdies zum gleichen Ergebnis. Im Weiteren wird deshalb schwerpunktmäßig einer Darstellung der Kapitalangebotskurve auf der Basis des pagatorischen Kapitalkostenbegriffs der Vorzug gegeben. Hierbei wiederum spielt es ebenfalls keine Rolle, ob man einen Eigenkapitalkostensatz von −100 % oder aber 0 % ansetzt, solange eine Anlage eigener Mittel am Kapitalmarkt zu $i^{(H)} \geq 0$ % im beliebigen Umfang möglich ist. Dieser Zusammenhang wird weiter unten noch klarer dargelegt. Aus Vereinfachungsgründen wird daher ein Eigenkapitalkostensatz von 0 % angesetzt.

---

[3] Vgl. zu diesen beiden Kostenkonzeptionen z.B. generell *Schildbach/Homburg* (2009), S. 32 ff. Insbesondere im Zusammenhang mit Kapitalkostenbetrachtungen spricht man statt vom wertmäßigen auch vom **Alternativkostenkonzept**. Vgl. etwa *Breuer* (1994), S. 820 ff., *Hax* (1998), S. 215 f. Eine nähere Charakterisierung dieses Ansatzes findet sich auch in *Breuer* (2001c) sowie im zweiten Band zur Investitionstheorie.

[4] In entsprechender Weise werden ja auch die **Realinvestitionsmöglichkeiten** explizit abgebildet und nicht implizit über Opportunitätskostenbetrachtungen.

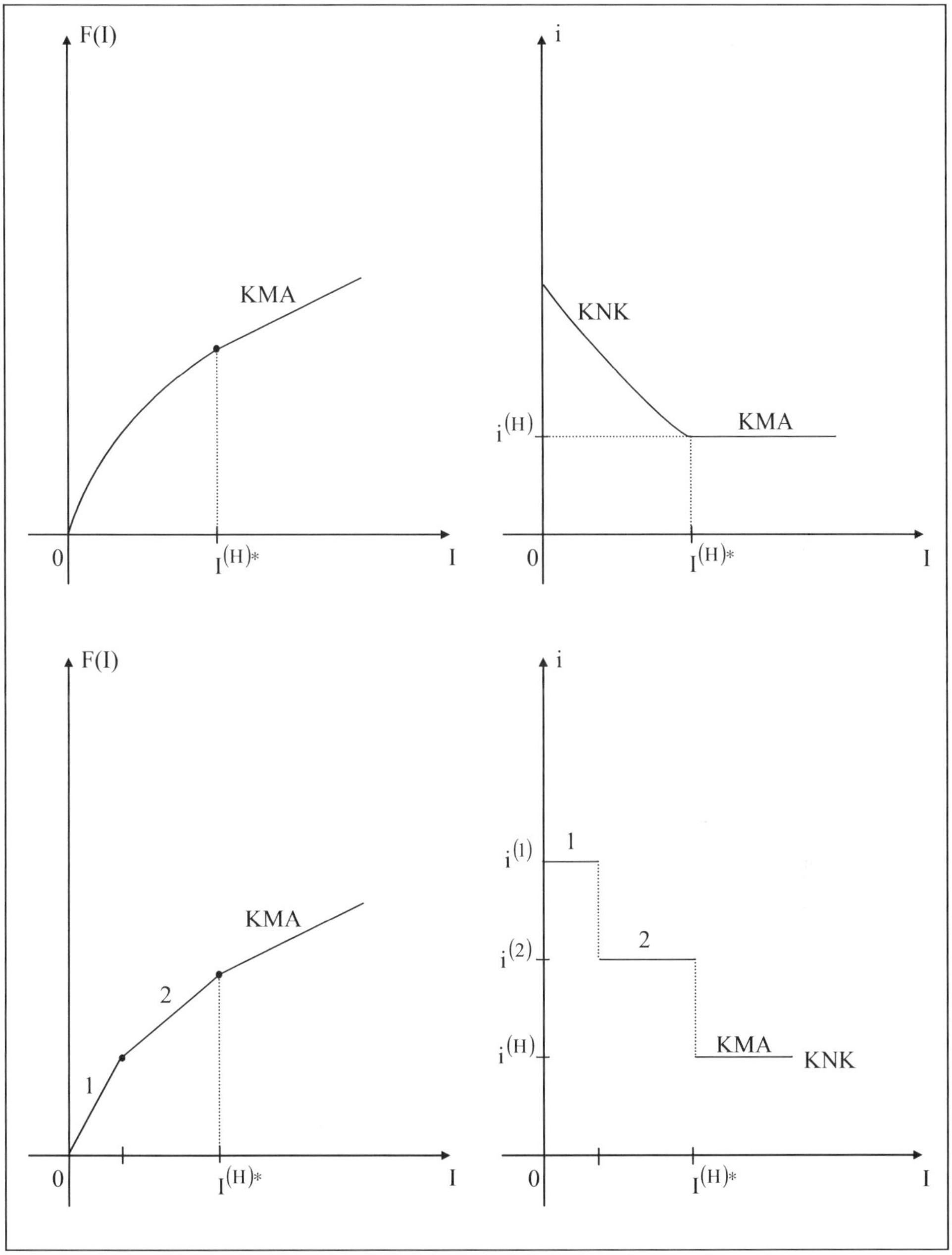

Abbildung 2.1: Zusammenhang zwischen Realinvestitionskurve und Kapitalnachfragekurve

Natürlich werden für investive Zwecke in jedem Fall zunächst die "preiswerten" eigenen Mittel und erst dann die "teuren" Fremdmittel eingesetzt. Die Kapitalangebotsfunktion verläuft damit stets monoton steigend und – wie in *Abbildung 2.2* – typischerweise abschnittsweise linear. In den Graphiken aus *Abbildung 2.2* bezeichnet i auf der Ordinate nun den jeweiligen marginalen Kapitalkostensatz eines beliebigen Finanzierungsvolumens F.[5] Die Größe ΔW_0 steht hier und im Folgenden jeweils für das unternehmerische Anfangsvermögen des Zeitpunktes t = 0, soweit es für investive Zwecke vorgesehen ist.

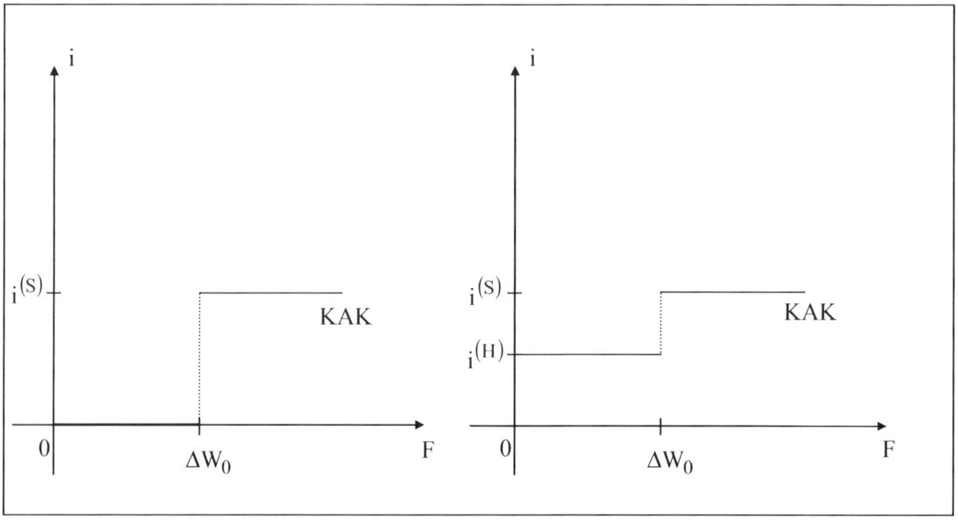

Abbildung 2.2: Kapitalangebotskurve bei pagatorischem (links) und wertmäßigem (rechts) Kapitalkostenverständnis

2.2.2 Die Resultate

Das **optimale Kapitalbudget**, verstanden als die Gesamtheit aller durchzuführenden Investitions- und Finanzierungsmaßnahmen, beschreibt sich im Rahmen des *Dean*-Modells nun gerade durch den **Schnittpunkt** von Kapitalangebots- und Kapitalnachfragekurve. Dies wird schnell klar, wenn man zur Verdeutlichung einmal die linke obere Graphik im Rahmen von *Abbildung 2.3* etwas näher betrachtet. Ausgehend von einem Investitionsvolumen I = 0 GE kann mit der ersten investierten Geldeinheit gemäß der Kapitalnachfragekurve eine Grenzrendite er-

5 Natürlich ist das Finanzierungsvolumen F nicht mit dem unternehmerischen Einzahlungsüberschuss F(I) bei Realinvestitionsvolumen I zu verwechseln.

wirtschaftet werden, die oberhalb von 0 %, also dem hier zunächst maßgeblichen marginalen Kapitalkostensatz, liegt. Es kann daher mit der ersten Geldeinheit mehr erwirtschaftet werden als von den Kapitalgebern, hier: dem Unternehmer, verlangt wird, so dass sich die Investition dieser ersten Geldeinheit lohnt. In der Tat gilt diese Aussage auch für alle nachfolgenden Investitionsvolumina, solange der jeweils maßgebliche marginale Kapitalkostensatz nicht über der relevanten marginalen Investitionsrendite liegt. Gerade dies bezeichnet aber den Schnittpunkt der beiden Kurven. Das optimale Investitionsvolumen im Zusammenhang mit der linken oberen Graphik aus *Abbildung 2.3* bemisst sich deshalb als ΔW_0. Zum gleichen Ergebnis wäre man auch gekommen, wenn der Eigenkapitalkostensatz mit −100 % angesetzt worden wäre. Lediglich für den Fall, dass $i^{(H)} < 0$ % gälte, würde der Ansatz eines Eigenkapitalkostensatzes von 0 % zu Fehlentscheidungen führen. Für $i^{(H)} = -10$ % etwa würde der Unternehmer bei Zugrundelegung einer Kapitalangebotskurve wie der aus der linken oberen Graphik von *Abbildung 2.3* bereits bei Erreichung einer Grenzrendite von 0 % aus Realinvestitionen auf weitere investive Maßnahmen verzichten wollen, auch wenn noch nicht der gesamte Betrag ΔW_0 zum Einsatz gekommen ist. Tatsächlich würden weitere Real- oder Finanzinvestitionen mit Renditen oberhalb von −100 % durchaus noch zum Transfer von Mitteln von $t = 0$ nach $t = 1$ und damit zur Steigerung des unternehmerischen Endvermögens geeignet sein. In derartigen Fällen würde also die Rechnung mit einem Eigenkapitalkostensatz von 0 % zu Fehlentscheidungen führen. Praktisch relevant dürften solche Situationen allerdings nicht sein, weswegen sich der Ansatz von 0 % als Eigenkapitalkostensatz durchaus vertreten lässt. Insbesondere hat dieser Ansatz den weiteren Vorteil, dass aus der graphischen Darstellung von Kapitalnachfrage- und -angebotskurve sehr leicht der gesamte **Vermögenszuwachs** des Unternehmers von $t = 0$ bis $t = 1$ abgelesen werden kann. Dieser entspricht nämlich einfach der Fläche zwischen den beiden Kurven für Werte von I zwischen 0 und dem Abszissenabschnitt ΔW_0 der beiden Kurven. Der letztgenannte Vorteil besteht auch gegenüber einer Formulierung der Kapitalangebotskurve auf der Grundlage des wertmäßigen Kostenbegriffs, wie es bei der rechten oberen Graphik aus *Abbildung 2.3* der Fall ist. Das ablesbare optimale Realinvestitionsvolumen ist (natürlich) das gleiche wie in der oberen linken Graphik aus *Abbildung 2.3*. Aus der positiven Differenz zwischen ΔW_0 und dem Abszissenabschnitt $I^{(H)*}$ des Kurvenschnittpunkts kann überdies das Volumen der unternehmerischen Kapitalmarktanlage abgelesen werden. Weder die Fläche zwischen der Kapitalnachfrage- und Kapitalangebotskurve für Werte von I zwischen 0 und $I^{(H)*}$ noch die Fläche für Werte von I zwischen 0 und ΔW_0 gibt aber den unternehmerischen Endvermögenszuwachs korrekt an.

Des Weiteren verfügt der Schnittpunkt von Kapitalangebots- und -nachfragekurve auch noch über einen **Ordinatenabschnitt**, der sich im Rahmen der linken oberen Graphik gerade auf $i^{(H)}$ bemisst: Alle Investitionsmaßnahmen mit einer Rendite oberhalb von $i^{(H)}$ werden realisiert, alle mit einer Rendite unterhalb von $i^{(H)}$ verworfen. Das impliziert, dass alle Investitionsprojekte mit einem für $i = i^{(H)}$ positiven Kapitalwert vorteilhaft, alle mit einem für $i = i^{(H)}$ negativen Kapitalwert nachteilig sind. In entsprechender Weise sind alle Finanzierungsmaßnahmen von Nachteil, deren Kapitalkostensatz über $i^{(H)}$ liegt, die also zu $i = i^{(H)}$ einen negativen Kapitalwert aufweisen. Finanzierungsmaßnahmen hingegen, deren Kapitalkostensatz unterhalb von $i^{(H)}$ liegt, also solche mit positivem Kapitalwert für $i = i^{(H)}$, werden in jedem Fall wahrgenommen. Unklar ist nur die Beurteilung von Investitions- und Finanzierungsmaßnahmen mit einer Rendite bzw. einem Kapitalkostensatz von gerade $i^{(H)}$, deren Kapitalwert sich folglich auf 0 GE beläuft. Anders als auf einem vollkommenen Kapitalmarkt ist der Unternehmer hinsichtlich ihrer Durchführung generell **nicht indifferent**. Abgesehen von Spezialfällen, kann es nur ein Investitions- oder Finanzierungsprojekt mit einem Kapitalwert von 0 GE für $i = i^{(H)}$ geben. Dieses wird in einem solchen Umfang durchgeführt, dass sich Investitions- und Finanzierungsvolumen in $t = 0$ gerade entsprechen. In der linken oberen Graphik aus *Abbildung 2.3* etwa ist der Kapitalwert von Kapitalmarktanlagen für $i = i^{(H)}$ natürlicherweise 0 GE. Daher werden diese in einem Umfang getätigt, dass die Lücke zwischen ΔW_0 (dem Ausmaß von Finanzierungsmöglichkeiten mit positivem Kapitalwert) und $I^{(H)*}$ (dem Ausmaß von Investitionsmöglichkeiten mit positivem Kapitalwert) gerade geschlossen wird.

In der Tat ist $i^{(H)}$ hier nichts anderes als der bereits aus der Diskussion des *Hirshleifer*-Modells bekannte **endogene Kalkulationszinsfuß**, so dass man auch mittels des *Dean*-Modells zu einer (theoretisch interessanten, aber praktisch bekanntermaßen nur sehr eingeschränkt nützlichen) Rechtfertigung des Kapitalwertkriteriums für den unvollkommenem Kapitalmarkt gelangt. Insbesondere[6] die

[6] Dieses Ergebnis gilt selbstverständlich auch im *Hirshleifer*-Modell, doch die dortige Art der Darstellung lenkt das Augenmerk nicht so unmittelbar auf diesen Sachverhalt wie das *Dean*-Modell, weswegen erst im vorliegenden Abschnitt darauf eingegangen wird.

Darstellung des *Dean*-Modells verdeutlicht dabei, dass endogene Kalkulationszinsfüße in völlig entsprechender Weise nicht nur zur Beurteilung von Investitions-, sondern **auch** Finanzierungsprojekten genutzt werden können. Auf dem unvollkommenen Kapitalmarkt erweisen sich Finanzinvestitionen bei Zugrundelegung des endogenen Kalkulationszinsfußes **nicht** mehr generell als kapitalwertneutral, und durchgeführt werden nur solche Finanzierungsmaßnahmen, deren Kapitalwert größer[7] als (oder in Grenzfällen: gleich) 0 GE ist. Zur Diskussion der Bedeutung endogener Kalkulationszinsfüße kann im Übrigen auf den vorhergehenden Abschnitt 1 über das *Hirshleifer*-Modell verwiesen werden.

Beispiel 2.1:

Gegeben sei ein Unternehmer, dessen Realinvestitionsfunktion $F(I) = 4{,}4^{0{,}5}$ sei und der einen Betrag $\Delta W_0 = 5{,}76$ GE für investive Zwecke vorgesehen habe. Der Habenzinssatz $i^{(H)}$ betrage 8 %, und der Sollzinssatz $i^{(S)}$ belaufe sich auf 12 %. Aus Beispiel 1.6 des vorhergehenden Abschnitts ist bekannt, dass die angenommene Realinvestitionsfunktion ungefähr bis zu einem Investitionsvolumen von 4,15 GE über eine Grenzrendite von mehr als $i^{(H)} = 8$ % verfügt. Eine Grenzrendite von 12 % wird gemäß dem Ergebnis des Beispiels 1.5 des vorhergehenden Abschnitts bereits ab einem Realinvestitionsvolumen von über 3,86 GE unterschritten. Alles in allem liegt damit eine Situation vor, die wegen $\Delta W_0 > I^{(H)*}$ der aus der linken oberen Graphik von *Abbildung 2.3* mit den genannten Konkretisierungen für die Werte $i^{(H)}$, $i^{(S)}$, $I^{(H)*}$, $I^{(S)*}$ sowie ΔW_0 entspricht: Der Unternehmer wird lediglich den Betrag ΔW_0 ohne zusätzliche Kreditaufnahme für investive Zwecke verwenden, wobei $\Delta W_0 - I^{(H)*} \approx 5{,}76 - 4{,}15 = 1{,}61$ GE am Kapitalmarkt angelegt werden. Der resultierende Endvermögenszuwachs entspricht der Fläche unterhalb der Kapitalnachfragekurve im Bereich von $I = 0$ GE bis $I = \Delta W_0 = 5{,}76$ GE und kann durch Integration ermittelt werden als:

---

[7] Zu beachten ist, dass bei Unvollkommenheit des Kapitalmarktes **Arbitragemöglichkeiten** trotz positiver Kapitalwerte von Finanzinvestitionen **nicht** bestehen müssen, ohne weiteres also ein Kapitalmarktgleichgewicht gegeben sein kann. Beispielsweise wird die Finanzierung von Investitionsprojekten durch eigene Mittel des betrachteten Unternehmers für einen oberhalb von $i^{(H)}$ liegenden endogenen Kalkulationszinsfuß über einen positiven Kapitalwert verfügen. Schon die beschränkte Anfangsausstattung des Unternehmers setzt der Ausnutzung dieses Umstands aber natürliche Grenzen.

$$\int_{0}^{4,15} [F'(I)-1]\,dI + (5,76-4,15)\cdot 0,08$$

$$= [F(I)-I]_{0}^{4,15} + 0,1288 \tag{2.1}$$

$$\approx 4,94 \text{ GE.}$$

Auch inhaltlich ist die Rechnung aus (2.1) gut zu verstehen: Grundsätzlich erhält man den Endvermögenszuwachs zum einen durch Rechnung $F(I^{(H)*})-I^{(H)*}$ für den Bereich, in dem Realinvestitionen durchgeführt werden, und zum anderen durch Multiplikation des Ausmaßes der Kapitalmarktanlage mit dem Habenzinssatz $i^{(H)}$ = 8 %. Das gesamte unternehmerische Endvermögen zum Zeitpunkt t = 1 beläuft sich damit auf ungefähr 5,76+4,94 = 10,7 GE. □

Die übrigen beiden Zeilen mit Graphiken aus *Abbildung 2.3* stellen weitere denkbare Fälle mit jeweils unterschiedlichem optimalen Kapitalbudget des Unternehmers und unterschiedlichem endogenen Kalkulationszinsfuß dar. Im Rahmen des Abschnitts 2.4 wird auf diese Graphiken noch explizit zurückzukommen sein.

Investitionsentscheidungen können demnach jedenfalls auch mit Hilfe des *Dean*-Modells getroffen werden. Weil dabei die Anwendung des *Dean*-Modells augenscheinlich für die gleiche Entscheidungssituation wie im Rahmen des *Hirshleifer*-Modells möglich ist, stellt sich unmittelbar die Frage nach der **Beziehung** der beiden Ansätze. Bei richtiger Wiedergabe von Kapitalangebots- und -nachfragefunktion muss sich im *Dean*-Modell stets die gleiche Lösung wie im Rahmen des *Hirshleifer*-Modells ergeben. Bevor auf diese Frage im Abschnitt 2.4 näher eingegangen wird, sollen zuvor allerdings noch einige Ansätze zur **Erweiterung der Analysemöglichkeiten** im Rahmen des *Dean*-Modells vorgestellt werden.

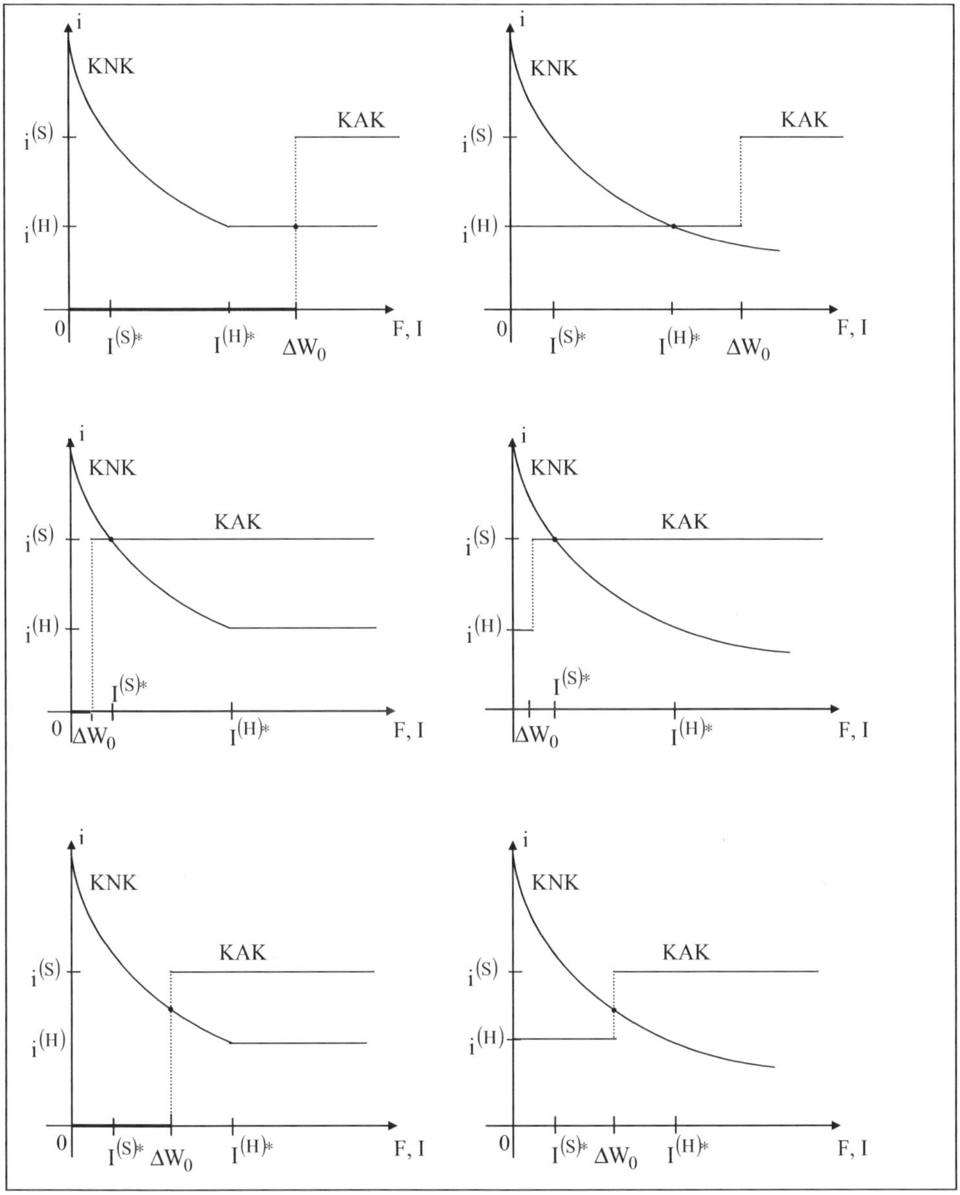

Abbildung 2.3: Das *Hirshleifer*-Modell im *Dean*-Modell

2.3 Mögliche Erweiterungen des *Dean*-Modells

Ähnlich wie schon das *Hirshleifer*-Modell fußt auch das *Dean*-Modell auf Annahmen, die sich als nur schwerlich mit der Realität vereinbar erweisen, andererseits aber essentiell für die Herleitung der Modellergebnisse sind. Auf einige dieser Prämissen und die mit ihrer Lockerung verbundenen Probleme soll im Folgenden eingegangen werden.

2.3.1 Mangelnde Teilbarkeit von Investitionsprojekten

Auf die Problematik der **Annahme beliebiger Projektteilbarkeit** wurde bereits im Kapitel II dieses Buches hingewiesen. Diese Annahme stellte dann kein Problem dar, wenn man aus dem optimalen Investitionsprogramm bei beliebiger Teilbarkeit ohne weiteres auf die zugehörige Lösung bei fehlender Teilbarkeit schließen könnte. Genau dies ist aber im Allgemeinen nicht zutreffend. In jedem Fall kann es in der Lösung unter der Teilbarkeitsprämisse maximal ein Investitionsprojekt geben, das nur teilweise durchgeführt werden soll. Gibt es kein Projekt mit dieser Eigenschaft, verursacht die Annahme der mangelnden Projektteilbarkeit natürlich keinerlei weitere Probleme. Schwierigkeiten bereitet demnach nur der Fall, bei dem ein bestimmtes Investitionsprojekt, nennen wir es P, lediglich zu einem bestimmten Bruchteil durchgeführt werden kann. Eine derartige Situation ist deshalb kritisch, weil sich die Lösung für den Fall fehlender Projektteilbarkeit nicht einfach dadurch aus der Lösung mit Teilbarkeitsannahme ermitteln lässt, dass man das optimale Investitionsprogramm bei Teilbarkeitsannahme und vollständiger Realisation des Projekts P mit dem bei vollständigem Verzicht auf die Durchführung von P vergleicht, also gewissermaßen nur "benachbarte" Investitionsprogramme gegenüberstellt. Vielmehr kann sich die Lösung bei unteilbaren Investitionsprojekten **grundlegend** von der mit teilbaren Investitionsprojekten unterscheiden, so dass der Lösungsvorschlag des *Dean*-Modells dann keinerlei Hilfestellung zur Entscheidungsfindung bietet. Ferner existiert in diesem Fall auch **kein endogener Kalkulationszinsfuß** mehr, durch den eine (nachträgliche) Problemlösung mittels des Kapitalwertkriteriums möglich wäre, wie sie weiter oben für eine Situation mit beliebiger Projektteilbarkeit vorgestellt worden ist. Diese Phänomene sollen anhand eines Beispiels erläutert werden.

Beispiel 2.2:

Gegeben sei ein Unternehmer, der Zugang zu den in *Tabelle 2.1* angegebenen drei Realinvestitionsprojekten hat.

t	0	1
$z_t^{(1)}$	−120	133,2
$z_t^{(2)}$	−260	287,3
$z_t^{(3)}$	−100	108,5

Tabelle 2.1: Anfangsauszahlungen und Rückflüsse für Investitionsprojekte 1, 2, 3

Als interne Zinsfüße der Projekte erhält man $i^{(1)} = 11$ %, $i^{(2)} = 10,5$ % sowie $i^{(3)} = 8,5$ %. Der Habenzinssatz $i^{(H)}$ belaufe sich auf 8 % und der Sollzinssatz $i^{(S)}$ auf 12 %. Vom Unternehmer sei ein Betrag $\Delta W_0 = 224$ GE für investive Zwecke in $t = 0$ vorgesehen. Nach dem weiter oben skizzierten Vorgehen gelangt man zu einer Kapitalangebots- und einer Kapitalnachfragekurve gemäß *Abbildung 2.4*. Demnach wird unter der Prämisse beliebiger Projektteilbarkeit auf den Einsatz von fremden Mitteln vollständig verzichtet. Allein der vom Unternehmer selbst zur Verfügung gestellte Betrag von $\Delta W_0 = 224$ GE wird investiv verwendet, und zwar zur vollständigen Durchführung des Projekts 1 und zur Realisation des Projekts 2 in einem Bruchteil von $(224-120)/260 = 40$ %. Das damit erzielbare unternehmerische Endvermögen für $t = 1$ ist $133,2+0,4\cdot 287,3 = 248,12$ GE, der zugehörige Endvermögenszuwachs entsprechend $248,12-224 = 24,12$ GE.

Ist die teilweise Realisation von Projekt 2 nicht möglich, dann besteht das optimale Investitionsprogramm weder aus der alleinigen Durchführung von Projekt 1 noch der kompletten Realisation von 1 und 2. Vielmehr erweist es sich als am besten, nur Projekt 2 mit teilweiser Mittelaufnahme am Kapitalmarkt zu $i^{(S)} = 12$ % durchzuführen. Um dies zu erkennen, sind zwei Fälle zu unterscheiden.

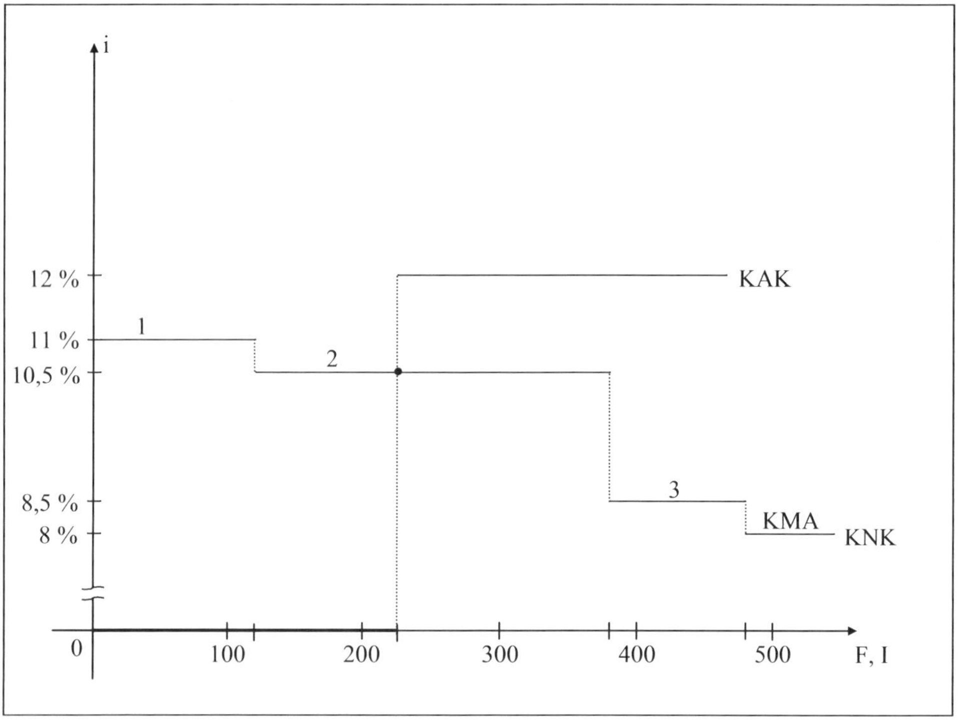

Abbildung 2.4: Kapitalbudgetierung bei unteilbaren Investitionsprojekten

Erstens ist nach dem optimalen Realinvestitionsprogramm für den Fall zu fragen, dass der Unternehmer weiterhin wie bei Projektteilbarkeit auf die Aufnahme von Mitteln am Kapitalmarkt verzichtet. In dieser Situation kann Projekt 2 wegen fehlender Mittel nicht realisiert werden. Möglich und vorteilhaft bleibt aber die Implementierung der beiden Investitionsprojekte 1 und 3, da beide zu höheren Rückflüssen je eingesetzter Geldeinheit, also höheren Renditen, als bei Kapitalmarktanlage der unternehmerischen Mittel führen. Der verbleibende Restbetrag in Höhe von 224−120−100 = 4 GE wird dann in der Tat am Kapitalmarkt zu $i^{(H)} = 8$ % bis t = 1 angelegt. Insgesamt ergibt sich damit für den Unternehmer bei Verzicht auf Mittelaufnahme am Kapitalmarkt ein Endvermögen von $133{,}2+108{,}5+4\cdot 1{,}08 = 246{,}02$ GE, also ein Endvermögenszuwachs von 246,02−224 = 22,02 GE.

Zweitens kann man das optimale unternehmerische Realinvestitionsprogramm für den Fall zusätzlicher Aufnahme von Mitteln zum Sollzinssatz $i^{(S)} = 12$ % bestimmen. Mittel aufzunehmen, um damit die zusätzliche Durchführung des Projekts 2 bei Beibehaltung der Projekte 1 und 3 zu ermöglichen, kann wegen $i^{(2)} =$

10,5 % < $i^{(S)}$ = 12 % und der fast vollständigen Fremdfinanzierung der Umsetzung von 2 nicht sinnvoll sein. Auch die Kombination von 2 und 3 erweist sich im Vergleich zur simultanen Durchführung von 1 und 3 unmittelbar als suboptimal. Das Projekt 2 liefert eine geringere Rendite als 1 und wäre überdies zu mehr als 50 % über Mittel mit $i^{(S)}$ = 12 % zu finanzieren. Die Kombination von 1 und 2 ist infolge des hier abermals sehr hohen Fremdfinanzierungsanteils zur Umsetzung von 2 ebenfalls zweifellos schlechter als die Realisation von 1 und 3. In der Tat kommt die Mittelaufnahme am Kapitalmarkt daher nur dann in Betracht, wenn man sich auf die alleinige Durchführung von Projekt 2 beschränkt. Unter dieser Bedingung muss sich der Unternehmer im Umfang von 260−224 = 36 GE zu $i^{(S)}$ = 12 % von t = 0 bis t = 1 verschulden. Sein aus diesem Kapitalbudget resultierendes Endvermögen beläuft sich auf 287,3−36·1,12 = 246,98 GE, der entsprechende Endvermögenszuwachs also auf 246,98−224 = 22,98 GE. Tatsächlich lautet damit die optimale unternehmerische Verhaltensweise bei angenommener Unteilbarkeit der verfügbaren Investitionsprojekte auf die alleinige Durchführung des Investitionsprojekts 2 bei Einsatz von allen verfügbaren eigenen Mitteln des Unternehmers und zusätzlicher Aufnahme eines Betrags von 36 GE am Kapitalmarkt von t = 0 bis t = 1 zu $i^{(S)}$ = 12 %. Natürlich ist das hierbei erreichbare Endvermögen niedriger als bei beliebiger Projektteilbarkeit.

Wie man sieht, kann in diesem Beispiel nicht unmittelbar von der Lösung unter der Prämisse beliebiger Projektteilbarkeit auf die optimale unternehmerische Verhaltensweise unter der Annahme der Unteilbarkeit von Investitionsprojekten geschlossen werden. Überdies gibt es keinen endogenen Kalkulationszinsfuß, so dass das optimale Kapitalbudget bei mangelnder Projektteilbarkeit über eine Anwendung des Kapitalwertkriteriums reproduziert werden könnte. Für jeden beliebigen Kalkulationszinsfuß unter 12 % ist nämlich der Kapitalwert der Mittelaufnahme am Kapitalmarkt zu $i^{(S)}$ = 12 % durch einen negativen Kapitalwert charakterisiert, während jeder Zinsfuß oberhalb von 10,5 % zu einem negativen Kapitalwert des Projekts 2 führt. Es gibt daher schon keinen Kalkulationszinsfuß, so dass Projekt 2 und die Mittelaufnahme am Kapitalmarkt zu $i^{(S)}$ = 12 % simultan über einen nichtnegativen Kapitalwert verfügen. Gleichwohl sind beide Maßnahmen Bestandteil des optimalen Kapitalbudgets. □

2.3.2 Gegenseitiger Ausschluss von Investitionsprojekten

Hebt man die **Annahme völliger Unabhängigkeit** der Investitionsprojekte auf, stellt dies ebenfalls eine deutliche Erschwerung der Analyse dar. Dies gilt selbst dann, wenn man sich auf die Betrachtung des einfachsten Falls von Projektinterdependenzen, des **gegenseitigen Ausschlusses** nämlich, beschränkt. Schließen sich zwei Projekte 1 und 2 gegenseitig aus und gelten ansonsten die Prämissen des *Dean*-Modells gemäß Abschnitt 2.2.1 weiter, dann sind grundsätzlich **drei Fälle** zu unterscheiden. **Unproblematisch** ist eine Situation, in der das Investitionsprojekt mit der höheren Rendite auch über die höhere maximale Anfangsauszahlung verfügt. Dann nämlich ist dieses Projekt dem anderen infolge der Teilbarkeitsannahme eindeutig überlegen: Unabhängig davon, wie viele Geldeinheiten der Unternehmer in das Projekt mit der geringeren Rendite auch investieren wollte, führt die Investition des gleichen Betrags in das Projekt mit der höheren Rendite in t = 1 zu höheren Rückflüssen und erweist sich deswegen als überlegen.

Ebenfalls **einfach** lässt sich eine Konstellation beurteilen, in der das Projekt mit der geringeren Anfangsauszahlung in t = 0 den absolut höheren Einzahlungsüberschuss in t = 1 aufweist. Das andere Projekt ist dann eindeutig unterlegen, weil es trotz höherer Anfangsauszahlung nur zu geringeren Rückflüssen als das erstgenannte Projekt führen kann und sich deswegen in keinem Fall als lohnenswert erweist.

Unklar ist die Entscheidungssituation demnach nur, wenn das Investitionsprojekt mit der geringeren Rendite, angenommen Projekt 1, zugleich über die höhere maximale Anfangsauszahlung **und** den höheren maximalen Gesamtrückfluss in t = 1 verfügt. Während in den beiden zuvor behandelten Fällen jeweils einfach das Projekt mit der höheren Rendite eindeutig vorzuziehen war, mag es nunmehr durchaus sein, dass sich die Entscheidung für Projekt 1 **trotz** eines geringeren Renditewertes als sinnvoll erweist.

Beispiel 2.3:
Gegeben sei ein Investitionsprojekt 1 mit einer Anfangsauszahlung von 100 GE in t = 0 und einem Rückfluss von 120 GE in t = 1. Ein Projekt 2a liefere bei einer Anfangsauszahlung von 50 GE in t = 0 Einzahlungen von 55 GE in t = 1. Weil Projekt 1 folglich mit 20 % gegenüber 10 % von Projekt 2a sowohl über eine höhere Rendite als auch über einen höheren maximalen Investitionsbetrag in t = 0

verfügt, würde bei beliebiger Teilbarkeit und gegenseitigem Ausschluss Projekt 1 gegenüber 2a für jeden Investitionsbetrag vorgezogen.

Ein weiteres Projekt 2b gewährleiste eine maximale Anfangsauszahlung von 90 GE in t = 0 bei einem Einzahlungsüberschuss von 125 GE in t = 1. Im Vergleich mit Projekt 1 verfügt es über die deutlich höhere Rendite mit etwa 38,89 %, wenngleich Projekt 1 einen höheren Investitionsbetrag ermöglicht. Selbst aber bei Investition von 100 GE in Projekt 1 können nicht so hohe Einzahlungen wie bei Durchführung des Projekts 2b mit nur 90 GE erreicht werden. Daher ist 2b dem Projekt 1 gegenüber eindeutig überlegen und würde im Rahmen einer Auswahlentscheidung stets vorgezogen.

Schließlich sei ein Projekt 2c betrachtet, das bei einer Anfangsauszahlung von 80 GE in t = 0 Rückflüsse von 98 GE in t = 1 in Aussicht stellt. Die Rendite ist mit 22,5 % erneut höher als die des Projekts 1. Für hinreichend hohe Investitionsvolumina könnte sich nun aber in der Tat trotzdem die Durchführung des Projekts 1 gegenüber der Implementierung des Projekts 2c als überlegen erweisen, da die maximalen Rückflüsse von Projekt 1 mit 120 GE über denen von Projekt 2c mit 98 GE liegen. Entscheidend ist hierbei natürlich, wie die im Rahmen der Durchführung von Projekt 2c gegenüber der Realisation von Projekt 1 gegebenenfalls eingesparten Mittel anderweitig verwendet werden können. □

Im Weiteren sei lediglich auf den allein interessanten Fall eingegangen, dass zwei beliebig teilbare und sich gegenseitig ausschließende Projekte 1 und 2 vorliegen, wobei Projekt 1 mit größerer Anfangsauszahlung und größerem Rückfluss, aber geringerer Rendite als Projekt 2 ausgestattet ist. Für Investitionsvolumina, die jenseits der Anfangsauszahlung von Projekt 2 liegen, mag es dann von Vorteil sein, sich für Projekt 1 zu entscheiden. Wie bereits im Beispiel 2.3 angedeutet, kommt es dabei aber maßgeblich darauf an, über welche weiteren Verwendungsmöglichkeiten der Unternehmer für die bei Durchführung von Projekt 2 statt Projekt 1 nicht benötigten Mittel verfügt.

Um im konkreten Entscheidungsproblem das optimale Kapitalbudget zu ermitteln, bieten sich zwei Wege an. **Erstens** kann man **zweimal** eine Kapitalnachfragefunktion herleiten, einmal mit Projekt 1, das andere Mal mit Projekt 2, und für beide Fälle graphisch das optimale Kapitalbudget ermitteln, um anschließend das höhere

Endvermögen zu bestimmen. Dieses Vorgehen ist stets anwendbar, wenngleich recht aufwendig.

Zweitens kann man aber auch versuchen, mit **nur einer** Graphik das Problem zu lösen. Dazu bedarf es einer Betrachtung der Differenzinvestition 1–2. Aus der Diskussion der Parameterregeln im Abschnitt 3 des Kapitels III ist bekannt, dass der Übergang vom Projekt 2 zum Projekt 1 dann von Vorteil ist, wenn die Rendite der Differenzinvestition 1–2 größer als der Kapitalmarktzinssatz i ist, weil der zusätzliche Mitteleinsatz dann höhere Erträge als Aufwendungen abwirft. Diese Überlegung ist auch dann noch zutreffend, wenn sich der relevante Kalkulationszinsfuß wie im *Dean*-Modell über die gesamte Anfangsauszahlung für 1–2 nicht notwendig als konstant erweist: Solange jede Geldeinheit der zusätzlichen Anfangsauszahlung einen höheren Ertrag als den jeweils maßgeblichen Kapitalkostensatz erbringt, lohnt sich der Übergang von 2 nach 1. Um die Gültigkeit dieser Voraussetzung zu testen, wird die Kapitalnachfragefunktion daher nun unter Berücksichtigung der Projekte 2 und 1–2 hergeleitet. Die Rendite der Differenzinvestition 1–2 ist dabei in jedem Fall **geringer** als die Rendite des Projekts 2, da schon die Rendite von 1 geringer als die von 2 ist:[8]

---

[8] Zu beachten ist, dass $z_0^{(1)}, z_0^{(2)} < 0$ gilt, weswegen im Rahmen der Renditeberechnung jeweils die zugehörigen Beträge $\left|z_0^{(1)}\right|$ und $\left|z_0^{(2)}\right|$ (oder ebenso gut die mit -1 multiplizierten Werte $-z_0^{(1)}$ und $-z_0^{(2)}$ anzusetzen sind.

$$
\begin{aligned}
& i^{(2)*} \equiv \frac{z_1^{(2)}}{\left|z_0^{(2)}\right|} - 1 > i^{(1)*} \equiv \frac{z_1^{(1)}}{\left|z_0^{(1)}\right|} - 1 \\
& \Leftrightarrow z_1^{(2)} \cdot \left|z_0^{(1)}\right| - z_1^{(1)} \cdot \left|z_0^{(2)}\right| > 0 \\
& \Leftrightarrow \frac{z_1^{(2)} \cdot \left|z_0^{(1)}\right| - z_1^{(2)} \cdot \left|z_0^{(2)}\right| - \left(z_1^{(1)} \cdot \left|z_0^{(2)}\right| - z_1^{(2)} \cdot \left|z_0^{(2)}\right|\right)}{\left|z_0^{(2)}\right| \cdot \left(\left|z_0^{(1)}\right| - \left|z_0^{(2)}\right|\right)} > 0 \qquad (2.2) \\
& \Leftrightarrow \frac{z_1^{(2)} \cdot \left(\left|z_0^{(1)}\right| - \left|z_0^{(2)}\right|\right)}{\left|z_0^{(2)}\right| \cdot \left(\left|z_0^{(1)}\right| - \left|z_0^{(2)}\right|\right)} > \frac{\left|z_0^{(2)}\right| \cdot \left(z_1^{(1)} - z_1^{(2)}\right)}{\left|z_0^{(2)}\right| \cdot \left(\left|z_0^{(1)}\right| - \left|z_0^{(2)}\right|\right)} \\
& \Leftrightarrow i^{(2)*} \equiv \frac{z_1^{(2)}}{\left|z_0^{(2)}\right|} - 1 > i^{(1-2)*} \equiv \frac{z_1^{(1)} - z_1^{(2)}}{\left|z_0^{(1)}\right| - \left|z_0^{(2)}\right|} - 1.
\end{aligned}
$$

In der dritten Zeile von (2.2) wurde dabei zum einen der Ausdruck $-z_1^{(2)} \cdot \left|z_0^{(2)}\right| - \left(-z_1^{(2)} \cdot \left|z_0^{(2)}\right|\right) = 0$ hinzuaddiert und zum anderen durch das Produkt $\left|z_0^{(2)}\right| \cdot \left(\left|z_0^{(1)}\right| - \left|z_0^{(2)}\right|\right) > 0$ dividiert.[9]

Je nachdem, wie der Schnittpunkt von Kapitalangebots- und -nachfragekurve liegt, sind damit grundsätzlich nur **drei Fälle** denkbar. Entweder ergibt sich, dass weder 2 noch 1–2 durchgeführt werden sollen, oder man erhält, dass wohl 2, nicht aber 1–2 durchzuführen ist, oder es resultiert, dass 2 und 1–2 implementiert werden sollen. Der letztgenannte Fall bedeutet, dass per saldo 1 und nicht 2 gewählt wird. Denn die simultane Durchführung von 2 und des Wechsels von 2 nach 1 über Realisation der entsprechenden Differenzinvestition 1–2 ergibt gerade 1.

Beispiel 2.4:

Gegeben sei ein Unternehmer, der einen Betrag ΔW_0 = 50 GE für investive Zwecke vorgesehen hat. Der Habenzinssatz $i^{(H)}$ betrage 8 %, der Sollzinssatz $i^{(S)}$ belaufe sich auf 12 %. Als Realinvestitionsprojekte seien die beiden beliebig teilbaren und sich gegenseitig ausschließenden Projekte 1 und 2c aus Beispiel 2.3 verfügbar. Die hier relevante Differenzinvestition 1–2c erfordert eine Anfangs-

---

9 Es sei daran erinnert, dass die Anfangsauszahlung des Projekts 1 annahmegemäß größer als die des Projekts 2 ist: $\left|z_0^{(1)}\right| > \left|z_0^{(2)}\right|$.

auszahlung in t = 0 von 100−80 = 20 GE und führt zu zusätzlichen Einzahlungen in t = 1 von 120−98 = 22 GE, so dass sich die Rendite von 1–2c auf 10 % bemisst. Diese Angaben führen zu *Abbildung 2.5*, aus der ersichtlich ist, dass sich die Durchführung der Differenzinvestition im Gegensatz zur Implementierung von 2c nicht lohnt. Dem Projekt 2c wird hier also gegenüber 1 der Vorzug gegeben, 30 GE der Anfangsauszahlung von 80 GE in t = 0 werden dabei über Kreditaufnahme in t = 0 finanziert. Dieses Resultat kann auch leicht rechnerisch nachgeprüft werden. Im Falle der Durchführung des Projekts 1 müssen 50 GE in t = 0 zu $i^{(S)}$ = 12 % aufgenommen werden. Das unternehmerische Endvermögen beläuft sich daher auf 120−50·1,12 = 64 GE und der zugehörige Endvermögenszuwachs auf 64−50 = 14 GE. Der letztgenannte Wert kann auch aus *Abbildung 2.5* abgelesen werden. Der unternehmerische Endvermögenszuwachs bei Entscheidung für 2c und 1−2c ergibt sich nämlich gleichfalls über die Flächenberechnung 50·0,225+ 30·(0,225−0,12)+20·(0,1−0,12) = 14 GE.

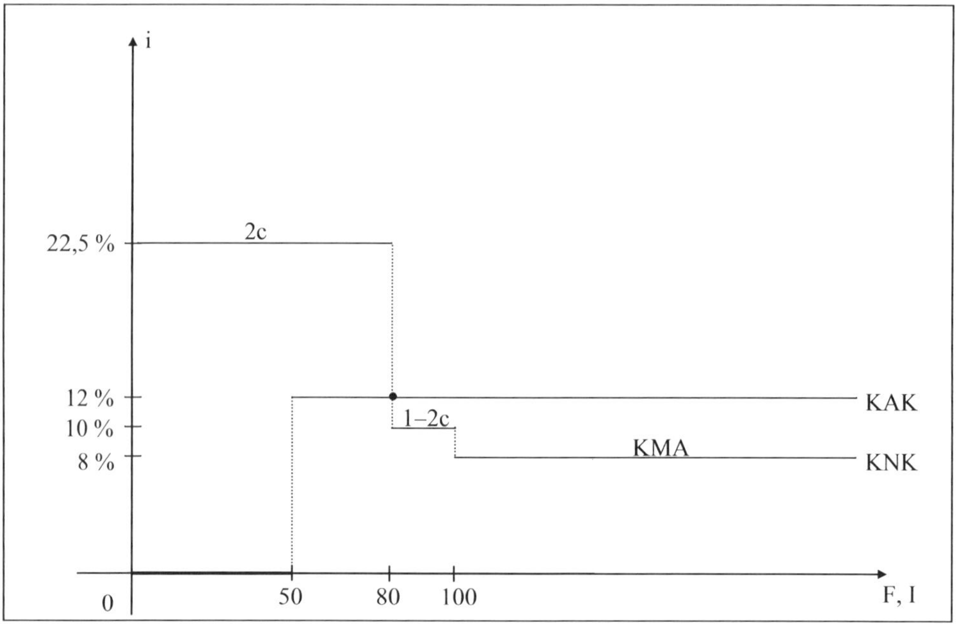

Abbildung 2.5: Kapitalbudgetierung mittels Differenzinvestitionen bei sich gegenseitig ausschließenden Investitionsprojekten

Bei Implementierung des Projekts 2c hingegen erhält man unter Beachtung der Verschuldung in Höhe von 30 GE am Kapitalmarkt zu $i^{(S)} = 12\ \%$ ein unternehmerisches Endvermögen von $98-30\cdot 1{,}12 = 64{,}4$ GE > 64 GE und einen zugehörigen Endvermögenszuwachs von $64{,}4-50 = 14{,}4$ GE > 14 GE.

Unterstellt man, dass sich der Sollzinssatz nur auf $i^{(S)} = 9\ \%$ beläuft, dann ist das optimale Investitionsprogramm durch die Realisation von 2c und 1–2c, also letzten Endes 1, gekennzeichnet. Dieses Ergebnis bestätigt sich auch, wenn man zwei separate Graphiken, einmal mit Projekt 1, das andere Mal mit Projekt 2c, der Entscheidungsfindung zugrunde legt.[10] Die Kapitalnachfragefunktion auf der Grundlage von 1 führt mit $120-50-50\cdot 1{,}09 = 15{,}5$ GE zu einem höheren maximalen Endvermögenszuwachs als die Kapitalnachfragefunktion auf der Grundlage von 2c mit $98-50-30\cdot 1{,}09 = 15{,}3$ GE. □

Alle drei Situationen lassen sich folglich ohne Probleme **sachgerecht** interpretieren, weswegen man scheinbar in der Tat auf der Grundlage eines einzigen Diagramms das Problem sich gegenseitig ausschließender Projekte berücksichtigen kann. In vielen Fällen ist dies wirklich auch möglich, ein **Problem** besteht allerdings dann, wenn die optimale Lösung durch **teilweise Realisation** der Differenzinvestition charakterisiert ist. Selbst wenn man unterstellt, dass Realinvestitionsprojekte beliebig teilbar sind, gilt dies doch denknotwendig nicht für Differenzinvestitionen sich gegenseitig ausschließender Projekte. Die 40-prozentige Durchführung einer Differenzinvestition 1–2 beispielsweise impliziert, dass im Optimum 1 zu 40 % und 2 zu 60 % durchgeführt werden soll, beide Projekte also in bestimmten Bruchteilen simultan realisiert werden. Tritt eine derartige Situation auf, kann man gemäß den Ausführungen des vorhergehenden Abschnitts 2.3.1 nicht einfach das optimale Investitionsprogramm mit 100-prozentiger Durchführung mit dem mit 0-prozentiger Durchführung der Differenzinvestition vergleichen. Vielmehr bleibt nun nichts anderes übrig, als **nachträglich** doch die zuerst genannte Methode anzuwenden oder in anderer Form zusätzliche Überlegungen anzustellen.

10 Vgl. hierzu *Abbildung 2.6.*

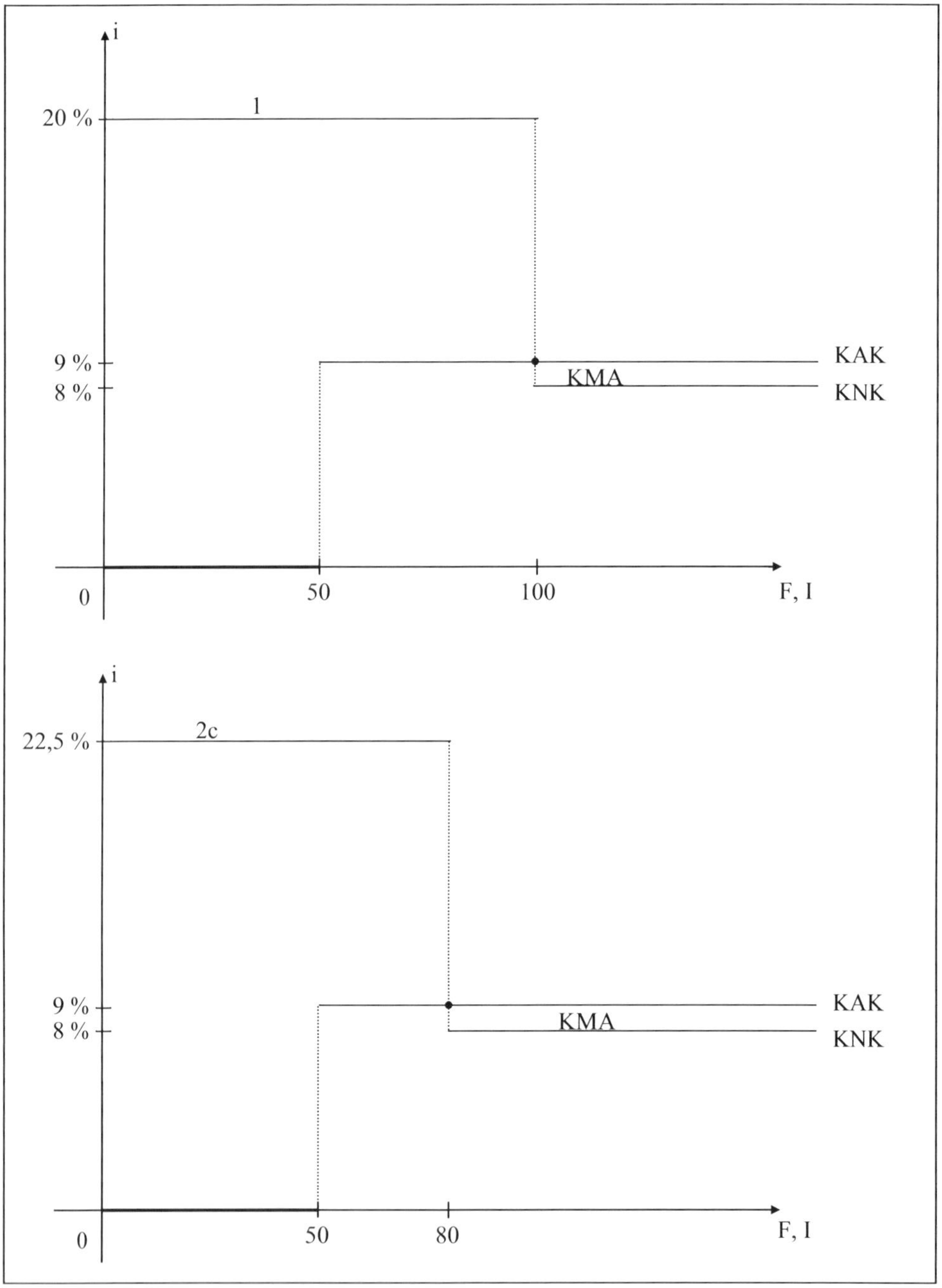

Abbildung 2.6: Kapitalbudgetierung ohne Differenzinvestitionen bei sich gegenseitig ausschließenden Investitionsprojekten

Beispiel 2.5:

Gegeben sei die Entscheidungssituation aus Beispiel 2.4 bei zusätzlicher Verfügbarkeit eines Projekts 2d, das bei einer Anfangsauszahlung von 10 GE in $t = 0$ zu einem Rückfluss von 10,9 GE in $t = 1$ führt. Ferner sei $\Delta W_0 = 90$ GE angenommen. In *Abbildung 2.7* erkennt man, dass man unter diesen modifizierten Prämissen zur (sinnlosen) Empfehlung der teilweisen Realisation der Differenzinvestition 1–2c gelangt. Optimal ist aber nun weder die alleinige Durchführung von 2c noch die simultane Durchführung von 2c und 1–2c, also per saldo 1. Endvermögensmaximierend ist vielmehr ein aus 2c und 2d bestehendes Investitionsprogramm, das nämlich hier ohne jede Fremdfinanzierung möglich ist. □

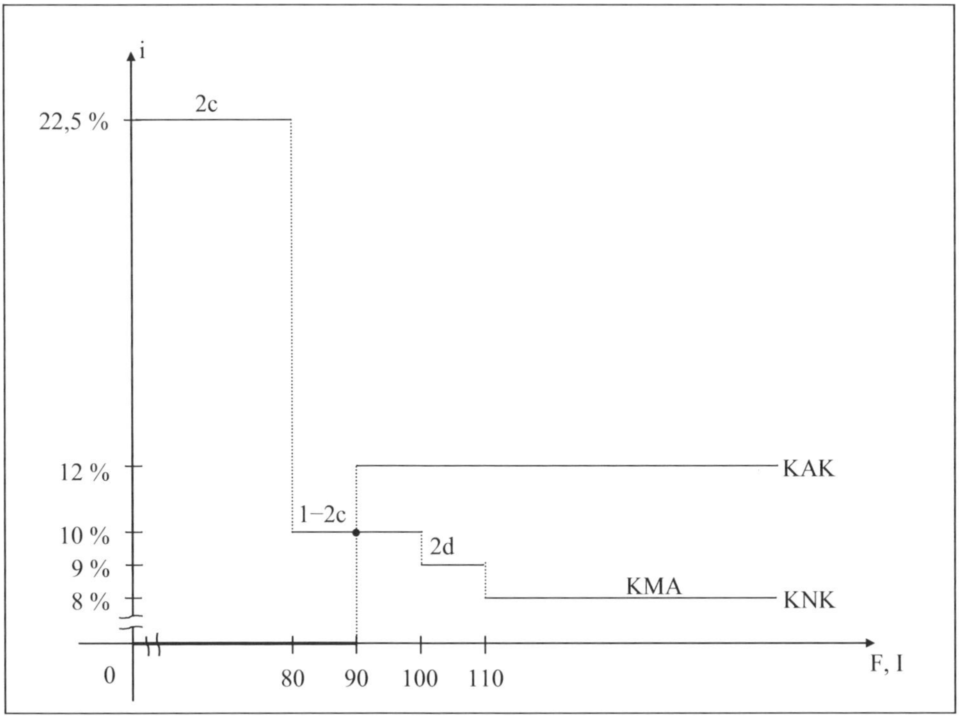

Abbildung 2.7: Problematische Kapitalbudgetierung mittels Differenzinvestitionen bei sich gegenseitig ausschließenden Investitionsprojekten

2.3.3 Mehr-Perioden-Betrachtung

Das Vorgehen aus dem *Dean*-Modell kann natürlich ohne weiteres auch im Rahmen von **Mehr-Perioden-Problemen** Anwendung finden. Zu diesem Zweck wird für jedes Investitions- und Finanzierungsprojekt der interne Zinsfuß bestimmt und anschließend eine Reihung der Investitionsprojekte nach absteigenden und der Finanzierungsprojekte nach aufsteigenden Zinsfüßen vorgenommen. Der Schnittpunkt von Kapitalangebots- und -nachfragekurve beschreibt nach wie vor die Empfehlung für das zu realisierende Kapitalbudget.

In der Tat ist ein solches Vorgehen im Falle der Betrachtung von mehr als zwei Zeitpunkten in verschiedener Hinsicht **problematisch**. Zum einen ist die **Zahlungsfähigkeit** der Unternehmung nicht in jedem Zeitpunkt gewährleistet, denn durch die Realisation aller Investitions- und Finanzierungsprogramme links vom Schnittpunkt erreicht man lediglich, dass die Finanzierung aller Investitionen in $t = 0$ gelingt. Ob Zahlungsfähigkeit auch in einem Zeitpunkt $t > 0$ gewährleistet ist, bleibt zunächst einmal völlig offen.

Beispiel 2.6:
Gegeben sei ein Unternehmer mit $\Delta W_0 = 20$ GE in $t = 0$, der im Rahmen einer Drei-Zeitpunkte-Betrachtung mit einem Habenzinssatz in Höhe von $i^{(H)} = 0$ % lediglich Zugang zu den folgenden beiden Projekten 1 und 2 hat:

t	0	1	2
$z_t^{(1)}$	−100	30	130
$z_t^{(2)}$	100	−120	0

Tabelle 2.2: Projekte 1 und 2 im Rahmen einer Drei-Zeitpunkte-Betrachtung

Augenscheinlich handelt es sich bei Projekt 1 um ein Investitionsprojekt mit einem internen Zinsfuß von 30 %, während 2 ein Finanzierungsprojekt mit einem internen Zinsfuß von 20 % beschreibt. Eine Betrachtung gemäß dem *Dean*-Modell würde laut *Abbildung 2.8* zur Empfehlung gelangen, das Projekt 1 vollständig zu implementieren und die erforderliche Anfangsauszahlung von 100 GE zum einem über die eigenen Mittel $\Delta W_0 = 20$ GE des Unternehmers und zum anderen über die Durchführung von Projekt 2 mit einem Bruchteil von 80 % aufzubringen. Als Konsequenz hieraus müsste der Unternehmer in $t = 1$ aber Auszahlungen von $120 \cdot 0{,}8 = 96$ GE auf das Finanzierungsprojekt leisten, die aufgrund der zu geringen Einzahlung aus dem Investitionsprojekt in diesem Zeitpunkt nicht erbracht werden können. Für die hier zugrunde gelegten Prämissen wäre der Unternehmer demnach im Zeitpunkt t = 1 **zahlungsunfähig**. □

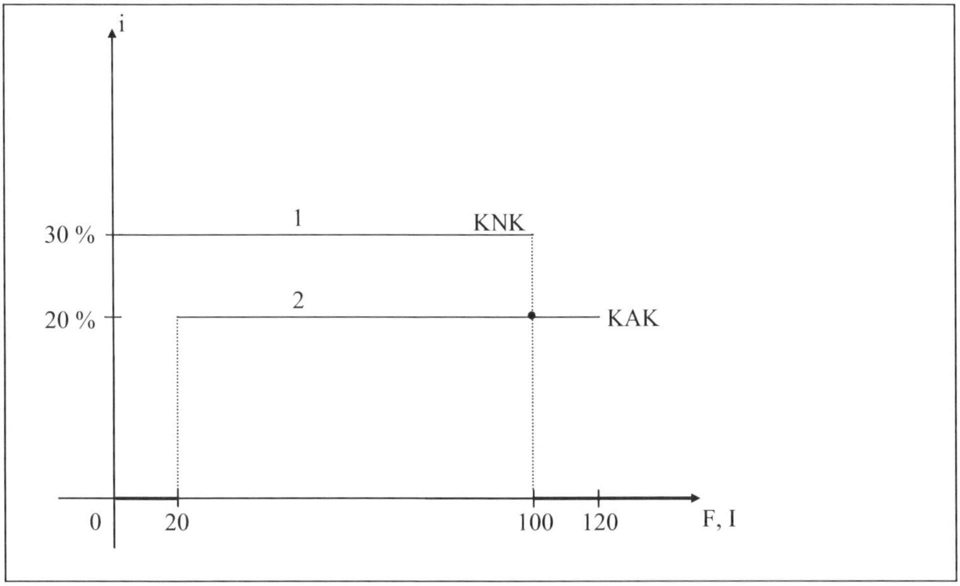

Abbildung 2.8: Fehlende Berücksichtigung von Liquiditätsrestriktionen bei Mehr-Perioden-Betrachtungen im *Dean*-Modell

Ferner ist **keineswegs** sichergestellt, dass das realisierte Kapitalbudget in der Tat **endwertmaximierend** ist. Dafür können mehrere Gründe angeführt werden. So werden erst **nach** t > 0 realisierbare Investitions- und Finanzierungsprojekte im Rahmen der hergeleiteten Kapitalangebots- und -nachfragekurven überhaupt nicht berücksichtigt. Würde man sie hingegen bereits **"antizipativ"** doch hinzunehmen, dann ergäbe sich selbst schon für t = 0 die Gefahr von Zahlungsmitteldefiziten oder -überschüssen.

Beispiel 2.7:

Gegeben sei eine Drei-Zeitpunkte-Betrachtung mit einem Unternehmer, der über ein investiv zu verwendendes Vermögen $\Delta W_0 = 20$ GE verfügt und ansonsten bei einem Habenzinssatz von $i^{(H)} = 0$ % nur noch Zugang zu den folgenden drei Projekten 1, 2 und 3 hat:

t	0	1	2
$z_t^{(1)}$	–100	30	130
$z_t^{(2)}$	100	−162,5	0
$z_t^{(3)}$	0	100	−105

Tabelle 2.3: Projekte 1, 2 und 3 im Rahmen einer Drei-Zeitpunkte-Betrachtung

Bei den (beliebig teilbaren) Projekten 2 und 3 handelt es sich demnach um zwei jeweils einperiodige Finanzierungsmaßnahmen von t = 0 bis t = 1 bzw. von t = 1 bis t = 2. Als interne Zinsfüße erhält man für Projekt 2 einen Wert von 62,5 % und für 3 einen Wert von 5 %. Projekt 1 charakterisiert eine Normalinvestition mit internem Zinsfuß von 30 % und sei als unteilbar angenommen.

Man prüft ohne größere Schwierigkeit, dass es optimal ist, das Investitionsprojekt 1 und das Finanzierungsprojekt 3 im vollen Umfang sowie das Finanzierungsprojekt 2 zu einem Bruchteil von 80 % durchzuführen. Aus der 80-prozentigen Durchführung von Projekt 2 ergeben sich in t = 0 Einzahlungen von 80 GE, die zusammen mit dem unternehmerischen Vermögen von ΔW_0 = 20 GE die Finanzierung der Anfangsauszahlung von 100 GE für das Investitionsprojekt ermöglichen. In t = 1 realisiert der Unternehmer Einzahlungen von 30+100 = 130 GE aus den Projekten 1 und 3, denen Auszahlungen von $0{,}8 \cdot 162{,}5$, also von ebenfalls 130 GE, gegenüberstehen. Als einzige von Null verschiedene Konsequenz des optimalen unternehmerischen Kapitalbudgets verbleibt damit ein Einzahlungsüberschuss von 130−105 = 25 GE im Zeitpunkt t = 2. Dieses Endvermögen übertrifft dasjenige, das sich durch Mittelanlage des Unternehmers von t = 0 bis t = 2 zu $i^{(H)}$ = 0 % ergibt, weswegen die behauptete Optimalität des betrachteten Kapitalbudgets tatsächlich vorliegt.

Erstellt man jedoch die Kapitalangebotskurve ohne Berücksichtigung des erst zukünftig verfügbaren Projekts 3, dann gelangt man zur Ablehnung der Durchführung von Projekt 1 gemäß der linken Graphik aus *Abbildung 2.9*. Wird Projekt 3 bei der Erstellung der Kapitalangebotskurve schon hinzugenommen, dann ergibt sich gemäß der rechten Graphik[11] aus *Abbildung 2.9* die unsinnige Empfehlung, die Anfangsauszahlung des Investitionsprojekts in t = 0 allein über das unternehmerische Vermögen von $\Delta W_0 = 20$ GE sowie das Projekt 3 zu finanzieren. □

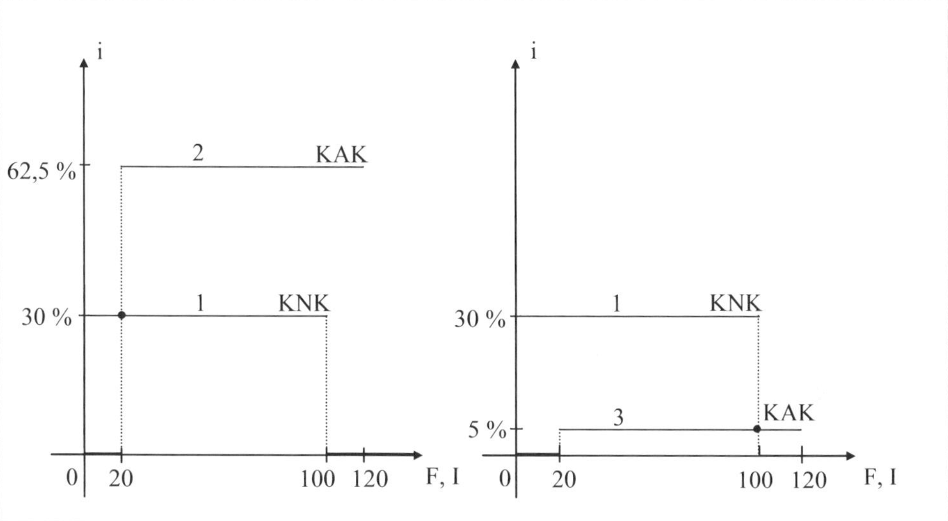

Abbildung 2.9: Unzureichende Berücksichtigung zukünftig verfügbarer Projekte im *Dean*-Modell

In ähnlicher Weise **ändern** sich die Renditen und Kapitalkostensätze von Projekten von Periode zu Periode. Die vorgenommene Gegenüberstellung ist insofern nur eine Momentaufnahme zum Zeitpunkt t = 0. Beispielsweise ist es denkbar, dass eine bestimmte, teure Finanzierungsform nur für eine Periode von t = 0 bis t = 1 zur Finanzierung eines langfristig lukrativen Investitionsprojekts benötigt wird.[12] Dieser Umstand kommt bei einer Betrachtung der zum Zeitpunkt t = 0 relevanten Kapitalangebots- und -nachfragekurven überhaupt nicht zum Ausdruck.

Drittens schließlich ist darauf zu achten, dass die Reihung von Investitions- und Finanzierungsprojekten nach ihren internen Renditen im Rahmen einer Mehr-Perioden-Betrachtung ohne jegliche theoretische Fundierung ist. In der Tat stellen

[11] Aus Platzgründen ist in der rechten Graphik auf die komplette Darstellung der Kapitalangebotskurve unter Einbezug des Projekts 2 verzichtet worden.

[12] Vgl. auch hierzu schon Beispiel 2.7.

derartige Reihungen einen im Allgemeinen **unzulässigen mittelbaren Parametervergleich** dar, und es sind ohne Schwierigkeiten Szenarien denkbar, in denen ein Projekt mit einem höheren internen Zinsfuß bei Durchführung zu einem geringeren Endvermögen für den Unternehmer als ein anderes Projekt mit niedrigerem internen Zinsfuß führt.

Beispiel 2.8:
Gegeben sei ein Unternehmer, dem bei einem für investive Zwecke vorgesehenen Anfangsvermögen von $\Delta W_0 = 100$ GE im Rahmen einer Drei-Zeitpunkte-Betrachtung zwei Investitionsprojekte 1 und 2 mit gleicher Anfangsauszahlung gemäß *Tabelle 2.4* zur Verfügung stehen.

t	0	1	2
$z_t^{(1)}$	−100	0	132,25
$z_t^{(2)}$	−100	116	0

Tabelle 2.4: Projekte 1 und 2 im Rahmen einer Drei-Zeitpunkte-Betrachtung

Man prüft leicht, dass Projekt 1 über einen internen Zinsfuß von 15 % verfügt, während der von Projekt 2 bei 16 % liegt. Projekt 2 würde deswegen im Rahmen einer Herleitung der Kapitalnachfragekurve vor Projekt 1 abgetragen werden. Unterstellt man aber etwa einen Habenzinssatz $i^{(H)} = 8$ %, dann gelangt man bei Durchführung des Projekts 2 nur zu einem (Brutto-[13]) Endvermögen des Zeitpunktes $t = 2$ von $116 \cdot 1{,}08 = 125{,}28$ GE $<$ 132,25 GE, so dass sich in der Tat die Entscheidung für Projekt 1 als vorteilhaft erwiese. □

Bei einer **reinen Zwei-Zeitpunkte-Betrachtung** hingegen ist die Reihung nach internen Zinsfüßen **unkritisch**, weil hier infolge der beliebigen Teilbarkeit von Investitionsprojekten grundsätzlich standardisierte Projekte mit jeweils 1 GE Anfangsauszahlung betrachtet werden können, für die sich im Rahmen einer Zwei-Zeitpunkte-Betrachtung auch ein mittelbarer Parametervergleich als zulässig erweist.

---

[13] Das heißt hier: **vor** Abzug etwaiger Finanzierungskosten.

Statt zweier Projekte 1 und 2 mit Zahlungsstrukturen $(z_0^{(1)}; z_1^{(1)})$ bzw. $(z_0^{(2)}; z_1^{(2)})$ in t = 0, 1 kann man folglich ebenso gut $|z_0^{(1)}|$ Projekte 1a mit einer Auszahlung von jeweils 1 GE in t = 0 und einem Rückfluss von $z_1^{(1a)} \equiv z_1^{(1)} / |z_0^{(1)}|$ und $|z_0^{(2)}|$ Projekte 2a mit einer Auszahlung von ebenfalls 1 GE in t = 0 bei einer Einzahlung von $z_1^{(2a)} \equiv z_1^{(2)} / |z_0^{(2)}|$ in t = 1 betrachten.

Ein höherer interner Zinsfuß bei dem Projekt 1a mit Einzahlung $z_1^{(1a)}$ auf die zu investierende Geldeinheit als bei dem Projekt 2a mit Einzahlung $z_1^{(2a)}$ auf die zu investierende Geldeinheit geht stets einher mit $z_1^{(1a)} > z_1^{(2a)}$ und damit auch einem höheren Endvermögen bei Investition der betreffenden Geldeinheit ins Projekt 1a. Man kann ferner konstatieren, dass der Kapitalwert $[z_1^{(1a)} / (1+i)]-1$ der Investition in das Projekt 1a für jeden beliebigen Zinssatz i größer als der entsprechende Kapitalwert $[z_1^{(2a)} / (1+i)]-1$ bei Investition in das Projekt 2a ist. Es liegt hier demnach die aus dem Abschnitt 3 des Kapitels III bekannte **Dominanzbeziehung** zwischen zwei Projekten 1a und 2a vor, die ihrerseits eine Reihung nach internen Zinsfüßen rechtfertigt. Zu beachten ist hierbei, dass neben der Beschränkung auf die Betrachtung von nur zwei Zeitpunkten auch die beliebige Projektteilbarkeit erforderlich ist, um eine Rangordnungsbildung auf der Grundlage von internen Zinsfüßen zu fundieren.

Insgesamt sind die Erweiterungs- und Anwendungsmöglichkeiten des *Dean*-Modells damit vergleichsweise **eng**. Hinzu kommt, dass man selbst an der Grundversion dieses Modells noch **Kritik** üben kann, wie der nächste Abschnitt anhand eines Vergleichs von *Dean*- und *Hirshleifer*-Modell belegt.

2.4 Das Verhältnis von *Hirshleifer*- zu *Dean*-Modell[14]

Im Weiteren soll das unternehmerische Entscheidungsproblem für die drei grundlegenden Fälle des *Hirshleifer*-Modells in einer Darstellung mittels Kapitalangebots- und -nachfragefunktionen, also einer Darstellung im Kontext des *Dean*-Modells, veranschaulicht werden.

Für den **Anlegertyp** gilt, dass er Mittel im Umfang $\Delta W_0 > I^{(H)*}$ für investive Zwecke zu verwenden bereit ist. Hieraus resultiert sofort die bereits angesproche-

[14] Die Ausführungen dieses Abschnitts basieren im Wesentlichen auf *Breuer* (2000b).

ne linke obere Graphik aus *Abbildung 2.3*, denn die Kapitalangebotskurve verläuft demnach für Finanzierungsvolumina $F \leq \Delta W_0$ auf der Abszisse, für $F > \Delta W_0$ hingegen erhält man einen Ordinatenwert von gerade $i^{(S)}$.

Wie ebenfalls bereits erwähnt, liefert die rechte obere Graphik aus *Abbildung 2.3* eine Alternativdarstellung auf der Grundlage des **wertmäßigen Kostenbegriffs**. Nochmals hervorzuheben ist, dass die Kapitalangebotskurve bei dieser Darstellung stets an der Stelle $I = I^{(H)*}$ von der Kapitalnachfragekurve geschnitten wird und man aus der Differenz $\Delta W_0 - I^{(H)*}$ unmittelbar den Umfang der unternehmerischen Kapitalmarktanlage zu $i^{(H)}$ ablesen kann.

Handelt es sich bei dem betreffenden Unternehmer hingegen um einen **Schuldnertyp**, dann stehen von unternehmerischer Seite nur Mittel im Umfang $\Delta W_0 < I^{(S)*}$ für investive Zwecke zur Verfügung. Bei gleicher Kapitalnachfragekurve verschiebt sich demnach im Vergleich zur Situation bei Betrachtung eines Anlegertyps die Sprungstelle der Kapitalangebotskurve nach links, und zwar derart, dass der Schnittpunkt der beiden Kurven nunmehr auf dem oberen der beiden Teilabschnitte der Kapitalangebotskurve liegt. Aus der Differenz $I^{(S)*} - \Delta W_0$ kann unmittelbar das Ausmaß der fremdfinanzierten Investitionen ersehen werden. Der endogene Kalkulationszinsfuß nimmt hierbei einen Wert von $i^{(S)}$ an. Ein Beispiel für eine derartige Situation bietet die linke mittlere Graphik aus *Abbildung 2.3*. Wieder zeigt die zugehörige rechte mittlere Graphik die Zusammenhänge bei **wertmäßigen Kostenansätzen**.

Beispiel 2.9:
Gegeben sei der Unternehmer aus Beispiel 2.1, dieses Mal aber mit einem für investive Zwecke vorgesehenen Anfangsvermögen von nur $\Delta W_0 = 2{,}34$ GE $< I^{(S)*}$ Als Konsequenz hieraus verschiebt sich die Sprungstelle seiner Kapitalangebotskurve so deutlich nach links, dass eine den mittleren Graphiken aus *Abbildung 2.3* entsprechende Situation resultiert. Der Unternehmer wird dabei zur Realisation von $I^{(S)*}$ noch einen zusätzlichen Kredit von $I^{(S)*} - \Delta W_0 \approx 3{,}86 - 2{,}34 = 1{,}52$ GE aufnehmen. □

Schließlich kann der Unternehmer noch vom Typ **"Neutraler"** sein. In diesem Fall sieht der Unternehmer Mittel ΔW_0 im Umfang von $I^{(H)*} \geq \Delta W_0 \geq I^{(S)*}$ für investive Zwecke vor und resultiert ein endogener Kalkulationszinsfuß i mit $i^{(H)} \leq i \leq$

$i^{(S)}$, wobei typischerweise in beiden Ungleichungsketten echte Ungleichungen vorherrschen werden. Die linke untere Graphik aus *Abbildung 2.3* beschreibt genau einen derartigen Fall. Unter Voraussetzung des **wertmäßigen Kostenverständnisses** ist die rechte untere Graphik aus *Abbildung 2.3* maßgeblich.

Beispiel 2.10:
Gegeben sei der Unternehmer aus Beispiel 2.1, dieses Mal jedoch mit einem für investive Zwecke vorgesehenen Anfangsvermögen von $\Delta W_0 = 4{,}04$ GE. Wegen $I^{(H)*} > \Delta W_0 > I^{(S)*}$ wird der Unternehmer seine Mittel ΔW_0 vollständig für Realinvestitionen nutzen und auf ergänzende Kapitalmarkttransaktionen zur Gänze verzichten. Der adäquate endogene Kalkulationszinsfuß beläuft sich dabei auf $F'(\Delta W_0)-1 = 2{,}2\cdot(4{,}04)^{-0{,}5}-1 \approx 9{,}45\ \%$. □

Insgesamt zeigt sich also, dass das Entscheidungsproblem des *Hirshleifer*-Modells grundsätzlich **auch** im Rahmen des *Dean*-Modells abgebildet werden kann, obgleich im *Dean*-Modell differenzierte Zeitpräferenzen des Unternehmers explizit gar nicht dargestellt werden. Vielmehr wird stets lediglich von der Maximierung des Endvermögens des Unternehmers ausgegangen. Das *Dean*-Modell lässt sich ferner selbst in seiner Grundversion auch auf Entscheidungssituationen anwenden, die nicht mit der aus dem *Hirshleifer*-Modell übereinstimmen. Insbesondere ist an den Fall zu denken, dass mehr als eine Art der Fremdfinanzierung möglich ist, also verschiedene Fremdfinanzierungsquellen mit unterschiedlichen (Soll-) Zinssätzen und unterschiedlichen maximalen Volumina zur Verfügung stehen. Wie erörtert, würden diese verschiedenartigen Finanzierungsprojekte einfach nach ihren jeweiligen internen Zinsfüßen als Kapitalkostensätzen aufsteigend gereiht werden.

Überdies dürfte die Argumentation über unternehmensbezogene Kapitalangebots- und -nachfragekurven den meisten anschaulicher erscheinen als die Nutzenmaximierung im Rahmen des *Hirshleifer*-Modells. All dies könnte zu dem **Schluss** verleiten, dass das *Hirshleifer*-Modell nur ein Spezialfall des *Dean*-Modells und Letzteres überdies auch noch deutlich "praxisorientierter" ist. Vielmehr muss man in der Tat aber das ***Hirshleifer*-Modell** als **überlegen** ansehen.

Eine Anwendung des *Dean*-Modells setzt nämlich voraus, dass der Unternehmer bestimmt, welchen Bruchteil ΔW_0 seiner Anfangsausstattung W_0 er für investive

Zwecke verwenden möchte.[15] Nur **nach** Klärung dieser Frage kann die Kapitalangebotskurve angegeben werden. Aus der Diskussion des *Hirshleifer*-Modells im Rahmen des vorhergehenden Abschnitts 1 dieses Kapitels ist bekannt, dass wenigstens für das hier betrachtete Entscheidungsproblem das Ausmaß des gesamten investiven Engagements eines Unternehmers unmittelbar auch seine optimale Konsum-, Realinvestitions- sowie Finanzierungsentscheidung determiniert und umgekehrt. Insofern ist eine Anwendung des *Dean*-Modells nur möglich, wenn die optimale Verhaltensweise des Unternehmers in der Tat bereits **feststeht**. Das *Dean*-Modell abstrahiert also von den Interdependenzen zwischen Konsum- und Investitionsentscheidungen, die im *Hirshleifer*-Modell im Vordergrund stehen. Aus diesem Grunde stellt das ***Dean*-Modell** selbst im Rahmen einer reinen Zwei-Zeitpunkte-Betrachtung genaugenommen einen generell **unzulässigen Partialansatz** dar. Weil nämlich die Teilentscheidung über den investiv zu verwendenden und damit nicht bereits in $t = 0$ zu konsumierenden Betrag ΔW_0 im *Dean*-Modell als bereits getroffen angenommen wird, bleibt natürlich nur noch offen, wie man diesen Betrag derart einsetzen kann, dass er zum maximal möglichen Rückfluss im Zeitpunkt $t = 1$ für den Unternehmer führt. Nur mit diesem **Ausschnitt** aus dem unternehmerischen Gesamtproblem setzt sich das *Dean*-Modell noch auseinander.[16] Bestenfalls ist es demnach mit dem *Dean*-Modell in einer Zwei-Zeitpunkte-Betrachtung möglich, die durch ΔW_0 implizit bereits beschriebene optimale unternehmerische Konsum-, Investitions- und Finanzierungsentscheidung partiell zu reproduzieren.

Beispiel 2.11:

Betrachtet man etwa den Unternehmer aus Beispiel 2.1, so ist $\Delta W_0 = 5{,}76$ GE (näherungsweise) die Konsequenz eines Anfangsvermögens von $W_0 = 10$ GE bei einer Nutzenfunktion $U(C_0;C_1) = C_0^{0,3} \cdot C_1^{0,7}$, wie aus Beispiel 1.8 des vorhergehenden Abschnitts 1 bereits bekannt ist. Dort wurden auch schon das optimale Realinvestitionsvolumen $I^{(H)*} \approx 4{,}15$ GE sowie der optimale Anlagebetrag für den

[15] Vgl. hierzu auch *Schmidt/Terberger* (2003), S. 175 f.

[16] Lediglich für den Fall, dass der Unternehmer in der Tat über eine **nur** im Konsum des Zeitpunktes $t = 1$ definierte Nutzenfunktion verfügt, fallen der Partialansatz des *Dean*-Modells und das komplette Entscheidungsproblem des Unternehmers zusammen. Denn dann gilt $\Delta W_0 = W_0$. In einer derartigen Situation kann aber auch im Rahmen eines $(C_0;C_1)$-Diagramms im Kontext des *Hirshleifer*-Modells das maximale Endvermögen leicht als Ordinatenabschnitt der einzig relevanten Darlehnsgeraden D^* abgelesen werden.

Kapitalmarkt mit ca. 1,61 GE hergeleitet. Das optimale Konsumvolumen des Zeitpunktes t = 0 kann im *Dean*-Modell wegen mangelnder Kenntnis des "tatsächlichen" Anfangsvermögens W_0 übrigens nicht reproduziert werden.

Entsprechendes gilt für die Unternehmer aus den Beispielen 2.9 und 2.10. Die dort angegebenen Werte ΔW_0 sind genaugenommen nur bekannt, weil das unternehmerische Entscheidungsproblem bereits in dem vorhergehenden Abschnitt 1 gelöst worden ist. Beispiel 2.9 des vorliegenden Abschnitts korrespondiert dabei mit Beispiel 1.7 des vorhergehenden Abschnitts, wo ein Unternehmer mit Anfangsvermögen W_0 = 5 GE in t = 0 betrachtet wurde. Das Beispiel 2.10 schließlich basiert auf Beispiel 1.9 des Abschnitts 1 dieses Kapitels. □

In **Mehr-Perioden-Betrachtungen** treten sogar noch zusätzliche Probleme auf, wie oben schon dargelegt wurde. Hier ist selbst die Erreichung des endwertmaximalen Kapitalbudgets mit Hilfe des *Dean*-Modells nicht mehr gewährleistet, von einer Berücksichtigung differenzierterer Zeitpräferenzen ganz zu schweigen. Insofern käme das *Dean*-Modell nun nur noch als **Heuristik** in Frage, das zwar keine optimalen, aber möglicherweise doch "recht gute" Empfehlungen zur Erreichung eines hohen Endvermögens ausspricht. Eine Untersuchung von *Kruschwitz* und *Fischer* (1980) hat aber gezeigt, dass der Wert des *Dean*-Modells als Heuristik eher als **bescheiden** einzustufen ist. Alles in allem erweist sich das *Dean*-Modell daher nur als begrenzt hilfreich zum Treffen von Investitions- und Finanzierungsentscheidungen auf dem unvollkommenen Kapitalmarkt.

2.5 Zusammenfassung

Gegenstand dieses Abschnitts war die Präsentation des ***Dean*-Modells** zur Bestimmung endwertmaximierender unternehmerischer Kapitalbudgets. Das *Dean*-Modell beruht auf der **graphischen** Gegenüberstellung von unternehmensbezogen definierten Kapitalangebots- und -nachfragekurven. Im Rahmen der **Kapitalangebotskurve** kann man zu jedem **Finanzierungsvolumen F** den zugehörigen **marginalen Kapitalkostensatz** ablesen, das heißt die auf die letzte von den Kapitalgebern überlassene Geldeinheit (mindestens) zu erbringende Verzinsung. Die **Kapitalnachfragekurve** wiederum ordnet jedem **Investitionsvolumen I** die **marginale Rendite** zu. Aus dem **Schnittpunkt** von Kapitalangebots- und Kapitalnachfragekurve lässt sich das **optimale Kapitalbudget** ermitteln. Grundsätzlich handelt es sich bei dem *Dean*-Modell um einen Zwei-Zeitpunkte-Ansatz mit beliebig teil- und unabhängig voneinander durchführbaren Investitions- und Finanzierungsprojekten. Es konnte gezeigt werden, dass **alle** gerade genannten drei Prämissen erforderlich sind, um optimale Handlungsempfehlungen auf der Grundlage des *Dean*-Modells herzuleiten. Aber selbst bei Gültigkeit dieser Prämissen ist die Bedeutung des *Dean*-Modells sehr stark **eingeschränkt**, da **exogen** der Betrag vorgegeben werden muss, den ein Unternehmer für investive Zwecke vorsieht. Aus dem ***Hirshleifer*-Modell** jedoch ist bekannt, dass dieser Betrag erst feststeht, **nachdem** das optimale Konsum-, Investitions- und Finanzierungsverhalten des betreffenden Unternehmers bereits ermittelt worden ist. Insofern vernachlässigt das *Dean*-Modell die **Interdependenzen** zwischen unternehmerischen Konsum- und Investitionsentscheidungen und leistet folglich bestenfalls die Reproduktion der implizit schon vorgegebenen optimalen Kapitalbudgetierung aus dem *Hirshleifer*-Modell, wodurch die theoretische Bedeutung des *Dean*-Modells quasi gegen **Null** geht.

Wiederholungsfragen

W2.1
Was versteht man im Rahmen des *Dean*-Modells unter der Kapitalnachfragefunktion?

W2.2
Über welche Eigenschaften verfügt die Kapitalnachfragefunktion? Unterscheiden Sie dabei zwischen einer Situation mit unendlich vielen Investitionsprojekten mit jeweils marginal variierender Rendite und einer Situation mit endlich vielen Investitionsprojekten mit nicht nur marginalen Anfangsauszahlungen!

W2.3
Was versteht man im Rahmen des *Dean*-Modells unter der Kapitalangebotsfunktion?

W2.4
Inwiefern lässt sich zwischen einem pagatorischen und einem wertmäßigen Kapitalkostensatz unterscheiden? Wie sieht in den beiden Fällen jeweils die resultierende Kapitalangebotsfunktion aus?

W2.5
Wie bestimmt sich das optimale unternehmerische Kapitalbudget im Rahmen des *Dean*-Modells?

W2.6
Welche Probleme können sich im Rahmen des *Dean*-Modells ergeben, wenn man von mangelnder Teilbarkeit der Investitionsprojekte ausgeht?

W2.7
Wie kann man versuchen, mit Hilfe der Konzeption von Differenzinvestitionen die Lösung von Kapitalbudgetierungsproblemen trotz gegenseitigen Ausschlusses bestimmter Investitionsprojekte mit nur einer einzigen Graphik zu ermitteln?

W2.8
Welche Probleme ergeben sich bei der Anwendung des *Dean*-Modells im Rahmen von Mehr-Perioden-Betrachtungen?

W2.9
In welchem Verhältnis stehen *Hirshleifer*- und *Dean*-Modell zueinander?

W2.10
Wie ist das *Dean*-Modell insbesondere unter Beachtung der Antwort zu W2.9 abschließend zu würdigen?

3 Vollständige Finanzplanung und Ansätze der Linearen Programmierung

3.1 Problemstellung

Der Ermittlung optimaler unternehmerischer Investitions- und Finanzierungsprogramme (Kapitalbudgets) unter Beachtung von Kapitalmarktunvollkommenheiten kommt zweifellos eine ganz erhebliche praktische Bedeutung zu. Die beiden bislang für derartige Situationen vorgestellten Entscheidungshilfen, das *Hirshleifer*- und das *Dean*-Modell, sind von ihren Anwendungsmöglichkeiten jedoch derart begrenzt, dass hiermit kaum praktisch relevante Probleme gelöst werden können. In der Tat hilft in vielen Fällen kaum mehr als eine **explizite Enumeration** aller unternehmerischen Handlungsalternativen, also Kapitalbudgets. Die Problemlösung geschieht sodann durch vollständige Auflistung der erreichbaren Investitions- und Finanzierungsprogramme und Vergleich ihrer jeweiligen monetären Konsequenzen. Das zum Zwecke der Beschreibung der monetären Konsequenzen von Kapitalbudgets einzusetzende Instrument wird als **vollständiger Finanzplan** bezeichnet und soll im Rahmen dieses Abschnitts näher vorgestellt werden.

Zunächst wird im folgenden **Abschnitt 3.2** die Grundstruktur vollständiger Finanzpläne dargelegt, um im **Abschnitt 3.3** deren Einsatz anhand eines konkreten Beispiels zu präsentieren. Gleichzeitig wird dabei ein Brückenschlag zu der Diskussion von Parameterregeln des Abschnitts 3 aus Kapitel III und zur in den Abschnitten 1 und 2 dieses Kapitels erörterten Problematik endogener Kalkulationszinsfüße auf unvollkommenem Kapitalmarkt ermöglicht.

Die Lösung von Entscheidungsproblemen mit Hilfe der vollständigen Finanzplanung ist nur möglich, sofern eine **überschaubare Alternativenanzahl** ihre komplette Auflistung ohne Schwierigkeiten erlaubt und sich damit die Komplexität des Entscheidungsproblems als nicht zu groß erweist. Ist diese Voraussetzung nicht gegeben, wird man auf andere Techniken der Lösungsfindung zurückgreifen müssen, die als **Ansätze der Linearen Programmierung (LP)** seit den 1960er Jahren bekannt sind und von ihrer Grundstruktur auf allgemein formulierten vollständigen Finanzplänen aufbauen. Auch diese werden im Folgenden im Rahmen des **Abschnitts 3.4** näher beschrieben, und es wird zugleich angesprochen, wieso sich diese Ansätze bislang in der Praxis kaum durchsetzen konnten. Die Ausführungen werden abgerundet durch eine kurze Zusammenfassung im **Abschnitt 3.5**.

3.2 Die Grundstruktur vollständiger Finanzpläne

3.2.1 Definition und Funktion vollständiger Finanzplanung

Unter einem **vollständigen Finanzplan** versteht man die **systematische Erfassung** aller mit einem bestimmten Kapitalbudget, das heißt Investitions- und Finanzierungsprogramm, verbundenen Zahlungsströme.[1] Diese Zahlungsströme werden dabei begrifflich in originäre und derivative Zahlungen unterschieden. **Originär** sind solche Zahlungen, die unabhängig vom jeweiligen Finanzierungsprogramm sind, also vor allem die Zahlungsreihe der Realinvestitionen und die vom betrachteten Unternehmer erwünschten Entnahmen für Konsumzwecke. **Derivativ**, das heißt davon abgeleitet, sind alle übrigen Zahlungen.[2]

Die vollständige Finanzplanung verfolgt zwei eng miteinander verbundene Zwecksetzungen:[3]

1) Beschreibungsfunktion

Ein vollständiger Finanzplan dient der **umfassenden Wiedergabe** von allen monetären Konsequenzen eines Kapitalbudgets.

2) Entscheidungsunterstützungsfunktion

Durch Vergleich der mit verschiedenen Kapitalbudgets verbundenen vollständigen Finanzpläne können unmittelbar **Entscheidungen getroffen** werden. Als Anwendungsbereich für vollständige Finanzpläne bieten sich dementsprechend (vergleichsweise einfache[4]) Entscheidungssituationen bei unvollkommenem Kapital-

---

[1] Die Konzeption vollständiger Finanzplanung geht in ihren Grundzügen mindestens zurück auf *Heister* (1962). Vgl. zur Begriffsbildung und Weiterentwicklung der Konzeption insbesondere *Grob* (1984, 1989a, 1989b).

[2] Inwiefern diese begriffliche Differenzierung für die Lösung von Entscheidungsproblemen hilfreich sein kann, soll hier dahingestellt bleiben. Zumindest die Höhe der tatsächlich möglichen Entnahmen wird natürlich auch durch die gewählten Finanzierungsmaßnahmen bestimmt.

[3] Vgl. hierzu etwa *Grob* (1989a), S. 3 f.

[4] Im Abschnitt 3.3 wird anhand eines Zahlenbeispiels der Aufwand im Rahmen der Lösung von Kapitalbudgetierungsproblemen mittels Gegenüberstellung der vollständigen Finanzpläne verschiedener Handlungsalternativen verdeutlicht

markt und damit bestehenden Interdependenzen zwischen unternehmerischen Konsum-, Investitions- und Finanzierungsentscheidungen an.

Ein **formalisierter** vollständiger Finanzplan kann des Weiteren als Grundlage für Ansätze Linearer Programmierung dienen.

3.2.2 Elemente eines vollständigen Finanzplans

Vollständige Finanzpläne sind als **Tabellen** aufgebaut,[5] in deren Spalten die einzelnen **Zahlungszeitpunkte** $t = 0, ..., T$ abgetragen sind. In den Zeilen finden sich die **Zahlungsreihen**, allen voran die **Einzahlungsüberschüsse** aus dem jeweils angenommenen Investitionsprogramm. Anschließend folgt eine Zeile mit möglichen **Einlagen** des Unternehmers oder seinen **Entnahmen** für Konsumzwecke, wobei Entnahmen einfach als negative Einlagen gedeutet werden können. Weil unternehmerische Einlagen einen Mittelzufluss auf der Unternehmensebene bedeuten, werden sie im Rahmen der Finanzplanung positiv erfasst, Entnahmen als Mittelabfluss entsprechend negativ.

Sodann werden die Zahlungsreihen verschiedener **Kredite** gemäß den an den Unternehmer ausgezahlten oder von diesem zurückgeleisteten Beträgen (ohne Zinszahlungen) wiedergegeben. Aufgenommene Beträge fließen der Unternehmung zu und werden daher mit einem positiven Vorzeichen versehen. Kredittilgungen lassen sich entsprechend als negative Kreditaufnahmen interpretieren.

Das Pendant zu Kreditaufnahmen und -tilgungen bilden unternehmerische **Mittelanlagen** am Kapitalmarkt oder deren **Auflösung**, wieder ohne Berücksichtigung von Zinszahlungen. Mittelanlagen stellen liquide Abflüsse dar und werden deshalb mit einem negativen Vorzeichen deklariert, die Auflösung von Mittelanlagen führt entsprechend zu Zuflüssen.

Soll- und Habenzinsen verschiedener Kredite und Mittelanlagen werden separat in verschiedenen Zeilen ausgewiesen, Sollzinsen als Abflüsse mit negativem, Habenzinsen als Zuflüsse mit positivem Vorzeichen.

---

werden. Der Leser wird ohne weiteres erkennen, dass bei allzu vielen Handlungsmöglichkeiten eine derart "manuelle" Problemlösung **nicht** mehr in Frage kommt.

[5] Vgl. exemplarisch *Tabelle 3.1*.

Weitere Zeilen können bei Bedarf zur Erfassung zusätzlicher Zahlungen, etwa **Steuerzahlungen**[6], eingefügt werden. In jedem Fall werden alle Ein- und Auszahlungen eines beliebigen Zeitpunktes t im Rahmen eines Finanzplans erfasst, weswegen deren Summe sich stets auf **Null** belaufen muss: Wäre die Summe aller Ein- und Auszahlungen negativ, könnte der betreffende Unternehmer seine erwünschten Auszahlungen nicht erbringen, wäre sie positiv, stellte sich die Frage, wie der Unternehmer mit dem überschüssigen Betrag verfahren sollte: Wird dieser entnommen oder angelegt? Immer können die aus diesen zusätzlichen Maßnahmen resultierenden Zahlungskonsequenzen ebenfalls adäquat im Rahmen des Finanzplans erfasst werden. Die Summe aller Ein- und Auszahlungen eines Zeitpunktes t wird als **"Finanzierungssaldo"** bezeichnet und als Prüfgröße ebenfalls im Rahmen des Finanzplans ausgewiesen.

Alle bislang behandelten Größen sind **Stromgrößen**, die zu- oder abfließende Zahlungen bezeichnen. Überdies werden im Rahmen eines Finanzplans (gegebenenfalls leicht abgesetzt) zwei weitere Kategorien erfasst, bei denen es sich um **Bestandsgrößen** in einem Zeitpunkt handelt, nämlich der **Kreditstand** sowie der **Guthabenstand** eines Zeitpunktes t, beides möglicherweise aufgeschlüsselt nach verschiedenen Kredit- oder Anlagearten. Diese Bestandsgrößen erfüllen eine Hilfsfunktion zur Ermittlung der Zahlungsströme der einzelnen Zeitpunkte, beispielsweise im Zusammenhang mit der Bestimmung von Haben- oder Sollzinszahlungen. Darüber hinaus ist es auch denkbar, dass sich **weitere Nebenrechnungen** als nötig erweisen, etwa im Zusammenhang mit der Berechnung von Steuerzahlungen.[7]

---

6 Vgl. hierzu auch den nachfolgenden Abschnitt 4.

7 Auch hierauf wird im anschließenden Abschnitt 4 eingegangen.

Zeitpunkt t	t = 0	t = 1	...	t = T
Investitionszahlungen z_t				
+ Einlage				
+ Kreditaufnahme				
− Mittelanlage				
− Sollzinsen				
+ Habenzinsen				
− Steuerzahlungen				
= Finanzierungssaldo	0	0	...	0
Kreditstand				
Guthabenstand				

Tabelle 3.1: Struktur eines vollständigen Finanzplans

3.2.3 Mögliche Zielsetzungen im Rahmen vollständiger Finanzplanung

Schließlich ist für einen Vergleich der verschiedenen möglichen vollständigen Finanzpläne noch zu klären, welche **Zielfunktion** vom Unternehmer zugrunde gelegt wird. Konkret ist hierbei die unternehmerische Nutzenfunktion zu spezifizieren. Damit Entscheidungsprobleme mit Hilfe vollständiger Finanzpläne lösbar bleiben, darf die unternehmerische Nutzenfunktion dabei nicht allzu komplizierte Formen annehmen. In der Tat werden in der Regel im Zusammenhang mit vollständiger Finanzplanung nur **vier** verschiedene Zielfunktionen diskutiert:[8]

8 Vgl. hierzu *Grob* (1989a), S. 6 ff.

1) Endwertmaximierung

Unterstelltes Ziel des Unternehmers ist es hierbei, ein **maximales Endvermögen** des Zeitpunktes t = T aus seinem Investitions- und Finanzierungsprogramm zu realisieren. Die unternehmerische Nutzenfunktion ist folglich von der Form $U(C_T)$: Konsum zu anderen Zeitpunkten als in t = T stiftet annahmegemäß keinen Nutzen.

Diese Zielsetzung kann noch insofern **modifiziert** werden, als für die Zeitpunkte t = 0 bis t = T−1 exogen fixierte, gegebenenfalls von Null verschiedene Konsumniveaus vorgegeben werden. Wenngleich dies eine Verallgemeinerung zur "unrestringierten" Endwertmaximierung darstellt, wird eine nutzentheoretische Fundierung dieses modifizierten Ansatzes **problematisch** sein. Anders formuliert, dürften Nutzenfunktionen, bei denen unabhängig vom konkret gewählten Investitionsprogramm und den möglichen Finanzierungsprojekten ein bestimmter (von Null verschiedener) Konsumstrom $C_0, \ldots, C_{T-1}$ angestrebt wird, vergleichsweise unplausibel sein.[9]

2) Anfangswertmaximierung

Das Gegenstück zur Endwertmaximierung besteht in der Vorgabe einer Nutzenfunktion $U(C_0)$, gemäß der der Unternehmer lediglich an **Konsum** im Zeitpunkt **t = 0** interessiert ist. Wieder kann diese Zielsetzung insofern **modifiziert** werden, als (erneut ohne nutzentheoretischen Hintergrund) für die Zeitpunkte t = 1 bis t = T exogen Konsumniveaus als Restriktion vorgegeben werden.

3) Entnahmemaximierung

Zielsetzung ist es für den Unternehmer hier, seine laufende, als **konstant angenommene Entnahme** in den Zeitpunkten t = 1 bis t = T zu maximieren. Wenngleich ein derartiger Ansatz auf den ersten Blick plausibler als reine End- oder Anfangswertmaximierung erscheint, lässt er sich **nutzentheoretisch** doch **kaum** rechtfertigen. Zur Erklärung sei angenommen, dass der Unternehmer über eine Nutzenfunktion der Form $U(C_1;\ldots;C_T) = u(C_1)+\ldots+u(C_T)$ mit degressiv steigendem Verlauf

---

[9] Natürlich ist auch die Vorstellung einer Nutzenfunktion $U(C_T)$ schon insofern **wenig realitätsnah**, als hierbei von Konsumbedürfnissen in anderen Zeitpunkten völlig abgesehen wird. Gerade Derartiges ist aber fast eine zwingende Begleiterscheinung aus der Annahme vereinfachter unternehmerischer Zielfunktionen.

von u(·) verfügt. Selbst bei derart "homogen" wirkenden Zeitpräferenzen wird es sich kaum als optimal erweisen, $C_1 = \ldots = C_T$ zu wählen. Beispielsweise müssen in diesem Zusammenhang auf einem vollkommenen Kapitalmarkt mit T = 2 optimale positive Konsumwerte C_1^* und C_2^* so beschaffen sein, dass $|dC_2/dC_1| = 1+i$ und damit $u'(C_1^*)/u'(C_2^*) = 1+i$ gilt,[10] was augenscheinlich für $i \neq 0$ % nur durch $C_1^* \neq C_2^*$ erfüllt werden kann. Aufgrund derartiger Probleme ist überhaupt nicht abzusehen, wie eine nutzentheoretische Begründung für das Ziel der Entnahmemaximierung aussehen könnte.

Dass überdies nur die Zeitpunkte t = 1 bis t = T ohne t = 0 zugrunde gelegt werden, mag damit zusammenhängen, dass man eine gewisse Analogie zur Betrachtung im Zusammenhang mit **äquivalenten Annuitäten** bei kapitalwertorientierten Entscheidungen gewährleisten will.[11] Aber selbstverständlich könnte man ohne weiteres die Entnahmemaximierung unter Einschluss des Zeitpunktes t = 0 neu definieren. Alternativ wäre die Vorgabe eines exogenen Konsumniveaus für t = 0 denkbar, was eine nutzentheoretische Fundierung der unternehmerischen Zielfunktion allerdings sicherlich nicht erleichtern würde.

4) Renditemaximierung

Sofern der Unternehmer eine positive Einlage EK[12] in t = 0 tätigt, kann man ohne weiteres die auf den Betrag EK von t = 0 bis t = T erzielbare **Rendite** je Periode berechnen. Diese ist nämlich nichts anderes als der interne Zinsfuß $v_T^{(EK)}$ einer Zahlungsreihe, die in t = 0 aus einer Auszahlung in Höhe von EK und in t = T aus einer Einzahlung in Höhe des dann für den Unternehmer verfügbaren Endwertes EW besteht:

---

[10] $|dC_2/dC_1|$ ist hierbei als die **Grenzrate der Substitution** zwischen Konsum C_2 in t = 2 und Konsum C_1 in t = 1 definiert. Vgl. zur Definition der Grenzrate der Substitution die Ausführungen im Kapitel II dieses Buches.

[11] Der Leser sei an die zugehörigen Ausführungen des Abschnitts 2 des Kapitels III dieses Buchs erinnert.

[12] "EK" steht hierbei für "Eigenkapital".

$$-\mathrm{EK}+\frac{\mathrm{EW}}{(1+v_T^{(\mathrm{EK})})^T}\stackrel{!}{=}0$$
$$\Leftrightarrow v_T^{(\mathrm{EK})}=\sqrt[T]{\frac{\mathrm{EW}}{\mathrm{EK}}}-1, \tag{3.1}$$

was natürlich gerade der aus Abschnitt 5 des Kapitels III bekannten Formel für die Effektivrendite eines Zero Bond mit Laufzeit von t = 0 bis t = T entspricht.[13]

Für fest vorgegebene positive Einlage resultiert aus der zweiten Zeile von (3.1) unmittelbar, dass eine Maximierung von $v_T^{(\mathrm{EK})}$ stets einhergeht mit einer Maximierung von EW. Eine in diesem Sinne definierte Renditemaximierung ist damit für fixierte Einlage EK stets **äquivalent** zur Endwertmaximierung und braucht deswegen als eigenständige Zielsetzung nicht weiter beachtet zu werden.[14]

Aus der ***Fisher*-Separation** folgt unmittelbar, dass die Vorgabe der konkreten Zeitpräferenzen eines Unternehmers bei **vollkommenem Kapitalmarkt** keinerlei Bedeutung für die unternehmerische Investitionsentscheidung besitzt. Aus diesem Grunde führen **alle** oben genannten Zielfunktionen bei vollkommenem Kapitalmarkt auch zum selben optimalen Investitionsprogramm. Lediglich die Finanzierungsmaßnahmen werden sich unterscheiden, erweisen sich aber insofern als trivial, als bei Endwertmaximierung alle frei verfügbaren Mittel bis t = T angelegt werden, während bei Anfangswertmaximierung die maximal mögliche Kreditaufnahme in t = 0 realisiert wird und bei Entnahmemaximierung Finanzierungsmaßnahmen zur Realisation des höchsten gleichbleibenden unternehmerischen Einkommensstroms zu wählen sind, wobei sich dieser als äquivalente Annuität zum Kapitalwert des angestrebten Investitionsprogramms einfach berechnen lässt.

---

13 Deswegen ist auch die Wahl des Symbols $v_T^{(\mathrm{EK})}$ hier gerechtfertigt.

14 Sofern man die Einlage EK nicht vorgibt, ist die gerade angesprochene Äquivalenz natürlich **nicht** mehr gegeben. Aus der Diskussion der Probleme bei **mittelbaren Parametervergleichen** sollte aber klar sein, dass bei endogenem Wert für EK die Maximierung von $v_T^{(\mathrm{EK})}$ merkwürdige Ergebnisse (beispielsweise ein Investitionsvolumen von quasi Null mit gleichwohl sehr hoher Grenz- und Durchschnittsrendite) zeitigen kann. Deshalb bieten sich derlei Betrachtungen nicht an.

Auf dem **unvollkommenen Kapitalmarkt** führen die genannten Zielfunktionen jedoch **nicht** zwingend zum gleichen Investitionsprogramm. Erst recht werden sich die gewählten Kapitalmarkttransaktionen unterscheiden. Überdies sind Letztere auch nicht mehr so leicht wie für den vollkommenen Kapitalmarkt zu ermitteln, da gegebenenfalls eine Auswahl zwischen verschiedenen Finanzierungsformen besteht, die beispielsweise trotz gleicher Fristigkeit sehr unterschiedliche Zahlungskonsequenzen bedingen. Man spricht hier auch von der **Konditionenvielfalt** bei unvollkommenem Kapitalmarkt. Vor allem in diesem Kontext kommt der im Rahmen der vollständigen Finanzplanung zugrunde gelegten Zielsetzung eine ganz besondere Bedeutung zu. Am **einfachsten** lässt sich dabei das Ziel der **Endwertmaximierung** verfolgen, da hierzu lediglich die Anlage der jeweils in einem Zeitpunkt t noch vorhandenen überschüssigen Mittel bis zum Planungsende in T berücksichtigt werden muss. Alle anderen Zielgrößen erfordern **zusätzlichen Berechnungsaufwand** und werden typischerweise auf der Grundlage der für endwertmaximierendes Verhalten resultierenden Finanzpläne ermittelt.

3.3 Ein Zahlenbeispiel

Am einfachsten lässt sich die Kapitalbudgetierung auf der Grundlage vollständiger Finanzplanung anhand eines Zahlenbeispiels veranschaulichen.[15]

Beispiel 3.1:

Ein mittelloser Unternehmer beabsichtige im Rahmen einer Zwei-Perioden-Betrachtung (t = 0, 1, 2) die Durchführung eines Investitionsprojekts. Die erforderliche Anfangsauszahlung in t = 0 belaufe sich auf 4.500 GE. In t = 1 rechnet der Unternehmer mit Einzahlungsüberschüssen in Höhe von 2.400 GE, in t = 2 sogar mit Einzahlungsüberschüssen in Höhe von 4.000 GE. Zur Finanzierung der Anfangsauszahlung steht dem Unternehmer ein **Kontokorrentkredit** zur Verfügung, der zu 15 % je Periode zu verzinsen ist und der flexibel in t = 0 und t = 1 aufgenommen sowie in t = 1 und t = 2 jeweils teilweise oder ganz zurückgezahlt werden kann. Natürlich ist der Kredit dabei bis zum Ende des Planungshorizonts in t = 2 komplett zurückzuführen. Etwaige überschüssige Mittel könne der Unternehmer in den Zeitpunkten t = 0 und t = 1 jeweils für eine Periode anlegen, wobei sich der Habenzinssatz für Beträge bis 1.000 GE jeweils auf 9 % belaufe. Der Teil des gesamten

---

[15] Die folgenden Ausführungen knüpfen an *Breuer* (1995b) an.

Anlagebetrags, der über 1.000 GE hinausgeht, verzinse sich in jeder Anlageperiode sogar zu 11 %. Die Zielsetzung des Unternehmers bestehe in der Maximierung seines Endvermögens zum Zeitpunkt t = 2.

Auf der Grundlage dieser Prämissen ergibt sich der in *Tabelle 3.2* dargestellte **vollständige Finanzplan**. Der Übersichtlichkeit halber sind Einträge von 0 GE grundsätzlich durch "-----" gekennzeichnet. Lediglich die den Finanzierungssaldo aufweisende Zeile wird wegen ihrer prominenten Bedeutung durch explizit ausgeschriebene Nullen gekennzeichnet.

Zeitpunkt t	t = 0	t = 1	t = 2
Investitionszahlungen z_t	−4.500	2.400	4.000
+ Einlage	-----	-----	−808,75
+ Kreditaufnahme	4.500	−1.725	−2.775
− Mittelanlage zu 9 %	-----	-----	-----
− Mittelanlage zu 11 %	-----	-----	-----
− Sollzinsen	-----	675	416,25
+ Habenzinsen (9 %)	-----	-----	-----
+ Habenzinsen (11 %)	-----	-----	-----
= Finanzierungssaldo	0	0	0
Kreditstand	4.500	2.775	-----
Guthabenstand (9 %)	-----	-----	-----
Guthabenstand (11 %)	-----	-----	-----

Tabelle 3.2: Vollständiger Finanzplan bei Investitionsfinanzierung mittels Kontokorrentkredit für den Fall der Endwertmaximierung

Natürlich wird der Unternehmer wegen des über den möglichen Habenzinssätzen liegenden Sollzinssatzes in t = 0 den Kontokorrentkredit nicht stärker in Anspruch nehmen, als zur Durchführung des Investitionsprojekts erforderlich ist. Derartige triviale Teilentscheidungen können unmittelbar bei der Erstellung eines Finanzplans gefällt werden und erfordern nicht die Aufstellung weiterer Finanzpläne.

Die Kreditaufnahme in Höhe von 4.500 GE in $t = 0$ bedingt einen ebensolchen Kreditstand in diesem Zeitpunkt. Daraus ergeben sich für $t = 1$ Zinszahlungsverpflichtungen von $4.500 \cdot 0,15 = 675$ GE. Der in $t = 1$ verbleibende Betrag von $2.400 - 675 = 1.725$ GE aus dem Einzahlungsüberschuss des Investitionsprojekts könnte vom Unternehmer zur partiellen Rückzahlung des Kontokorrentkredits oder aber zur Mittelanlage bis $t = 2$ verwandt werden. Erneut ist es wegen der Höhe des zu leistenden Sollzinssatzes unter dem Aspekt der Endwertmaximierung eindeutig besser, mit den verbleibenden Einzahlungen den Kontokorrentkredit teilweise zurückzuführen. Es kommt somit zu einer Kredittilgung in Höhe von 1.725 GE, die in *Tabelle 3.2* als negative Kreditaufnahme des Zeitpunktes $t = 1$ ausgewiesen ist. Hieraus resultiert ein Restkredit von $t = 1$ bis $t = 2$ in Höhe von $4.500 - 1.725 = 2.775$ GE, der als Kreditstand in $t = 1$ wiedergegeben wird. Aus diesem Restkreditbetrag ergibt sich für $t = 2$ eine weitere Sollzinszahlung von $2.775 \cdot 0,15 = 416,25$ GE. Zusätzlich ist der Restkreditbetrag von 2.775 GE zurückzuzahlen ("negative" Kreditaufnahme in dieser Höhe), so dass von dem Einzahlungsüberschuss in Höhe von 4.000 GE aus dem Investitionsprojekt im Zeitpunkt $t = 2$ noch $4.000 - 2.775 - 416,25 = 808,75$ GE verbleiben, die als Entnahme (das heißt negative Einlage) im Zeitpunkt $t = 2$ erfasst werden. Genau dies ist das für den Unternehmer bei Finanzierung des Investitionsprojekts über den Kontokorrentkredit maximal für Konsumzwecke zur Verfügung stehende, erreichbare Endvermögen des Zeitpunktes $t = 2$.

Fragt man **statt** nach dem maximalen Endvermögen bei Nutzung des Kontokorrentkredits nach dem maximalen zugehörigen Anfangsvermögen und beschränkt man die Darstellung weiterhin auf reine Kontokorrentkreditfinanzierung, so fällt die Antwort nicht schwer. Der betrachtete Unternehmer kann aus dem maximalen Endvermögen von 808,75 GE im Zeitpunkt $t = 2$ aus Sicht von $t = 0$ eine zusätzliche Kreditaufnahme von $808,75/1,15^2 \approx 611,53$ GE finanzieren. Genau dies bezeichnet deswegen den maximal erreichbaren Konsum des Zeitpunktes $t = 0$ bei alleiniger Betrachtung des Kontokorrentkredits als Finanzierungsmöglichkeit. Die Richtigkeit dieser Überlegung zeigt auch der entsprechende Finanzplan aus *Tabelle 3.3*.

Zeitpunkt t	t = 0	t = 1	t = 2
Investitionszahlungen z_t	−4.500	2.400	4.000
+ Einlage	−611,53	-----	-----
+ Kreditaufnahme	4.500	−1.633,27	−3.478,26
− Mittelanlage zu 9 %	-----	-----	-----
− Mittelanlage zu 11 %	-----	-----	-----
− Sollzinsen	-----	766,73	521,74
+ Habenzinsen (9 %)	-----	-----	-----
+ Habenzinsen (11 %)	-----	-----	-----
= Finanzierungssaldo	0	0	0
Kreditstand	5.111,53	3.478,26	-----
Guthabenstand (9 %)	-----	-----	-----
Guthabenstand (11 %)	-----	-----	-----

Tabelle 3.3: Vollständiger Finanzplan bei Investitionsfinanzierung mittels Kontokorrentkredit für den Fall der Anfangswertmaximierung

Der Finanzplan hätte im Übrigen **alternativ** auch derart gestaltet werden können, dass man in allen Zellen des Finanzplans Zuflüsse zum Unternehmen mit einem positiven Vorzeichen versieht und alle Abflüsse durch ein negatives Vorzeichen kennzeichnet, also etwa in die Sollzinszeile aus *Tabelle 3.2* "−675" und "−416,25" einträgt. In den bislang dargestellten Finanzplänen hingegen erhält man die "korrekten" Vorzeichen der einzelnen Zahlungsgrößen erst dann, wenn man zusätzlich zu den Vorzeichen der Zelleneinträge die Vorzeichen aus der jeweils zugehörigen ersten Spalte des Finanzplans berücksichtigt, also beispielsweise zusätzlich zu den positiven Vorzeichen der Sollzinszahlungen "675" und "416,25" das negative Vorzeichen vor "Sollzinsen" in der ersten Spalte beachtet. □

Durch Erstellung vollständiger Finanzpläne für **alle** relevanten Kapitalbudgets ist sodann eine Entscheidung auf der Grundlage der formulierten Zielsetzung möglich.

Beispiel 3.2:

Betrachtet sei erneut der Unternehmer aus dem Beispiel 3.1. Als alternative Finanzierungsmöglichkeit zur Nutzung eines Kontokorrentkredits für sein Investitionsprojekt sei nun die Aufnahme eines **Festkredits** zu einem Nominalzinssatz von 8 % in Erwägung gezogen, der mit einem **Disagio** von 10 % in t = 0 ausgezahlt wird und in t = 2 zum Nennwert zurückzuzahlen ist. Zinszahlungen sind in t = 1 und t = 2 zu leisten. Zusätzliche Inanspruchnahme oder Tilgung in t = 1 sei nicht möglich.

Der **Nennwert**[16] eines Kredits ist generell Grundlage der Zinsberechnung und entspricht in aller Regel – so wie hier – dem Rückzahlungsbetrag. Es wäre aber auch denkbar, dass sich der Rückzahlungsbetrag durch die Berücksichtigung von **Agios**, das heißt Zuschlägen, oder **Disagios**, das heißt Abschlägen, vom Kreditnennbetrag unterscheidet. Hier tritt eine derartige Abweichung nur für den Auszahlungsbetrag auf. Dieser liegt nämlich infolge des angegebenen Disagios genau um diesen Abschlag von 10 % unterhalb des Rückzahlungsbetrags. Bei einem Rückzahlungsbetrag in Höhe von K in t = 2 erhält der Unternehmer demnach in t = 0 nur Mittel in Höhe von $0{,}9 \cdot K$. Um die Anfangsauszahlung des Investitionsprojekts von 4.500 GE in t = 0 aus dem aufgenommenen Kredit erbringen zu können, muss demnach $0{,}9 \cdot K = 4.500 \Leftrightarrow K = 5.000$ GE gelten. Die Zinszahlungen für t = 1 und t = 2 bestimmen sich generell als Produkt von Nennbetrag und Nominalzinssatz[17] und sind daher hier nicht auf der Grundlage des Auszahlungsbetrags von 4.500 GE, sondern auf der Grundlage des Rückzahlungsbetrags von 5.000 GE zu berechnen. Sie belaufen sich demnach in t = 1 und t = 2 auf jeweils $0{,}08 \cdot 5.000 = 400$ GE. Insgesamt gelangt man zur folgenden Zahlungsreihe für den zur Projektfinanzierung erforderlichen Festkredit:

---

16 Auf den Begriff **"Nennwert"** oder **"Nennbetrag"** wurde bereits im Abschnitt 5 des vorhergehenden Kapitels eingegangen.

17 Es wurde schon darauf hingewiesen, dass man unter **"Nominalzinssatz"** auch den Gegenbegriff zu **"Realzinssatz"** verstehen kann. Vgl. hierzu vor allem den Abschnitt 6 des vorhergehenden Kapitels. Dies ist hier natürlich nicht gemeint.

t = 0	t = 1	t = 2
4.500	–400	–5.400

Tabelle 3.4: Zahlungsreihe des Festkredits

Aus ökonomischer Sicht zahlt der Unternehmer demnach auf einen Kreditaufnahmebetrag von 4.500 GE in t = 0 im Zeitpunkt t = 1 einen Betrag von 400 GE, also 400/4.500 ≈ 8,89 %, und im Zeitpunkt t = 2 einen Betrag von 900 GE, also 20 %, Zinsen.[18] Im einfachen artihmetischen Mittel sind dies etwa 14,44 % Zinsen auf 4.500 GE Mittelüberlassung, und in dieser Größenordnung bewegt sich auch der zum Festkredit gehörige (über −100 % hinausgehende) interne Zinsfuß, also die Effektivrendite, dieses Kredits:

$$4.500 - \frac{400}{1+i_{krit}} - \frac{5.400}{(1+i_{krit})^2} \stackrel{!}{=} 0$$
$$\Leftrightarrow i_{krit} \approx 14,08\ \%. \tag{3.2}$$

Der Kontokorrentkredit hingegen hat augenscheinlich einen internen Zinsfuß von 15 %, unabhängig davon, in welchen Ausmaßen K_0 bzw. K_1 er vom Unternehmer in t = 0 bis t = 1 bzw. in t = 1 bis t = 2 in Anspruch genommen wird.

$$K_0 - \frac{1{,}15 \cdot K_0}{1+i_{krit}} + \frac{K_1}{1+i_{krit}} - \frac{1{,}15 \cdot K_1}{(1+i_{krit})^2} \stackrel{!}{=} 0$$
$$\Leftrightarrow i_{krit} = 15\ \%. \tag{3.3}$$

Der Unternehmer kann in t = 0 einen Kontokorrentkredit in grundsätzlich beliebiger Höhe K_0 aufnehmen, der zu Zahlungsverpflichtungen für t = 1 von $1{,}15 \cdot K_0$ führt. Letztere wiederum kann der Unternehmer vollständig in t = 1 erfüllen oder aber

[18] Natürlich ist dies nur **eine** denkbare Interpretation der Zahlungsreihe aus *Tabelle 3.4*, die unter der impliziten Prämisse steht, dass die Zahlungen des Zeitpunktes t = 1 nur als Zinsen, nicht aber als partielle Kreditrückzahlung zu deuten sind. Schon wegen dieser **Willkürlichkeit** ist die nachfolgende Berechnung einer "Durchschnittsverzinsung" sicherlich nicht als Grundlage unternehmerischer Entscheidungen geeignet, sondern dient lediglich in gewissen Grenzen zu Veranschaulichungszwecken.

einen neuen Kontokorrentkredit im Umfang $K_1 > 0$ von t = 1 bis t = 2 aufnehmen. Mit $K_1 = 1{,}15 \cdot K_0$ etwa würde der Unternehmer in t = 1 gar keine Zahlungen an den Kreditgeber leisten und stattdessen Verbindlichkeiten in Höhe von $1{,}15 \cdot K_1 = 1{,}15^2 \cdot K_0$ erst in t = 2 erbringen. Entsprechend würde $K_1 = K_0$ bedeuten, dass der Unternehmer in t = 1 nur die Sollzinszahlungen effektiv erbringt. Wie auch immer K_0 und K_1 ausgestaltet sind, der resultierende (relevante) interne Zinsfuß ist jedenfalls i_{krit} = 15 %, sofern man sich auf die Betrachtung von Kalkulationszinsfüßen oberhalb von −100 % beschränkt. Man prüft die Richtigkeit dieser Behauptung leicht durch Einsetzen von i = 15 % in die erste Zeile von (3.3) unter Beachtung des Umstands, dass die Zahlungsreihe für Kontokorrentkredite eine Normalfinanzierung ist. Zugleich macht die gerade präsentierte Überlegung deutlich, dass ein mehrperiodiger Kontokorrentkredit mit flexiblen Tilgungsmöglichkeiten in den einzelnen Zeitpunkten als eine revolvierende Abfolge einperiodiger Kredite verstanden werden kann.

Bekanntermaßen werden die internen Zinsfüße oder Effektivrenditen von Finanzierungsprojekten auch als Kapitalkostensätze bezeichnet. Weil es sich hier um Fremdfinanzierung handelt, spricht man genauer von Fremdkapitalkostensätzen. Unter dem Aspekt der **Minimierung des Fremdkapitalkostensatzes** wäre daher der Festkredit als Finanzierungsalternative für das besagte Investitionsprojekt zu wählen. Aus den Diskussionen zum **mittelbaren Parametervergleich** des Abschnitts 3 aus Kapitel III sowie aus dem vorhergehenden Abschnitt dieses Kapitels zur Projektreihung nach internen Zinsfüßen ist aber schon geläufig, dass ein derartiges Vorgehen generell zu **Fehlentscheidungen** führen kann.[19] Stattdessen ist auf einem unvollkommenen Kapitalmarkt eine Auswahl zwischen den beiden Handlungsalternativen mittels vollständiger Finanzplanung möglich. Dabei gelangt man im Falle der Festkreditfinanzierung nur zu einem unternehmerischen Endvermögen von 800 GE, wie *Tabelle 3.5* belegt.

In t = 0 nimmt der Unternehmer den Kredit über 5.000 GE mit Auszahlungsbetrag 4.500 GE zur Finanzierung der Anfangsauszahlung des Investitionsprojekts auf. Deshalb kommt es in t = 0 zu einem positiven Eintrag in Höhe von 4.500 GE in der Zeile "Kreditaufnahme" und einem solchen in Höhe von 5.000 GE in der Zeile "Kreditstand".

---

[19] Vgl. zur Zielsetzung der **Kapitalkostenminimierung** im Allgemeinen auch die Darstellung in *Breuer* (1998) sowie in *Breuer* (2008), S. 64 ff.

In t = 1 erzielt der Unternehmer aus der Projektdurchführung Einzahlungen in Höhe von 2.400 GE. Einen Betrag von 400 GE muss er an Zinsen auf den Kredit zahlen (positiver Eintrag bei "Sollzinsen"). Demzufolge kann er 2.000 GE anlegen (positive Einträge bei "Mittelanlage zu 9 %" und "Mittelanlage zu 11 %"): Für die ersten 1.000 GE erhält er 9 % Zinsen (90 GE in t = 2), für die zweiten 1.000 GE sogar 11 % (110 GE in t = 2). Entsprechend beträgt sein Guthaben in t = 1 insgesamt 2.000 GE (positive Einträge bei "Guthabenstand (9 %)" und "Guthabenstand (11 %)").

Zeitpunkt t	t = 0	t = 1	t = 2
Investitionszahlungen z_t	−4.500	2.400	4.000
+ Einlage	-----	-----	−800
+ Kreditaufnahme	4.500	-----	−5.000
− Mittelanlage zu 9 %	-----	1.000	−1.000
− Mittelanlage zu 11 %	-----	1.000	−1.000
− Sollzinsen	-----	400	400
+ Habenzinsen (9 %)	-----	-----	90
+ Habenzinsen (11 %)	-----	-----	110
= Finanzierungssaldo	0	0	0
Kreditstand	5.000	5.000	-----
Guthabenstand (9 %)	-----	1.000	-----
Guthabenstand (11 %)	-----	1.000	-----

Tabelle 3.5: Vollständiger Finanzplan bei Investitionsfinanzierung mittels Festkredit für den Fall der Endwertmaximierung

In t = 2 hat der Unternehmer 5.400 GE an Zinsen und Tilgung zu leisten. Daher werden 5.000 GE mit negativem Vorzeichen in der Zeile "Kreditaufnahme" ausgewiesen und 400 GE mit positivem Vorzeichen in der Zeile "Sollzinsen". Andererseits erzielt der Unternehmer Einzahlungen in Höhe von 4.000 GE aus dem Investitionsprojekt und in Höhe von 200 GE aus seinen Geldanlagen der Vorperiode (positive Einträge bei "Habenzinsen (9 %)" und "Habenzinsen (11 %)"). Folglich muss er noch 5.400–4.000–200 = 1.200 GE seiner Anlagen der Vorperiode liquidieren, um seinen Zahlungsverpflichtungen nachzukommen. Die restlichen 800 GE aus seinen Mittelanlagen werden ebenfalls liquidiert (also insgesamt negative Einträge bei "Mittelanlage zu 9 %" und "Mittelanlage zu 11 %" von je 1.000 GE), um sie als Entnahme zu konsumieren (negativer Eintrag von 800 GE bei "Einlage" in t = 2).

Überraschenderweise erweist sich damit hier doch die Kontokorrentkreditfinanzierung unter dem Aspekt der Endwertmaximierung gegenüber einer Festkreditfinanzierung als überlegen. Eine vollständige Finanzplanung kann Unternehmer damit vor Fehlentscheidungen bewahren, die sich auf der Grundlage von **"Heuristiken"** wie der (Fremd-) Kapitalkostenminimierung ergäben.

Die Vorteilhaftigkeit des Kontokorrentkredits trotz höheren Kapitalkostensatzes und gleicher unternehmerischer Krediteinzahlung in t = 0 wird natürlich durch dessen **flexible Tilgungsmöglichkeiten** begründet. Während der Unternehmer bei Festkreditfinanzierung von t = 1 bis t = 2 vergleichsweise unattraktive Mittelanlagen tätigen muss, kann der Kontokorrentkredit wenigstens teilweise bereits in t = 1 zurückgeführt werden. Zwar stimmt es, dass beim Kontokorrentkredit der jeweils noch ausstehende Kreditbetrag mit 15 % zu verzinsen ist, während beim Festkredit nur eine durchschnittliche Periodenverzinsung von ungefähr 14,08 % der erhaltenen Mittel zu leisten ist, doch ist die **Basis der Zinsberechnung**, nämlich die Höhe der noch nicht zurückgezahlten Mittel, beim Kontokorrentkredit bereits in t = 1 drastisch auf 2.775 GE reduzierbar. Beim Festkredit hingegen kann die Situation des Zeitpunktes t = 1 derart interpretiert werden, dass sich der Unternehmer einer Restschuld von[20] etwa 4.733,6 GE gegenübersieht, die bis t = 2 mit ca. 14,08 % zu verzinsen ist und dann zu einer Rückzahlungsverpflichtung inclusive Zinsen von 5.400 GE führt. Hierbei ist es nun generell besser, 15 % Zinsen auf einen sehr kleinen Kreditbetrag zu zahlen, als 14,08 % auf einen deutlich größeren, selbst wenn man im zweiten Fall die zusätzlich ermöglichten Mittelanlagen berücksichtigt.

---

[20] Auf diesen Betrag kommt man, indem man für die Mittelüberlassung von 4.500 GE in t = 0 eine Verzinsung von etwa 14,08 % bis t = 1 zugrunde legt und die in t = 1 tatsächlich erfolgende Zahlung von 400 GE an den Kreditgeber in Abzug bringt. Weil 400 GE weniger sind als 4.500·0,1408 = 633,6 GE, steigt die Restschuld des Unternehmers zum Zeitpunkt t = 1 sogar über 4.500 GE an.

Wäre der Kontokorrentkredit **auch** erst in t = 2 rückzahlbar, das heißt, könnten in t = 1 nur die Zinsen auf den Kontokorrentkredit geleistet werden, dann erwiese sich dieser in der Tat als schlechter als der Festkredit. Dieser Umstand kann aus *Tabelle 3.6* gemäß der dort für das gerade angesprochene Szenario bestimmten maximalen Entnahme des Zeitpunktes t = 2 in Höhe von 719,75 GE abgelesen werden.

Zeitpunkt t	t = 0	t = 1	t = 2
Investitionszahlungen z_t	−4.500	2.400	4.000
+ Einlage	-----	-----	−719,75
+ Kreditaufnahme	4.500	-----	−4.500
− Mittelanlage zu 9 %	-----	1.000	−1.000
− Mittelanlage zu 11 %	-----	725	−725
− Sollzinsen	-----	675	675
+ Habenzinsen (9 %)	-----	-----	90
+ Habenzinsen (11 %)	-----	-----	79,75
= Finanzierungssaldo	0	0	0
Kreditstand	4.500	4.500	-----
Guthabenstand (9 %)	-----	1.000	-----
Guthabenstand (11 %)	-----	725	-----

Tabelle 3.6: Vollständiger Finanzplan bei Investitionsfinanzierung mittels Kontokorrentkredit zur Endwertmaximierung und mit Verbot vorzeitiger Tilgung

Bemerkenswert ist hierbei vor allem, dass der Kontokorrentkredit natürlich auch dann über einen Kapitalkostensatz von 15 % verfügt, wenn **keine** Möglichkeit zu vorzeitiger Tilgung besteht. Auch hieran zeigt sich sehr anschaulich, dass ein Abstellen auf Kapitalkostensätze für Auswahlentscheidungen zwischen Finanzierungsalternativen grundsätzlich problematisch ist.

Die Ermittlung des zu einem maximalen Endvermögen von 800 GE bei Einsatz eines Festkredits gehörenden Anfangsvermögens ist ein wenig **schwieriger** als die entsprechende Berechnung im Falle der Finanzierung über einen Kontokorrentkredit. Konkret gesucht ist hierbei die maximale Festkredithöhe des Zeitpunktes t = 0, die aus den künftigen Einzahlungen des Investitionsprojekts gerade noch finanziert werden kann. Zieht man davon die für die Projektdurchführung in t = 0 erforderliche Anfangsauszahlung von 4.500 GE ab, so gelangt man schließlich zu dem durch den Unternehmer maximal in t = 0 konsumierbaren Betrag. Da sich der Kapitalkostensatz des Festkredits unabhängig von seinem konkreten Volumen auf etwa 14,08 % beläuft, könnte man vermuten, dass dieser maximale Anfangskonsum sich einfach als $800/1{,}1408^2 \approx 614{,}71$ GE ergibt. Diese Vermutung ist aber insofern unzutreffend, als der Konsum des Zeitpunktes t = 0 bei Vergleich mit dem Kapitalbudget aus *Tabelle 3.5* nicht allein durch eine Ausweitung des Festkreditvolumens, sondern **partiell** auch durch eine **Rückführung** der zwischenzeitlichen Mittelanlagen finanziert wird. Der hierbei auftretende Entgang von Zinserträgen ist vergleichsweise gering und bedingt, dass der **adäquate Kalkulationszinsfuß** zur Diskontierung des Endvermögens von 800 GE etwas **unterhalb** von 14,08 % liegt.

Konkret ist folgende Überlegung anzustellen: Der Kreditbetrag K kann maximal so hoch gewählt werden, dass er sich inclusive Zinszahlungen in t = 2 noch bedienen lässt. Zur Verfügung stehen in t = 2 zum einen die dann anfallenden Einzahlungsüberschüsse von 4.000 GE aus dem Investitionsprojekt sowie der in t = 1 nicht für die Erbringung der Zinszahlungen in Höhe von $0{,}08 \cdot K$ benötigte und zu 9 % bzw. 11 % bis t = 2 angelegte Teil der Projekteinzahlungen von 2.400 GE. Sicherlich werden von den 2.400 GE in t = 1 mehr als 1.000 GE nach Leistung der Zinszahlungen verbleiben, denn Zinszahlungen von über 1.400 GE würden mit einem Kreditbetrag von mehr als 1.400/0,08 = 17.500 GE einhergehen, der in t = 2 auf keinen Fall bedient werden könnte. Aus diesem Grunde ergeben sich aus den Projekteinzahlungen des Zeitpunktes t = 1 in Abhängigkeit des Kreditbetrags K für t = 2 zusätzlich verfügbare Mittel von 1,09·1.000+1,11·(1.400−0,08·K). Gesucht ist damit ein solcher Wert K, der folgende Gleichung erfüllt:

$$\begin{aligned} & 4.000+1,09\cdot 1.000+1,11\cdot(1.400-0,08\cdot K)\overset{!}{=}1,08\cdot K \\ \Leftrightarrow\ & 6.644=1,1688\cdot K \\ \Leftrightarrow\ & K\approx 5,684,463\ \text{GE}. \end{aligned} \tag{3.4}$$

Ein Kreditbetrag von ungefähr 5.684,463 GE korrespondiert wiederum mit einer unternehmerischen Einzahlung von 0,9·5.684,463 ≈ 5.116,02 GE, weswegen für den Unternehmer in t = 0 ein maximaler Konsumbetrag von ungefähr 5.116,02−4.500 = 616,02 GE > 614,71 GE verbleibt. Der **korrekte Zinsfuß** zur Diskontierung des maximalen Endwertes von 800 GE ist daher[21] näherungsweise $(800/616{,}02)^{0{,}5}-1\approx$ 13,96 % < 14,08 %. Als Nebenergebnis erhält man hier überdies, dass unter dem Aspekt der Anfangswertmaximierung die Festkreditfinanzierung besser als die Finanzierung über einen Kontokorrentkredit ist. Eine Alternative, die mit dem höchsten unternehmerischen Endvermögen einhergeht, muss demnach auf unvollkommenem Kapitalmarkt anders als bei Vollkommenheit des Kapitalmarktes nicht notwendigerweise auch das höchste unternehmerische Anfangsvermögen implizieren. *Tabelle 3.7* stellt den vollständigen Finanzplan für den Fall der Anfangswertmaximierung nochmals explizit vor.

Bei dem berechneten Zinssatz von etwa 13,96 % handelt es sich ferner in der Tat einmal mehr um einen **endogenen Kalkulationszinsfuß**: Natürlich kann man den zum Endwert von 800 GE gehörenden Kapitalwert auch auf einem wie hier unterstellten unvollkommenen Kapitalmarkt berechnen. Nur ist der adäquate Kalkulationszinsfuß grundsätzlich erst nach Lösung des Problems, hier nach Bestimmung des Anfangs- und damit Kapitalwertes von ungefähr 616,02 GE, bekannt. **A priori** lässt sich lediglich festhalten, dass der adäquate Kalkulationszinsfuß sicherlich nicht unter dem geringsten auftretenden Ein-Perioden-Zinssatz von 9 % liegen wird und nicht oberhalb des höchsten von etwa 14,08 %. Da überdies der Anteil der Konsumfinanzierung durch Anlagereduktion ohne weiteres als vergleichsweise ge-

---

[21] Die genutzte Formel entspricht der für die Bestimmung der **Effektivrendite eines Zero Bond** mit Laufzeit von t = 0 bis t = 2.

ring vermutet[22] werden konnte, war auch klar, dass man einen endogenen Zinsfuß nur knapp unterhalb von 14,08 % erhalten würde.

Zeitpunkt t	t = 0	t = 1	t = 2
Investitionszahlungen z_t	−4.500	2.400	4.000
+ Einlage	−616,02	-----	-----
+ Kreditaufnahme	5.116,02	-----	−5.684,463
− Mittelanlage zu 9 %	-----	1.000	−1.000
− Mittelanlage zu 11 %	-----	945,24	−945,24
− Sollzinsen	-----	454,76	454,76
+ Habenzinsen (9 %)	-----	-----	90
+ Habenzinsen (11 %)	-----	-----	103,98
= Finanzierungssaldo	0	0	0
Kreditstand	5.684,463	5.684,463	-----
Guthabenstand (9 %)	-----	1.000	-----
Guthabenstand (11 %)	-----	945,24	-----

Tabelle 3.7: Vollständiger Finanzplan bei Investitionsfinanzierung mittels Festkredit im Fall der Anfangswertmaximierung

Schließlich sollte die obige Diskussion zur fehlenden Adäquanz von Kapitalkostenvergleichen zumindest nahelegen, dass durch eine **geschickte Mischung** von Fest- und Kontokorrentkreditfinanzierung für den Unternehmer noch ein höheres Endvermögen als bei isolierter Nutzung nur einer der beiden Finanzierungsmöglichkeiten erreichbar ist. Um den **endwertmaximierenden Finanzierungsmix** zu bestimmen, muss man sich als Erstes vergegenwärtigen, dass es aufgrund der niedrigen Habenzinsen in jedem Fall nachteilig ist, Mittel von t = 1 bis t = 2 anzulegen. Es sei

---

[22] Anlagereduktion in t = 1 kommt nur insofern in Betracht, wie vermehrte Kreditaufnahme in t = 0 zu höheren Zinszahlungsverpflichtungen in t = 1 führt, hier also im Umfang von ungefähr $(5.684{,}463-5.000)\cdot 0{,}08 \approx 54{,}76$ GE.

daher angenommen, dass der Nennbetrag F des Festkredits und das Volumen K des Kontokorrentkredits in t = 0 so gewählt wurden, dass sämtliche vorhandenen Mittel von 2.400 GE in t = 1 zum einen zur Leistung der Zinszahlungen auf den Festkredit und zum anderen – soweit noch verfügbar – zur weitestgehenden Bedienung des Kontokorrentkredits genutzt werden. Wenn man nun 1 GE Mittelaufnahme in t = 0 vom Kontokorrentkredit zum Festkredit umschichtet, also K um 1 GE verringert und F um 1/0,9 GE erhöht[23], dann resultieren für den Unternehmer einerseits um 0,08/0,9 GE erhöhte Zinszahlungen auf den Festkredit in t = 1, denen Minderauszahlungen auf den Kontokorrentkredit von 1,15 GE im gleichen Zeitpunkt gegenüberstehen. Per saldo verbleiben in t = 1 zunächst einmal Mittel in Höhe von $1{,}15-0{,}08/0{,}9 \approx 1{,}06111$ GE. In diesem Ausmaß kann der Unternehmer seine noch bestehende Verbindlichkeit aus dem Kontokorrentkredit in t = 1 zusätzlich infolge der vorgenommenen Umschichtung reduzieren. Dies impliziert einen Zuwachs an verfügbaren Mitteln zum Zeitpunkt t = 2 von annähernd $1{,}06111 \cdot 1{,}15 \approx 1{,}2203$ GE, die allerdings mit der erhöhten Rückzahlungspflicht von 1,08/0,9 = 1,2 GE auf den Festkredit in t = 2 zu verrechnen sind. Insgesamt aber erhöht die Umschichtung vom Kontokorrentkredit zum Festkredit das unternehmerische Endvermögen für jede Geldeinheit der **"Umfinanzierung"** in t = 0 zum Zeitpunkt t = 2 um etwa $1{,}2203-1{,}2 = 0{,}0203$ GE. Es ist daher am besten, wenn der Kontokorrentkredit in t = 0 im geringstmöglichen Ausmaß aufgenommen wird. Das wiederum bedeutet, dass K so zu wählen ist, dass in t = 1 die gesamte Verbindlichkeit von $1{,}15 \cdot K$ aus dem Kontokorrentkredit zurückgezahlt werden kann, da sich augenscheinlich nicht weiter sinnvoll umschichten lässt.[24]

Aufgrund dieser Überlegungen müssen daher die folgenden beiden Bedingungen simultan erfüllt sein:

$$\begin{aligned} &\text{I.} \quad 0{,}9 \cdot F + K = 4.500, \\ &\text{II.} \quad 0{,}08 \cdot F + 1{,}15 \cdot K = 2.400. \end{aligned} \qquad (3.5)$$

---

23 Die Erhöhung des Nennbetrags um 1/0,9 GE führt zu einer zusätzlichen Festkreditauszahlung an den Unternehmer von gerade $0{,}9 \cdot (1/0{,}9) = 1$ GE.

24 Eine weitere Reduktion von K zugunsten von F würde **keine** zusätzliche Entlastung bei der Restschuld aus dem Kontokorrentkredit in t = 1 erbringen (können), sondern vielmehr zur Notwendigkeit der (ineffizienten) **Anlage** von Mitteln seitens des Unternehmers von t = 1 bis t = 2 führen.

Bedingung I. gewährleistet, dass die insgesamt in $t = 0$ aufgenommenen Mittel ausreichen, um die Projektanfangsauszahlung zu erbringen. Hierbei ist natürlich zu beachten, dass nur 90 % des Nennbetrags F des Festkredits ausgezahlt werden. **Bedingung II.** stellt sicher, dass sämtliche in $t = 1$ aus dem Investitionsprojekt erreichbaren Einzahlungsüberschüsse vollständig für Zins- und Tilgungsleistungen verbraucht werden und hierbei der Kontokorrentkredit des Zeitpunktes $t = 0$ gänzlich zurückgeführt werden kann. Als **Lösung des Gleichungssystems** erhält man $F \approx 2.905,76$ GE sowie $K \approx 1.884,82$ GE. Der sich hiermit in $t = 2$ ergebende Endwert kann leicht bestimmt werden, ohne erneut einen kompletten vollständigen Finanzplan aufzustellen. Die Werte von F und K sind so gewählt, dass im Zeitpunkt $t = 1$ keinerlei Anlagen getätigt werden und in $t = 2$ nur noch der Festkredit mit dann anfallenden Zinsen zurückgezahlt werden muss. Aus diesem Grunde erreicht der Unternehmer hierbei einen maximalen Endwert von ungefähr $4.000-1,08 \cdot 2.905,76 \approx 861,78$ GE, also deutlich mehr, als über reine Fest- oder reine Kontokorrentkreditfinanzierung erzielbar wäre. Der zugehörige vollständige Finanzplan findet sich in *Tabelle 3.8*. Da nunmehr simultan Fest- und Kontokorrentkredit zum Einsatz kommen, ist es notwendig, im Finanzplan explizit zwischen diesen beiden Kreditformen zu differenzieren. Deswegen ist der Finanzplan aus *Tabelle 3.8* etwas länger als die bisherigen Finanzpläne.

Zeitpunkt t	t = 0	t = 1	t = 2
Investitionszahlungen z_t	−4.500	2.400	4.000
+ Einlage	-----	-----	−861,78
+ Festkreditaufnahme	2.615,18	-----	−2.905,76
+ Kontokreditaufnahme	1.884,82	−1.884,82	-----
− Mittelanlage zu 9 %	-----	-----	-----
− Mittelanlage zu 11 %	-----	-----	-----
− Sollzinsen Festkredit	-----	232,46	232,46
− Sollzinsen Kontokorrentkredit	-----	282,72	-----
+ Habenzinsen (9 %)	-----	-----	-----
+ Habenzinsen (11 %)	-----	-----	-----
= Finanzierungssaldo	0	0	0
Festkreditstand	2.905,76	2.905,76	-----
Kontokorrentkreditstand	1.884,82	-----	-----
Guthabenstand (9 %)		-----	-----
Guthabenstand (11 %)	-----	-----	-----

Tabelle 3.8: Vollständiger Finanzplan bei kombinierter Investitionsfinanzierung mittels Fest- und Kontokorrentkredit im Fall der Anfangswertmaximierung □

Alles in allem sind vollständige Finanzpläne sicherlich schon eine große Hilfe zur Lösung von Kapitalbudgetierungsproblemen. Will man allerdings den Rechenaufwand in vertretbaren Grenzen halten, dann wird ein gewisses Maß an Kreativität wie in dem hier präsentierten Beispiel 3.2 in der Regel erforderlich sein. Bei **komplizierteren** Entscheidungssituationen hilft aber auch dies nicht mehr weiter. Glücklicherweise lassen sich aber alle über vollständige Finanzplanung lösbaren Probleme auch in verallgemeinerter formalisierter Darstellung abbilden und mit

Techniken der Linearen Programmierung (LP) lösen.[25] Die Grundidee dieser Ansätze soll im Weiteren kurz vorgestellt werden. Gleichzeitig kann hierbei erneut auf das **Problem endogener Kalkulationszinsfüße** eingegangen werden.

3.4 LP-Ansätze zur Lösung von Kapitalbudgetierungsproblemen

3.4.1 Charakterisierung des allgemeinen Budgetierungsproblems

Die **Grundidee** von Ansätzen Linearer Programmierung besteht darin, die Struktur eines vollständigen Finanzplans in Form eines **linearen Gleichungssystems** abzubilden. Zu diesem Zweck bezeichne $\alpha^{(n)}$ den Bruchteil eines (Investitions- oder Finanzierungs-) Projekts n, den ein Unternehmer zu realisieren wünscht. Dabei sei zunächst von beliebiger Teilbarkeit aller Projekte ausgegangen, so dass lediglich die Restriktionen $0 \leq \alpha^{(n)} \leq 1$ für alle n zu beachten sind.[26] Des Weiteren sei die Zahlungsreihe des betreffenden Projekts durch $z_0^{(n)}, \ldots, z_T^{(n)}$ beschrieben. Das Symbol C_t stehe für die unternehmerische Konsumentnahme eines Zeitpunktes t. Darüber hinaus möge der Unternehmer über ein bestimmtes Anfangsvermögen W_0 im Zeitpunkt $t = 0$ verfügen. Die Anforderung eines Finanzierungssaldos von Null in einem beliebigen Zeitpunkt $t = 0, \ldots, T$ ist dann gleichbedeutend mit der Gültigkeit der folgenden Gleichung:

$$\sum_{n=1}^{N} \alpha^{(n)} \cdot z_t^{(n)} - C_t = 0. \tag{3.6}$$

Ferner ist zu beachten, dass alle Konsumwerte C_t nichtnegativ sind, das heißt, es gilt generell $C_t \geq 0$. Unter diesen Restriktionen wird der Unternehmer im allgemeinen Fall eine Nutzenfunktion $U(C_0;\ldots;C_T)$ maximieren. Sofern diese linear ist, liegt ein lineares Optimierungsproblem vor, da sich sowohl die Zielfunktion als auch alle

---

[25] Wesentliche Beiträge hierzu gehen auf *Weingartner* (1963) sowie *Hax* (1964) zurück. Vgl. zu einem **tabellarischen Überblick** über andere wichtige Arbeiten in diesem Bereich *Kruschwitz* (2009), S. 223.

[26] Es ist durchaus denkbar, dass Finanzierungsprojekte in grundsätzlich beliebigem Umfang durchgeführt werden können. Dann entfallen für diese Projekte Restriktionen der Form $\alpha^{(n)} \leq 1$. Im Weiteren braucht dieser Spezialfall aber nicht weiter beachtet zu werden, da er lediglich zu einer vereinfachten Problemstellung führt, ohne dass sich die relevanten qualitativen Ergebnisse ändern.

Restriktionen als lineare Funktionen der C_t erweisen. Derartige **lineare Optimierungsprobleme** lassen sich problemlos mit Methoden des **Operations Research**[27] (OR) für konkrete Zahlenwerte lösen. In der Tat ist dies sogar unter der Annahme fehlender Teilbarkeit von Investitionsprojekten der Fall, wenn also für ein Investitionsprojekt n die Restriktion $\alpha^{(n)} \in \{0;1\}$ statt $\alpha^{(n)} \in [0;1]$ zu beachten ist. In derartigen Fällen helfen Verfahren der **gemischt-ganzzahligen** Linearen Programmierung weiter.[28] Deren Bezeichnung deutet an, dass sie auf Fälle anwendbar sind, in denen ein Teil der gesuchten Variablen als ganzzahlig vorauszusetzen ist.

Beispiel 3.3:

Die optimale Kombination von Festkredit- und Kontokorrentkreditfinanzierung im Rahmen des vorhergehenden Beispiels 3.2 erhält man (unter der a priori erfolgenden Abstraktion von der unmittelbar als ineffizient zu erkennenden zwischenzeitlichen Anlage von Mitteln) etwa als Lösung des folgenden LP-Ansatzes. Zu maximieren ist eine Nutzenfunktion $U(C_T) = C_T$ mit $C_T \geq 0$ unter den Nebenbedingungen

$$\begin{aligned}
&\text{I.} && -4.500+4.500\cdot\alpha^{(1)}+4.500\cdot\alpha^{(2)}=0,\\
&\text{II.} && 2.400-400\cdot\alpha^{(1)}-5.175\cdot\alpha^{(2)}+5.000\cdot\alpha^{(3)}=0,\\
&\text{III.} && 4.000-5.400\cdot\alpha^{(1)}-5.750\cdot\alpha^{(3)}-C_T=0,\\
&\text{IV.} && \alpha^{(1)},\alpha^{(2)},\alpha^{(3)}\geq 0.
\end{aligned} \tag{3.7}$$

Dabei steht $\alpha^{(1)}$ für das Ausmaß der Inanspruchnahme des Festkredits mit der Zahlungsreihe (4.500;−400;−5.400) und $\alpha^{(2)}$ entsprechend für den Bruchteil, zu dem in t = 0 ein Kontokorrentkredit mit Einzahlung von 4.500 GE bei Rückzahlungsverpflichtung von 4.500·1,15 = 5.175 GE zum Zeitpunkt t = 1 vom Unternehmer in Anspruch genommen wird. Die Variable $\alpha^{(3)}$ dient zur Erfassung der Kontokorrentkreditfinanzierung von t = 1 bis t = 2 bei Zugrundelegung eines völlig willkürlich[29] gewählten Basisvolumens von 5.000 GE Einzahlung für den Unternehmer in t = 1 mit Rückzahlungsvolumen von 5.000·1,15 = 5.750 GE in t = 2. Obergrenzen

---

27 Zur Einführung in die Techniken des Operations Research sei etwa auf *Ellinger/Beuermann/Leisten* (2003) verwiesen.

28 Vgl. beispielsweise *Ellinger/Beuermann/Leisten* (2003), S. 149 ff., oder auch *Domschke/Drexl* (2011), S. 121 ff.

29 Auch die für den Festkredit und den zeitlich ersten Kontokorrentkredit anzusetzenden Volumina sind natürlich **beliebig** wählbar. Es ändern sich dann nur die jeweiligen Koeffizienten vor $\alpha^{(1)}$ und $\alpha^{(2)}$ in den einzelnen Restriktionen.

für die Aufnahme der einzelnen Kredite existieren nicht und brauchen deshalb in (3.7) auch nicht erfasst zu werden.

Das gerade beschriebene Kapitalbudgetierungsproblem lässt sich unter anderem schon mit einem **Tabellenkalkulationsprogramm wie Excel** lösen.[30] Man erhält $\alpha^{(1)*} \approx 0{,}58115183$, $\alpha^{(2)*} \approx 0{,}41884817$ sowie $\alpha^{(3)*} = 0$. Dies bedeutet, dass man etwa 58,12 % der in t = 0 benötigten Mittel über einen Festkredit und die restlichen ca. 41,88 % über einen Kontokorrentkredit, der komplett in t = 1 bereits zurückgezahlt wird, finanzieren sollte. In der Tat ist dies genau die Lösung, die bereits weiter oben im Rahmen des Beispiels 3.2 hergeleitet worden ist. Denn $\alpha^{(1)*} \approx 0{,}58115183$ bedeutet in t = 0 einen Mittelerhalt für den Unternehmer aus dem Festkredit von etwa $0{,}58115183 \cdot 4.500 \approx 2.615{,}183$ GE, was einem Nominalwert F von ungefähr $2.615{,}183/0{,}9 \approx 2.905{,}76$ GE entspricht. Ein Anteil $\alpha^{(2)*} \approx 0{,}41884817$ wiederum impliziert einen Kontokorrentkredit K im Zeitpunkt t = 0 von näherungsweise $0{,}41884817 \cdot 4.500 \approx 1.884{,}82$ GE. □

Auf die einzelnen numerischen Lösungsverfahren soll hier nicht weiter eingegangen werden, da es sich hierbei im Kern um Methoden handelt, die Gegenstand des OR sind, und die Kenntnis ihrer Existenz hinreichend ist. Hervorzuheben ist damit jedenfalls, dass sich das unternehmerische Kapitalbudgetierungsproblem zumindest für den Fall bei Sicherheit in sehr **allgemeiner** Form in praktischen Anwendungen als **lösbar** erweist. Wenngleich der vorgestellte Ansatz bereits seit den 1960er Jahren bekannt ist und seine methodische Überlegenheit etwa gegenüber der Anwendung des einfachen Kapitalwertkriteriums auf der Basis der Annahme eines vollkommenen Kapitalmarktes oder der Nutzung des *Dean*-Modells als Lösungsheuristik bei unvollkommenem Kapitalmarkt eindeutig sein sollte, haben Methoden der Linearen Programmierung in der praktischen Anwendung im Rahmen der Finanz- und Investitionsplanung bislang **kaum größere** Bedeutung erlangt. Über die Gründe hierfür kann nur spekuliert werden.[31] So mag eine denkbare Ursache darin zu sehen sein, dass der **Datenbedarf** in Form einer explizit gemachten detaillierten Finanzplanung als zu hoch eingestuft wird und man sich deswegen mit der einfachen Vorgabe von exogenen Ein-Perioden-Zinsfüßen zur Anwendung des schlichten Kapitalwertkriteriums unter der (impliziten) Annahme eines vollkommenen Kapitalmarktes zu frie-

---

[30] Vgl. hierzu etwa *Braun* (1999).

[31] Vgl. zur Würdigung der LP-Ansätze insbesondere *Weingartner* (1977) oder auch *Schmidt/Terberger* (2003), S. 181 ff.

dengibt. In diesem Zusammenhang mag es ferner zutreffen, dass die adäquate[32] zusätzliche Berücksichtigung von **Risikoaspekten** als **wesentlicher** angesehen wird als die Erfassung von Unvollkommenheiten eines Kapitalmarktes bei Sicherheit. Auf Risikoaspekte wird daher im anschließenden zweiten Band zur Investitionsrechnung separat eingegangen, wobei auch darauf hinzuweisen sein wird, dass eine geschlossene und operationale Theorie der optimalen unternehmerischen Kapitalbudgetierung auf unvollkommenem Kapitalmarkt bei Risiko bislang nicht existiert.

In jedem Fall kommt der Analyse des gerade beschriebenen generellen Kapitalbudgetierungsproblems insofern **konzeptionelle Bedeutung** zu, als auf dieser Grundlage eine allgemeine formale Herleitung der Relevanz endogener Kalkulationszinsfüße möglich ist.

3.4.2 Endogene Kalkulationszinsfüße im Rahmen des allgemeinen Budgetierungsproblems

Das im vorhergehenden Abschnitt 3.4.1 beschriebene Kapitalbudgetierungsproblem mit allgemeiner Zielfunktion $U(C_0;\ldots;C_T)$ kann unter der Voraussetzung beliebiger Projektteilbarkeit grundsätzlich mit Hilfe eines sogenannten ***Kuhn-Tucker-Lagrange*-Ansatzes** gelöst werden,[33] bei dem man zunächst sämtliche Ungleichungsrestriktionen in eine Form "$f(\cdot) \geq 0$" mit spezifischen Funktionen $f(\cdot)$ bringt, hier also etwa $\alpha^{(n)} \geq 0$ ($\forall$ n), $1-\alpha^{(n)} \geq 0$ ($\forall$ n) und $C_t \geq 0$ ($\forall$ t). Auch die als Gleichungen formulierten Nebenbedingungen löst man nach Null auf. Sodann werden die linken Seiten aller Nebenbedingungen, also etwa alle $\alpha^{(n)}$ und alle $1-\alpha^{(n)}$ mit einem

---

[32] Es existieren durchaus auch LP-Ansätze zur Lösung von Kapitalbudgetierungsentscheidungen bei Risiko, namentlich sogenannte **Chance-constrained-programming-Ansätze**. Vgl. hierzu etwa *Hax* (1993), S. 182 ff., und die dort angegebene Literatur. Doch können diese aus verschiedenen Gründen nicht überzeugen und haben sich daher in der Praxis bislang wohl auch gar **nicht durchgesetzt**.

[33] Man mag sich fragen, wozu dann weiter oben der Möglichkeit der Anwendung von Methoden der Linearen Programmierung soviel Beachtung geschenkt worden ist. In der Tat erhält man mittels des *Kuhn-Tucker-Lagrange*-Ansatzes gewisse notwendige Bedingungen für ein optimales Kapitalbudget, wie sich gleich zeigen wird. Diese notwendigen (und hinreichenden) Bedingungen **explizit** zur Herleitung optimaler Werte $\alpha^{(1)*}$, ..., $\alpha^{(N)*}$ sowie C_0^*, ..., C_T^* zu nutzen ist damit noch **nicht gelungen**. Gerade hier machen sich dann eine vereinfachte Zielfunktion und der Einsatz von Methoden des OR bezahlt.

***Lagrange*-Multiplikator** malgenommen und an die eigentliche Zielfunktion, hier U, "angehängt". Die so resultierende neue Funktion verfügt bemerkenswerterweise über das gleiche Maximum wie die ursprüngliche unter Beachtung ihrer Restriktionen. Es ist damit also folgendes Problem zu lösen:[34]

$$\begin{aligned} L \equiv U(C_0;\ldots;C_T) + \sum_{t=0}^{T} \lambda_t \cdot \left(\sum_{n=1}^{N} \alpha^{(n)} \cdot z_t^{(n)} - C_t \right) \\ + \sum_{n=1}^{N} \mu^{(n)} \cdot \alpha^{(n)} + \sum_{n=1}^{N} \nu^{(n)} \cdot (1-\alpha^{(n)}) + \sum_{t=0}^{T} \gamma_t \cdot C_t \to \underset{\substack{C_0,\ldots,C_T,\alpha^{(1)},\ldots,\alpha^{(N)},\\ \lambda_0,\ldots,\lambda_T,\mu^{(1)},\ldots,\mu^{(N)},\\ \nu^{(1)},\ldots,\nu^{(N)},\gamma_0,\ldots,\gamma_T}}{\max}! \end{aligned} \tag{3.8}$$

Die *Lagrange*-Multiplikatoren λ_0, ..., λ_T beziehen sich demnach auf die Liquiditätsrestriktionen gemäß (3.6), die Multiplikatoren $\mu^{(1)}$, ..., $\mu^{(N)}$ haben Bezug zu den Anforderungen $\alpha^{(n)} \geq 0$ ($\forall$ n), während die *Lagrange*-Multiplikatoren $\nu^{(1)}$, ..., $\nu^{(N)}$ auf $1-\alpha^{(n)} \geq 0$ ($\forall$ n) abstellen. Die Variablen γ_0, ..., γ_T schließlich werden wegen der Anforderungen $C_t \geq 0$ ($\forall$ t) benötigt.

Zur Lösung von (3.8) sind zunächst einmal die Ableitungen nach allen C_t und allen $\alpha^{(n)}$ gleich Null zu setzen. Man erhält hieraus:

$$\begin{aligned} &\frac{\partial L}{\partial C_t} = \frac{\partial U}{\partial C_t} - \lambda_t + \gamma_t = 0 \qquad (\forall\ t = 0, \ldots, T), \\ &\frac{\partial L}{\partial \alpha^{(n)}} = \sum_{t=0}^{T} \lambda_t \cdot z_t^{(n)} + \mu^{(n)} - \nu^{(n)} = 0 \qquad (\forall\ n = 1, \ldots, N). \end{aligned} \tag{3.9}$$

Des Weiteren ist es wichtig zu wissen, dass die zu Ungleichungen gehörenden *Lagrange*-Multiplikatoren in der hier gewählten Formulierung in jedem Fall nichtnegativ sind und das Produkt aus *Lagrange*-Multiplikator und zugehöriger Restriktion stets den Wert Null annehmen muss.[35] Dies impliziert unmittelbar, dass für ein Projekt n mit $\alpha^{(n)*} \in (0,1)$ sowohl $\mu^{(n)}$ als auch $\nu^{(n)}$ gleich Null sein müssen.[36] Die

---

[34] Vgl. hierzu insbesondere auch *Hax* (1993), S. 97 ff.

[35] Für eine ausführliche Diskussion des *Kuhn-Tucker-Lagrange*-Ansatzes siehe beispielsweise *Chiang* (1984), S. 722 ff., oder auch *Neus* (2009), S. 568 ff.

[36] Genaugenommen sind auch die *Lagrange*-Multiplikatoren $\mu^{(n)}$ und $\nu^{(n)}$ hier mit einem "*" zu versehen, da es um deren Werte im Optimum geht. Auf diese zu-

Variable $\mu^{(n)}$ kann entsprechend nur für $\alpha^{(n)*} = 0$ von Null verschieden sein, die Variable $\nu^{(n)}$ nur für $\alpha^{(n)*} = 1$. Im Weiteren sei unterstellt, dass $C_t^* > 0$ für alle t = 0, ..., T gilt, also eine innere Lösung bezüglich der unternehmerischen Konsumniveaus vorliegt. Davon kann insbesondere dann ausgegangen werden, wenn der Grenznutzen für Werte von C_t nahe bei Null hinreichend hoch ist. Unter der Voraussetzung einer **inneren Lösung** bezüglich der C_t muss zwingend $\gamma_t = 0$ für alle t = 0, ..., T gelten, und man erhält auf der Grundlage von (3.9) folgende Zusammenhänge:[37]

$$
\begin{aligned}
&\frac{\partial U}{\partial C_t} = \lambda_t \qquad (\forall\, t = 0, \ldots, T),\\
&\sum_{t=0}^{T} \lambda_t \cdot z_t^{(n)} + \mu^{(n)} - \nu^{(n)} = 0\\
\Rightarrow &\sum_{t=0}^{T} \frac{\partial U}{\partial C_t} \cdot z_t^{(n)} + \mu^{(n)} - \nu^{(n)} = 0 \qquad (3.10)\\
\Leftrightarrow &\sum_{t=0}^{T} \frac{\partial U / \partial C_t}{\partial U / \partial C_0} \cdot z_t^{(n)} = \frac{\nu^{(n)} - \mu^{(n)}}{\partial U / \partial C_0}\\
\Leftrightarrow &\sum_{t=0}^{T} \left| \frac{dC_0}{dC_t} \right| \cdot z_t^{(n)} = \frac{\nu^{(n)} - \mu^{(n)}}{\partial U / \partial C_0} \qquad (\forall\, n = 1, \ldots, N).
\end{aligned}
$$

Im Rahmen der ersten Äquivalenzumformung der zweiten Gleichung wurde der Zusammenhang aus der ersten Gleichung genutzt.

Die Quotienten $|dC_0/dC_t|$ sind nichts anderes als **Grenzraten der Substitution**, wie sie bereits im Kapitel II dieses Lehrbuchs eingeführt wurden.[38] Der Ausdruck

sätzliche Indizierung kann hier aber wohl ohne die Verursachung von Unklarheiten verzichtet werden.

37 Daneben sind als weitere Optimalitätsbedingungen natürlich sämtliche als Gleichungen formulierten Restriktionen zu beachten. Diese spielen für die folgende Herleitung aber **keine** besondere Rolle

38 Genaugenommen handelt es sich um **Kehrwerte** von Grenzraten der Substitution, wie sie im Kapitel II erörtert worden sind. Da die inhaltliche Interpretation aber vollkommen analog erfolgen kann, ist es sachgerecht, auch im Zusammenhang mit den Differentialquotienten $|dC_0/dC_t|$ von Grenzraten der Substitution (zwischen C_0- und C_t -Konsum) zu sprechen.

$|dC_0/dC_t|$ gibt dabei näherungsweise[39] an, auf wie viele Geldeinheiten Gegenwartskonsum der betrachtete Entscheidungsträger für eine weitere Geldeinheit Zukunftskonsum ceteris paribus zu verzichten bereit ist bzw. wie viele Geldeinheiten zusätzlichen Gegenwartskonsums dem Entscheidungsträger mindestens für die Aufgabe einer Geldeinheit Zukunftskonsum geboten werden müssen. Augenscheinlich stellt das Produkt $|dC_0 / dC_t| \cdot z_t^{(n)}$ damit eine **subjektive Umrechnung** der künftigen Einzahlungen aus dem Projekt n im Zeitpunkt t in **äquivalenten Gegenwartskonsum** dar.

Insgesamt kann die linke Seite der letzten Gleichung aus (3.10) demnach als der **("subjektive") Kapitalwert** des Projekts n gedeutet werden. Die Grenzraten der Substitution $|dC_0/dC_t|$ beschreiben hierbei nichts anderes als Zero-Bond-Abzinsungs- oder **Diskontierungsfaktoren d_t**, die wegen ihrer Abhängigkeit vom unternehmerischen Konsumverhalten und damit der optimalen Lösung des betreffenden Kapitalbudgetierungsproblems als **endogen** zu bezeichnen sind. Es existieren folglich auch im Rahmen des hier betrachteten allgemeinen Budgetierungsproblems endogene Kalkulationszinsfüße $i_t = (d_{t-1}/d_t)-1$, mit deren Hilfe Kapitalwertberechnungen möglich sind. In diesem Zusammenhang lassen sich nun des Weiteren **drei** verschiedene Fälle unterscheiden:

1) $\alpha^{(n)*} = 0$

Mit $\alpha^{(n)*} = 0$ gilt für die *Lagrange*-Multiplikatoren $\mu^{(n)} \geq 0$ sowie $\nu^{(n)} = 0$, so dass die rechte Seite der letzten Gleichung aus (3.10) wegen $\partial U/\partial C_0 > 0$ nichtpositiv ist.

2) $\alpha^{(n)*} = 1$

Mit $\alpha^{(n)*} = 1$ gilt für die *Lagrange*-Multiplikatoren $\mu^{(n)} = 0$ sowie $\nu^{(n)} \geq 0$, so dass die rechte Seite der letzten Gleichung aus (3.10) nichtnegativ ist.

3) $0 < \alpha^{(n)*} < 1$

Mit $0 < \alpha^{(n)*} < 1$ gilt für die *Lagrange*-Multiplikatoren $\mu^{(n)} = 0$ sowie $\nu^{(n)} = 0$, so dass die rechte Seite der letzten Gleichung aus (3.10) einen Wert von Null annimmt.

---

[39] Exakt sind die Zusammenhänge nur für **infinitesimale** Größen.

Zusammenfassend ergibt sich damit, dass (Investitions- oder Finanzierungs-[40]) Projekte mit einem **positiven Kapitalwert** auf der Grundlage der im Optimum gültigen Grenzraten der Substitution $|dC_t/dC_0|$ in **vollem Umfang**, also $\alpha^{(n)*} = 1$, realisiert werden. Projekte mit einem **negativen Kapitalwert** werden in diesem Zusammenhang **gar nicht**, das heißt mit $\alpha^{(n)*} = 0$, implementiert. Projekte mit einem **Kapitalwert von Null** werden **ganz, teilweise oder überhaupt nicht** durchgeführt.[41] All diese Zusammenhänge sollten dem Leser bekannt erscheinen. Sie wurden bereits in den Abschnitten 1 und 2 dieses Kapitels über das *Hirshleifer*- bzw. das *Dean*-Modell hergeleitet. Insofern ist die Analyse des allgemeinen Kapitalbudgetierungsproblems eines Unternehmers für die theoretische Fundierung des Kapitalwertkriteriums von grundlegender Bedeutung, wenngleich die in den Abschnitten 1 und 2 dieses Kapitels angeführte **Kritik** an der (fehlenden) praktischen Relevanz endogener Kalkulationszinsfüße hier ohne Einschränkung wiederholt werden kann.

3.5 Zusammenfassung

Gegenstand dieses Abschnitts war die Lösung von Kapitalbudgetierungsproblemen unter der Prämisse eines unvollkommenen Kapitalmarktes, der durch **"Konditionenvielfalt"** auf der Finanzierungsseite gekennzeichnet ist. Zu diesem Zweck wurde das Instrument der **vollständigen Finanzplanung** eingeführt, bei dem es um die **systematische Erfassung** aller mit einem bestimmten Kapitalbudget verbundenen Zahlungskonsequenzen in Tabellenform geht und nur einfache unternehmerische Zielfunktionen wie etwa die Maximierung des jeweiligen Endvermögens zugelassen werden. Für **überschaubare Entscheidungsprobleme** bei unvollkom-

---

40 Es sei darauf hingewiesen, dass alle vorhergehenden Überlegungen nicht nach Finanzierungs- und Investitionsprojekten differenziert waren. Dies impliziert unmittelbar, dass die für Finanzierungsprojekte auf dem vollkommenen Kapitalmarkt gegebene **Kapitalwertneutralität** auf unvollkommenem Kapitalmarkt (und bei Diskontierung mit den endogenen Ein-Perioden-Kalkulationszinsfüßen) grundsätzlich **nicht** mehr gegeben ist. Vgl. hierzu auch die Ausführungen im vorhergehenden Abschnitt 2 dieses Kapitels.

41 Zu beachten ist, dass all diese Resultate bei **fehlender beliebiger Teilbarkeit** von Investitionsprojekten so **nicht** mehr gelten, wie schon im vorhergehenden Abschnitt 2 angedeutet wurde. In der Tat konnten *Laux/Franke* (1970) unter recht allgemeinen Annahmen nachweisen, dass bei bindenden Ganzzahligkeitsrestriktionen überhaupt **keine** Kalkulationszinsfüße existieren, mit deren Hilfe eine Rekonstruktion des optimalen Kapitalbudgets über Anwendung der Kapitalwertmethode möglich ist. Vgl. hierzu auch *Hellwig* (1973).

menem Kapitalmarkt kann man durch direkte Gegenüberstellung der in Erwägung zu ziehenden Finanzpläne das optimale unternehmerische Investitions- und Finanzierungsprogramm ermitteln. Bei **komplexeren** Anwendungen versagt diese Verfahrensweise, weswegen man dann auf **Methoden des Operations Research (OR)** zurückgreift, bei denen es um die EDV-gestützte Lösung in allgemeiner Form beschriebener Kapitalbudgetierungsprobleme geht. Quasi als Nebenergebnis konnte auch in diesem sehr allgemeinen Modellkontext die Existenz adäquater **endogener Kalkulationszinsfüße** zur (Ex-post-) Anwendung des Kapitalwertkriteriums hergeleitet werden.

Wenngleich sich durch die Möglichkeit zur Nutzung von **Methoden des OR** Kapitalbudgetierungsprobleme bei Sicherheit in sehr allgemeiner Form als lösbar erwiesen, haben derlei Methoden insbesondere gegenüber der (Ad-hoc-) Anwendung einfacher Kapitalwertkriterien bislang **keine** sonderlich große **praktische Bedeutung** erlangt. Dies dürfte zum einen Folge des beträchtlichen **Datenbedarfs** zur Beschreibung aller zulässigen Kapitalbudgets bei unvollkommenem Kapitalmarkt und zum anderen durch die wohl als besonders wichtigen Aspekt wahrgenommene, nicht überzeugend zu berücksichtigende **Unsicherheit** künftiger Zahlungsströme, bedingt sein.

Wiederholungsfragen

W3.1
Was versteht man unter einem vollständigen Finanzplan, und welche beiden Zwecke werden mit der Konzeption der vollständigen Finanzplanung verfolgt?

W3.2
Aus welchen Komponenten ist ein vollständiger Finanzplan aufgebaut?

W3.3
Welche unternehmerischen Zielsetzungen sind im Rahmen vollständiger Finanzplanung zu unterscheiden?

W3.4
In welcher Beziehung stehen die in W3.3 darzulegenden unternehmerischen Zielfunktionen auf einem vollkommenen Kapitalmarkt?

W3.5
Wie sind die Beziehungen zwischen den in W3.3 darzulegenden unternehmerischen Zielfunktionen auf einem unvollkommenen Kapitalmarkt zu beurteilen?

W3.6
Wie begründet sich im (Ausgangs-) Zahlenbeispiel aus Abschnitt 3.3 die Überlegenheit des Kontokorrentkredits gegenüber dem Festkredit?

W3.7
Wie würde der Vorteilhaftigkeitsvergleich zwischen Kontokorrentkredit und Festkredit im Zahlenbeispiel aus Abschnitt 3.3 auf Basis der Kapitalkostensätze ausfallen, und weshalb ist ein Kapitalkostenvergleich zur Entscheidungsfindung generell ungeeignet?

W3.8
Was versteht man allgemein unter LP-Ansätzen zur Lösung von Kapitalbudgetierungsproblemen, und wie stellt sich die Grundstruktur dieser Ansätze dar?

W3.9

Wie lassen sich endogene Kalkulationszinsfüße im Rahmen eines allgemeinen Ansatzes zur Lösung von Kapitalbudgetierungsproblemen herleiten?

W3.10

Wie sind LP-Ansätze zur Lösung von Kapitalbudgetierungsproblemen, insbesondere auch im Vergleich zum *Hirshleifer*- und *Dean*-Modell, zu beurteilen?

4 Steuern in der Investitionsrechnung

4.1 Problemstellung

Im Rahmen des vorhergehenden Kapitels III wurde stets von einem vollkommenen Kapitalmarkt ausgegangen. Dies impliziert unter anderem auch die Abstraktion von jeglicher Art der Besteuerung von Wirtschaftssubjekten. Zweifellos existieren aber in der Unternehmenspraxis **Steuern**, und insofern ist ihre Diskussion im Rahmen eines investitionstheoretischen Lehrbuchs sicherlich geboten. Sehr einfach verhielte es sich, wenn das betrachtete Steuersystem investitionsneutral wäre. **Investitionsneutralität** ist eine bestimmte Form der **Entscheidungsneutralität**. Entscheidungsneutralität eines Steuersystems liegt generell dann vor, wenn die Rangfolge von Handlungsalternativen im Rahmen eines beliebigen, hier nicht näher zu spezifizierenden Entscheidungsproblems ceteris paribus ohne Berücksichtigung der Steuern, das heißt **"vor"** Steuern, mit der unter Beachtung der Besteuerung, das heißt **"nach"** Steuern, übereinstimmt. Investitionsneutralität meint nun den Spezialfall der Entscheidungsneutralität, bei der die Rangfolge möglicher Investitionsprogramme vor und nach Steuern im Rahmen von Investitionsentscheidungen identisch ist. Augenscheinlich kann man sich im Falle investitionsneutraler Besteuerung zur Ermittlung optimaler Investitionsprogramme auf reine Vor-Steuer-Betrachtungen beschränken. Leider ist diese Eigenschaft bei realen Steuersystemen typischerweise aber **nicht** gegeben,[1] so dass eine **explizite Berücksichtigung** steuerlicher Aspekte auch in investitionsrechnerischen Kalkülen in aller Regel geboten ist.[2]

---

1 Natürlich kann man sich fragen, wie praktisch bedeutsam die fehlende Entscheidungsneutralität der jeweils gültigen Form der Besteuerung insbesondere in Abwägung zum durch die Berücksichtigung steuerlicher Aspekte erhöhten Rechenaufwand sein mag. Vgl. hierzu etwa die Kontroverse zwischen *Mellwig* (1980, 1981) und *Wagner* (1981). Zumindest für die im Folgenden betrachteten Formen der Besteuerung ist deren Berücksichtigung im Rahmen investitionsrechnerischer Kalküle derart einfach und ohne zusätzlichen Prognoseaufwand möglich, dass schon die bloße Möglichkeit der Entscheidungsrelevanz der Besteuerung eine Investitionsrechnung unter explizitem Einbezug steuerlicher Aspekte geboten erscheinen lässt.

2 Lehrbücher, die sich ausführlich mit dem Einbezug von Steuern in investitionsrechnerische Kalküle befassen, stammen unter anderem von *Mellwig* (1985), *Schneider* (1992) und *König/Wosnitza* (2004). Siehe überdies etwa *Kruschwitz* (2009).

Im Weiteren sollen deswegen zunächst im **Abschnitt 4.2** einige wesentliche Aspekte der in **Deutschland** relevanten steuerlichen Regelungen beschrieben und mit den Annahmen des "**Standardmodells** zur Erfassung steuerlicher Aspekte in der Investitionsrechnung" kontrastiert werden. Auf der Grundlage des Standardmodells kann gezeigt werden, dass **auch** unter Zugrundelegung einer allgemeinen Gewinnbesteuerung die ***Fisher*-Separation** und die daraus resultierende Möglichkeit präferenzunabhängiger und kapitalwertorientierter Investitionsrechnung noch **Bestand** haben kann. Dies ist Gegenstand des **Abschnitts 4.3**. Da im Abschnitt 1 des vorhergehenden Kapitels III bereits eine ausführliche Diskussion des *Fisher*-Modells für den Fall **ohne** Steuern erfolgte und die Einführung von Steuern weitgehend analoge Herleitungen ermöglicht, wird dem Leser vieles vertraut erscheinen. Trotzdem soll die Darstellung aus didaktischen Gründen auch unter Inkaufnahme gelegentlicher Redundanzen – ähnlich wie bei der bereits erfolgten Diskussion des *Hirshleifer*-Modells – nicht allzu knapp gehalten werden.

Je nach der konkreten Ausgestaltung eines Steuersystems kann das Phänomen auftreten, dass ein Investitionsprojekt, dessen Durchführung sich vor Steuern als nachteilig für einen Unternehmer erweist, nach Steuern vorteilhaft ist. Man spricht in diesem Zusammenhang vom Vorliegen eines **Steuerparadoxons**. Auf dieses Phänomen wird im **Abschnitt 4.4** vertieft eingegangen. Wenigstens dann, wenn Steuerparadoxa im gerade beschriebenen Sinne auftreten, erweist sich das betrachtete Steuersystem unmittelbar als nicht investitionsneutral. Aus diesem Grunde wird ebenfalls noch im Abschnitt 4.4 der Frage nachgegangen, wie ein Steuersystem ausgestaltet sein sollte, um **Investitionsneutralität** zu gewährleisten. Im **Abschnitt 4.5** schließlich werden die wichtigsten Ergebnisse nochmals zusammengefasst.

4.2 Grundzüge steuerlicher Regelungen in Deutschland und die Annahmen des Standardmodells

Im Folgenden ist auf steuerliche Fragen nur insoweit einzugehen, wie sie sich im Rahmen von Investitionsentscheidungen als besonders relevant erweisen. So beeinflussen natürlich auch Hunde- und Kfz-Steuer die aus einem Investitionsprojekt resultierenden Nach-Steuer-Einzahlungen, wenn nämlich Wachhunde gehalten werden müssen und ein Fuhrpark Bestandteil der Investitionsmaßnahme ist. Von zentraler Bedeutung im Rahmen des Treffens von Investitionsentscheidungen dürften jedoch die sogenannten **Ertragsteuern** sein, die an Gewinn- oder Einkommensgrößen anknüpfen. Zwar gab es in der Vergangenheit mit Vermögen- und Gewerbekapitalsteuer auch zwei wesentliche, an Vermögensgrößen anknüpfende sogenannte **Substanzsteuern**,[3] doch werden diese zumindest zurzeit[4] nicht erhoben und brauchen daher nicht näher betrachtet zu werden. Es soll demnach im Folgenden nur kurz auf **Körperschaft-, Einkommen- und Gewerbe(ertrag)-steuer** eingegangen werden. Bei jeder Steuerart ergibt sich die Steuerzahlung grundsätzlich aus dem Produkt von **Bemessungsgrundlage** und **Steuersatz**.

Unabhängig von ihrer Rechtsform unterliegen alle Unternehmen der **Gewerbesteuer**. Vor 1998 setzte sich die Gewerbesteuer aus den beiden **Komponenten** Gewerbeertrag- und Gewerbekapitalsteuer zusammen. Seit Anfang 1998 wird **nur noch** die Gewerbeertragsteuer erhoben, so dass im Weiteren die beiden Begriffe "Gewerbeertragsteuer" und "Gewerbesteuer" synonym verwendet werden können. Die **Bemessungsgrundlage** der Gewerbe(ertrag)steuer, also die Grundlage für die Ermittlung der Steuerlast, ist der **Gewerbeertrag** der Unternehmung. Dieser wiederum bestimmt sich zurzeit vereinfacht als der erzielte Unternehmensgewinn zuzüglich eines Viertels der Zinsen auf das von der Unternehmung aufgenommene Fremdkapital. Im Weiteren sei vereinfachend angenommen, dass sich der Gewinn G_t eines Zeitpunktes t aus dem Einzahlungsüberschuss z_t dieses Zeitpunktes zuzüglich der von der Kapitalgesellschaft vereinnahmten Habenzinsen HZ_t und abzüglich der geleisteten Sollzinsen SZ_t und der verbuchten Abschreibungen D_t ergibt.

Beispiel 4.1:
Es sei ein Gewerbesteuersatz von 14 % und ein unternehmerischer Gewinn von 100 GE angenommen. Darüber hinaus sollen 40 GE Zinsen auf Kredite anfallen. Die Gewerbesteuerbelastung GS der Unternehmung beläuft sich dann auf

$$GS = 0{,}14 \cdot (100 + 0{,}25 \cdot 40) = 15{,}4 \text{ GE}. \qquad (4.1)$$

---

[3] Vgl. hierzu näher etwa *Rose* (1997).

[4] Die Behandlung steuerrechtlicher Fragen hat stets mit dem Problem zu kämpfen, dass jede Beschreibung des Status quo schon sehr schnell wieder **überholt** sein kann und etwaige künftige Änderungen des Steuerrechts aufgrund ihrer zumeist **nicht erkennbaren Systematik** auch kaum vorhersehbar sind. Aus diesem Grunde werden hier schwerpunktmäßig die für das Jahr des Erscheinens dieses Buches, 2011, geltenden steuerrechtlichen Regelungen skizziert.

14 GE Steuerbelastung sind durch den Gewinn bedingt, weitere 1,4 GE durch die Zinsen auf das aufgenommene Fremdkapital. □

Ein **konkreter** Gewerbe(ertrag)steuersatz $s_t^{(g)}$ für einen Zeitpunkt t lässt sich in praxi **nicht** ohne weiteres angeben, da die Gewerbesteuer eine **kommunale Steuer** ist und die einzelnen Gemeinden den erwünschten Gewerbesteuersatz letzten Endes in gewissen Bandbreiten selbst festlegen können. Eine Rechnung mit 14 **% Gewerbesteuersatz** dürfte jedoch als **Durchschnittswert** vergleichsweise sachgerecht sein.[5]

Betrachtet man nun näher eine **Kapitalgesellschaft**, so hat diese als eigenständiges Steuersubjekt auf ihren Gewinn (neben der Gewerbesteuer) **Körperschaftsteuer** zu zahlen. Mit Wirkung ab dem Jahr 2001 existiert nur noch ein **einheitlicher Körperschaftsteuersatz** von zurzeit 15 % auf den Gewinn einer Kapitalgesellschaft unabhängig von der Frage der Gewinnverwendung. Vor dem Jahre 2001 war zu unterscheiden zwischen einem Körperschaftsteuersatz für einbehaltene und einem solchen für ausgeschüttete Gewinne. Nichts geändert hat sich damals an dem Umstand, dass Unternehmungen Steuern auf die Körperschaftsteuer zu zahlen haben, und zwar den im Gefolge der deutschen Wiedervereinigung eingeführten und seit 1998 in der aktuellen Form bestehenden **"Solidaritätszuschlag"**[6] in Höhe von 5,5 % der Körperschaftsteuer. Der Solidaritätszuschlag stellt hierbei letzten Endes nichts anderes dar als eine **Erhöhung** des unternehmerischen Körperschaftsteuersatzes auf $0{,}15 \cdot 1{,}055 = 15{,}825$ %. Im Weiteren werde der Körperschaftsteuersatz inclusive des Solidaritätszuschlags für einen Zeitpunkt t mit $s_t^{(k)}$ bezeichnet.

Soweit Teile des nach Gewerbe- und Körperschaftsteuer verbleibenden Gewinns an Anteilseigner ausgeschüttet werden, unterliegen sie dort zusätzlich der Einkommensteuer, und zwar mit Wirkung ab dem Jahr 2009 in der speziellen Form der sogenannten Abgeltungsteuer. Unabhängig vom ansonsten maßgeblichen persönlichen Einkommensteuersatz, der mit wachsendem Einkommen von an-

---

5 Vgl. *Rose/Watrin* (2009), S. 235.

6 Zweifellos handelt es sich hierbei um eine sehr wohlklingende Beschreibung des Umstands einer **faktischen Erhöhung** der Körperschaft- und Einkommensteuer, wenngleich kaum davon auszugehen ist, dass den Steuerzahlern die Erfüllung ihrer Pflichten hierdurch größere Freude bereitet.

fänglich[7] 14 % bis auf 45 % (plus Solidaritätszuschlag) steigt, beläuft sich der Einkommensteuersatz im Zusammenhang mit der Abgeltungsteuer nur auf 25 % (wieder zuzüglich Solidaritätszuschlag von 5,5 % auf die Abgeltungsteuer). Besteuert werden auf diese Weise alle privaten Kapitalerträge, also sowohl Erträge aus dem Halten von Eigenkapital (wie insbesondere Dividenden) als auch aus dem Halten von Fremdkapital (wie Zinsen auf gewährte Kredite). Generell sei der für ein Steuersubjekt maßgebliche Einkommensteuersatz mit $s_t^{(e)}$ bezeichnet. Im Unterschied zur steuerlichen Behandlung von Habenzinsen im Rahmen der Abgeltungsteuer sind Sollzinsen, die ein privates Steuersubjekt zu leisten hat, grundsätzlich nicht steuermindernd ansetzbar.

Aus dem letztgenannten Umstand kann bereits ein wichtiger Schluss gezogen werden: Im Rahmen der hier erfolgenden vereinfachten Betrachtung sollten etwaige **Kreditaufnahmen** zur zeitlichen Transformation der Einkommensströme von Anteilseignern zum Zwecke der Steuerersparnis sinnvollerweise im Bereich der jeweiligen **Gesellschaft** und nicht in der privaten Sphäre des jeweiligen Anteilseigners angesiedelt werden.

Mit GS_t sei die Gewerbesteuer- und mit KS_t die Körperschaftsteuerbelastung der Unternehmung in einem Zeitpunkt t bezeichnet. Entsprechend stehe ES_t für die Einkommensteuerbelastung des betrachteten Unternehmers in t. Der Gewinn nach Gewerbe- und Körperschaftsteuer im Zeitpunkt t ist somit $G_t - GS_t - KS_t$. Hiervon werde der Anteil α ausgeschüttet. Mit diesen Informationen können die dem Unternehmer insgesamt zufließenden Zahlungen nach Steuern bestimmt werden. Diese belaufen sich nämlich auf $\alpha \cdot (G_t - GS_t - KS_t) - ES_t$. Unterstellt man vereinfachend, dass der Unternehmer in Zeitpunkten $t > 0$ keinerlei Gewinnbestandteile für Reinvestitionen thesauriert, dann gilt sofort $\alpha = 1$, und man erhält die dem Unternehmer zufließenden Mittel als $G_t - (GS_t + KS_t + ES_t)$. Die Gesamtsteuerbelastung $GS_t + KS_t + ES_t$ lässt sich weiter konkretisieren:

[7] Genaugenommen beläuft sich der anfängliche Einkommensteuersatz auf 0 %, da es gewisse Einkommensfreibeträge gibt, bei deren Unterschreitung keine Besteuerung stattfindet.

$$
\begin{aligned}
&GS_t + KS_t + ES_t \\
&= s_t^{(g)} \cdot (G_t + 0{,}25 \cdot SZ_t) + s_t^{(k)} \cdot G_t + s_t^{(e)} \cdot \left(G_t - KS_t - GS_t\right) \\
&= s_t^{(g)} \cdot (G_t + 0{,}25 \cdot SZ_t) + s_t^{(k)} \cdot G_t \\
&\quad + s_t^{(e)} \cdot \left[G_t - s_t^{(k)} \cdot G_t - s_t^{(g)} \cdot (G_t + 0{,}25 \cdot SZ_t)\right] \\
&= \left[s_t^{(g)} + s_t^{(k)} + s_t^{(e)} - s_t^{(e)} \cdot s_t^{(k)} - s_t^{(e)} \cdot s_t^{(g)}\right] \cdot G_t + \left[s_t^{(g)} - s_t^{(e)} \cdot s_t^{(g)}\right] \cdot 0{,}25 \cdot SZ_t \\
&= \left[s_t^{(g)} + s_t^{(k)} + s_t^{(e)} \cdot (1 - s_t^{(k)} - s_t^{(g)})\right] \cdot G_t + \left[s_t^{(g)} \cdot (1 - s_t^{(e)})\right] \cdot 0{,}25 \cdot SZ_t \\
&= s_t \cdot G_t + s_t^{+} \cdot SZ_t
\end{aligned}
\tag{4.2}
$$

mit $s_t \equiv s_t^{(g)} + s_t^{(k)} + s_t^{(e)} \cdot (1 - s_t^{(k)} - s_t^{(g)})$ und $s_t^{+} \equiv \left[s_t^{(g)} \cdot (1 - s_t^{(e)})\right] \cdot 0{,}25$. Die Gesamtsteuerbelastung besteht damit aus einem vom unternehmerischen Gewinn G_t und zusätzlich aus einem vom Ausmaß der geleisteten Sollzinsen SZ_t positiv abhängigen Teil. Mit $s_t^{(k)} = 15{,}825$ %, $s_t^{(e)} = 26{,}375$ % und $s_t^{(g)} = 14$ % erhält man $s_t \approx 48{,}3337$ % und $s_t^{+} \approx 2{,}5769$ %.

Im Rahmen des **Standardmodells** der Investitionsrechnung zur Untersuchung steuerlicher Fragen wird von realen steuerrechtlichen Gegebenheiten in verschiedener Hinsicht abstrahiert.[8] Konkret wird angenommen, dass lediglich eine allgemeine Gewinnsteuer existiert und der zugehörige **Gewinnsteuersatz s** für alle Zeitpunkte und Ausprägungen der Bemessungsgrundlage konstant ist. Bezogen auf (4.2), bedeutet dies demnach, dass $s_t^{+} = 0$ % für alle t gilt, was wiederum eine **vollständige Abstraktion** von der Gewerbeertragsteuer impliziert. Schließlich wird angenommen, dass die errechnete Steuer im Falle eines positiven Gewinnausweises unmittelbar in t zu zahlen ist. Ist die errechnete Steuerzahlung des Steuersubjekts negativ, so erhalte das jeweilige Steuersubjekt sofort eine Steuererstattung in der entsprechenden Höhe.

Bei **Personengesellschaften** sind grundsätzlich nur die Gesellschafter selbst die Steuersubjekte, weswegen zum einen die Körperschaftsteuer entfällt, dafür aber zum anderen auch der **gesamte** nach Gewerbesteuer verbleibende Gewinn mit Einkommensteuer belegt wird. In diesem Zusammenhang gilt auch nicht der spezielle Einkommensteuersatz der Abgeltungsteuer, sondern der "herkömmliche"

---

8 Vgl. hierzu etwa *Wagner* (1979), *Wagner/Dirrigl* (1980), S. 24 ff., *Kruschwitz* (2009), S. 132 ff.

Einkommensteuersatz des Unternehmers. Zusätzlich wird freilich bei Personengesellschaften die Einkommensteuerschuld direkt durch Abzug einer **pauschal**, das heißt ohne Bezug auf die jeweiligen konkreten kommunalen Regelungen, bestimmten Gewerbesteuerbelastung reduziert. Auf diese Weise wird der Einfluss der Gewerbesteuer auf den nach Steuern dem Unternehmer zufließenden Einzahlungsüberschuss zweifellos reduziert, weswegen die Annahmen des Standardmodells tendenziell besser als im Falle von Kapitalgesellschaften zur Approximation realer steuerlicher Gegebenheiten geeignet sein dürften.

Das Standardmodell kann zusammenfassend ganz allgemein als **vereinfachte Abbildung** gängiger realer Steuersysteme aufgefasst werden und erfreut sich demgemäß in der Praxis recht großer Beliebtheit.[9] Die Vereinfachung bezieht sich insbesondere zum einen auf **Art** und **Anzahl** der erfassten Teile der steuerlichen **Bemessungsgrundlage** und zum anderen auf die Annahme eines **konstanten** Gewinnsteuersatzes. Die **Approximationsgüte** hinsichtlich der tatsächlich in Deutschland maßgeblichen steuerlichen Regelungen ist dabei seit der nicht mehr erfolgenden Erhebung der früheren beiden Substanzsteuern, Vermögen- und Gewerbekapitalsteuer, ebenso wie durch die Neuregelungen zum 1. Januar 2001 tendenziell gestiegen. Auf diese Frage wird aber noch zurückzukommen sein.

4.3 *Fisher*-Separation und Kapitalwertkriterium bei Steuern[10]

4.3.1 Unternehmerische Präferenzen und Realinvestitionsmöglichkeiten

Wie im Abschnitt 1 des vorhergehenden Kapitels werde ein Unternehmer mit einem Anfangsvermögen W_0 in $t = 0$ im Rahmen eines **Zwei-Zeitpunkte-Ansatzes** bei Sicherheit betrachtet. Der Unternehmer verfüge über eine **Nutzenfunktion** $U = U(C_0;C_1)$, wobei C_t bekanntermaßen für den **Konsum** des Unternehmers im Zeitpunkt $t = 0, 1$ steht. Der Nutzen des Unternehmers nehme sowohl mit wachsendem Gegenwartskonsum C_0 als auch mit wachsendem Zukunftskonsum C_1 gemäß dem Gesetz vom **abnehmenden Grenznutzen** degressiv zu. Die aus der unternehmerischen Nutzenfunktion herleitbaren Indifferenzkurven, verstanden als geometrische Orte aller Kombinationen von C_0 und C_1, die gleichen Nutzen stiften, sollen wie schon im Abschnitt 1 des zweiten Kapitels degressiv fallend verlaufen.

---

9 Vgl. z.B. *Lenz* (1991), S. 499.

10 Der folgende Abschnitt basiert im Wesentlichen auf *Breuer* (1999b).

In $t = 0$ habe der besagte Unternehmer Zugang zu **Realinvestitionsmöglichkeiten**, die bei einem Investitionsvolumen von I in $t = 0$ zu Rückflüssen in Höhe von F(I) zum Zeitpunkt $t = 1$ führen. F(I) sei durchgängig differenzierbar und degressiv steigend in I. Es gilt also $F'(I) > 0$ und $F''(I) < 0$.

Die unternehmerischen Erträge sollen gemäß dem im vorhergehenden Abschnitt 4.2 vorgestellten Standardmodell besteuert werden. Unterstellt man, dass der Unternehmer im Umfang I seiner in $t = 0$ durchgeführten Investitionen entsprechende (steuerlich wirksame) **Aktivierungen** von Investitionsobjekten vorzunehmen hat, dann beläuft sich sein in $t = 0$ ausgewiesener Gewinn auf Null, da einer Anfangsauszahlung in Höhe von I eine entsprechende Zuschreibung (das heißt **negative** Abschreibung) in gerade dieser Höhe gegenübersteht.

Anders verhält es sich in $t = 1$. Hier ergeben sich zum einen die Rückflüsse F(I) aus der investiven Tätigkeit. Diese sind um die anfallenden Steuerzahlungen zu kürzen. Der ausgewiesene Gewinn des Unternehmers beläuft sich auf F(I)−I, da die durchgeführten Investitionen bereits in $t = 1$ **vollständig** abzuschreiben sind: In $t = 1$ endet annahmegemäß jede wirtschaftliche Tätigkeit des Unternehmers. **Nach** Steuern verbleiben dem Unternehmer demnach in $t = 1$ noch Einzahlungsüberschüsse in Höhe von

$$F_S(I) \equiv F(I) - s \cdot [F(I) - I] = (1 - s) \cdot F(I) + s \cdot I. \tag{4.3}$$

Auch die so ermittelte Realinvestitionskurve nach Steuern verläuft für Gewinnsteuersätze s mit $0 < s < 1$ wie die vor Steuern weiterhin **degressiv steigend** in I, wie man durch Bildung der ersten **(positiven)** und der zweiten **(negativen)** Ableitung leicht nachprüfen kann:

$$\begin{aligned} F_S'(I) &= (1 - s) \cdot F'(I) + s > 0 \qquad &&\text{für } F'(I) > 0, \\ F_S''(I) &= (1 - s) \cdot F''(I) < 0 \qquad &&\text{für } F''(I) < 0. \end{aligned} \tag{4.4}$$

Die Einführung einer allgemeinen **Gewinnsteuer** bedingt demnach auf der Seite der Realinvestitionen keine grundlegende Änderung der Zusammenhänge.

Wie im Abschnitt 1 des vorhergehenden Kapitels kann man die durch Realinvestitionen erreichbaren unternehmerischen Konsumpositionen natürlich auch in einem **(C_0;C_1)-Diagramm** darstellen. Da $I = W_0 - C_0$ gilt, folgt bei alleiniger Betrachtung der unternehmerischen Realinvestitionsmöglichkeiten

$$C_1 = F_S(W_0 - C_0) = (1-s) \cdot F(W_0 - C_0) + s \cdot \left(W_0 - C_0\right). \tag{4.5}$$

Die graphische Darstellung dieser Beziehung zwischen C_1 und C_0 bezeichnet man bekanntlich als **Transformationskurve** (hier: nach Steuern). Die Transformationskurve ist ganz allgemein der geometrische Ort aller Kombinationen von gegenwärtigem und zukünftigem Konsum, die der Unternehmer allein durch Realinvestitionen erreichen kann. Bei Abstraktion von Finanzinvestitionen ist die Transformationskurve wegen der Unmöglichkeit negativer Konsumpositionen sinnvoll nur im ersten Quadranten definiert. Unter den hier getroffenen Annahmen verläuft sie trotz der Berücksichtigung von Steuern wie schon im Fall ohne Steuern progressiv fallend.[11]

Beispiel 4.2:
Betrachtet sei ein Unternehmer mit einer Vermögensanfangsausstattung in $t = 0$ in Höhe von $W_0 = 10$ GE. Seine Investitionsertragsfunktion vor Steuern sei $F(I) = 4{,}4 \cdot I^{0,5}$, und der allgemeine Gewinnsteuersatz im Rahmen des Standardmodells belaufe sich auf $s = 30$ %. Damit ergibt sich eine Realinvestitionsfunktion nach Steuern der Form $F_S(I) = (1-s) \cdot F(I) + s \cdot I = 3{,}08 \cdot I^{0,5} + 0{,}3 \cdot I$. Die zugehörige Transformationskurve nach Steuern lautet $C_1 = F_S(W_0 - C_0) = 3{,}08 \cdot (10 - C_0)^{0,5} + 0{,}3 \cdot (10 - C_0)$ und ist zunächst einmal (also ohne Berücksichtigung von Finanzinvestitionen) nur definiert für Werte C_0 mit $0 \le C_0 \le 10$. □

4.3.2 Der unternehmerische Kapitalmarktzugang

Der betrachtete Unternehmer habe neben seinen Realinvestitionsmöglichkeiten in $t = 0$ Zugang zu einem (bis auf die Existenz einer allgemeinen Gewinnsteuer) **vollkommenen Kapitalmarkt**. Gemäß der Darstellung aus Abschnitt 1 des Kapitels III bedeutet das Folgendes: Alle Subjekte auf dem Kapitalmarkt agieren erstens **rational** und ziehen dabei **mehr Geld gegenüber weniger Geld** vor. Von mehreren zur Auswahl stehenden Handlungsalternativen wählen sie stets nur eine solche, die für sie **zum höchsten Zielerreichungsgrad** führt. Weil der betrachtete

---

[11] Vgl. hierzu etwa exemplarisch die Transformationskurve nach Steuern in *Abbildung 4.1*.

Unternehmer sowohl mit wachsendem Gegenwarts- wie auch wachsendem Zukunftskonsum Nutzensteigerungen erfährt, impliziert dies unter anderem, dass der Unternehmer sicherlich **keine** Verhaltensweise wählen wird, zu der es eine Alternative gibt, die ihm eine **simultane** Erhöhung von C_0 **und** C_1 ermöglicht.

Zweitens gilt, dass alle Marktteilnehmer als **Mengenanpasser** handeln, also die am Kapitalmarkt herrschenden Zinssatzkonditionen als durch sie unbeeinflussbar annehmen. Drittens sind mit allen Handlungen (bis auf die anfallenden Steuerbelastungen) **keinerlei Transaktionskosten** verbunden. Aus diesen drei Charakteristika folgt unmittelbar, dass es für die Anlage und Aufnahme von Geld von $t = 0$ bis $t = 1$ in der Nach-Steuer-Betrachtung ebenso wie schon in der Vor-Steuer-Betrachtung nur **genau einen** einheitlichen Zinssatz i_S geben kann.[12]

Zunächst einmal kann nämlich festgehalten werden, dass die bei einem Kapitalgeber nach Steuern verbleibende Verzinsung mit der vom Kapitalnehmer unter Beachtung steuerlicher Aspekte zu erbringenden übereinstimmt. Denn die Steuerbelastung durch Zinserhalt beim Kapitalgeber entspricht wegen des konstanten Steuersatzes s und der Möglichkeit negativer Gewinnbesteuerung der Steuerentlastung beim Kapitalnehmer, und weitere Transaktionskosten gibt es annahmegemäß nicht. Aus diesem Grunde hat jeder beliebige Nach-Steuer-Zinssatz stets simultan für Kapitalgeber und -nehmer Gültigkeit.

Existierten unter Beachtung des gerade dargelegten Zusammenhangs wenigstens zwei verschiedene Nach-Steuer-Zinssätze auf dem betrachteten Kapitalmarkt, würde jeder Marktteilnehmer zum günstigeren der beiden Zinssätze Mittel aufnehmen und zum höheren Mittel anlegen wollen. Sofern es außer der besagten Gewinnsteuer keine Marktunvollkommenheit gibt, besteht keinerlei Grund zu der Annahme, dass die erwünschten Transaktionen nicht friktionsfrei durchgeführt werden könnten. Damit aber gäbe es zum höheren der beiden Zinssätze keine Nachfrage und zum niedrigeren kein Angebot an Mitteln.

---

[12] Das Symbol i_S steht demnach für den einheitlichen Nach-Steuer-Kapitalmarktzinssatz im Zusammenhang mit Anlage oder Verschuldung auf einem bis auf die Existenz von Steuern vollkommenen Kapitalmarkt und ist damit natürlich **nicht** zu verwechseln mit dem Sollzinssatz $i^{(S)}$ aus dem *Hirshleifer*-Modell.

Ausgehend von einer (beliebigen) **Konsumposition** $(\overline{C}_0;\overline{C}_1)$, die der Unternehmer allein aufgrund seiner durchgeführten Realinvestitionen verwirklichen könnte, führt die Aufnahme eines **Kredites** in Höhe von K dazu, dass der Unternehmer in t = 0 sein Konsumniveau auf $C_0 = \overline{C}_0 + K$ steigert. Dafür **reduziert** sich infolge der erforderlichen Kreditrückzahlung sein Konsum im Zeitpunkt t = 1 auf $C_1 = \overline{C}_1 - (1 + i_s) \cdot K$.

Man kann ohne weiteres auch negative Werte für K zulassen: Ein negatives Kreditvolumen entspricht der Anlage von Mitteln am Kapitalmarkt zum Zinssatz i_S von t = 0 bis t = 1. Natürlich führt K < 0 dazu, dass sich das unternehmerische Konsumniveau in t = 0 verringert, dafür aber nimmt der Konsum des Unternehmers in t = 1 zu.

Unabhängig davon, ob K positiv oder negativ ist, steht der Nach-Steuer-Zinssatz i_S in folgender Beziehung zum Vor-Steuer-Zinssatz i: Der Unternehmer hat für einen Kreditaufnahmebetrag in Höhe von K in t = 1 Zinsen in Höhe von $i \cdot K$ zu zahlen. Weil diese Zinszahlungen seinen in t = 1 ausgewiesenen steuerpflichtigen Gewinn mindern, reduziert sich seine Steuerbelastung um den Betrag $s \cdot i \cdot K$. Insgesamt verbleiben demnach für den Unternehmer in der Nach-Steuer-Betrachtung noch Zinszahlungen von $i \cdot K - s \cdot i \cdot K = i \cdot (1-s) \cdot K$, so dass man $i_S = i \cdot (1-s)$ als **Nach-Steuer-Zinssatz** für die Annahmen des Standardmodells erhält. Ist **K < 0**, tätigt der Unternehmer also eine **Mittelanlage** in t = 0, so behalten alle Aussagen auch hierfür ihre Gültigkeit. In diesem Fall reduziert sich die Nach-Steuer-Rendite eben gerade auch auf $i \cdot (1-s)$. Löst man die Gleichung $C_0 = \overline{C}_0 + K$ nach −K auf und setzt das Ergebnis in die Bestimmungsgleichung für C_1 ein, so erhält man unter Beachtung von $i_S = i \cdot (1-s)$ die Gleichung der **Kapitalmarktgeraden** (hier: wieder **nach** Steuern):

$$C_1 = \overline{C}_1 + [1 + i \cdot (1-s)] \cdot (\overline{C}_0 - C_0). \tag{4.6}$$

Sie beschreibt den geometrischen Ort aller $(C_0;C_1)$-Kombinationen, die der Unternehmer durch Anlage oder Aufnahme von Mitteln am Kapitalmarkt, ausgehend von einer (durch Realinvestitionen erreichten) Konsumposition $(\overline{C}_0;\overline{C}_1)$, realisieren kann. Die **Steigung** der Kapitalmarktgeraden ist unabhängig vom "Startpunkt" $(\overline{C}_0;\overline{C}_1)$ stets **konstant** $-[1+i\cdot(1-s)]$.[13] Natürlich können erneut nur Konsumpositionen vom Unternehmer angestrebt werden, für die C_0, $C_1 \geq 0$ gilt. Allerdings mag der Startpunkt der Kapitalmarktgeraden durchaus im zweiten Quadranten liegen, wie schon im Abschnitt 1 aus Kapitel III dargelegt wurde.

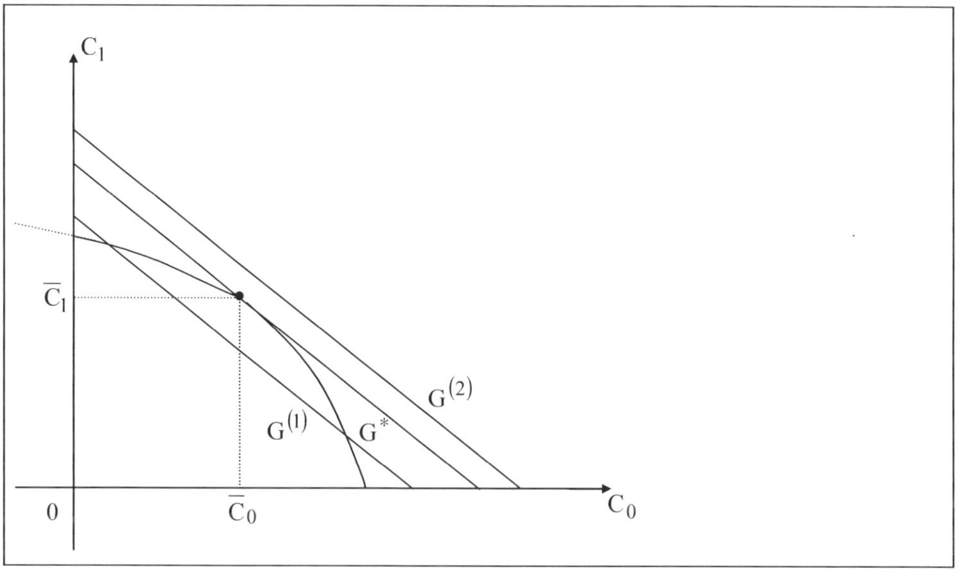

Abbildung 4.1: Die *Fisher*-Separation im Standardmodell

Beispiel 4.3:

Es sei angenommen, der Zinssatz i für Anlage und Verschuldung von t = 0 bis t = 1 belaufe sich auf 10 % bei einem konstanten Gewinnsteuersatz s von 30 %. Hieraus resultiert sofort ein Nach-Steuer-Zinssatz $i_S = 0{,}1\cdot(1-0{,}3) = 7$ %. Unternehmer 1 habe eine Anfangsausstattung von $W_0 = 10$ GE, aber keinen Zugang zu Realinvestitionsmöglichkeiten. Damit ist der Startpunkt der für ihn relevanten Kapitalmarktgeraden durch $(\overline{C}_0;\overline{C}_1) = (10;0)$ festgelegt, und deren zugehörige Gleichung lautet

$$C_1 = 0 + 1{,}07\cdot(10 - C_0) = 10{,}7 - 1{,}07\cdot C_0. \tag{4.7}$$

[13] Vgl. beispielsweise die Kapitalmarktgeraden $G^{(1)}$ und G^* in *Abbildung 4.1.*

Unternehmer 2 hingegen plane für gegebene Vermögensanfangsausstattung derartige Realinvestitionen, dass sich als Startpunkt der für ihn relevanten Kapitalmarktgeraden $(\bar{C}_0;\bar{C}_1) = (6;7,36)$ ergibt. Hieraus resultiert als Geradengleichung:

$$C_1 = 7,36 + 1,07 \cdot (6 - C_0) = 13,78 - 1,07 \cdot C_0. \tag{4.8}$$

In beiden Fällen erhält man als Geradensteigung also $-1,07$. Die Kapitalmarktgerade des Unternehmers 1 liegt dabei weiter innen als die des Unternehmers 2, wie man leicht anhand des für Unternehmer 2 maximal erreichbaren Zukunftskonsums von 13,78 GE im Vergleich zum entsprechenden Wert von 10,7 GE für Unternehmer 1 erkennt. Die relative Lage der beiden Kapitalmarktgeraden zueinander entspricht damit prinzipiell derjenigen der Geraden $G^{(1)}$ und G^* aus *Abbildung 4.1*, wenn man die Kapitalmarktgerade des Unternehmers 1 mit $G^{(1)}$ und die des Unternehmers 2 mit G^* bezeichnet. Da die beiden betrachteten Startpunkte der Kapitalmarktgeraden durch positiven Gegenwartskonsum gekennzeichnet sind, verlaufen die relevanten Teile der beiden Kapitalmarktgeraden hier in der Tat nicht außerhalb des ersten Quadranten. □

4.3.3 Kapitalwertmaximierung als Auswahlkriterium für Realinvestitionen

Unabhängig von der konkret angenommenen Nutzenfunktion U des Unternehmers ist es für diesen am besten, wenn er eine möglichst weit **außen** liegende Kapitalmarktgerade erreicht. Denn eine weiter außen liegende Kapitalmarktgerade ermöglicht es im Vergleich zu einer weiter innen liegenden stets, sowohl den unternehmerischen Gegenwarts- als auch den Zukunftskonsum zu erhöhen. Sieht man im Weiteren von Randlösungen ab,[14] so realisiert der Unternehmer die am weitesten außen liegende Kapitalmarktgerade, wenn er ein solches Realinvestitionsvolumen I^* umsetzt, dass die zugehörige Kapitalmarktgerade **Tangente** an die Transformationskurve wird. Natürlich gibt es noch weiter außen liegende Kapitalmarktgeraden, doch haben diese – wie etwa $G^{(2)}$ in *Abbildung 4.1* – **keinen** Punkt mehr mit der Transformationskurve gemein, können vom Unternehmer also durch Realinvestitionen nicht erreicht werden. Alle sonst zugänglichen Kapitalmarktgeraden – wie etwa $G^{(1)}$ – liegen hingegen **weiter innen** und sind aus Unternehmersicht deshalb **schlechter** als die Tangente G^*.

[14] Vgl. hierzu auch schon die Ausführungen im Abschnitt 1 aus Kapitel III.

In dem Tangentialpunkt entspricht die Steigung der Transformationskurve $-F_S'(W_0-C_0)$ der (einheitlichen) Steigung $-(1+i_s)$ der Kapitalmarktgeraden. Ganz analog zu der Darstellung aus Abschnitt 1 des Kapitels III folgt daraus die **Gleichheit** der Grenzrendite (nun nach Steuern) $F_S'(I)-1$ von Investitionen und des Nach-Steuer-Zinssatzes i_S: Solange die Grenzrendite größer als i_S ist, wird der Unternehmer durch zusätzliche Investitionen schon bei deren Kreditfinanzierung ceteris paribus seine Konsummöglichkeiten des Zeitpunktes t = 1 steigern können; sobald die Grenzrendite geringer als i_S wird, sollte der Unternehmer sinnvollerweise seine geplanten Realinvestitionen wieder verringern und etwaige gewünschte Mittelanlagen durch Finanzinvestitionen am Kapitalmarkt umsetzen.

Die **Entscheidung** über das optimale Realinvestitionsprogramm eines Unternehmers kann demnach trotz der Existenz positiver Steuern auch hier **unabhängig** von den unternehmerischen **Präferenzen** und seiner **Anfangsausstattung** getroffen werden, indem einfach das Erreichen der am weitesten außen liegenden Kapitalmarktgeraden angestrebt wird. Die Präferenzen und die Anfangsausstattung des Unternehmers bestimmen lediglich, ob der Unternehmer Mittel am Kapitalmarkt aufnimmt oder anlegt, also **welchen Punkt** $(C_0^*;C_1^*)$ er letzten Endes auf der eindeutig bestimmten (Tangential-) Kapitalmarktgeraden G^* (ausgehend von $(\bar{C}_0;\bar{C}_1)$) anstrebt.

Im hier zugrunde gelegten Kontext ist nun noch folgende Umformung möglich:

$$\begin{aligned}
& F_S'(I)-1=i_S \\
\Leftrightarrow\ & (1-s)\cdot F'(I)+s-1=i\cdot(1-s) \\
\Leftrightarrow\ & (1-s)\cdot F'(I)=i\cdot(1-s)+1-s \\
\Leftrightarrow\ & (1-s)\cdot F'(I)=(1-s)\cdot(1+i) \\
\Leftrightarrow\ & F'(I)-1=i.
\end{aligned} \tag{4.9}$$

Man erhält hier damit das doch recht überraschende Ergebnis, dass das optimale Investitionsvolumen nicht nur durch die Gleichheit der Nach-Steuer-Renditen von Real- und Finanzinvestitionen, sondern auch der entsprechenden Vor-Steuer-Renditen charakterisiert ist. Das bedeutet, dass das optimale Investitionsvolumen im Rahmen dieses Zwei-Zeitpunkte-Ansatzes in der Vor- und der Nach-Steuer-Betrachtung identisch ist. Es liegt hier demnach **Investitionsneutralität** des zugrunde gelegten Steuersystems vor. Dies ist allerdings eine Implikation der Betrachtungsverengung auf **nur zwei** Zeitpunkte (bei gleichzeitiger Fixierung der **Aktivierung** des Zeitpunktes t = 0 auf I). Wir werden im Abschnitt 4.4 noch anhand des Beispiels 4.8 sehen, dass bei Mehr-Perioden-Betrachtungen im Rahmen des Standardmodells zur Erfassung steuerlicher Aspekte in der Investitionsrechnung Investitionsneutralität generell nicht gegeben ist. Robust ist hingegen das Ergebnis der Präferenz- und Ausstattungsunabhängigkeit des optimalen Realinvestitionsvolumens.

Angemerkt werden sollte des Weiteren, dass die hier resultierende Investitionsneutralität des Steuersystems nicht auch mit einer Konsumneutralität einhergeht. In Analogie zur Investitionsneutralität kann man von **Konsumneutralität im engeren Sinne** für den Fall sprechen, dass die optimalen unternehmerischen Konsumauszahlungen in t = 0 und t = 1 vor Steuern die gleichen sind wie nach Steuern. Da Steuern der Erzielung staatlicher Einnahmen dienen, wird Konsumneutralität i.e.S. augenscheinlich typischerweise nicht gegeben sein. **In einem weiteren Sinne** soll deswegen dann von **Konsumneutralität** gesprochen werden, wenn das Verhältnis der optimalen Konsumauszahlungen verschiedener Zeitpunkte zueinander steuersatzunabhängig konstant ist und somit wenigstens die Struktur der intertemporalen Konsumallokation trotz Einführung einer Besteuerung erhalten bleibt. Selbst im hier betrachteten Zwei-Zeitpunkte-Kontext liegt Konsumneutralität allerdings weder im engeren noch im weiteren Sinne generell vor, da die mit bzw. ohne Steuern resultierenden (Tangential-) Kapitalmarktgeraden trotz gleichen optimalen Wertes für das Realinvestitionsvolumen auch bei gegebener (steuerunabhängigen) Anfangsausstattung durch unterschiedliche Tangentialpunkte verlaufen und über unterschiedliche Steigungen verfügen. Daher wird der Unternehmer in aller Regel trotz gleichbleibender investiver Tätigkeit sowohl absolut als auch relativ unterschiedliche optimale zeitliche Konsumallokationen realisieren.[15]

Beispiel 4.4:

Betrachtet sei ein Unternehmer mit einer Vermögensanfangsausstattung in t = 0 in Höhe von W_0 = 10 GE. Seine Investitionsertragsfunktion vor Steuern sei $F(I) = 4{,}4 \cdot I^{0{,}5}$ und stimme folglich mit der aus Beispiel 4.2 überein. Entsprechendes gelte für den Gewinnsteuersatz s = 30 %. Der Kapitalmarktzinssatz i für Mittelanlage

[15] Vgl. hierzu näher auch die Ausführungen im Zusammenhang mit Beispiel 4.13.

und -aufnahme von t = 0 bis t = 1 betrage vor Steuern 10 %. Daraus resultiert ein Nach-Steuer-Zinssatz von $i \cdot (1-s)$ = 7 %. Für das optimale Investitionsvolumen muss die Steigung der Transformationskurve nach Steuern, $-F_S'(I)$, gerade dem Wert −1,07 entsprechen:

$$-\left(\frac{1{,}54}{\sqrt{I}}+0{,}3\right)=-1{,}07 \Leftrightarrow I^{*}=4\text{ GE}. \tag{4.10}$$

Das optimale Realinvestitionsvolumen entspricht damit in der Tat demjenigen, das im Beispiel 1.2 im Abschnitt 1 des dritten Kapitels für den Vor-Steuer-Fall hergeleitet worden ist.

Mit I^{*} = 4 GE sowie W_0 = 10 GE erhält man unmittelbar $\bar{C}_0$ = 6 GE und $\bar{C}_1$ = 7,36 GE. Die Gleichung der vom Unternehmer bei optimalem Investitionsverhalten erreichbaren Kapitalmarktgeraden ist folglich mit der des Unternehmers 2 aus Beispiel 4.3 identisch. Im Vor-Steuer-Fall des Beispiels 1.2 aus Abschnitt 1 des vorhergehenden Kapitels galt hingegen $\bar{C}_1$ = 8,8 GE bei gleichem Wert für $\bar{C}_0$ und war die Steigung der resultierenden Kapitalmarktgeraden −1,1. Trotz gleichen Realinvestitionsvolumens ergibt sich also im Vor- und im Nach-Steuer-Fall jeweils eine unterschiedliche Tangentialkapitalmarktgerade.

Im Beispiel 1.3 aus Abschnitt 1 des Kapitels III wurde für den Vor-Steuer-Fall bei Zugrundelegung einer unternehmerischen Nutzenfunktion der Form $U(C_0{:}C_1) = C_0^{0,3} \cdot C_1^{0,7}$ als optimale Konsumposition $(C_0^{*};C_1^{*})$ = (4,2;10,78) ermittelt. Der Ansatz zur Bestimmung des Konsumoptimums für den Nach-Steuer-Fall im Rahmen dieses Beispiels 4.4 lautet:

$$\begin{aligned} &\text{I.} \quad \bar{U}^{\frac{10}{7}} \cdot C_0^{-\frac{3}{7}} = 13{,}78 - 1{,}07 \cdot C_0, \\ &\text{II.} \quad \frac{3}{7} \cdot \bar{U}^{\frac{10}{7}} \cdot C_0^{-\frac{10}{7}} = 1{,}07. \end{aligned} \tag{4.11}$$

Gesucht ist eine Indifferenzkurve mit (maximalem) Nutzenniveau $\bar{U}$, die einen Punkt mit der Kapitalmarktgeraden gemeinsam hat (I.) und in diesem Punkt über eine Grenzrate der Substitution von 1,07 verfügt (II.). Die simultane Lösung der beiden Gleichungen aus (4.11) liefert $C_0^{*} \approx 3{,}864$ GE sowie $\bar{U}^{*} \approx 7{,}331$. Durch

Einsetzen von $C_0^* \approx 3{,}864$ GE in die Gleichung der Kapitalmarktgeraden gemäß (4.8) ergibt sich des Weiteren $C_1^* \approx 9{,}646$ GE, also eine deutlich andere (und eindeutig schlechtere) Konsumposition als im Fall ohne Steuern. Auch das Verhältnis C_1^* / C_0^* weicht hier mit einem Wert von ungefähr 2,496 von der entsprechenden Relation $2{,}5\overline{6}$ im Falle ohne Steuern ab.

Wegen $\overline{C}_0 = 6$ GE > $C_0^* \approx 3{,}864$ GE tätigt der Unternehmer in der Situation mit Steuern dabei infolge recht stark ausgeprägter Zukunftspräferenzen zusätzlich zu seinen Realinvestitionen im Umfang $I^* = 4$ GE auch noch eine Kapitalmarktanlage von etwa 2,136 GE. □

Das Ergebnis vermögens- und präferenzunabhängiger Real- sowie vermögens- und präferenzabhängiger Finanzinvestitionsentscheidungen ist für den Fall ohne Steuern bereits im Abschnitt 1 des vorhergehenden Kapitels hergeleitet und als ***Fisher*-Separation** bezeichnet worden. Die gerade angestellten Überlegungen zeigen, dass die *Fisher*-Separation grundsätzlich **auch** bei Existenz einer **allgemeinen Gewinnsteuer** ihre Gültigkeit behalten kann. Wesentlich ist in diesem Zusammenhang, dass Soll- und Habenzinsen **steuerlich gleichartig** behandelt werden. Denn nur dadurch können die jeweils möglichen Kapitalmarkttransaktionen des betrachteten Unternehmers über eine Schar von Kapitalmarktgeraden mit **einheitlicher** Steigung repräsentiert werden.

Betrachtet man etwa die durch Gleichung (4.2) vereinfacht beschriebene steuerliche Situation für **Kapitalgesellschaften** in Deutschland, dann liegt hier augenscheinlich keine Gleichbehandlung von Soll- und Habenzinsen vor, und zwar selbst dann, wenn man von dem Problem abstrahiert, dass Sollzinsen im Rahmen privater Verschuldung von Wirtschaftssubjekten ohnehin nicht steuerlich abzugsfähig sind. Ursache hierfür ist die **Gewerbeertragsteuer**, in deren Rahmen geleistete Sollzinsen nur partiell die Bemessungsgrundlage mindern. De facto wirkt dieser Umstand in dem hier zugrunde gelegten Kontext wie eine **Erhöhung** des Sollzinssatzes nach Steuern über den entsprechenden Habenzinssatz, sofern eine Siuation unterstellt wird, in der Habenzinsen gewerbeertragsteuerpflichtig sind. Konkret führt die Besteuerung der Habenzinsen im Rahmen ihrer Berücksichtigung in G_t zu einem Habenzinssatz nach Steuern von $i \cdot (1-s)$, wobei s wie in (4.2) definiert ist, während sich der Sollzinssatz nach Steuern als $i \cdot (1-s+s^+) > i \cdot (1-s)$ ergibt, da die Sollzinsen separat im Rahmen eines zweiten Summanden in (4.2) besteuert werden. Sofern man vom zusätzlichen Problem fehlender Konstanz von s absieht, gelangt man hiermit demnach zu einem Szenario, das (allerdings ohne konkreten Bezug zu steuerlichen Fragen) als ***Hirshleifer*-Modell** in der Literatur ebenfalls hinlänglich bekannt ist und auch schon im Rahmen des vorliegenden Lehrbuchs im Abschnitt 1 dieses Kapitels erörtert worden ist. Es kann deswegen mit $i^{(H)} \equiv i\cdot(1-s)$ sowie $i^{(S)} \equiv i\cdot(1-s+s^{+}) > i^{(H)}$ ohne weiteres auf die dortigen Ausführungen verwiesen werden. Unmittelbare Folge hiervon ist insbesondere der Umstand, dass nunmehr die *Fisher*-Separation ihre Gültigkeit verliert. Die Ergebnisse des Standardmodells sind allein schon deshalb nur mit Einschränkung auf die realen deutschen (Steuer-) Verhältnisse übertragbar. Im Rahmen dieses einführenden Lehrbuchs soll jedoch grundsätzlich von der Gültigkeit der Prämissen des Standardmodells ausgegangen werden.[16] Gerechtfertigt werden kann dieses Vorgehen wenigstens ansatzweise insbesondere dadurch, dass sich durch Vernachlässigung von s^{+} bei der Bestimmung des Sollzinssatzes $i^{(S)}$ grundsätzlich ein Fehler von nur wenigen Bruchteilen von Prozentpunkten ergibt.[17]

Beispiel 4.5:
Mit s = 48,3337 % und s^{+} = 2,5769 % erhält man für i = 10 % einen Wert $i\cdot(1-s) \approx$ 5,17 % sowie $i\cdot(1-s+s^{+}) \approx$ 5,42 % und damit in der Tat nur eine recht geringe (positive) Differenz zwischen Soll- und Habenzinssatz. □

Im Zusammenhang mit **Personengesellschaften** ist die resultierende Differenz zwischen Soll- und Habenzinssatz infolge des Abzugs einer pauschalierten Gewerbesteuerbelastung von der Einkommensteuerschuld und der damit ceteris paribus reduzierten Bedeutung der Gewerbesteuer tendenziell noch geringer.

Aus der Gültigkeit der *Fisher*-Separation im Rahmen des Standardmodells folgt nun des Weiteren ebenso wie im Abschnitt 1 des vorhergehenden Kapitels auch die Anwendbarkeit des Kapitalwertkriteriums zur Ermittlung optimaler Realinvestitionsentscheidungen. Augenscheinlich ist I^{*} nämlich wieder so zu wählen,

---

16 Durch die umfassende und vollständig für die Diskussion steuerlicher Aspekte nutzbare Darstellung des *Hirshleifer*-Modells ist aber immerhin eine gewisse Auseinandersetzung mit den Konsequenzen eines den deutschen Verhältnissen etwas besser entsprechenden Steuersystems vorhanden.

17 Freilich hat auch schon die Annahme der Identität von Soll- und Habenzinssatz **vor Steuern** in der Empirie keine exakte Gültigkeit.

dass der **Abszissenabschnitt** $C_{0,max}$ der zugehörigen erreichbaren Kapitalmarktgeraden **maximal** wird. Diesen ermittelt man zu einem beliebigen Investitionsvolumen I, indem man in der Gleichung der entsprechenden Kapitalmarktgeraden C_1 gleich Null setzt und den Ausdruck nach C_0 auflöst. Man erhält:

$$\begin{aligned} & C_1 = \bar{C}_1 + (1+i_S)\cdot(\bar{C}_0 - C_0) = F_S(I) + (1+i_S)\cdot(W_0 - I - C_0) \overset{!}{=} 0 \\ \Leftrightarrow\ & F_S(I) + (1+i_S)\cdot(W_0 - I) = (1+i_S)\cdot C_0 \\ \Leftrightarrow\ & C_{0,max} = W_0 - I + \frac{F_S(I)}{1+i_S} = W_0 - I + \frac{(1-s)\cdot F(I) + s\cdot I}{1+i\cdot(1-s)}. \end{aligned} \tag{4.12}$$

Mit W_0 als Konstante maximiert man in (4.12) den Wert für $C_{0,max}$, indem man die **Differenz**

$$\kappa_S \equiv \frac{(1-s)\cdot F(I) + s\cdot I}{1+i\cdot(1-s)} - I \tag{4.13}$$

maximiert. Diese Differenz bezeichnet man als den zu einem durch das Investitionsvolumen I beschriebenen Investitionsprogramm gehörenden **Kapitalwert** nach Steuern. Die Bestimmungsgleichung (4.13) gibt konkret an, wie sich der Kapitalwert eines Investitionsprogramms unter Berücksichtigung von Steuern in einer Zwei-Zeitpunkte-Betrachtung bestimmt.

Dass die *Fisher*-Separation eine **Rechtfertigung** für die Berechnung von **Kapitalwerten** zur (präferenz- und anfangsvermögensunabhängigen) Beurteilung der Vorteilhaftigkeit von Investitionsprogrammen bei Abstraktion von steuerlichen Fragen liefert, ist ebenfalls bereits im Abschnitt 1 des dritten Kapitels erörtert worden. Für den hier betrachteten Ansatz zeigt sich, dass diese Implikation der *Fisher*-Separation **auch** unter Einbezug von steuerlichen Überlegungen erhalten bleibt. Anschaulich lässt sich der Kapitalwert eines Investitionsprogramms dabei weiterhin als die durch dieses Programm erzielbare Steigerung des gegenwärtigen Konsums und damit letztlich als der **Vermögenszuwachs** für den betreffenden Unternehmer im Zeitpunkt $t = 0$ über den Startwert W_0 hinaus interpretieren, denn es gilt: $\kappa_S = C_{0,max} - W_0$.

Weil diese Vermögenssteigerung bei allgemein gleichartiger Besteuerung durch **jeden** erreichbar ist, der Zugang zu dem betreffenden Investitionsprogramm hat, gibt der Kapitalwert eines Investitionsprogramms auch hier noch an, welchen **Preis** ein Unternehmer bei Verkauf seiner Investitionsmöglichkeit auf dem Kapitalmarkt erzielen kann: Der **Kapitalwert** eines Investitionsprogramms beschreibt also auf einem (bis auf die Existenz einer allgemeinen Gewinnsteuer gemäß dem Standardmodell) vollkommenen Kapitalmarkt zugleich den bei Veräußerung der entsprechenden Investitionsmöglichkeit erzielbaren **Marktwert**.

Beispiel 4.6:

Gegeben sei der Unternehmer aus Beispiel 4.4. Der Kapitalwert des zum optimalen Investitionsvolumen $I^* = 4$ GE gehörigen Investitionsprogramms beläuft sich wegen $F_S(I^*) = 3{,}08 \cdot 4^{0{,}5} + 0{,}3 \cdot 4 = 7{,}36$ GE und $i_S = 7$ % auf $\kappa_S^* = -4 + 7{,}36/1{,}07 \approx 2{,}88$ GE. Der maximal mögliche unternehmerische Konsum in $t = 0$ bei optimaler Realinvestition beträgt damit etwa $10 + 2{,}88 = 12{,}88$ GE. □

Aus (4.13) lässt sich natürlich erneut die **Investitionsneutralität** der Besteuerung im Rahmen des Standardmodells bei Betrachtungsverengung auf zwei Zeitpunkte herleiten. Es gilt nämlich:

$$\begin{aligned}
\kappa_S &= \frac{(1-s) \cdot F(I) + s \cdot I - [1 + i \cdot (1-s)] \cdot I}{1 + i \cdot (1-s)} \\
&= \left(-I + \frac{F(I)}{1+i}\right) \cdot \frac{(1-s) \cdot (1+i)}{1 + i \cdot (1-s)} \\
&= \left(-I + \frac{F(I)}{1+i}\right) \cdot \left(1 - \frac{s}{1 + i \cdot (1-s)}\right).
\end{aligned} \tag{4.14}$$

Im Vergleich zu einer Situation ohne Steuern werden damit für $s > 0$ die Kapitalwerte aller realisierbaren Investitionsprogramme mit dem gleichen Faktor $1 - s/[1 + i \cdot (1-s)] < 1$ gestaucht.

Bis auf den Umstand der Investitionsneutralität gelten all die für den Zwei-Zeitpunkte-Fall genannten Zusammenhänge – wie bereits angedeutet – auch bei Betrachtung von **mehr** als zwei Zeitpunkten, wenn also von einem Investitionsprogramm mit Einzahlungsüberschüssen z_t vor Steuern in den Zeitpunkten $t = 0, 1, 2, ..., T$ ausgegangen wird (wobei folglich $z_0 = -I$ ist). Sofern der Vor-Steuer-Zinssatz für alle[18] Perioden sowie für Anlage und Aufnahme von Mitteln einheitlich i beträgt und das Investitionsprogramm zu **Abschreibungen** in Höhe von D_t in den Zeitpunkten t = 0, ..., T führt, ermittelt sich der **Kapitalwert nach Steuern** des Investitionsprogramms unter den Prämissen des Standardmodells wie folgt:

$$\kappa_S = \sum_{t=0}^{T} \frac{z_t - s \cdot (z_t - D_t)}{[1 + i \cdot (1-s)]^t} = \sum_{t=0}^{T} \frac{(1-s) \cdot z_t + s \cdot D_t}{[1 + i \cdot (1-s)]^t}. \tag{4.15}$$

Diese Formel kann ein wenig vereinfacht werden, wenn in t = 0 eine Aktivierung des Investitionsobjekts in Höhe der Anfangsauszahlung erfolgt, also negative Abschreibungen $D_0 = z_0$ anfallen, so dass sich der steuerpflichtige Gewinn in t = 0 auf $z_0 - D_0 = 0$ beläuft. Damit wird aus (4.15)

$$\kappa_S = z_0 + \sum_{t=1}^{T} \frac{z_t - s \cdot (z_t - D_t)}{[1 + i \cdot (1-s)]^t} = z_0 + \sum_{t=1}^{T} \frac{(1-s) \cdot z_t + s \cdot D_t}{[1 + i \cdot (1-s)]^t}. \tag{4.16}$$

Wie im Zwei-Zeitpunkte-Fall erfolgt also eine **Diskontierung** der Einzahlungsüberschüsse mit dem Nach-Steuer-Zinssatz $i_S = i \cdot (1-s)$, nur dass Einzahlungen **späterer** Zeitpunkte entsprechend **stärker** mit diesem Diskontierungsfaktor abgezinst werden. Im Zusammenhang mit der Modifikation des anzusetzenden Zinssatzes für die Diskontierung im Fall mit Steuern spricht man auch vom **Zinseffekt** der Gewinnbesteuerung.

Gegenstand der Abzinsung sind wie im Zwei-Zeitpunkte-Modell jeweils die Einzahlungsüberschüsse aus dem Investitionsprogramm **nach** Steuern, aber **ohne** Berücksichtigung der Zahlungskonsequenzen (inclusive induzierter Steuerzahlungen) aus Finanzinvestitionen. Diese steuerlich bedingte Modifikation der Zahlungsreihe des Investitionsprogramms nennt man auch den **Volumeneffekt** der Gewinnbesteuerung.

Dass dabei Finanzinvestitionen in der Zahlungsreihe nach Steuern nicht auftreten, mag auf den ersten Blick überraschen, in der Tat ergab sich aber Entsprechendes auch schon im Rahmen der Zwei-Zeitpunkte-Betrachtung, wie man leicht anhand

---

[18] Auf die – unproblematische – Berücksichtigung **nicht-flacher Zinsstrukturen** werde zur Vereinfachung verzichtet.

von Gleichung (4.13) überprüft und überdies auch schon in der generellen Kapitalwertdiskussion des Abschnitts 1 des Kapitels III bei Abstraktion von Steuern beobachten konnte. Die **Ursache** für das Nicht-Auftreten der Zahlungskonsequenzen aus Finanzinvestitionen in der Kapitalwertformel ist hierbei darin zu sehen, dass **Finanzinvestitionen** auch unter Berücksichtigung ihrer Steuerwirkungen nicht zu einer Vermögensänderung auf Seiten des Unternehmers führen. Sie bewirken nach wie vor lediglich eine Umschichtung von Konsummöglichkeiten zwischen den einzelnen Zeitpunkten, also etwa zwischen t = 0 und t = 1. Graphisch zeigt sich dies im Rahmen einer Zwei-Zeitpunkte-Darstellung erneut daran, dass Finanzinvestitionen auch im Standardmodell zur Berücksichtigung von Steuern in der Investitionsrechnung nur eine Bewegung auf einer Kapitalmarktgeraden darstellen, nicht aber einen Wechsel zu einer höher gelegenen ermöglichen. Anders formuliert, ist der **Kapitalwert** von Finanzinvestitionen stets gerade **Null**, und deswegen tauchen die Zahlungskonsequenzen von Finanzinvestitionen nicht explizit in den Formeln (4.13) bis (4.16) auf.

Beispiel 4.7:

Ausgangspunkt der Betrachtung sei ein Unternehmer, der in t = 0 Zugang zu einem Investitionsprojekt mit einer Anfangsauszahlung von 100 GE und einer Nutzungsdauer von vier Perioden bis t = 4 habe. Die genauen Zahlungskonsequenzen z_t des Projekts in den einzelnen Zeitpunkten t = 0, ..., 4 sind der *Tabelle 4.1* zu entnehmen.

t	0	1	2	3	4
z_t	−100	20	30	50	50

Tabelle 4.1: Zahlungsreihe eines Investitionsprojekts über fünf Zeitpunkte t = 0, ..., 4

Die Anfangsauszahlung werde (steuerlich wirksam) in t = 0 aktiviert und in vier gleichen Beträgen linear über den Nutzungszeitraum abgeschrieben. Des Weiteren habe der Unternehmer Zugang zu einem Kapitalmarkt, auf dem zu einem Zinssatz i vor Steuern Mittel für jeweils eine Periode angelegt oder aufgenommen werden können. Die Besteuerung erfolge gemäß den Prämissen des Standardmodells der Investitionsrechnung zur Erfassung steuerlicher Aspekte.

Der Nutzen des Unternehmers wachse ceteris paribus in den unternehmerischen Konsumauszahlungen C_t der Zeitpunkte t (t = 0, ..., 4) an. Der Kapitalmarktzinssatz vor Steuern sei i = 15 %, und der für alle Zeitpunkte und Gewinnhöhen konstante Steuersatz betrage s = 40 %. Geprüft werden soll, ob das zugrunde gelegte Investitionsprojekt aus Sicht des Unternehmers von Vorteil ist. Gemäß den Ausführungen dieses Abschnitts kann man unter diesen Prämissen die Vorteilhaftigkeit eines Investitionsprojekts unabhängig von den konkreten unternehmerischen Zeitpräferenzen und dem Anfangsvermögen des Unternehmers durch Ermittlung des Projektkapitalwerts nach Steuern beurteilen. Ferner wurde gezeigt, dass zur Kapitalwertberechnung die Zahlungsreihe aus dem Investitionsprojekt nach Steuern, aber ohne explizite Berücksichtigung von Kapitalmarkttransaktionen mit dem maßgeblichen Nach-Steuer-Zinssatz zu diskontieren ist.

In *Tabelle 4.2* können neben den Einzahlungen z_t des Investitionsprojekts in den Zeitpunkten t = 0, ..., 4, die Abschreibungen D_t in diesen Zeitpunkten, der jeweilige steuerpflichtige Gewinn $G_t = z_t - D_t$ unter Vernachlässigung von Kapitalmarkttransaktionen sowie schließlich noch die Steuerzahlungen $S_t = s \cdot (z_t - D_t)$ und die Zahlungsreihe $z_t - S_t$ nach Steuern abgelesen werden. Zu beachten ist, dass die Aktivierung des Investitionsobjekts in t = 0 zu 100 GE als eine Zuschreibung, das heißt negative Abschreibung, zu interpretieren ist.

t	0	1	2	3	4
z_t	−100	20	30	50	50
D_t	−100	25	25	25	25
$z_t - D_t$	0	−5	5	25	25
S_t	0	−2	2	10	10
$z_t - S_t$	−100	22	28	40	40

Tabelle 4.2: Ermittlung der Zahlungsreihe nach Steuern (t = 0, ..., 4)

Aus i = 15 % und s = 40 % ergibt sich ein Nach-Steuer-Zinssatz $i_S = 0{,}15 \cdot (1-0{,}4) =$ 9 %. Der Kapitalwert κ_S des Investitionsprojekts unter Berücksichtigung von Steuern berechnet sich damit als

$$\kappa_S = -100 + \frac{22}{1{,}09} + \frac{28}{1{,}09^2} + \frac{40}{1{,}09^3} + \frac{40}{1{,}09^4} \approx 2{,}97 \text{ GE.} \qquad (4.17)$$

Das bedeutet, der Unternehmer wird durch die Realisation des Investitionsprojekts in t = 0 um etwa 2,97 GE reicher: Er könnte in t = 0 einen Kredit in Höhe von (ungefähr) 100+2,97 = 102,97 GE aufnehmen, von diesen Mitteln 100 GE zur Bestreitung der Anfangsauszahlung für das Investitionsprojekt nutzen und den Restbetrag konsumtiven Verwendungen zuführen. Die Rückzahlung dieses Kredits könnte vollständig aus den künftigen Einzahlungsüberschüssen des Investitionsprojekts erfolgen. Zum Beleg dieser Behauptung sollen sämtliche Zahlungen aus dem Investitionsprojekt und dem aufgenommenen Kredit in Höhe von 102,97 GE mittels eines (einfachen) **vollständigen Finanzplans** in den folgenden *Tabellen 4.3* und *4.4* abgebildet werden.

Zeitpunkt t	t = 0	t = 1	t = 2	t = 3	t = 4
Investitionszahlungen z_t	−100	20	30	50	50
+ Einlage	−2,97	-----	-----	-----	-----
+ Kreditaufnahme	102,97	−12,73	−19,88	−33,67	−36,7
− Sollzinsen	-----	15,45	13,54	10,55	5,5
− Steuerzahlungen	-----	−8,18	−3,42	5,78	7,8
= Finanzierungssaldo	0	0	0	0	0
Kreditstand	102,97	90,24	70,36	36,69	0[19]

Tabelle 4.3: Vollständige Finanzplanung bei reiner Fremdfinanzierung (generell auf zwei Stellen genau gerundete Werte)

19 In der Tat ergibt sich als Endwert ein Kreditstand von −0,01 GE. Auf den Ausweis dieser rundungsbedingten Abweichung von 0 GE wurde der Einfachheit halber in *Tabelle 4.3* verzichtet.

Zeitpunkt t	t = 0	t = 1	t = 2	t = 3	t = 4
Investitionszahlungen z_t	−100	20	30	50	50
− Abschreibungen	−100	25	25	25	25
− Sollzinsen	0	15,45	13,54	10,55	5,5
= Gewinn	0	−20,45	−8,54	14,45	19,5
Steuerzahlungen	0	−8,18	−3,42	5,78	7,8

Tabelle 4.4: Nebenrechnung zur Ermittlung der Steuerbelastungen in t = 0, ..., 4 (generell auf zwei Stellen genau gerundete Werte)

In *Tabelle 4.3* sind sämtliche Ein- und Auszahlungen des Unternehmens für die einzelnen Zeitpunkte t = 0, ..., 4 aufgelistet. Die Summe aller Zahlungen eines Zeitpunktes ergibt den Finanzierungssaldo. Dieser muss sich gemäß der Darstellung aus dem vorhergehenden Abschnitt 3 stets auf Null belaufen. In der letzten Zeile aus *Tabelle 4.3* ist der jeweils noch ausstehende Kreditbetrag des betreffenden Zeitpunktes ausgewiesen. Das Kreditvolumen reduziert sich hierbei in jedem Zeitpunkt um die vorgenommenen Tilgungen. Diese stehen in *Tabelle 4.3* als negative Kreditaufnahme. Der Wert −12,73 für die Kreditaufnahme in t = 1 bedeutet also, dass in t = 1 eine Kredittilgung in Höhe von 12,73 GE erfolgt. Dadurch verändert sich der Bestand an liquiden Mitteln um +(−12,73) = −12,73 GE, er nimmt also ab.

Entsprechend sind die anderen Zahlen in *Tabelle 4.3* zu interpretieren. So bezeichnet die negative Einlage des Zeitpunktes t = 0 die aus Unternehmersicht mögliche Entnahme für Konsumzwecke. Negative Werte für die Steuerzahlungen stehen für Steuererstattungen seitens des Fiskus, die den unternehmerischen Kassenbestand des jeweiligen Zeitpunktes t positiv verändern. Die Steuerzahlungen wiederum kann man nicht unmittelbar angeben. Hierzu ist vielmehr eine Nebenrechnung zur Ermittlung des steuerpflichtigen Gewinns eines Zeitpunktes t erforderlich. Diese findet sich in *Tabelle 4.4*. Die Steuerbelastung in der letzten Zeile der *Tabelle 4.4* ergibt sich hierbei als 40 % des ausgewiesenen Gewinns.

Zur Entwicklung der beiden Tabellen berechnet man als Erstes für gegebenen Kreditstand eines Zeitpunktes t–1 die resultierenden Sollzinszahlungen (vor Steuern) des Zeitpunktes t. Mit deren Hilfe lassen sich über *Tabelle 4.4* der steuerpflichtige Gewinn und die Steuerzahlungen im Zeitpunkt t berechnen. Letztere werden in *Tabelle 4.3* zusammen mit den Sollzinszahlungen schließlich zur Bestimmung der in t noch möglichen Kredittilgung genutzt.

Die *Tabellen 4.3* und *4.4* zeigen, dass ein Kredit von 102,97 GE in der Tat bis t = 4 quasi exakt zurückgezahlt werden kann. Dies bedeutet aber auch, dass sich der Unternehmer für beliebige Konsumpräferenzen und beliebiges Anfangsvermögen durch die Realisation des Investitionsprojekts besserstellt als bei dessen Unterlassung: Die ca. 2,97 GE Reichtumszuwachs in t = 0 erzielt der Unternehmer nämlich auch dann, wenn er in t = 0 über sonstige liquide Mittel (etwa von 100 GE) verfügt, und sollte er Konsum in späteren Zeitpunkten gegenüber Konsum in t = 0 präferieren, dann kann er den Zugewinn von ungefähr 2,97 GE in t = 0 bis zu einem späteren Zeitpunkt ohne weiteres wieder anlegen und so seinen Zukunftskonsum entsprechend ausdehnen. □

Bei Zugrundelegung der Annahmen des Standardmodells sind **Realinvestitionen** demnach stets **kapitalwertmaximierend** zu treffen. Um den Kapitalwert der Gesamtheit aller Investitionen eines Unternehmers, also seines Investitionsprogramms, zu maximieren, sind **alle** Investitionsprojekte mit **positivem** Kapitalwert durchzuführen. Die Summe der Kapitalwerte der einzelnen Projekte ergibt nämlich auch in der Nach-Steuer-Rechnung den Kapitalwert der Summe dieser Projekte, das heißt des Investitionsprogramms. Die Eigenschaft der **Wertadditivität** der Kapitalwertformel bleibt demnach ebenfalls im Rahmen des Standardmodells erhalten. Zur Verdeutlichung sei ein Investitionsprogramm unterstellt, das sich aus zwei Einzelprojekten 1 und 2 zusammensetzt. Die Zahlungsreihen der beiden Projekte seien ebenfalls wie die jeweiligen Abschreibungen durch einen hochgestellten Index "(1)" bzw. "(2)" charakterisiert. Der Kapitalwert $\kappa_S^{(1+2)}$ des gesamten Investitionsprogramms ergibt sich dann als **Summe** der Kapitalwerte $\kappa_S^{(1)}$ und $\kappa_S^{(2)}$ der beiden Projekte 1 und 2:

$$\begin{aligned}
\kappa_S^{(1+2)} &\equiv \sum_{t=0}^{T} \frac{(z_t^{(1)} + z_t^{(2)}) - s \cdot \left[\left(z_t^{(1)} + z_t^{(2)}\right) - (D_t^{(1)} + D_t^{(2)})\right]}{[1 + i \cdot (1-s)]^t} \\
&= \sum_{t=0}^{T} \frac{(1-s) \cdot z_t^{(1)} + s \cdot D_t^{(1)}}{[1 + i \cdot (1-s)]^t} + \sum_{t=0}^{T} \frac{(1-s) \cdot z_t^{(2)} + s \cdot D_t^{(2)}}{[1 + i \cdot (1-s)]^t} \qquad (4.18) \\
&\equiv \kappa_S^{(1)} + \kappa_S^{(2)}.
\end{aligned}$$

4.4 Steuerparadoxon und Investitionsneutralität

Im Rahmen des Zwei-Zeitpunkte-Ansatzes aus dem vorhergehenden Abschnitt resultierte unmittelbar die Investitionsneutralität der Besteuerung. Allerdings wurde bereits weiter oben darauf hingewiesen, dass es sich hierbei keinesfalls um eine allgemeingültige Implikation des Standardmodells handelt. Beispiele mit **fehlender Investitionsneutralität** lassen sich nämlich leicht auch im Kontext des Standardmodells formulieren.

Beispiel 4.8:

Gegeben seien die Annahmen aus dem vorhergehenden Beispiel 4.7. Der Kapitalwert κ des Investitionsprojekts vor Steuern bestimmt sich dann als

$$\kappa = -100 + \frac{20}{1{,}15} + \frac{30}{1{,}15^2} + \frac{50}{1{,}15^3} + \frac{50}{1{,}15^4} \approx 1{,}54 \text{ GE}. \qquad (4.19)$$

Dieser liegt unterhalb des Kapitalwertes für das Investitionsprojekt bei Existenz einer allgemeinen Gewinnsteuer. Wäre die Anfangsauszahlung in $t = 0$ nun etwa um 2 GE höher als bislang angenommen, betrüge sie also 102 GE, dann ergäbe sich in (4.19) ein negativer Kapitalwert von ca. −0,46 GE, während der Kapitalwert nach Steuern wegen der durch die erhöhte Anfangsauszahlung bedingten zusätzlichen Abschreibungsmöglichkeiten ebenfalls nicht um mehr als 2 GE abnähme und damit weiterhin positiv bliebe. In der Vor-Steuer-Rechnung würde das Investitionsprojekt demnach abgelehnt, in der Nach-Steuer-Rechnung hingegen angenommen. Das Postulat der Investitionsneutralität ist in diesem Fall also verletzt. □

Beispiel 4.8 belegt nicht nur, dass im Rahmen des Standardmodells Investitionsneutralität nicht zwingend gegeben sein muss. Es zeigt überdies auch, dass der Kapitalwert eines Investitionsprojekts nach Steuern höher sein kann als vor Steuern.

Man spricht in diesem Zusammenhang wegen des auf den ersten Blicks kontraintuitiven Zusammenhangs vom sogenannten **Steuerparadoxon**.[20]

Insgesamt ist damit nun auf **zwei Problemkreise** einzugehen. Zum einen besteht Klärungsbedarf hinsichtlich des Steuerparadoxons. Zum anderen stellt sich die Frage, unter welchen Bedingungen im Rahmen des Standardmodells Investitionsneutralität generell gegeben ist. Augenscheinlich sind beide Fragestellungen miteinander verknüpft. Zunächst soll auf die Hintergründe des Steuerparadoxons eingegangen werden. Danach wird die Frage der Investitionsneutralität eines Steuersystems näher behandelt.

4.4.1 Das Steuerparadoxon[21]

In der einfachsten Version wird man von einem Steuerparadoxon bereits dann sprechen, wenn der Nach-Steuer-Kapitalwert κ_S über dem Vor-Steuer-Kapitalwert κ liegt. Sofern nicht gerade ein Steuersystem mit $\kappa_S \equiv \kappa$ vorausgesetzt wird, ist das Steuerparadoxon in dieser Form stets beobachtbar. Zur Veranschaulichung muss man lediglich zum einen wissen, dass man einen Kapitalwert κ in der Vor-Steuer-Betrachtung stets als Differenz zwischen dem Kapitalwert $\Delta\eta$ der Einzahlungen von t = 1 bis t = T, also dem aus Sicht des Zeitpunktes t = 0 maßgeblichen Ertragswert, und der Anfangsauszahlung A_0 bestimmen kann: $\kappa = \Delta\eta - A_0$. Zum anderen ist wesentlich, dass sich ein Nach-Steuer-Kapitalwert κ_S als die um die Anfangsauszahlung A_0 verringerte Summe der unter Zugrundelegung von Nach-Steuer-Zinssätzen berechneten Kapitalwerte $\Delta\eta_S^{(1)}$ der Nach-Steuer-Einzahlungen $(1-s)\cdot z_1, \ldots, (1-s)\cdot z_T$ und $\Delta\eta_S^{(2)}$ der Steuerminderungen für t = 1 bis t = T infolge der Abschreibung der Anfangsauszahlung ergibt: $\kappa_S = \Delta\eta_S^{(1)} + \Delta\eta_S^{(2)} - A_0$. Falls nun $\kappa_S < \kappa$ für eine bestimmte zugrundeliegende Realinvestition gilt, impliziert dies $\Delta\eta_S^{(1)} < \Delta\eta$ wegen $\Delta\eta_S^{(2)} > 0$. Durch Multiplikation der Einzahlungen $z_1, \ldots, z_T$ mit -1 resultiert folglich $-\Delta\eta_S^{(1)} > -\Delta\eta$ und damit auch $-\kappa_S > -\kappa$, das heißt ein auf die modifizierte Zahlungsreihe $-A_0, -z_1, \ldots, -z_T$ bezogenes Steuerparadoxon.

---

[20] Vgl. z.B. *Grob* (1989b), S. 697 ff., sowie sehr ausführlich *Steiner* (1980), S. 102 ff.

[21] Die folgenden Ausführungen basieren zum Teil auf *Breuer* (1999c).

Weniger trivial und auch von größerer Bedeutung ist das Zusammentreffen von $\kappa_S > 0$ und $\kappa < 0$ für eine Realinvestition. Im Rahmen einer Einzelentscheidung erhält man hier nämlich, dass sich ein Investitionsprojekt unter Berücksichtigung von Steuerzahlungen als vorteilhaft erweisen kann, obwohl es vor Steuern von Nachteil ist. In derartigen Fällen soll vom **Steuerparadoxon im engeren Sinne** gesprochen werden, während das erstgenannte – allgemeinere – Szenario das **Steuerparadoxon im weiteren Sinne** bezeichne. Ein Steuerparadoxon im engeren Sinne ist immer genau dann konstruierbar, wenn ein Steuersystem Situationen mit $\kappa_S > \kappa$ bei $\kappa_S > 0$ impliziert: Eine ceteris paribus erfolgende Erhöhung der Projektanfangsauszahlung um $\kappa+\varepsilon$ (mit $\varepsilon > 0$, aber klein) führt dann zu einem negativen Projektkapitalwert vor Steuern, während der Projektkapitalwert nach Steuern infolge der zusätzlichen Abschreibungsmöglichkeiten bei erhöhter Anfangsauszahlung um nicht mehr als $\kappa+\varepsilon$ sinken wird und aus diesem Grunde positiv bleibt.

Das Steuerparadoxon i.e.S. hat darüber hinaus auch Bedeutung für **Auswahlentscheidungen**: Wenn der Differenzkapitalwert $\kappa_S^{(1-2)}$ der Projekte 1 und 2 nach Steuern positiv ist bei einem negativen Differenzkapitalwert $\kappa^{(1-2)}$ vor Steuern, dann ist nach Steuern Projekt 1 gegenüber dem Projekt 2 überlegen, während es sich vor Steuern genau anders herum verhält.

Schließlich ist die Abwesenheit von Steuerparadoxa i.e.S. infolge der gerade dargelegten Zusammenhänge notwendig und hinreichend für die Investitionsneutralität eines Steuersystems. Damit wiederum erfordert Investitionsneutralität insbesondere, dass $\kappa_S > \kappa$ für $\kappa_S > 0$ nicht möglich ist.

Rein formal liegt die Ursache für das Steuerparadoxon auf der Hand: Der **(negative) Volumeneffekt** in der Rechnung mit Steuern wird durch den **(positiven) Zinseffekt** überkompensiert. Diese **Überkompensation** kann derart ausgeprägt sein, dass sich ein negativer Kapitalwert vor Steuern nach Steuern ins Positive wandelt, also sogar ein Steuerparadoxon i.e.S. auftreten kann.

Auch inhaltlich dürfte dieses Phänomen bei näherer Überlegung durchaus verständlich sein. Wie bereits mehrfach dargelegt, gibt der Kapitalwert generell den Vermögenszuwachs oder Zusatzkonsum (in $t = 0$) an, den ein Investor auf einem (bis auf die Existenz einer allgemeinen Gewinnsteuer) vollkommenen Kapitalmarkt durch die Investitionsrealisation erreicht. Für die Entscheidungssituation aus den Beispielen 4.7 und 4.8 ist dieser mögliche Konsumzuwachs unter Berücksichtigung von Steuern tatsächlich **größer** als ohne diese. Eine **notwendige Voraussetzung** für das Auftreten von Steuerparadoxa i.e.S. ist grundsätzlich, dass die Sollzinsen auf aufgenommene Kredite steuerlich **abzugsfähig** sind.[22] Dieser Effekt kann sich derart günstig auswirken, dass trotz der generellen Besteuerung der Einzahlungsüberschüsse aus dem Investitionsprojekt die Einführung einer allgemeinen Gewinnbesteuerung dem Unternehmer ceteris paribus einen höheren Konsum in t = 0 als in der Vor-Steuer-Rechnung ermöglicht. Falls der betrachtete Unternehmer demnach vor allem an **Gegenwartskonsum** interessiert ist, weil seine Gegenwartspräferenz sehr ausgeprägt oder aber seine Anfangsausstattung mit Konsummöglichkeiten in t = 0 sehr gering ist, wird er tatsächlich die Einführung der hier betrachteten **Gewinnsteuer begrüßen**.

Beispiel 4.9:
Es sei im Rahmen der Entscheidungssituation aus den Beispielen 4.7 und 4.8 von einem völlig mittellosen Unternehmer mit alleinigem Wunsch zu Konsum in t = 0 ausgegangen. Dieser Unternehmer wird die ceteris paribus erfolgende Einführung der Gewinnbesteuerung wegen der Möglichkeit, seinen Konsum in t = 0 von etwa 1,54 GE auf ca. 2,97 GE zu steigern, zweifelsfrei als für sich vorteilhaft wahrnehmen. □

Die gerade beschriebene Möglichkeit zur Vorteilhaftigkeit der Einführung einer Gewinnbesteuerung aus Sicht eines Steuersubjekts wird zuweilen übersehen.[23] Die obigen Ausführungen implizieren allerdings **nicht**, dass im Rahmen des hier betrachteten Entscheidungsproblems die Einführung einer Gewinnsteuer für den Unternehmer **stets** von Vorteil ist. Zum einen wird die Einführung einer Gewinnbesteuerung **Einfluss** nehmen auf die Real- und Finanzinvestitionsvolumina und damit auf den am Kapitalmarkt herrschenden **Zinssatz i**, so dass man zum Vergleich der beiden Situationen ohne und mit einer Gewinnbesteuerung **nicht** einfach jeweils den gleichen Vor-Steuer-Zinssatz ansetzen können wird.[24] Zum anderen kann es aber sogar bei Konstanz von i sein, dass sich der Unternehmer durch die Einführung einer Gewinnbesteuerung **schlechterstellt**, **obwohl** der Kapital-

---

[22] Vgl. hierzu Anhang 1 zu diesem Abschnitt.

[23] Vgl. etwa die Ausführungen zum Steuerparadoxon in *Franke/Hax* (2009), S. 215.

[24] Vgl. zur Frage, inwiefern die Einführung von Steuern den gleichgewichtigen Kapitalmarktzinssatz beeinflusst, sehr ausführlich *Sinn* (1985).

wert des Investitionsprojekts in der Nach-Steuer-Rechnung **größer** als in der Vor-Steuer-Rechnung ist.

Beispiel 4.10:
Zur Verdeutlichung sei angenommen, dass der in den Beispielen 4.7 und 4.8 betrachtete Unternehmer über eine Anfangsausstattung von 100 GE in t = 0 verfügt und lediglich in t = 4 Konsumausgaben tätigen möchte. In t = 0 beläuft sich sein verbleibendes liquides Vermögen nach Leistung der Anfangsauszahlung, aber vor Durchführung von Finanzinvestitionen sowohl bei Rechnung mit als auch ohne Steuern stets auf 0 GE. Die jeweiligen Einzahlungsüberschüsse aus der Investition, z_t bzw. z_t-S_t, legt er bis t = 4 zu i = 15 % bzw. i_S = 9 % an. Ohne Gewinnbesteuerung resultiert damit für ihn in t = 4 ein konsumierbares Endvermögen von

$$20\cdot 1{,}15^3+30\cdot 1{,}15^2+50\cdot 1{,}15+50 \approx 177{,}59 \text{ GE}. \tag{4.20}$$

Mit Gewinnbesteuerung hingegen kommt der Unternehmer bis t = 4 nur auf einen Endwert in Höhe von

$$22\cdot 1{,}09^3+28\cdot 1{,}09^2+40\cdot 1{,}09+40 \approx 145{,}36 \text{ GE}. \tag{4.21}$$

In der Tat wäre es nun für den Unternehmer weitaus besser, wenn es **keine** Gewinnbesteuerung gäbe.

Für die hier betrachtete Entscheidungssituation können die **unterschiedlichen Wohlfahrtskonsequenzen** aus der Einführung der Gewinnbesteuerung je nach Zielgröße (Gegenwartskonsum C_0 oder Zukunftskonsum C_4) gut graphisch dargestellt werden. Die Kapitalmarktgerade $G^{(1)}$ in *Abbildung 4.2* gibt alle erreichbaren Kombinationen von Konsum in t = 0 und t = 4 an, die der Unternehmer für $C_1 = C_2 = C_3 = 0$ GE bei einer Vermögensanfangsausstattung von 100 GE in t = 0 und Fehlen einer Gewinnbesteuerung erreichen kann. Die Gerade $G^{(2)}$ gibt die entsprechenden Konsumkombinationen für den Fall an, dass die hier beschriebene Gewinnsteuer erhoben wird (und i dabei konstant bleibt). Man erkennt unmittelbar, dass in der **Vor-Steuer-Betrachtung** höhere Werte für C_4 und in der **Nach-Steuer-Betrachtung** höhere Werte für C_0 erreicht werden können. Letzteres beschreibt gerade das Auftreten des **Steuerparadoxons**. Eine **allgemeingültige Beurteilung** der Wohlfahrtskonsequenzen aus der Einführung der hier betrachteten Gewinnsteuer ist gemäß *Abbildung 4.2* indes **nicht** möglich. Entscheidend hierfür ist, dass sich die beiden Geraden **schneiden**. Als Schnittpunkt ergibt sich konkret (ungefähr) $(C_0;C_1) = (95{,}56;10{,}46)$. Ein Unternehmer, der nach Einführung der Gewinnsteuer einen Gegenwartskonsum C_0 unterhalb von 95,56 GE anstrebt, also einen Punkt auf der Kapitalmarktgeraden $G^{(2)}$ **links** vom Schnittpunkt mit der Geraden $G^{(1)}$ realisiert, hat sich durch die Einführung einer Gewinnsteuer bei unverändertem Kapitalmarktzinssatz i (vor Steuern) auf jeden Fall **verschlechtert**. Vor Einführung der Gewinnsteuer wären nämlich für ihn Konsumpositionen auf der Geraden $G^{(1)}$ erreichbar gewesen, die **simultan** höhere Werte für C_0 und C_1 eröffneten, als auf $G^{(1)}$ für $C_0 < 95{,}56$ GE erreichbar sind. Derartige Konsumpläne finden sich auf der Geraden $G^{(1)}$ links vom Schnittpunkt mit $G^{(2)}$.

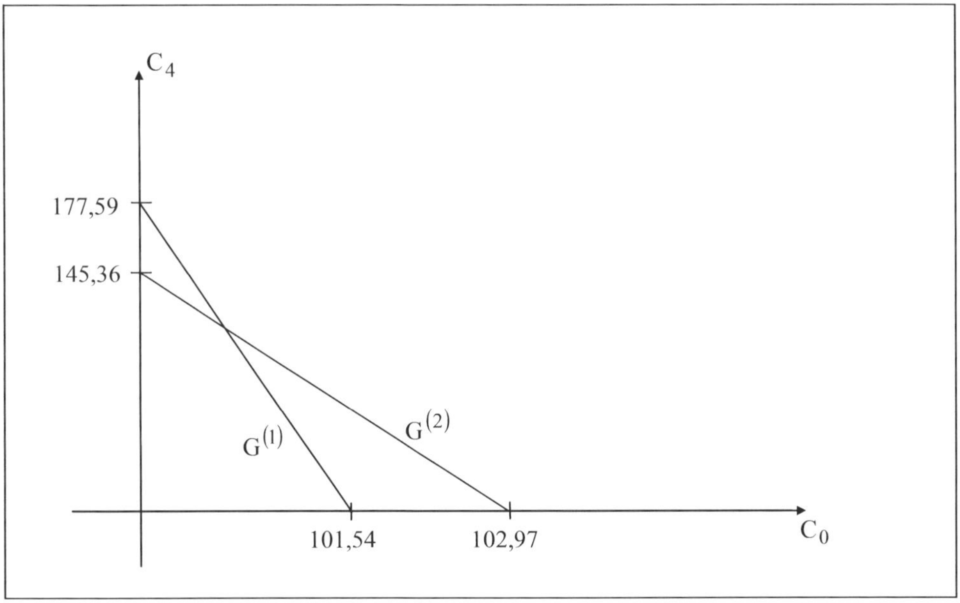

Abbildung 4.2: Konsummöglichkeiten in t = 0 und t = 4 ohne ($G^{(1)}$) und mit ($G^{(2)}$) Steuern (Skizze; gerundete Werte)

Aus einer entsprechenden Überlegung heraus ist augenscheinlich, dass ein Unternehmer, der in der Situation ohne Gewinnbesteuerung einen Punkt auf der Geraden $G^{(1)}$ **rechts** vom Schnittpunkt mit $G^{(2)}$ als optimal empfindet (also C_0 größer als 95,56 GE wählte), durch die Einführung der Gewinnsteuer bei konstantem Kapitalmarktzinssatz i vor Steuern eine Verbesserung erfährt: Auf der Geraden

$G^{(2)}$ befinden sich **rechts** vom Schnittpunkt mit $G^{(1)}$ immer Konsumkombinationen $(C_0;C_1)$ die in **beiden** Komponenten besser sind als der vom Unternehmer auf $G^{(1)}$ gewählte Konsumplan (mit $C_0 > 95{,}56$ GE). Vereinfacht gesprochen, **dominiert** die Gerade $G^{(1)}$ die Gerade $G^{(2)}$ unter der Voraussetzung $C_0 < 95{,}56$ GE und wird von $G^{(2)}$ ihrerseits für $C_0 > 95{,}56$ GE dominiert. Deswegen ist nur dann ohne weitere Informationen zur unternehmerischen Nutzenfunktion **keine eindeutige** Aussage zu den Wohlfahrtskonsequenzen aus der Einführung der Gewinnsteuer (bei konstantem Kapitalmarktzinssatz i) möglich, wenn der Unternehmer **ohne** Steuern $C_0 < 95{,}56$ GE wählt und **mit** Steuern $C_0 > 95{,}56$ GE. **Graphisch** bedeutet dies, dass er von einem Punkt auf dem linken Teilstück von $G^{(1)}$ zu einem Punkt auf dem rechten Teilstück von $G^{(2)}$ wechselt. Je nach genauer Lage der **Indifferenzkurven** des Unternehmers kann dies für ihn eine Nutzenverbesserung oder Nutzenverschlechterung bedeuten. In *Abbildung 4.3* ist oben der Fall dargestellt, dass sich der Unternehmer durch den besagten Wechsel schlechterstellt, also im Nach-Steuer-Fall ein geringeres Nutzenniveau als im Vor-Steuer-Fall erzielt. In der unteren Graphik hingegen ist eine Situation wiedergegeben, in der sich der Wechsel als vorteilhaft erweist, also der betrachtete Entscheidungsträger durch die Einführung der Steuer einen Wohlfahrtszuwachs erzielt.

Offensichtlich ist in jedem Fall, dass die Einführung einer Gewinnsteuer (bei konstantem Zinssatz i) **nicht** von allen Marktteilnehmern in gleicher Weise beurteilt wird.

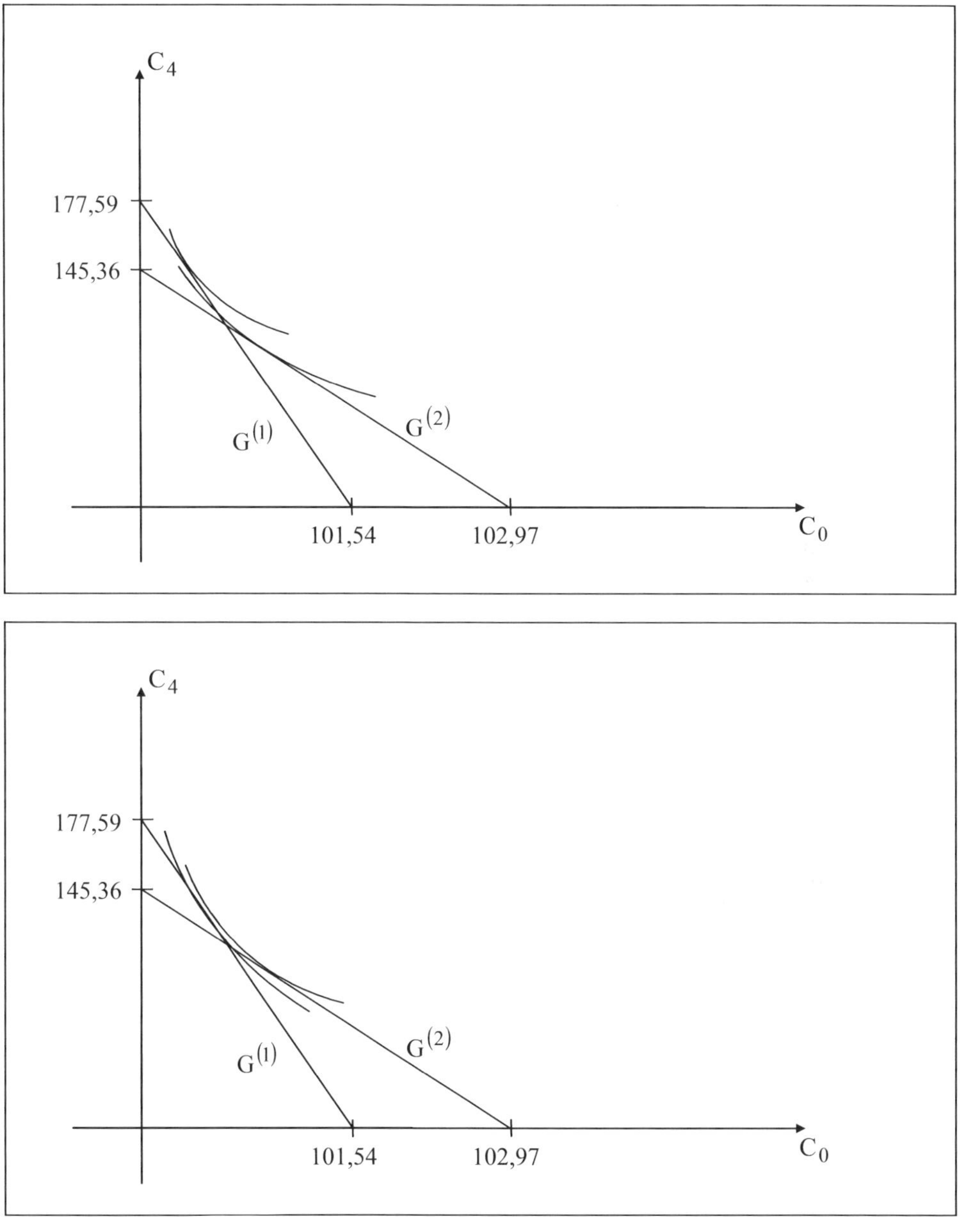

Abbildung 4.3: Nachteilige (obere Graphik) und vorteilhafte Einführung (untere Graphik) einer Gewinnbesteuerung □

Die **Ursache** für das Resultat aus dem vorhergehenden Beispiel 4.10 liegt auf der Hand: Für Subjekte, die am Kapitalmarkt vornehmlich **Anlagen** tätigen, resultiert als Folge der Gewinnbesteuerung nicht nur ein geringerer Einzahlungsüberschuss nach Steuern aus der Investition, sondern überdies ergeben sich auch noch **geringere** Erträge aus **Kapitalmarktanlagen**. Insbesondere Entscheidungsträger mit hoher **Zukunftspräferenz** oder hoher **Vermögensanfangsausstattung** in $t = 0$ werden deshalb durch die Gewinnbesteuerung in der Regel **Wohlfahrtseinbußen** erfahren.

4.4.2 Investitionsneutrale Besteuerung

4.4.2.1 Ertragswertabschreibung im Standardmodell

Steuerparadoxa i.e.S. können je nach Art der Besteuerung auftreten, sie müssen es aber nicht. Letzteres gilt selbst dann, wenn die notwendige Bedingung für das Auftreten von Steuerparadoxa i.e.S., nämlich die steuerliche Abzugsfähigkeit von Sollzinsen, erfüllt ist. Entscheidend ist hierbei nämlich noch die Art der **Abschreibung**. Wir haben schon gesehen, dass im Zwei-Zeitpunkte-Fall mit $D_0 = -I$ und $D_1 = I$ Investitionsneutralität herrscht. Investitionsneutralität erhält man überdies generell sogar im Mehr-Perioden-Fall, wenn die Abschreibung auf sogenannte **Ertragswerte** erfolgt.[25]

Im Rahmen der **Ertragswertabschreibung** geht es nicht darum, die Anfangsauszahlung aus einer Investition auf die Projektnutzungsdauer zu verteilen. Aus diesem Grunde ist weder die Summe der Abschreibungen noch ihr Kapitalwert zwingend gleich der Anfangsauszahlung. Vielmehr besteht der Ansatzpunkt in der Betrachtung des jeweiligen Kapitalwerts der noch ausstehenden künftigen Einzahlungen aus einem Investitionsprojekt.

Der Kapitalwert zum Zeitpunkt t der aus Sicht dieses Zeitpunktes künftigen Projekteinzahlungen $z_{t+1}, \ldots, z_T$ bis zum Ende des Planungshorizonts T wurde bereits in einem früheren Abschnitt als **Ertragswert** η_t definiert. Dieser Ertragswert beschreibt, monetär ausgedrückt, die noch im Projekt vorhandenen **Nutzungsmöglichkeiten** zum Betrachtungszeitpunkt t. In dem Maße, wie sich dieser Ertragswert von Periode zu Periode verringert, verliert ein Investitionsprojekt an Wert und

---

[25] Wichtige Arbeiten zur Relevanz der Ertragswertabschreibung gehen auf *Johansson* (1961, 1969) und *Samuelson* (1964) zurück.

sollte dementsprechend abgeschrieben werden. Statt die Anfangsauszahlung auf die Jahre der Projektnutzung zu verteilen, geht es demnach hierbei um die Erfassung der monetären Wertminderung von Investitionsprojekten im Zeitablauf.

Beispiel 4.11:[26]
Betrachtet sei ein Investitionsprojekt mit der folgenden Zahlungsreihe für t = 0, ..., 4 gemäß *Tabelle 4.5*.

t	0	1	2	3	4
z_t	−100.000	35.157	24.764	25.735	35.491

Tabelle 4.5: Zahlungsreihe eines Investitionsprojekts (t = 0, ..., 4)

Der Kapitalmarktzinssatz vor Steuern sei i = 8 %. Den Ertragswert des Zeitpunktes t = 0 erhält man, indem man die Einzahlungen der Zeitpunkte t = 1 bis t = 4 auf den Zeitpunkt t = 0 abzinst. Es gilt also:

$$\eta_0 = \frac{35.157}{1,08} + \frac{24.764}{1,08^2} + \frac{25.735}{1,08^3} + \frac{35.491}{1,08^4} \approx 100.300,134 \text{ GE.} \qquad (4.22)$$

In entsprechender Weise lassen sich die anderen Ertragswerte η_t (t = 1, 2, 3) berechnen. Beispielsweise gilt für den Ertragswert η_2 des Zeitpunktes t = 2:

$$\eta_2 = \frac{25.735}{1,08} + \frac{35.491}{1,08^2} \approx 54.256,516 \text{ GE.} \qquad (4.23)$$

In *Tabelle 4.6* sind sämtliche Ertragswerte η_t (t = 0, ..., 3) zusammengefasst. Der Ertragswert η_4 des Zeitpunktes t = 4 beläuft sich natürlich auf 0 GE, da es vollständig an zukünftigen Einzahlungsüberschüssen mangelt. Im gleichen Maße, wie sich der Ertragswert des betrachteten Investitionsprojekts verringert, reduziert sich der Marktwert der mit dem Investitionsprojekt jeweils noch verbundenen künftigen Einzahlungen. Die hieraus resultierenden Abschreibungen D_t eines Zeit-

[26] Das folgende Zahlenbeispiel ist an *Wagner/Wissel* (1995) angelehnt. Entsprechendes gilt für die auf Beispiel 4.11 aufbauenden Beispiele 4.12, 4.14 sowie 4.17.

punktes t = 0, ..., 4 ergeben sich als Differenzen $\eta_{t-1}-\eta_t$. Auch diese Werte können aus *Tabelle 4.6* abgelesen werden.

t	0	1	2	3	4
η_t	100.300,134	73.167,144	54.256,516	32.862,037	0
D_t	−100.300,134	27.132,99	18.910,628	21.394,479	32.862,037

Tabelle 4.6: Projektertragswerte und Abschreibungen je nach Betrachtungszeitpunkt t = 0, ..., 4 (generell auf drei Stellen genau gerundet)

Im Zusammenhang mit der Bestimmung von $D_0 = \eta_{-1}-\eta_0$ ist dabei von dem fiktiven Wert $\eta_{-1} = 0$ GE auszugehen, so dass sich für den Zeitpunkt t = 0 eine Zuschreibung, also Aktivierung des Investitionsobjekts, gemäß seinem Ertragswert, das heißt der Summe aus Anfangsauszahlung und Projektkapitalwert, ergibt. Ein generelles Zeichen der Ertragswertabschreibung bei Voraussetzung eines Investitionsprojekts mit positivem Kapitalwert ist, dass in t = 0 eine um den Projektkapitalwert über die Anfangsauszahlung hinausgehende Aktivierung erfolgt, insofern also ein Verstoß gegen das **Anschaffungswertprinzip** vorliegt. Nach diesem sind bilanzielle Wertausweise für Investitionsobjekte nur bis maximal zur Höhe der Anfangsauszahlung zulässig. Für interne Rechensysteme ist dieses Prinzip natürlich ohne Bedeutung. □

Nimmt man nun an, dass steuerrechtlich Abschreibungen trotz des Verstoßes gegen das Anschaffungswertprinzip gemäß den Vor-Steuer-Ertragswerten anerkannt werden, dann gelangt man zu dem bemerkenswerten Ergebnis, dass sich bei Ausschluss der Besteuerung der über A_0 in t = 0 hinausgehenden Zuschreibung in der Nach-Steuer-Rechnung stets der **gleiche Kapitalwert** wie in der Vor-Steuer-Rechnung ergibt.[27]

Beispiel 4.12:

Es sei an dem Investitionsprojekt aus Beispiel 4.11 angeknüpft und alternativ ein Steuersatz $s^{(1)} = 40$ % bzw. $s^{(2)} = 30$ % unterstellt. Mit Abschreibungen gemäß

---

[27] Der etwas mühselige Nachweis dieses Umstands kann dem Anhang 2 zu diesem Abschnitt entnommen werden.

Tabelle 4.6 gelangt man zu den in *Tabelle 4.7* dokumentierten steuerlich relevanten Gewinnausweisen $G_t = z_t - D_t$ (unter zulässiger Vernachlässigung von Zahlungsströmen aus Finanzinvestitionen) und schließlich zu den ebenfalls in *Tabelle 4.7* abgetragenen Steuerzahlungen $S_t^{(1)} = s^{(1)} \cdot G_t$ bzw. $S_t^{(2)} = s^{(2)} \cdot G_t$.

t	1	2	3	4
G_t	8.024,01	5.853,372	4.340,521	2.628,963
$S_t^{(1)}$	3.209,604	2.341,349	1.736,208	1.051,585
$S_t^{(2)}$	2.407,203	1.756,012	1.302,156	788,689

Tabelle 4.7: Gewinnausweise und Steuerbelastungen bei Ertragswertabschreibung für $s^{(1)} = 0,4$ und $s^{(2)} = 0,3$ (auf drei Stellen genau gerundete Werte)

Man prüft leicht, dass sich der steuerpflichtige Gewinn G_t eines Zeitpunktes t gemäß *Tabellen 4.6* und *4.7* gerade als $\eta_{t-1} \cdot i$, also als mit dem Vor-Steuer-Kapitalmarktzinssatz i verzinster Ertragswert der Vorperiode, ergibt. Die Größe $\eta_{t-1} \cdot i$ nennt man **"ökonomischer Gewinn"**. Denn solange sich Entnahmen nur auf die Höhe des ökonomischen Gewinns belaufen, bleibt der Ertragswert der unternehmerischen Einzahlungen konstant, es kommt zu keinem **"Substanzverlust"**. Dieser Aspekt spielt im Rahmen unserer Betrachtung keinerlei Rolle. Erwähnenswert ist aber, dass die Konzeption der Ertragswertabschreibung zur Besteuerung gerade des ökonomischen Gewinns führt.[28]

Auf der Grundlage von *Tabelle 4.7* kann nun jedenfalls die Projektzahlungsreihe $z_t - S_t^{(1)}$ bzw. $z_t - S_t^{(2)}$ nach Steuern in Abhängigkeit vom unterstellten Steuersatz bestimmt werden. Die resultierenden Werte sind in *Tabelle 4.8* aufgeführt.

---

[28] Vgl. zum ökonomischen Gewinn auch *Neus* (2009), S. 397 ff. Der Nachweis, dass bei Ertragswertabschreibung letztlich der ökonomische Gewinn Gegenstand der Besteuerung ist, findet sich übrigens als Nebenergebnis im Anhang 2 zu diesem Kapitel.

t	0	1	2	3	4
$z_t - S_t^{(1)}$	−100.000	31.947,396	22.422,651	23.998,792	34.439,415
$z_t - S_t^{(2)}$	−100.000	32.749,797	23.007,988	24.432,844	34.702,311

Tabelle 4.8: Projektzahlungsreihe nach Steuern je nach unterstelltem Steuersatz (auf drei Stellen genau gerundete Werte)

Der Kapitalmarktzinssatz beläuft sich nach Steuern entweder auf $i \cdot (1-s^{(1)}) = 4{,}8\ \%$ oder auf $i \cdot (1-s^{(2)}) = 5{,}6\ \%$. Damit lässt sich nun der Projektkapitalwert nach Steuern sowohl für $s^{(1)} = 0{,}4$ als auch $s^{(2)} = 0{,}3$ ermitteln:

$$\begin{aligned} \kappa_S^{(1)} &\approx -100.000 + \frac{31.947{,}396}{1{,}048} + \frac{22.422{,}651}{1{,}048^2} + \frac{23.998{,}792}{1{,}048^3} + \frac{34.439{,}415}{1{,}048^4} \\ &\approx 300{,}13 \text{ GE}, \\ \kappa_S^{(2)} &\approx -100.000 + \frac{32.749{,}797}{1{,}056} + \frac{23.007{,}988}{1{,}056^2} + \frac{24.432{,}844}{1{,}056^3} + \frac{34.702{,}311}{1{,}056^4} \\ &\approx 300{,}13 \text{ GE}. \end{aligned} \tag{4.24}$$

In der Tat erhält man demnach für beide Steuersätze den gleichen Nach-Steuer-Kapitalwert von ungefähr 300,13 GE, wobei dieser überdies dem Vor-Steuer-Kapitalwert entspricht. Es gilt nämlich:

$$\kappa = -100.000 + \frac{35.157}{1{,}08} + \frac{24.764}{1{,}08^2} + \frac{25.735}{1{,}08^3} + \frac{35.491}{1{,}08^4} \approx 300{,}13 \text{ GE}. \tag{4.25}$$

Investitionsneutralität ist damit wegen der Steuersatzunabhängigkeit von Projektkapitalwerten hier unmittelbar gegeben. □

Bei steuerrechtlicher Anerkennung von Ertragswertabschreibungen ist der Kapitalwert eines Projekts vor Steuern demnach mit dem nach Steuern identisch. Auch der Ertragswert eines Investitionsprojekts nach Steuern entspricht in jedem Zeitpunkt t dem vor Steuern. Insofern ist es in der Tat **gerechtfertigt**, unter den hier geltenden Prämissen den "Wert" eines Investitionsprojekts trotz der Existenz von Steuerzahlungen über den Vor-Steuer-Ertragswert zu berechnen.

Sofern die in t = 0 über die Anfangsauszahlung hinausgehende Zuschreibung der Besteuerung unterliegt, ist der Nach-Steuer-Kapitalwert natürlich nicht mehr mit dem Vor-Steuer-Kapitalwert identisch. Vielmehr kommt es zur De-facto-Besteuerung des Kapitalwertes und damit zu der Beziehung $\kappa_S = (1-s)\cdot\kappa$. Die Rangfolge aller Investitionsprojekte bleibt freilich auch hier erhalten. Investitionsneutralität ist demnach in diesem modifizierten Steuersystem sowohl für Einzel- als auch Auswahlentscheidungen gegeben. Steuerparadoxa im engeren Sinne sind ebenfalls selbst bei **Zuschreibungsbesteuerung** nicht möglich. Steuerparadoxa im weiteren Sinne treten im Zusammenhang mit negativen Kapitalwerten κ von Investitionsprojekten freilich auf, da dann $\kappa_S = (1-s)\cdot\kappa > \kappa$ gilt.

Obschon durch Ertragswertabschreibungen im Rahmen des Standardmodells zur Investitionsrechnung Investitionsneutralität gewährleistet ist, wird die **intertemporale Konsumallokation** eines Unternehmers durch die Einführung der Besteuerung in aller Regel aber ceteris paribus sehr wohl beeinflusst.

Beispiel 4.13:
Betrachtet sei einmal mehr der Unternehmer aus Beispiel 4.4. Das steuerrechtlich zulässige Abschreibungsverfahren sei nun aber die Ertragswertabschreibung, wobei Zuschreibungen über die Anfangsauszahlung hinaus in t = 0 keine Steuerzahlungen auslösen sollen.

Der Ertragswert vor Steuern eines Investitionsprogramms mit Investitionsvolumen I beläuft sich aus Sicht von t = 0 auf F(I)/(1+i). Der zu versteuernde Gewinn des Unternehmers in t = 1 beträgt damit F(I)−F(I)/(1+i) = i·F(I)/(1+i), da der Ertragswert in t = 1 vollständig abzuschreiben ist. Aus diesem Grunde ergeben sich für den Unternehmer in t = 1 Einzahlungen nach Steuern von $F_S(I) \equiv F(I)-s\cdot[i\cdot F(I)/(1+i)] = [1+i\cdot(1-s)]\cdot F(I)/(1+i)$.

Das optimale unternehmerische Investitionsvolumen ist weiterhin durch die Gleichsetzung der Steigung der Transformationskurve, $-F_S'(I) = -[1+i\cdot(1-s)]\cdot F'(I)/(1+i)$, mit $-(1+i_S) = -[1+i\cdot(1-s)]$ gekennzeichnet. Hieraus folgt sofort

$$-\frac{[1+i\cdot(1-s)]\cdot F'(I)}{1+i} \overset{!}{=} -[1+i\cdot(1-s)] \qquad (4.26)$$
$$\Leftrightarrow F'(I) = 1+i$$

und damit (natürlich) Investitionsneutralität sowie folglich das gleiche optimale Investitionsvolumen $I^* = 4$ GE des Unternehmers wie schon im Beispiel 1.2 des Abschnitts 1 aus dem vorhergehenden Kapitel.[29] Der Startpunkt der hieraus resultierenden Kapitalmarktgeraden ist $(\overline{C}_0;\overline{C}_1) = (6;8{,}56)$, die zugehörige Geradengleichung folglich $C_1 = 14{,}98-1{,}07 \cdot C_0$. Sie liegt wegen der günstigeren Abschreibungsmöglichkeiten dabei weiter außen als die für $D_1 = I$ im Rahmen des Beispiels 4.4 resultierende Kapitalmarktgerade. Als optimale unternehmerische Konsumentscheidung erhält man schließlich $C_0^* = 4{,}2$ GE sowie $C_1^* = 10{,}486$ GE. Bei gleichem Wert für den unternehmerischen Konsum des Zeitpunktes $t = 0$ wie im Fall ohne Steuern resultiert folglich (natürlich) ein niedrigerer Wert für den Konsum des Unternehmers im Zeitpunkt $t = 1$ in der Situation mit Steuern. **Konsumneutralität** ist daher weder im engeren noch im weiteren Sinne gegeben. □

Fehlende Konsumneutralität im Zusammenhang mit Ertragswertabschreibungen ist kein sehr überraschendes Ergebnis, wie man sich anhand der dem vorhergehenden Beispiel 4.13 zugrundeliegenden Zwei-Zeitpunkte-Betrachtung leicht klarmachen kann. Während der Unternehmer im Fall ohne Steuern über eine relevante Kapitalmarktgerade mit Steigung $-(1+i)$ verfügt, liegt die Steigung der relevanten Kapitalmarktgeraden im Fall mit Steuern bei $-[1+i\cdot(1-s)]$. Des Weiteren ist der Abszissenabschnitt bei beiden Kapitalmarktgeraden in gleicher Weise über $W_{ges} \equiv W_0+F(I)/(1+i)$ gegeben, da der Kapitalwert des zum Investitionsvolumen I^* gehörigen Investitionsprogramms vor und nach Steuern identisch ist. Damit liegt die aus Unternehmersicht optimale Kapitalmarktgerade im Fall mit Steuern eindeutig weiter innen,[30] und sobald in der Vor-Steuer-Betrachtung $C_1^* > 0$ gilt, kann Konsumneutralität i.e.S. daher schon nicht mehr gegeben sein.

Konsumneutralität im weiteren Sinne würde erfordern, dass die Einführung der Besteuerung dazu führt, dass sich die optimalen unternehmerischen Konsumniveaus in $t = 0$ und $t = 1$ durch die Besteuerung um den gleichen Prozentsatz reduzieren (oder erhöhen). Das wiederum impliziert, dass alle je nach Steuersatz möglichen Konsumoptima im Rahmen eines $(C_0;C_1)$-Diagramms auf einer Geraden durch den Ursprung liegen, da entlang einer derartigen Geraden die Konstanz

---

[29] Es sollte darauf hingewiesen werden, dass das Ergebnis gemäß (4.26) keineswegs schon im Rahmen von (4.9) vorweggenommen wurde, da die Gesamthöhe der Abschreibungen in beiden Fällen grundlegend verschieden ist.

[30] Vgl. hierzu *Abbildung 4.3*.

von C_0/C_1 gegeben ist. Dies könnte höchstens zufällig der Fall sein. Für die im vorhergehenden Beispiel 4.13 verwendete ***Cobb-Douglas*-Nutzenfunktion** etwa ist bekannt, dass die durch die einzelnen Punkte einer Geraden aus dem Ursprung verlaufenden Indifferenzkurven sämtlich über die gleiche Steigung verfügen.[31] Dann können sie aber naturgemäß nicht sämtlich tangential zu Kapitalmarktgeraden mit variierender Steigung $-[1+i\cdot(1-s)]$ sein, wie man aus *Abbildung 4.4* erkennt.[32] Insofern muss man sich damit begnügen, dass wenigstens Investitionsneutralität gewährleistet ist.[33]

Wenngleich sich bei Zulässigkeit von Ertragswertabschreibungen generell Investitionsneutralität im Rahmen des Standardmodells zur Erfassung steuerlicher Aspekte in der Investitionsrechnung nachweisen lässt, findet diese Art der Besteuerung steuerrechtlich in praxi **keinerlei Anerkennung**. Neben dem formalen Problem eines Verstoßes gegen das **Anschaffungswertprinzip** ist vor allem inhaltlich bedeutsam, dass die Abschreibungen gemäß der Schätzung von Ertragswerten auf der Grundlage künftiger Einzahlungsüberschüsse erfolgen und sich der Fiskus hierbei auf die Angaben des Steuersubjekts verlassen müsste. Mit anderen Worten mangelt es an der Möglichkeit der **intersubjektiven Nachprüfbarkeit** für die der Abschreibung zugrunde gelegten Ertragswerte, so dass der unternehmerischen **Willkür** hier Tür und Tor geöffnet wird. Die Summe aller Abschreibungen

---

31 Vgl. hierzu etwa *Varian* (2011), S. 111 f. Man spricht in diesem Zusammenhang auch vom Vorliegen **homothetischer Präferenzen**. Siehe hierzu des Weiteren *Varian* (1994), S. 146 f., oder *Mas-Colell/Whinston/Green* (1995), S. 45.

32 Die besonderen Eigenschaften der *Cobb-Douglas*-Nutzenfunktion implizieren überdies, dass der optimale unternehmerische Konsum des Zeitpunktes $t = 0$ im Falle der steuerrechtlichen Zulässigkeit der Ertragswertabschreibung **unabhängig** vom Steuersatz s und damit vor und nach Steuern identisch ist. Auch diese **"partielle" Konsumneutralität** ist also keineswegs eine allgemeingültige Implikation der Ertragswertabschreibung.

33 Die gerade dargelegten Zusammenhänge belegen dabei zugleich nochmals etwas ausführlicher, warum auch für den Fall $D_0 = -I$, $D_1 = I$, wie er etwa im Beispiel 4.4 behandelt worden ist, **keine Konsumneutralität** vorliegt. Die in diesem Kontext resultierende Kapitalmarktgerade verläuft nämlich zum einen wegen der ungünstigeren Abschreibungsmöglichkeiten für jeden Steuersatz s weiter innen als die korrespondierende Kapitalmarktgerade bei Ertragswertabschreibung und liegt zum anderen aber stets parallel zur letztgenannten. Erneut können die für variierenden Steuersatz resultierenden Konsumoptima nur zufällig alle auf einer Geraden durch den Ursprung liegen.

in den Zeitpunkten von t = 1 bis t = T entspricht dabei zwingend stets dem in t = 0 als Anfangswert des jeweiligen Investitionsobjekts genutzten Ertragswert dieses Zeitpunktes, wie er vom Unternehmer gemeldet wird. Sofern Zuschreibungen über die Anfangsauszahlung in t = 0 hinaus nicht zu Steuerzahlungen führen können, wäre es für den jeweiligen Unternehmer daher am besten, in t = 0 einen möglichst hohen (fiktiven) Ertragswert anzugeben und so möglichst viel "Abschreibungspotential" zu schaffen. Schon dieser Verhaltensfehlanreiz spricht dafür, auch bereits in t = 0 Steuerzahlungen im Umfang $s \cdot (z_0 - D_0)$ vorzusehen. Unter dieser Prämisse wiederum wäre es für den Unternehmer von Vorteil, in t = 0 einen möglichst niedrigen Ertragswert zu behaupten. Akzeptiert der Fiskus mit Hinweis auf ansonsten in Kauf genommene Vermögensverluste auf Seiten des Unternehmers nur Ertragswertangaben in Höhe von mindestens der Anfangsauszahlung in t = 0,[34] dann wird der Unternehmer genau diese Angabe tätigen. Trotz der grundsätzlichen Voraussetzung von Ertragswertabschreibungen würde somit in t = 0 eine generelle Aktivierung von Investitionsobjekten gemäß dem Anschaffungswertprinzip erfolgen. Es bliebe allerdings ein Anreiz für den Unternehmer, schon im Zeitpunkt t = 1 zu behaupten, dass sich der Ertragswert auf Null (oder noch besser ins Negative) aufgrund veränderter Ertragsaussichten reduziert hat, um auf diese Weise möglichst große Steuerminderungen durch entsprechend hohe Abschreibungen zu erreichen. Deswegen wird sich der Fiskus auch bei Besteuerung von Zuschreibungen im Zeitpunkt t = 0 nicht auf die Angaben des Unternehmers zur Ertragswertentwicklung einlassen können, sondern es wäre die formalisierte Nutzung von Fiktionen zum zeitlichen Verlauf von Ertragswerten erforderlich. Beispielsweise könnte eine **praktikable Fiktion** gemäß dem Prinzip vom unzureichenden Grunde[35] darin bestehen, dass sich der mit einem Investitionsobjekt verbundene Ertragswert in jeder Periode in gleicher Weise reduziert. Man käme damit auf ganz "natürlichem" Wege zur Rechtfertigung linearer Abschreibungen auf An-

---

34 Der Fiskus könnte sich also auf den Standpunkt stellen, dass der Unternehmer freiwillig **keine** Projekte mit negativem Kapitalwert durchführen wird, der Ertragswert eines Investitionsprojekts also mindestens seiner Anfangsauszahlung entsprechen muss.

35 Dieses Prinzip ist auch als ***Laplace*-Prinzip** bekannt. Vgl. hierzu generell z.B. *Wollenhaupt* (1982), S. 85 ff. Konkret auf das hier betrachtete Problem bezogen, würde man auf der Grundlage dieses Prinzips behaupten, dass man wegen fehlender entgegenstehender Informationen von einem gleichmäßigen Abbau des in t = 0 angesetzten Ertragswerts bis t = T ausgehen sollte.

schaffungswerte.[36] Von der ursprünglichen Idee der Ertragswertabschreibung (und der damit implizierten Investitionsneutralität) wäre allerdings nichts übriggeblieben. Augenscheinlich erweisen sich Ertragswertabschreibungen damit für praktische Zwecke als recht wenig geeignet.

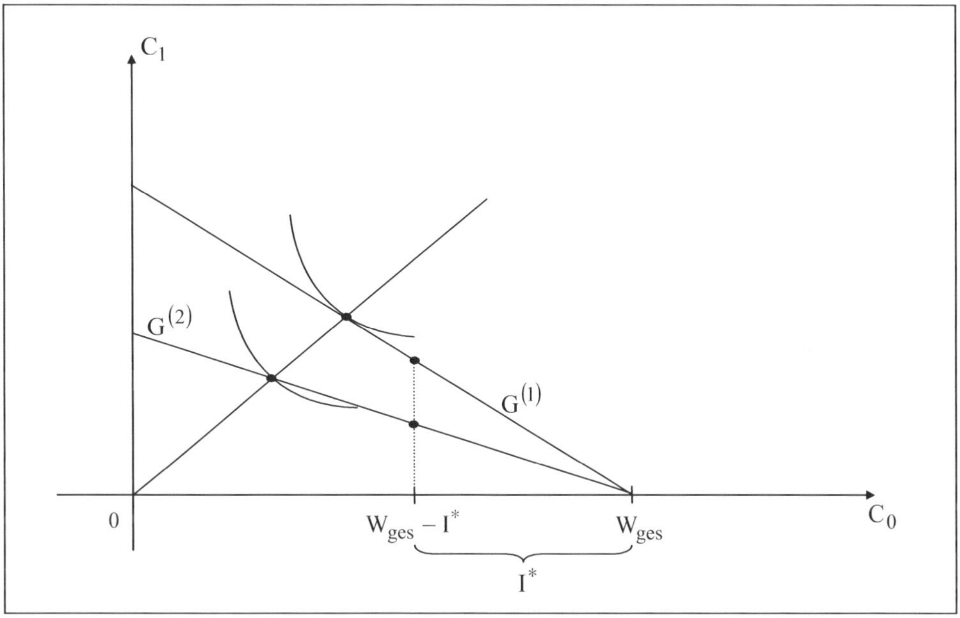

Abbildung 4.4: Relevante Kapitalmarktgeraden ohne ($G^{(1)}$) und mit ($G^{(2)}$) Steuern bei Ertragswertabschreibung

4.4.2.2 Cashflow-Besteuerung

Einfachere und auch weniger manipulationsanfällige Möglichkeiten zur Gewährleistung der Investitionsneutralität ergeben sich insbesondere dann, wenn man den Kontext des Standardmodells verlässt.[37] Im Rahmen der sogenannten **Cashflow-Steuer**[38] etwa ergibt sich der Gewinn G_t eines Zeitpunktes t einfach als Saldo **aller** Ein- und Auszahlungen aus Real- und Finanzinvestitionen zu einem

36 Vgl. zur Interpretation bilanzieller Wertansätze unter Ertragswertaspekten etwa *Ordelheide* (1988, 1989, 1998).

37 Vgl. zu einer generellen Diskussion der Eigenschaften **investitionsneutraler Besteuerung** mit zahlreichen Literaturhinweisen insbesondere *König* (1997).

38 Auf die Investitionsneutralität der Cashflow-Steuer wurde wohl zum ersten Mal in *Brown* (1948) hingewiesen.

Zeitpunkt t. Dies impliziert zum einen, dass die Anfangsauszahlung eines Investitionsprojekts unmittelbar erfolgswirksam wird und in zukünftigen Zeitpunkten keine Abschreibungen verrechnet werden. Man spricht hierbei auch von einer sogenannten **Sofortabschreibung**, da das betreffende Investitionsobjekt gar nicht erst steuerlich wirksam aktiviert wird. Genauer formuliert wird die obligatorische Zuschreibung des Zeitpunktes $t = 0$ in Höhe von A_0 unmittelbar durch eine Abschreibung in gleicher Höhe kompensiert. In der Tat gilt demnach $D_0 = D_1 = \ldots = D_T = 0$. Zum anderen werden im Rahmen von Finanzinvestitionen nicht nur Haben- und Sollzinsen, sondern auch Auszahlungen zum Erwerb von Wertpapieren und Zuflüsse aus Tilgungen und Wertpapierverkäufen besteuert. **Sämtliche** im Zusammenhang mit Investitionen veranlassten Ein- und Auszahlungen unterliegen somit der Besteuerung. Gerade deswegen spricht man von einer Cashflow-Steuer.

Mit C_t als den unternehmerischen Konsumauszahlungen, z_t als dem Einzahlungsüberschuss eines Zeitpunktes t aus Realinvestitionen und f_t als dem Einzahlungsüberschuss aus Finanzinvestitionen gilt notwendigerweise $z_t+f_t-C_t-s\cdot(z_t+f_t) = 0$ in jedem Zeitpunkt t. Die Einzahlungsüberschüsse z_t und f_t sind dabei in der Tat als Salden der Einzahlungen aus Real- bzw. Finanzinvestitionen und der entsprechenden Auszahlungen (auch für neue Investitionen) zu verstehen. Eine Ausdehnung des Konsums C_t ist daher ceteris paribus nur möglich, wenn z_t und/oder f_t erhöht werden, was gleichbedeutend mit verringerten investiven Auszahlungen ist. Diese Erhöhung von z_t und/oder f_t lässt die Bemessungsgrundlage der Cashflow-Steuer im betreffenden Zeitpunkt in entsprechender Weise ansteigen. Deswegen müssen die investiven Auszahlungen für jede Geldeinheit Mehrkonsum in t sogar um $1/(1-s) > 1$ GE zurückgenommen werden und bedingt jede Geldeinheit Mehrkonsum ceteris paribus eine um $s/(1-s)$ höhere Steuerbelastung für den betrachteten Entscheidungsträger. Man spricht daher in diesem Zusammenhang auch von einer **reinen Konsumbesteuerung**.

Wenn die Anlage eines Betrags A am Kapitalmarkt zu einem Vor-Steuer-Zinssatz i von einem beliebigen Zeitpunkt $t-1$ bis t möglich ist, dann ergibt sich nach Steuern in t nur ein Rückfluss von $A\cdot(1+i)-s\cdot A\cdot(1+i) = (1-s)\cdot A\cdot(1+i)$, weil die gesamte Vor-Steuer-Einzahlung $A\cdot(1+i)$ der Besteuerung unterworfen ist. Andererseits bedingt eine Investition in Höhe von A ceteris paribus eine entsprechende Reduktion der steuerlichen Bemessungsgrundlage, so dass die Nach-Steuer-Auszahlung in t−1 nur A−s·A = (1−s)·A beträgt. Insgesamt erzielt das betrachtete Subjekt aus seiner einperiodigen Mittelanlage damit eine Nach-Steuer-Rendite i_S von

$$i_S = \frac{(1-s)\cdot A\cdot(1+i)-(1-s)\cdot A}{(1-s)\cdot A} = i. \tag{4.27}$$

Die Nach-Steuer-Rendite entspricht damit der Vor-Steuer-Rendite. Entsprechendes gilt natürlich im Falle der Kreditaufnahme, so dass sich Wirtschaftssubjekte im Rahmen der Cashflow-Besteuerung grundsätzlich den **gleichen** Kapitalmarktgeraden wie vor Steuern gegenübersehen. Die Existenz von Kapitalmarktgeraden mit einheitlicher Steigung wiederum impliziert die weiterhin bestehende Gültigkeit der *Fisher*-Separation und – damit zusammenhängend – die Unmöglichkeit der Vermögensbeeinflussung durch Finanzinvestitionen. Dies bedeutet, dass Investitionsprojekte auch bei Zugrundelegung einer Cashflow-Besteuerung nach ihrem Projektkapitalwert nach Steuern und unter Abstraktion von Finanzinvestitionen beurteilt werden können.

Bei Vernachlässigung von Finanzinvestitionen ergibt sich der Einzahlungsüberschuss eines Zeitpunktes t nach Steuern als $z_t - s\cdot z_t = (1-s)\cdot z_t$. Wegen $i_S = i$ erhält man somit als Nach-Steuer-Kapitalwert:

$$\kappa_S = \sum_{t=0}^{T}\frac{(1-s)\cdot z_t}{(1+i)^t} = (1-s)\cdot\kappa. \tag{4.28}$$

Es resultiert folglich der gleiche Zusammenhang zwischen Vor-Steuer- und Nach-Steuer-Kapitalwert wie im Falle der steuerrechtlichen Zulässigkeit von Ertragswertbschreibungen mit Besteuerung von Zuschreibungen über die Anfangsauszahlung in t = 0.

Beispiel 4.14:
Gegeben sei erneut das Investitionsprojekt aus Beispiel 4.11 bei Unterstellung eines Kapitalmarktzinssatzes vor Steuern von i = 8 % und unter Zugrundelegung einer Cashflow-Steuer mit einem Steuersatz von $s^{(1)} = 40$ % bzw. $s^{(2)} = 30$ %. Die jeweilige Zahlungsreihe aus dem Investitionsprojekt nach Steuern kann dann aus *Tabelle 4.9* abgelesen werden.

t	0	1	2	3	4
$(1-s^{(1)})-z_t$	−60.000	21.094,2	14.858,4	15.441	21.294,6
$(1-s^{(2)})-z_t$	−70.000	24.609,9	17.334,8	18.014,5	24.843,7

Tabelle 4.9: Projektzahlungsreihe nach Steuern je nach unterstelltem Steuersatz (Cashflow-Steuer)

Damit erhält man für die Projektkapitalwerte:

$$\begin{aligned}
\kappa_S^{(1)} &= -60.000 + \frac{21.094,2}{1,08} + \frac{14.858,4}{1,08^2} + \frac{15.441}{1,08^3} + \frac{21.294,6}{1,08^4} \\
&\approx 180,08 \text{ GE} \\
&\approx \left(1-s^{(1)}\right)\cdot\kappa, \\
\kappa_S^{(2)} &= -70.000 + \frac{24.609,9}{1,08} + \frac{17.334,8}{1,08^2} + \frac{18.014,5}{1,08^3} + \frac{24.843,7}{1,08^4} \\
&\approx 210,09 \text{ GE} \\
&\approx (1-s^{(2)})\cdot\kappa,
\end{aligned} \tag{4.29}$$

wobei daran erinnert sei, dass sich der Vor-Steuer-Kapitalwert κ des betrachteten Investitionsprojekts auf ungefähr 300,13 GE beläuft. □

Auch durch die Implementierung einer **Cashflow-Besteuerung** kann damit das Auftreten von Steuerparadoxa i.e.S. vermieden werden und ist Investitionsneutralität daher gewährleistet. Erneut bleibt allerdings die vom jeweiligen Unternehmer angestrebte **intertemporale Konsumallokation** durch die Besteuerung nicht unbeeinflusst. Konsumneutralität i.e.S. wird nie, Konsumneutralität i.w.S. nur bei bestimmten Eigenschaften der unternehmerischen Nutzenfunktion erfüllt sein.[39]

---

[39] Bemerkenswerterweise wird dies von *Wagner/Wissel* (1995), S. 69, nicht erkannt, sondern das Vorliegen von Konsumneutralität schlicht mit der Gleichheit von Vor- und Nach-Steuer-Kapitalmarktzinssatz identifiziert. In ähnlicher Weise äußern sich auch schon etwa *Wenger* (1986), S. 140 f., oder *Wagner* (1989), S. 271, ohne dass der Begriff der Konsumneutralität jedoch überhaupt in operationaler Weise definiert wird.

Beispiel 4.15:
Ein weiteres Mal sei der Unternehmer aus Beispiel 4.4 betrachtet, nun jedoch unter der Annahme einer allgemeinen Cashflow-Besteuerung mit s = 30 %. Als Konsequenz hieraus führt ein Investitionsvolumen von I in t = 0 für den Unternehmer nur zu Nettoabflüssen von (1−s)·I. Der nach Realinvestitionen in t = 0 im Umfang von I vor Steuern verbleibende unternehmerische Konsum beläuft sich nach Steuern daher generell auf $C_0 = W_0-(1-s)\cdot I$.

Entsprechend beträgt die unternehmerische Einzahlung nach Steuern aus der Realinvestition in t = 1 nur noch $C_1 = F_S(I) \equiv (1-s)\cdot F(I)$. Auflösen der Bestimmungsgleichung für C_0 nach I und Einsetzen in die Bestimmungsgleichung für C_1 liefert die im Rahmen der Cashflow-Steuer maßgebliche funktionale Darstellung der Transformationskurve:

$$C_1 = (1-s)\cdot F\left(\frac{W_0 - C_0}{1-s}\right). \tag{4.30}$$

Weiterhin muss die Steigung der Transformationskurve für das optimale unternehmerische Investitionsvolumen der Steigung der Kapitalmarktgeraden entsprechen. Durch Ableitung von (4.30) gemäß Kettenregel erhält man als Steigung der Transformationskurve hier gerade −F' (I), und die Steigung der Kapitalmarktgeraden ist bei der Cashflow-Steuer bekanntermaßen einheitlich −(1+i). Natürlich zeigt sich über die Optimalitätsbedingung –F' (I) = −(1+i) damit auch für den Spezialfall der Zwei-Zeitpunkte-Betrachtung die Investitionsneutralität der Cashflow-Steuer. Man erhält demnach für die Zahlen dieses Beispiels $I^* = 4$ GE. Im Gegensatz zur Situation ohne Steuern ist der Startpunkt der relevanten Kapitalmarktgeraden nun aber nicht (6;8,8) sondern (7,2;6,16). Denn eine Investition von 4 GE in t = 0 führt tatsächlich nur zu Auszahlungen nach Steuern von (1−0,3)·4 = 2,8 GE, weswegen 10−2,8 = 7,2 GE in t = 0 beim Unternehmer verbleiben. Dafür werden allerdings auch die Rückflüsse vor Steuern von 8,8 GE des Zeitpunktes t = 1 um 30 % Steuern gekürzt auf (1−0,3)·8,8 = 6,16 GE.

Der Kapitalmarktzinssatz beläuft sich vor wie nach Steuern aufgrund der spezifischen Eigenschaften der Cashflow-Steuer auf i = 10 %. Die für den Unternehmer im Fall ohne Steuern maßgebliche Kapitalmarktgerade ist bereits aus Gleichung (1.4) des Abschnitts 1 des vorhergehenden Kapitels als $C_1 = 15{,}4-1{,}1\cdot C_0$ bekannt.

Die Kapitalmarktgerade im Falle mit Steuern lautet $C_1 = 14{,}08-1{,}1\cdot C_0$ und liegt natürlich weiter innen als die erstgenannte Kapitalmarktgerade. Die Richtigkeit der Kapitalmarktgeraden für den Fall mit Steuern prüft man leicht, indem man $C_0 = 7{,}2$ GE einsetzt und dann passend $C_1 = 6{,}16$ GE erhält. Augenscheinlich wird das vom Unternehmer angestrebte Konsumoptimum damit im Fall mit Steuern zwingend ein anderes als im Fall ohne Steuern sein. Konsumneutralität i.e.S. kann demnach hier nicht vorliegen. Konkret lauten die nunmehr relevanten Optimumbedingungen

$$\begin{aligned} &\text{I.} \quad \overline{U}^{\frac{10}{7}} \cdot C_0^{-\frac{3}{7}} = 14{,}08 - 1{,}1 \cdot C_0, \\ &\text{II.} \quad \frac{3}{7} \cdot \overline{U}^{\frac{10}{7}} \cdot C_0^{-\frac{10}{7}} = 1{,}1. \end{aligned} \tag{4.31}$$

Wieder stellt die erste Gleichung sicher, dass ein gemeinsamer Punkt einer Indifferenzkurve und der relevanten Kapitalmarktgeraden betrachtet wird. Die zweite Bedingung gewährleistet wie stets, dass es sich um einen Tangentialpunkt der beiden Kurven handelt. Aus der Lösung des Gleichungssystems gemäß (4.31) erhält man $C_0^* \approx 3{,}84$ GE sowie $C_1^* \approx 9{,}86$ GE bei einem resultierenden maximalen Nutzenniveau von etwa 7,43. Das Verhältnis $C_1^* / C_0^* \approx 2{,}57$ der beiden Konsumauszahlungen entspricht aber in der Tat dem für den Fall ohne Steuern. Konsumneutralität i.w.S. ist hier folglich erfüllt. Bemerkenswerterweise führt die Besteuerung hierbei allerdings nicht dazu, dass der Unternehmer in $t = 0$ und $t = 1$ jeweils 30 % weniger Konsumauszahlungen tätigt. Vielmehr erhält man, dass der Unternehmer trotz der Existenz einer Konsumsteuer lediglich eine Reduktion seiner Konsumauszahlungen in $t = 0$ und $t = 1$ um jeweils etwa 8,57 % hinnehmen muss. Die Ursache hierfür liegt in der nicht besteuerten Anfangsausstattung $W_0 = 10$ GE des Unternehmers. □

Dass bei einer Cashflow-Besteuerung **Konsumneutralität i.e.S.** nicht gegeben sein kann, ist evident, wenn man sich auf eine Zwei-Zeitpunkte-Betrachung wie im vorhergehenden Beispiel 4.15 beschränkt. Die Steigung der relevanten Kapitalmarktgeraden ist hier vor Steuern wie nach Steuern identisch. Der Ordinatenabschnitt des Startpunkts wird jedoch um den Betrag $s\cdot F(I^*)$ gekürzt. In entsprechender Weise wird der zugehörige Abszissenabschnitt um $s\cdot I^*$ erhöht. Der Absolutbetrag der Steigung der Sekanten durch die beiden Startpunkte vor und nach Steuern ist einfach $[s\cdot F(I^*)]/(s\cdot I^*) = F(I^*)/I^* > 1+i$, wobei die Ungleichung eine

Folge der Eigenschaften des optimalen Realinvestitionsprogramms ist: Alle investierten Geldeinheiten liefern eine Rendite von mindestens i. Damit freilich liegt die relevante Kapitalmarktgerade nach Steuern bei gleicher Steigung weiter innen als die relevante Kapitalmarktgerade im Falle der Existenz einer Cashflow-Steuer, wie auch *Abbildung 4.5* verdeutlicht. Konsumneutralität i.e.S. wird daher unmöglich. Weil aber verschiedene Steuersätze lediglich zur Relevanz von Kapitalmarktgeraden mit einheitlicher Steigung bei variierenden Achsenabschnitten führen, gewährleistet eine *Cobb-Douglas*-Nutzenfunktion hier tatsächlich **Konsumneutralität i.w.S.**: Alle Punkte, in denen Indifferenzkurven über eine Steigung von $-(1+i)$ verfügen, liegen auf einer Geraden durch den Ursprung und sind allein als unternehmerische Konsumoptima im Falle einer Cashflow-Steuer denkbar. Genau dies charakterisiert die Eigenschaft der Konsumneutralität i.w.S. Bei **anderen** Arten unternehmerischer Nutzenfunktionen liegen die Punkte gleicher Steigung von Indifferenzkurven typischerweise nicht mehr auf einer Geraden, und es ergibt sich auch für die Cashflow-Steuer nicht mehr Konsumneutralität i.w.S.

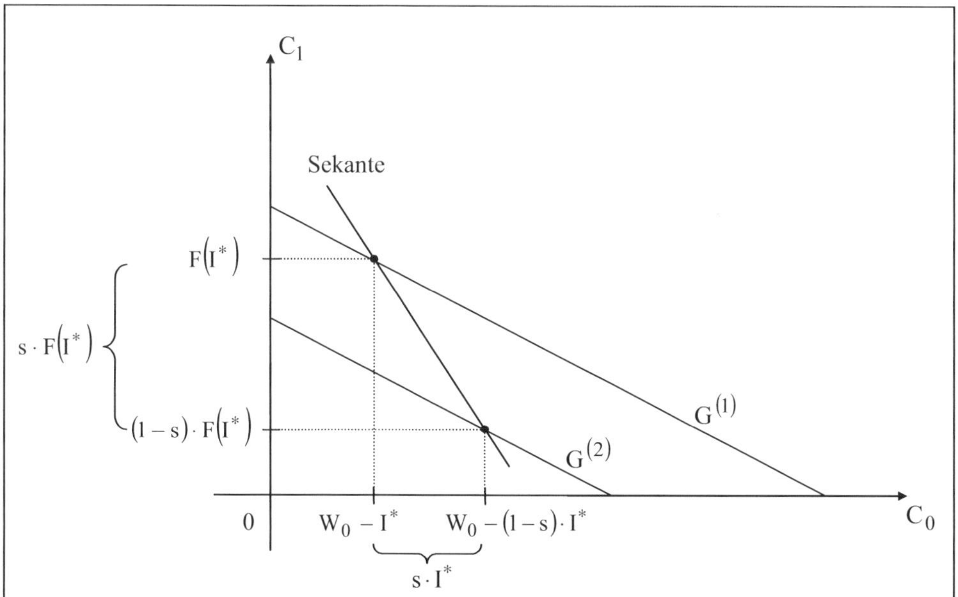

Abbildung 4.5: Relevante Kapitalmarktgeraden ohne ($G^{(1)}$) und mit ($G^{(2)}$) Steuern bei Cashflow-Besteuerung (Skizze)

Da die Cashflow-Besteuerung lediglich an Zahlungen ansetzt, ist diese Besteuerungsform weit **weniger manipulationsanfällig** als etwa die Ertragswertabschreibung. Sie ist überdies sehr einfach zu verstehen.[40] Nachteilig ist, dass es sich hierbei um einen prinzipiellen **Strukturbruch** zu den in Deutschland herrschenden steuerlichen Regelungen handelt, weshalb die Implementierung eines derartigen Steuersystems eine erhebliche Umwälzung darstellte. Überdies wurde bereits weiter oben darauf hingewiesen, dass Gegenstand der Besteuerung letztlich diejenigen Einzahlungsüberschüsse eines Zeitpunktes t darstellen, die konsumtive Verwendung finden. Weil in der Regel ausgeführt wird, dass einkommensschwache Bevölkerungsgruppen größere Einkommensanteile für Konsumzwecke verwenden als einkommensstarke, trifft diese Besteuerungsform die **"sozial Schwachen"** verhältnismäßig stark. Diese Überlegung mag zur grundsätzlichen Ablehnung einer Konsumsteuer führen, wenngleich durch Freibetrags- und Steuerprogressionsgestaltungen derartigen sozialen Gesichtspunkten durchaus Rechnung getragen werden könnte. Auf derlei Aspekte soll hier nicht weiter eingegangen werden.[41] Festgehalten werden kann jedenfalls, dass eine Cashflow-Besteuerung aus investitionstheoretischer Sicht über bemerkenswerte Eigenschaften verfügt, aber zumindest in Deutschland auf absehbare Zeit nicht durchsetzbar erscheint.

4.4.2.3 Residualgewinnorientierte Besteuerung

Eine überaus interessante dritte Variante investitionsneutraler Besteuerung macht sich die Aussage des *Lücke*-Theorems zunutze, die bereits im Abschnitt 2.4 des Kapitels III vorgestellt worden ist. Das ***Lücke*-Theorem** formuliert Bedingungen, unter denen man auf der Grundlage von Kosten und Leistungen Kapitalwerte gleicher Höhe wie bei der Anknüpfung an den Einzahlungsüberschüssen eines Investitionsprojekts ermittelt. Dazu müssen sich die zinslos aufsummierten Gewinne und Einzahlungsüberschüsse über den Planungshorizont genau entsprechen und muss überdies die kosten- und leistungsorientierte Kapitalwertberechnung auf Basis von Residualgewinnen erfolgen, die sich aus den "eigentlichen" Gewinnen

---

40 Aufgrund des Zusammenhangs $i_S = i$ kann man übrigens des Weiteren eine **modifizierte Cashflow-Steuer** betrachten, bei der nur die Einzahlungsüberschüsse z_t aus Realinvestitionen Gegenstand der Besteuerung sind. Auch in diesem Falle gelangte man zur Kapitalwertformel (4.28) und hätte überdies eine weitere technische Vereinfachung der Besteuerung erreicht.

41 Erwähnt werden soll lediglich, dass derartige Modifikationen allerdings durchaus die Investitionsneutralität der Cashflow-Steuer beeinträchtigen können.

unter zusätzlichem Abzug von kalkulatorischen Zinsen auf die jeweilige Mittelbindung, das heißt den Restbuchwert, der Vorperiode ergeben.

Beispiel 4.16:
Ausgangspunkt der Betrachtung sei das Investitionsprojekt mit der Zahlungsreihe gemäß *Tabelle 4.5* im Beispiel 4.11, wobei eine lineare Abschreibung der Anfangsauszahlung des Zeitpunktes t = 0 in den Zeitpunkten t = 1 bis t = 4 unterstellt werde. In den Zeitpunkten t = 1, ..., 4 ermittelt man den jeweiligen Residualgewinn, indem man von den ausgewiesenen Einzahlungsüberschüssen zunächst die Abschreibung in Höhe von 25.000 GE und außerdem die Zinsen auf den im vorhergehenden Zeitpunkt t−1 jeweils gegebenen Restbuchwert des Investitionsprojekts abzieht. Für t = 1 führt dies bei i = 8 % zu einem Residualgewinn von 35.157−25.000−0,08·100.000 = 2.157 GE. In entsprechender Weise erhält man für t = 2 einen Residualgewinn von 24.764−25.000−0,08·75.000 = −6.236 GE. Die Werte für t = 3 und t = 4 sind RG_3 = 25.735−25.000−0,08·50.000 = −3.265 GE und RG_4 = 35.491−25.000−0,08·25.000 = 8.491 GE. Als Kapitalwert des Investitionsprojekts auf der Grundlage der Residualgewinne erhält man damit unter Beachtung von RG_0 = 0 GE:

$$\kappa = \frac{2.157}{1{,}08} - \frac{6.236}{1{,}08^2} - \frac{3.265}{1{,}08^3} + \frac{8.491}{1{,}08^4} \approx 300{,}13 \text{ GE} \qquad (4.32)$$

und folglich in der Tat den gleichen Kapitalwert wie bei "zahlungsorientierter" Rechnung.

Hätte man das Investitionsprojekt in t = 1 und t = 2 jeweils zu 50.000 GE abschreiben können (mit $D_3 = D_4 = 0$), resultierten Residualgewinne von RG_1 = 35.157−50.000−0,08·100.000 = −22.843 GE und RG_2 = 24.764−50.000−0,08·50.000 = −29.236 GE bei $RG_3 = z_3$ und $RG_4 = z_4$. Erneut ergäbe sich ein Kapitalwert von etwa 300,13 GE. Die Art der Abschreibung kann demnach den ausgewiesenen Kapitalwert nicht beeinflussen, wie schon aus Abschnitt 2.4 des Kapitels III bekannt ist. □

Das *Lücke*-Theorem lässt sich leicht nutzen, um die Investitionsneutralität eines Steuersystems nachzuweisen, das an Residualgewinnen ansetzt. Man kann hier von **residualgewinnorientierter oder zinskorrigierter Besteuerung** sprechen.[42] Der einzige, aber entscheidende Unterschied zur Besteuerung im Rahmen des Standardmodells besteht darin, dass als **Steuerbemessungsgrundlage** nunmehr der Residualgewinn RG_t statt des Gewinns G_t gewählt wird.

Als Konsequenz einer residualgewinnorientierten Besteuerung ist zunächst einmal festzuhalten, dass die Anlage oder Aufnahme von Mitteln am Kapitalmarkt steuerlich **neutral** wirkt, weil etwa die Anlage eines Betrags A in t = 0 unter Beachtung der kalkulatorischen Zinsen auf A in t = 1 einen Residualgewinn von $i \cdot A - i \cdot A = 0$ impliziert. In entsprechender Weise führt Verschuldung über die Verrechnung negativer kalkulatorischer Zinsen nicht mehr zu einer steuerlichen Entlastung. Der Kalkulationszinsfuß nach Steuern ist bei residualgewinnorientierter Besteuerung folglich gleich dem vor Steuern. Dies rechtfertigt zugleich, warum auch im Fall mit Steuern der Residualgewinn unter Zugrundelegung des Vor-Steuer-Zinssatzes berechnet wird. Des Weiteren bedingt die Existenz eines einheitlichen Nach- Steuer-Kalkulationszinsfußes von i für beliebige Anlage oder Aufnahme von Mitteln unmittelbar die nach wie vor bestehende Gültigkeit der ***Fisher*-Separation** sowie die (Nach-Steuer-) Kapitalwertneutralität von Finanzinvestitionen. Finanzinvestitionen können im Rahmen von Kapitalwertberechnungen folglich weiterhin vernachlässigt werden.

Damit ist auf der Grundlage des Kapitalwertes κ_S nach Steuern nunmehr folgende Umformung möglich:

$$\kappa_S = \sum_{t=0}^{T} \frac{z_t - s \cdot RG_t}{(1+i)^t} = \sum_{t=0}^{T} \frac{z_t}{(1+i)^t} - s \cdot \sum_{t=0}^{T} \frac{RG_t}{(1+i)^t} = (1-s) \cdot \kappa. \tag{4.33}$$

Der letzte Umformungsschritt ist zulässig, weil gemäß dem *Lücke*-Theorem der Kapitalwert $\kappa = \Sigma_{t=0}^{T} z_t / (1+i)^t$ der Einzahlungsüberschüsse aus einem Investitionsprojekt dem Kapitalwert $\Sigma_{t=0}^{T} RG_t / (1+i)^t$ der Residualgewinne entspricht.

Unabhängig von der konkreten zeitlichen Ausgestaltung der Abschreibung der Anfangsauszahlung führt damit eine **residualgewinnorientierte Besteuerung** im

[42] Die Grundidee hierzu findet sich bei *Wenger* (1983) sowie *Boadway/Bruce* (1979, 1984).

Ergebnis zu der gleichen Beziehung zwischen Vor-Steuer- und Nach-Steuer-Kapitalwert wie im Rahmen der **Cashflow-Besteuerung**.

Beispiel 4.17:
Gegeben sei das Projekt aus dem vorhergehenden Beispiel 4.16 unter Zugrundelegung residualgewinnorientierter Besteuerung und linearer Abschreibung der Anfangsauszahlung über den Nutzungszeitraum. Für die beiden alternativen Steuersätze $s^{(1)} = 40$ % und $s^{(2)} = 30$ % sind die jeweils resultierenden Steuerzahlungen zusammen mit den Residualgewinnen der einzelnen Zeitpunkte t = 1, ..., 4 in der nachfolgenden *Tabelle 4.10* angegeben.

t	1	2	3	4
RG_t	2.157	−6.236	−3.265	8.491
$S_t^{(1)}$	862,8	−2.494,4	−1.306	3.396,4
$S_t^{(2)}$	647,1	−1.870,8	−979,5	2.547,3

Tabelle 4.10: Residualgewinnausweise und Steuerbelastungen bei residualgewinnorientierter Besteuerung für $s^{(1)} = 0{,}4$ und $s^{(2)} = 0{,}3$

Die Zahlungsreihe nach Steuern ergibt sich, indem man die Steuerzahlungen gemäß *Tabelle 4.10* von den Einzahlungsüberschüssen vor Steuern aus dem jeweiligen Investitionsprojekt abzieht. Das Resultat ist in *Tabelle 4.11* ausgewiesen.

t	1	2	3	4
$z_t - S_t^{(1)}$	34.294,2	27.258,4	27.041	32.094,6
$z_t - S_t^{(2)}$	34.509,9	26.634,8	26.714,5	32.943,7

Tabelle 4.11: Zahlungsreihen nach Steuern bei residualgewinnorientierter Besteuerung für $s^{(1)} = 0{,}4$ und $s^{(2)} = 0{,}3$

Auf dieser Grundlage gelangt man zu den folgenden Nach-Steuer-Kapitalwerten:

$$\kappa_S^{(1)} = -100.000 + \frac{34.294,2}{1,08} + \frac{27.258,4}{1,08^2} + \frac{27.041}{1,08^3} + \frac{32.094,6}{1,08^4} \approx 180,08 \text{ GE},$$
$$\kappa_S^{(2)} = -100.000 + \frac{34.509,9}{1,08} + \frac{26.634,8}{1,08^2} + \frac{26.714,5}{1,08^3} + \frac{32.943,7}{1,08^4} \approx 210,09 \text{ GE}, \tag{4.34}$$

also in der Tat zu den gleichen Kapitalwerten wie im Rahmen einer Cashflow- Besteuerung. Dieses Ergebnis hat auch für andere Formen der Abschreibung Bestand. Sofern man etwa erneut unterstellt, dass Abschreibungen in Höhe von 50.000 GE in t = 1 und in t = 2 erfolgen, ergeben sich für $s^{(1)} = 0,4$ Steuerzahlungen von 0,4·(−22.843) = −9.137,2 GE in t = 1, 0,4·(−29.236) = −11.694,4 GE in t = 2 sowie von 0,4·25.735 = 10.294 GE in t = 3 und 0,4·35.491 = 14.196,4 GE in t = 4. Die Zahlungsreihe nach Steuern (ab t = 1) lautet damit gemäß *Tabelle 4.12*.

t	1	2	3	4
$z_t - S_t^{(1)}$	44.294,2	36.458,4	15.441	21.294,6

Tabelle 4.12: Zahlungsreihe nach Steuern bei residualgewinnorientierter Besteuerung für $s^{(1)} = 0,4$ und im Vergleich zu *Tabelle 4.11* variierter Abschreibungsform

Erneut ergibt sich ein Kapitalwert von ungefähr 180,08 GE wie im Fall der linearen Abschreibung über die gesamte Nutzungsdauer des Projekts. □

Nicht nur entsprechen sich ceteris paribus die Nach-Steuer-Kapitalwerte bei Zugrundelegung einer Cashflow-Steuer und der residualgewinnorientierten Besteuerung, überdies ist auch der Nach-Steuer-Kapitalmarktzinssatz in beiden Fällen mit dem Vor-Steuer-Kapitalmarktzinssatz identisch. Als Konsequenz hieraus stimmt nicht nur ceteris paribus der maximal mögliche unternehmerische Gegenwartskonsum bei beiden Formen der Besteuerung überein, sondern gilt dies auch für die Möglichkeiten zum Transfer von Gegenwarts- in Zukunftskonsum. Ceteris paribus wird der Unternehmer daher bei beiden Formen der Besteuerung die **gleiche intertemporale Konsumallokation** anstreben. Hieraus folgt sofort, dass die residualgewinnorientierte Konsumbesteuerung ebenfalls nicht zur Konsumneutralität i.e.S. führt und nur bei Voraussetzung von homothetischen Präferenzen wie im Fall einer *Cobb-Douglas*-Nutzenfunktion Konsumneutralität i.w.S. bedingt.

Beispiel 4.18:
Zum letzten Mal sei der Unternehmer aus Beispiel 4.4 betrachtet, wobei nunmehr eine residualgewinnorientierte Besteuerung mit s = 30 % zugrunde gelegt werden soll. Ein Investitionsvolumen I führt damit in t = 1 zu Nach-Steuer-Einzahlungen für den Unternehmer von $F_S(I) = F(I)-s\cdot[F(I)-I-i\cdot I]$. Das optimale Realinvestitionsvolumen ist nach wie vor durch die Gleichheit der Ableitungen von Transformationskurve, $-F_S'(I) = -F'(I)+s\cdot[F'(I)-(1+i)]$, und der Steigung der Kapitalmarktgeradenschar, $-(1+i)$, charakterisiert. Leicht prüft man, dass sich aus der Anforderung $-F_S'(I) = -(1+i)$ erneut $F'(I) = 1+i$ und damit Investitionsneutralität ergibt. Mit i = 10 % und $F(I) = 4{,}4\cdot I^{0,5}$ erhält man wieder $I^* = 4$ GE. Für $W_0 = 10$ GE folgt demnach $\overline{C}_0 = 6$ GE sowie $\overline{C}_1 = 8{,}8-0{,}3\cdot(8{,}8-4-0{,}1\cdot 4) = 7{,}48$ GE. Die Gleichung der aus Unternehmersicht relevanten Kapitalmarktgeraden lautet folglich $C_1 = 14{,}08-1{,}1\cdot C_0$ und stimmt mit der aus Beispiel 4.15 für den Fall einer Cashflow-Steuer überein. □

Residualgewinnorientierte Besteuerung und Cashflow-Besteuerung erweisen sich somit als **äquivalent.** Im Gegensatz zur Cashflow-Steuer erfordert eine residualgewinnorientierte Besteuerung jedoch keine größeren Änderungen des herrschenden Steuerrechts. Der flüchtige Beobachter könnte lediglich kritisieren, dass die Zinseinkünfte aus Finanzinvestitionen de facto nicht besteuert werden. Natürlich sind dafür im Gegenzug Sollzinszahlungen auch nicht steuerlich abzugsfähig.

Wer die gerade durchgeführten Herleitungen genau nachvollzogen hat, kann aus der Äquivalenz von residualgewinnorientierter Besteuerung und Cashflow-Besteuerung überdies darauf schließen, dass die erstgenannte Besteuerung nichts anderes als eine verkappte Konsumbesteuerung ist. Auch unter diesem Blickwinkel stellt sich erneut ein Wertungsproblem, das sicherlich nicht Gegenstand eines ökonomischen und erst recht nicht betriebswirtschaftlichen Lehrbuchs sein kann. In jedem Falle besticht die residualgewinnorientierte Besteuerung unter Effizienzaspekten und unter dem Aspekt der einfachen Möglichkeit ihrer Implementierung in das herrschende Steuerrecht durch ihre augenscheinliche Eleganz.

4.5 Zusammenfassung

Im Rahmen dieses Abschnitts wurde gezeigt, dass die ***Fisher*-Separation** auch unter Berücksichtigung einer allgemeinen **Gewinnsteuer** weiterhin **Bestand** haben kann und Investitionsentscheidungen damit auch unter Beachtung steuerlicher Aspekte präferenz- und ausstattungsunabhängig auf der Grundlage des Kapitalwertkriteriums unter Zugrundelegung der herrschenden Marktzinssätze getroffen werden können. Des Weiteren wurde gezeigt, wie sich der Kapitalwert eines Investitionsprogramms generell unter Berücksichtigung von Steuerzahlungen ermittelt.

Für die Herleitung der *Fisher*-Separation war neben der Annahme eines (bis auf die Einführung von Steuern) **vollkommenen** Kapitalmarktes (bei Sicherheit) vor allem von Bedeutung, dass Soll- und Habenzinszahlungen eines Steuersubjekts grundsätzlich steuerlich **gleich** behandelt werden. Dies trifft insbesondere für das **Standardmodell** der Investitionsrechnung zur Erfassung einer allgemeinen Gewinnbesteuerung zu. Reale Steuersysteme werden allerdings durch dieses Standardmodell **nur partiell** abgebildet, weswegen für solche Fälle das **Kapitalwertkriterium** als präferenzunabhängiger Bewertungsmaßstab **nicht** ohne weiteres gefolgert werden kann.

Bei steuerlicher Ungleichbehandlung von Soll- und Habenzinszahlungen wird man in der Regel auf einen Ansatz wie das ***Hirshleifer*-Modell** zurückgreifen müssen. Eine präferenzunabhängige Beurteilung von Investitionsmöglichkeiten wird dann grundsätzlich allerdings nicht mehr möglich sein.

Je nach der konkret unterstellten Art der Besteuerung kann trotz weiterhin gegebener Gültigkeit der *Fisher*-Separation ein als **Steuerparadoxon** bekanntes Phänomen resultieren. In einem **weiteren** Sinne liegt ein Steuerparadoxon dann vor, wenn der Nach-Steuer-Kapitalwert eines Investitionsprojekts über dem entsprechenden Vor-Steuer-Kapitalwert liegt. Im **engeren** Sinne spricht man von einem Steuerparadoxon, wenn der Nach-Steuer-Kapitalwert positiv, der Vor-Steuer-Kapitalwert hingegen negativ ist. In diesem letzteren Falle ist zugleich **Investitionsneutralität** des Steuersystems nicht mehr gegeben. Das bedeutet, dass durch die Besteuerung möglicherweise Einfluss auf das unternehmerische Investitionsverhalten genommen wird. Notwendige Voraussetzung für das Auftreten von Steuerparadoxa im engeren Sinne ist die **steuerliche Abzugsfähigkeit** von Sollzinszahlungen. Relevant ist überdies die Art der steuerlich zulässigen **Abschreibung**. Für den Spezialfall der sogenannten **Ertragswertabschreibung** erhält man das überraschende Ergebnis, dass unabhängig vom unterstellten Steuersatz s der im Standardmodell resultierende Nach-Steuer-Kapitalwert stets mit dem Vor-Steuer-Kapitalwert übereinstimmt, sofern im Zeitpunkt der Projektanfangsauszahlung keinerlei Steuern anfallen. Auch bei einer sogenannten **Cashflow-Steuer** können keine Steuerparadoxa i.e.S. auftreten und ist Investitionsneutralität somit gewährleistet. Im Rahmen der Cashflow-Besteuerung werden alle nicht investiv verwendeten Einzahlungen, also letztlich die **Konsumauszahlungen**, besteuert. Vollständig äquivalent zur Cashflow-Besteuerung ist die **residualgewinnorientierte Besteuerung**, bei der in Abweichung vom Standardmodell die der Besteuerung zugrundeliegende Gewinnermittlung unter Abzug kalkulatorischer Zinsen erfolgt. Gerade die letztere Steuer könnte auch in Deutschland ohne größere Änderungen der bisher geltenden Regelungen implementiert werden. Die intertemporale Konsumallokation der Subjekte wird allerdings durch die residualgewinnorientierte Besteuerung ebenso wie durch die Cashflow-Steuer oder eine Besteuerung gemäß dem Standardmodell im Allgemeinen beeinflusst. **Konsumneutralität** der Besteuerung liegt hier demnach in aller Regel **nicht** vor. In *Tabelle 4.13* sind die genannten drei möglichen Ansätze der Besteuerung, die zur Investitionsneutralität führen, nochmals überblicksartig charakterisiert.

Form der Besteuerung	Charakteristikum	Nach-Steuer-Kapitalmarktzinssatz	Nach-Steuer-Kapitalwert κ_S
Standardmodell mit Ertragswertabschreibung	Abschreibungen gemäß Ertragswertentwicklung (vor Steuern)	$i \cdot (1-s)$	$\kappa_S = \kappa$ (ohne Steuern in t = 0) bzw. $\kappa_S = (1-s) \cdot \kappa$ (sonst)
Cashflow-Steuer	Gewinn = Saldo aller Ein- und Auszahlungen aus Real- und Finanzinvestitionen	i	$\kappa_S = (1-s) \cdot \kappa$
Residualgewinnorientierte Besteuerung (inhaltlich äquivalent zur Cashflow-Steuer)	Residualgewinn als Steuerbemessungsgrundlage; ergibt sich aus dem Gewinn des Standardmodells durch Abzug von (kalkulatorischen) Zinsen auf das gebundene Kapital der jeweiligen Vorperiode	i	$\kappa_S = (1-s) \cdot \kappa$

Tabelle 4.13: Investitionsneutrale Besteuerungsformen

Anhang 1

Um zu zeigen, dass die **steuerliche Abzugsfähigkeit von Kreditzinsen** notwendig für das Auftreten von Steuerparadoxa i.e.S. ist, braucht nur nachgewiesen zu werden, dass ohne steuerliche Abzugsfähigkeit von Kreditzinsen aus $\kappa_S \geq 0$ stets $\kappa_S \leq \kappa$ folgt. Dann nämlich kann augenscheinlich kein Steuerparadoxon i.e.S. mit $\kappa_S > 0$ und $\kappa < 0$ vorliegen. Im Weiteren sei deswegen $\kappa_S \geq 0$ vorausgesetzt.

In der Vor-Steuer-Betrachtung gilt

$$\kappa = \sum_{t=0}^{T} \frac{z_t}{(1+i)^t}, \tag{A4.1}$$

in der Nach-Steuer-Betrachtung hingegen

$$\kappa_S = \sum_{t=0}^{T} \frac{(1-s) \cdot z_t + s \cdot D_t}{(1+i_S)^t}. \tag{A4.2}$$

Sofern Sollzinsen nicht steuerlich abzugsfähig sind, ist in (A4.2) unabhängig von der Behandlung der Habenzinsen mit $i_S = i$ zu rechnen, und man erhält:

$$\kappa_S = (1-s) \cdot \kappa + s \cdot \sum_{t=0}^{T} \frac{D_t}{(1+i)^t}. \tag{A4.3}$$

In aller Regel gilt $\Sigma_{t=0}^{T} D_t = 0$. Selbst unter Voraussetzung sogenannter Ertragswertabschreibungen[43] (und $\kappa_S \geq 0$) gilt höchstens $\sum_{t=0}^{T} D_t = \kappa_S \geq 0$. Mit $i \geq 0$ % ist dann aber für $D_1, \ldots, D_T \geq 0$ auch von $\sum_{t=0}^{T} D_t / (1+i)^t \leq \kappa_S$ auszugehen.[44] Damit erhält man als Obergrenze für den Nach-Steuer-Kapitalwert:

---

[43] Vgl. hierzu auch Abschnitt 4.4.2.1.

[44] Um genau zu sein, wird für die Herleitung dieses Abschnitts damit neben nichtnegativen Werten für $D_1, \ldots, D_T$ und i auch eine Abschreibungssumme von $t = 0$ bis $t = T$ von nicht mehr als κ_S benötigt. Dies sind freilich keine strengen Annahmen.

$$\kappa_S \leq (1-s)\cdot\kappa + s\cdot\kappa_S$$
$$\Leftrightarrow \kappa_S \leq \kappa. \tag{A4.4}$$

Falls κ_S nichtnegativ ist, ist κ_S folglich nicht größer als κ, weswegen dann natürlich auch κ nicht kleiner als Null ist.

Ein **Steuerparadoxon** im Falle von $i_S = i$ kann demnach nur noch für den vergleichsweise uninteressanten Fall $\kappa_S \leq 0$ und damit $\kappa < 0$ auftreten, wenn also ein Investitionsprojekt unabhängig von der Besteuerung besser gar nicht durchgeführt werden sollte, ein Steuerparadoxon im engeren Sinne damit überhaupt nicht vorliegt, sondern nur im weiteren Sinne. Hierfür lassen sich im Übrigen leicht Beispiele formulieren. Im Falle der im Abschnitt 4.4.2.2 erörterten Cashflow-Besteuerung etwa gelten $D_t = 0$ ($\forall$ t = 0, …, T) und $i_S = i$, somit also $\kappa_S = (1-s)\cdot\kappa > \kappa$, falls $\kappa < 0$. Insofern liegt hier eine Situation mit einem Steuerparadoxon im weiteren Sinne (allerdings nicht im engeren Sinne) vor. Insbesondere die interessanteste Konstellation, Wechsel von Projektablehnung zu -annahme, also von $\kappa < 0$ zu $\kappa_S > 0$ und somit ein Steuerparadoxon im engeren Sinne, ist für $i_S = i$ nicht möglich, Investitionsneutralität hierbei daher gewahrt.

Anhang 2[45]

Zur Herleitung der **Investitionsneutralität der Ertragswertabschreibung** im Falle der Nichtbesteuerung von über die Anfangsauszahlung hinausgehenden Zuschreibungen des Zeitpunktes t = 0 sind zunächst die Formeln für Vor- und Nach-Steuer-Kapitalwert zu rekapitulieren:

$$\kappa = z_0 + \sum_{t=1}^{T} \frac{z_t}{(1+i)^t},$$
$$\kappa_S = z_0 + \sum_{t=1}^{T} \frac{z_t - s \cdot (z_t - D_t)}{\left[1 + i \cdot (1-s)\right]^t}. \qquad \text{(A4.5)}$$

Im Falle der Ertragswertabschreibung gilt $D_t = \eta_{t-1} - \eta_t$, woraus sich wegen $\eta_{t-1} = (z_t + \eta_t)/(1+i) \Leftrightarrow \eta_t = \eta_{t-1} \cdot (1+i) - z_t$ schließlich $D_t = z_t - i \cdot \eta_{t-1}$ und damit $z_t - D_t = i \cdot \eta_{t-1}$ ergibt.[46]

Die Differenz $\Delta\kappa \equiv \kappa - \kappa_S$ der beiden Kapitalwerte ist laut Behauptung für jede beliebige Parameterkonstellation stets identisch Null. Im Weiteren ist diese Differenz daher ein wenig näher zu betrachten:

$$\Delta\kappa = \sum_{t=1}^{T} z_t \cdot \left\{ \frac{1}{(1+i)^t} - \frac{1}{[1 + i \cdot (1-s)]^t} \right\} + s \cdot \sum_{t=1}^{T} \frac{i \cdot \eta_{t-1}}{[1 + i \cdot (1-s)]^t}. \qquad \text{(A4.6)}$$

Der erste Summand lässt sich mittels einiger "Kunstgriffe" in der folgenden modifizierten Form darstellen:

---

45 Der folgende Nachweis orientiert sich sehr stark am Vorgehen von *Georgi* (1994), S. 32 ff.

46 Gerade die letztgenannte Gleichung beschreibt die Besteuerung des **ökonomischen Gewinns** im Rahmen des Standardmodells bei Ertragswertabschreibung, wie schon im Haupttext im Zusammenhang mit Beispiel 4.12 erwähnt worden ist.

$$\begin{aligned}
&\sum_{t=1}^{T} z_t \cdot \left\{ \frac{1}{(1+i)^t} - \frac{1}{\left[1+i\cdot(1-s)\right]^t} \right\} \\
&= \sum_{t=1}^{T} \frac{z_t}{(1+i)^t} \cdot \left\{ 1 - \left[\frac{(1+i)}{1+i\cdot(1-s)} \right]^t \right\} \\
&= \left[1 - \frac{1+i\cdot(1-s)}{1+i} \right] \cdot \sum_{t=1}^{T} \frac{z_t}{(1+i)^t} \cdot \frac{1 - \left[\frac{(1+i)}{1+i\cdot(1-s)} \right]^t}{1 - \frac{1+i\cdot(1-s)}{1+i}} .
\end{aligned} \tag{A4.7}$$

In der dritten Zeile aus (A4.7) erfolgte dabei lediglich eine Erweiterung im Zähler und Nenner um den Faktor $1-\{[1+i\cdot(1-s)]/(1+i)\}$. Bereits im Anhang 1 des Abschnitts 2 von Kapitel III wurde der Nachweis erbracht, dass für **geometrische Reihen** mit $q \neq 1$ der folgende Zusammenhang Gültigkeit besitzt:

$$\begin{aligned}
&\sum_{t=1}^{T} q^{t-1} = \frac{1-q^T}{1-q} \\
\Leftrightarrow &\sum_{\tau=1}^{t} q^{\tau-1} = \frac{1-q^t}{1-q} .
\end{aligned} \tag{A4.8}$$

Gemäß (A4.8) erhält man des Weiteren:

$$\frac{1-q^t}{1-\frac{1}{q}} = \frac{q}{q} \cdot \frac{1-q^t}{1-\frac{1}{q}} = q \cdot \frac{1-q^t}{q-1} = -q \cdot \frac{1-q^t}{1-q} = -q \cdot \sum_{\tau=1}^{t} q^{\tau-1} = -\sum_{\tau=1}^{t} q^{\tau} . \tag{A4.9}$$

Definiert man nun $q \equiv (1+i)/[1+i\cdot(1-s)]$, dann ergibt sich auf der Grundlage von (A4.9) unmittelbar:

$$\frac{1 - \left[\frac{1+i}{1+i\cdot(1-s)} \right]^t}{1 - \frac{1+i\cdot(1-s)}{1+i}} = -\sum_{\tau=1}^{t} \left[\frac{1+i}{1+i\cdot(1-s)} \right]^{\tau} . \tag{A4.10}$$

Einsetzen des Ergebnisses aus (A4.10) in die letzte Zeile aus (A4.7) liefert somit:

$$-\left[1-\frac{1+i\cdot(1-s)}{1+i}\right]\cdot\sum_{t=1}^{T}\frac{z_t}{(1+i)^t}\cdot\sum_{\tau=1}^{t}\left[\frac{1+i}{1+i\cdot(1-s)}\right]^{\tau}$$
$$=-\{(1+i)-[1+i\cdot(1-s)]\}\cdot\sum_{t=1}^{T}\sum_{\tau=1}^{t}\frac{z_t\cdot(1+i)^{\tau-t-1}}{[1+i\cdot(1-s)]^{\tau}} \qquad \text{(A4.11)}$$
$$=-s\cdot i\cdot\sum_{\tau=1}^{T}\sum_{t=1}^{\tau}\frac{z_\tau\cdot(1+i)^{t-\tau-1}}{[1+i\cdot(1-s)]^{t}}.$$

Im Rahmen der dritten Zeile wurden lediglich die Variablen t und τ in ihren Bedeutungen vertauscht.

Betrachtet man nun etwas näher die zu berücksichtigenden Kombinationen der Variablen τ und t in der **Doppelsumme** der letzten Zeile aus (A4.11), dann entsprechen diese den in der folgenden *Tabelle A4.1* durch "x" gekennzeichneten Zellen:

τ \ t	1	2	3	...	T
1	x				
2	x	x			
3	x	x	x		
...	...	...	...	...	...
T	x	x	x	x	x

Tabelle A4.1: Im Rahmen der Doppelsumme aus (A4.11) – letzte Zeile – zu beachtende Kombinationen von τ und t

Summiert man statt $\Sigma_{\tau=1}^{T}\Sigma_{t=1}^{\tau}(\cdot)$ in der Form $\Sigma_{t=1}^{T}\Sigma_{\tau=t}^{T}(\cdot)$, dann kann man leicht anhand von *Tabelle A4.1* prüfen, dass hierdurch die gleichen Kombinationen von τ und t erfasst werden. Während im ersten Fall für jeden möglichen Wert von τ gewissermaßen zeilenweise summiert wird, erfolgt die Addition im zweiten Fall für jeweils gegebenen Wert von t spaltenweise.

Daher gilt folgender Zusammenhang:

$$-s\cdot i\cdot\sum_{\tau=1}^{T}\sum_{t=1}^{\tau}\frac{z_\tau\cdot(1+i)^{t-\tau-1}}{\left[1+i\cdot(1-s)\right]^t}=-s\cdot i\cdot\sum_{t=1}^{T}\sum_{\tau=t}^{T}\frac{z_\tau\cdot(1+i)^{t-\tau-1}}{\left[1+i\cdot(1-s)\right]^t}. \qquad \text{(A4.12)}$$

Der Ertragswert η_{t-1} eines Zeitpunktes t−1 ergibt sich als $\Sigma_{\tau=t}^{T}\, z_\tau\cdot(1+i)^{-\tau+t-1}$, da die Zahlungen nur auf den Zeitpunkt t−1 abgezinst werden, der Exponent von 1+i also nicht einfach −τ ist, sondern um t−1 wieder erhöht werden muss.

Zusammenfassend kann unter Beachtung von (A4.12) und der Definition von η_{t-1} die Bestimmungsgleichung (A4.6) für Δκ wie folgt vereinfacht werden:

$$\begin{aligned}&-s\cdot i\cdot\sum_{t=1}^{T}\frac{1}{[1+i\cdot(1-s)]^t}\cdot\sum_{\tau=t}^{T}z_\tau\cdot(1+i)^{t-\tau-1}+s\cdot\sum_{t=1}^{T}\frac{i\cdot\eta_{t-1}}{[1+i\cdot(1-s)]^t}\\&=-s\cdot i\cdot\sum_{t=1}^{T}\frac{\eta_{t-1}}{[1+i\cdot(1-s)]^t}+s\cdot i\cdot\sum_{t=1}^{T}\frac{\eta_{t-1}}{[1+i\cdot(1-s)]^t}\qquad \text{(A4.13)}\\&=0.\end{aligned}$$

In der Tat führt damit die Möglichkeit einer Ertragswertabschreibung unter den getroffenen Annahmen zur Identität $\kappa_S\equiv\kappa$ für beliebigen Steuersatz s und beliebige sonstige Parameterwerte.

Wiederholungsfragen

W4.1
Wie sind die Annahmen des Standardmodells zur Erfassung steuerlicher Aspekte in der Investitionsrechnung im Vergleich zu den tatsächlich in Deutschland bestehenden Regelungen zu beurteilen?

W4.2
Wieso besitzt die *Fisher*-Separation unter den getroffenen Annahmen des Standardmodells bei einer allgemeinen Gewinnbesteuerung weiterhin Gültigkeit?

W4.3
Welche Konsequenzen ergeben sich aus der Gültigkeit der *Fisher*-Separation im Rahmen des Standardmodells der Investitionsrechnung bei allgemeiner Gewinnbesteuerung?

W4.4
Was versteht man unter dem Zins- und und was unter dem Volumeneffekt der Gewinnbesteuerung?

W4.5
Wie lässt sich zeigen, dass die Kapitalwertformel im Rahmen des Standardmodells nach wie vor über die Eigenschaft der Wertadditivität verfügt?

W4.6
Was versteht man generell unter der Investitionsneutralität der Besteuerung?

W4.7
Was versteht man unter dem Steuerparadoxon im engeren Sinne, was unter dem im weiteren Sinne?

W4.8
Was versteht man unter einer Ertragswertabschreibung, und welche Konsequenzen ergeben sich aus ihrer Anwendung?

W4.9
Was versteht man unter einer Cashflow-Steuer, und welche Konsequenzen ergeben sich aus ihrer Anwendung?

W4.10
Was versteht man unter einer residualgewinnorientierten Besteuerung, und welche Konsequenzen ergeben sich aus ihrer Anwendung?

V Ausblick

Ziel dieses **ersten Bandes** war, einen möglichst umfassenden Überblick über das adäquate **Treffen von Investitionsentscheidungen bei Sicherheit** zu geben. Alles in allem gehört die Investitionstheorie bei Sicherheit zweifellos zu den betriebswirtschaftlichen Teilgebieten, die sich durch außerordendlich große Geschlossenheit und weitestgehende Beantwortung der interessierenden Fragestellungen auszeichnen. Vorausgesetzt, das Problem der Datenbeschaffung ist gelöst, vermag die Investitionstheorie für so gut wie **jede** denkbare Entscheidungssituation bei Sicherheit adäquate Lösungsansätze anzubieten. Gerade weil hier generell keine Fragen mehr offenbleiben, überrascht es nicht, dass sich das finanzwirtschaftliche Forschungsinteresse seit einer letzten Blütezeit in den sechziger Jahren generell nicht mehr auf diesen Problembereich richtet. Als Kontrapunkt dazu sind die **zahlreichen Lehrbücher** auf diesem Gebiet anzusehen, die ihre Ursache neben der großen praktischen Relevanz von Investitionsentscheidungen insbesondere auch in der Existenz eines derart schlüssigen Theoriegebäudes haben.

So befriedigend die Errichtung eines monolithischen Theoriegebäudes für Investitionsentscheidungen bei Sicherheit auch sein mag, so unbefriedigend ist die fehlende Berücksichtigung von **Risikoaspekten**. Die Unsicherheit hinsichtlich der künftigen Konsequenzen von unternehmerischen Handlungsalternativen dürfte gerade für Investitionsentscheidungen mit ihrer langfristigen Natur konstitutiv sein. Aus diesem Grund widmet sich der **zweite Band** ausführlich den Fragen einer **Investitionstheorie bei Risiko**. Schon unter der Prämisse des vollkommenen Kapitalmarktes erreichen die Probleme dabei eine Komplexität, dass unmittelbar einsichtig sein wird, warum eine geschlossene Theorie für Investitionsentscheidungen bei Risiko nicht in gleicher Weise wie für Sicherheit existiert. Während der erste Band zur Investitionstheorie auf Basisveranstaltungen in wirtschaftswissenschaftlichen Bachelorprogrammen abzielt, richtet sich der zweite Band an ein entsprechend fachlich fortgeschritteneres Publikum in Bachelor- und Masterstudiengängen.

Literaturverzeichnis

Adam, D. (2000): Investitionscontrolling, 3. Aufl., München/Wien.

Altrogge, G. (1992): Kriterien der Nutzungsdauer von Investitionsprojekten, in: WISU – das Wirtschaftsstudium, 21. Jg., S. 639-647.

Bamberg, G./Coenenberg, A. G./Krapp, M. (2008): Betriebswirtschaftliche Entscheidungslehre, 14. Aufl., München.

Betge, P. (2000): Investitionsplanung, 4. Aufl., Wiesbaden.

Bitz, M. (2005): Investition, in: *Bitz, M.*, u.a. (Hrsg.), *Vahlen*s Kompendium der Betriebswirtschaftslehre, Band 1, 5. Aufl., München, S. 105-171.

Blohm, H./Lüder, K./Schaefer, C. (2006): Investition, 9. Aufl., München.

Boadway, R./Bruce, N. (1979): Depreciation and Interest Deductions and the Effect of the Corporation Income Tax on Investment, in: Journal of Public Economics, Vol. 19, S. 93-105.

Boadway, R./Bruce, N. (1984): A General Proposition on the Design of a Neutral Business Tax, in: Journal of Public Economics, Vol. 24, S. 231-239.

Braun, B. (1999): Simultane Investitions- und Finanzplanung mit dem Excel-Solver, in: WISU – das Wirtschaftsstudium, 28. Jg., S. 73-80.

Breuer, C./Schweizer, T. (1997): Die Bedeutung von Zeitpräferenzen und Anfangsausstattung im *Fisher*-Modell, in: WiSt – Wirtschaftswissenschaftliches Studium, 26. Jg., S. 211-215.

Breuer, W. (1993a): Finanzintermediation im Kapitalmarktgleichgewicht, Wiesbaden.

Breuer, W. (1993b): *Hirshleifer*-Modell und Klienteleffekt, in: WiSt – Wirtschaftswissenschaftliches Studium, 22. Jg., S. 625-628.

Breuer, W. (1994): Kapitalkosten – Begriff, Bedeutung und Ermittlung, in: WISU – das Wirtschaftsstudium, 23. Jg., S. 819-828.

Breuer, W. (1995a): Finanzhedging bei Auslandsdirektinvestitionen, in: WiSt – Wirtschaftswissenschaftliches Studium, 24. Jg., S. 105-107.

Breuer, W. (1995b): Vollständige Finanzplanung, in: WiSt – Wirtschaftswissenschaftliches Studium, 24. Jg., S. 553-556.

Breuer, W. (1997a): Die Marktwertmaximierung als finanzwirtschaftliche Entscheidungsregel, in: WiSt – Wirtschaftswissenschaftliches Studium, 26. Jg., S. 222-226.

Breuer, W. (1997b): Die Wertadditivität von Marktbewertungsfunktionen, in: WISU – das Wirtschaftsstudium, 26. Jg., S. 1148-1153.

Breuer, W. (1998): Kapitalkostenminimierung, in: WISU – das Wirtschaftsstudium, 27. Jg., S. 1056-1062.

Breuer, W. (1999a): Geschichte der Finanzwirtschaftslehre: Finanzierungstheorie, in: *Lingenfelder, M.* (Hrsg.), 100 Jahre Betriebswirtschaftslehre in Deutschland, München, S. 141-156.

Breuer, W. (1999b): *Fisher*-Separation und Kapitalwertkriterium bei Steuern, in: WiSt – Wirtschaftswissenschaftliches Studium, 28. Jg., S. 270-274.

Breuer, W. (1999c): Das Steuerparadoxon in der Investitionsrechnung, in: WiSt – Wirtschaftswissenschaftliches Studium, 28. Jg., S. 325-328.

Breuer, W. (2000a): Unternehmerisches Währungsmanagement, 2. Aufl., Wiesbaden.

Breuer, W. (2000b): *Hirshleifer*- und *Dean*-Modell im Vergleich, in: WiSt – Wirtschaftswissenschaftliches Studium, 29. Jg., S. 182-187.

Breuer, W. (2000c): Kapitalwert und Inflation, in: WISU – das Wirtschaftsstudium, 29. Jg., S. 1298-1305.

Breuer, W. (2001a): Investition II – Entscheidungen bei Risiko, Wiesbaden.

Breuer, W. (2001b): Konsumorientiertes Währungsmanagement, in: WiSt – Wirtschaftswissenschaftliches Studium, 30. Jg., S. 122-126.

Breuer, W. (2001c): Kapitalkostenorientierte Investitionsentscheidungen, in: WISU – das Wirtschaftsstudium, 30. Jg., S. 332-336.

Breuer, W. (2006): Dividendenpolitik, in: Wirtschaftslexikon. Das Wissen der Betriebswirtschaftslehre, Stuttgart, S. 1321-1328.

Breuer, W. (2008): Finanzierung – Eine systematische Einführung, 2. Auflage, Wiesbaden.

Bronstein, I. N./Semendjajew, K. A./Musiol, G./Mühlig, H. (2008): Taschenbuch der Mathematik, 7. Aufl., Frankfurt/M.

Brown, E. C. (1948): Business-Income Taxation and Investment Incentives, in: *Metzler, L. A.*, u.a. (Hrsg.), Income, Employment and Public Policy, New York, S. 300-316.

Buchner, R. (1973): Zur Frage der Zweckmäßigkeit des internen Zinsfußes als investitionsrechnerisches Auswahlkriterium, in: Zeitschrift für Betriebswirtschaft, 43. Jg., S. 693-710.

Buchner, R. (1980): Anmerkungen zur Darstellung des sogenannten "Ketteneffekts" im Rahmen der betriebswirtschaftlichen Investitionstheorie, in: Zeitschrift für Betriebswirtschaft, 50. Jg., S. 33-46.

Buchner, R. (1982a): Das Separationstheorem von *Fisher*, in: WiSt – Wirtschaftswissenschaftliches Studium, 11. Jg., S. 172-177.

Buchner, R. (1982b): Zu "Der Ketteneffekt bei Investitionsentscheidungen in wachsenden und in schrumpfenden Unternehmungen" – Eine Erwiderung, in: Zeitschrift für Betriebswirtschaft, 52. Jg., S. 501-502.

Busse v. Colbe, W./Laßmann, G. (1990): Betriebswirtschaftstheorie, Band 3: Investitionstheorie, 3. Aufl., Berlin usw.

Chiang, A. C. (1984): Fundamental Methods of Mathematical Economics, 3. Aufl., Auckland usw.

Cooray, A. (2003): The *Fisher* Effect: A Survey, in: Singapore Economic Review, Vol. 48, S. 135-150.

Copeland, T. E./Weston, J. F./Shastri, K. (2005): Financial Theory and Corporate Policy, 4. Aufl., Reading (Massachusetts).

Crowder, W. J./Hoffman, D. L. (1996): The Long-Run Relationship between Nominal Interest Rates and Inflation: The *Fisher* Equation Revisited, in: Journal of Money, Credit, and Banking, Vol. 28, S. 102-118.

Dean, J. (1951): Capital Budgeting, New York/London.

Demirag, I./Goddard, S. (1994): Financial Management for International Business, Maidenhead.

Dichtl, E./Issing, O. (Hrsg.) (1993): *Vahlen*s Großes Wirtschaftslexikon, 2. Aufl., München.

Diller, H. (2008): Preispolitik, 4. Aufl., Stuttgart.

Domschke, W./Drexl, A. (2011): Einführung in Operations Research, 8. Aufl., Berlin usw.

Drukarczyk, J. (1993): Theorie und Politik der Finanzierung, 2. Aufl., München.

Eisenführ, F. (1993): Investitionsrechnung, 6. Aufl., Aachen.

Eisenführ, F./Weber, M./Langer T./ (2010): Rationales Entscheiden, 5. Aufl., Berlin usw.

Eller, R./Spindler, C. (1994): Zins- und Währungsrisiken optimal hedgen, Wiesbaden.

Ellinger, T./Beuermann, G./Leisten, R. (2003): Operations Research, 6. Aufl., Berlin usw.

Ewert, R./Wagenhofer, A. (2008): Interne Unternehmensrechnung, 7. Aufl., Berlin usw.

Fama, E. F./Miller, M. H. (1972): The Theory of Finance, Hinsdale (Illinois).

Felderer, B./Homburg, S. (2005): Makroökonomik und neue Makroökonomik, 9. Aufl., Berlin usw.

Fischer, E. O. (2009): Finanzwirtschaft für Anfänger, 5. Aufl., München.

Fisher, I. (1896): Appreciation and Interest, in: Publications of the American Economic Association, Third Series, Vol. 11 (4), New York/London.

Fisher, I. (1930): The Theory of Interest, New York.

Fisher, I. (1932): Die Zinstheorie, Jena.

Forster, O. (2008): Analysis 1, 9. Aufl., Wiesbaden,

Franke, G. (1978): Mittelbarer Parametervergleich als Entscheidungskalkül – Illusionen durch konventionsbedingte Rangordnungen, in: Zeitschrift für betriebswirtschaftliche Forschung, 30. Jg., S. 431-452.

Franke, G. (1983): Kapitalmarkt und Separation, in: Zeitschrift für Betriebswirtschaft, 53. Jg., S. 239-260.

Franke, G./Hax, H. (2009): Finanzwirtschaft des Unternehmens und Kapitalmarkt, 6. Aufl., Berlin usw.

Friedman, B. M. (1978): Who Puts the Inflation Premium into Nominal Interest Rates?, in: Journal of Finance, Vol. 33, S. 833-845.

Gebauer, W. (1982): Realzins, Inflation und Kapitalzins, Berlin usw.

Georgi, A. A. (1994): Steuern in der Investitionsrechnung, 2. Aufl., Hamburg.

Gerke, W./Bank, M. (2003): Finanzierung, 2. Aufl., Stuttgart.

Götze, U. (2008): Investitionsrechnung, 6. Aufl., Berlin usw.

Grob, H. L. (1984): Investitionsrechnung auf der Grundlage vollständiger Finanzpläne – Vorteilhaftigkeitsanalyse für ein einzelnes Investitionsobjekt, in: WISU – das Wirtschaftsstudium, 13. Jg., S. 16-23.

Grob, H. L. (1989a): Investitionsrechnung mit vollständigen Finanzplänen, München.

Grob, H. L. (1989b): Die Examensklausur aus der Betriebswirtschaftslehre, in: WISU – das Wirtschaftsstudium, 18. Jg., S. 697-699.

Grob, H. L. (2006): Einführung in die Investitionsrechnung, 5. Aufl., München.

Güth, W. (1994): Markt- und Preistheorie, 2. Aufl., Berlin usw.

Haley, C. W./Schall, L. D. (1979): The Theory of Financial Decisions, 2. Aufl., Auckland usw.

Hållsten, B. (1966): Investment and Financing Decisions, Stockholm.

Hartmann-Wendels, T./Gumm-Heußen, M. (1994): Zur Diskussion um die Marktzinsmethode: Viel Lärm um Nichts?, in: Zeitschrift für Betriebswirtschaft, 64. Jg., S. 1285-1301.

Hax, H. (1964): Investitions- und Finanzplanung mit Hilfe der linearen Programmierung, in: Zeitschrift für betriebswirtschaftliche Forschung, 16. Jg., S. 430-446.

Hax, H. (1982): Finanzierungs- und Investitionstheorie, in: *Koch, H.* (Hrsg.), Neuere Entwicklungen in der Unternehmenstheorie, Wiesbaden, S. 49-68.

Hax, H. (1993): Investitionstheorie, 5. Aufl., Heidelberg.

Hax, H. (1998): Finanzierung, in: *Bitz, M.*, u.a. (Hrsg.), *Vahlen*s Kompendium der Betriebswirtschaftslehre, Band 1, 4. Aufl., München, S. 175-233.

Hax, H./Hartmann-Wendels, T./v. Hinten, P. (2001): Grundlagen der Finanzierungstheorie, in: *Breuer, R. E.* (Hrsg.), Handbuch Finanzierung, 3. Aufl., Wiesbaden, S. 583-608.

Heister, M. (1962): Rentabilitätsanalyse von Investitionen, Köln/Opladen.

Hellwig, K. (1973): Die Lösung ganzzahliger investitionstheoretischer Totalmodelle durch Partialmodelle, Meisenheim.

Hering, T. (1998): Kapitalwert und interner Zins, in: WISU – das Wirtschaftsstudium, 27. Jg., S. 899-904.

Hirshleifer, J. (1958): On the Theory of Optimal Investment Decision, in: Journal of Political Economy, Vol. 66, S. 329-352.

Hirshleifer, J. (1974): Kapitaltheorie, Köln.

Johansson, S.-E. (1961): Skatt-investering-värdering, Stockholm.

Johansson, S.-E. (1969): Income Taxes and Investment Decisions, in: Swedish Journal of Economics, Vol. 71, S. 104-110.

Kilger, W. (1965): Kritische Werte in der Investitions- und Wirtschaftlichkeitsrechnung, in: Zeitschrift für Betriebswirtschaft, 35. Jg., S. 338-353.

Kistner, K.-P./Steven, M. (1992): Optimale Nutzungsdauer und Ersatzinvestitionen, in: WiSt – Wirtschaftswissenschaftliches Studium, 21. Jg., S. 327-333.

Knoll, L./Deininger, C. (2004): Der Basiszins der Unternehmensbewertung zwischen theoretisch Wünschenswertem und praktisch Machbarem, in: Zeitschrift für Bankrecht und Bankwirtschaft, 16. Jg., S. 371-381.

König, R. (1997): Ungelöste Probleme einer investitionsneutralen Besteuerung – Gemeinsame Wurzel unterschiedlicher neutraler Steuersysteme und die Berücksichtigung unsicherer Erwartungen, in: Zeitschrift für betriebswirtschaftliche Forschung, 49. Jg., S. 42-63.

König, R./Wosnitza, M. (2004): Betriebswirtschatliche Steuerplanungs- und Steuerwirkungslehre, Heidelberg.

Kreps, D. M. (1990): A Course in Microeconomic Theory, New York usw.

Kruschwitz, L. (1977): Zur heuristischen Planung des Investitionsprogramms, in: Zeitschrift für Betriebswirtschaft, 47. Jg., S. 209-224.

Kruschwitz, L. (1993): Statische Investitionsrechnung, in: *Chmielewicz, K./ Schweitzer, M.* (Hrsg.), Handwörterbuch des Rechnungswesens, 3. Aufl., Stuttgart, Sp. 1859-1869.

Kruschwitz, L. (2009): Investitionsrechnung, 12. Aufl., München.

Kruschwitz, L./Fischer, J. (1980): Die Planung des Kapitalbudgets mit Hilfe von Kapitalnachfrage- und Kapitalangebotskurven, in: Zeitschrift für betriebswirtschaftliche Forschung, 32. Jg., S. 393-418.

Kruschwitz, L./Husmann, S. (2010): Finanzierung und Investition, 6. Aufl., München.

Kruschwitz, L./Röhrs, M. (1994): *Debreu*, *Arrow* und die marktzinsorientierte Investitionsrechnung, in: Zeitschrift für Betriebswirtschaft, 64. Jg., S. 655-665.

Kruschwitz, L./Schöbel, R. (1986): Duration – Grundlagen und Anwendungen eines einfachen Risikomaßes zur Beurteilung festverzinslicher Wertpapiere, in: WISU – das Wirtschaftsstudium, 15. Jg., S. 550-554, 603-608.

Kußmaul, H. (1989): Zero-Bonds: Begriff, Merkmale, Gestaltungsmöglichkeiten, in: WiSt – Wirtschaftswissenschaftliches Studium, 18. Jg., S. 15-19.

Laux, H./Franke, G. (1970): Das Versagen der Kapitalwertmethode bei Ganzzahligkeitsbedingungen, in: Zeitschrift für betriebswirtschaftliche Forschung, 22. Jg., S. 517-527.

Lenz, H. (1991): Dynamische Investitionsrechenverfahren, in: WiSt – Wirtschaftswissenschaftliches Studium, 20. Jg., S. 497-502.

Lessard, D. R. (1981): Evaluating International Projects: An Adjusted Present Value Approach, in: *Crum, R. L./Derkinderen, F. G. J.* (Hrsg.), Capital Budgeting under Conditions of Uncertainty, Boston usw., S. 118-137.

Lücke, W. (1955): Investitionsrechnungen auf der Grundlage von Ausgaben oder Kosten?, in: Zeitschrift für handelswissenschaftliche Forschung, N.F., 7. Jg., S. 310-324.

Lücke, W. (Hrsg.) (1991): Investitionslexikon, 2. Aufl., München.

Mas-Collel, A./Whinston, M. D./Green, J. R. (1995): Microeconomic Theory, New York/Oxford.

May, S. (1999): Drei Interpretationen des Duration-Konzeptes, in: WiSt – Wirtschaftswissenschaftliches Studium, 28. Jg., S. 494-497.

Mellwig, W. (1980): Sensitivitätsanalyse des Steuereinflusses in der Investitionsplanung – Überlegungen zur praktischen Relevanz einer Berücksichtigung der Steuern bei der Investitionsentscheidung, in: Zeitschrift für betriebswirtschaftliche Forschung, 32. Jg., S. 16-32.

Mellwig, W. (1981): Die Berücksichtigung der Steuern in der Investitionsplanung – Modellprämissen und Ausmaß des Steuereinflusses, in: Zeitschrift für betriebswirtschaftliche Forschung, 33. Jg., S. 53-55.

Mellwig, W. (1985): Investition und Besteuerung, Wiesbaden.

Neus, W. (2009): Einführung in die Betriebswirtschaftslehre aus institutionenökonomischer Sicht, 6. Aufl., Tübingen.

Nippel, P. (1995): Investitionsplanung bei unsicherem, zukünftigem technischen Fortschritt, in: Zeitschrift für Planung, 6. Jg., S. 371-388.

v. Nitzsch, R. (1997): Investitionsbewertung und Risikofinanzierung, Stuttgart.

v. Nitzsch, R. (2004): Investitionslehre, 4. Aufl., Aachen.

Norstrøm, C. J. (1972): A Sufficient Condition for a Unique Nonnegative Internal Rate of Return, in: Journal of Financial and Quantitative Analysis, Vol. 7, S. 1835-1839.

Ordelheide, D. (1988): Zu einer neoinstitutionalistischen Theorie der Rechnungslegung, in: *Budäus, D.*, u.a. (Hrsg.), Betriebswirtschaftslehre und Theorie der Verfügungsrechte, Wiesbaden, S. 269-295.

Ordelheide, D. (1989): Kapital und Gewinn. Kaufmännische Konvention als kapitaltheoretische Konzeption?, in: *Hax, H.*, u.a. (Hrsg.), Zeitaspekte in betriebswirtschaftlicher Theorie und Praxis, Stuttgart, S. 21-41.

Ordelheide, D. (1998): Externes Rechnungswesen, in: *Bitz, M.*, u.a. (Hrsg.), *Vahlen*s Kompendium der Betriebswirtschaftslehre, Band 1, 4. Aufl., München, S. 475-586.

Pindyck, R. S./Rubinfeld, D. L. (2009): Mikroökonomie, 7. Aufl., München.

Perridon, L./Steiner, M./Rathgeber, A. (2009): Finanzwirtschaft der Unternehmung, 15. Aufl., München.

Preinreich, G. A. D. (1937): Valuation and Amortization, in: Accounting Review, Vol. 12, S. 209-235.

Preinreich, G. A. D. (1940): The Economic Life of Industrial Equipment, in: Econometrica, Vol. 8, S. 12-44.

Reichelstein, S. (1997): Investment Decisions and Managerial Performance Evaluation, in: Review of Accounting Studies, Vol. 2, S. 157-180.

Richter, R./Furubotn, E. G. (2003): Neue Institutionenökonomik, 3. Aufl., Tübingen.

Richter, R./Schlieper, U./Friedmann, W. (1981): Makroökonomik: Eine Einführung, 4. Aufl., Berlin usw.

Rogerson, W. P. (1997): Intertemporal Cost Allocation and Managerial Investment Incentives: A Theory Explaining the Use of Economic Value Added as a Performance Measure, in: Journal of Political Economy, Vol. 105, S. 770-795.

Rolfes, B. (1986): Statische Verfahren der Wirtschaftlichkeitsrechnung, in: WISU – das Wirtschaftsstudium, 15. Jg., S. 411-417.

Rolfes, B. (1992): Moderne Investitionsrechnung, München/Wien.

Rolfes, B. (1993): Marktzinsorientierte Investitionsrechnung, in: Zeitschrift für Betriebswirtschaft, 63. Jg., S. 691-713.

Rolfes, B. (2003): Moderne Investitionsrechnung, 3. Aufl., München/Wien.

Rose, G. (1997): Die Substanzsteuern, 10. Aufl., Wiesbaden.

Rose, G./Watrin, C. (2009): Ertragsteuern, 19. Aufl., Berlin.

Rudolph, B. (1983): Zur Bedeutung der kapitaltheoretischen Separationstheoreme für die Investitionsplanung, in: Zeitschrift für Betriebswirtschaft, 53. Jg., S. 261-287.

Samuelson, P. A. (1964): Tax Deductibility of Economic Depreciation to Insure Invariant Valuations, in: Journal of Political Economy, Vol. 72, S. 604-606.

Sandmann, K. (2001): Einführung in die Stochastik der Finanzmärkte, 2. Aufl., Berlin usw.

Sargent, T. J. (1987): Dynamic Macroeconomic Theory, Cambridge/London.

Schäfer, H. (2005): Unternehmensinvestitionen, 2. Aufl., Heidelberg.

Schall, L. D. (1972): Asset Valuation, Firm Investment, and Firm Diversification, in: Journal of Business, Vol. 45, S. 11-28.

Scheffen, O. (1993): Zur Entscheidungsrelevanz fixer Kosten, in: Zeitschrift für betriebswirtschaftliche Forschung, 45. Jg., S. 319-341.

Schildbach, T./Homburg, C. (2009): Kosten- und Leistungsrechnung, 10. Aufl., Stuttgart.

Schmidt, R. H./Terberger, E. (2003): Grundzüge der Investitions- und Finanzierungstheorie, 4. Aufl., Wiesbaden.

Schneider, D. (1992): Investition, Finanzierung und Besteuerung, 7. Aufl., Wiesbaden.

Schneider, E. (1973): Wirtschaftlichkeitsrechnung, 8. Aufl., Tübingen.

Schröder, H.-H. (1986): Das investitionsrechnerische Grundmodell zur Bestimmung der optimalen Nutzungsdauer von Anlagegütern, in: WISU – das Wirtschaftsstudium, 15. Jg., S. 21-27.

Schröder, H.-H. (1987): Bestimmungsgründe der optimalen Nutzungsdauer von Anlagegütern und ihre Wirkungen, in: WISU – das Wirtschaftsstudium, 16. Jg., S. 35-39, 91-97.

Schulte, G. (1999): Investition, Stuttgart.

Seicht, G. (2001): Investition und Finanzierung, 10. Aufl., Wien.

Shapiro, A. C. (1978): Capital Budgeting for the Multinational Corporation, in: Financial Management, Vol. 7 (Frühjahr), S. 7-16.

Shapiro, A. C. (1983): International Capital Budgeting, in: Midland Corporate Finance Journal, Vol. 1, S. 26-45.

Simon, H. (1992): Preismanagement, 2. Aufl., Wiesbaden.

Sinn, H.-W. (1985): Kapitaleinkommensbesteuerung, Tübingen.

Solnik, B. (1978): International Parity Conditions and Exchange Risk: A Review, in: Journal of Banking and Finance, Vol. 2, S. 281-293.

Spremann, K. (1996): Wirtschaft, Investition und Finanzierung, 5. Aufl., München/Wien.

Stehle, R. E. (1982): Quantitative Ansätze zur Beurteilung ausländischer Investitionsprojekte, in: *Lück, W./Trommsdorff, V.* (Hrsg.), Internationalisierung als Problem der Betriebswirtschaftslehre, Berlin, S. 475-499.

Steiner, J. (1980): Gewinnsteuern in Partialmodellen für Investitionsentscheidungen, Münster.

Stotz, O. (2004): Aktives Portfoliomanagement auf Basis von Fehlbewertungen in den Renditeerwartungen, Berlin.

Swoboda, P. (1996): Investition und Finanzierung, 5. Aufl., Göttingen.

Takayama, A. (1985): Mathematical Economics, 2. Aufl., Cambridge.

Varian, H. R. (1994): Mikroökonomie, 3. Aufl., München/Wien.

Varian, H. R. (2011): Grundzüge der Mikroökonomik, 8. Aufl., München.

Wagner, F. W. (1979): Das Grundmodell der Ertragsteuerwirkungen auf die Investitionsentscheidung, in: WiSt – Wirtschaftswissenschaftliches Studium, 8. Jg., S. 67-72.

Wagner, F. W. (1981): Der Steuereinfluß in der Investitionsplanung, in: Zeitschrift für betriebswirtschaftliche Forschung, 33. Jg., S. 47-52.

Wagner, F. W. (1989): Die zeitliche Erfassung steuerlicher Leistungsfähigkeit, in: *Hax, H.*, u.a. (Hrsg.), Zeitaspekte in betriebswirtschaftlicher Theorie und Praxis, Stuttgart, S. 261-277.

Wagner, F. W./Dirrigl, H. (1980): Die Steuerplanung der Unternehmung, Stuttgart/New York.

Wagner, F. W./Wissel, H. (1995): Entscheidungsneutralität der Besteuerung als Leitlinie einer Reform der Einkommensteuer, in: WiSt – Wirtschaftswissenschaftliches Studium, 24. Jg., S. 65-70.

Wehrle-Streif, U. (1989): Empirische Untersuchung zur Investitionsrechnung, Köln.

Weingartner, H. M. (1963): Mathematical Programming and the Analysis of Capital Budgeting Decisions, Englewood Cliffs.

Weingartner, H. M. (1977): Capital Rationing: n Authors in Search of a Plot, in: Journal of Finance, Vol. 32, S. 1403-1431.

Wenger, E. (1983): Gleichmäßigkeit der Besteuerung von Arbeits- und Vermögenseinkünften, in: Finanzarchiv, N.F., 41. Jg., S. 207-252.

Wenger, E. (1986): Einkommensteuerliche Periodisierungsregeln, Unternehmenserhaltung und optimale Einkommensbesteuerung, in: Zeitschrift für Betriebswirtschaft, 56. Jg., S. 132-151.

Wiese, H. (2010): Mikroökonomik, 5. Aufl., Berlin usw.

Wollenhaupt, H. (1982): Rationale Entscheidungen bei unscharfen Wahrscheinlichkeiten, Thun/Frankfurt.

Wolters, J./Hassler, U. (1998): Die Zinsstruktur am deutschen Interbanken-Geldmarkt: Eine empirische Analyse für das vereinigte Deutschland, in: ifo Studien, 44. Jg., S. 141-160.

Zechner, J. (1981): Der Ketteneffekt bei Investitionsentscheidungen in wachsenden und in schrumpfenden Unternehmungen, in: Zeitschrift für Betriebswirtschaft, 51. Jg., S. 559-572.

Zechner, J. (1982): Zu "Der Ketteneffekt bei Investitionsentscheidungen in wachsenden und in schrumpfenden Unternehmungen" – Eine Stellungnahme zur Erwiderung, in: Zeitschrift für Betriebswirtschaft, 52. Jg., S. 503-504.

Verweisregister

In der folgenden Tabelle findet sich in der ersten Spalte die jeweilige Seitenzahl aus "Investition II", auf der auf die erste Auflage von "Investition I" verwiesen wird. Die zweite Spalte gibt den jeweiligen Verweis auf die erste Auflage von "Investitition I" an, die dritte Spalte den entsprechend zu modifizierenden Verweis auf die vorliegende vierte Auflage.

Seitenzahl aus "Investition II"	**Verweis auf "Investition I" (2000)**	**Verweis auf "Investition I" (2011)**
S. 10	S. 85	S. 81
S. 62	S. 42	S. 40
S. 113	S. 356 ff.	S. 333 f.
S. 171	S. 196 ff.	S. 191 ff.
S. 192	S. 329 f.	S. 307 f.
S. 266	S. 209	S. 202
S. 270	S. 188 f.	S. 184 f.
S. 281	S. 225	S. 217
S. 290	S. 257 ff.	S. 246 ff.
S. 292	S. 269	S. 257
S. 491	S. 472	keine exakte Entsprechung mehr; am ehesten noch S. 379 ff.
S. 492	S. 420 f.	S. 392 f.

Stichwortverzeichnis